Stefan Luppold (Hrsg.)

AGILITÄT UND TRANSFORMATION
MANAGEMENT-ANSÄTZE FÜR MESSEVERANSTALTER

Stefan Luppold (Hrsg.)

AGILITÄT UND TRANSFORMATION

MANAGEMENT-ANSÄTZE FÜR MESSEVERANSTALTER

WFA MEDIEN VERLAG

Bibliografische Information der Deutschen Nationalbibliothek
Die Deutsche Nationalbibliothek verzeichnet diese Publikation in der Deutschen Nationalbibliografie; detaillierte bibliografische Daten sind im Internet über http://dnb.dnb.de abrufbar.

ISBN Paperback: 978-3-946589-14-3
ISBN Hardcover: 978-3-946589-15-0
ISBN E-Book: 978-3-946589-16-7

WFA Medien Verlag | Patrick Haag, Uhlandstr. 65, 71299 Wimsheim

www.wfa-medien-verlag.de

Vorwort des Herausgebers

Jede Zeit hat ihre Begriffe, zum Teil bekannt als das „Wort des Jahres“. Die Gesellschaft für deutsche Sprache hat 2016 postfaktisch und 2017 Jamaika-Aus als signifikante und populäre Wörter mit dem Spitzenplatz ausgezeichnet.

Im Kontext von Wirtschaft wären das eventuell Agilität, Disruption, Digitale Transformation oder Industrie 4.0. Diese Schlagwörter kommen, in unterschiedlicher Mischung aber gehäuft, zur Erläuterung von ökonomischen Sachverhalten, von veränderten Management-Ansätzen oder von Erfolg bzw. Scheitern vor. Der Zusammenhang zu diesem dritten Band der Studienreihe Messemanagement ist aber ein anderer.

Agilität steht für Wendigkeit und Vitalität, für Frische und einen positiven Blick nach vorne. Das spiegeln die Beiträge in diesem Band wider. Sie laden dazu ein, anders zu denken, machen Lust auf Neues und ein kritisches Hinterfragen des eigenen Handelns. So wie das beispielsweise Nassim Nicholas Taleb (u.a. in der Schwarze Schwan und Kleines Handbuch für den Umgang mit Unwissen) als das beschreibt von dem wir nicht wissen, dass wir es nicht wissen. Stoßen Sie beim Lesen zufällig auf Anregungen und zeigen Sie Agilität dadurch, dass Sie eine Adaption, eine Übernahme in Ihr Management-Konzept, überlegen.

Ein Wechsel oder Übergang wird häufig als Transformation bezeichnet. Nicht nur der technische Wandel, auch viele Veränderungen im politischen oder gesellschaftlichen Koordinatensystem zwingen uns dazu, Geschäftsmodelle zu modifizieren und Rollen immer wieder neu zu definieren. Dabei hilft der Blick auf das Wissen, auf die Erfahrungen anderer Protagonisten. In diesem Fall sind es die vorliegenden sechs Beiträge, die strukturiert in Themenfelder hineinleuchten, die möglicherweise den Anstoß für eine Transformation liefern können.

Sechs ausgezeichnete Beiträge mit sehr unterschiedlichen Schwerpunkten bieten – nicht nur den Fach- und Führungskräften der Messewirtschaft – einen Einblick in Problemstellungen, deren Relevanz strategische Dimensionen hat: ob „Beschwerdemanagement“ oder „Sicherheitsempfinden“, ob „Nachhaltiges Lernen“ oder „Yield Management“ – vorhandene operative und strategische Handlungsfelder finden sich dort analysiert, mit neuen Ansätzen versehen und kompakt nachzulesen. Ergebnisse können typischerweise nicht 1:1 übertragen werden; daher sind die Beiträge ein Blueprint für Ihre individuelle Herangehensweise, ein Schema und Stützkorsett zur spezifischen Ausprägung und Passform.

Den sechs Autorinnen möchte ich herzlich dafür danken, dass sie uns ihre Erkenntnisse zur Verfügung stellen. Sicherlich motivieren dazu die Auszeichnungen, die sie durch die jeweilige Jury erhalten haben; dennoch musste nochmals Hand angelegt werden, um die Abschlussarbeiten in ein für diese Publikation reduziertes Format zu überführen. Ihre Erkenntnisse, aber auch den Aufbau ihrer Untersuchungen und die mit aufgeführte Literatur nehmen wir sehr gerne in Anspruch!

Erneut nutze ich das Vorwort – wie schon bei Band 1 und Band 2 – um dem FAMA Fachverband Messen und Ausstellungen e.V. zu danken. Durch den im Jahr 2013 zum ersten Mal ausgelobten „Messe-Impuls-Preis“ entstand die Idee, die ausgezeichneten Einreichungen den Fach- und Führungskräften der Messewirtschaft und vielen weiteren Interessierten zugänglich zu machen; dies schuf so ein Potpourri aus 17 Fachbeiträgen, die man im vorliegenden Band sowie den bereits erschienenen Stakeholder im Fokus und Innovation und Change nachlesen kann. In vorbildlicher Konstanz zeigen sich Vorstand und Geschäftsführung damit als dem Branchen-Nachwuchs verpflichtet!

Und schließlich ein Dankeschön an den Verlag, der mit seinem Support die Autorinnen und mich als Herausgeber vorbildlich unterstützt hat.

Sehr herzlich lade ich Sie, die Leserinnen und Leser, dazu ein, Ihre Erfahrungen im Umgang mit diesem Buch mit mir zu teilen. Aus Gesprächen mit FAMA-Mitgliedern ist mir bekannt, dass die bisher erschienen Beiträge eine große Bandbreite an Wirkung erzeugten – von der kritischen Reflexion des eigenen Handelns über die Anregung, Neues zu versuchen bis hin zum Start konkreter Projekte.

Albert Einstein schreibt man den Ausspruch „Der Fortschritt lebt vom Austausch des Wissens“ zu. Genau hierfür steht die Studienreihe Messemanagement.

Prof. Stefan Luppold
IMKEM Institut für Messe-, Kongress- und Eventmanagement

Vorwort

Jede gute Tradition nimmt irgendwann ihren Anfang. Nun ist die Studienreihe Messemanagement angesichts der historischen Dimension des zweitältesten Gewerbes der modernen Menschheitsgeschichte noch ein Dreikäsehoch. Dennoch positioniert sich dieses Publikationskonzept an einer gleichermaßen spannenden wie auch wertvollen Schnittstelle unserer Branche und hat schon eine kleine, feine Tradition aufzuweisen.

Wer wäre besser prädestiniert als junge und praxisnahe Hochschulabsolventen frische, unverbrauchte und gerne auch unkonventionelle Ideen und Konzepte in das zuweilen unter selbstgefälliger Behäbigkeit leidende System zu injizieren. Praxisnahe Branchenverbände wie der FAMA mit dem Messe-Impuls-Preis und der FAMAB mit dem Deutschen Forschungspreis für Live Communication haben seit einigen Jahren die längst fällige Initiative ergriffen und dem Berufsnachwuchs einen entsprechend motivierenden Rahmen geschaffen, die Ergebnisse der Auseinandersetzung mit relevanten Fragestellungen zu präsentieren. Diese smarte Publikationsreihe ist eng verzahnt mit den Nachwuchspreisen und trägt zu Wertigkeit und Nachhaltigkeit der Arbeiten bzw. ihrer geistigen Urheber spürbar bei.

Tradition ist jedoch zuweilen ein zweischneidiges Schwert. Wird sie rein um ihrer selbst Willen gepflegt, vermag sie nicht zwingend einen Beitrag für die Anforderungen der Zukunft des Messemanagements zu leisten. Wird sie jedoch als Ressource, Auftrag und Initialzündung für die Zukunftsgestaltung der Live-Kommunikation in Form von Messen und Veranstaltungen verstanden, kann sie eine unwiderstehliche Kraft entfalten. Und diese Kraft ist notwendiger denn je zuvor. Will man die Zukunft der Branche ebenso erfolgreich gestalten, wie die Vergangenheit war, ist es die vornehmste Managementaufgabe, die strategische Dimension des wirtschaftlichen, technologischen und gesellschaftlichen Wandels zu erfassen und überzeugende Antworten zu formulieren.

Nicht nur im theoretischen Wolkenkuckucksheim, sondern vor allem in der täglichen Praxis liegen die Schätze der Innovationen und warten sehnsuchtsvoll darauf geschürft werden. Das erfordert Agilität im Denken, Entscheiden und Umsetzen. Strukturen und handelnde Personen werden sich daran ausrichten. Ansonsten werden sie transformiert, statt selbst den Transformationsprozess mitzugestalten.

„Der eine fragt, ‚was kommt danach', der an'dre nur ‚ist's recht?', und also unterscheidet sich der Freie so vom Knecht." Im Kontext dieses Sinnsprüchleins von Theodor Storm brauchen wir noch viel mehr Freie (Geister) und weniger Knechte, um unserem vielschichtigen Medium die gute Zukunftsperspektive zu geben, die es potenziell erreichen kann.

Die in diesem Kompendium vorgelegten Beiträge stellen eine Bereicherung der Diskussion und einen ganz wichtigen Impuls zur Zukunftsfähig unserer Branche dar. Den Autoren sowie dem Herausgeber gilt daher Dank und Ermutigung, diesen Weg fortzusetzen.

Christoph Hinte
FAMA Fachverband Messen und Ausstellungen

Inhaltsübersicht

Kurzfassungen

Gestaltung des Beschwerdemanagements im CRM-Kontext
Von Unzufriedenen Kunden lernen

Um primär Kundenunzufriedenheit mit allen ihren negativen Auswirkungen vermeiden zu können, bedarf es einer Systematik, mit Hilfe derer Kunden zur ehrlichen Meinungsäußerung motiviert werden, um aus diesem Kundenfeedback einerseits mögliche Gründe für die Entstehung von Kundenunzufriedenheit und andererseits Faktoren, die Kundenzufriedenheit begünstigen, herauszustellen.

Ein systematisches Beschwerdemanagement setzt genau an den oben genannten Aspekten an, indem es in einem ersten Schritt möglichst viele Kunden dazu motiviert, sich bei dem Unternehmen zu beschweren. Dies geschieht unter anderem durch die Einrichtung spezieller Beschwerdekanäle und dem Abbau von Beschwerdebarrieren, wie zum Beispiel hoher Kosten für die Beschwerdeartikulation.

Besteht in Unternehmen kein systematisches Beschwerdemanagement, kann dies negative Auswirkungen auf die Kundenbindung, Kundenloyalität und Kundenzufriedenheit haben.

Mit Hilfe einer Soll-Ist-Analyse wird aufgezeigt, wie ein Beschwerdemanagement im Unternehmen aufgebaut und eingesetzt werden kann.

Die Autorin

Mit ihrer Abschlussarbeit an der DHBW Ravensburg, Studiengang Messe-, Kongress- und Eventmanagement, erhielt Anna Miehlich den Messe-Impuls-Preis 2016.

Dynamic Pricing im Messemarketing

Yield Management als kapazitätsorientierter Ansatz für das Preismanagement von Messeständen

Dynamic Pricing oder auch dynamisches Preismanagement, bildet damit ein zentrales Thema in der heutigen Gesellschaft. Eine Form des dynamischen Preismanagements stellt das Yield Management dar. Bei dieser Strategie erfolgt eine Nachfragesteuerung mit Hilfe der zur Verfügung stehenden Kapazität und der Preisbereitschaft der Kunden. Damit wird neben einer Ertragssteigerung für das Unternehmen auch die Verringerung ungenutzter Kapazitäten erreicht.

In diesem Beitrag werden Anwendung und Erfolgschancen von Yield Management in der Messebranche überprüft; die Voraussetzungen für Yield Managements werden überprüft und typische Anwendungsgebiete exemplarisch betrachtet, an die Besonderheiten des Messemarktes angepasste Instrumente entwickelt.

Eine durchgeführte empirische Analyse dient zur Prognose des Erfolges von Yield Management; mit Hilfe einer quantitativen Umfrage wurden Hypothesen überprüft, die Bedeutung des Preises als zentrales Element des dynamischen Preismanagements und der Buchungsverlauf von Ausstellungen erforscht.

Die Autorin

Jessica Richter wurde mit ihrer Bachelorarbeit im Bereich BWL – Dienstleistungsmanagement/ Event- und Sportmanagement an der Berufsakademie Riesa Zweitplatzierte beim Messe-Impuls-Preis 2016.

Nachhaltiges Lernen im ‚Flipped Congress'

Zwei Größen, das Flipped Classroom Modell und das für diesen Beitrag ausgewählte Kongressformat, werden im Hinblick auf ihre Eignung als Format zur Entwicklung von Kompetenzen analysiert und gegenübergestellt. Als Maßstab hierfür dient ein erarbeiteter Kompetenzentwicklungsprozess.

Das Prozessmodell liefert drei konkrete Stufen, welche der Lernende beschreitet: von einem wissenden über einem könnenden/qualifizierten hin zu einem schließlich kompetenten Lerner. Indem dabei auf die Rollenverteilung zwischen Lerner und Lehrer eingegangen wird, zeigt das Modell mögliche Gestaltungsaspekte der einzelnen Phasen auf. Es stellt ein Maß zur Gegenüberstellung des Flipped Classroom Modells und des Kongressformates dar, mittels welchem die Analyse der beiden Varianten weitestgehend messbar gemacht werden.

Einer von mehreren Erkenntnisaspekten des Beitrags ist eine Beurteilung des Eignungspotenzial von Flipped Classroom zur Gestaltung eines kompetenzerwerbsförderlichen Lernarrangements.

Die Autorin

Mit ihrer Abschlussarbeit an der DHBW Ravensburg, Studiengang Messe-, Kongress- und Eventmanagement, erhielt Lisa-Marie Lang den Deutschen Forschungspreis für Live Communication 2016.

Die Bedeutung von Messen im Investitionsgütermarketing
Unter Berücksichtigung multisensualer Einflussfaktoren

Multisensorische Elemente wirken, jeweils für sich. In diesem Beitrag wird einerseits das Potenzial simultan auftretender Stimuli betrachtet und andererseits deren Wirkung im Rahmen einer Messebeteiligung untersucht.

Die Forschung richtet sich auf die Frage, ob der Einsatz von multisensualen Marketinginstrumenten auf Messeständen zu positiven Einschätzungen des jeweiligen Unternehmens durch die Besucher beiträgt.

In einem experimentellen Setting wurden bei einer realen Veranstaltung akustische, visuelle, haptische, olfaktorische und gustatorische Elemente kombiniert und entlang eines speziellen Settings an qualitativen und quantitativen Zielen überprüft.

Der empirische Teil des Beitrags – eine von der Verfasserin durchgeführte Befragung – gibt Einblick in Erwartungsgrößen des Wohlfühlens am Messestand und spiegelt so das Konzept in die reale Situation eines Messeauftritts.

Die Autorin

Mit ihrer Abschlussarbeit an der DHBW Ravensburg, Studiengang Medien- und Kommunikationswirtschaft, erhielt Eva Muhle den Messe-Impuls-Preis 2017.

Sicherheitsempfinden deutscher Messebesucher
Am Beispiel der Messe Frankfurt GmbH

Fühlen sich Besucher eines Messegeländes sicher und Was wird dafür getan? Welche Sicherheitsmaßnahmen nimmt der Besucher bewusst wahr, Welche sollten noch deutlicher hervorgehoben werden, damit sich ein Besucher sicher fühlt?

Die Bedürfnisse der Besucher, relevante Verordnungen und bereits realisierte Maßnahmen bilden den Rahmen zur Beurteilung eines – subjektiven – Sicherheitsempfindens und notwendigen Anpassungs- und Ergänzungsmaßnahmen.

Eine Besucherbefragung zeigt die Situation wahrgenommener Sicherheit auf; sie wurde über das vorhandene Sicherheitskonzept gelegt, um Lücken zu identifizieren; ergänzt um Expertenbefragungen.

Es zeigte sich unter anderem, dass die Wirkung vorhandener Maßnahmen alleine durch deren verbesserte Kommunikation, den Besuchern gegenüber, gesteigert werden kann.

Die Autorin

Susanne Hoffmann wurde mit ihrer Bachelorarbeit im Studiengang Messe-, Kongress- und Eventmanagement an der DHBW Ravensburg Zweitplatzierte beim Messe-Impuls-Preis 2017.

Suchmaschinenmarketing in der Kongressbranche
Untersuchung für eine erfolgreiche Teilnehmerakquise mittels Google AdWords

Eines der Hauptprobleme der genutzten Marketinginstrumente ist, dass diese vorwiegend Bestandskunden ansprechen; ein großes Ziel im Hinblick auf Veranstaltungen liegt jedoch in den meisten Fällen in der Gewinnung von Neukunden.

Dieser Beitrag thematisiert, wie geeignet Google AdWords als Werbemittel für die Teilnehmerakquise bei Kongressen ist – und wie eine erfolgreiche Kampagne im Suchmaschinenmarketing gestaltet werden kann.

Entlang einer Fallstudie werden alle relevanten Schritte durchdekliniert – Kampagnenziel, operative Durchführung, Optimierung, Analyse und Erfolgskontrolle.

Eine betriebswirtschaftliche Betrachtung sowie die Darstellung eines Konzepts für die Implementierung von AdWords vervollständigen den Beitrag.

Die Autorin

Mit ihrer Abschlussarbeit an der DHBW Ravensburg, Studiengang Messe-, Kongress- und Eventmanagement, erhielt Lydia Vierheilig den Deutschen Forschungspreis für Live Communication 2017.

GESTALTUNG DES BESCHWERDEMANAGEMENTS IM CRM-KONTEXT

VON UNZUFRIEDENEN KUNDEN LERNEN

Anna Miehlich

Inhaltsverzeichnis

Abbildungsverzeichnis

Abkürzungsverzeichnis

B2B	Business-to-Business
B2C	Business-to-Customer
C/D Paradigma	Confirmation/Disconfirmation Paradigma

1 Einleitung

1.1 Problemstellung und Zielsetzung

Kundenzufriedenheit stellt nachgewiesen eine wichtige Einflussgröße auf das Kundenverhalten dar und ist im Kontext eines ständig wachsenden Wettbewerbs und Konkurrenzkampfes vor allem für den wirtschaftlichen Erfolg eines Unternehmens von besonderer Bedeutung. Kunden kommunizieren ihre individuellen Erfahrungen an Familie, Freunde, Bekannte und Dritte, wodurch deutlich wird, dass (Un-)Zufriedenheit erheblichen Einfluss auf das Weiterempfehlungs- und Wiederkaufverhalten sowie die Zahlungsbereitschaft hat. Um Kunden zufriedenstellen zu können, bedarf es von Unternehmensseite einer permanenten Kundenorientierung und folglich gezielter Informationen darüber, welche Anforderungen Kunden an ein Unternehmen stellen und wie zufriedenstellend diese bereits erfüllt werden.

„Wer aufhört, besser zu werden, hat aufgehört, gut zu sein."
(Philip Rosenthal)

Wirtschaftlicher Erfolg setzt überwiegend zufriedene Kunden sowie eine kontinuierliche Weiterbesserung voraus, um Kunden zu binden und ihre wachsenden Ansprüche nach wie vor erfüllen zu können. In der heutigen Zeit bestehen genügend Alternativen, ein Unternehmen oder eine Marke zu wechseln und Güter und Dienstleistungen werden austauschbar. Daher ist es nicht verwunderlich, dass unzufriedene Kunden zur Konkurrenz abwandern, vor allem wenn dieser Schritt sich einfacher gestaltet, als die Unzufriedenheit gegenüber dem Unternehmen zu artikulieren.

Damit ein Unternehmen sich den wandelnden Ansprüchen der Kunden anpassen und Verbesserungspotentiale ausschöpfen kann, sind vor allem sind die Gründe und Aussagen jener Kunden interessant, die mit einer Unternehmensleistung nicht zufrieden waren. Eine Studie aus dem Jahr 2000 zeigte jedoch, dass sich etwa 50 bis 80% aller unzufrieden Kunden überhaupt nicht bei dem betroffenen Unternehmen beschwert und diesem die Gründe für Unzufriedenheit folglich nicht kommuniziert haben[1]. Eine wichtige Problemstellung des Customer Relationship Managements (kurz: CRM) scheint daher in der Schwierigkeit zu liegen, unzufriedene Kunden zu konstruktivem Feedback zu motivieren und ihre Beschwerde einzureichen. Dies ist unter anderem das Ziel eines systematischen Beschwerdemanagements. Beschweren sich Kunden nicht direkt beim Unternehmen kann dies weitreichende Folgen haben.

Die Konsequenzen unartikulierter Unzufriedenheit sind unter anderem Abwanderung und negative Mundkommunikation, die sich stark auf die Reputation eines Unternehmens auswirken können. Vor allem für Dienstleistungsunternehmen ist eine positive Reputation essentiell für den wirtschaftlichen Erfolg, da sich Kunden bereits vor der Leistungserstellung an das Unternehmen binden und sich bereits in der Entscheidungsphase mit den Leistungen des Unternehmens identifizieren sollten. Wenn einem Unternehmen jedoch umgangssprachlich gesagt „der schlechte Ruf schon vorausläuft", wird dieses möglicherweise Schwierigkeiten im Bereich der Neukundengewinnung und Kundenbindung haben. Die Kunden werden durch die Reputation des Unternehmens beeinflusst und sind seltener bereit, Geschäftsbeziehungen mit diesem aufrecht zu erhalten oder diese erst aufzunehmen. Um primär Kundenunzufriedenheit mit allen ihren negativen Auswirkungen vermeiden zu können, bedarf es einer Systematik, mit Hilfe derer Kunden zur ehrlichen Meinungsäußerung motiviert werden, um aus diesem Kundenfeedback einerseits mögliche Gründe für die Entstehung von Kundenunzufriedenheit und andererseits Faktoren, die Kundenzufriedenheit begünstigen, herauszustellen.

Ein systematisches Beschwerdemanagement setzt genau an den oben genannten Aspekten an, indem es in einem ersten Schritt möglichst viele Kunden dazu motiviert, sich bei dem Unternehmen zu beschweren. Dies geschieht unter anderem durch die Einrichtung spezieller Beschwerdekanäle und dem Abbau von Beschwerdebarrieren, wie zum Beispiel hoher Kosten für die Beschwerdeartikulation. Letztendlich ermöglichen die durch das Beschwerdemanagement erhaltenen Informationen bestenfalls die Identifikation bedeutsamer Verbesserungspotentiale,

1 Vgl. Goodman/ O'Brien /Segal (2000), S.47 ff.

aus denen sich Optimierungsmaßnahmen für Produkte oder Dienstleistungen ableiten lassen. Besteht in Unternehmen kein systematisches Beschwerdemanagement, kann dies negative Auswirkungen auf die Kundenbindung, Kundenloyalität und Kundenzufriedenheit haben.

Des Weiteren konnte ein Zusammenhang zwischen der Zufriedenheit mit der Beschwerdebehandlung und der Kaufkraft hergestellt werden. Kunden, die angaben mit dem Beschwerdemanagement eines Unternehmens zufrieden zu sein, kauften bei dem Unternehmen für durchschnittlich 20€ mehr ein, als Kunden, die unzufrieden mit ihrer Beschwerdebehandlung waren oder Kunden, die sich nicht beschwert hatten.[2] Ziel dieses Beitrags ist es aufzuzeigen, wie mit einem systematischen Beschwerdemanagement unzufriedene Kunden wieder zufrieden gestellt werden. Dafür werden zunächst die theoretischen Grundlagen erläutert. Anschließend wird mit Hilfe einer Soll-Ist-Analyse aufgezeigt, wie ein Beschwerdemanagement im Unternehmen aufgebaut und eingesetzt werden kann.

2 Vgl. Brock (2009), S. 142 f.

2 Grundlagen

2.1 Definitionen und Begriffserläuterungen

2.1.1 Reputation

Die Reputation einer Organisation lässt zusammenfassend als eine von außen gebildete Meinung über ein Unternehmen, eine Organisation oder eine Institution bezeichnen, die sich häufig an Kriterien, wie zum Beispiel Vertrauenswürdigkeit und Kompetenz, orientiert und sich durch die Kommunikation zwischen Individuen verbreitet[3]. Auf die Reputation eines Unternehmens wirken interne und externe Einflussfaktoren ein. Nicht zu verwechseln ist die Reputation mit dem Image eines Unternehmens. Während dieses eher ein Bild ist, das sich die Stakeholder von einer Firma gemacht haben, beschreibt die Reputation, inwieweit die Erwartungen von Stakeholdern erfüllt wurden und gibt so Auskunft über die Leistungen des Unternehmens.[4] Vor allem in Dienstleistungsunternehmen hilft eine positive Reputation dabei potentielle Kunden von den Leistungen des Unternehmens zu überzeugen, dies kann zu einen passiv über Mundpropaganda oder aktiv über den Verweis auf Kundenreferenzen geschehen.[5]

2.1.2 Konstrukt Zufriedenheit

Der Begriff Zufriedenheit ist definiert als Übereinstimmung zwischen dem erwarteten Ausgang einer Handlung und dem Erleben nach dieser Handlung. Vor dem Kauf eines bestimmten Produktes hat ein Kunde beispielsweise genaue Erwartungen, wie dieses zu sein hat oder wie eine Dienstleistung erfolgen soll. Werden diese Erwartungen erfüllt, so beim Kunden Zufriedenheit.[6] Diese Definition entspricht auch der Beschreibung von Kundenzufriedenheit mit Hilfe des Confirmation-/Disconfirmation-Paradigmas (im Folgenden C/D Paradigma genannt).

3 Vgl. Rippberger (2003), S. 100; Miles/Covin (2000), S. 300; Eisenegger (2005), S. 24f.
4 Vgl. Wüst (2012), S. 15.
5 Vgl. Moog (2009), S. 83.
6 Kaiser (2004), S. 43 ff.; Niewerth/Thiele (2014), S. 30f.

Es beschreibt das Konstrukt Zufriedenheit mit Hilfe der drei Komponenten: Ist-Komponente, Soll-Komponente und Soll-Ist-Vergleich. Die Soll-Komponente umfasst die Erwartungen einer Person, die in erster Linie durch bisherige Erfahrungen, die Kommunikation, sowie persönliche Erfahrungen geprägt sind.[7]

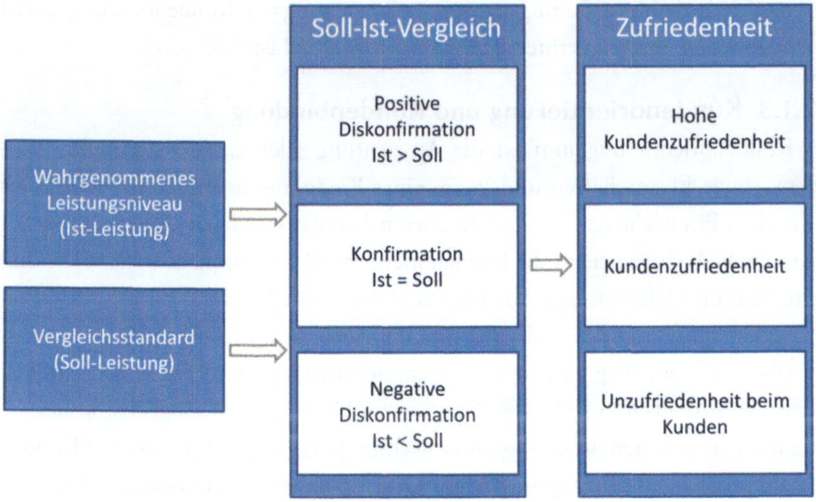

Abbildung 1: Darstellung des C/D-Paradigmas
(Quelle: Vgl. Homburg/Stock-Homburg (2012), S. 21.)

Der Soll-Ist-Vergleich beschreibt den Prozess der Gegenüberstellung von Soll- und Ist- Komponente und wird in Abbildung 1 genauer dargestellt. Hierbei sind drei verschiedene Resultate denkbar:

Im Falle der Konfirmation (Bestätigung) stimmen die Erwartung und der Ausgang der Handlung überein, im Zuge dieser Bestätigung entsteht Zufriedenheit beim Kunden. Bei der positiven Diskonfirmation werden die Erwartungen sogar übertroffen woraus eine hohe Zufriedenheit resultiert, mit der gegebenenfalls eine Anpassung der Erwartungen einhergeht. Werden die Erwartungen jedoch nicht

7 Niewerth/Thiele (2014), S. 33 ff.; Homburg (2012), S. 44 ff.; Töpfer (2008), S. 49 ff.

oder nur in Teilen erfüllt, spricht man von einer negativen Diskonfirmation, die Unzufriedenheit zur Folge hat.[8] Zufriedene Kunden haben für das Unternehmen zahlreiche positive Auswirkungen, hierzu gehört beispielsweise eine mit der Kundenzufriedenheit steigende Preisbereitschaft. Zufriedene Kunden sind also bereit für ein Produkt mehr zu bezahlen als unzufriedene.[9] Ebenfalls ist Kundenzufriedenheit eine Bedingung für die Entstehung von Kundenbindung, deren Optimierung ein weit verbreitetes Unternehmensziel ist.[10]

2.1.3 Kundenorientierung und Kundenbindung

Kundenorientierung umfasst die Ausrichtung aller unternehmerischen Prozesse sowie Eigenschaften und Preise eines Produktes an den Bedürfnissen des Kunden. Ein wichtiger Teil stellt hierbei, neben der ständigen Untersuchung der Kundenbedürfnisse, auch die kundenorientierte Ausrichtung aller Bereiche und Prozesse im Unternehmen dar. Hier sind vor allem Personalführung, Informationssystem, Unternehmenskultur und die Aufbau- und Ablauforganisation als Treiber auf dem Weg zu einem kundenorientierten Unternehmen zu nennen.[11] Um die Aufbau- und Ablauforganisation im Unternehmen möglichst kundenorientiert zu gestalten, ist es besonders wichtig, feste Ansprechpartner für Kunden zu definieren und überzogene Prozessstandardisierung zu vermeiden. Ebenso ist darauf zu achten, dass Mitarbeiter im Kundenkontakt ausreichende Entscheidungsvollmachten besitzen, um angemessen auf Anliegen der Kunden reagieren zu können.[12] Im Bereich der Personalführung geht es insbesondere darum, Mitarbeiter im Umgang mit Kunden zu schulen und kundenorientiertes Verhalten zu fördern und auszubauen. Im unternehmensinternen Informationssystem werden relevante Kundendaten, wie zum Beispiel Alter, Kontakt- und Kontodaten gespeichert, sowie Servicedaten und Kaufdaten erfasst, um ein möglichst umfassendes Bild über den Kunden zu erhalten, das seine Anforderungen und Erwartungen an das Unternehmen wiederspiegelt.[13]

---

8 Vgl. Töpfer(2008), S. 50 ff.; Homburg/Stock-Homburg (2012), S. 44 ff.
9 Vgl. Koschate (2012), S. 107 ff.
10 Vgl. Nerdinger/Neumann (2007), S. 144.
11 Vgl. Homburg/Bucerius (2012), S. 69; Bruhn (2013), S. 2 f.
12 Vgl. Homburg/Bucerius (2012), S. 70 ff.
13 Vgl. Homburg/Bucerius (2012), S. 72ff.

In einem engen Zusammenhang mit der Kundenorientierung wird die Kundenbindung gesehen. Es wird davon ausgegangen, dass zufriedene Kunden die Leistungen eines Unternehmens häufiger und in größerem Umfang in Anspruch nehmen, als weniger zufriedene Kunden. Folglich können Unternehmen mit hoher Kundenorientierung, Kundenzufriedenheit und Kundenbindung bessere und langfristig positive Wachstumserfolge erzielen.[14] Die Erfolgskette im Kundenbindungsmanagement beschreibt vereinfacht die Zusammenhänge zwischen Kundenorientierung, Kundenbindung und dem ökonomischen Erfolg des Unternehmens und ist in Abbildung 2 grafisch abgebildet. Sie stellt ökonomischen Erfolg als Folge von Kundenbindung dar, die zuvor aus Kundenzufriedenheit gefolgt ist.[15]

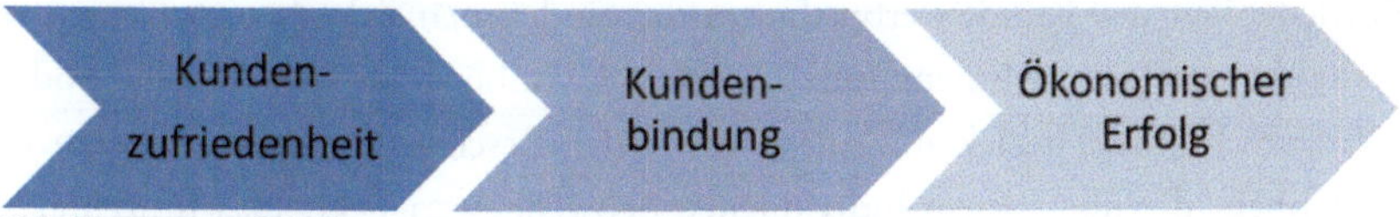

Abbildung 2: Erfolgskette im Kundenbindungsmanagement
(Quelle: Vgl. Bruhn (2012a), S. 73.)

Die Ursachen der Kundenbindung lassen sich in vertragliche, ökonomische, technisch-funktionale und psychologische Bindungsursachen gliedern.[16]

Durch Kundenbindungsmanagement sollen Kunden an ein bestimmtes Unternehmen gebunden werden, hierfür können Maßnahmen, wie zum Beispiel Wechselbarrieren, Kundenkontaktprogramme, Viel-Nutzer-Vorteile oder Kundenkarten zum Einsatz kommen. Ziel des Kundenbindungsmanagements ist es, die Beziehung zwischen dem Kunden und dem Unternehmen stabil zu halten oder auszubauen.[17] Kundenbindungsmanagement kommt jedoch auch zum Einsatz um gefährdete Kundenbeziehungen wieder zu stabilisieren, dies kann notwendlg sein, wenn der Kunde mit den Leistungen des Unternehmens unzufrieden ist (u.a. bei Beschwerden und Abwanderungsgefahr). Ein professionelles Beschwer-

14 Vgl. Bruhn (2012a), S. 157 ff.
15 Vgl. Bruhn (2012a), S. 73; Töpfer (2008), S. 83.
16 Vgl. Homburg (2012); S. 512; Töpfer (2008), S. 92 f.
17 Vgl. Stauss/Seidel (2014), S. 29.

demanagement ist als Teil des Kundenbindungsmanagements, das wiederum Bestandteil des Customer Relationship Managements ist, zu sehen, da es versucht gefährdete Kundenbeziehungen wieder zu stabilisieren, Kundenzufriedenheit wiederherzustellen und so Kunden an das Unternehmen zu binden.[18]

2.1.4 Beschwerde und Reklamation

Eine Beschwerde definiert sich als schriftliche oder verbale Äußerung eines Kunden oder einer Institution gegenüber einem Unternehmen. Meist werden Beschwerden direkt von Kunden an das betreffende Unternehmen adressiert, jedoch kann eine Beschwerde auch indirekt über Dritte (z.B. Institutionen, Anwälte oder Schlichtungsstellen) an das Unternehmen gerichtet werden. Am häufigsten beziehen sich Beschwerden auf eine Leistung des Unternehmens, die nicht zur Zufriedenheit des Kunden erbracht wurde. Sie können sich aber auch auf das Verhalten des Unternehmens, zum Beispiel in Hinblick auf Umweltschutz oder Lohngerechtigkeit, beziehen.[19] Ausgelöst werden Beschwerden durch eine Unzufriedenheit, die über einem individuellen Schwellenwert liegt. Das führt dazu, dass der Kunde seine Erfahrungen gegenüber dem Unternehmen (oder Dritten) artikuliert.[20]

Die Person, die eine Beschwerde gegenüber einem Unternehmen artikuliert wird auch Beschwerdeführer genannt. Der Beschwerdeführer kann eine Einzelperson, eine Gruppe oder eine Institution sein, die die Beschwerde für sich selbst oder stellvertretend äußert.

Beschwerden lassen sich hierbei in offene (geäußerte) Beschwerden, die dem Unternehmen bekannt sind, und verdeckte Beschwerden, die gegenüber dem Unternehmen nicht geäußert werden, unterteilen.[21] Beschwerden können dabei in allen Phasen des Kaufprozesses, also in der Vorkauf-, Kauf- oder Nachkaufphase entstehen und gelangen über unterschiedliche Kommunikationswege zum Unternehmen. Dies kann telefonisch, schriftlich, persönlich und elektronisch geschehen. Im Dienstleistungsbereich werden Beschwerden am häufigsten per-

---

18 Vgl. Stauss/Seidel (2014), S. 33.
19 Vgl. Stauss/Seidel (2007), S. 49 ff.; Töpfer (2008), S. 819 f.
20 Vgl. Töpfer, S. 819.
21 Vgl. Gierl (2000), S. 166.

sönlich oder telefonisch geäußert, da meist ein enger Kontakt zwischen dem Unternehmen und den Kunden besteht. Mit der Artikulation der Beschwerde sind auf Seiten des Beschwerdeführers immer Erwartungen an die Unternehmensreaktion verbunden. Nach der Beschwerdeantwort durch das Unternehmen, werden diese Beschwerdeerwartungen mit der tatsächlichen Unternehmensreaktion verglichen. Im Falle der Erfüllung der Erwartungen stellt sich Indifferenz beim Kunden ein, werden die Erwartungen nicht erfüllt entsteht Beschwerdeunzufriedenheit. Beschwerdezufriedenheit tritt auf, wenn die Erwartungen vom Unternehmen übertroffen werden. Da Beschwerdeunzufriedenheit Folgen wie negative Mundpropaganda oder Abwanderung des Kunden haben kann, sollten Unternehmen immer das Ziel haben, Beschwerden zur Zufriedenheit des Beschwerdeführers zu behandeln.[22]

Im Falle einer Reklamation liegen aufgrund einer mangelhaften Leistung des Unternehmens gesetzliche Ansprüche des Kunden gegen dieses vor. Diese Ansprüche kann der Kunde gerichtlich durchsetzen. Reklamationen sind also die Teilmenge der Beschwerden, bei denen es seitens des Kunden einen gesetzlichen Anspruch gegen das Unternehmen gibt.[23]

2.1.5 Customer Relationship Management (CRM)

Der Begriff des Customer Relationship Managements (kurz: CRM) kann aus verschiedenen Perspektiven heraus definiert werden. Zum einen kann CRM als technologisches Konzept zum Management von Kundenbeziehungen gesehen werden und zum anderen als ein meist softwarebasiertes Instrument zur Speicherung und Bearbeitung von Kundendaten.[24] Zu einem CRM zählen alle Maßnahmen die zum Management von Kundenbeziehungen und deren Verbesserung beitragen, somit ist auch das Beschwerdemanagement Teil des CRM.[25] Ein sehr wichtiger Baustein nahezu jeden CRM-Systems ist eine entsprechende Software, die das Unternehmen bei der Erfassung von Informationen über die derzeitigen und potentiellen Kunden sowie bei der Analyse dieser unterstützt.

22 Vgl. Meffert/Bruhn (2009), S. 212; Stauss/Seidel (2014, S. 50 f.
23 Vgl. Stauss/Seidel (2007), S. 50 f.; Haeske (2001), S. 11.
24 Vgl. Bruhn (2013), S. 14.
25 Vgl. Stauss/Seidel (2014), S .4.

Durch eine kundenorientierte Ausrichtung der Prozesse im Unternehmen wird der Kontakt zwischen Mitarbeitern und Kunden vereinfacht, da den Mitarbeitern möglichst viele aktuelle Informationen mit Hilfe der Daten im CRM zur Verfügung gestellt werden. Ebenso können im Data Warehouse Verknüpfungen zu anderen Systemen, wie zum Beispiel zum Beschwerdemanagementsystem geschaffen werden.[26] Der kommunikative Teil des CRM hat den intensiven und möglichst individuellen Dialog mit dem Kunden zum Ziel, im Zuge dessen alle Kontaktkanäle integriert werden und so eine einheitliche Kommunikationsstrategie ermöglicht wird. Übergeordnet geht es vor allem um eine kundenorientierte Ausrichtung bei allen unternehmerischen Prozessen und einer damit in Verbindung stehenden Optimierung dieser.[27]

2.2 Beschwerdemanagement

2.2.1 Ziele

Beschwerdemanagement ist in engem Zusammenhang mit Kundenzufriedenheit zu betrachten und verfolgt das primäre Ziel, Unzufriedenheit bei Kunden abzuschwächen, zu beseitigen und zukünftig zu vermeiden. Jedoch hat ein Beschwerdemanagement nicht nur das Ziel Beschwerden im Einzelfall abzuwickeln und den Kunden wieder zufrieden zu stellen, beziehungsweise seine Abwanderung zur Konkurrenz zu vermeiden, sondern dient auch der Ableitung von möglichen Verbesserungen am betroffen Produkt oder der betroffenen Dienstleistung.[28] Stauss/Seidel differenzieren die Ziele des Beschwerdemanagements in verschiedene Ebenen:

Aus dem übergeordneten Globalziel, das die Erhöhung von Gewinn und Wettbewerbsfähigkeit beschreibt, lassen sich verschiedene Teilziele ableiten. Die kundenbeziehungsrelevanten Teilziele bestehen in erster Linie in der Stabilisierung von gefährdeten Kundenbeziehungen. Kunden sollen, wie oben beschrieben, davon abgehalten werden, zu anderen Unternehmen abzuwandern. Ebenso ist die Schaffung und Erhaltung einer kundenorientierten Wahrnehmung des Unternehmens

26 Vgl. Homburg (2012), S. 1153; Töpfer (2008), S. 634f.
27 Vgl. Homburg (2012), S. 1153; Töpfer (2008), S. 636.
28 Vgl. Günter (2012), S. 327 ff.; Homburg (2012) S. 930ff.

ein wichtiges Teilziel des Beschwerdemanagements. Bei den qualitätsrelevanten Zielen des Beschwerdemanagements ist vor allem die Qualitätsverbesserung von Produkten und Dienstleistungen hervorzuheben.

Diese Zerlegung des Globalziels zeigt, dass Beschwerdemanagement alle Unternehmensbereiche betrifft und eine positive Auswirkung auf das Unternehmen, seine Produkte und die Kunden hat.[29]

2.2.2 Aufgaben

Die Aufgaben des Beschwerdemanagements hängen eng mit seiner Unterteilung in direktes und indirektes Beschwerdemanagement zusammen. Das direkte Beschwerdemanagement gliedert sich hierbei in die Stimulierung, Annahme und Bearbeitung von Beschwerden sowie die Reaktion auf Beschwerden. Das indirekte Beschwerdemanagement besteht aus Beschwerdeauswertung, Beschwerdemanagementcontrolling, Beschwerdereporting und Beschwerdeinformationsnutzung. Beim direkten Beschwerdemanagement befindet sich das Unternehmen in einem Dialog mit dem Kunden; im indirekten Beschwerdemanagement geht es um die Prozesse, die der Beschwerdereaktion nachgelagert sind.[30]

Abbildung 3: Überblick über den Beschwerdemanagementprozess
Quelle: Stauss/Seidel (2014), S. 67

29 Vgl. Stauss/Seidel (2007), S. 79 ff.
30 Vgl. Stauss/Seidel (2014), S. 67 ff.

Im ersten Schritt der Beschwerdestimulierung ist es besonders wichtig, die Kunden dazu zu motivieren Beschwerden gegenüber dem Unternehmen zu äußern. Im Rahmen der Beschwerdeannahme ist festzulegen über welche Kanäle Beschwerden an das Unternehmen herangetragen werden und wie auf diese seitens des Unternehmens reagiert werden soll.[31] Bei der Beschwerdeannahme geht es in erster Linie darum, wie eintreffende Beschwerden im Unternehmen behandelt oder weitergeleitet werden und wer für eine Beschwerde verantwortlich ist. Zur Beschwerdeannahme zählt auch die Beschwerdeerfassung, bei der es sich um die Aufnahme von allen wichtigen Informationen zum Beschwerdeführer und dem Beschwerdegrund (unter anderem auch im CRM-System) handelt. Im Rahmen der Beschwerdebearbeitung werden die angenommenen Beschwerden abgewickelt, hierfür ist die Einhaltung der vorgeschriebenen Bearbeitungsdauer und Verantwortungsstrukturen wichtig. Für die Beschwerdereaktion sind klare Regelungen zum Verhalten gegenüber Beschwerdeführern und der Lösung von Beschwerden aufzustellen. Ebenfalls wird hier festgelegt, wie lange es dauern darf, bis der Beschwerdeführer eine Antwort auf seine Beschwerde, einen Zwischenbescheid oder eine Eingangsbestätigung erhält. Ausgewertet werden die Beschwerden im Rahmen des indirekten Beschwerdemanagements. Die erste Phase ist die Beschwerdeauswertung, hierbei gilt es sowohl qualitative, als auch quantitative Aspekte der Beschwerden zu untersuchen. Die Aufgaben des Beschwerdemanagementcontrollings liegen in der Erfolgskontrolle. Untersucht werden hierbei vor allem die Qualität, die Kosten, der wirtschaftliche Nutzen und Lerneffekte die aus dem Beschwerdemanagement hervorgehen.[32] Im Verlauf dieses Beitrags wird nochmals näher auf die einzelnen Bestandteile des Beschwerdemanagementprozesses und die damit verbundenen Aufgaben und Prozesse eingegangen.

31 Vgl. Homburg (2012), S. 931 f.; Stauss/Seidel (2007), S. 82ff.; Bruhn (2012b), S. 148 ff.

32 Vgl. Homburg (2012), S. 932f.; Stauss/Seidel (2007), S. 85; Jeschke (2005), S. 35.

2.2.3 Organisatorische Ausgestaltung

Im Allgemeinen wird zwischen einem zentralen und einem dezentralen Beschwerdemanagement unterschieden. Beim zentralen Beschwerdemanagement ist dieses in einer Abteilung oder Einheit im Unternehmen fest verankert, sodass alle Beschwerden an diesen Unternehmensbereich weitergeleitet und von ihm bearbeitet und ausgewertet werden. In einem Unternehmen mit Filialstruktur werden zum Beispiel alle Beschwerden, die bei den einzelnen Filialen eingehen, direkt an das zentrale Beschwerdemanagement weitergeleitet, welches diese dann bearbeitet und beantwortet. Beschwert sich ein Kunde in einem Unternehmen mit einem rein zentralen Beschwerdemanagement würde er also in jedem Fall an die zentrale Beschwerdestelle verwiesen werden. Beim dezentralen Beschwerdemanagement gelangen die Beschwerdeinformationen zu einzelnen Abteilungen im Unternehmen, die diese dann individuell bearbeiten. Zum Beispiel ist in diesem Fall dann jede Vertriebseinheit eigenständig für die Beschwerden, die zu ihren Leistungen beziehungsweise von ihren Kunden eingehen, verantwortlich. Bei einem großen Unternehmen mit verschiedenen Niederlassungen werden bei einem dezentralen Ansatz die Beschwerden direkt von den Niederlassungen abgewickelt, ohne dass die Unternehmenszentrale involviert wird. Diese dezentrale Vorgehensweise in der Beschwerdeabwicklung wird häufig kritisiert, weil sie den Beschwerdeprozess zu sehr vereinfacht und Informationen teilweise nicht weitergegeben werden und so auch keine oder nur wenige Verbesserungen aus den Beschwerden abgeleitet werden können.[33] Für die meisten Unternehmenstypen empfiehlt sich ein duales Beschwerdemanagement, welches sich aus Elementen des zentralen und dezentralen Ansatzes zusammensetzt. Wie stark dabei die Ausprägung der jeweiligen Elemente ist, hängt unter anderem von der Art des Produktes (Investitionsgut, Konsumgut, Dienstleistung), der Anzahl der Unternehmenskunden sowie der Zentralität des Kundenkontakts und dem Aufbau des Vertriebs ab. Die Art des Produktes bedingt dabei, welche Arten von Beschwerden beim Unternehmen am häufigsten eingehen. Produkte lassen sich vereinfacht gesagt in physische Güter und Dienstleistungen trennen. Bei physischen Gütern gibt es öfter Probleme mit den Gütern an sich, beispielsweise weil diese

33 Vgl. Homburg (2012), S. 931; Stauss/Seidel (2007), S. 88 f.; Töpfer (2008), S. 846 ff.

nicht oder nur schlecht funktionieren. In diesen Fällen ist es wichtig, dass der Beschwerdeführer möglichst schnell technische Informationen oder eine Reparatur angeboten bekommt. Ein wesentliches Merkmal von Dienstleistungen ist, dass der Kunde mittelbar in die Leistungserstellung eingebunden ist. Aus diesem Grund kann der Kunde seine Beschwerden direkt gegenüber dem Personal kundtun, woraus sich die Möglichkeit ergibt, dass die Beschwerde unmittelbar vor Ort gelöst werden kann. Deshalb sollte in Dienstleistungsunternehmen in jedem Fall die Möglichkeit der dezentralen Beschwerdebearbeitung gegeben sein. Auch die Kundenanzahl hat einen Einfluss auf die Gestaltung des Beschwerdemanagements. Unternehmen mit wenigen, dafür aber sehr wichtigen Kunden, müssen auf jede Beschwerde individuell eingehen, da diese einen großen Einfluss auf deren wirtschaftliche Situation haben kann. In Unternehmen mit sehr vielen Kunden empfiehlt sich die Einrichtung von Beschwerdestellen, die für die Bearbeitung und Beantwortung von Anliegen der Beschwerdeführer verantwortlich sind. Ebenfalls kann die Art des Vertriebs die organisatorische Ausgestaltung des Beschwerdemanagements beeinflussen. Wenn das Unternehmen seine Produkte direkt vertreibt, kann es sein Beschwerdemanagement eigenständig gestalten und muss keine weiteren Stakeholder beachten. Beim indirekten Vertrieb ergibt sich jedoch eine besondere Situation, da das Verhalten der Händler einen erheblichen Einfluss auf die Kundenzufriedenheit hat. Beschwerdeführer wenden sich in erster Linie an diese, da sie im Kaufprozess keinen Kontakt zum Hersteller der Produkte haben.[34]

In Dienstleistungsunternehmen des Typs D bietet sich meist ein duales Beschwerdemanagement an. Da sich für Kunden häufig Barrieren bilden, wenn sie sich direkt beim betroffenen Mitarbeiter beschweren müssten, sollte ihnen die Möglichkeit geboten werden, ihre Beschwerde sowohl direkt in einer Filiale (also dezentral), als auch bei einer zentralen Stelle zu äußern. Ebenfalls ist besonders darauf zu achten, dass Beschwerden nicht von den Mitarbeitern verzerrt oder unterdrückt werden.[35]

34 Vgl. Stauss/Seidel (2014), S. 524 ff.; Becker/Eder (2010), S. 40 f.
35 Vgl. Stauss/Seidel (2014), S. 530 f.

3 Der Beschwerdemanagementprozess

3.1 Direktes Beschwerdemanagement

3.1.1 Beschwerdestimulierung

Die Beschwerdestimulierung ist der erste Teil des direkten Beschwerdemanagementprozesses, sie beinhaltet neben den verschiedenen Beschwerdekanälen auch das Marketing für diese. Ziel der Beschwerdestimulierung ist es, möglichst viele Kunden dazu anzuregen ihre negativen Ereignisse gegenüber dem Unternehmen zu äußern und so negative Mundpropaganda zu verhindern.

Grundlagen der Beschwerdestimulierung

Von einer geringen Anzahl an Beschwerden auf eine hohe Zufriedenheit der Kunden mit den eigenen Produkten oder Dienstleistungen zu schließen, ist ein Fehler den Unternehmen häufig begehen. Hintergrund dafür ist, dass nicht vorausgesetzt werden darf, dass sich alle unzufriedene Kunden tatsächlich beschweren. Vielmehr konnte in empirischen Studien gezeigt werden, dass der Anteil der „unvoiced complaints", also der nicht gegenüber dem Unternehmen geäußerten Beschwerden, deutlich höher ist, als in der Praxis angenommen wird. Nicht selten liegt dieser Wert über 50%.[36] Die unzufriedenen Kunden äußern ihren Unmut in diesem Fall häufig gegenüber Freunden, Kollegen, Bekannten und der Familie. Für das Unternehmen stellt diese Form des Mouth-to-Mouth-Marketings eine erhebliche Gefahr dar, da sie die positive Reputation eines Unternehmens beschädigen kann.[37] Um den Folgen der negativen Mundpropaganda zuvorzukommen, ist es für Unternehmen wichtig, der Kundenunzufriedenheit entgegenzuwirken. Dies bedingt wiederum, dass das Unternehmen detailliert über die Gründe für die Entstehung von Unzufriedenheit und das Ausmaß dieser informiert wird. Um diese Informationen zu erhalten, ist es wichtig, dass das Unternehmen im Rah-

36 Vgl. Homburg (2012), S. 931 f.; Stauss/Seidel (2007), S. 113 ff.; Bruhn (2012a), S. 148 ff.

37 Vgl. Stauss/Seidel (2007), S. 113 ff., Homburg (2012), S. 931 f.

men der Beschwerdestimulierung die Kunden dazu motiviert, ihre Beschwerden direkt zu äußern. Das Ziel der Beschwerdemaximierung ist es, möglichst viele Kunden dazu zu bewegen, ihre Beschwerden gegenüber dem Unternehmen zu äußern und die Zahl der unvoiced complaints zu senden.[38] Viele Kunden bringen Ihre Beschwerde nicht bei einem Unternehmen vor, weil dies einen hohen Aufwand für sie bedeuten würde. Eine weitere Aufgabe der Beschwerdestimulierung ist also der Abbau von Beschwerdebarrieren, in erster Linie handelt es sich hierbei um Barrieren finanzieller, zeitlicher und psychischer Art, die einen Kunden davon abhalten könnten seine Unzufriedenheit und die Gründe hierfür zu artikulieren. Die Stimulierung von Beschwerden bildet die Grundlage für eine Untersuchung der Defizite, die zur Unzufriedenheit der Kunden geführt haben und stellt damit die Basis eines systematischen Beschwerdemanagements dar.[39]

Beschwerdekanäle

Um Beschwerden von Kunden zu stimulieren ist es in einem ersten Schritt besonders wichtig, Beschwerdekanäle für die Kunden einzurichten, um die Äußerung der Beschwerden möglichst einfach zu gestalten. Hierbei wird zwischen persönlichen, schriftlichen, telefonischen und elektronischen Beschwerdekanälen unterschieden.[40]

Persönlich werden Beschwerden häufig in Dienstleistungsunternehmen geäußert, weil dort oftmals ein direkter und enger Kontakt zwischen Kunden und Mitarbeitern gegeben ist. Beim persönlichen Beschwerdekanal sind die Barrieren aufgrund dieses direkten Dialoges besonders gering. Hemmungen sich gegenüber dem Unternehmen mündlich zu äußern haben Kunden allerdings vor allem dann, wenn sie befürchten, nicht ernst genommen zu werden oder einen Konflikt befürchten, den sie mit hoher Wahrscheinlichkeit verlieren würden.[41] Um diese Barrieren abzubauen ist es besonders wichtig, dem Kunden die Sicherheit zu geben, dass seine Kritik ernstgenommen wird und seitens des Unternehmens ausdrücklich erwünscht ist. Besonders wichtig hierfür ist es, dass Mitarbeiter

38 Vgl. Stauss/Seidel (2007), S. 113 ff.; Schöler (2009), S. 97 ff.; Hofbauer/Rau (2011), S. 194 f.
39 Vgl. Töpfer (2008), S. 843 f.
40 Vgl. Homburg (2012), S. 932.
41 Vgl. Homburg/Fürst (2003), S. 16, Stauss/Seidel (2014), S. 100 f.

auf den Unmut des Kunden professionell und positiv reagieren. Die Einrichtung eines Service- oder Informationscenters im Unternehmen als zentrale Stelle für alle Anliegen der Kunden hilft zusätzlich Barrieren abzubauen und ermutigt den Kunden zusätzlich dabei seine Beschwerde vorzubringen.[42]

Schriftliche Beschwerdekanäle wie Brief oder Telefax werden von Kunden häufig bevorzugt, wenn diese einen Nachweis für ihre Beschwerde haben wollen oder es sich um einen Haftungsfall mit Ersatzforderungen im Sinne einer Reklamation handelt. Stimulieren kann man diese Art der Beschwerde, indem klar kommuniziert wird, an wen der Kunde seinen Brief zu richten hat.[43] Eine häufig genutzte Ausprägung der schriftlichen Beschwerde sind Meinungskarten auf denen der Kunde seine Eindrücke kurz und knapp festhalten kann, besonders oft werden diese im Dienstleistungssektor eingesetzt. Bei Meinungskarten ist jedoch zu beachten, dass deren beschwerdestimulierender Effekt mit dem Raum, der dem Kunden für seine freie Meinungsäußerung gegeben wird, steigt. Die Rückgabe von Meinungskarten kann entweder direkt (beispielsweise über einen dafür bereitgestellten Briefkasten) oder mit der Post erfolgen.[44]

Der telefonische Beschwerdeweg bietet für Kunden besonders preisliche und zeitliche Vorteile. Dies ist vor allem der Fall, wenn das Unternehmen eine kostenfreie Rufnummer für Beschwerden eingerichtet hat. Ebenfalls bietet dieser Beschwerdekanal den Vorteil, dass die Probleme meist schnell, direkt und persönlich gelöst werden können. Es ist jedoch zu beachten, dass bestimmte Grundvoraussetzungen vor der Einrichtung eines telefonischen Beschwerdekanals berücksichtigt werden sollten. Wichtig ist hierbei vor allem ausreichend geschultes Personal für die Entgegennahme von Anrufen, sodass lange Bearbeitungs- und Wartezeiten (beispielsweise durch technische Probleme oder personelle Unterbesetzung) vermieden werden, da diese die Unzufriedenheit des Beschwerdeführers noch steigern könnten.[45]

Zu den Möglichkeiten des elektronischen Beschwerdekanals zählen Beschwerden, die über E-Mail, Internet, soziale Medien oder sogenannte „Kiosk-Systeme"

42 Vgl Stauss/Seidel (2014), S. 100 f., Bruhn (2012b), S. 150 f.
43 Vgl. Stauss/Seidel (2014), S. 101 f.
44 Vgl. Stauss/Seidel (2014), S. 101 ff.
45 Vgl. Stauss/Seidel (2014), S. 102 ff.; Hofbauer/Rau (2011), S. 194 f.

bei einem Unternehmen eingehen. Der Vorteil von Beschwerden per E-Mail oder Kontaktformular im Internet liegt in der Asynchronität der Kommunikation. Die Beteiligten müssen nicht zur gleichen Zeit anwesend sein, dennoch wird eine zeitnahe Kommunikation und Lösung des Beschwerdefalls ermöglicht. Ebenso werden finanzielle und kommunikative Barrieren abgebaut, wenn der elektronische Beschwerdekanal genutzt wird. Für Unternehmen bieten vor allem Kontaktformulare den Nutzen, dass der Kunde zur Angabe bestimmter Daten direkt aufgefordert werden kann, alle wichtigen Informationen schon beim Beschwerdeeingang vorhanden sind und so nicht von Unternehmensseite nachgefragt werden muss. Die elektronischen Beschwerdekanäle sollten im Rahmen der Beschwerdestimulierung explizit auf der Homepage genannt und hervorgehoben werden.[46]

Um die Zahl der Beschwerden zu erhöhen müssen alle eingerichteten Beschwerdekanäle explizit beworben werden. Dies kann zum einen geschehen, indem bereits vorhandene Werbe- und Kommunikationsmittel (z.B. Briefpapier, E-Mail-Signaturen und Websites) als Werbeträger für die Beschwerdekanäle genutzt werden und zum anderen, indem für die Beschwerdekanäle individuelle Werbemittel entworfen und genutzt werden. Ebenso können Beschwerden auch über Werbung in Massenmedien oder auf den Produkten des jeweiligen Unternehmens stimuliert werden. Bei der Einführung von Maßnahmen zur Beschwerdestimulierung ist jedoch darauf zu achten, dass auf ankommende Beschwerden auch in angemessener Zeit reagiert werden kann. Aus diesem Grund kann es empfehlenswert sein, nicht alle Beschwerdekanäle zur selben Zeit neu einzuführen.[47]

3.1.2 Beschwerdeannahme

Grundlagen der Beschwerdeannahme

Im Rahmen der Beschwerdeannahme gilt es zunächst die Zuständigkeit für Beschwerden, den Beschwerdeeingang und die Erfassung von Informationen zu den Beschwerden klar zu strukturieren und Prozesse und Regelungen festzuhalten.[48]

---

46 Vgl. Bruhn (2012b), S. 151; Bruhn (2013), S. 243; Stauss/Seidel (2014), S. 106 ff.

47 Vgl. Stauss/Seidel (2014), S. 127 ff.; Homburg/Fürst (2003), S. 16 f.

48 Vgl. Bruhn (2013), S. 243 f.; Haas/von Troschke (2007), S. 143.

Nicht zu unterschätzen ist jedoch auch die psychologische Wirkung des ersten Kontakts zwischen Kunde und Unternehmen bei der Beschwerdeannahme. Je nachdem, wie dieser erste Eindruck ausfällt, kann der weitere Kontakt zwischen Kunde und Unternehmen aus Kundensicht positiv oder negativ beeinflusst werden. Daher sollte dem Kunden gegenüber stets verständnisvoll und mit viel Einfühlungsvermögen gegenüber getreten werden, ebenfalls sind seine geschilderten Probleme ernst zu nehmen.[49] Bei den Verantwortlichkeiten für eine Beschwerde hat sich in vielen Unternehmen bewährt, dass der Mitarbeiter, der als erster mit einer Beschwerde konfrontiert wird, ab diesem Zeitpunkt für deren Bearbeitung zuständig ist. Dieses Prinzip, bei der ein Mitarbeiter Eigentümer einer Beschwerde wird, nennt sich „Complaint Ownership" und ist dem dezentralen Beschwerdemanagement zuzuordnen. Nach Artikulation der Beschwerde hat der Mitarbeiter die Aufgabe diese zu erfassen und zu bearbeiten. In Fällen in denen die Beschwerde seine Kompetenzen übersteigt, kann er Vorgesetzte zu Rate ziehen.[50] Eine grundlegende Voraussetzung für ein funktionierendes „Complaint Ownership" ist jedoch, dass jede Person im Unternehmen dazu bereit ist, Kundenanliegen anzunehmen und zu bearbeiten oder weiterzuleiten, auch wenn diese nicht in den eigenen Zuständigkeitsbereich fallen.[51]

Beschwerdeinformationen

Um einen möglichst reibungslosen Kontakt zwischen dem Unternehmen und dem Beschwerdeführer zu ermöglichen, sollten beim ersten Kontakt alle relevanten Daten und Informationen zu der Beschwerde und dem Beschwerdeführer (Kunde) erfasst werden. Diese Beschwerdeinhalts-Informationen lassen sich in Beschwerdeführer-Informationen, Beschwerdeproblem-Informationen und Beschwerdeobjekt-Informationen gliedern. Darüber hinaus sollten Beschwerdeabwicklungsinformationen erfasst werden, die festhalten, welche Schritte bei der Annahme, Bearbeitung und Lösung der Beschwerde vorgenommen wurden und welchen Weg die Beschwerde im Unternehmen gegebenenfalls zurück gelegt

49 Vgl. Homburg/Fürst (2003), S. 17; Bruhn (2013), S. 243 f.
50 Vgl. Stauss/Seidel (2014), S. 128 f.; Heering (2009), S. 166; Bruhn (2012b), S. 155.
51 Vgl. Töpfer (2008), S. 846.

hat.[52] Bei der Erfassung der Beschwerdeinhalts-Informationen sind zunächst Daten zum Beschwerdeführer festzuhalten, wie zum Beispiel der Name und Kontaktdaten, die Adresse, Telefonnummer, Kundennummer und gegebenenfalls Zeiten zu denen der Kunde telefonisch erreichbar ist.[53] Des Weiteren hat es sich als hilfreich erwiesen, den Grad der Verärgerung des Kunden mit Hilfe einer Skala festzuhalten. Das Ausmaß der Verärgerung lässt sich von Mitarbeitern häufig an den Äußerungen und der Aufgebrachtheit des Kunden ablesen. Aus diesen Informationen lässt sich neben der Dringlichkeit der Bearbeitung auch die Größe einer eventuellen Wiedergutmachung ableiten.[54] In Abbildung 5 ist ein mögliches Erscheinungsbild einer solchen Skala veranschaulicht.

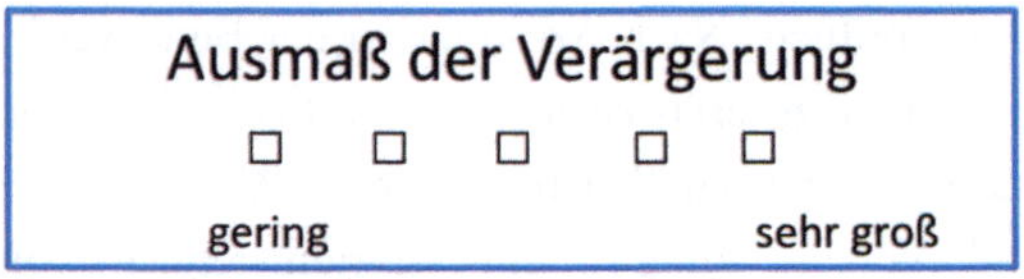

Abbildung 4: Skala zur Erfassung des Verärgerungsgrads
Quelle: Stauss/Seidel (2014), S.135

Beschwerdeproblem-Informationen erfassen Daten über das Problem, das ursächlich für die Beschwerde ist. Sie umfassen die Art des Problems, grundsätzliche Informationen zum Zeitpunkt und Ort an dem das Problem entstanden ist sowie die Information, ob es sich um eine Erst- oder Folgebeschwerde handelt. Um eine Folgebeschwerde handelt es sich, wenn ein Kunde, der sich bereits über ein bestimmtes Problem geäußert hat, seine Unzufriedenheit über die Abwicklung der Beschwerde äußert. Diese Art von Beschwerde sollte vorrangig bearbeitet werden, um zu vermeiden, dass der Kunde in seiner Unzufriedenheit mit der Beschwerdeabwicklung bestärkt wird.[55] Die genauen Daten zum Ort, Hergang und Zeitpunkt des Problemfalls sind insbesondere wichtig, um Aussagen treffen

52 Vgl. Stauss/Seidel (2014), S. 132 ff.; Haas/von Troschke (2009), S. 136 f.
53 Vgl. Stauss/Seidel (2014), S. 132 ff.; Schöler (2009), S. 102 f.
54 Vgl. Stauss/Seidel (2014), S. 135; Schöler (2009), S. 104 f.
55 Vgl. Stauss/Seidel (2014), S. 135 ff; Schöler (2009), S. 103 ff.

zu können, ob sich bestimmte Probleme häufen oder in bestimmten Zyklen oder bei bestimmten Abteilungen oder Standorten besonders oft auftreten.[56]

Im Rahmen der Erfassung von Beschwerdeobjekt-Informationen geht es in erster Linie darum herauszufinden, welches Produkt oder welche Dienstleistung nicht den Anforderungen des Beschwerdeführers gerecht wurde, beziehungsweise ob beispielsweise der Preis oder Verhaltensweisen des Unternehmens Gegenstand der Beschwerde sind. Um spätere Verbesserungen am Produkt oder der Dienstleistung zu ermöglichen, ist es wichtig, dass möglichst viele Informationen werden.[57]

Beschwerdeabwicklungs-Informationen geben Aufschluss darüber, welchen Weg eine Beschwerde im Unternehmen gegangen ist und wie sie bearbeitet wurde. Diese Informationen können später bei der Analyse der Beschwerdebearbeitung oder der Verbesserung der Beschwerdeabwicklung besonders hilfreich sein. Ebenfalls kann sie die Mitarbeiter dabei unterstützen eine passende Beschwerdelösung zu finden, indem diese sich an ähnlichen Beschwerden orientieren.[58]

Erfassung von Beschwerdeinformationen

Eine Erfassung der Beschwerdeinformationen kann entweder durch einen Mitarbeiter oder eigenständig durch den Beschwerdeführer erfolgen. Das Erfassen von Beschwerden durch das Unternehmen erfolgt meist mit Hilfe von Formularen oder Eingabemasken am PC. Standardisierte Formblätter helfen vor allem dabei die Beschwerde detailliert und mit allen wichtigen Informationen zu dokumentieren. Sie sind besonders hilfreich, wenn die Beschwerde im direkten Dialog mit dem Kunden (telefonisch oder persönlich) aufgenommen wird.[59]

Neben der Nutzung eines Beschwerdeerfassungsformulars können Unternehmen Beschwerden auch mit Hilfe von spezieller Beschwerdemanagement-Software verwalten. Dies hat den Vorteil, dass alle wichtigen Informationen direkt digital erfasst und gespeichert werden und so der Schritt des Erfassens von Daten in einem CRM-System weg fällt. Ebenfalls wird der Zugang zu

56 Vgl. Stauss/Seidel (2014), S. 137.
57 Vgl. Stauss/Seidel (2014), S. 138 f.; Schöler (2009), S. 103.
58 Vgl. Stauss/Seidel (2014), S. 139.
59 Vgl. Stauss/Seidel (2014), S. 154 f.

Beschwerdeinformationen für alle Mitarbeiter erleichtert. Jedoch müssen beim Einsatz einer Beschwerdemanagement-Software auch die dadurch entstehenden Kosten für den Kauf und die Anpassung der Software, sowie die Schulung der Mitarbeiter berücksichtigt werden.[60]

Ebenfalls können Beschwerden, wie bereits erwähnt, auch von den Beschwerdeführern direkt erfasst werden, was meist mit Hilfe von Formularen im Internet oder Meinungskarten geschieht. Diese kundenseitige Beschwerdeerfassung hat den Vorteil, dass der Kunde sich unvoreingenommen äußern kann und alle relevanten Informationen über das Formular erfasst werden können. Dies sind zum Beispiel Kontaktdaten des Kunden, Art und Beschreibung des Problems, sowie Ort und Zeitpunkt an dem das Problem aufgetaucht ist. Ein weiterer positiver Aspekt ist, dass bei dieser Variante der Beschwerdeerfassung kein Mitarbeiter anwesend sein muss und so personelle Ressourcen anderweitig eingesetzt werden können. Ebenfalls kann die Beschwerdeaufnahme in diesem Fall nicht durch einen Mitarbeiter beeinflusst werden.[61]

3.1.3 Beschwerdebearbeitung

Die Beschwerdebearbeitung läuft im Idealfall als Prozess ab und besteht aus klaren Abläufen, die aufeinander abgestimmt sind. Im Rahmen der Festlegung eines neuen Prozesses zur Beschwerdebearbeitung sind der Ablauf bei Eingang einer Beschwerde, Verantwortlichkeiten und die Bearbeitungsdauer festzulegen, sowie eine Kontrollfunktion zur Bearbeitung der Beschwerde festzulegen. Da Beschwerden aber über verschiedene Kanäle eingehen, grundsätzlich sehr verschieden sind und Kunden beim Unternehmen unterschiedliche Wichtigkeiten haben kann der Beschwerdebearbeitungsprozess zwar einheitlich definiert sein, muss aber dann sehr abstrakt gehalten werden. Ebenfalls kann die Bearbeitungsdauer je nach Art und Komplexität der Beschwerde sowie des genutzten Beschwerdekanals und der Dringlichkeit der Beschwerde variieren.[62]

---

60 Vgl. Stauss/Seidel (2007), S. 157.
61 Vgl. Stauss/Seidel (2007), S. 158.
62 Vgl. Bruhn (2013), S. 244; Homburg (2012), S. 932f. ; Stauss/Seidel (2007), S. 181 f.; Fürst (2008), S. 41.

Damit eine einfache Übersicht über die jeweiligen Schritte gewährleistet werden kann ist es hilfreich den Prozess mit Hilfe eines Flussdiagramms darzustellen.

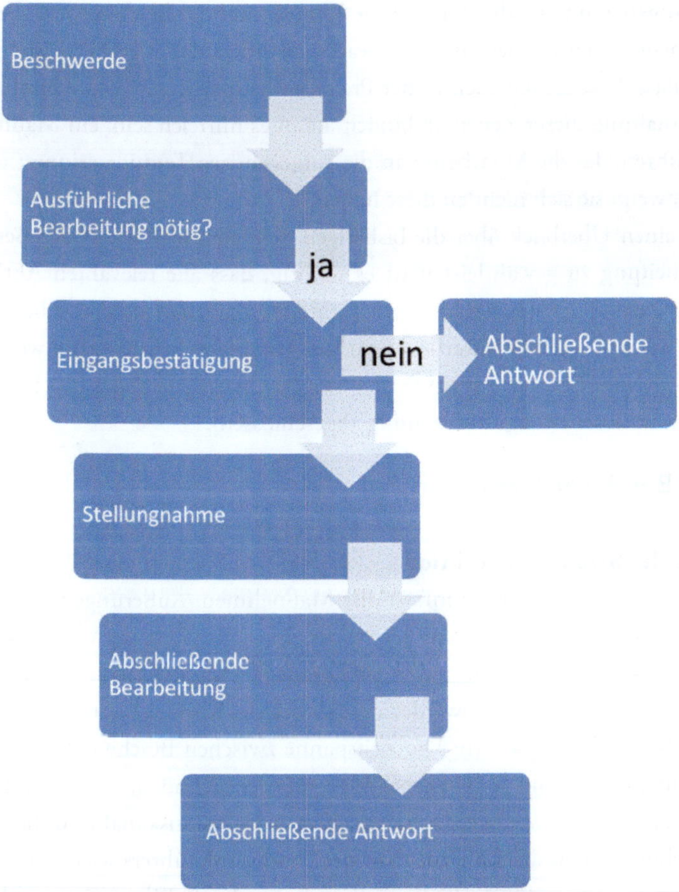

Abbildung 5: Bearbeitungsprozess einer Beschwerde als Flussdiagramm
Quelle: Stauss/Seidel (2007), S.194

Bei der Beschwerdebearbeitung sollte ebenfalls beachtet werden, dass die für die Bearbeitung benötigte Zeit eine erhebliche Rolle dabei spielt, ob ein Kunde nach der Bearbeitung seiner Beschwerde zufrieden ist, oder nicht. Hierbei ist zu berücksichtigen, dass Beschwerdeführer, deren Anliegen schnell bearbeitet wird eher zufrieden sind, als Kunden die lange auf eine Bearbeitung ihrer Beschwerde und eine Antwort des Unternehmens warten müssen. Bei der Festlegung von Bearbeitungszeiten muss die Art und die Komplexität der Beschwerden, die in der Regel beim Unternehmen eingehen beachtet werden, damit gewährleistet werden kann, dass diese Zeiten auch in der Praxis einhaltbar sind.[63] Um Mitarbeiter an die Einhaltung dieser Zeiten zu binden, kann es hilfreich sein, ein Mahnsystem einzuführen, das die Mitarbeiter an die vorgegebenen Termine erinnert und abmahnt, wenn sie sich nicht an diese halten.[64]

Um einen Überblick über die bisherigen Schritte im Rahmen der Beschwerdebearbeitung zu gewährleisten ist es wichtig, dass alle relevanten Aktivitäten mit der Zeit zu der sie abgeschlossen wurden festgehalten werden. Ebenso sollte erfasst werden, welcher Mitarbeiter für den jeweiligen Schritt verantwortlich ist und in welcher Bearbeitungsstufe sich dies Beschwerde befindet (noch nicht bearbeitet, in Bearbeitung, Bearbeitung abgeschlossen).[65]

3.1.4 Beschwerdereaktion

Begriff der Beschwerdereaktion

Die Beschwerdereaktion umfasst alle Maßnahmen, Äußerungen und Verhaltensweisen eines Unternehmens gegenüber einem Kunden, der eine Beschwerde äußert. Der Beschwerdereaktion ist eine große Wichtigkeit zuzumessen, da sie in besonderem Maße zur Beschwerdezufriedenheit des Kunden beiträgt. Sie lässt sich in vier Bestandteile gliedern: Die Zeitspanne zwischen Beschwerdeeingang und der Kontaktaufnahme des Unternehmens mit dem Kunden, den Grad der Individualität der Beschwerdereaktion, den Kommunikationskanal und die Wiedergutmachung.[66] Um die Zufriedenheit des Beschwerdeführers wiederherzustellen muss angemessen und freundlich auf die vorgebrachte Kritik reagiert werden. Dabei kann es hilfreich sein, wenn für die Mitarbeiter, die Beschwerden von Kunden

63 Vgl. Stauss/Seidel (2007), S. 201 ff.; Homburg (2012), S. 932 f.
64 Vgl. Stauss/Seidel (2014), S. 185 f.; Fürst (2008), S.41.
65 Vgl. Stauss/Seidel (2014), S. 190 ff.
66 Vgl. Bruhn (2012b), S. 162; Stauss/Seidel (2007), S. 217 ff.

aufnehmen klare Verhaltensregeln definiert sind und diese entsprechende geschult werden. Die Reaktion auf eine Beschwerde hängt auch davon ab, welchen Beschwerdekanal der Beschwerdeführer genutzt hat und auf welchem Weg das Unternehmen auf die Beschwerde reagiert.[67]

Reaktion auf Beschwerden im direkten Gespräch

Ein direktes Gespräch mit einem Beschwerdeführer läuft in der Regel in 5 Phasen ab. In der Begrüßungsphase geht es darum, dass die Beschwerde höflich und offen entgegengenommen wird und der Mitarbeiter den Kunden gegebenenfalls zum richtigen Ansprechpartner vermittelt.

In der zweiten Gesprächsphase ist das Ziel der Aggressionsabbau des Kunden, hier sollte darauf Wert gelegt werden, dass ihm Gelegenheit gegeben wird die Situation aus seiner Sicht zu schildern. Der Mitarbeiter sollte durch sein Verhalten zeigen, dass er die Beschwerde ernst nimmt und es ihm wichtig ist, eine gemeinsame Lösung zu finden. Ebenfalls muss sich der Mitarbeiter beim Kunden aufrichtig für das aufgetretene Problem entschuldigen. Auch wenn der Kunde sich in dieser Aggressionsabbauphase schnell in Rage redet und es scheint, dass er dadurch noch aggressiver wird, ist es besonders wichtig ihn ausreden zu lassen und das Gespräch erst anschließend wieder auf die Sachebene zurückzuholen. In einzelnen Fällen kann es in dieser Phase auch zu Beleidigungen des Mitarbeiters durch den Kunden kommen, die jedoch keinesfalls als persönlicher Angriff gesehen werden dürfen.[68]

In der darauffolgenden Konfliktbereinigungsphase geht es darum, den Kunden zu beruhigen und das Gespräch zurück auf eine sachliche Ebene zu führen. Um dies zu erreichen ist es wichtig, dass der Mitarbeiter Empathie und Einfühlungsvermögen gegenüber dem Kunden zeigt, jedoch sind Schuldzuweisungen an Kollegen oder Dritte zu vermeiden.

Ist nach der dritten Gesprächsphase das Gespräch wieder zurück auf die Sachebene geholt worden, geht es in der Problemlösungsphase darum eine angemessene und zufriedenstellende Lösung zu finden. Falls es nicht möglich ist eine Lösung direkt während des ersten Gesprächs zu finden, sollte dem Kunden mitgeteilt

67 Vgl. Bruhn (2013), S. 244; Stauss/Seidel (2014), S. 202 ff.
68 Vgl. Stauss/Seidel (2014), S. 203 f.; Bruhn (2012b), S. 162 f.

werden, bis zu welchem Zeitpunkt man sich erneut mit ihm in Verbindung setzen wird. In der abschließenden Phase stellt das Unternehmen dem Kunden die angestrebte Lösung nochmals dar und eruiert, ob er mit dieser einverstanden ist. Wenn dies der Fall ist, wird der Kunde verabschiedet. Hierbei sollte stets darauf geachtet werden, dass das Gespräch mit einer positiven Formulierung beendet wird.[69]

Reaktion auf schriftliche Beschwerden

Grundsätzlich gleicht die Reaktion auf schriftliche Beschwerden in ihrem Ablauf der Beschwerdereaktion im persönlichen Dialog. Jedoch steht der Mitarbeiter als Complaint Owner nicht unter dem Druck direkt und unmittelbar auf eine vorgebrachte Beschwerde reagieren zu müssen. Dies bedeutet jedoch nicht, dass dem Kunden keine zeitnahe Rückmeldung (mindestens in Form einer Eingangsbestätigung) zugehen sollte.[70]

Bei der Einstiegsformulierung ist darauf zu achten, dass diese zuvorkommend und nett formuliert ist, bürokratische und steife Satzteile sind zu vermeiden. Im zweiten Teil der Beschwerdereaktion sollte auf das individuelle Problem und den Beschwerdegrund eingegangen werden, um anschließend eine offizielle Entschuldigung zu äußern und so eine sachliche Grundlage für die Problemlösung zu schaffen. Im dritten Teil erfolgt die Schilderung, der vom Unternehmen vorgeschlagenen Problemlösung, hierbei ist darauf zu achten, dass diese klar und verständlich formuliert wird. Zum Schluss sollte, wie beim persönlichen Gespräch auf eine positive Formulierung geachtet werden. Wenn auf das Anliegen des Kunden nicht eingegangen werden kann oder es nicht vollständig erfüllt werden konnte ist es angebracht sich nochmals für die Unannehmlichkeiten zu entschuldigen und Bedauern darüber zu äußern, dass der Kunde nicht vollständig zufriedengestellt werden konnte.[71]

Lösungsmöglichkeiten

69 Vgl. Stauss/Seidel (2014), S. 244 f.; Bruhn (2012b), S. 162 f.
70 Vgl. Stauss/Seidel (2007), S. 207.
71 Vgl. Stauss/Seidel (2014), S. 207 ff.

Grundsätzlich lassen sich die möglichen Lösungswege, um eine Beschwerde zu kompensieren in drei Bereiche gliedern. Unternehmen können den entstandenen Schaden auf immaterielle, materielle oder finanzielle Weise wiedergutmachen. Zu den immateriellen Lösungsmöglichkeiten zählen die Entschuldigung, sowie weitreichende Informationen oder eine Erklärung zu dem Vorfall. Materielle Reaktionen sind der Umtausch oder die Reparatur von defekten oder fehlerhaften Produkten, das Überlassen eines gleichwertigen Ersatzproduktes, sowie ein Geschenk an den Kunden. Da bei Dienstleistungen der Umtausch oder die Reparatur nicht zu realisieren sind, bietet sich ein Geschenk an, um den Kunden zufrieden zu stellen, jedoch stellt dieses Geschenk keine Problemlösung im eigentlichen Sinne dar. Eine Erklärung, sowie Entschuldigung gegenüber dem Kunden ist nötig, wenn das Unternehmen sich für das Geschehene verantwortlich zeigen will und macht auch als Ergänzung finanzieller oder materieller Lösungen Sinn.[72]

Auswirkung der Unternehmensreaktion auf die Beschwerdezufriedenheit

Die Angemessenheit der Beschwerdereaktion hat beim Kunden einen direkten Einfluss auf seine Beschwerdezufriedenheit, daher sollte sich das Unternehmen bei der Wahl der Beschwerdeform damit auseinandersetzen, ob die jeweilige Kompensationsform vom Kunden als adäquat wahrgenommen wird. In einer Studie zeigte sich, dass Kunden meist eine finanzielle oder materielle Kompensation vorziehen und sich häufig nicht ernst genommen fühlen, wenn eine solche ausbleibt.[73] Ebenfalls hat der gesamte Prozess der Beschwerdereaktion Auswirkungen auf die Zufriedenheit des Kunden. In einer Können-Wollen-Matrix (siehe Abbildung 7) lassen sich die Auswirkungen von Unternehmensreaktionen auf die Zufriedenheit des Beschwerdeführers übersichtlich darstellen.[74]

72 Vgl. Bruhn (2012b), S. 164; Stauss/Seidel (2014), S. 218 ff.
73 Vgl. Stauss/Seidel (2007), S. 240 f.
74 Vgl. Stauss/Seidel (2007), S. 240 ff.

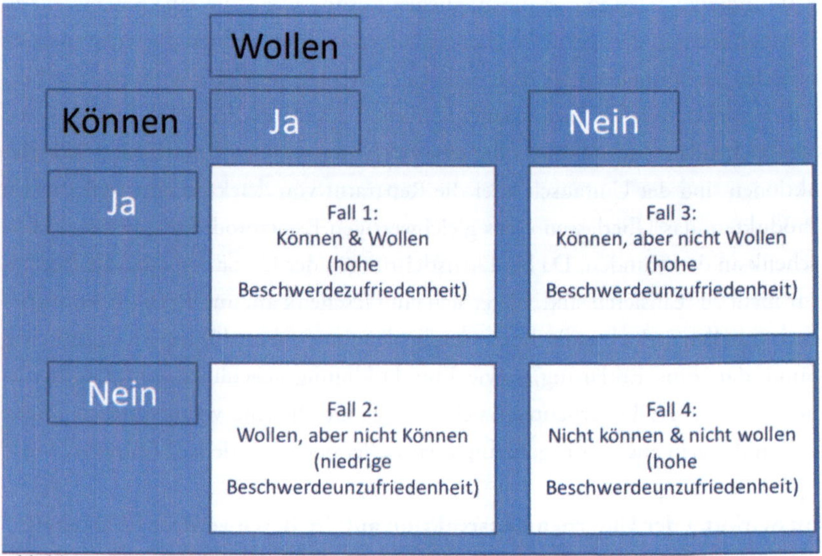

Abbildung 6: Können-Wollen-Matrix der Beschwerdereaktion
Quelle: Stauss/Seidel (2007), S. 242

3.2 Indirektes Beschwerdemanagement

3.2.1 Beschwerdeauswertung

Begriff der Beschwerdeauswertung

Um eindeutige Aussagen darüber gewinnen zu können, ob bestimmte Beschwerden gehäuft auftreten oder in welchen Bereichen Verbesserungen vorgenommen werden sollten ist es besonders wichtig die erhaltenen Beschwerden systematisch auszuwerten. Die Informationen aus den Beschwerden der Kunden lassen sich durch Auswertungen nutzbar machen und können der Vorbeugung von Problemen dienen und Verbesserungspotentiale bei Produkten und Dienstleistungen aufzeigen. Grundsätzlich wird hierbei zwischen der qualitativen und der quantitativen Auswertung von Beschwerden unterschieden.[75]

75 Vgl. Homburg/Fürst (2003), S. 18; Stauss/Seidel (2007), S. 269.

Quantitative Auswertung von Beschwerden

Um einen zahlenmäßigen Überblick über die aufkommenden Beschwerden zu erhalten, werden diese mit Hilfe von quantitativen Methoden analysiert. Dies kann unter anderem mit Hilfe von univariaten (auf eine Variable bezogene) Häufigkeitsverteilungen oder mit bivariaten Methoden wie beispielsweise Kreuztabellen geschehen. Univariate Verfahren können dabei über relative und absolute Häufigkeiten von Beschwerden Aufschluss geben. Hierfür geben Sie beispielsweise an, welche Problemarten besonders häufig Auslöser für Beschwerden sind.[76]

Im Rahmen der bivariaten Auswertung von Beschwerden haben sich besonders Kreuztabellen als hilfreich erwiesen, da diese beispielsweise die Problemart mit dem Beschwerdeobjekt verknüpfen können und so detailliertere Aussagen erlauben, als univariate Verfahren. Bei der Erstellung von Kreuztabellen ist jedoch darauf zu achten, dass die beiden eingesetzten Kriterien am Ende auch eine sinnvolle Aussage geben können.[77] Detaillierte Aussagen kann auch die Frequenz-Relevanz-Analyse von Beschwerden liefern. Sie besteht zum einen aus einer Auswertung der Häufigkeit eines Problems und zum anderen aus der Feststellung der Relevanz des Problems für den Kunden. Der Wert auf dieser sogenannten Relevanzskala kann mit Hilfe des Grades der Verärgerung des Kunden, sowie den Konsequenzen der Beschwerde festgelegt werden.[78]

Qualitative Beschwerdeauswertung

Um den Ergebnissen der quantitativen Beschwerdeauswertung genaue Ursachen zuordnen und Handlungsempfehlungen ableiten zu können, müssen diese im Rahmen der qualtitativen Beschwerdeauswertung interpretiert werden.

Neben den Erkenntnissen der quantitativen Beschwerdeauswertung gehen auch Erkenntnisse aus den Beschwerdeinformationen und der Beschwerdebearbeitung mit in die Analyse ein. Häufig wird hierzu das sogenannte Ursachen-Wirkungs-Diagramm herangezogen, um voreilige Schlussfolgerungen aus den Analysen zu vermeiden. Das Ziel der qualitativen Beschwerdeauswertung besteht darin alle Ursachen, die für das Beschwerdeproblem verantwortlich sind in einer

76 Vgl. Stauss/Seidel (2007), S. 269 ff.; Schöler (2009), S. 109 f.
77 Vgl. Stauss/Seidel (2007), S. 276 ff.; Schöler (2009), S. 109 ff.
78 Vgl. Stauss/Seidel (2007), S. 286 ff.; Schöler (2009), S .112 f.

Wirkungskette detailliert darzustellen und dadurch Ansätze für die Behebung dieses Problems ableiten zu können.[79]

3.2.2 Beschwerdemanagementcontrolling

Begriff und Aufgaben des Beschwerdemanagementcontrollings

Die grundlegende Aufgabe des Controllings im Beschwerdemanagementkontext ist die Aufbereitung der gewonnen Daten, um eine Entscheidungsbasis für das Management zu schaffen. Das Beschwerdemanagementcontrolling hat fünf Aufgabenfelder, die im Folgenden näher erläutert werden sollen.

Die Ermittlungs- und Informationsfunktion hat die Aufgabe alle wichtigen Informationen zum Beschwerdemanagement zu sammeln und für die zuständigen Personen zugänglich zu machen. Bei der Planungsfunktion geht es darum, aus den zur Verfügung stehenden Daten Zielvorgaben für einzelne Personen oder Abteilungen abzuleiten. Die Kontrollfunktion misst den Erfolg des Beschwerdemanagements und leitet Maßnahmen ab, falls die tatsächlichen Werte vom Soll-Wert abweichen. Die Steuerungsfunktion dient dem Ergreifen von Maßnahmen, um abweichende Werte wieder den Standards anzugleichen. Um alle einzelnen Maßnahmen miteinander abstimmen zu können, hat das Beschwerdemanagement auch eine Koordinationsfunktion.

Aufgrund der Komplexität und der schwierigen Beschaffung von Daten ist diese Art der Erfolgskontrolle im Beschwerdemanagement jedoch nicht unumstritten.[80]

Evidenz-Controlling

Da sich nicht jeder Kunde beim Unternehmen beschwert und einige Beschwerden vom Unternehmen nicht erfasst werden, wäre es falsch anzunehmen, dass die aufkommenden Beschwerden exakt das Maß der Unzufriedenheit aller Kunden wiedergeben. Stauss/Seidel sprechen bei dieser Situation vom sogenannten Eisberg-Phänomen des Beschwerdemanagements, welches in Abbildung 8 dargestellt

79 Vgl. Stauss/Seidel (2007), S. 299; Homburg (2012), S. 933.
80 Vgl. Stauss/Seidel (2014), S. 290; Pepels (2013), S. 90f.

ist. Um dieses Wissensdefizit, das durch nicht artikulierte und nicht erfasste Beschwerden entsteht, auszugleichen findet das Evidenz-Controlling Anwendung.[81]

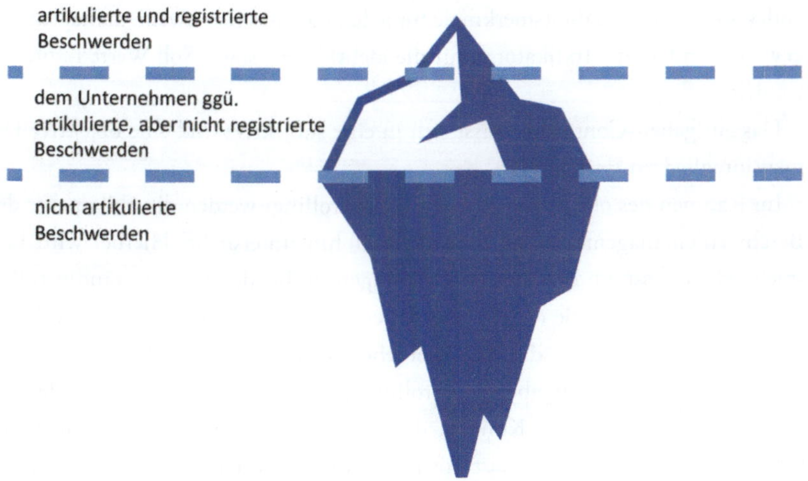

Abbildung 7: Eisberg-Phänomen des Beschwerdemanagements
Quelle: Stauss/Seidel (2014), S. 293

Um einen Überblick über die Anzahl der nicht artikulierten Beschwerde zu erhalten, wird die sogenannte Nicht-Artikulationsquote herangezogen. Diese Quote misst das Verhältnis zwischen der Anzahl der verärgerten Kunden, die sich nicht beim Unternehmen beschweren und der Gesamtzahl der Kunden, die verärgert sind. Ein Teilziel des Beschwerdemanagements sollte die Minimierung der Nicht-Artikulationsquote darstellen. Die Daten zur Berechnung dieser und der nachfolgend erläuterten Kennzahlen lassen sich aus Kundenumfragen generieren, hier lassen sich beispielsweise Fragen nach der Zufriedenheit oder dem Auftreten eines Beschwerdegrundes nutzen. Ebenso sollte im Rahmen des Evidenz-Controllings der Anteil der nicht registrierten Beschwerden erfasst werden, um ein Bild davon zu haben, wie viel Prozent der geäußerten Beschwerden nicht vom Unternehmen gespeichert werden.[82]

81 Vgl. Stauss/Seidel (2006), S. 92 ff.; Stauss/Seidel (2014), S. 292 ff.
82 Vgl. Stauss/Seidel (2014), S. 298 ff.

Aufgaben-Controlling

Das Aufgaben-Controlling dient dazu, die Qualität des Beschwerdemanagements zu überprüfen, hierfür werden zuvor festgelegte Standards genutzt. Unter anderem müssen Qualitätsmerkmale für jede Phase des Beschwerdemanagements gewählt werden, die Indikatoren für die identifiziert, sowie Soll-Werte festgelegt werden.

Das Aufgaben-Controlling lässt sich in eine subjektive und eine objektive Dimension gliedern.[83]

Im Rahmen des objektiven Aufgaben-Controllings werden die Teilaspekte des Beschwerdemanagements auf ihre Qualität hin untersucht. Hierbei wird beispielsweise erfasst, ob Beschwerden termingerecht bei der dafür zuständigen Person ankommen und wie oft eine Beschwerde weitergeleitet wird, ebenfalls wird unter anderem die Dauer der Beschwerdebearbeitung gemessen.[84]

Beim subjektiven Aufgaben-Controlling geht es in erster Linie um die Beschwerdezufriedenheit der Kunden, die sich gegenüber dem Unternehmen beschwert haben. Diese wird meist mit Hilfe einer regelmäßigen Befragung ermittelt und dann mit den Ergebnissen vorheriger Befragungen und den Soll-Werten verglichen.[85]

Kosten-Nutzen-Controlling

Um festzustellen, ob das Beschwerdemanagement im Unternehmen aus Kosten-Nutzen-Sicht wirtschaftlich arbeitet wird das Kosten-Nutzen-Controlling eingesetzt. Das Ziel dieser Art des Controllings ist es aufzuzeigen, welche finanziellen Aufwendungen ein Unternehmen hat, wenn es eine konkrete Beschwerde bearbeitet.[86] Die Kostenartenrechnung erfasst hierbei die wichtigsten Kostenarten des Beschwerdemanagements, wie zum Beispiel Kosten für Verwaltung, IT, Personal, Kommunikation und Reaktionskosten. Reaktionskosten sind die Kosten, die dem Unternehmen im Falle einer Wiedergutmachung, Gewährleistung oder eines Geschenks an den Kunden entstehen. Neben der Kosten-

83 Vgl. Stauss/Seidel (2014), S. 306 f.; Hofbauer/Hellwig (2009), S. 301.
84 Vgl. Stauss/Seidel (2014), S. 319ff.
85 Vgl. Stauss/Seidel (2014), S. 308 ff.
86 Vgl. Stauss/Seidel (2014), S. 335.

artenrechnung kommen beim Kosten-Controlling auch die Kostenstellen- und Kostenträgerrechnung sowie die Prozesskostenrechnung zum Einsatz.[87]

Im Rahmen des Nutzen-Controllings wird untersucht, welchen Nutzen eine Beschwerde beim Unternehmen oder dem Kunden gestiftet hat. Hierbei liegt eine Schwierigkeit darin, den meist immateriellen Nutzen einer Beschwerde quantifizierbar zu machen. In der Regel werden hierfür die Änderung der Einstellung des Kunden (Einstellungsnutzen), der Wert der Beschwerdeinformationen für das Unternehmen (Informationsnutzen), der Nutzen der aus einer Bindung des Kunden und seines erneuten Kaufs von Produkten des Unternehmen entsteht (Wiederkaufnutzen) und der Nutzen von Empfehlungen des Beschwerdeführers an Dritte (Kommunikationsnutzen) herangezogen.[88]

3.2.3 Beschwerdereporting

Der Begriff des Beschwerdereportings umfasst die regelmäßige Erstellung von Berichten über Themen die das Beschwerdemanagement betreffen für unternehmensinterne Empfänger.

Das Beschwerdereporting lässt sich in das aktive Berichterstatten (Informations-Push), sowie die Zurverfügungstellung wichtiger Informationen (Informations-Pull) gliedern. Im Rahmen des Informations-Push geht es darum die internen Zielgruppen der Berichterstattung, sowie die für die jeweilige Zielgruppe relevanten Informationen festzulegen. Die Informationen beispielsweise über Stärken und Schwächen im Beschwerdemanagement, Kundenbindung oder die Rentabilität des Beschwerdemanagements können dann auf verschiedene Arten (z.B. Tabellen, Listen oder Kennzahlen) aufbereitet und an die Zielgruppen weiter gegeben werden.[89]

Beim Informations-Pull hingegen müssen die jeweiligen Empfänger von Informationen selbst aktiv werden. Im Rahmen der On-demand-Informationsbereitstellung können sie bestimmte Daten aus dem Beschwerdemanagement als Auswertung anfordern.[90]

87 Vgl. Stauss/Seidel (2014), S. 336 ff.
88 Vgl. Stauss/Seide (2014), S. 346 ff.; Bruhn (2008), S. 524 ff.
89 Vgl. Krcmar (2004), S. 54; Stauss/Seidel (2014), S. 383 ff.
90 Vgl. Stauss/Seidel (2014), S. 401 ff.

3.2.4 Beschwerdeinformationsnutzung

Die Nutzung der Beschwerdeinformationen stellt einen wesentlichen Teil des Beschwerdemanagements dar, da durch sie unter anderem Verbesserungen an Produkten erzielt werden können. Zum einen lassen sich die Daten für die Erstellung von Diagrammen nutzen, die veranschaulichen welche Ereignisse und Einflussgrößen zu einem bestimmten Problem geführt haben. Zum anderen können die Daten genutzt werden, um in Arbeitskreisen Maßnahmen zur Qualitätsverbesserung für bestimmte Produkte oder Dienstleistungen ableiten zu können.[91]

Die instrumentelle Nutzung von Beschwerden dient der Ableitung von Problemlösungsmaßnahmen, diese Maßnahmen gliedern sich in Akzeptanz, Behebung, Vorbeugung, Vermeidung, Überwälzung und Beobachtung.[92]

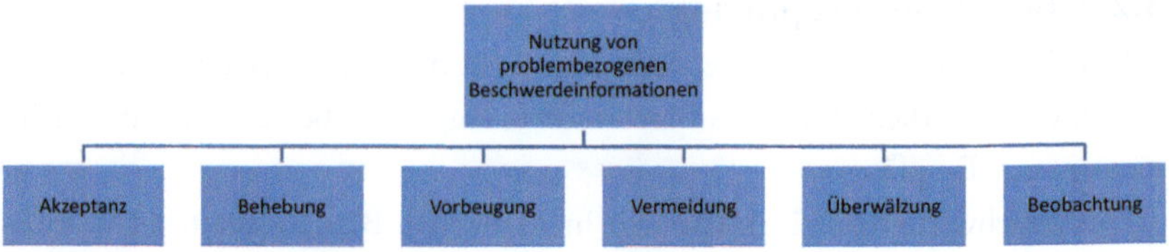

Abbildung 8: Nutzung von problembezogenen Beschwerdeinformationen
Quelle: Vgl. Schöler (2009), S. 164.

91 Vgl. Stauss/Seidel (2014), S. 410 ff.; Schöler (2009), S. 163 ff.
92 Vgl. Schöler (2009), S. 164.

4 Beschwerdemanagement-Leitfaden

Im folgenden Kapitel sollen konkrete Umsetzungshinweise und Strategien für Dienstleistungsunternehmen im Bereich des Veranstaltungsmanagements erarbeitet werden und Vorlagen für Formulare vorgestellt werden. Für die Umsetzung im Unternehmen wird empfohlen zunächst eine Soll-Ist-Analyse durchzuführen. So lässt sich feststellen, in welchen Bereichen im Unternehmen bereits Ansätze eines systematischen Beschwerdemanagements bestehen und an welchen Stellen noch größerer Handlungsbedarf vorhanden ist. Ebenfalls ist es wichtig die Mitarbeiter möglichst früh in die Gestaltung des Beschwerdemanagements einzubinden, sodass das neu entstehende System auch in der täglichen Praxis umsetzbar ist und von der Belegschaft mitgetragen wird.

4.1 Exploration

4.1.1 Gesprächsstruktur

Zur Feststellung des bisherigen Vorgehens bei Beschwerden wird eine Exploration mit Mitarbeitern des betroffenen Unternehmens empfohlen. Das Ziel dieser Exploration ist es Aussagen über den derzeitigen Stand des Beschwerdemanagements zu gewinnen. Die Interviews können mit Team-und Abteilungsleitern oder Mitarbeitern aus den verschiedenen Bereichen des Unternehmens durchgeführt werden, um ein möglichst vollständiges Bild zu erhalten. Um Einheitlichkeit in der Aussage der Explorationen gewährleisten zu können sollte ein Gesprächsleitfaden verwendet werden. Ein beispielhaftes Vorgehen für die Exploration wird im Folgenden näher erläutert.

Zum Einstieg in das Gespräch wird zunächst geklärt, ob Fragender und Befragter das gleiche Verständnis des Beschwerdebegriffs haben und ob die vorliegende Definition des Beschwerdebegriffs für das Unternehmen vollständig und zutreffend ist. Diese Begriffsklärung soll dazu dienen, dass im Verlauf des Gespräches keine Verständnisprobleme auftreten und für das zukünftige Beschwerdemanagementkonzept eine vollständige und für das Unternehmen zutreffende Definition des Beschwerdebegriffs vorliegen zu haben. Im Anschluss wird ermittelt, welche Kommunikationskanäle von den Kunden derzeit für die Äußerung ihrer Unzufriedenheit genutzt werden, und über welche dieser Kanäle die meisten Beschwerden an das Unternehmen herangetragen werden.

Diese Befragung soll auch dazu dienen Informationen über die Vorgehensweise bei der Beschwerdeannahme, Beschwerdeerfassung und Beschwerdedokumentation zu generieren und Erkenntnisse darüber zu gewinnen, wie standardisiert bei diesen Prozessen vorgegangen wird. Hierfür werden alle Teilnehmer der Interviews über ihre Vorgehensweise bei Beschwerden und eventuell vorhandene Beschwerdekanäle befragt. Ziel ist es, festzustellen in welchem Rahmen es bereits einheitliche Vorgehensweisen oder spezielle Vorgaben im Beschwerdemanagement, wie beispielsweise Formblätter zur Erfassung von Beschwerden oder eine vorgeschriebene Bearbeitungsdauer gibt, die dann direkt oder mit geringen Modifikationen für das systematische Beschwerdemanagement genutzt werden können. Des Weiteren sollte danach gefragt werden, ob und welchem Umfang den Beschwerdeführern Kompensationsleistungen als Wiedergutmachung angeboten werden.

Thema:	Beschwerdemanagement bei der KMK
Ort, Datum, Zeit:	Karlsruhe, 21.05.2015, 18.00 Uhr
Medium:	persönlich
Teilnehmer:	Max Mustermann, Funktion (Befragter), Anna Miehlich (Fragende)

1) Beschwerden werden als schriftliche oder verbale Äußerung eines Kunden oder einer Institution gegenüber einem Unternehmen definiert. Meist werden Beschwerden direkt von Kunden (im Fall der KMK: Aussteller & Besucher von Eigenveranstaltungen, Gastveranstalter, Besucher/Kongressteilnehmer & Aussteller von Gastveranstaltungen) an das betreffende Unternehmen adressiert, jedoch kann eine Beschwerde auch indirekt über Dritte (z.B. Institutionen, Anwälte oder Schlichtungsstellen) an das Unternehmen gerichtet werden.
   Der Grund für eine Beschwerde kann eine subjektiv als nicht oder schlecht erbrachte Leistung des Unternehmens, das Verhalten von Mitarbeitern des Unternehmens oder seiner Servicepartner (z.B. Hostessen, usw.) sein.

   Sind Sie mit dieser Definition von Beschwerden einverstanden oder haben Sie noch Ergänzungen hierzu?

2) Wie erhalten Sie Feedback von Ihren Kunden (persönlich, telefonisch, Mail, Befragungen)?

3) Wird die Zufriedenheit und damit die mögliche Unzufriedenheit von Kunden systematisch erfasst zum Beispiel mittels Aussteller- und Besucherbefragungen?

4) Bieten Sie Ihren Kunden Kanäle, die speziell zur Außerung von Feedback gedacht sind? Wenn ja, welche Kanäle sind das und wie regen Sie Kunden dazu an, diese Kanäle zu nutzen?

5) Über welche Probleme beschweren sich Kunden bei Ihnen?
   -Leistungen der Messe (zu wenig Besucher auf der Messe, zu wenig Besucher auf dem Stand, wichtige Marktteilnehmer fehlen, schlechte Platzierung in der Halle)
   -Zustand des Messegeländes (schlecht erreichbar, Parkplatzsituation, Ausstattung)
   -Hotelsituation (zu wenig geeignete Hotels, Hotels nehmen Messepreise usw.)
   -Leistungen von Dienstleistern der Messe

6) Wenn Sie an die Beschwerden denken, welche Sachverhalte sind Gegenstand für die häufigsten Beschwerden?

Abbildung 9: Beispiel für einen Gesprächsleitfaden
Quelle: eigene Darstellung

4.1.2 Auswertung

Sind alle nötigen Interviews geführt, werden diese ausgewertet, um ein möglichst umfassendes Bild über den aktuellen Umgang mit Beschwerden zu erhalten. Hieraus lässt sich bereits ein erster Eindruck darüber gewinnen, ob es innerhalb einzelner Abteilungen oder im gesamten Unternehmen bereits strukturierte Vorgehensweisen für die Bearbeitung von Beschwerden gibt. Ebenso erhält man erste Erkenntnisse darüber, wie stark die Mitarbeiter in diesem Bereich sensibilisiert sind und ob Beschwerden von Ihnen ernst genommen werden. Um ein systematisches Beschwerdemanagement einzuführen ist es jedoch wichtig, einen Idealzustand zu definieren und diesen dann mit dem aktuellen Ist-Zustand abzugleichen. Aus diesem Soll-Ist-Vergleich können Sie für Ihr Unternehmen Diskrepanzen und konkrete Handlungsbedarfe ableiten.

4.2 Ermittlung des Soll-Zustands

4.2.1 Ziele des Beschwerdemanagements

Die Ziele der Einführung eines Beschwerdemanagements lassen sich in kundenorientierte, unternehmensorientierte und allgemeine Ziele gliedern. Im Allgemeinen ist das Ziel des Beschwerdemanagements die Vermeidung von schlechter Reputation und negativer Mund-zu-Mund-Propaganda aufgrund von Unzufriedenheit. Hierbei ist zu berücksichtigen, dass diese negative Meinung nicht immer auf Kundenseite entsteht, sondern auch unbeteiligte Personen negative Aussagen über ein Unternehmen äußern können, welche der Reputation des Unternehmens Schaden zufügen können. Das Ziel eines Beschwerdemanagements besteht also auch darin, die Reputation des Unternehmens positiv zu beeinflussen und negative Mundpropaganda durch aktive Beschwerdelösungen zu vermeiden.[93]

Im Bereich der kundenbezogenen Ziele ist in erster Linie die Kundenzufriedenheit zu nennen. Durch Probleme, die zu Beschwerden führen, ist die Kundenzufriedenheit beeinträchtigt und muss wieder hergestellt werden. Hierdurch kann sich beim Kunden dann eine Bindung an das Unternehmen einstellen. Ebenfalls

93 Vgl. im Folgenden Stauss/Seidel (2014), S. 96 ff.; Fürst (2008), S. 32 ff.; Töpfer (2008), S. 819 ff.

dient das Beschwerdemanagement auch der Vermeidung von Abwanderung unzufriedener Kunden und negativer Mundpropaganda. Die Beschwerden aller Kundengruppen (zum Beispiel Aussteller, Besucher und Gastveranstalter) sollten daher ernst genommen und systematisch bearbeitet werden.

Das oberste Ziel jeden Unternehmens ist die Steigerung von Umsatz oder Gewinn, auch hierbei kann ein systematisches Beschwerdemanagement unterstützen, da durch Kundenbindung und kontinuierliche Verbesserungen langfristig Kosten gesenkt werden. Weitere Ziele des Beschwerdemanagements auf Unternehmensseite sind ein systematisches Vorgehen bei der Erfassung und Bearbeitung von Beschwerden, sowie ein einheitliches Auftreten nach außen.[94]

4.2.2 Angestrebter Soll-Zustand

Am Ende der Implementierung eines systematischen Beschwerdemanagements soll im Unternehmen ein durchdachtes System zur Behandlung von Beschwerden bestehen. Dies beinhaltet neben dem direkten Beschwerdemanagement, welches in diesem Arbeit konzipiert wird auch das indirekte Beschwerdemanagement bestehend aus Beschwerdeauswertung, Beschwerdemanagementcontrolling und Beschwerdeinformationsnutzung. Im Folgenden nur auf die angestrebten Soll-Zustände des direkten Beschwerdemanagements bei der Beschwerdestimulierung, Beschwerdeannahme, Beschwerdebearbeitung und der Beschwerdereaktion näher eingegangen. Als weiterführende Literatur zum indirekten Beschwerdemanagement empfiehlt sich das Werk „Beschwerdemanagement: Unzufriedene Kunden als profitable Zielgruppe" von Stauss und Seidel.[95]

Im Rahmen der Beschwerdestimulierung soll das Ziel die Maximierung der Anzahl von Beschwerden sein, um andere Folgen der Kundenunzufriedenheit, wie beispielsweise Abwanderung und negative Mundpropaganda zu vermeiden.

Damit Kunden einfach Kontakt aufnehmen können, sollen Beschwerdekanäle eingerichtet und klar kommuniziert werden. Zur Kommunikation dieser Beschwerdewege sollen bereits vorhandene Mittel, wie Beispielsweise Briefpapier, die Website oder Werbemittel (zum Beispiel Katalog, Hallenplan oder Eintrittskarten)

94 Vgl. Fürst (2008) S. 41 f.; Stauss/Seidel (2014), S. 63 ff.
95 Vgl. im Folgenden Stauss/Seidel (2014), S. 96 ff.; Fürst (2008), S. 32 ff.; Töpfer (2008), S. 819 ff.

der jeweiligen Veranstaltung und des Unternehmens genutzt werden. Ebenfalls denkbar sind eigens für das Marketing des Beschwerdemanagements entwickelte Werbemittel, wie Visitenkarten oder Ähnliches.[96]

Bei der Beschwerdeannahme stehen der Beschwerdeeingang und die Erfassung von Informationen im Vordergrund. Der angestrebte Soll-Zustand sind hier in erster Linie für das gesamte Unternehmen klar geregelte Vorgehensweisen und eine einheitliche Systematik für das Erfassen eingehender Beschwerden. Da besonders der erste Kontakt mit dem Unternehmen für den Beschwerdeführer ein Schlüsselerlebnis ist, das entscheidend dafür sein kann, ob Beschwerdezufriedenheit erreicht werden soll, müssen Mitarbeiter entsprechend geschult sein. Ebenfalls bedarf es klarer Regelungen bezüglich der Verantwortlichkeiten für Beschwerden, hier könnte beispielsweise das Prinzip des Complaint Ownership zum Einsatz kommen. Im Rahmen der Beschwerdeannahme sollten alle für die spätere Beschwerdeannahme wichtigen Informationen wie Anschrift und Kontaktdaten des Beschwerdeführers, das Ausmaß der Verärgerung, die Dringlichkeit der Bearbeitung und genaue Informationen zum Problem oder Vorfall, der Anlass für die Beschwerde ist, erfasst werden.

Für eine einheitliche Beschwerdebearbeitung sind Standards ebenfalls unerlässlich. Hierbei ist es besonders wichtig, dass für alle Mitarbeiter zugänglich und verständlich festgehalten wird, wie im Fall einer Beschwerde vorzugehen ist. Essentiell sind vor allem Informationen zur Verantwortlichkeit bei Beschwerden und die Festlegung einer maximalen Bearbeitungsdauer, die jedoch je nach Beschwerdekanal und Dringlichkeit variieren kann. Ideal wäre auch die Definition einer Vorgehensweise für Ereignisse bei denen ein sehr hohes Beschwerdeaufkommen erwartet wird, damit im gegebenen Fall schon im Vorfeld Maßnahmen abgeleitet werden können um Beschwerden möglichst schnell und einheitlich bearbeiten zu können.

Bei der Beschwerdereaktion bedarf es klarer Verhaltensregeln für die Mitarbeiter, da der erste Kontakt mit dem Unternehmen einen erheblichen Einfluss auf die Zufriedenheit des Beschwerdeführers hat. Hierbei wird ein klares Regelwerk für den Umgang mit Beschwerdeführern benötigt, ergänzt werden sollte es durch

96 Vgl. Stauss/Seidel (2014), S. 100 ff.

Formulierungsbeispiele für die schriftliche Beschwerdereaktion. Die Mitarbeiter sollen über den Verlauf eines Beschwerdegesprächs und ihre Aufgaben aufgeklärt sein. Des Weiteren sind Regelungen aufzustellen, welche finanziellen Kompetenzen den einzelnen Mitarbeitern im Rahmen der Beschwerdelösung zustehen und wann eine Rücksprache mit dem Vorgesetzten angebracht ist.

4.3 Soll-Ist-Vergleich

Um einen Überblick über die notwendigen Maßnahmen zur Verbesserung des Beschwerdemanagements zu erhalten, werden die in den vorherigen Kapiteln erarbeiteten Soll- und Ist-Zustände miteinander verglichen. So erhält man für das eigene Unternehmen eine Art Fahrplan für die Implementierung eines systematischen Beschwerdemanagement. Es empfiehlt sich beim Soll-Ist-Vergleich nach den Phasen des Beschwerdemanagements vorzugehen. Wird die Reihenfolge aus Beschwerdeannahme – Beschwerdebearbeitung – Beschwerdereaktion eingehalten, findet man schlussendlich den bereits genannten Fahrplan mit Handlungsempfehlungen vor.

4.4 Konzept des Beschwerdemanagements

In den folgenden Abschnitten dieses Beitrags sollen beispielhaft Teile eines Beschwerdemanagementkonzepts vorgestellt werden. Diese können aber immer nur als Empfehlung dienen und müssen selbstverständlich individuell auf das eigene Unternehmen zugeschnitten werden.

4.4.1 Beschwerdedefinition

Um ein einheitliches Beschwerdemanagement in einem Unternehmen etablieren zu können bedarf es einem einheitlichen Verständnis des Beschwerdebegriffs. Eine unternehmenseigene Definition im Veranstaltungsmanagement könnte zum Beispiel wie folgt lauten:

Beschwerden werden als schriftliche oder verbale Äußerung eines Kunden oder einer Institution gegenüber einem Unternehmen definiert. Meist werden Beschwerden direkt von Kunden (Aussteller & Besucher von Eigenveranstaltungen, Gastveranstalter, Besucher/Kongressteilnehmer & Aussteller von

Gastveranstaltungen) an das betreffende Unternehmen adressiert, jedoch kann eine Beschwerde auch indirekt über Dritte (z.B. Institutionen, Anwälte oder Schlichtungsstellen) an das Unternehmen gerichtet werden. Der Grund für eine Beschwerde kann eine subjektiv als nicht oder schlecht erbrachte Leistung des Unternehmens, das Verhalten von Mitarbeitern des Unternehmens oder seiner Servicepartner (z.B. Hostessen, usw.) sein. Ebenfalls kann der Grund für eine Beschwerde in den Leistungen oder dem Verhalten eines Ausstellers oder Gastveranstalters liegen.

4.4.2 Organisatorische Ausgestaltung

Wie bereits in Kapitel 2.2.3 erläutert existieren unterschiedliche Ansätze zur organisatorischen Ausgestaltung des Beschwerdemanagements in Unternehmen.

Unternehmen, die im Messe- und Veranstaltungswesen tätig sind haben meist sehr unterschiedliche Strukturen, Veranstaltungstypen und heterogene Kundengruppen. Aus diesen Gründen erscheint ein zentrales Beschwerdemanagement nicht als sinnvoll, da hier aufgrund von unzureichendem Wissen über Strukturen, Verantwortlichkeiten und Prozesse lange Reaktionszeiten entstehen würden. Daher empfiehlt sich eher ein dezentrales Beschwerdemanagement, bei dem das Prinzip des Complaint Ownership angewendet wird. Der Complaint Owner (der Mitarbeiter gegenüber dem die Beschwerde geäußert wurde) ist für die gesamte Bearbeitung der Beschwerde verantwortlich.[97] Eine Beschwerde kann vom entgegennehmenden Mitarbeiter jedoch einmal an die verantwortliche Person weitergeleitet werden, zum Beispiel wenn der Grund für die Beschwerde ein technisches Problem ist, der Mitarbeiter, der diese angenommen hat, aber für das Marketing zuständig ist. Durch dieses Prinzip wird garantiert, dass der Beschwerdeführer einen einheitlichen Ansprechpartner hat und die Verantwortlichkeiten für die Beschwerde eindeutig geregelt sind. Trotz der dezentralen Organisation des Beschwerdemanagements sollte ein Gesamtüberblick über alle Beschwerden ermöglicht werden. Aus diesem Grund sollte die Dokumentation und Auswertung von Beschwerden im jeweils betroffenen Team erfolgen, damit zum Beispiel in regelmäßig stattfindenden Meetings eine Analyse der derzeitigen Beschwerdesituation

97 Vgl. Homburg (2012), S. 931; Töpfer (2008), S. 846 ff.; Stauss/Seidel (2014), S. 524 ff.

vorgenommen und im gegebenen Fall rechtzeitig Maßnahmen abgeleitet werden können. Die Dokumentation ist dabei in Papierform oder digital in einem Ordner Beschwerdemanagement ebenso denkbar, wie in einem bereits existierenden CRM-System oder einer speziellen Beschwerdemanagementsoftware. Beschwerden müssen vollständig, das heißt von der Beschwerdeannahme bis zur Beschwerdelösung dokumentiert werden. Um allen Mitarbeitern, die erarbeiteten Standards, Vorlagen und das Verständnis des Beschwerdebegriffs zugänglich zu machen empfiehlt sich die Einrichtung einer Beschwerdemanagement-Seite im Intranet oder einer ähnlichen Plattform.

4.4.3 Beschwerdestimulierung

Die Beschwerdestimulierung umfasst vor allem das Einrichten von speziellen Kommunikationskanälen zur Beschwerdeäußerung. Bei der Einrichtung der Beschwerdekanäle sollte berücksichtigt werden, wie Beschwerden bislang beim Unternehmen eingegangen sind. Es empfiehlt sich dann, für die am häufigsten genutzten Kanäle spezielle Formulare oder Medien einzurichten, über die sich die Kunden beim Unternehmen beschweren können.

Persönlich werden Beschwerden vor allem während einer Veranstaltung oder den Auf- und Abbauzeiten geäußert. In der Regel haben diese Beschwerden dann auch direkt mit Problemen vor Ort zu tun, beispielsweise beschweren sich Aussteller über defekte Strahler oder Stromanschlüsse. Beschwerden dieser Art können meist sofort behoben oder gelöst werden. Für technische Probleme kann beispielsweise eine Reklamationsliste genutzt werden, die von den betroffenen Servicepartnern abgearbeitet wird. Andere Beschwerden können mit Hilfe eines Formulars erfasst und häufig auch direkt gelöst werden.

Schriftliche Beschwerden machen meist nur einen geringen Anteil der insgesamt eingehenden Beschwerden aus. Um schriftliche Beschwerden zu stimulieren können Meinungskarten genutzt werden, die auf den Veranstaltungen an zentralen Punkten ausliegen. Die Rückgabe sollte dann auch direkt vor Ort, zum Beispiel in bereitgestellten Briefkästen an den Ausgängen ermöglicht werden. Bei der Gestaltung der Meinungskarten ist darauf zu achten, dass diese ansprechend und einladend wirken. Aus diesem Grund empfiehlt es sich auch, eher den Begriff „Feedback“ zu verwenden, da das Wort „Beschwerde“ für einige Personen negativ geprägt sein könnte. Die beispielhafte Meinungskarte selbst wurde handlich im Postkartenformat gestaltet. Die Vorderseite enthält dabei neben einem Spruch, die Aufforderung zur Äußerung von Feedback. Die Rückseite dient neben der Erfassung der Kontaktdaten und der Stimmung des Beschwerdeführers, der Dokumentation des Beschwerdeproblems. Hierbei wurde darauf geachtet möglichst viel Platz für die Schilderung des Problems einzuräumen, da dies die beschwerdestimulierende Wirkung erhöht.[98]

Abbildung 10: Meinungskarte
Quelle: eigene Darstellung

98 Vgl. Stauss/Seidel (2014), S.102.

Beschwerden über den elektronischen Beschwerdekanal gehen meist per E-Mail oder über soziale Netzwerke ein. Die sozialen Medien sind unumstritten wichtige Marketinginstrumente für die meisten Unternehmen, jedoch sollte genau überdacht werden, ob diese auch als Beschwerdekanäle genutzt werden sollen. Beschwerden in sozialen Netzwerken haben in der Regel eine nicht zu unterschätzende Reichweite und es kann schnell zu einem Shitstorm kommen. Aufgrund des geringen Kosten- und Zeitaufwands werden Beschwerden gerne per E-Mail an Unternehmen herangetragen. Daher empfiehlt es sich, hierfür eine E-Mailadresse einzurichten, die speziell für die Äußerung von Beschwerden gedacht ist. Hierbei ist zu überlegen, ob es für das Unternehmen eine generelle Adresse oder mehrere verschiedene (zum Beispiel eine Adresse je Veranstaltung) geben soll. Bei der Benennung der E-Mailadressen sollte dem Schema der Meinungskarten werden. Wird hier der Begriff Feedback genutzt werden, könnte die E-Mailadresse für Beschwerden feedback@musterfirma.de lauten. Ebenfalls ist die Einrichtung eines speziellen Online-Formulars für Beschwerden denkbar, auf das dann unter der Schaltfläche „Kontakt" zugegriffen werden kann. Bezüglich der Inhalte, die von den Beschwerdeführern abgefragt werden, ist eine Orientierung an dem entworfenen Beschwerdeerfassungsformular (siehe Kapitel 4.6.3) möglich.

Telefonisch Beschwerden können zum einen zentral über eine Beschwerdehotline oder dezentral bei der jeweils betroffenen Abteilung eingehen. Für Unternehmen mit einer heterogenen Kundenstruktur empfiehlt sich eine Beschwerdehotline jedoch nicht unbedingt. In diesem Fall wäre es sehr schwer, die Mitarbeiter, die die Hotline betreuen entsprechend zu schulen.

Durch explizites Marketing werden die Beschwerdekanäle bei den potentiellen Beschwerdeführern beworben und Beschwerden stimuliert. Auf den Internetauftritten des Unternehmens können beispielsweise die eingerichteten E-Mailadressen hervorgehoben werden. Diese können unter dem Punkt „Kontakt" genannt werden, ebenfalls denkbar wäre die Einrichtung einer Schaltfläche für Feedback.

Des Weiteren könnten die E-Mailadressen für Beschwerden auf Drucksachen, wie beispielsweise Flyern, Eintrittskarten, Katalogen oder Hallenplänen abgedruckt werden. Durch die Nutzung der vorhandenen Werbemittel entstehen dem Unternehmen keine Mehrkosten und die Beschwerdekanäle können wirkungsvoll beworben werden.

4.4.4 Beschwerdeannahme

Um eine systematische Bearbeitung der Beschwerden zu ermöglichen, sollte die Annahme von Beschwerden detailliert geregelt sein. Damit wird garantiert, dass alle wichtigen Informationen die für die Beschwerdebearbeitung benötigt werden, vorliegen.

Im Unternehmen sollte klar geregelt sein, wie eingehende Beschwerden gehandhabt werden. Für jeden Beschwerdekanal sollten genaue Vorgehensweisen bestehen, wie und von wem die eingehenden Beschwerden bearbeitet werden.

Nicht zu unterschätzen ist auch der Erstkontakt zwischen Mitarbeitern und dem Beschwerdeführer bei der Beschwerdeannahme, dieser kann mitunter über die spätere Beschwerdezufriedenheit des Kunden entscheiden. In dieser Phase des Beschwerdemanagementprozesses ist daher ein besonderer Fokus auf freundlichen und verständnisvollen Kundenkontakt zu legen. Für die weitere Bearbeitung der Beschwerde ist besonders auf die Vollständigkeit der erfassten Informationen zu achten. Um diese gewährleisten zu können, empfiehlt sich die Verwendung eines standardisierten Formulars. Dieses kann dann sowohl in gedruckter und elektronischer Form für die Erfassung von Feedback genutzt werden. Dieses Formblatt sollte neben den Kontaktinformationen des Beschwerdeführers, wie zum Beispiel Name, Adresse und Telefonnummer, Platz für die Erfassung von Informationen über das Problem, sowie eine Kategorisierung der Beschwerde nach den Kriterien „Verärgerung“ und „Dringlichkeit“ enthalten. Des Weiteren werden die Daten des Mitarbeiters, der die Beschwerde angenommen hat erfasst, damit im späteren Verlauf nachvollziehbar ist, wer für die Beschwerde verantwortlich war. Zusätzlich zu diesen Daten, werden auf dem Formular auch Informationen über die Bearbeitung der Beschwerde und die angebotene Lösung erfasst. Nach der Abwicklung der Beschwerde kann dieses Formular zusammen mit der vollständigen Korrespondenz archiviert werden. Durch diese Dokumentation stehen die Beschwerdeinformationen für spätere Analysen zur Verfügung und können für die Ableitung von Verbesserungen genutzt werden.

Erfassung von Feedback

Daten zur Beschwerde

Veranstaltung: ______________________ Datum Beschwerdeeingang: ________

Beschwerdekanal: ❑ Brief ❑ E-Mail ❑ Postkarte ❑ Persönlich
❑ Sonstige: ______________

Daten zum Kunden (Beschwerdeführer)

Kontaktdaten

Vor- und Nachname	Firma
Straße und Hausnummer	PLZ und Ort
E-Mail	Telefon
Halle/Standnummer (bei Ausstellern)	

Verärgerung (bitte ankreuzen): gering ▭▭▭▭▭ sehr groß

Schilderung des Problems/Verbesserungsvorschlags

____
____
____
____
____

Zuständigkeit: ❑ Projektteam ❑ Ausstellerservice ❑ Besucherservice ❑ Gastveranstalter

Dringlichkeit der Beschwerdebearbeitung: ❑ sehr dringlich ❑ normale Bearbeitung

Beschwerdeannahme und Beschwerdebearbeitung

Name Mitarbeiter: ______________

Erledigungsdatum: ______________

Verantwortlicher für Beschwerde (falls weitergeleitet): ______________

Realisierte Problemlösung: ______________________________
____
____

Abbildung 11: Formular zur Erfassung von Beschwerden
Quelle: Eigene Darstellung

Die Dokumentation, Erfassung und Verwaltung von Beschwerden ist grundsätzlich auch über eine spezielle Beschwerdemanagement-Software denkbar, jedoch ist zu Beginn nicht abschätzbar, wie viele Beschwerden durch das neue Konzept beim Unternehmen eingehen werden. Des Weiteren würden für die Beschaffung und Einrichtung der Software sowie für Schulungen von Mitarbeitern hohe Investitionen notwendig, die sich später als nicht wirtschaftlich erweisen könnten. Die Entscheidung über die Anschaffung und Verwendung einer Beschwerdemanagement-Software sollte daher eher mittelfristig gefällt werden. Denkbar ist auch die Nutzung des vorhandenen CRM-Systems für die Erfassung von Beschwerden.

4.4.5 Beschwerdebearbeitung

Die Beschwerdebearbeitung umfasst alle internen Prozesse, die das Ziel haben, dem Beschwerdeführer eine Antwort auf seine Beschwerde zukommen zu lassen. Grundlegend für einen reibungslosen Bearbeitungsprozess ist die Festlegung von Zuständigkeiten, Fristen und Vorgehensweisen.

Da die unterschiedlichen Beschwerdekanäle verschiedene Anforderungen an die Bearbeitung und Beantwortung der Beschwerden stellen, kann auch die Bearbeitungsdauer je nach Kanal variieren. Bei Beschwerden, die nicht sofort (innerhalb der vorgegebenen Bearbeitungsdauer) bearbeitet werden können, sollte eine Eingangsbestätigung an den Beschwerdeführer geschickt werden, die eine Entschuldigung und den Erledigungstermin der Beschwerde enthält. Dieser Termin ist zwingend einzuhalten. Die Dauer bis zur abschließenden Bearbeitung hängt sehr stark von der Unternehmensstruktur ab und kann sich an den Zeiten orientieren, die von den Mitarbeitern in der Exploration genannt wurden.

4.4.6 Beschwerdereaktion

Die Beschwerdereaktion umfasst alle Tätigkeiten im Beschwerdemanagement, bei der das Unternehmen im Kontakt mit dem Beschwerdeführer steht. Hierzu zählen die realisierte Beschwerdelösung, die Dauer der Bearbeitung, die Aufnahme der Beschwerde (bei persönlichen oder telefonischen Beschwerden) sowie die Art und Weise der Kommunikation seitens des Unternehmens. Es ist zu beachten, dass der Erstkontakt für den Beschwerdeführer positiv sein sollte, da dieser prägend für die weitere Beschwerdebearbeitung und die Beschwerdezufriedenheit ist.[99] Um einheitliche Qualitätsstandards zu gewährleisten, sind die zeitlichen Richtlinien zwingend einzuhalten. Sollte dies nicht möglich sein, werden Eingangs- und Zwischenbescheide genutzt, um den Beschwerdeführer nicht zusätzlich durch lange Wartezeiten zu frustrieren. Sollte ein Zwischenbescheid verschickt werden, ist das Datum zu nennen, bis zu welchem der Beschwerdeführer mit einer abschließenden Antwort rechnen kann. Um den ersten Kontakt zwischen dem Unternehmen und dem Beschwerdeführer für diesen besonders positiv zu gestalten, sollten bestimmte Regeln für das Verhalten und die Reaktion eingehalten werden.

Im Allgemeinen sollen Beschwerden als eine Chance gesehen werden, die es dem Unternehmen ermöglichen noch besser zu werden und einen unzufriedenen Kunden wieder zufriedenzustellen. Die Beschwerdebearbeitung sollte sofort nach der Artikulation des Problems durch den Beschwerdeführer einsetzen, da eine schnelle Lösung die Beschwerdezufriedenheit erhöht. Dem Beschwerdeführer sollte vom Mitarbeiter das Gefühl gegeben werden, dass er ernst genommen wird und seine Beschwerde für das Unternehmen wichtig ist. Ebenfalls sorgen eine faire Lösung, sowie entgegengebrachtes Verständnis für eine positive Stimmung des Beschwerdeführers. Ein häufiger Fehler, der in jedem Fall zu vermeiden ist, sind Schuldzuweisungen an anderen Abteilungen und negative Aussagen über deren Leistungen.

Im persönlichen oder telefonischen Gespräch ist darauf zu achten, dass man an einem ruhigen und möglichst ungestörten Ort mit dem Beschwerdeführer spricht. So lässt sich vermeiden, dass andere Kunden das Gespräch mithören und sich am Gespräch beteiligen. Der Beschwerdeführer darf bei seiner Schilderung des Problems nicht unterbrochen werden. Des Weiteren sollte das Gespräch für einen positiven Ausgang nach der Problemschilderung auf eine sachliche Ebene zurückgeführt werden. Alle Informationen über die Beschwerde sind mit Hilfe des Beschwerdeformulars festzuhalten, dies gibt dem Kunden das Gefühl ernst genommen zu werden und erleichtert die Bearbeitung.

99 Vgl. Stauss/Seidel (2014), S.198 ff.

Die schriftliche Beantwortung von Beschwerden folgt ebenfalls einem Schema: Nach einer freundlichen und offenen Begrüßung und dem Dank für die Beschwerde, folgt eine Wiederholung des Problems, eine Erklärung und Entschuldigung um schließlich zur Problemlösung und Schlussformulierung zu kommen. Im Rahmen der Problemlösung kann dem Kunden vom Unternehmen auch eine Wiedergutmachung angeboten werden. Bei Beschwerden von Besuchern können beispielsweise Tickets für eine themenverwandte Eigenveranstaltung als Entschuldigung angeboten werden, gegebenenfalls könnten zusätzliche Leistungen wie kostenfreies Parken oder Kaffeegutscheine hinzukommen. Vor allem der Einsatz von Freikarten als Wiedergutmachung ist zu empfehlen, da hierbei kaum Kosten für das Unternehmen entstehen und in der Regel nur Portokosten anfallen. Werden die Freikarten als Online-Tickets zur Verfügung gestellt entfallen sogar diese. Bei Beschwerden von Ausstellern sind zum Beispiel Rabattierungen denkbar. Da die Beschwerden von Ausstellern und Besuchern stark variieren stellen die zuvor dargestellten Lösungsmöglichkeiten nur Empfehlungen dar und müssen im Einzelfall vom jeweiligen Bearbeiter überprüft werden. Hierbei ist auch der finanzielle Rahmen, den Mitarbeiter für eine Wiedergutmachung nutzen dürfen, genau zu regeln.

Der Umgang mit Beschwerdeführern bedarf eines besonders professionellen und kundenorientierten Verhaltens seitens der Mitarbeiter. Es kann vorkommen, dass Beschwerdeführer persönlich oder beleidigend werden, wenn sie durch das Beschwerdeproblem sehr aufgebracht sind. Aus diesem Grund ist es empfehlenswert Schulungen anzubieten, in denen sich die Mitarbeiter zum Thema diesem Thema weiterbilden können. Es erscheint sinnvoll, diese Weiterbildung verpflichtend für alle neuen Mitarbeiter zu veranstalten, um diese mit dem Umgang mit Beschwerden im Unternehmen vertraut zu machen.

5 Fazit

Dieser Beitrag sollte aufzeigen, wie ein systematisches Beschwerdemanagement im Unternehmen eingeführt und etabliert werden kann. Hierbei wurde ein Schwerpunkt auf das direkte Beschwerdemanagement gelegt, da dies besonders zur späteren Kundenzufriedenheit beiträgt.

Für das Vorgehen empfiehlt es sich, zunächst festzustellen wo das Unternehmen im Hinblick auf das Beschwerdemanagement steht. Mit Hilfe gezielter Interviews wird der Ist-Zustand des Unternehmens festgestellt und dokumentiert. Anhand der Erläuterungen dieses Beitrags lässt sich für das eigene Unternehmen der angestrebte Ist-Zustand ableiten. Vergleicht man nun Ist- und Soll-Zustand finden sich verschiedene Felder in denen Handlungsbedarf für die Umsetzung des Beschwerdemanagement besteht. Mit Hilfe dieses „Fahrplans" lässt sich mit einfachen Mitteln ein Beschwerdemanagement umsetzen. Jedes Unternehmen kann mit Hilfe eines systematischen Beschwerdemanagements unzufriedene Kunden in zufriedene verwandeln. Hierzu ist keine Zauberei nötig.

Literaturverzeichnis

Becker, Uwe; Eder, Astrid (2010): Wie sollte ein Beschwerdemanagement aufgebaut sein?, in: Ratajczak, Oliver (Hrsg.): Erfolgreiches Beschwerdemanagement, Wiesbaden (Gabler), S. 33-45.

Brock, Christian (2009): Beschwerdeverhalten und Kundenbindung – Erfolgswirkungen und Management der Kundenbeschwerde, Wiesbaden (Gabler), Dissertation Universität Münster.

Bruhn, Manfred (2008): Qualitätsmanagement für Dienstleistungen – Grundlagen, Konzepte Methoden, 7. Auflage, Berlin (Springer).

Bruhn, Manfred (2012a): Nationale Kundenzufriedenheitsindizes, in: Homburg, Christian (Hrsg.): Kundenzufriedenheit – Konzepte, Methoden, Erfahrungen; 6. Auflage, Wiesbaden (Gabler),S. 155-188.

Bruhn, Manfred (2012b): Kundenorientierung, 4. Auflage, München (dtv).

Bruhn, Manfred (2013): Relationship Marketing – Das Management von Kundenbeziehungen, 3. Auflage, München (Vahlen).

Bruhn, Manfred; Homburg, Christian (2008): Handbuch Kundenbindungsmanagement – Strategien und Instrumente für ein erfolgreiches CRM, 6. Auflage, Wiesbaden (Gabler).

Eisenegger, Mark (2005): Reputation in der Mediengesellschaft. Konstitution, Issues-Monitoring, Issues-Management, Wiesbaden (Springer).

Fürst, Andreas (2008): Effektivität und Effizienz der Gestaltung des Beschwerdemanagements – eine empirische Analyse, in: Marketing ZFP, 30.Jg, Nr.1, S. 29-45.

Goodman, John; O'Brien, Pat; Segal, Eden (2000): Turning CFOs into Quality Champions, in: Quality Progress, 33.Jg., Nr.3, S. 47-55.

Günter, Bernd (2012): Beschwerdemanagement als Schlüssel zur Kundenzufriedenheit, in: Homburg, Christian (Hrsg.): Kundenzufriedenheit – Konzepte, Methoden, Erfahrungen; 6. Auflage, Wiesbaden (Gabler),S. 325-348.

Haas, Bernhard; von Troschke, Bettina (2007): Beschwerdemanagement, Offenbach (Gabal).

Heering, Johannes (2009): Die Relevanz des Kundenbindungsmanagements für das Customer Relationship Management (CRM), in: Kramer, Jost W.; Neumann.Szyszka, Julia (Hrsg.): Aktuelle Entwicklungen im Dienstleistungsmarketing, Band 36, Bremen (Europäischer Hochschulverlag), S. 135-190.

Hofbauer, Günter; Hellwig, Claudia (2009): Professionelles Vertriebsmanagement, 2.Auflage, Erlangen (Publicis Publishing).

Hofbauer, Günter; Rau, Daniela (2011): Professionelles Kundendienstmanagement, Erlangen (Publicis Publishing).

Homburg, Christian (2012): Marketingmanagement – Strategie, Instrumente, Umsetzung, Unternehmensführung, 4. Auflage, Wiesbaden (Springer Gabler).

Homburg, Christian; Bucerius, Matthias (2012): Kundenzufriedenheit als Managementherausforderung, in: Homburg, Christian (Hrsg.): Kundenzufriedenheit – Konzepte, Methoden, Erfahrungen; 6. Auflage, Wiesbaden (Gabler), S. 53-92.

Homburg, Christian; Fürst, Andreas (2003): Ernstfall Beschwerde – Relevanz eines professionellen Beschwerdemanagements, in: markenartikel, Jahrgang 2003, 5. Ausgabe, S. 12-18; 44-45.

Homburg, Christian; Stock-Homburg, Ruth (2012): Theoretische Perspektiven zur Kundenzufriedenheit, in: Homburg, Christian (Hrsg.): Kundenzufriedenheit – Konzepte, Methoden, Erfahrungen; 6. Auflage, Wiesbaden (Gabler), S. 17-52.

Jeschke, Kurt (2005): Beschwerdemanagement – Grundlagen und Konzepte, in: Kukat, Frank (Hrsg.): Beschwerdemanagement in der Praxis, Düsseldorf (Symposium Publishing), S. 11-46.

Kaiser, Marc-Oliver (2004): Erfolgsfaktor Kundenzufriedenheit – Dimensionen und Messmöglichkeiten, 2. Auflage, Berlin (Schmidt).

Koschate, Nicole (2012): Preisbezogene Auswirkungen von Kundenzufriedenheit, in: Homburg, Christian: Kundenzufriedenheit – Konzepte, Methoden, Erfahrungen, 6. Auflage, Wiesbaden (Gabler), S. 93-122.

Krcmar, Helmut (2004): Informationsmanagement, 4.Auflage, Berlin (Springer).

Miles, Morgan; Covin, Jeffrey (2002): Exploring the practice of corporate venturing - Some common forms and their organizational implications, in: Entrepreneurship: Theory and Practice, Vol. 26, No. 3, S. 21-40.

Moog, Tim (2009): Strategisches Ressourcen- und Kompetenzmanagement industrieller Dienstleistungsunternehmen, Wiesbaden (Gabler), Dissertation Universität Stuttgart.

Nerdinger, Friedemann; Neumann, Christina (2007): Kundenzufriedenheit und Kundenbindung, in: Moser, Klaus: Wirtschaftspsychologie, Heidelberg (Springer), S. 127-146.

Niewerth, Bert; Thiele, Hansgeorg (2014): Praxishandbuch Kundenzufriedenheit – Grundlagen, Messverfahren, Managementverfahren, Berlin (Schmidt).

Pepels, Werner (2013): Grundzüge des Beschwerdemanagements, in: Helmke, Stefan; Uebel, Matthias; Dangelmaier, Wilhelm (Hrsg.): Effektives Customer Relationship Management, 5.Auflage, Wiesbaden (Springer Gabler).

Rippberger, Tanja (2003): Ökonomik des Vertrauens - Analyse eines Organisationsprinzips, 2. Auflage, Studienausgabe, Tübingen (Mohr Siebeck).

Schöler, Andreas (2009): Beschwerdeinformationen und ihre Nutzung, Wiesbaden (Gabler).

Stauss, Bernd; Seidel Wolfgang(2005): Evidenz-Controlling im Beschwerdemanagement – Ein Ansatz zur Abschätzung des „Verärgerungs-Eisbergs", in: Bruhn, Manfred; Stauss, Bernd (Hrsg.): Dienstleistungscontrolling, Wiesbaden (Gabler).

Stauss, Bernd; Seidel, Wolfgang (2007): Beschwerdemanagement - Unzufriedene Kunden als profitable Zielgruppe, 2. Auflage, München (Hanser).

Stauss, Bernd; Seidel, Wolfgang (2014): Beschwerdemanagement - Unzufriedene Kunden als profitable Zielgruppe, 5. Auflage, München (Hanser).

Töpfer, Armin (2008): Ursachen-Wirkungs-Konzepte für Kundenloyalität und Kundenbindung, in : Töpfer, Armin (Hrsg.): Handbuch Kundenmanagement – Anforderungen, Prozesse, Zufriedenheit, Bindung und Wert von Kunden, 3. Auflage, Berlin (Springer), S. 819-860.

Wüst, Cornelia (2012): Corporate Reputation Management – die kraftvolle Währung für Unternehmenserfolg, in: Wüst, Cornelia; Kreutzer, Ralf T. (Hrsg.): Corporate Reputation Management – Strategien für den Unternehmenserfolg, Wiesbaden (Gabler).

DYNAMIC PRICING IM MESSEMARKETING

YIELD MANAGEMENT ALS KAPAZITÄTSORIENTIERTER ANSATZ FÜR DAS PREISMANAGEMENT VON MESSESTÄNDEN

Jessica Richter

Inhaltsverzeichnis

Abbildungsverzeichnis

Tabellenverzeichnis

Abkürzungsverzeichnis

Auma	Ausstellungs- und Messe-Ausschuss
AV	abhängige Variable
Bzw.	beziehungsweise
B2B	Business - to - Business
B2C	Business - to - Consumer
Engl.	Englisch
i.A.a.	in Anlehnung an
KMU	kleine und mittlere Unternehmen
Lfm.	Laufmeter
Nr.	Nummer
o.V.	ohne Verfasser
Qm	Quadratmeter
SPSS	Statistical Product and Service Solution
u.	und
UV	unabhängige Variable

1 Einleitung

1.1 Problem- und Zielstellung

„Heutzutage kennen die Leute von allem den Preis, aber von nichts den Wert", schreibt der irische Schriftsteller Oscar Wilde in seinem Buch „Das Bildnis des Dorian Gray" im Jahr 1891. Fast 100 Jahre später könnte man dieses Zitat auch wechselseitig betrachten. Denn Dynamic Pricing erschwert es dem Konsumenten überhaupt noch Preisstrukturen zu überblicken.[1]

Die SWR-Sendung „Marktcheck" fand heraus, dass einem Konsumenten, abhängig von dem Endgerät mit dem er eine Internetseite öffnet, unterschiedliche Preise für dasselbe Produkt angeboten werden. Apple-Nutzern beispielsweise wird ein höherer Preis angeboten, als den Nutzern von anderen Marken.[2] Eine weitere repräsentative Studie des NRW-Verbraucherschutzministeriums mit dem Titel „Was Verbraucherinnen und Verbraucher in Nordrhein-Westfalen über individualisierte Preise im Online-Handel denken" zeigt auf, dass 32 % der 1000 befragten Personen schon einmal erlebt haben, wie Freunden oder Bekannten ein unterschiedlicher Preis für das gleiche Produkt angeboten wurde.[3] Dynamic Pricing oder auch dynamisches Preismanagement, bildet damit ein zentrales Thema in der heutigen Gesellschaft. Eine Form des dynamischen Preismanagements stellt das Yield Management dar. Bei dieser Strategie erfolgt eine Nachfragesteuerung mit Hilfe der zur Verfügung stehenden Kapazität und der Preisbereitschaft der Kunden. Damit wird neben einer Ertragssteigerung für das Unternehmen auch die Verringerung ungenutzter Kapazitäten erreicht. Mit diesem Problem der teilweise unausgelasteten Kapazitäten sehen sich Unternehmen der Messebranche immer wieder konfrontiert. Messegesellschaften haben eine fixe, zur Verfügung stehende Kapazität, welche je nach Art der Messe an branchenspezifische Unternehmen vermietet wird. Ziel ist es, alle Standflächen zu vermieten, um einen

1 Vgl. Wadhawan, J. (2016), S. 1.
2 Vgl. o.V. (2015), Marktcheck.
3 Vgl. Thorun, C.; Diels, J. (2016), S. 5.

größtmöglichen Ertrag zu erzielen und den Besuchern eine hohe Branchenvielfalt bieten zu können.

Doch nicht auf jeder Messe und bei jeder Messegesellschaft gelingt dies, sodass sich die Messeunternehmen mit leeren Standflächenplätzen konfrontiert sehen, welche dann kaschiert werden müssen. Um dies zu verhindern werden oftmals Sonderkonditionen eingegangen. So erreicht man eine komplette Standflächenvermietung, geht aber die Gefahr ein, einem Unternehmen mit einer höheren Preisbereitschaft, welche sich gegebenenfalls erst später zur Messe anmeldet, absagen zu müssen. Außerdem stellt das Aushandeln von Sonderkonditionen einen zusätzlichen Arbeitsaufwand dar. Ergebnis sind nicht nur höhere Kosten, sondern auch entgangene Umsätze, welche durch die Strategie des Yield Managements hätten verhindert werden können.

Ziel dieser Arbeit soll es sein, die Anwendung und Erfolgschancen von Yield Management in der Messebranche zu überprüfen.

1.2 Wissenschaftliche Vorgehensweise

In der folgenden Grafik ist das Vorgehen zur Beantwortung der übergeordneten Forschungsfrage: „Ist Yield Management in der Messewirtschaft anwendbar?“, dargestellt.

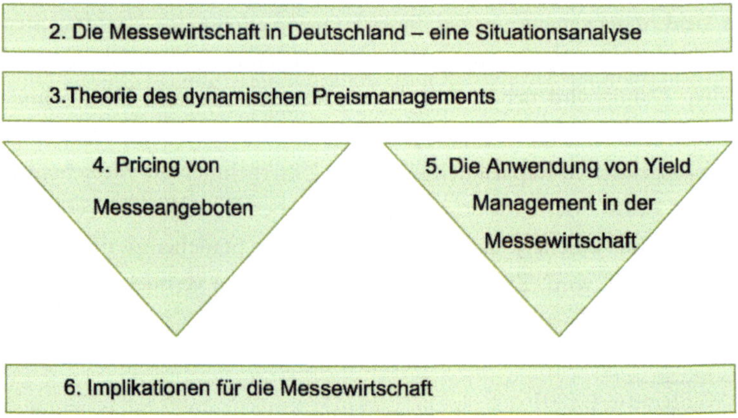

Abbildung 1: wissenschaftliche Vorgehensweise

„Als allgemeine Ziele der wissenschaftlichen Forschung können die Beschreibung, Erklärung, Prognose und Gestaltung unterschieden werden."[4] Zu Beginn der Arbeit wird der Messemarkt zunächst charakterisiert. Trends und Tendenzen werden aufgezeigt und der Dienstleistungscharakter von Messen herausgestellt. Das dritte Kapitel unterliegt ebenso dem wissenschaftlichen Ziel des Beschreibens. Hier wird der Begriff des dynamischen Preismanagements aufgegriffen und analysiert. Yield Management, als eine Form der Preisdifferenzierung, soll dabei näher betrachtet werden.

Neben der Entstehung werden auch die notwendigen Voraussetzungen und Möglichkeiten, welche diese Preisstrategie bietet, herausgearbeitet. Erklärende Elemente beinhalten die Kapitel vier und fünf. Zum einen wird die Anwendung von Preisdifferenzierung in der Messewirtschaft veranschaulicht und zum anderen Aufschluss darüber gegeben, wie Messegesellschaften ihre Leistungsbündel auf dem Markt anbieten. Das fünfte Kapitel, mit dem Yield Management als zentralen Mittelpunkt der Arbeit, dient zur Beantwortung der Forschungsfrage. Die Voraussetzungen des Yield Managements werden in diesem Kapitel am Beispiel der Messewirtschaft überprüft. Anschließend werden typische Anwendungsgebiete exemplarisch für das Yield Management betrachtet, um im letzten Teil dieses Abschnittes an die Besonderheiten des Messemarktes angepasste Instrumente zu entwickeln.

Die empirische Analyse dient zur Prognose des Erfolges von Yield Management in der Messewirtschaft. Mit Hilfe einer quantitativen Umfrage werden verschiedenen Hypothesen überprüft. Als Beispiel hierfür, dient eine regionale Messeveranstaltung mit 100 ausstellenden Unternehmen, welche zugleich die Probanden darstellen. Neben der Bedeutung des Preises als zentrales Element des dynamischen Preismanagements, wird auch der Buchungsverlauf der Unternehmen für diese Veranstaltung erforscht. Gestaltendes Element sind die abschließenden Implikationen für die Messewirtschaft. Neben den Handlungsempfehlungen sollen auch soziale und kritische Aspekte betrachtet werden.

4 Schwaiger, M.; Meyer, A. (2011), S. 109.

2 Die Messewirtschaft in Deutschland – eine Situationsanalyse

2.1 Aktuelle Entwicklungen und Tendenzen in der Messewirtschaft

Eine Messe bezeichnet nach der Gewerbeordnung §64 Absatz eins „eine zeitlich begrenzte, im allgemeinen regelmäßig wiederkehrende Veranstaltung, auf der eine Vielzahl von Ausstellern das wesentliche Angebot eines oder mehrerer Wirtschaftszweige ausstellt und überwiegend nach Muster an gewerbliche Wiederverkäufer, gewerbliche Verbraucher oder Großabnehmer vertreibt."[5] Damit schließt eine Messe zunächst einmal den Endverbraucher aus. Dieser wird aber in Absatz zwei des Paragraphen 64 erwähnt, indem der Veranstalter auch an einigen Tagen dem Endverbraucher Zutritt zur Messe gewähren kann. Veranstaltungen für Fachbesucher sowie für Endverbraucher können somit Messen sein, wenn sie die genannten Voraussetzungen erfüllen.

> *„Richtig ist, dass die Bedeutung umfassender Produkt- und Dienstleitungspräsentationen zurückgeht. Verschwinden wird das Produkt aber nicht und sollte es auch nicht – es gehört zum Kern jeder Messe, denn gerade die Verbindung von persönlichem Gespräch und der Anschauung des realen Produktes macht die Stärke der Messe aus."*[6]

Dies ist ein Zitat von Walter Menekes, dem Vorstand der Auma, dem Verband der deutschen Messewirtschaft, über die Perspektiven des deutschen Messewesens. Ein Blick auf die aktuellen Entwicklungen zeigt die Bedeutung der Messe für die deutsche Wirtschaft. Circa 12 Milliarden Euro setzt das Messegeschäft jährlich um. Dazu zählen neben den direkten Aufwendungen der Aussteller, auch

5 § 64 Abs. 1 S. 1 Var. Gewerbeordnung.
6 Auma Bilanz (2015), S. 17.

die Aufwendungen der Besucher und die Investitionen der Messegesellschaften.[7] Das Wachstum der Ausstellerzahlen stieg 2015 um 2,0 % gegenüber den Vorveranstaltungen (2014: + 1,5 %) und auch die Besucherzahlen sind im Vergleich zu 2015 um 2,6 % gestiegen.[8]

Messen als Medium im Marketing-Mix scheinen zumindest bei den Besuchern immer noch auf Akzeptanz zu stoßen und als Informations- und Entscheidungsinstrument genutzt zu werden.

„Offensichtlich führt die permanente Verfügbarkeit digitaler Medien nicht automatisch zu einer starken Nutzung für komplexe Entscheidungen.“[9] Vergleicht man die regionalen mit den nationalen und internationalen Messen, so fällt auf, dass deren Entwicklungen der Aussteller- sowie der Besucherzahlen 2015 im Durchschnitt nur minimal unter null lagen.[10] Betrachtet man die einzelnen Entwicklungen der 144 bei der Auma gelisteten regionalen Messen, kann man feststellen, dass diese sich ganz unterschiedlich entwickeln. Während einzelne Bereiche starke Steigerungen aufweisen, verzeichnen andere starke Rückgänge. „Der unmittelbare Einfluss von Branchen- und Standortentwicklungen, aber auch von Veränderungen im Messekonzept ist in diesem Messesegment offensichtlich größer als bei internationalen und nationalen Messen.“[11]

Regionale Messen lassen sich in drei Kategorien einteilen, deren Entwicklung noch einmal näher betrachtet werden soll. Die größte Kategorie bildet die Special-Interest-Publikumsmesse mit 85 Veranstaltungen. Sonst ein Garant für Wachstum, stagniert hier 2015 erstmals die Entwicklung. Die Besucherzahlen verzeichnen nur ein Plus von 0,1 % und die Ausstellerzahlen sanken sogar im Durchschnitt um 2,0 %, ebenso wie die gebuchten Quadratmeter um 1,7 % sanken.[12] An zweiter Stelle, mit 31 Messen jährlich, folgen die Mehrbranchen-Publikumsmessen. Auch hier sind Rückgänge zu verzeichnen. 1,0 % weniger Aussteller, 1,4 % weniger Standfläche und 2,1 % weniger Besucher. Lediglich die regionalen Messen für Fachbesucher, können eine positive Entwicklung

7 Vgl. Auma Kennzahlen (2015), S.2.
8 Vgl. Auma Bilanz (2015), S.14.
9 Auma Bilanz (2015), S. 13.
10 Vgl. Auma Bilanz (2015), S. 25.
11 Auma Bilanz (2015), S. 25.
12 Vgl. Auma Bilanz (2015), S. 26.

vorweisen. Diese 28 Messen verzeichnen im Durchschnitt einen Anstieg der Ausstellerzahlen um 3,1 %, 2,8 % mehr Standfläche und nur einen schwachen Rückgang in den Besucherzahlen von 1,3 %. Walter Menekes Aussage, dass die Bedeutung von Messen zwar zurückgeht, aber niemals verschwinden wird, kann dadurch bestätigt werden.

Auf Grund dessen wurde eine B2C-Trendstudie der Auma in Verbindung mit Professoren der HHL Leipzig Graduate School of Management durchgeführt, welche zehn Schlüsseltrends für das Bestehen der Publikumsmessen herausgefunden hat und damit den aktuellen Tendenzen in der Messewirtschaft Stand halten will. Diese zehn Schlüsseltrends für Publikumsmessen lauten:

1. Messeerlebnis mit Wohlfühlatmosphäre
2. Vernetzte High Touch und High Tech Kommunikation
3. Special-Interest mit Profil
4. Regionale Neugierde und Nähe
5. Punktgenau: Gebündelte Messerlebnisse
6. Multi-Channel-Erlebnisse 4.0
7. Digitalisierung schlägt Distanz
8. Stagtile Märkte
9. Verlust der Mitte
10. Informations- und Zeitstress[13]

Hinter jedem dieser Trends stehen eine Reihe von Einflussfaktoren, die im Rahmen der Trendanalyse betrachtet wurden. Die ersten fünf stellen positive Trends für die Zukunft und somit Potenziale dar, welche genutzt werden sollten. Die weiteren fünf Themen sollen besondere Beachtung bei der Entwicklung von Messeveranstaltungen erhalten. Eine Anordnung der zehn Trends in einem Portfolio ist in der folgenden Grafik dargestellt.

13 Vgl. Kirchgeorg, M.; Wiedmann, M.; Ermer, B (2012), S. 22-23.

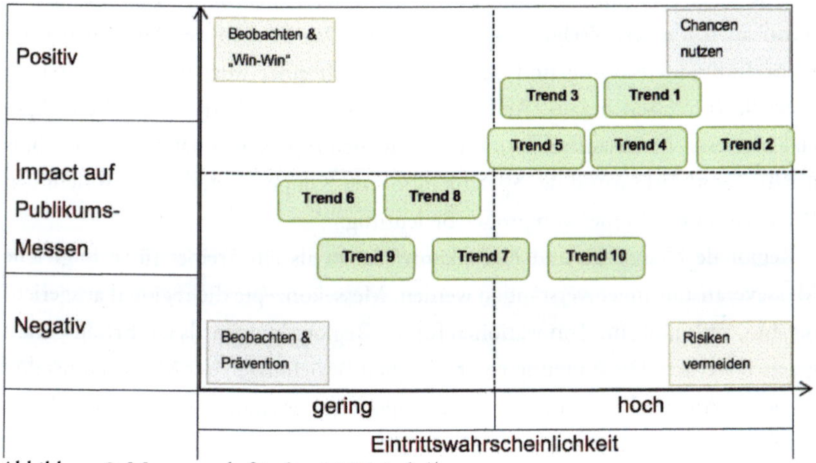

Abbildung 2: Messetrends für den B2C Markt[14]

Der erste Trend „Messeerlebnis mit Wohlfühlatmosphäre" bezieht sich auf den verstärkten Wunsch nach Emotionalisierung. Messebesuche sollen nicht nur Informationsplattformen sein, sondern auch Erlebnisse schaffen. Um diesem Trend zu folgen, empfiehlt sich die Durchführung einer Blueprint Analyse, welche einen Dienstleistungsprozess in seinen einzelnen Prozessen abbildet. Durch diese Darstellung, kann jeder Prozess zielgruppengerecht verbessert und optimiert werden, wodurch der Wohlfuhlaspekt für den Besucher gesteigert wird.

Der zweite Trend „Vernetzte High Touch und High Tech Kommunikation" beschäftigt sich mit der Nutzung von digitalen Medien und der Möglichkeit der Vernetzung des Besuchers schon vor der Messe bis nach der Messe. Zukünftige Messeveranstalter sollten eine Verknüpfung aus einem multisensualen Erlebnis auf der Messe und der digitalen Welt schaffen, um so einen Wettbewerbsvorteil zu erlangen.

Crowd-Fairs sind ein solches Phänomen, bei dem ein Messeveranstalter ein Thema nach den Wünschen der Menge umsetzt, sobald eine bestimmte Anzahl an Besuchern zugesagt hat.[15]

14 I.A.a. Kirchgeorg, M.; Wiedmann, M.; Ermer, B (2012), S. 52.
15 Vgl. Kirchgeorg, M.; Wiedmann, M.; Ermer, B (2012), S. 30.

Eine weitere Möglichkeit sieht der Auma in Messethemen, die eine spezifische, wenn auch kleinere Zielgruppe, ansprechen. Das Streben des Menschen nach mehr Individualisierung und der Wunsch nach einer work-life-balance bilden spezielle Interessen heraus. Aufgabe von Messeveranstaltern ist es, diese „Special Interests“ herauszufinden und in einem zielgruppenadäquaten Messeerlebnis umzusetzen. Auf Grund der Spezifikation sind Kooperationen mit den richtigen Partnern dieser „Szene“ von großer Bedeutung.

Regionale Neugierde und Nähe kann ebenso als ein Treiber für erfolgreiche Messeveranstaltungen verstanden werden. Messekonzepte die regional ausgerichtet sind, verknüpft mit Innovationen für die Region, können als ein Erfolgsgarant gesehen werden. Die Nutzung von regionalen Beziehungen der Messeveranstalter sowie die Ansprache einer großen Zielgruppe sind besonders durch dieses Thema gegeben.

Unter dem fünften Schlüsseltrend „Punktgenau: Gebündelte Messerlebnisse“ ist ein Angebot verschiedener Themen an einem Ort zu verstehen. Zeit wird in der heutigen Gesellschaft ein immer kostbareres Gut, sodass es für Besucher attraktiv erscheint, viele Informationen an einem Ort zu erhalten. Die Risiken einer solchen Strategie sollten ebenso bedacht werden. Aussteller befürchten eine Zielgruppe vorzufinden, bei der eine Vielzahl von Besuchern kein Interesse an deren Angebote hat und auch Besucher könnten durch ein zu breites Themenspektrum nicht mehr angesprochen werden. Diese Strategie erfordert von den Messeveranstaltern ein Konzept mit vorheriger Prüfung der Bündelungswirkung der verschiedenen Messethemen. Publikumsmessen, welche diesen fünf Trends folgen, werden sich bis 2020 wahrscheinlich erfolgreich am Markt entwickeln.[16]

Messeveranstalter sollten die bisher genannten Trends nutzen und die kommenden fünf Trends vermeiden.

Ein erster der fünf Trends, welcher von Messeveranstaltern beobachtet werden sollte, ist das Multi-Channel-Erlebnis 4.0. Durch die fortschreitende Digitalisierung und die einfacheren Möglichkeiten des Online-Shoppings verliert der Besuch einer Messe immer mehr an Bedeutung.

16 Vgl. Kirchgeorg, M.; Wiedmann, M.; Ermer, B (2012), S. 30.

Die Attraktivität für ausstellende Unternehmen sinkt ebenso, da die Anzahl der Besucher, die eine Messe als Informationsplattform nutzen, aber ihre Produkte letztendlich bei anderen Anbietern erwerben, steigt. Daraus resultierende Umsatzverluste bei den Ausstellern werden zu keiner erneuten Teilnahme an der Messeveranstaltung führen und stellen ein hohes unternehmerisches Risiko für den Veranstalter dar. Ein Trend mit einer viel höheren Eintrittswahrscheinlichkeit ist unter den Schlagwörtern „Digitalisierung schlägt Distanz" zu verstehen. Das Internet bietet die Möglichkeit, 24 Stunden täglich Produkte zu erwerben, welche auf unterschiedlichen Plattformen fast realitätsnah abgebildet werden. Das Alleinstellungsmerkmal des tatsächlichen Erlebens des Produktes auf einer Messe wird damit in den Hintergrund gerückt. Messeveranstalter sollten darauf achten, inwieweit die Produkte und Dienstleistungen, welche auf der Messe präsentiert werden, auch im Internet erhältlich sind. Sollte sich ein Wandel vom physischen zum digitalen Kauf abzeichnen, so muss darauf reagiert werden.

Auch wenn die Eintrittswahrscheinlichkeit des dritten Schlüsseltrends „Stagtile Märkte" als eher unwahrscheinlich eingestuft werden kann, ist auf die Entwicklung der deutschen Wirtschaft zu achten. Eine fragile Entwicklung sowie eine Instabilität des Euro, führen bei den Konsumenten zu Unsicherheiten über die finanziellen Entwicklungen. Folglich erhöht sich die Sparquote und die Messeveranstalter sind mit schwankenden Aussteller- und Besucherzahlen konfrontiert. Die Entwicklungen des Marktes sollten auch auf diesen Trend hin beobachtet und die Kundenbindung bei der Organisation von Messen, noch mehr in den Vordergrund gerückt werden. Der Verlust der Mitte stellt eine weitere negative Tendenz in der Entwicklung von Messen dar. Dies bezeichnet die sinkende mittlere Bevölkerungsschicht auf Grund der weiter auseinanderfallenden Bildungs- und Entwicklungsschere.

Auch das Alter der Bevölkerung wird durch den demographischen Wandel verschoben, sodass sich die Kluft zwischen Jung und Alt weiter vergrößern wird. Messethemen müssen daran angepasst werden und eine definierte Zielgruppe ansprechen. Die klare Ansprache des Premium- oder Niedrigpreissegments erscheint in Anbetracht der Entwicklungen erfolgsversprechend.

Letzter zu beachtender Trend, ist der zunehmende Informations- und Zeitstress. Bequemere Alternativen wie das Suchen nach Informationen auf dem Sofa zu Hause, scheinen gegenüber dem Getümmel auf einer Messe vorteilhafter. Viele Konsumenten haben heutzutage keine Zeit sich durch mehrere Messehallen zu drängeln, auf dem Weg nach der Information, die man benötigt. Ebenso steht der hier zu zahlende Eintritt mit einer kostenlosen Information über das Internet in Konkurrenz. Der Besuch einer Messe sollte auf seine Zeitersparnispotenziale analysiert werden, um die unnötigen Wartezeiten zu verkürzen.

Zusammengefasst kann man sagen, dass regionale Messeveranstalter in der Zukunft noch mehr auf den Markt achten müssen. Es dürfen keine Trends verpasst werden und ungenutzt bleiben. Nur so können Potenziale identifiziert und für den eigenen Erfolg genutzt werden. Die vorgestellten Trends sind dabei als hilfreicher Ratgeber für die Entwicklung neuer Messethemen oder das Abwägen über das Fortführen von Veranstaltungen zu sehen. Zur Vollständigkeit sollen noch kurz die Trends für die B2B Messen erwähnt werden. Die Generation Y fordert nach Innovationen und Digitalisierung. Eine Verknüpfung aus der Präsentation von Neuheiten auf einer Messe, sowie die verstärkte Aktivität in der digitalen Welt, sind in diesem Bereich in den nächsten Jahren wichtig. Der Trend Messe plus Kongress, also die Begleitung von Messen durch Kongresse, welche sich mit den zukünftigen Entwicklungen beschäftigen, ist ein weiterer sich abzeichnender Trend.[17] Durch die zunehmende Konkurrenz wird der Fokus auf das Servicegeschäft verstärkt, um sich von den Mitbewerbern abgrenzen zu können.

2.2 Stakeholder der Branche

> *„Kein Unternehmen kann auf Dauer erfolgreich tätig sein, wenn es sich den Ansprüchen der Kunden, Mitarbeiter, Lieferanten, Kapitalgeber, staatlichen Aufsichtsbehörden, verbündeten Unternehmen und Öffentlichkeit völlig entzieht.“*[18]

17 Vgl. Auma Bilanz (2015), S. 4.
18 Hinterhuber, H. (2011), S. 20.

Deshalb müssen neben den Shareholdern, auch die Stakeholder beachtet werden. Stakeholder ist „any group or individual who can affect or is affected by the achievement of the organization's objectives."[19] Je nachdem welchen Einfluss und welches Interesse die Stakeholder an der Messeveranstaltung haben, sollten sie mehr oder weniger Berücksichtigung erhalten und über die neuen Prozesse informiert werden. Dies ist insbesondere bei der Einführung eines neuen Preissystems von essentieller Bedeutung. Stakeholder können sowohl unternehmensintern, als auch unternehmensextern sein.[20] Die folgende Tabelle zeigt alle für eine Messeveranstaltung relevanten Stakeholder.

Unternehmensinterne Stakeholder	Unternehmensexterne Stakeholder
Geschäftsführung/ Inhaber	Aussteller
Projektleitung	Besucher
Mitarbeiter	Verbände
	Behörden und Verwaltungen
	Lokale Messedienstleister (z.B. Caterer)
	Beteiligte Banken und Versicherungen
	Lieferanten
	Mitbewerber
	Anwohner
	Kooperationspartner
	Medien

Tabelle 1: Stakeholder einer Messeveranstaltung

Nachdem die Stakeholder identifiziert wurden, gilt es sie zu klassifizieren. Dies kann mithilfe einer RACI-Matrix erfolgen. „Eine RACI-Matrix dient dazu, definierten Aufgaben Rollen zuzuordnen. Diese RACI-Rollen sind im Einzelnen:

19 Freeman, E. (1984), S. 46.
20 Vgl. Pfetzing, K.; Rohde, A. (2009), S. 207.

- Responsible
  d.h. verantwortlich im disziplinarischen Sinne
- Accountable
  d.h. verantwortlich aus Kostenträger- oder Kostenstellensicht
- Consulted
  d.h. verantwortlich in fachlicher Sicht
- Informed
  d.h. benötigt die Informationen für andere Verantwortlichkeiten“[21]

Aus den Kriterien Macht und Interesse am Projekt lassen sich vier Typen von Stakeholdern klassifizieren. Diese können in einer Interesse-Macht-Matrix eingeordnet und daraus entsprechende Handlungsstrategien abgeleitet werden.

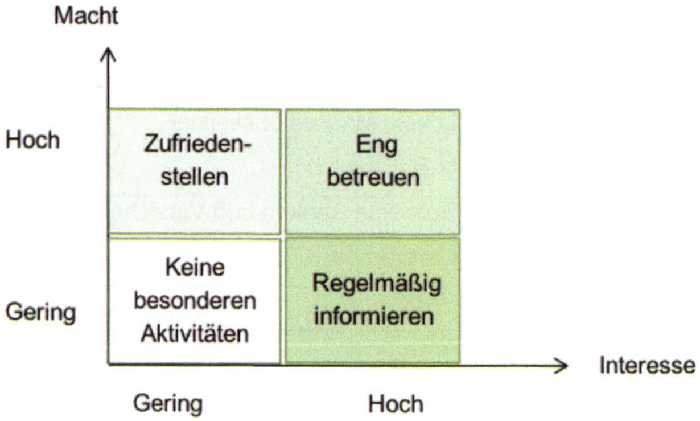

Abbildung 3: Interessen-Macht Matrix[22]

Stakeholder mit einer hohen Macht und einem hohen Interesse sollten von dem Unternehmen besonders gut betreut werden. Dazu zählen beispielsweise der Projektleiter, als aber auch die Aussteller und Besucher. Stakeholder mit einer hohen Macht, aber wenig Interesse an der Messeveranstaltung, müssen lediglich zufrieden gestellt werden. Hier kann die Kooperation mit Teilen der Verwaltung als

21 Alam, D.; Gühl, U. (2016), S. 59.
22 I.A.a. Geiger, K. I. , Romano, R.; Gubelmann, J.; Badertscher, K.; Pifko, C. (2009), S. 95.

Beispiel genannt werden. Die Zielgruppe mit einem hohen Interesse und wenig Macht, ist im geringeren Maße vertreten.

Dazu zählen lediglich die Verbände, wobei die Macht dieser vom Messethema jeweils abhängig sein kann. Um Kooperationen zu schaffen, sollten diese regelmäßig informiert werden. Stakeholder ohne Macht und Interesse spielen für die Organisation einer Messe keine Rolle und brauchen deshalb auch nicht besonders beachtet werden.

2.3 Besonderheiten des Marktes

2.3.1 Der zweiseitige Markt und seine Auswirkung auf das Messemarketing

Der Markt ist der Ort, an dem Angebot und Nachfrage aufeinandertreffen.[23] Messeveranstalter unterbreiten die Angebote, indem Sie ihre Standflächen zur Miete anbieten. Nachfrager sind in diesem Fall Unternehmen, welche ihre Produkte und Dienstleitungen als Aussteller auf der Messe präsentieren möchten. Messeveranstalter bedienen neben dieser Zielgruppe eine weitere Kundengruppe, die Messebesucher. Das Angebot für sie ist die Messeveranstaltung, welche sie zu einem Besuch einlädt. Der Messemarkt kann daher auch als zweiseitiger Markt bezeichnet werden. „Auf zweiseitigen Märkten gibt es zwei Kundengruppen bzw. Marktseiten A und B, zwischen denen ein Netzwerk besteht."[24] Auf dem Messemarkt sind dies zum einen die Besucher und zum anderen die Aussteller, welche miteinander kommunizieren oder Transaktionen durchführen. Die folgende Abbildung stellt die Struktur eines zweiseitigen Marktes für die Messebranche dar.

23 Vgl. Wöhe, G.; Döring, U. (2010), S. 416.
24 Hagemeister, F. (2009), S. 33.

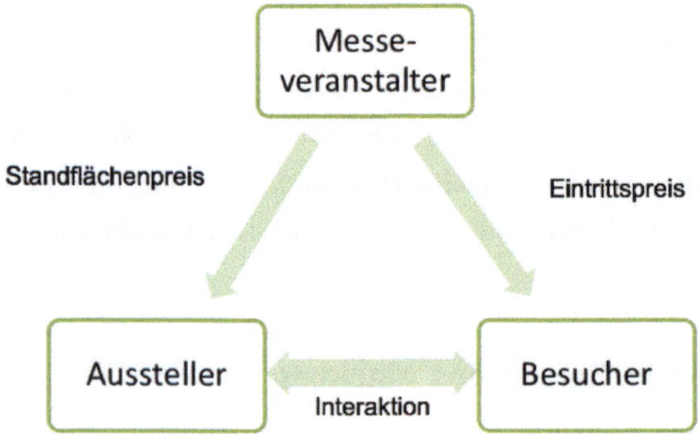

Abbildung 4: Akteure des zweiseitigen Messemarktes[25]

Der Erfolg einer Messe hängt von der Befriedigung der Bedürfnisse beider Zielgruppen ab. Eine hohe Besucherzahl ist für die Aussteller sehr attraktiv, da somit die Wahrscheinlichkeit für Geschäftsabschlüsse mit ihrer Zielgruppe erhöht wird. Dies kann von den Messeveranstaltern gut für die Akquisition von Unternehmen genutzt werden, da das Interesse der Unternehmen an einer Messe höher ist, wenn diese viele Besucher zählt. Besucher wiederum wollen ein möglichst breites Spektrum des Messethemas auf der Veranstaltung präsentiert haben. Beide Faktoren bedingen sich also gegenseitig. Für den Erfolg einer Messeveranstaltung über mehrere Jahre ist es deshalb notwendig, beide Zielgruppen zufrieden zu stellen. Zufriedenheit wird erlangt, wenn die Soll-Erwartungen mindestens mit den Ist-Erwartungen der Zielgruppe übereinstimmen oder sogar übertroffen werden.[26] Messeveranstalter müssen deshalb eine duale Positionierung der Messedienstleistung auf der Aussteller- und Besucherseite umsetzen. Dies kann mit Hilfe des Messemarketings erreicht werden.

25 I.A.a. Hagemeister, F. (2009), S. 33.
26 Vgl. Wolf, L. J. (2005), S. 29.

> *„Ebenso wie die Messefunktionen aus der Sicht von unterschiedlichen Akteuren beurteilt werden können, findet in der Literatur der Begriff des Messemarketings sowohl für das Marketing der Messegesellschaften, als auch für den Einsatz von Messen als Marketinginstrument im Rahmen des Marketing Mix von Ausstellern Verwendung.“* [27]

Diese Struktur des zweiseitigen Marktes hat eine Reihe von Besonderheiten im Rahmen des Messemarketings für die Messegesellschaften zur Folge. Dazu zählen:

- Duale Positionierung
- Hoher Fremdeinfluss
- Große Zeitabstände
- Standortgebundenheit
- Immaterieller Charakter [28]

Die Notwendigkeit einer dualen Positionierung, sowohl bei den Ausstellern als auch bei den Besuchern, wurde bereits erwähnt. Plakate, Flyer und andere Kommunikationsmittel müssen die jeweilige Zielgruppe ansprechen. Nur so kann aus deren Bedürfnissen der Bedarf geweckt werden, die Messe zu besuchen beziehungsweise sich auf ihr zu präsentieren. Der hohe Fremdeinfluss kennzeichnet die Macht der Aussteller bei der Gestaltung der Messe. Erst am Tag des Aufbaus sieht der Messeveranstalter, wie der Standbau der einzelnen Aussteller aussehen wird. Da die Zulassungen zur Messe zu diesem Zeitpunkt bereits erfolgt sind, hat der Messeveranstalter keine Handlungsmöglichkeit, um unästhetische Standbauten zu verbieten. Aussteller haben deshalb einen großen Einfluss auf die Gestaltung der Dienstleitung Messe und tragen zu dem Gesamtbild im erheblichen Maße bei. Messeveranstaltungen folgen einem regelmäßigen Turnus. Dieser liegt meistens jährlich oder in einem Zweijahresrhythmus. Die rasante Entwicklung der

27 Kirchgeorg, M.; Dornscheidt, W. M.; Giese, W.; Stoeck, N. (2003), S. 367.
28 Vgl. Peters, M. (1992), S. 199 ff.

Wirtschaft in einer solchen Zeitspanne verleiht der Besucher- und Ausstellerbindung für den Messeveranstalter besonders große Bedeutung.

Die Standortgebundenheit einer Messe spielt für das Messemarketing eine ebenso große Rolle, denn nicht die Messeveranstalter kommen zu den Unternehmen, sondern die Unternehmen müssen zum Messegelände anreisen. Die Veranstalter einer Messe vermarkten daher nicht nur ihre Veranstaltung, sondern auch die Stadt in welcher sie sich ereignet. Eine weitere Herausforderung stellt die fehlende Möglichkeit der Überprüfung der Qualität einer Messe für Aussteller im Voraus dar. Diese müssen jedoch mit einem relativ großen zeitlichen Vorlauf ihre Messebeteiligungsentscheidung treffen. Eine vertrauensvolle Beziehung der Messeveranstalter zu den Ausstellern und Besuchern ist deshalb von großer Bedeutung. Schlüssige Messestrategien und die Corporate Identity der Messeveranstalter, spielen in deren Marketing ebenso eine große Rolle. Diese Bedingungen haben zur Folge, dass jeder Messeveranstalter für seine Messen Marketingstrategien entwickeln sollte, welche bestens an die Zielgruppen angepasst sind. Nur so können die Aussteller und Besucher akquiriert werden und die Messe zum Erfolg führen.

2.3.2 Dienstleistungscharakter von Messen

Dienstleistungen gehören zum tertiären Sektor. Dieser entwickelt sich in den letzten Jahren rasant. Der Anteil der Dienstleistungen an der gesamten nominalen Bruttowertschöpfung betrug im Jahr 1991 noch 61,9 % und 24 Jahre später, im Jahr 2015, waren es schon 69,0 %.[29] Hieran kann man deutlich den Wandel zur Dienstleistungsgesellschaft in Deutschland erkennen. Die Definition von Dienstleistungen ist in vier verschiedenen Ansätzen ersichtlich. Zum einen die tätigkeitsorientierte Definition, welche Schüller wie folgt darlegt: „Das, was der Mensch tut, um seine physische und psychische Arbeitskraft mit oder ohne Verbindung zur materiellen Güterwelt in den Zweckbereich der menschlichen Bedürfnisbefriedigung zu bringen, ist eine Dienstleistung."[30] Des Weiteren wird der Ansatz einer potenzialorientierten Definition in der betriebswirtschaftlichen Welt genutzt.

29 Vgl. Statistisches Bundesamt (2016), S. 11.
30 Schüller, A. (1967), S. 19.

Demnach sind „Dienstleistungen […] durch Menschen oder Maschinen geschaffene Potenziale bzw. Fähigkeiten eines Dienstleistungsanbieters, spezifische Leistungen beim Dienstleistungsnachfrager zu erbringen.“[31] Die dritte Ansicht ist die der Prozessorientierung. Nach diesem Verständnis sind „Dienstleistungen im weitesten Sinne […] der Bedarfsdeckung Dritter dienende Prozesse mit materiellen und/oder immateriellen Wirkungen, deren Vollzug und deren Inanspruchnahme einen synchronen Kontakt zwischen Leistungsgeber und Leistungsnehmer bzw. deren Objekten von der Bedarfsdeckung her erfordert.“[32] Eine ergebnisorientierte Ansicht der Definition von Dienstleistungen vertritt Maleri, denn „demnach kann […] Leistung nicht als ein Prozess, sondern nur als ein Ergebnis des Prozesses angesehen werden, denn nur dieses ist am Markt vertretbar. [Deshalb sind Dienstleistungen] für den Absatz produzierte immaterielle Wirtschaftsgüter.“[33]

In der von Meffert und Bruhn verwendeten Definition für Dienstleistungen, werden bis auf die Ebene der tätigkeitsorientierten alle drei Weiteren berücksichtigt. Somit soll der Begriff Dienstleistung unter dem Verständnis der folgenden Definition gesehen werden: „Dienstleistungen sind selbstständige, marktfähige Leistungen, die mit der Bereitstellung und/ oder dem Einsatz von Leistungsfähigkeiten verbunden sind. (Potenzialorientierung). Interne und externe Faktoren werden im Rahmen des Erstellungsprozesses kombiniert (Prozessorientierung). Die Faktorenkombination des Dienstleitungsanbieters wird mit dem Ziel eingesetzt, an den externen Faktoren, an Menschen und deren Objekten nutzenstiftende Wirkungen zu erzielen (Ergebnisorientierung).“[34] Anhand dieser Definition kann die Organisation einer Messe als eine Dienstleistung charakterisiert werden. Die Messeveranstaltung ist so ausgereift, dass sie marktfähig ist. Sie beinhaltet ebenso die Bereitstellung von Leistungsfähigkeiten, wozu die geistigen und physischen Fähigkeiten der Mitarbeiter im Rahmen der Akquisition der Aussteller und Entwicklung der Marketingstrategien genannt werden können.

31 Meyer, A.; Mattmüller, R. (1987), S. 187.
32 Berekhoven, L. (1974), S. 29.
33 Maleri, R. (1997), S. 4.
34 Meffert, H. Bruhn, M. (2012), S. 17.

Die Kombination der internen Faktoren, beispielsweise in Form der Leistungspotenziale der Mitarbeiter, mit den externen Faktoren wie den Ausstellern, erfüllt die Definition der Prozessorientierung. Ziel einer Messeveranstaltung ist es, Besuchern und Ausstellern eine Plattform zum Informationsaustausch zu geben. Damit erfüllt die Messe auch die Voraussetzungen des ergebnisorientierten Teils einer Dienstleistung. Demzufolge können Messen als Dienstleistungen bezeichnet werden. Aus den Eigenschaften der Dienstleistung Messe, ergeben sich Besonderheiten für die Vermarktung der Messeveranstaltungen. Die Literatur der Betriebswirtschaft trennt zwischen konsumtiven und investiven Dienstleistungen.[35] Daraus ergibt sich folgende Typologisierung.

Abnehmer/ Art der Dienstleistung	Endverbraucher	Gewerbliche Unternehmen
Kerndienstleistung des Unternehmens	Konsumtive Kerndienstleistung	Investive Kerndienstleistung
Zusatzleistung des Unternehmens	Konsumtive Sekundärdienstleistung	Investive Sekundärdienstleistung

Tabelle 2: Typologisierung von Dienstleistungen[36]

Die Dienstleistung der Vermietung der Standflächen an die Unternehmen stellt eine investive Kerndienstleistung des Unternehmens dar, denn Standflächen sind weiterhin die zentrale Erlösquelle für die Veranstalter.[37] Der Verkauf der Eintrittstickets an die Besucher hingegen stellt eine konsumtive Kerndienstleistung dar, da diese Zielgruppe Endverbraucher sind. Investive Sekundärdienstleistungen bei Messeveranstaltungen stellen die zusätzlichen Services für die Aussteller seitens der Messeveranstalter dar. Dazu zählt beispielsweise das Angebot der Vermietung von Mobiliar oder auch Standflächenreinigungen. Dienstleistungen sind immaterielle Güter, weshalb man ihre Qualität vorab nur schwer überprüfen kann.[38]

35 Vgl. Backhaus, K.; Hahn, C. (1998), S. 2.
36 I.A.a. Meffert, H. Bruhn, M. (2012), S. 17.
37 Vgl. Auma Bilanz (2015), S. 14.
38 Vgl. Scharf, A.; Schubert, B.; Hehn, P. (2012), S. 23.

Demzufolge steigt die Unsicherheit beim Kauf einer Dienstleistung. „In der Folge davon kann der Preis die Rolle eines Qualitätsindikators übernehmen“[39] und für den Anbieter Preisspielräume eröffnen.[40] Neben dem Preis ist bei Dienstleistungsunternehmen deshalb auch das Image für eine Kaufentscheidung bei den Nachfragern entscheidend, weshalb oftmals Dienstleistungsmarken aufgebaut werden.[41] Denn „Marken schaffen Vertrauen, indem Sie eine ansprechende, gleich bleibende Qualität suggerieren, auf die man sich sprichwörtlich verlassen kann und somit das Risiko eines Fehlkaufes aus Kundensicht [minimiert].“[42] Diese Immaterialität der Dienstleistungen hat zur Folge, dass sie weder lagerfähig noch transportierfähig sind. Somit kann keine Vorratsproduktion erfolgen, sodass sich Nachfrageschwankungen sehr stark auf das Unternehmen auswirken.

Das gleichzeitige Zusammenfallen von Produktion und Konsumption der Dienstleistung wird auch als Uno-actu-Prinzip bezeichnet.[43] In dem Moment, in welchem die Messe durchgeführt wird, findet auch ihr Konsum durch die Aussteller und Besucher statt. Ungenutzte Kapazitäten verfallen zu diesem Zeitpunkt, da zu einem späteren Erstellungszeitpunkt keine Nachfrager mehr vorhanden sind. Die Kapazitäten sollten deshalb immer komplett ausgenutzt werden, da sonst Leerkosten für die Messeveranstalter entstehen. Mieten für die Messehallen beispielsweise müssen auch bei nicht vollständig ausgenutzten Kapazitäten häufig komplett entrichtet werden. Leistungspotenziale des Menschen sind begrenzt. Dies trifft auch auf die Organisation einer Messe zu. Ein Unternehmen mit fünf Mitarbeitern kann die Anmeldungen der Aussteller und weitere Vorbereitungen der Messe kontinuierlich bearbeiten, wenn diese gleichmäßig anfallen. Erhöhen sich aber die Anmeldungen der Unternehmen in dem Zeitraum kurz vor einer Messe, in welchem viele weitere Vorbereitungen getroffen werden müssen, so kann es zu einem Aufbau von Mehrstunden bzw. unerledigten Aufgaben kommen, da die Leistungspotenziale der Mitarbeiter begrenzt sind.

39 Woratschek, H. (1996), S. 60.
40 Vgl. Michel, S.; Zellweger, C. (2014), S. 50.
41 Vgl. Scharf, A.; Schubert, B.; Hehn, P. (2012), S. 23.
42 Schmidt, H. (2007), S. 21.
43 Vgl. Woratschek, H. (1996), S. 60.

Diese Integration des externen Faktors im Rahmen der Dienstleistungserstellung[44] stellt also eine weitere Herausforderung für das Messemarketing dar. Eine Gestaltungsmöglichkeit wäre an dieser Stelle, die Marketingaktivitäten für die Messe in nachfrageschwachen Zeiten zu erhöhen, um in stressigen Phasen vor der Messe mehr Zeit für andere Vorbereitungen zu haben. Die mit dem Personal verbundene qualitative Leistungserstellung der Dienstleistung stellt eine weitere Besonderheit für das Marketing dar. Durch standardisierte Prozesse können verschiedene Leistungen in ihrer Qualität zwar vergleichbar gemacht werden, jedoch hängen sie im großen Maße immer noch von dem jeweiligen Mitarbeiter ab.[45] Der Marketing-Mix von Dienstleitungen wird daher um drei weitere P's ergänzt. Neben der Produkt-, Preis-, Kommunikations- und Distributionspolitik ist hier auch auf die Personal-, Prozess- und Ausstattungspolitik zu achten.[46] Die Betrachtung der Herausforderungen für die Vermarktung zweiseitiger Märkte, sowie die Besonderheiten des Dienstleitungsmarketings haben gezeigt, dass es insgesamt sieben Faktoren gibt, welche bei der Vermarktung der Dienstleistung Messe berücksichtigt werden müssen. In der folgenden Grafik sind die Einflussfaktoren für das Messemarketing noch einmal zusammengefasst abgebildet.

Nachfrageschwankungen auf Grund der Immaterialität der Dienstleistung sowie ungenutzte Kapazitäten durch das Uno-Actu-Prinzip, können durch eine richtige Marketingstrategie verringert werden. Eine Möglichkeit innerhalb des Marketing-Mix bietet die Preispolitik mit ihren dynamischen Preissystemen. Besonders das Yield Management stellt den Preis und die Kapazität in den Vordergrund. Inwiefern dieses System zur Lösung des Problems beitragen kann, wird Thema der nächsten Kapitel sein.

44 Vgl. Corsten, H.; Gössinger, R. (2007), S. 327.
45 Vgl. Scharf, A.; Schubert, B.; Hehn, P. (2012), S. 24.
46 Vgl. Magrath, A. J. (1986), S. 45.

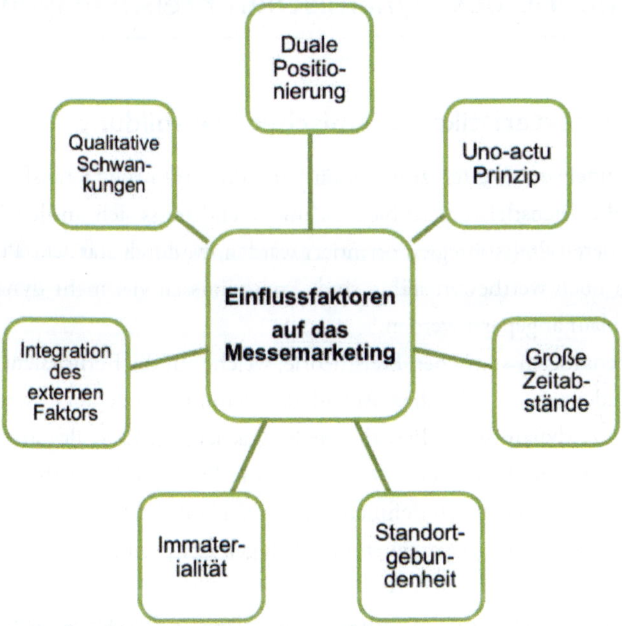

Abbildung 5: Einflussfaktoren auf das Messemarketing

3 Theorie des Dynamischen Preismanagements

3.1 Charakteristika dynamischer Preisbildung

Der Wandel vom Käufer- zum Verkäufermarkt birgt neue Herausforderungen, auch für die Dienstleistungsanbieter. Zunehmend muss sich an den Mitbewerbern und deren Preisstrategien orientiert werden, wodurch statische Preissetzungen kaum noch wettbewerbsfähig sind. Preise müssen viel mehr dynamisch an den Zeitablauf angepasst werden.[47]

Im Gegensatz zur statischen Preistheorie, welche auf die Berücksichtigung von Interdependenzen im zeitlichen Ablauf der Planung verzichtet,[48] werden diese innerhalb der dynamischen Preistheorie berücksichtigt. Es stellt damit ein Teilgebiet des strategischen Pricings dar. Dynamic Pricing oder auch dynamisches Preismanagement, lässt sich definieren als „das planvolle Vorgehen eines Anbieters, seine einseitigen Preisvorgaben zu beliebigen Zeitpunkten innerhalb des Verkaufsprozesses („dynamisch") zu ändern, um so auf veränderte nachfrage- oder konkurrenzbezogene Rahmenbedingungen, mit dem Ziel der Maximierung des Gesamterlöses zu reagieren."[49]

Es existieren vier verschiedene Bereiche, welche unter dem Aspekt der Dynamik betrachtet werden können:

- Lebenszyklusdynamik
- Wettbewerbsdynamik
- Kostendynamik
- Zielfunktionsdynamik

Lebenszyklusdynamik meint den zu erwartenden Umsatz im Zeitablauf. Innerhalb der statischen Preistheorie wird der Preis so gewählt, dass der Gewinn für dieses Produkt in dieser Periode maximal ist. Dabei bleiben zukünftige

47 Vgl. Klein, R.; Steinhardt, C. (2008), S. 174.
48 Vgl. Olbrich, R.; Battenfeld, D. (2014), S. 74.
49 Klein, R.; Steinhardt, C. (2008), S. 176 ff.

Entwicklungen des Konsumentenverhaltens unberücksichtigt. „Die ‚Berechnung' des strategisch-optimalen Verkaufspreises basiert [hingegen] auf einer Analyse des zu erwartenden Konsumentenverhaltens."[50] Potenzielle Wiederkäufe und zusätzliche Abverkäufe erhalten so eine starke Berücksichtigung.

Wettbewerbsdynamik bezeichnet die auftretende Konkurrenz im Zeitablauf. Mit Hilfe des Preises kann z.B. durch eine Preissenkung verhindert werden, dass ein Mitbewerber auf den Markt gelangt bzw. der Prozess des Markteintritts verzogert werden.

Diese Preissenkung sollte das Unternehmen nur vornehmen, wenn sie den verpassten Deckungsbeitrag in den kommenden Perioden erwirtschaften kann. Der Stückdeckungsbeitrag stellt die Differenz aus dem Stückpreis und den variablen Stückkosten dar. Folglich kann der entgangene Deckungsbeitrag in den nächsten Perioden durch eine höhere Absatzmenge oder durch höhere Preise erzielt werden. Die verringerten Produktionskosten bei steigender Absatzmenge, bezeichnet die Kostendynamik. Das dynamische Preismanagement arbeitet mit niedrigen Preisen, um aus den daraus resultierenden größeren Absatzmengen Kostenersparnisse innerhalb der Produktion zu realisieren. Dieser Effekt wird auch als der Erfahrungskurveneffekt bezeichnet.[51] Auf Grund des Lerneffektes kommt es zu geringeren Fertigungszeiten, da die Prozessabläufe bekannt sind. Somit kann mehr produziert werden und durch die größere nachgefragte Menge Preisnachlässe für Inputgüter genutzt werden. Das Management kann solche Degressionseffekte bei der Planung von Preisstrategien berücksichtigen.

„In der dynamischen Preistheorie werden alle Gewinne auf einen Entscheidungszeitpunkt t_0 abgezinst."[52] Dies beschreibt die sogenannte Zielfunktionsdynamik. Es muss demzufolge beachtet werden, dass die entgangenen Gewinne der Vorperiode hätten schon verzinst werden können. Die kurzfristigen Gewinnmöglichkeiten können also nur erzielt werden, wenn der Gegenwartswert zukünftiger Perioden jenen entgangenen Gewinn abdeckt. Aus diesen Betrachtungsweisen haben sich dynamische Preisstrategien entwickelt, welche im Folgenden näher betrachtet werden. Der Erfahrungskurveneffekt beinhaltet die Penetrationsstrategie.

50 Olbrich, R.; Battenfeld, D. (2014), S. 74.
51 Vgl. Wöhe, G.; Döring, U. (2010), S. 87.
52 Olbrich, R.; Battenfeld, D. (2014), S. 75.

Bei dieser Preisstrategie wird mit einem relativ niedrigen Preis auf den Markt eingetreten. So wird ein hoher Absatz mit daraus folgenden Kostendegressionen realisiert. Ziel dabei ist es, die Konkurrenz so lange durch den niedrigen Preis vom Markteintritt abzuhalten, bis das Produkt marktbeherrschend ist.[53] Bei der Skimming-Strategie hingegen wird mit einem hohen Preis in den Markt eingetreten, welcher über den Zeitverlauf sukzessive sinkt.

Ziel ist, durch die unterschiedlichen Preise die Preisbereitschaften der Konsumenten abzuschöpfen, sodass im optimalen Fall jeder Konsument zu dem Preis kauft, den er bereit ist zu zahlen. Wichtige Voraussetzung für diese Preisstrategie ist eine gewisse Anzahl von Erstkäufern, deren Bedürfnis nach dem Produkt so groß ist, dass sie es zu einem vergleichsweise hohen Einstiegspreis kaufen.[54] Ein Beispiel dafür ist Apple mit seinem I-Phone. Die Entwicklung beider Strategien wird in der folgenden Grafik noch einmal bildlich dargestellt.

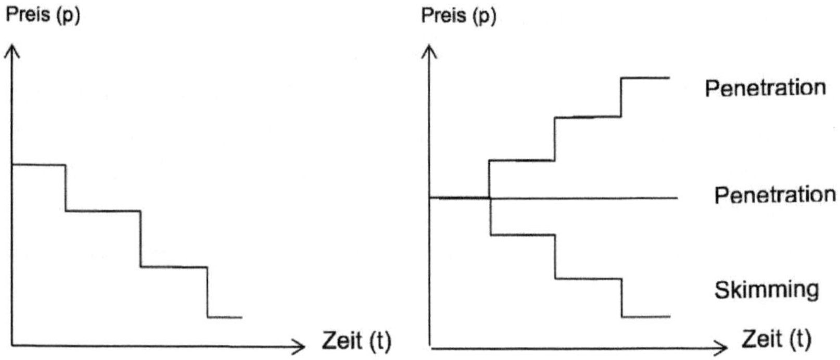

Abbildung 6: Entwicklung der Skimming- und Penetrationsstrategie[55]

Festzuhalten bleibt, dass der Faktor Zeit bisher in vielen Preisstrategien vernachlässigt wird. Für das Unternehmen stell dies ungenutzte Ertragspotenziale dar, welche bei einer richtigen Integration des Faktors erschlossen werden könnten. Dazu muss das Preismanagement aber auf den Lebenszyklus des Produktes

53 Vgl. Bruhn, M. (2010), S. 197.
54 Vgl. Olbrich, R.; Battenfeld, D. (2014), S. 84.
55 I.A.a. Scharf, A.; Schubert, B.; Hehn, P. (2012), S. 360.

strategisch abgestimmt sein.[56] Dynamisches Preismanagement ist damit ein vielschichtiges Preissystem, welches richtig genutzt große Potenziale für die Vermarktung des Produktes und das Unternehmen erzielen kann.

3.2 Preisdifferenzierung

3.2.1 Grundlagen und Voraussetzungen

„Preisdifferenzierung liegt vor, wenn ein Anbieter ein Produkt, das hinsichtlich der räumlichen, zeitlichen, leistungs- und mengenbezogenen Dimension identisch ist, zu unterschiedlichen Preisen verkauft wird.“[57] Durch das Anbieten unterschiedlicher Preise, werden die Zahlungsbereitschaften verschiedener Kundensegmente besser abgeschöpft. So kann das Marktpotenzial optimal ausgenutzt und der Unternehmensgewinn gegenüber einer Einheitspreissetzung erhöht werden. Damit eine Preisdifferenzierung überhaupt möglich ist, benötigt der Anbieter einen gewissen monopolistischen Spielraum. Nachfragerseitige Voraussetzung ist die Möglichkeit der Segmentierung des Marktes. Es müssen mindestens zwei Marktsegmente gebildet werden können. Die Nachfrager dieser Segmente müssen weiterhin unterschiedliche individuelle Preisabsatzfunktionen besitzen.[58] Diese zeigt den Zusammenhang zwischen dem angebotenen Preis und der abgesetzten Menge an. Folglich ergeben sich daraus unterschiedliche Zahlungsbereitschaften, welche eine weitere Voraussetzung sind. Als Zahlungsbereitschaft bezeichnet man den Preis, den ein Nachfrager maximal bereit ist für das Produkt oder die Dienstleistung zu zahlen. Einige Konsumenten versuchen trotz einer höheren Preisbereitschaft, die Leistungen zu einem niedrigeren Preis zu erwerben. Dieses Verhalten wird als Arbitrage bezeichnet.[59] Die Anwendung von Preisdifferenzierung ist nur dann sinnvoll, wenn die Anzahl der Nachfrager mit diesem Verhalten relativ klein ist.[60] Arbitrage setzt voraus, dass dem Nachfrager die anderen Preise für das Produkt überhaupt bekannt sind. Eine unvollkommene

56 Vgl. Viertler, M.; Wenig, J. O.; Wunderlich, F. (2006), S. 46.
57 Fassnacht, M. (1996), S.31.
58 Vgl. Klein, R.; Steinhardt, C. (2008), S. 49.
59 Vgl. Scharf, A.; Schubert, B.; Hehn, P. (2012), S. 353.
60 Vgl. Olbrich, R.; Battenfeld, D. (2014), S. 116.

Markttransparenz ist deshalb für die Preisdifferenzierung von Vorteil, da so die Möglichkeit der Arbitrage verringert werden kann (isolierbare Teilmärkte).

3.2.2 Formen der Preisdifferenzierung

Der Ursprung der Klassifizierung der Preisdifferenzierung liegt in der Arbeit von Pigou im Jahr 1920. Dieser untergliedert die Preisdifferenzierung nach dem ersten, zweiten und dritten Grad. Laut der Preisdifferenzierung ersten Grades (perfekte Preisdifferenzierung), zahlt jeder Nachfrager genau den Preis, den er maximal bereit ist für die Leistung auszugeben. Dies ist jedoch eher ein theoretisches Konstrukt, welches in der Realität nur schwer umsetzbar ist.[61] Die Preisdifferenzierung zweiten Grades, gliedert die Nachfrager in verschiedene Segmente mit unterschiedlichen Maximalpreisen. Dem Nachfrager sind dabei alle vom Anbieter geforderten Preise bekannt, sodass er sich selbst den Segmenten zuordnen kann. Hier wird auch vom Prinzip der Selbstselektion gesprochen.[62] Bei der Preisdifferenzierung dritten Grades, werden die Nachfrager ebenso klassifiziert. Die Zuordnung zu den Segmenten erfolgt hier aber durch den Anbieter. Kriterien für die Segmente können beispielweise sozioökonomische Kundenmerkmale, wie das Alter oder das Geschlecht sein. In der Unternehmenspraxis haben sich Implementationsformen aus den Preisdifferenzierungen zweiten und dritten Grades abgeleitet.[63] Einerseits existiert die mengenorientierte Preisdifferenzierung, bei der ein vom Nachfrager zu zahlender Preis mit der erworbenen Menge variiert. Je größere Mengen nachgefragt werden, desto höher liegt der Preis. Damit entscheidet allein der Nachfrager, wie viel er für die Produkte zahlen möchte. Die zweite Klassifizierung ist die segmentorientierte Preisdifferenzierung. Hier werden die Nachfrager zu verschiedenen Segmenten zugeordnet und können damit den zu zahlenden Preis nicht selbst bestimmen. Zu den wichtigsten Implementationsformen gehören die zeitliche-, räumliche-, personenbezogene sowie leistungsbezogene Preisdifferenzierung.[64]

---

61 Vgl. Fassnacht, M (1996), S. 53.
62 Vgl. Klein, R.; Steinhardt, C. (2008), S. 44.
63 Vgl. Klein, R.; Steinhardt, C. (2008), S. 45.
64 Vgl. Scharf, A.; Schubert, B.; Hehn, P. (2012), S. 354.

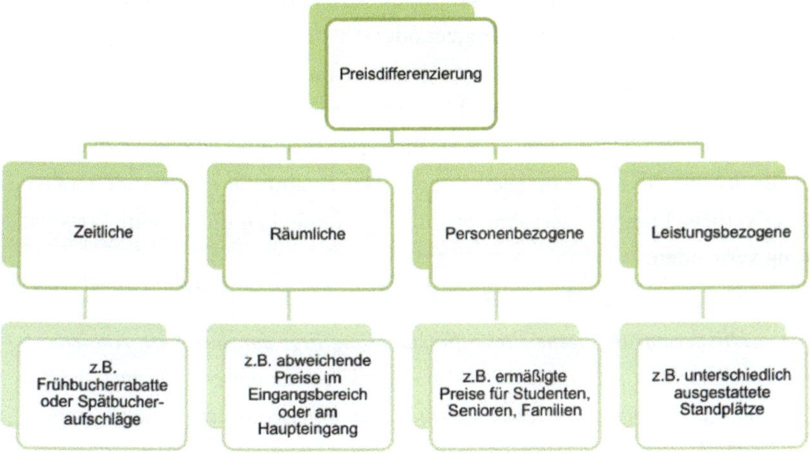

Abbildung 7: Implementationsformen der Preisdifferenzierung

Eine zeitliche Preisdifferenzierung liegt vor, wenn das Produkt in Abhängigkeit von dem nachgefragten Zeitpunkt zu unterschiedlichen Preisen angeboten wird, sich hinsichtlich seiner weiteren Kriterien aber nicht unterscheidet.[65] Der Preis kann nach der Tageszeit, dem Wochentag oder der Saison variiert werden. Systeme, die auf Grundlage dieser Preisdifferenzierung aufbauen, sind das Peak-Load-Pricing oder auch das Yield Management. Für das Unternehmen hat die Anwendung dieser Preisvariation das Ziel, die Nachfrage in zeitlicher Hinsicht zu steuern. Diese Nachfragesteuerung spielt besonders im Dienstleistungsbereich eine große Rolle. Durch den zeitlichen Zusammenfall von Produktion und Konsumtion, kann keine Lagerung der Dienstleistung erfolgen. Ebenso hat eine bestimmte Anzahl von Mitarbeitern im Rahmen des Leistungserstellungsprozesses einer Dienstleistung nur ein gewisses Potenzial zur Erledigung ihrer Aufgaben. Möchte man dieses Potenzial steigern, so muss man die Anzahl der Mitarbeiter erhöhen oder Prozesse optimieren. Eine Erhöhung der Mitarbeiter birgt die Gefahr, in der Nebensaison unausgelastete Kapazitäten zu haben.

Durch die zeitliche Preisdifferenzierung können Spitzenbelastungen der Unternehmenskapazitäten vermieden und eine gleichmäßige Kapazitätsauslastung

65 Vgl. Scharf, A.; Schubert, B.; Hehn, P. (2012), S. 354.

realisiert werden. Die Segmentbildung bei der räumlichen Preisdifferenzierung erfolgt anhand des Ortes des Absatzes oder der Leistungserstellung. Dies können regionale, überregionale sowie internationale Unterschiede sein. Sind die Arbitragekosten, die durch die Nutzung des Kaufs eines Produktes in einer anderen Region entstehen niedriger, als der Preisunterschied zwischen den Produkten, so ist es für den Nachfrager prinzipiell sinnvoll, das Produkt in einem anderen Gebiet zu erwerben. Dies wird der Anbieter aber grundsätzlich durch seine Preisgestaltung vermeiden.

> *„Die personenbezogene Preisdifferenzierung liegt vor, wenn ein Anbieter ein Produkt, das hinsichtlich der räumlichen, zeitlichen, leistungs- und mengenbezogenen Dimension identisch ist, unterschiedlichen Nachfragern oder Nachfragergruppen aufgrund personenbezogener Merkmale zu verschiedenen Preisen anbietet."*[66]

Segmentierungskriterien können das Alter, der Familienstatus, das Geschlecht oder auch der Beruf sein. Für diese Segmente gelten unterschiedliche Preise, entsprechend ihrer jeweiligen maximalen Zahlungsbereitschaften.

Die vierte Implementationsform ist die leistungsbezogene Preisdifferenzierung. Hierbei werden Produktmerkmale verändert, sodass kein eigenständiges Produkt entsteht, sondern nur verschiedene Varianten. Dies kann beispielsweise ein Buch sein, welches gebunden teurer ist, als in der Taschenbuchausgabe. Die Variation des Produktes ist so vorzunehmen, dass sich der Nachfrager mit einer höheren Zahlungsbereitschaft für das teurere Produkt entscheidet. Im Rahmen des Yield Managements werden die genannten vier Implementationsformen meist kombiniert verwendet.[67] Beispiele hierfür finden sich in der Hotellerie. Firmenkunden erhalten freies WLAN oder die Möglichkeit der kostenfreien Stornierung am Anreisetag bis 18.00 Uhr.

---

66 Fassnacht, M. (1996), S. 55.

67 Vgl. Klein, R.; Steinhardt, C. (2008), S. 48.

Andere Gäste erhalten ab einer gewissen Übernachtungszahl eine zusätzliche kostenfreie Übernachtung. Dieses Angebot findet man vor allem in nachfrageschwachen Zeiten vor.

3.3 Yield Management als Weiterentwicklung der Preisdifferenzierung

3.3.1 Entstehung und Grundidee des Yield Managements

Yield Management, Ertragsmanagement oder auch Revenue Management kann als eine Weiterentwicklung der zeitlichen Preisdifferenzierung verstanden werden.[68] Die grundlegenden Ziele bei der Anwendung der Preisdifferenzierung im Rahmen des Yield Managements, sind die Steigerung der abgesetzten Menge und eine daraus folgende Erlössteigerung.[69] Durch das Anbieten unterschiedlicher Preise, werden die Zahlungsbereitschaften der preissensiblen sowie der preisunsensiblen Kunden abgeschöpft. So können nicht nur die Gewinne erhöht, sondern auch die Kapazitätsauslastung verbessert werden. Der Urvater des Yield Managements: Kimnes, stellte dies bereits im Jahre 1989 fest.

> *„Yield Management is the process of allocating the right type of capacity to the right kind of consumer at the right price so as to maximize revenue or yield."*[70]

Auch im deutschsprachigen Raum haben sich Definitionen für das Yield Management entwickelt. Hier zu nennen ist die Definition von Klein, da diese besonders umfassend und neutral gegenüber Kontextbezügen ist.[71]

68 Vgl. Pechtl, H. (2005), S. 250.
69 Vgl. Klein, R.; Steinhardt, C. (2008), S. 43.
70 Kimnes, S. E. (1989), S. 14.
71 Vgl. Specht, D.; Gruß, C. (2007), S. 62.

„Revenue Management umfasst eine Reihe von quantitativen Methoden zur Entscheidung über Annahme oder Ablehnung unsicherer, zeitlich verteilt eintreffender Nachfrage unterschiedlicher Wertigkeit. Dabei wird das Ziel verfolgt, die in einem begrenzten Zeitraum verfügbare, unflexible Kapazität möglichst effizient zu nutzen.“[72]

Im engeren Sinne ist das Revenue Management als eine Variation der Preisdifferenzierung zu sehen, im weiteren Sinne aber auch als eine Form des dynamischen Preismanagements, da es die dafür benötigten Voraussetzungen erfüllt. Yield Management vereint somit die in Absatz 3.1 und 3.2 dargestellten Formen der Preispolitik.

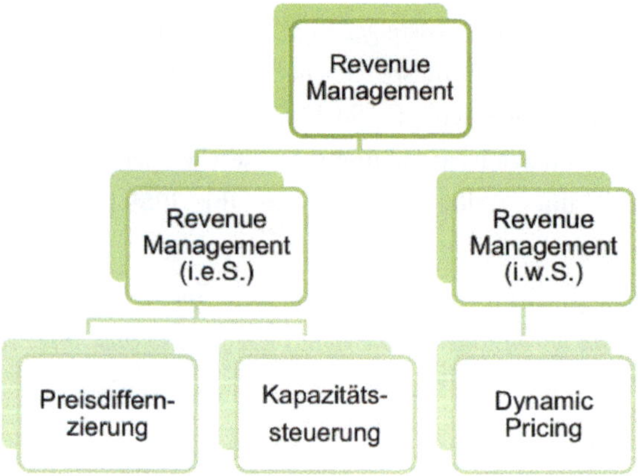

Abbildung 8: Teilgebiete des Revenue Managements[73]

Seinen Ursprung findet das Yield Management im Jahre 1981, drei Jahre nach der Deregulierung des Luftverkehrs. Zu diesem Zeitpunkt gab es 155 Fluggesellschaften in den vereinigten Staaten.[74] Durch die Deregulierung konnten die Fluggesellschaften selbst die Preise für ihre Flugtickets bestimmen. Als Hinweis auf den dadurch entstehenden Preiskampf dient die Betrachtung des mittleren

72 Klein, R. (2001), S. 248.
73 I.A.a. Klein, R. (2001), S. 248.
74 Vgl. Daudel, S.; Vialle, G. (1992), S. 9.

Indexes des Flugpreises. 1977 lag dieser noch bei 100 US Dollar und sank bis zum Jahr 1986 auf 87 US Dollar. Durch eine Vielzahl von Anbietern und keine Reaktion seitens der Großunternehmer waren sie gezwungen, sich den Preisen der Discounter anzupassen. Diese Strategie konnten die großen Unternehmen, auf Grund ihrer hohen Kosten, nicht lange ohne finanzielle Verluste durchführen. Als Lösung für jenes Problem wurde der erste Ansatz des Yield Managements entwickelt. Damit konnten die Airlines nicht nur die Konkurrenz vom Markt verdrängen, sondern auch den Umsatz sowie das Passagieraufkommen um 15 Prozent steigern.[75] Zur Umsetzung dieses Systems wurde das erste Yield Management System DINAMO (Dynamic Invetory Allocation and Maintanance Optimizer) entwickelt.[76]

Insgesamt kann man drei Anwendungsfälle des Yield Managements unterscheiden.[77] Die erste Situation ist die eines Nachfrageüberschusses. Hierbei ist die Nachfrage höher als das Angebot. Unternehmen, die Yield Management anwenden, können nun den hochwertigen Teil der das Angebot übersteigende Nachfrage auf sich lenken und damit Umsatzsteigerungen erreichen.

Herrscht ein Angebotsüberschuss, das heißt eine Überkapazität der Anbieter, so können durch Yield Management die überschüssigen Kapazitäten zu reduzierten Preisen angeboten werden und gleichzeitig die Segmente mit höheren Durchschnittpreisen geschützt werden. Als dritte Situation kann der Markt im Gleichgewicht sein. Auch hier kann durch Yield Management und die damit verbundene noch bessere Anpassung an die Nachfragesegmente der Absatz erhöht und so die Umsätze gesteigert werden.

> *„Mit Hilfe [des Yield Managements] lässt sich im gesamten Dienstleistungssektor jene Flexibilität und Selektivität erreichen, die für eine erfolgreiche, primär preisorientierte Marketingpolitik unabdingbar ist.“*[78]

75 Vgl. Klein, R.; Steinhardt, C. (2008), S. 4.
76 Vgl. Tscheulin, D. K.; Lindenmeier, J. (2003), S. 630.
77 Vgl. Daudel, S.; Vialle, G. (1992), S.11.
78 Daudel, S.; Vialle, G. (1992), S. 12.

Zusammengefasst ist das Ziel dieses Systems, durch Festlegung differenzierter Preis- und Kapazitätsstrukturen, höhere Gewinne zu erwirtschaften. Der Ertrag je Kapazitätseinheit soll maximiert werden. Hieraus leiten sich auch die synonymen Begrifflichkeiten Revenue Management bzw. Ertragsmanagement ab.[79]

3.3.2 Kennzeichnung als Ansatz zur dynamischen Preis- und Kapazitätssteuerung

Der Druck nach einer Optimierung der Preise und Kapazitäten ist in vielen Branchen zu spüren. Die Gründe dafür können in einer schwankenden Nachfrage, einer verringerten Auslastung oder im Verfall des eigenen Produktes liegen. Das grundlegende Problem ist deshalb grafisch in der folgenden Abbildung noch einmal dargestellt.

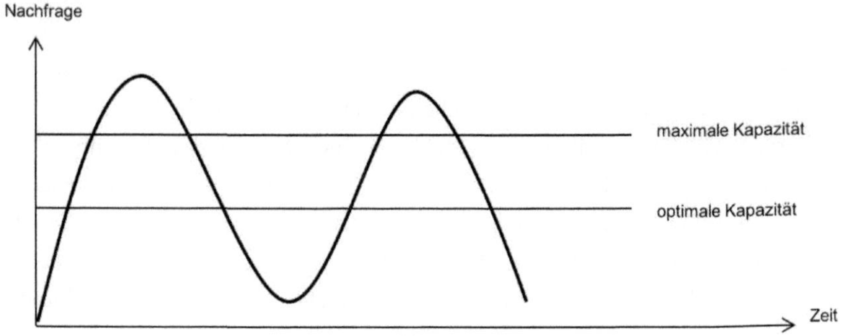

Abbildung 9: Problematik der Nachfrageschwankungen

Zu sehen ist die Nachfrage in Abhängigkeit von der Zeit. Bei einer Messeveranstaltung wäre dies der Planungsverlauf mit der Hauptaufgabe der Akquisition der Aussteller. Die Nachfrage nach dem Produkt Standfläche erfolgt nicht linear, sondern unterliegt Schwankungen. Dabei über- und unterschreitet sie manchmal die maximale Kapazität. Jede Anfrage, die oberhalb der maximalen Kapazität liegt, stellt eine von dem Unternehmen unbefriedigte Nachfrage und somit Ertragsverluste dar. Der Bereich zwischen der optimalen und der maximalen Kapazität ist noch ein noch zu bearbeitendes Nachfragevolumen, welches aber bereits

79 Vgl. Pechtl, H. (2005), S. 250.

verbunden sein kann mit Überstunden oder einer fehlerhaften Ausführung der Arbeit. Nachfrage, die unterhalb der optimalen Kapazität liegt, stellt einen Überschuss und damit ungenutzte Kapazität dar. Dies könnte man ebenso auf die verschiedenen Messen eines Messeveranstalters beziehen. Einige Messen innerhalb einer Saison besitzen noch Standflächenkapazität, andere sind komplett ausgelastet oder verzeichnen sogar einen Überschuss an Nachfrage. Die Aufgabe von Yield Management ist es, Instrumente für eine möglichst effektive Nutzung der Kapazitäten und eine Ertragsoptimierung durch variable Preise zur Verfügung zu stellen. Grundlage dafür bilden Datenanalysen über das bisherige Kundenverhalten und daraus resultierende Auslastungen der Kapazitäten.

Damit können Buchungsvorhersagen und notwendige Preisanpassungen getroffen werden. Preiserhöhungen erfolgen bei einer hohen erwarteten Nachfrage, während Preissenkungen bei einer niedriger prognostizierten Nachfrage vorgenommen werden. Der Yield Management Prozess besteht dabei vereinfacht gesagt aus fünf Schritten:

1. Datenbeschaffung
2. Prognose
3. Preissteuerung
4. Kapazitätssteuerung
5. Kontrolle

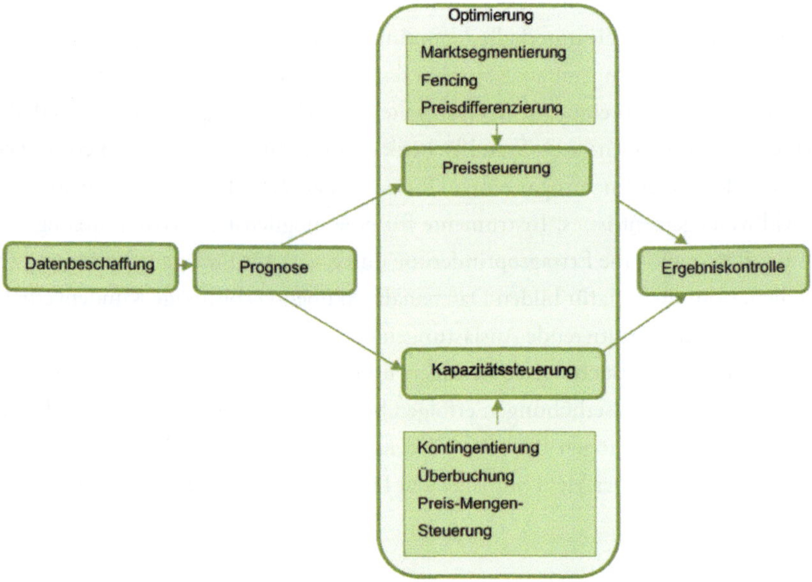

Abbildung 10: Vereinfachte Darstellung eines Yield Management Planungsprozesses[80]

Nicht ohne Grund liegt das Aufkommen des Yield Managements in den 1980er Jahren, dem Beginn des Computerzeitalters, denn Datenbanken dienen als Ausgangsbasis für dieses System.

In großen Unternehmen funktioniert die Erhebung der notwenigen Daten vollautomatisch, während sie in kleinen Unternehmen auch halb-automatisiert oder manuell aufgenommen werden können.

Der Optimierungsteil eines Yield Management Systems bildet die Preis- und Kapazitätssteuerung. Die Marktsegmentierung stellt die Grundlage für die Preissteuerung dar. Diese erfolgt zumeist nach dem Kriterium der Zahlungsbereitschaften der Nachfrager. Steigt die Zahlungsbereitschaft der Kunden mit dem Heranrücken des Leistungserstellungsdatums, so können dementsprechende Segmente gebildet werden. Um diese Segmente vor dem Zugriff anderer Segmente zu schützen, werden künstliche Abschottungsregeln, sogenannte Fences definiert,

80 I.A.a. Friesen, M.; Reinecke, S. (2007), S. 12.

wie beispielweise Frühbucherbestimmungen. Als zweite Komponente des Yield Management Systems existiert die Kapazitätsorientierung. Diese umfasst die Preis-Mengen-Steuerung durch eine Kontingentierung, sowie die Überbuchung als zentrale Elemente. Die Kontingentierung zerlegt die Gesamtkapazität in verschiedene Teilkapazitäten, welche ertragsoptimal den verschiedenen Segmenten zugeordnet werden.

Darin unterscheiden sich auch die Anwendungen von Yield Management in den jeweiligen Branchen. Während im Handel eher preisbasierte Revenue Management Modelle benutzt werden,[81] so wird in der Dienstleistungsbranche eher der kapazitätsbasierende Ansatz eingesetzt.[82] Kapazitätsbasierte Revenue Management Systeme gehen von vorgebgeben Preisen aus und betreiben eine Mengensteuerung, wohingegen preisbasierte Modelle vor allem von einer festgelegten Kapazität als Basis ausgehen. Beispielhaft dafür sind die angewendeten Konzepte bei Billigfluggesellschaften und den etablierten Fluggesellschaften. Letztere benutzen vorrangig das kapazitätsbasierenden Revenue Management Konzept, bei dem klar die Steuerung der Kapazitäten im Vordergrund liegt und Preisveränderungen nur die Folge von Verfügbarkeiten unterschiedlich bepreister Sitzplatzkategorien sind.[83] Für ein funktionierendes System benötigt man komplexe Software-Programme, welche die Instrumente des Yield Managements integriert haben.

Einen Planungsansatz dafür beinhaltet der sogenannte Reservierungskorridor.[84] Durch vorangegangene Analysen, ist der Zeitpunkt vor der Leistungserbringung bekannt, bis zu welchem wie viel der Kapazität schon gebucht sein muss, um am Tag der Leistungserstellung keine freien Kapazitäten zu haben.

Ähnlich wird dies schon in der Messewirtschaft angewendet. Diesen Punkt bezeichnet man auch als den Point-of-no-return, an dem der Projektleiter die Auslastung der Halle sowie den Umsatz betrachtet und über das Veranstalten einer Messe entscheidet. Der Buchungskorridor könnte hierfür eine hilfreiche Unterstützung sein, da er die Zeit bis zur Leistungserstellung der Anzahl der

81 Vgl. Gruß, C. M. F. (2008), S. 17.
82 Vgl. Gruß, C. M. F.; Specht, D. (2007), S. 67.
83 Vgl. Friesen, M.; Reinecke, S. (2007), S. 36.
84 Vgl. Pechtl, H. (2005), S. 262.

Buchungen gegenüberstellt. Liegt die aktuelle Nachfrage innerhalb des geplanten Korridors, so kann die Kapazitätsaufteilung beibehalten werden. Liegen zu wenige Reservierungen vor, so kann mit kommunikativen Maßnahmen die Nachfrage gesteigert werden. Bei gut frequentierten Messeterminen kann der dritte Fall eintreten, man hat zu viele Anfragen vorliegen und weicht deshalb vom Buchungskorridor ab. In diesem Fall werden einige Anfragen abgelehnt, um wieder innerhalb des Korridors zu liegen. Nur so kann die vorgesehene Kapazität für Späbucher mit höheren Zahlungsbereitschaften freigehalten werden. Sollten kurz vor dem Tag der Leistungserstellung doch noch freie Kapazitäten vorhanden sein, werden diese mit sogenannten Last-Minute Angeboten versucht zu füllen. Die Kapazitätskontingente für die einzelnen Segmente können nach verschiedenen Verfahren festgelegt werden. Zum einen die a priori Festlegung[85] von Kapazitätskontingenten, bei denen diese vorher bestimmt werden. Zum anderen gibt es aber auch das sogenannte „bid price"-Verfahren, bei dem auf Grundlage der aktuellen und früheren Buchungsverläufe sowie der situativen Rahmenbedingungen ein aktueller Mindestpreis festgelegt wird, den eine eingehende Anfrage übersteigen muss. Kerngedanke hierbei ist der Preis, zu welchem die Kapazität zu einem späteren Zeitpunkt noch verkauft werden könnte.

Übersteigt der Preis der Buchungsanfrage diesen Mindestpreis, so wird die Buchung akzeptiert. Andererseits wird sie abgelehnt. Am sinnvollsten wäre es hier den Nachfrager entscheiden zu lassen, welchen Preis er zahlen möchte und dieses Angebot anzunehmen oder abzulehnen. Dem steht aber eine Entscheidung des OLG Düsseldorf entgegen, welches entschied, dass nach §1 der Preisangabenverordnung die Leistung einen vom Anbieter genannten Endpreis haben muss.[86] Die Festlegung von Preisen durch den Anbieter bleibt also gegeben. Sowohl das Preissteuerungs- als auch das Kapazitätssteuerungsmodul werden benötigt, um im Rahmen von Yield Management optimale umsatzbringende Angebote für die Nachfrager zu gestalten ohne Umsatzverdrängungen oder -verluste in Kauf nehmen zu müssen.

85 Vgl. Pechtl, H. (2005), S. 263.
86 Vgl. OLG Düsseldorf (2000), 2 U 49/00.

3.3.3 Anbieter- und nachfragerseitige Voraussetzungen

In der Fachliteratur finden sich verschiedene, aber überwiegend gleichlautende Voraussetzungen für das Yield Management. Die Voraussetzungen für die Anwendung des Yield Managements, welche für die vorliegende Arbeit genutzt werden sollen, können nach den Kategorien Anbieter und Nachfrager klassifiziert werden. Der Anbieter hat drei Voraussetzungen zu erfüllen, damit Yield Management erfolgreich für dessen Unternehmen anwendbar ist. Dazu zählt eine vorgegebene fixe Kapazität, hohe Fixkosten für die Kapazitätsbereitstellung vs. geringe variable Kosten für die Leistungserstellung und eine Nichtlagerfähigkeit von Produkten oder Dienstleistungen bzw. die daraus resultierende Verderblichkeit von Kapazität bei nicht erfolgter Nutzung.

Die inflexible Gesamtkapazität ermöglicht keine kurzfristigen Veränderungen. Die vorgegebene Kapazität ist fix. Doch auch wenn die Kapazität unflexibel ist, kann man sie virtuell in verschiedene Kontingente unterteilen. Ein Beispiel aus der Flugzeugbranche stellt die Reservierung von 100 Plätzen für Frühbucher und 200 Plätzen für Normalbucher von insgesamt 300 Plätzen dar.

Jene Klassifizierung der Kontingente kann aber auch leistungsbezogen erfolgen, sodass 80 Sitzplätze als Business Class und 220 als Economy Class angeboten werden. Die notwendigen Ressourcen für die Bereitstellung der Leistung sind häufig mit hohen Fixkosten verbunden. Bei Fluggesellschaften zählt hierzu die Unterhaltung der Flugzeugflotte.

Die variablen Kosten einer zusätzlichen Leistungseinheit, unterhalb der Kapazitätsgrenze, sind im Gegensatz dazu relativ gering – z.B. wenn ein Flugzeug einen weiteren Passagier befördert.

Die Integration des externen Faktors (Personen oder Objekte) bedingt, dass eine vorzeitige Erbringung der Leistung nicht möglich ist. Die Leistungserstellung erfolgt „blockweise", das heißt zu einem bestimmten Zeitpunkt, kann der Anbieter in Höhe seiner vorhandenen Kapazität Leistungseinheiten produzieren.[87] Die Leistung selbst ist aber nicht lagerbar, sodass die bereitgestellten Kapazitäten bei Nichtinanspruchnahme keinen Nutzen, z.B. in Form von Erlösen, für das Unternehmen bringen. Das Revenue Management versucht in diesem Zusammenhang

87 Vgl. Pechtl, H. (2005), S. 251.

Instrumente einzusetzen, um potenzielle Leerkosten in Form entgangener Erlöse zu vermeiden. Sind alle diese Voraussetzungen auf den Anbieter, welcher Yield Management in seinem Unternehmen einführen möchte anwendbar, so ist die Wahrscheinlichkeit hoch, dass dieses auch Erlössteigerungen erzielt. Des Weiteren müssen auf dem Markt der Nachfrager Voraussetzungen gegeben sein. Dazu zählt die Existenz von unterschiedlichen Zahlungsbereitschaften und somit die Möglichkeit der Marktsegmentierung, Nachfrageschwankungen und die Möglichkeit der Vorausbuchung der Leistung. Beispielsweise lassen sich so Hochpreiskäufer mit späten Buchungen und Niedrigpreiskäufer mit frühen Buchungen unterscheiden. Hochpreiskäufer empfinden es als sehr einschränkend sich schon frühzeitig auf einen Zeitpunkt festlegen zu müssen und sind bereit, für Ihre Flexibilität mehr zu zahlen. Privatkunden oder Familien können oftmals schon früher buchen und haben geringere Zahlungsbereitschaften, sodass zu deren Buchungszeitpunkt die Leistungen billiger angeboten werden können.

Die zweite Voraussetzung der Nachfrageschwankung kann sich wie soeben beschrieben auf die zeitliche Verteilung der eintreffenden Nachfrage, als auch auf die Gesamtnachfrage nach einzelnen Leistungen beziehen. Wichtig ist, dass die Nachfrager die Leistung bereits zu einem früheren Zeitpunkt reservieren können und sie erst zu einem späteren Zeitpunkt in Anspruch nehmen.

Bei einem vordefinierten Leistungsumfang entrichtet der Kunde bereits vorher den Kaufpreis oder geht die betreffende Zahlungsverpflichtung ein.[88]

Für den Anbieter bedeutet dies, dass die Umsätze bereits vor der Leistungserstellung anfallen. Durch eine Nicht-Inanspruchnahme der Leistung auf Grund von Stornierungen einerseits oder sogenannten No-shows, welche am Tag der Leistungserstellung einfach nicht erscheinen, andererseits, unterliegt die tatsächliche Kapazitätsauslastung Unsicherheiten. Die preisbezogene Behandlung solchen Verhaltens sollte in den Verträgen zwischen Anbieter und Nachfrager geregelt sein. Die Höhe der Stornierungsgebühren hängt dabei vom zeitlichen Abstand bis zum Termin der Leistungserstellung ab. Je weiter im Voraus die Stornierung erfolgt, desto niedriger fallen die Gebühren aus, da es für den Anbieter leichter ist, die freigewordene Kapazität neu zu besetzen. Diese genannten Voraussetzungen

88 Vgl. Pechtl, H. (2005), S. 252.

sollen in Kapitel fünf für die Messebranche analysiert werden und so die Frage, inwieweit der Einsatz von Yield Management für die Planung von Messen sinnvoll ist, beantworten. Die Möglichkeiten der Umsetzung eines solchen Systems sind im folgenden Kapitel beschrieben.

3.3.4 Möglichkeiten und Potenziale des Yield Managements

Jedes Yield Management System ist unterschiedlich und auf die jeweilige Branche angepasst. Um es für die Messebranche anwenden zu können, muss sich zunächst ein Überblick über die bereits existierenden Instrumente gemacht werden. Pechtl gibt hierzu eine Übersicht, welche die Instrumente nach dem strategischen Aspekt und der Feinsteuerung gliedert.

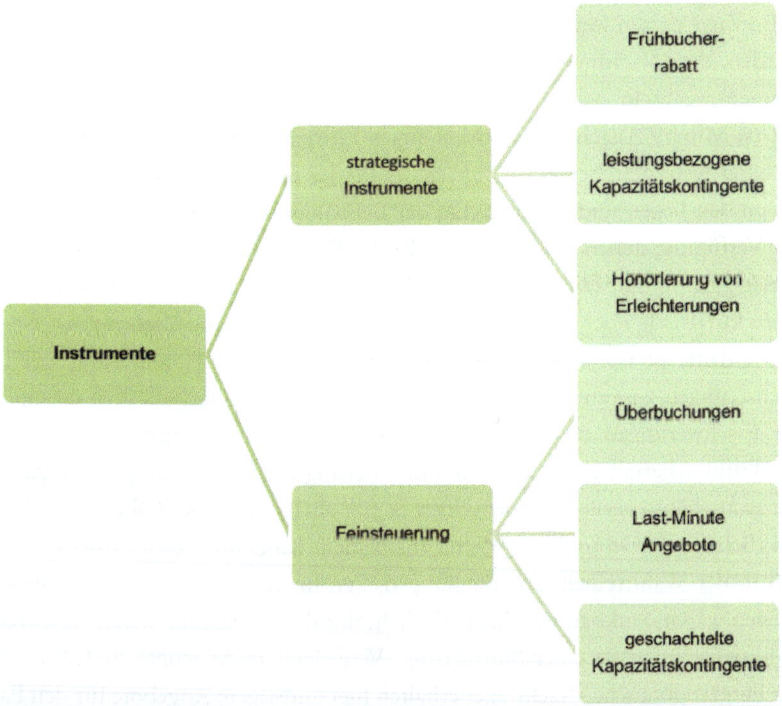

Abbildung 11: Instrumente des Yield Managements[89]

89 I.A.a. Pechtl, H. (2005), S. 254.

Ergänzend dazu, wird im Folgenden weitere Literatur genutzt, um einen Gesamtüberblick über die Instrumente des Yield Managements zu erhalten. Dabei soll die Unterteilung der Möglichkeiten hinsichtlich der Preis- und Kapazitätssteuerung erfolgen.

Die Preisdifferenzierung als ein preispolitisches Instrument für das Yield Management, wurde im Rahmen dieser Arbeit bereits erläutert. Der Frühbucherrabatt als eine Form der zeitlichen Preisdifferenzierung kann dabei unter den allgemeineren Begriff einer segmentorientierten Preisdifferenzierung, als ein Instrument für Yield Management, gefasst werden.[90] Diese Segmentierung könnte ebenso nach der Menge durchgeführt werden und so für den Nachfrager das Angebot eines Mehrfachbucherrabattes sichern.

Im Zuge dessen werden oft sogenannte Fences aufgebaut. So soll unterbunden werden, dass Nachfrager aus dem höherpreisigen Segment in das Niedrigpreissegment wechseln.

Last-Minute Angebote, als ein weiteres Element der Preissteuerung, können zu einer Kapazitätssteigerung führen. Sollte der Buchungsverlauf außerhalb der Prognosen liegen und vor dem Tag der Leistungserstellung noch viel Kapazität zur Verfügung stehen, so stellt jede verkaufte Einheit über den Grenzkosten einen Zusatzgewinn dar. Dieser extrem niedrige Preis, kann trotz des zeitlichen Rahmens kurzfristig noch Nachfrager vom Kauf dieser Leistung überzeugen.

Die dritte preispolitische Möglichkeit kann unter der Honorierung von Erleichterungen zusammengefasst werden bzw. anders gesagt, als Preisaufschläge für Erschwerungen in der Kapazitätsplanung bezeichnet werden. Dazu kann der Frühbucherrabatt, da er einer Erleichterung für die Planung der Kapazität ist, zwar ebenso gezählt werden, doch es gibt auch noch eine Reihe von anderen Möglichkeiten. Gebunden ist dieses Instrument dabei immer an Einschränkungen in der Wahlfreiheit und Buchungsrisiken für den Nachfrager. Preisminderungen wären denkbar, bei einem Verzicht der Rückerstattung bereits geleisteter Zahlungen im Falle einer Stornierung. Vergleichbare Angebote finden sich in der Flugzeugbranche. Nachfrager erhalten hier günstigere Angebote für den Fall,

90 Vgl. Rehkopf, S. (2006), S. 49

dass sie keine Änderungen an ihrer Ticketbuchung vornehmen oder sich auf ein konkretes Rückflugdatum festlegen. Preisaufschläge gibt es hingegen, wenn der Nachfrager an bestimmten Tagen fliegen möchte („Wochenaufschlag") oder sogenannte „Stopovers" einlegen will.

Der für Dienstleistungen wichtigere Teil der Kapazitätssteuerung bietet eine noch größere Auswahl an Instrumenten. Pechtl nennt hier als ein erstes Instrument die leistungsbezogenen Kapazitätskontingente, welche für den Nachfrager physisch nachvollziehbar sind. So wird bei Flugzeugen zwischen Economy und Business Class oder in Fußballstadien zwischen Sitz- und Stehplätzen unterschieden.

Die preislichen Unterschiede hierbei ergeben sich „durch die unterschiedlich hohen wahrgenommenen sensorischen und physischen Kosten."[91] Der Besuch eines Fußballspieles beispielsweise erfordert von dem Nachfrager bei einem Stehplatz höhere körperliche Anstrengungen und die Akzeptanz von räumlicher Nähe als bei einem Sitzplatz. Dafür wird er durch einen niedrigeren Preis „belohnt".

Die zweite gängige Anwendung zur Kapazitätssteuerung, ist die Überbuchung.[92] Diese ist notwendig, da nicht alle Reservierungen auch zu einem tatsächlichen Erlös für das Unternehmen führen. Innerhalb des Planungszeitraumes kann es zu Stornierungen kommen. Deren Ausfall kann zu frühzeitigen Terminen noch abgefedert werden. Je näher die Veranstaltung rückt, desto schwieriger wird es, einen Ersatz für die ungenutzte Kapazität zu finden. Ein weiteres Risiko sind die No-shows, also Nachfrager, die am Tag der Leistungserstellung nicht eintreffen. Damit bleiben Kapazitäten ungenutzt, für welche zu früheren Zeitpunkten Anfragen abgelehnt wurden. Durch die Überbuchungen sollen diese ungenutzten Kapazitäten gemindert, im Idealfall gleich null, gesetzt werden. Die Anzahl der Überbuchungen wird dabei für jedes Segment einzeln bestimmt.[93]

Das komplexeste Instrument der Kapazitätsplanung ist die Preis-Mengen-Steuerung, verbunden mit der Kontingentierung. Dabei wird bei eingehenden Anfragen zwischen der Annahme oder Ablehnung im Hinblick auf mögliche

91 Tomczak, T.; Heidig, W. (2014), S. 73.
92 Vgl. Pechtl, H. (2005), S. 257.
93 Vgl. Rekopf, S. (2006), S. 51.

Umsatzverluste oder Umsatzverdrängungen abgewogen. Zur Lösung dieses Problems haben sich drei Ansätze herausgebildet.[94]

Der älteste Ansatz sind Buchungslimits. Dabei werden den gebildeten Preisklassen Maximalkapazitäten zugewiesen. Stellt ein Nachfrager einer Anfrage, so wird die Restkapazität pro Klasse geprüft und über eine Annahme oder Ablehnung der Anfrage entschieden. Problematisch bei diesem Ansatz ist die Ablehnung von Anfragen bei zu klein angelegten Kontingenten.

In diesem Moment wird beispielsweise eine Anfrage aus dem Hochpreissegment abgelehnt, obwohl noch Kapazitäten in dem Niedrigpreissegment frei sind. Diese Problematik war Grundlage für die Entwicklung des zweiten Ansatzes, der geschachtelten Buchungslimits (engl. Nesting). Pechtl bezeichnet dies als geschachtelte Kapazitätskontingente. Dieses Modell ermöglicht das Zugreifen von höherwertigen Anfragen auf die Kapazitäten von niedrigwertigeren, aber nicht umgekehrt. Um hier eine Entscheidung bezüglich Annahme oder Ablehnung zu treffen, wird erstens geschaut, inwieweit prinzipiell Kapazitäten frei sind.

Wenn dies der Fall ist, wird zweitens geprüft, wie die Kapazität der angefragten Klasse ausgelastet ist. Ist diese Anzahl kleiner, kann die Anfrage akzeptiert werden. Innerhalb dieser Systematik gib es noch eine weitere Variante zur Entscheidung über Annahme oder Ablehnung, basierend auf sogenannten protectionlevels (Schutzgrenzen). Dies beschreibt eine bestimmte Kapazität, die für eine Klasse vor dem Zugriff von höherwertigen Segmenten geschützt werden soll.[95]

Die dritte und modernste Möglichkeit ist der Bid-Preis. Dieser ist das dynamische Minimum, zu dem ein Unternehmen seine Leistung erstellen kann. Dabei wird über eine Annahme entschieden, wenn der Preis über dem Bid-Preis liegt. Anfragen darunter werden abgelehnt. Die Betrachtung des Verkaufserlöses stellt den wesentlichen Unterschied dieser Methode zu den anderen mengenbezogenen Möglichkeiten dar. Das Problem hierbei ist, dass höherwertige Preisklassen Zugriff auf Kapazitäten unterhalb ihrer Zahlungsbereitschaft erhalten können. Die Lösung liegt in dem Bestehen von kurzen Zeitintervallen für den Bid-Preis sowie in einem häufigen Neuberechnen. Im Idealfall nach jeder verkauften Kapazität. Denn „der mit dem Bid-Price bestimmte Mindestpreis hängt im Allgemeinen

---

94 Vgl. Specht, D.; Gruß, C. (2007), S. 62.
95 Vgl. Rehkopf, S. (2006), S. 53.

von der noch zur Verfügung stehenden (Rest-)Kapazität und der noch zur Verfügung stehenden Zeit zur Erfüllung dieser Kapazität ab."[96] Die vorgestellte Preis-Mengen-Steuerung ist das Kernelement des Yield Managements und bietet eine Reihe von Möglichkeiten für die Annahme von Aufträgen. Welche Instrumente in der Praxis letztendlich angewendet werden, hängt von der Branche und dem Unternehmen ab.

Im Folgenden werden deshalb die genannten Instrumente mit ihrer Nutzung in den typischsten Branchen vorgestellt, um eine geeignete Yield Management Strategie für die Messebranche ableiten und entwickeln zu können.

3.3.5 Typische Anwendungsgebiete des Yield Managements

Flugbranche

Das größte und wohl bekannteste Anwendungsgebiet des Yield Managements ist die Flugbranche, welche als erste Orientierung genutzt werden soll. Hier steigen die Preise tendenziell bis zum Abflugdatum. Dies ist darin begründet, dass das Produkt nicht durch das Näherrücken an das Leistungserstellungsdatum an Wert verliert. Ein typischer Zeit-Preis Verlauf ist im folgenden Diagramm dargestellt.

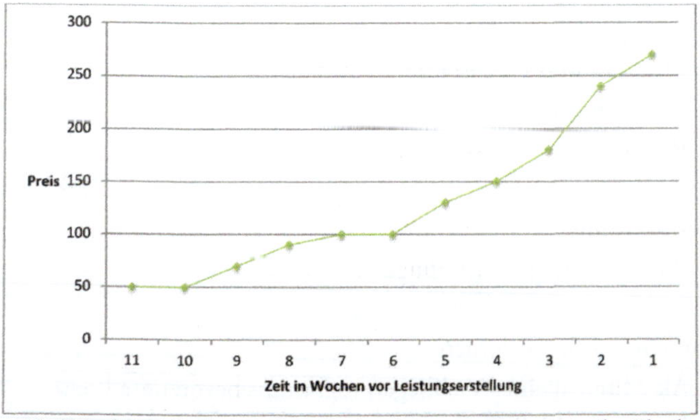

Abbildung 12: Zeit-/ Preisfunktion einer Preissteigerungsstrategie in der Flugbranche[97]

96 Rehkopf, S. (2006), S. 54.
97 I.A.a. Talluri, K. T.; Van Ryzin, G. J. (2004a), S. 181.

Diese Preisstrategie kann durchgesetzt werden, da die Kundensegmente mit Heranrücken des Abflugdatums eine höhere Zahlungsbereitschaft besitzen. Auf Grund dieser Besonderheit des Kundensegmentes ergeben sich unter verschiedenen Bedingungen Preisnachlässe.

Gewährt werden diese zum Beispiel bei Einhaltung bestimmter Frühbuchungsanforderungen, bei bestimmten Aufenthaltsdauern zwischen Hin- und Rückflug, Einschränkungen im Serviceumfang oder dem Ausschluss von Upgrades beziehungsweise Umbuchungen/ Stornierungen.[98] Friesen und Reinecke ordnen diese Besonderheiten in sogenannte physische und nicht-physische Abschottungsregeln ein. Physische Abschottungsmöglichkeiten sind:[99]

1. Buchungszeitpunk/ -ort
   - Vorausbuchungsfristen und Verfügbarkeit
   - Preisaktionen
   - Preis abhängig vom Buchungsland

2. Flexibilität
   - Umbuchungs- und Stornierungsgebühren
   - Nichterstattbare Reservierungsgebühren

3. Konsumzeitpunkt/ -zeitraum
   - Mindest- und Höchstaufenthaltsdauer
   - Samstagnacht-Regel
   - Retourtarife/ Preisaktionen

4. Ort des Konsums
   - Preis abhängig vom Abflugsort

5. Konsumhäufigkeit/ -volumen
   - Als Mitglied eines Vielfliegerprogramms bevorzugte Preise, Discounts, Meilen

98 Vgl. Lindenmeier, J. (2005), S. 17.
99 Vgl. Friesen, M.; Reinecke, S. (2007), S. 38.

6. Gruppenzugehörigkeit
- Rabatte für Kinder, Studenten, Rentner
- Firmenrabatte

Zu den physischen Abschottungsmöglichkeiten zählen:

1. Basisprodukt
- Buchungsklasse
- Sitzabstand/ -breite
- Sitzposition

2. Annehmlichkeiten und Serviceniveau
- Catering
- Loungezugang

Diese verschiedenen Abschottungsregeln aus der Flugbranche können auf die Messebranche angewendet werden. Die daraus sich ergebenden Instrumente sind Möglichkeiten der Preis- und Kapazitätssteuerung für das Yield Management in der Messebranche.

Hotellerie

Die Beherbergungsbranche weist deutliche Ähnlichkeiten mit der Flugzeugbranche auf, weshalb sich auch hier die Anwendung des Yield Managements durchgesetzt hat.[100] Nicht nur das Ziel der Umsatzmaximierung pro Angebotseinheit ist identisch, sondern auch die Anwendung von Überbuchungen, um die Stornierungskosten zu senken. Anwendung findet das Yield Management in der Hotellerie vor allem in Großhotels oder auch Großdestinationen.[101] Auch die Hotelbranche weist in der Anwendung von Yield Management einige Besonderheiten auf.[102] Auf der Angebotsseite trifft man überwiegend auf ein heterogenes Angebot und nur schwach standardisierte Kapazitätseinheiten. Auf der Nachfragerseite

100 Vgl. Weiermair, K.; Peters, M. (2005), S. 404.
101 Vgl. Klein, R.; Steinhardt, C. (2008), S. 32.
102 Vgl. Weiermair, K.; Peters, M. (2005), S. 403.

hingegen gibt es die Möglichkeit eine bis mehrere Übernachtungen zu buchen, sodass sich daraus eine Vielzahl von Konsumentensegmenten ergeben.

Die Kunden werden nicht nur nach der Dauer ihres Aufenthaltes, sondern auch nach ihrer Zahlungsbereitschaft und verschiedensten Preissensibilitäten, die von der Art des Urlaubstransportes oder auch der Begleitung abhängig sind, segmentiert. Für das Hotel kann es zum Beispiel durchaus günstiger sein, einen fünf-Tages Aufenthalt eines Gastes abzulehnen, auch wenn das Zimmer am kommenden Tag leer steht. Sollte die Buchung des Zimmers für die weiteren vier Tage aber als sehr wahrscheinlich eingestuft werden, kann diese Strategie sinnvoll sein.[103] Eher selten wird die gesamte Kapazität eines Hotels im Voraus gebucht. Viel typischer sind die sogenannten walk-ins, also Kunden die spontan eintreffen und ohne eine Reservierung ein Hotelzimmer, mit einer in der Regel höheren Zahlungsbereitschaft, buchen.[104] Ebenso sieht sich die Hotellerie mit dem Problem der Substituierbarkeit viel stärker konfrontiert, als dies in der Flugzeugbranche der Fall ist. Dies hat einen härteren Preiskampf und stärkere Konkurrenz zur Folge. Viele Hotelketten haben deshalb Kooperationsverträge mit größeren Unternehmen oder Firmen und bieten jenen ihre Zimmer zu günstigeren Konditionen an. Diese Zimmer sind in ihrer Nutzung variabel. Doppelzimmer werden zum Teil auch als Einzelzimmer an Gäste vermietet. Eine weitere Besonderheit der Hotelbranche ist das zahlreiche Angebot von Zusatzleistungen neben der Hotelübernachtung wie Restaurants, Wellnessbereiche oder Freizeitangebote. Diese Möglichkeit des Erwerbs von Zusatzeinnahmen, ist in der Hotelbranche bei Anfragen zu berücksichtigen. Ein Beispiel für ein Yield Management System, welches diese Besonderheiten der Hotelbranche berücksichtigt ist das HIRO (Holiday Inn Reservation Optimization), welches saisonale Schwankungen, lokale Events, Wochenzyklen und aktuelle Trends berücksichtigt.

Anhand dieses Kapitels sollten die Besonderheiten der Hotelbranche aufgezeigt werden, um Anregungen und Ableitungen für die Untersuchung der Anwendung von Yield Management in der Messebranche zu liefern. Die gewonnenen Erkenntnisse werden im fünften Kapitel mit einbezogen und als Ideenlieferant genutzt.

103 Vgl. Weiermair, K.; Peters, M. (2005), S. 403.
104 Vgl. Klein, R.; Steinhardt, C. (2008), S. 32.

3.4 Rabattpolitik

Im Zuge des Yield Managements wurde des Öfteren von Rabatten, wie dem Frühbucherrabatt gesprochen. Da er sowohl eine Form der zeitlichen Preisdifferenzierung, auch eine Rabattform ist, soll ein kurzer Überblick über die verschiedenen Ausprägungen von Preisnachlässen gegeben werden. Die Gewährung von Rabatten, kann in Form eines prozentualen oder absoluten Abschlages auf den Verkaufspreis erfolgen. Der zu zahlende Preis wird dann als Transaktionspreis bezeichnet. Die Gründe für die Gewährung eines Rabattes können in der abgesetzten Menge, der Treue des Kunden gegenüber dem Anbieter, der frühzeitigen Bezahlung oder der frühzeitigen Bestellung/ Buchung von Leistungen liegen.[105] Abnehmer, welche eine größere Menge beim Anbieter absetzen, werden in Form eines Mengenrabattes belohnt. Dies soll gleichzeitig als Anreiz dienen, um größere Mengen nachzufragen. Grundlage hierfür sind Degressionseffekte, da die fixen Kosten auf eine größere Stückzahl umgelegt werden können. Gegenüber dem Mengenrabatt erheben einige Anbieter auch Mindermengenzuschläge, da Kleinaufträge die Produktion unnötig belasten. Eine Ausprägung des Mengenrabattes ist der Bonus, welcher vor allem der Kundenbindung dienen soll.[106] Die Treue eines Kunden gegenüber dem Anbieter, wird in Form eines Treuerabattes belohnt. Dies soll zum Aufbau einer langfristigen Geschäftsbeziehung führen. Der Abnehmer erhält dabei auf Grund von mehrmaligen Bestellungen einen Nachlass beim Anbieter. Wie oft diese Buchungen erfolgen müssen, damit der Rabatt gewährt wird, entscheidet jeder Anbieter selbst. Typisch für den Treuerabatt ist, dass dieser nicht an den Umsatz, sondern an die Anzahl der Abnahmezeitpunkte gebunden ist. Dies unterscheidet den Treuerabatt vom Bonus. Zahlt ein Abnehmer innerhalb einer gewissen Frist nach Rechnungslegung, so wird dies als Barzahlungsrabatt, umgangssprachlich Skonto, bezeichnet. Für den Anbieter ist eine termingerechte Zahlung seiner Abnehmer wichtig, um seine Einnahmen und Ausgaben erfolgreich zu steuern.

Ebenso wird dem Anbieter dadurch Zeitaufwand für das Verfassen von Zahlungserinnerungen und Mahnungen erspart.

105 Vgl. Scharf, A, ; Schubert, B.; Hehn, P. (2012), S. 364 ff..
106 Vgl. Wöhe, G.; Döring, U. (2010), S. 476.

Der Barzahlungsrabatt dient somit als Anreiz für den Abnehmer frühzeitig zu bezahlen. Eine letzte Ausprägung des Rabattes in Bezug auf die Dimension Zeit ist der Zeitrabatt. Der Abnehmer wird für eine frühzeitige Bestellung/ Anmeldung belohnt, da dies eine Planungserleichterung für den Anbieter darstellt. Der Frühbucherrabatt ist in der Dienstleistungsbranche der wohl am häufigsten vertretene Zeitrabatt. Durch den Verfall der Leistung bei Nichtnutzung sind ungenutzte Kapazitäten besonders problematisch. Durch eine frühzeitige Buchung kann dieses Risiko vermindert werden. Der Gegensatz zum Frühbucherrabatt ist ein Spätbucheraufschlag, welcher für eine verspätete Buchung zusätzlich zum Listenpreis verlangt wird. Neben diesen Rabattarten gibt es weiterhin branchentypische Sonderrabatte, welche für den Einkauf des Personals oder andere für den Anbieter nutzenbringende Aktionen gewährt werden können. Die Höhe des gewährten Rabattes sollte immer in Relation zu dem erhaltenen Nutzen stehen.

4 Pricing von Messeangeboten

4.1 Das gegenwärtige Pricing von Angeboten in der Messewirtschaft

4.1.1 Basisleistungen

Eine Messeveranstaltung ist ein bestimmter Platz, an dem Angebot und Nachfrage zeitgleich zusammentreffen. Unternehmen bieten ihre Leistung an und die Besucher einer Messeveranstaltung fragen diese nach. Den interessierten Unternehmen, werden verschiedene Messeleistungen angeboten und verkauft. Durch die aufkommende Konkurrenz hat sich dieses Leistungsangebot in den vergangenen Jahren erweitert, sodass Messeveranstalter mittlerweile weit mehr als nur Standflächen vermieten. Da Messeveranstalter zwei heterogene Kundengruppen, die Aussteller und die Besucher bedienen, ist es sinnvoll, dass Pricing in jene Gruppen zu untergliedern. Da die Einnahmen durch Eintrittskarten jedoch nur einen verhältnismäßig kleinen Teil an dem Gesamtumsatz ausmachen, wird sich im Folgenden auf das austellerbezogene Pricing fokussiert. Für die Untersuchung eignet sich die in der Literatur verbreitete Klassifizierung des Angebotes in Basis- und Zusatzleistungen.[107] Diese Unterteilung entspricht den Dimensionen einer Kerndienstleistung und Zusatzleistung eines Unternehmens in der Dienstleistungsliteratur.[108] Basisdienstleistungen befriedigen dabei den Basisbedarf der Nachfrager. Zusatzleistungen, in Verbindung mit der Basisdienstleistung, erhöhen deren Nutzen und dienen zur Abgrenzung gegenüber den Mitbewerbern. Die folgende Abbildung gibt einen ersten Überblick zu den Angeboten eines Messeveranstalters.

107 Vgl. Holzner, A. (2006), S. 5.
108 Vgl. Meffert, H.; Bruhn, M.; Hadwich, K. (2015), S. 11.

Messeleistungen		
Kerndienstleitung	Zusatzdienstleistung	
	Obligatorisch	Fakultativ
• Platzierung der Stände • Standform	• Katalogeintrag • Wasseranschlüsse • Elektroanschlüsse • Telefonanschlüsse • WLAN • Sanitärinstallationen • Parkplätze • Bewachung • Reinigung • Zusätzliche Werbeflächen • Medialeistungen	• PR u. Marketing für Unternehmen • Messestandservice • Hotel- und Transferservice • Schulungen und Seminare • Veranstaltungs-organisation • Personalver-mittlungsservice • Speditionsservice

Tabelle 3: Systematisierung der Messeleistungen[109]

Die Vermietung von Standflächen ist die Kerndienstleistung von Messeveranstaltern. Hierzu gehören die Platzierung der Stände, die Standform und der Buchungszeitpunkt. Der Aussteller kann bei seiner Anmeldung zwischen vier verschiedenen Standarten wählen. Diese unterscheiden sich hinsichtlich der geöffneten Anzahl der Seiten der Standfläche. Gewählt werden kann der Reihenstand (eine Seite offen), Eckstand (zwei Seiten offen), Kopfstand (drei Seiten offen) und der Blockstand (vier Seiten offen). Je mehr Seiten geöffnet sind, desto mehr Besucher können gleichzeitig auf den Standplatz blicken. Weiterhin können Eckstände nur an Weggabelungen gebaut werden, bei denen die Besucherfrequenz höher ist. Kopfstände stehen meistens zentral, da Konkurrenten nur an der Rückwand dieser Standform platziert werden können. Blockstände sind durch ihre Vielzahl von offenen Seiten für den Besucher ein Blickfang, für den Aussteller aber erfordert dies eine gute Konzeption seines Standbaus. Die Platzierung des Standes wird zunächst versucht nach den Wünschen des Kunden zu realisieren. Hier kann zwischen starken oder weniger frequentierten Ständen unterschieden werden.

109 I.A.a. Holzner, A. (2006), S. 6.

Spezielle Wünsche wie Bühnennähe oder Standplätze aus vergangen Jahren sind keine Seltenheit. Falls keine Wünsche seitens des Unternehmens geäußert werden, so hat der Projektleiter die Aufgabe, den Aussteller an einem geeigneten Standort zu platzieren. Wichtig hierbei ist die Beachtung der Nähe zur Konkurrenz. Manche Messeveranstalter klassifizieren ihre Hallen nach Branchen, sodass Unternehmen mit dem gleichen Angebot auf engstem Raum nebeneinander präsentieren. Andere Messeveranstalter versuchen die Aussteller so zu platzieren, dass sich Unternehmen der gleichen Branche nicht sehen. So hat der Besucher zum einen Abwechslung in den Standangeboten und die Aussteller, zum anderen, eine höhere Chance vom Kunden registriert zu werden.

4.1.2 Zusatzleistungen

Zusatzleistungen werden in Kombination mit den Basisleistungen angeboten. Wie in der obigen Abbildung zu sehen ist, können diese wiederum in obligatorische und fakultative Zusatzleistungen unterteilt werden. Obligatorische Leistungen können lediglich bei dem Messeveranstalter bezogen werden. Fakultative Leistungen werden ebenso von dem Messeveranstalter angeboten, könnten aber auch von externen Dienstleistern bezogen werden. Sie stehen also in Konkurrenz mit anderen Anbietern.[110]

Zu den obligatorischen Dienstleistungen zählt der Eintrag in den Ausstellerkatalog. Abhängig von dem jeweiligen Messeveranstalter erhalten die Besucher diesen kostenfrei oder kostenpflichtig bei dem Besuch der Messe. Dieser Eintrag beinhaltet meistens das Logo des Unternehmens, sowie die Anschrift und eine kurze Unternehmensvorstellung. Ein weiterer Service von Messeveranstaltern ist die Bereitstellung von Anschlüssen für Wasser und Strom, Sanitärinstallationen oder WLAN. Der Stromanbieter kann dabei an den Hauselektriker gebunden oder frei wählbar sein. Während sich die Aussteller im Rahmen der Messe präsentieren, können sie vom Messeveranstalter Parkausweise für ihre PKWs erwerben. Der Vorteil dieser Parkplätze ist die Nähe zum Messegelände.

Bei Mehrtagesmessen gibt es den Service einer Standwache, um wertvolle Gegenstände vor Diebstahl zu schützen. Ebenso kann eine Reinigung des Standplatzes vor und nach den regulären Öffnungszeiten gebucht werden. Zusätzliche

110 Vgl. Holzner, A. (2006), S. 9.

Werbeflächen und Medialeistungen die von den Ausstellern genutzt werden können, sind beispielsweise die Verlinkungen auf der Website des Messeveranstalters oder der Messeveranstaltung.

Die fakultativen Messedienstleistungen können neben dem Messeveranstalter auch von anderen Unternehmen angeboten werden. Hierzu zählt beispielsweise die spezielle Standbauanfertigung oder die Planung der Gestaltung des Standplatzes. Leistungen zum Thema Veranstaltungsorganisation können von dem Empfang spezieller Gäste eines Unternehmens auf der Messe, bis hin zu direkten Events am Stand reichen. Ein weiteres Angebot mancher Messeveranstalter sind Kurse und Seminare für die geeignete Präsentation eines Unternehmens auf einer Messe. Solche Messemanagementkurse sind besonders bei sehr hohen Investitionen in den Standbau sinnvoll. Planen Unternehmen große Standbauten auf ihren Standflächen, so ist die Beauftragung eines Speditionsservice durch den Messeveranstalter gern gesehen. Dies spart dem Aussteller unnötig viele Absprachen zwischen dem Veranstalter und der Spedition. Das Hotel- und Transferangebot umfasst besonders bei größeren Messen die Reservierung von Flug- und Zugtickets, aber auch die Reservierung von Hotelzimmern. Nicht selten erstellen Messeveranstalter neben ihren Anzeigen für spezielle Messemagazine auch die Anzeigen der Aussteller. Dieser Service wird unter dem Punkt PR- und Marketingservices für Unternehmen zusammengefasst. Ein letzter auf der Messe häufig gesehener Service, ist der Personalvermittlungsservice. Ausstellende Unternehmen können selbst bei Agenturen nach geeignetem Personal nachfragen. Leichter ist es jedoch, wenn sich der Messeveranstalter mit aus seiner Erfahrung geeigneten Partnern darum kümmert und dem Unternehmen ein geeignetes Angebot unterbreitet. Für ein gewinnbringendes Anbieten, schlägt der Messeveranstalter auf den Einstandspreis eine angemessene Handelsspanne auf, da er in den meisten Fällen nur als Intermediär dient.

4.2 Preisdifferenzierung bei Basis- und Zusatzleistungen

Wenn die variablen Kosten relativ unbedeutend sind, dann reagiert der Gewinn stärker auf eine Mengenänderung.[111] Daraus resultiert eine hohe Bedeutung für die Preisdifferenzierung als Instrument zur Kapazitätsauslastung, da bei einer Messeveranstaltung viel Standfläche abgesetzt werden muss.[112] Neben der in Kapitel drei erwähnten zeitlichen, personenbezogenen, räumlichen und leistungsbezogenen Preisdifferenzierung gibt es noch die veranstaltungsbezogene Preisdifferenzierung.

Eine Differenzierung hinsichtlich der Leistung wird vor allem bei Standflächenpreisen angewendet. Grundlage dafür sind die Ebenen eines Standplatzes, die Anzahl der geöffneten Seiten der Standfläche, sowie die Platzierung des Standes. Diese kann innerhalb der Halle oder außerhalb im Freigelände erfolgen. Standplätze im Freien erhalten meist einen Außenstandrabatt, da die Witterungsverhältnisse unsicher sind. Die Differenzierung ergibt sich also aus der unterschiedlich wahrgenommenen Leistungsqualität. Die zeitliche Preisdifferenzierung wird bisher eher wenig angewendet. Die einzige verbreitete Form ist der Frühbucherrabatt, bei welchem dem Aussteller auf Grund der frühzeitigen Buchung ein Erlass gewährt wird. Weitere vorstellbare Möglichkeiten werden bei den Instrumenten des Yield Managements für die Messewirtschaft vorgestellt, da die zeitliche Preisdifferenzierung als ein zentrales Element dieses Systems fungiert (vgl. Kapitel drei). Direkte branchen- oder personenbezogene Preisdifferenzierung finden für die Zielgruppe der Aussteller bisher keine Anwendung. Gründe dafür könnten die Aspekte der Fairness und Gleichbehandlung der Aussteller sein. Vorteilhaft wäre eine solche Differenzierung aber auf Grund der unterschiedlichen Preisbereitschaften der Nachfrager. Nicht jedes Unternehmen kann sich die Standmiete leisten, da auf Grund des Preises des ausstellenden Produktes die Amortisation des Messestandes Jahre dauern würde. Zu nennen ist hier beispielsweise der Unterschied zwischen einem Unternehmen, welches auf der Messe den Auftrag für den Bau eines Hauses erhält, im Gegensatz zu einem Küchenstudio, bei welchem lediglich eine Einbauküche geordert wurde. Deshalb soll dieser

111 Vgl. Simon, H.; Wiltinger, K.; Sebastian, K. H.; Tacke, G. (1995), S. 6.
112 Vgl. Michel, S.; Zellweger, C. (2014), S. 50.

Aspekt der preislichen Kundensegmentierung noch nicht verworfen werden und weiterhin für das Yield Management als eine Möglichkeit in Betracht gezogen werden. Indirekt werden sie auch schon in Form von Kompensationsmöglichkeiten beispielsweise für Start-Ups oder Unternehmen mit einer entsprechenden Verbandszugehörigkeit angeboten. Die räumliche Preisdifferenzierung kann sowohl geografisch als auch messebezogen verstanden werden. Geographische Unterschiede werden in der Höhe der Standflächenpreise realisiert, da die Einkommensverhältnisse in den verschiedenen Regionen unterschiedlich sind. Eine bisher in der Praxis noch nicht angewendete Preisdifferenzierung ist die hinsichtlich des Ortes des Standplatzes auf der Messe. Für einen aus Sicht des Ausstellers attraktiveren und stärker frequentierten Standplatz, würden diese sicherlich eine höhere Preisbereitschaft aufweisen. Bisher erfolgt die Sicherung von guten Standplätzen nach dem Prinzip „first come, first served" oder über Reservierungen der Key-Account-Aussteller über Jahre hinweg. Eine weitere Möglichkeit ist die mengenbezogene Preisdifferenzierung. Dazu zählen Pauschalpreise, bei denen die Aussteller einen Einheitspreis für eine beliebige Anzahl von Quadratmetern zahlen. Ebenso existieren besonders für die Zusatzleistungen zweiteilige Tarife. Hierbei entrichtet man eine Grundgebühr sowie eine Nutzungsgebühr, die von der Leistung abhängig ist. Eine Sonderform der Preisdifferenzierung ist die Preisbündelung bei der eigenständig, marktfähige Leistungen in einem Bündel angeboten werden.[113] Für verschiedene Veranstaltungen eines Messeveranstalters werden unterschiedliche Standmieten erhoben. Grundlage dafür kann das Wachstum der ausstellenden Branche sein oder aber das Publikum, an welches sich die Messe richtet. Fachbesuchermessen sind für die ausstellenden Unternehmen in der Regel teurer, als Messen für den Endverbraucher. Ebenso lassen sich die Veranstaltungen hinsichtlich ihres Einzugsgebietes unterscheiden. Weltweite Messen können höherer Standpreise verlangen, als regionale Messen mit einem kleineren Einzugsgebiet.

Im Rahmen einer Messeveranstaltung begegnet einem dies in der Form von sogenannten Komplettstandangeboten, welche verschiedene Leistungen wie Wandbau, Teppich und Strom, inklusive einem kleinen eingerechneten Rabatt,

113 Vgl. Scharf, A, ; Schubert, B.; Hehn, P. (2012), S. 358.

beinhalten. Der Aussteller erhält dadurch einen Preisvorteil im Gegensatz zur Einzelbuchung. Neben diesen Arten der Preisdifferenzierung gibt es wie auf jedem Markt auch individuelle Preisverhandlungen. In der Messebranche erfolgen diese vor allem mit den Key-Account-Ausstellern. Dies sind jeweils Einzelfallentscheidungen, in welche die Machtrelation des Ausstellers für den Messeveranstalter eingeht. Oft wird hier ein versteckter Rabatt gewährt, zum Beispiel in der Nutzung von Aktionsfläche ohne diese genutzten QM zu zahlen.

5 Anwendung des Yield Managements in der Messewirtschaft – Ist Analyse

5.1 Bisherige Auseinandersetzung in der Literatur

Bisherige Arbeiten aus dem Bereich des Yield Managements haben sich mit der Messe als einen externen Faktor beschäftigt. In der Hotellerie beispielsweise beeinflussen Messeveranstaltungen die Nachfrage nach Hotelzimmern erheblich.[114] Das Messewesen wird bisher also nur als eine externe Informationsquelle für die Nutzung von Yield Management in anderen Branchen verwendet.

In der messebezogenen Forschungsliteratur ist das Yield Management für Messegesellschaften bisher nur vereinzelt Untersuchungsgegenstand. An diesem Punkt setzt die vorliegende Arbeit an. Holzner, A. betrachtet das Yield Management besonders im Hinblick auf das Pricing, ohne aber auf Kosten oder historische Daten zu achten. Vielmehr untersucht sie den Nutzen der Stände für die Aussteller und entwickelt in Ihrer Arbeit drei nutzenorientierte Leistungslinien am Beispiel der Messe photokina. Damit bestätigt sie die Sinnhaftigkeit der Anwendung für die Messewirtschaft, entwickelt aber keine konkreten Instrumente wie sie in der Messewirtschaft umsetzbar sind.[115]

Haller, S. stellt fest, dass die Preisfestsetzung in der Messebranche bislang sehr einfach funktioniert. Der Preis wird lediglich an der Anzahl der nachgefragten Quadratmeter und der Art des Standes festgelegt. Für die Aussteller spielen aber noch weitere Determinanten wie der Standort in der Halle eine Rolle, an dem weitere Preisgestaltungsmöglichkeiten ansetzen könnten.[116] Hier trifft man jedoch weder auf eine Überprüfung der Voraussetzungen des Yield Managements für die Messewirtschaft, noch auf eine konkrete Entwicklung der weiteren Instrumente.

Zusammenfassend wird festgehalten, dass der Untersuchungsgegenstand Messe für die Nutzung des Yield Management in der wissenschaftlichen Literatur sehr gering ist. Zwar stellen beide Autorinnen die Sinnhaftigkeit der Anwendung

114 Vgl. Stuhlmann, S. (2000), S. 242.
115 Vgl. Holzner, A. (2006), S. 196.
116 Vgl. Haller, S. (2012), S. 278.

des Yield Managements fest. Jedoch erfährt die Thematik keine nähere Betrachtung. Im Rahmen dieser Arbeit wird deshalb versucht, im weiteren Verlauf die Untersuchungslücken zu schließen und einen Überblick über die konkrete Anwendung dieser Preisstrategie für die Messewirtschaft zu geben.

5.2 Beschreibung der untersuchten Messeveranstaltung

Die Überprüfung der Anwendung von Yield Management, soll für eine konkrete Messeveranstaltung empirisch untersucht werden. Jene Messeveranstaltung wird seit 2013 jährlich in Sachsen veranstaltet. In den vergangenen Jahren umfasste die Messe ein Volumen von circa 80 Ausstellern und 5000 Besuchern. Die Veranstaltung ist für Endverbraucher als auch für Fachbesucher zugänglich.

5.3 Prüfung der Voraussetzungen anhand der Beispielmesse

5.3.1 Vorgegebene, fixe Kapazität

Messeveranstalter befinden sich im Gegensatz zu Fluggesellschaften und der Hotelbranche in dem Business-to-Business Geschäft. Hier sind nicht die Endverbraucher, sondern Unternehmen die Kunden. Im Folgenden wird somit die Anwendung von Yield Management im B2B Geschäft von Messeveranstaltern am untersucht.

Eine der wichtigsten Voraussetzungen ist die vorgegebene, fixe Kapazität. Messeveranstalter können sowohl ihre eigenen Hallen verwalten, in denen die Veranstaltungen stattfinden, aber auch dafür geeignete Veranstaltungshallen anmieten. Die Gemeinsamkeit dabei ist immer die fixe Kapazität. Eine Messehalle weist eine gewisse Grundkapazität auf, welche von dem Veranstalter mit Ständen gefüllt werden muss. Es existiert allerdings eine limitierte Flexibilität, indem in manchen Hallen Trennwände eingezogen werden können, so dass die Halle optisch verkleinert wird. Eine Vergrößerung der verfügbaren Kapazität hingegen ist in kaum einer Veranstaltungshalle möglich.

Ebenso muss ein Messeveranstalter eine gewisse Anzahl an vermieteten Standplätzen vorweisen, nicht nur um kostendeckend zu arbeiten, sondern auch, um die Messe für die Besucher attraktiv zu gestalten. Diese erwarten eine Vielzahl von

Ausstellern, die zu dem Messethema verschiedene Angebote ausstellen. Insofern ist die Flexibilität in der Kapazität des Ausstellers weitestgehend eingeschränkt, sodass man von einer Erfüllung der ersten Voraussetzung sprechen kann.

5.3.2 Hohe Fix- vs. geringe variable Kosten

Um diese Voraussetzung überprüfen zu können muss zunächst geklärt werden, welche fixen und variablen Kosten bei einer Messeveranstaltung existieren. Fixkosten sind Kosten welche unabhängig von der nachgefragten Menge sind. Variable Kosten steigen proportional zu der abgesetzten Menge. Für die Messebranche bedeutet dies Kosten, welche steigen, sobald ein Aussteller mehr anmeldet. Die folgende Tabelle soll einen Überblick darüber verschaffen.

Fixe Kostenblöcke	**Variable Kostenblöcke**
Hallenmiete	Messebauer/ Serviceleistungen
Telekommunikationskosten	Strom/ Wasser (wenn pro Anschluss abgerechnet wird)
Versandkosten für Informationsmaterialien an die Aussteller	Begrüßungsgeschenke
Grundkosten der Pressearbeit	Kosten für den Ausstellerkatalog
Marktfestsetzung	Ausstellerabend
Moderation und Technik	
GEMA-Kosten	
Beitrag zur Künstlersozialkasse	
Hotel und Transfer	
Reinigung	
Sicherheitspersonal	

Tabelle 4: Fixe- und variable Kostenblöcke einer Messeveranstaltung

An der Anzahl der anfallenden Kostenblöcke lässt sich erkennen, dass die Messewirtschaft eine Branche ist, in der die Fixkosten wesentlich höher als die variablen Kosten ausfallen. Doch auch die Gegenüberstellung der Kosten zeigt, dass es keinen vergleichsweisen Posten für die Hallenmiete oder die Besucherwerbung bei den variablen Kosten gibt. Für eine Kapazitätserweiterung müsste eine neue Halle angemietet oder ein Zelt aufgebaut werden. Dies ist mit hohen Fixkosten für die Kapazitätsanpassung verbunden. Dem gegenüber stehen jedoch nur geringe variable Kosten, die für eine zusätzliche Anmeldung anfallen. Dazu könnte der Wandbau zählen, insofern er vom Messeveranstalter gestellt wird, Strom- und Wasserkosten während der Veranstaltung sowie die notwendige höhere Anzahl von Ausstellerkatalogen, beziehungsweise Seiten in diesem Katalog. Die drei Argumente zeigen somit deutlich, dass in der Messebranche die Fixkosten wesentlich höher, als die variablen Kosten sind.

5.3.3 Nichtlagerfähigkeit

Wie im dritten Kapitel bereits nachgewiesen, erfüllt eine Messeveranstaltung alle Anforderungen einer Dienstleistung und ist somit nicht lagerfähig. Die Messe findet nur in einem bestimmten Zeitraum statt. Verpasst ein Aussteller die Bestellung eines Standplatzes, so kann dieser für ihn nicht gelagert werden. Er hat dann erst im kommenden Jahr wieder die Chance, an der Veranstaltung teilzunehmen. Genau daraus ergibt sich die hohe Bedeutung der Optimierung der Kapazitätsauslastung. Nichtlagerfähig bedeutet, das Produkt beziehungsweise die Dienstleistung ist verderblich. Nicht verkaufte Kapazitäten stellen für den Messeveranstalter Leerkosten in Form entgangener Gewinne dar. Demnach sollten Messeveranstalter alle Kapazitäten für eine Messeveranstaltung vermieten. Gestaltet sich dies als kompliziert, kann im Rahmen des Yield Managements mit verschiedenen Preisstrategien eine Auslastung zumindest in der Höhe der Grenzkosten erfolgen. Eine Besonderheit des Messemarktes ist die Attraktivität der Hallenauslastung. Freie Flächen können das Image des Messeveranstalters schädigen und sowohl auf Seiten der Besucher, als auch auf der der Aussteller zu negativer word-of-mouth Kommunikation führen. Der Messeveranstalter muss ungenutzte Kapazitäten kaschieren. Je nachdem zu welchem Zeitpunkt er von dieser freien Kapazität erfährt, gestaltet sich das Kaschieren als einfacher oder schwerer. Ist noch viel Zeit bis zum Leistungserstellungszeitpunkt, so kann versucht werden, die ungenutzte Kapazität zum Preis der Grenzkosten an preissensible Kunden zu vermieten. Sollte dies auf keine Akzeptanz stoßen, kann die Halle in einigen Fällen immer noch abgehangen werden. Kurz vor der Veranstaltung hingegen, kennen schon viele Aussteller ihre Standplätze, sodass Veränderungen in der Standanordnung oder auch das Abhängen von Teilen der Halle kaum noch möglich sind. Diese im Yield Management genannten No-Shows sind deshalb besonders gefährlich für die Messebranche, da am Tag der Leistungserstellung keine weitreichenden Veränderungen vorgenommen werden können. Damit wurde gezeigt, dass die Messewirtschaft alle drei der genannten anbieterseitigen Voraussetzungen erfüllt. Zu überprüfen bleiben nun noch die drei nachfrageseitigen Voraussetzungen, welche mit Hilfe des Anmeldeverhaltens der Aussteller bewiesen werden sollen.

5.3.4 Marktsegmentierung

Die gebräuchlichste Anwendung der Marktsegmentierung aus der Flug- und Hotelbranche erfolgt nach dem Kriterium der Zahlungsbereitschaft. Die Kunden werden in die Kategorien „Geschäftsreisende mit hoher Zahlungsbereitschaft" und „Familien mit geringer Zahlungsbereitschaft" klassifiziert. Des Weiteren gibt es im B2B Bereich die Möglichkeit der Marktsegmentierung nach organisationsbezogenen-, organisationsmitglieder-bezogenen- und organisationsverhaltensbezogene Kriterien.[117] Die organisationsbezogenen Variablen sind ähnlich wie im B2C Bereich der Standort, die Größe des Unternehmens, der Umsatz oder auch die Branchenzugehörigkeit. Organisationsmitglieder-bezogenes Verhalten bezeichnet die psychografischen Merkmale der Mitglieder der Organisation. Darunter kann deren Motivation für eine Präsentation auf einer Messe fungieren oder auch die Kontaktmöglichkeit des Unternehmens mit dem Nachfrager. Für Messeveranstalter spielt es besonders im Hinblick auf die gestiegenen Porto-Kosten eine wichtige Rolle über welches Medium die Verhandlungen stattfinden. Das dritte Merkmal des Verhaltens der Organisation ist im Hinblick auf den Dienstleistungssektor wohl das Wichtigste, denn dies beschreibt das Kaufverhalten der Organisation. Hier kann die Zahlungsbereitschaft eingeordnet werden, ebenso der Zeitpunkt des Kaufes, die Auftragsgröße oder auch die Art des nachgefragten Standplatzes in der Messebranche. Auf einer Messe präsentieren sich verschiedene Unternehmen aus der gleichen Branche. Die Marktsegmentierung stellt hier also

117 Vgl. Kesting, T.; Rennhak, C. (2008), S. 49.

sogar einen wesentlichen Teil des Erfolgskonzeptes dar. Nur wenn ein breites Spektrum des Messethemas präsentiert wird, sind die Besucher zufrieden. Die Aussteller können somit nach der Größe des Unternehmens, dem jährlichen Umsatz, aber auch nach der Branche innerhalb des Messethemas segmentiert werden. Für das Yield Management spielen diese Segmentierungskriterien aber eine untergeordnete Rolle. Wichtiger sind die Organisationsverhaltens-bezogenen Kriterien, da eine Segmentierung anhand des nachgefragten Produktes sowie des Buchungzeitpunktes zur Kapazitätsoptimierung notwendig sind.

5.3.5 Nachfrageschwankungen

Inwieweit Nachfrageschwankungen in der Messebranche existieren, soll im Folgenden an der Analyse des Anmeldeverhaltens der Aussteller der Beispielmesse nachgewiesen werden.

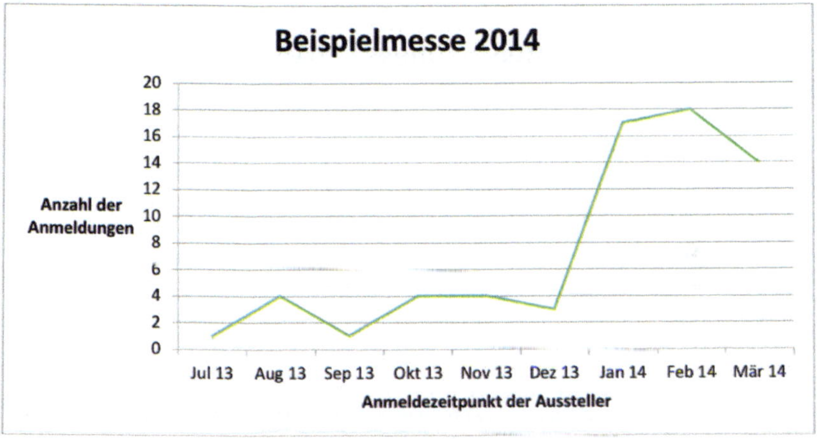

Abbildung 13: Entwicklung der Anmeldungen 2014

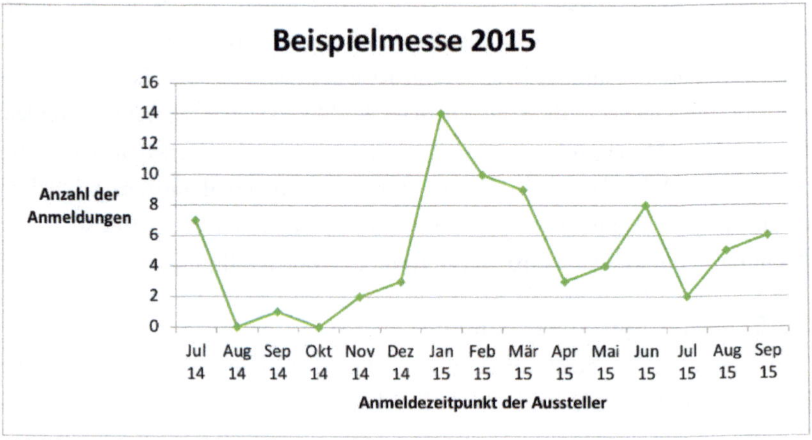

Abbildung 14: Entwicklung der Anmeldungen 2015

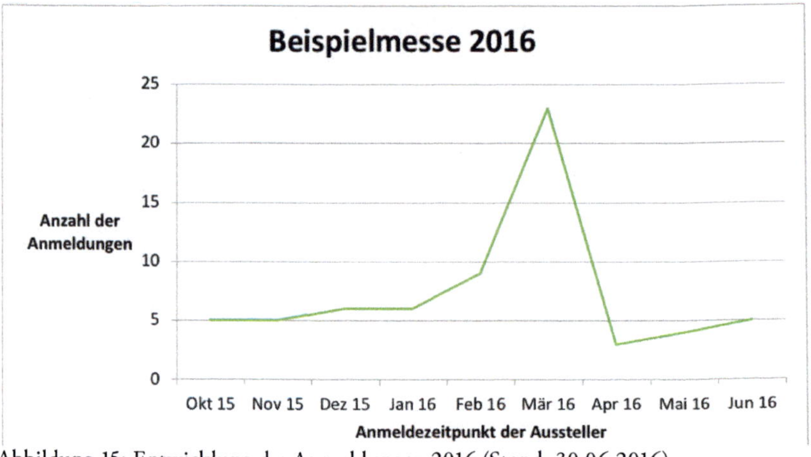

Abbildung 15: Entwicklung der Anmeldungen 2016 (Stand: 30.06.2016)

In allen drei Jahren sind deutliche Nachfrageschwankungen zu erkennen. Besonders hoch ist die Nachfrage immer im ersten Quartal eines Jahres. Im Jahr 2014 fand die Messe im März statt. Die Anmeldungen, welche vorrangig in den letzten drei Monaten vor Veranstaltungsbeginn eingetroffen sind, stellten in diesem Jahr einen besonders hohen Planungsaufwand dar. In den letzten drei Monaten einer

Messe fallen besonders viele Vorbereitungen an, weshalb eingehende Anmeldungen zusätzlichen Arbeitsaufwand darstellen. Auf Grund von Beschwerden über den ungünstigen Zeitpunkt im März der Veranstaltung im Jahre 2014, wurde eine Terminverschiebung in den Oktober vorgenommen. Daher ergibt sich die längere Anmeldephase im Übergang von 2014 zu 2015. Doch auch in dieser sind die höchsten Anmeldezahlen im ersten Quartal des Jahres 2015 zu verzeichnen. Für die Messe 2016 zeichnet sich ein ähnlicher Verlauf ab. Letztendlich bestätigen die Grafiken die Existenz von Nachfrageschwankungen, womit eine weitere Voraussetzung für den Einsatz von Yield Management erfüllt ist.

5.3.6 Möglichkeit der Vorausbuchung

Messeveranstaltungen weisen meistens einen Planungszeitraum von einem Jahr auf. In diesem Zeitraum können die Nachfrager ihre Messeteilnahmeentscheidung treffen. Die Vorausbuchung erfolgt mit Hilfe eines Anmeldeformulars.

Interessierte Unternehmen füllen dieses komplett aus und schicken sie an den Messeveranstalter zurück. Die Anmeldung ist damit gleichzeitig der Vertrag, welcher zwischen dem Aussteller und dem Messeveranstalter geschlossen wird. Diese Vorleistung und -zahlung dienen als Planungssicherheiten für den Veranstalter. Nur wenn sich ausreichend Aussteller anmelden, findet eine Messe überhaupt statt. Ohne die Option der Vorausbuchung der Leistung, wäre das Organisieren einer Messe für die Messeveranstalter gar nicht möglich. Damit ist auch die letzte Voraussetzung für die Anwendung von Yield Management erfüllt und es kann an dieser Stelle festgehalten werden, dass die Möglichkeit der Umsetzung von Yield Management in der Messebranche gegeben ist. Im Folgenden sollen nun Besonderheiten für diese Branche analysiert und konkrete Vorschläge zur Umsetzung der Instrumente geliefert werden.

5.4 Notwendigkeit kapazitätsoptimierender Maßnahmen für Messegesellschaften

Yield Management dient nicht nur der Ertragsoptimierung, sondern auch zur Kapazitätsoptimierung. Da für Dienstleistungen, wie in Kapitel drei bereits erwähnt der kapazitätsbasierende Ansatz des Yield Managements geeignet ist, soll kurz die Notwendigkeit dieses Ansatzes für die Messewirtschaft und die damit verbundenen Besonderheiten des Messemarktes aufgezeigt werden. Bei Messeveranstaltungen spielt anders als in der Flug- oder Hotelbranche das Erscheinungsbild eine große Rolle. Damit ist weniger die Attraktivität, sondern viel mehr die Nutzung der gesamten Kapazität gemeint. Finden Aussteller oder Besucher leere Standflächen vor, welche durch No-Shows oder Stornierungen entstanden sind, so kann dies zu einem Imageverlust des Messeveranstalters führen.

Eine weitere Besonderheit des Messemarktes ist die wechselnde Anzahl von möglichen Standplätzen. Zwar hat man zu Beginn einen Hallengrundplan mit einer festen Anzahl von eingezeichneten Ständen. Diese können sich aber entsprechend der nachgefragten Menge an Quadratmetern schnell verändern. Bei einer Messeveranstaltung können die Kunden nicht nur eine Einheit buchen. Hier wird ein Standplatz mit einer variablen Anzahl an Einheiten angeboten.

Dies führt zu einer veränderten Anzahl von Standplätzen in einer Messehalle in einem Jahr, gegenüber dem nächsten. Deshalb ist es sinnvoll, Berechnungen für das Yield Management nach jeder Anmeldung durchzuführen. Des Weiteren ist der Messeveranstalter nicht gezwungen die Veranstaltung durchzuführen. Bei einem Linienflug beispielsweise hat der Pilot keine Wahl über den Abflug, da hier eine Beförderungspflicht vorliegt. Auch bei nur einem Passagier muss er starten. Eine Messe mit nur einem Aussteller hingegen, muss nicht stattfinden. Das Yield Management und der Buchungskorridor können bei der Entscheidung über das Veranstalten oder Absagen einer Messe helfen. Große Beachtung sollte auch die Zielgruppe erhalten, welche in diesem Fall Unternehmen und keine Endverbraucher sind. Einige der Unternehmen wenden dieses Preissystem gegebenenfalls selbst an oder sind damit bereits vertraut.

Eine letzte Besonderheit ergibt sich aus dem großen zeitlichen Planungsvorlauf. Eine einfache Umbuchung bei Überbuchungen ist auf Grund dessen nur schwer möglich. Unternehmen können sich nicht erst im kommenden Jahr auf der Messe oder auf einer Messe in einer anderen Stadt präsentieren. Diese Faktoren müssen bei der Implikation von Yield Management für die Messebranche beachtet werden.

5.5 Einsatzmöglichkeiten von Instrumenten des Yield Managements für einen Messeveranstalter

Jeder Messeveranstalter steht verbunden mit dem Einsatz von Yield Management vor dem Problem, die eintreffende Standanfrage des Kunden für die spezifische Messe, mit der angeforderten Standart und –größe zum jeweiligen Preis, unter dem Aspekt zukünftig unsicherer Buchungsanfragen zu akzeptieren oder abzulehnen. Yield Management segmentiert die Kunden über den Preis oder über die Dienstleistung/ das Produkt. Dabei sollte immer darauf geachtet werden, dass die Segmentierung von Seiten der Kunden nicht als unfair und gewinnmaximierend verstanden wird. In diesem Falle wäre das Yield Management gescheitert.[118] Diese Überlegungen sind Grundlage für die folgende Gestaltung der Instrumente für die Messebranche.

Angelehnt an die Abschottungsregeln von Friesen und Reinecke[119] werden nicht-physische sowie physische Instrumente zur Abschottung speziell für die Messebranche entwickelt. Hinsichtlich des Buchungszeitpunktes sind neben Frühbucherrabatten, auch Spätbucheraufschläge vorstellbar. Ebenso wäre eine grundlegende Preisgestaltung mit der Orientierung an das Heranrücken des Veranstaltungsdatums denkbar. Je näher die Veranstaltung rückt, desto höher werden die Preise pro Quadratmeter. Der Buchungsort kann als weiteres Segmentierungskriterium fungieren. Im Falle der Einführung eines Online-Bestellsystems, welches im Zuge der voranschreitenden Digitalisierung als sinnvoll erachtet wird, können Unternehmen einen Rabatt auf die gebuchte Anzahl von Quadratmetern erhalten, wenn sie online buchen.

Unter dem Aspekt der Flexibilität können weitere Preisvorteile gestaltet werden. Verzichtet ein Nachfrager auf das Recht der Stornierung und die damit

118 Vgl. Weiermair, K.; Peters, M. (2005), S. 400.
119 Vgl. Friesen, M.; Reinecke, S. (2007), S. 37.

verbundene Rückerstattung der geleisteten Zahlungen, erhält er eine Vergünstigung. Dies wäre auch mit den Auf- und Abbauzeiten der Messe vorstellbar. Denn für jeden zusätzlichen Tag, welcher dafür genutzt wird, muss die Hallenmiete gezahlt werden. Aussteller die zukünftig länger aufbauen, müssen auch einen höheren Preis zahlen als jene, die erst zehn Minuten vor Beginn der Veranstaltung erscheinen. In die Kategorie der Flexibilität ist ebenso die Erhebung von Kosten für Standplatzreservierungen aufzunehmen. Für die Mitarbeiter eines Messeveranstalters stellt die Erstellung von Standplatzvorschlägen einen zusätzlichen Aufwand dar. Verzichtet ein Aussteller auf einen festen Standplatz, erhält er einen Rabatt. Möchte er eine feste Standplatzreservierung vornehmen, wodurch größere Veränderungen im Hallenplan später nur eingeschränkt möglich sind, so zahlt der Aussteller einen Aufschlag. Entsprechend der Konsumhäufigkeit/ -volumen können weitere Instrumente entwickelt werden. Mehrfachbucherrabatte für treue Aussteller werden schon in einigen Unternehmen verwendet. Auch Rabatte ab der Buchung einer gewissen Quadratmeterzahl sind schon bekannt. Ein neues Instrument im Rahmen des Yield Managements könnten Mindermengenzuschläge sein.

Buchen Aussteller einen Standplatz unterhalb der Mindestquadratmeterzahlen, müssen sie einen Aufschlag zahlen. Die Gruppenzugehörigkeit als letzte Möglichkeit der nicht-physischen Abschottung ist besonders kritisch zu betrachten. Hier muss vor allem auf den Aspekt der Akzeptanz und Fairness geachtet werden. Vorstellbar wären Preisdifferenzierungen hinsichtlich des Umsatzes welches ein Unternehmen jährlich erwirtschaftet, dem Produktpreis welches es verkauft, der gewählten Rechtsform oder aber der Branche. Die damit verbundene Unzufriedenheit der Aussteller wird jedoch als relativ hoch eingeschätzt. Sinnvoller erscheinen Rabatte für Start-Ups, Vereine oder Stiftungen bei denen bekannt ist, dass diese über nicht viele finanzielle Mittel verfügen.

Nicht-Physische Abschottungen hinsichtlich der Art des Standes und der Standgröße existieren bereits. Eine preisliche Differenzierung nach dem Standort in der Halle wird aber noch nicht vorgenommen. In einer Messehalle gibt es Laufwege, welche von den Besuchern mehr oder weniger genutzt werden. Dadurch ergibt sich eine unterschiedliche Besucherfrequenz für die Stände. Eine Preisstaffelung von höheren Preisen für sehr gut frequentierte Standplätze und niedrigeren Preisen für weniger gut frequentierte Standplätze erscheint nicht nur nachvollziehbar, sondern auch sehr sinnvoll und gerecht.

Das letzte Abschottungskriterium ist die Annehmlichkeit und die Servicequalität. In der Flugbranche wird hierzu das Catering oder der Loungezugang gezählt. Modelle dieser Art sind auch für die Messewirtschaft vorstellbar. Ein vom Messeveranstalter angebotener Frühstücksservice oder Lounge-Zugang zum Mittagessen könnte als Zusatzservice angeboten werden. Das Yield Management bietet also auch für die Messewirtschaft eine Reihe von Möglichkeiten zur Umsetzung der Instrumente speziell zugeschnitten auf diese Branche.

6 Implikationen für die Messewirtschaft

6.1 Konzeption und Handlungsempfehlungen

Die theoretische Untersuchung hat gezeigt, dass Yield Management in der Messewirtschaft anwendbar ist, da alle Voraussetzungen erfüllt sind. Das Auslastungsproblem der zur Verfügung stehenden Kapazität kann mit diesem System hilfreich behoben werden. Dies ist jedoch nicht einfach aus der Flug- oder Hotelbranche übertragbar. Die Messewirtschaft weist spezifische Besonderheiten auf, welche bei der Konzeption der Instrumente zu beachten sind. Messeveranstalter, die Überlegungen hinsichtlich der Einführung von Yield Management für ihre Messe tätigen, sollten mit ihrer Zielgruppe vorab eine Befragung durchführen. Der Kunde ist für die Existenz einer Messeveranstaltung am bedeutendsten. Halten Key-Account Aussteller dieses System für unfair, so werden diese von einer Messeteilnahme absehen und können damit die gesamte Veranstaltung in Gefahr bringen.

6.2 Form der Einführung

Yield Mangement erfordert nicht nur die dynamische Preisgestaltung, sondern auch die Beobachtung des Marktes und eine enge Verzahnung mit der Marktforschung. Ab einer bestimmten Unternehmensgröße sollte daher eine eigene Stelle eingerichtet sein, welche sich ausschließlich mit dem Yield Management für das Unternehmen auseinandersetzt.[120]

Des Weiteren benötigt man Personal, welches eine starke Sensibilität gegenüber den Nachfragern aufbringt, um das System des Yield Managements näher zu bringen und zu verhindern, dass es zu Akzeptanzproblemen kommt. Das Kundenkontaktpersonal sollte daher über die Preisempfindlichkeit des jeweiligen Kunden informiert sein, um im Gespräch optimal reagieren zu können. Eine weitere Herausforderung ist die benötigte Technologie auf Grund der Komplexität des Systems.

120 Vgl. Weiermair, K.; Peters, M. (2005), S.402.

Yield Management betrifft fast alle Unternehmensbereiche, wodurch jeder Mitarbeiter im Umgang mit diesem System geschult werden muss und nach seinem kundenorientierten Verständnis evaluiert werden sollte. Die Einführung eines solchen Systems ist demnach mit sehr hohen Kosten verbunden, welche das Unternehmen bereit sein muss zu investieren. Diese können schnell bei bis zu 15.000 € liegen. Als geeignet erscheint das IDeaS Function Space Revenue Management System, welches für die Berücksichtigung von Tagungen und Veranstaltungen eines Hotels entwickelt wurde. Es umfasst notwendige Nachfragekalender, um die erwartete Auslastung nach Tagen und Tageselementen anzeigen zu lassen.[121]

Für die Beispielmesse könnte eine Umsetzung wie folgt aussehen. Die in Kapitel fünf genannten Instrumente werden zum Einsatz von Preisstrukturen genutzt. Im Wesentlichen soll die Kapazität aber durch die zeitliche Anpassung der Preise ertragsoptimal ausgenutzt werden. Da besonders im ersten Quartal eines Jahres für diese Messe viele Anmeldungen eingehen, werden zu diesem Zeitpunkt die Preise angehoben. Des Weiteren sollten Kontingente für die Nutzung des Frühbuchers angelegt werden. Als Wesentliche Neuerung gilt die Einführung von Kostendifferenzierungen zwischen den Standplätzen. Dazu müssen von Experten die Laufwege der Besucher analysiert werden, um die entsprechenden Standortkategorien herauszufinden. Dies würde für das Unternehmen zu einer weiteren Ertragssteigerung führen, mit welcher jedoch erst nach Einführung und Anwendung des Systems zu rechnen ist. Der gesamte Einführungsprozess sollte dabei sehr strukturiert ablaufen und mit einer guten Werbekampagne für die Unternehmen verbunden sein. Informiert man die Unternehmen nicht, kann es schnell zu einer Ablehnung der Messeveranstaltung und damit zu keiner Teilnahme kommen.

121 Vgl. o.V. (2015), IDeaS Function Space Revenue Management.

6.3 Soziale Aspekte

Besonders beachtet werden muss der Aspekt der Fairness im Rahmen des Yield Managements. Erhält ein Kunde das gleiche Produkt für einen höheren Preis könnte dies als unfaire Gewinnsteigerung für das Unternehmen empfunden werden, ohne jedoch dem Kunden einen größeren Nutzen zu bieten. Wichtig ist also, dass dem Kunden die Unterschiede kommuniziert werden, damit er ein Verständnis für das Preissystem erhält. Unterschiedliche Preisniveaus sollten sich daher nicht nur hinsichtlich des Kundensegments unterscheiden, sondern auch Leistungsdifferenzen aufzeigen. Ein niedrigerer Preis zu Beginn der Akquisitionsphase der Kunden kann zum Beispiel dadurch gerechtfertigt werden, dass zu diesem Zeitpunkt noch keine veranstaltungsbezogenen Materialien erstellt werden. Mit Heranrücken des Leistungserstellungsdatums werden Presseartikel, Ausstellerkataloge bzw. Servicebestellungen getätigt. Verzögert sich diese Bestellung durch verspätete Anmeldungen der Aussteller, so können Kostenvorteile nicht mehr realisiert werden. Dies rechtfertigt einen höheren Preis pro Quadratmeter kurz vor einer Messeveranstaltung. Voraussetzung dafür ist die Existenz von Spätbuchern mit hohen Zahlungsbereitschaften und Frühbuchern mit geringeren Zahlungsbereitschaften. Ansätze und Instrumente für nachvollziehbare Leistungsdifferenzen wurden in Kapitel fünf anhand der physischen und nicht-physischen Abschottungsregeln gezeigt.

6.4 Problemerfassung und Kritik

So genannte No-Shows oder Stornierungen gefährden eine Messeveranstaltung. Durch gezielte Überbuchungen mit dem Yield Management System sollen freie Standflächen zum Leistungserstellungszeitpunkt minimiert werden. Trotz dessen kann es passieren, dass angemeldete Kunden durch eine Überbuchung kurz vor der Veranstaltung abgewiesen werden müssen. Diese Kundenabweisung durch Überbuchungen führt zu deren Unzufriedenheit und einer negativen Beeinflussung für deren zukünftiges Verhalten. Des Weiteren ergibt sich bei einer Messeveranstaltung das Problem der getätigten Investitionen der Aussteller und der Schwierigkeit der Umbuchung. Messeveranstaltungen finden in einem geregelten Rhythmus statt, dessen Zeitraum meistens ein Jahr beträgt.

Die Umbuchung eines überbuchten Ausstellers auf die Messeveranstaltung im kommenden Jahr erscheint daher als wenig sinnvoll. In diesem Fall müsste wohl viel mehr mit Gutschriften gearbeitet werden. Kundenerinnerungen und Stornierungsgebühren können die Anzahl der No-Shows verringern. Auch eine Messeveranstaltung ist eine Dienstleitung und durch ihre Immaterialität geprägt. Damit verbunden, benötigen die Unternehmen in ihrer Kaufphase besonders viel Vertrauen oder Erfahrung. Zur Qualitätsprognose der Dienstleistung werden Merkmale wie der Preis herangezogen.[122] Die durch Yield Management eventuell wahrgenommene Preisunfairness kann zu einem Nichtkauf führen. Zwar dient Yield Management auch zur Kundenbindung, doch dafür müssen diese erst einmal akquiriert werden. Um das Vertrauen zu gewinnen sind die Mitarbeiter deshalb der entscheidende Faktor. Durch den persönlichen Kontakt, soll den Nachfragern die Angst genommen und deren Vertrauen erhöht werden. Eine weitere Problematik könnte sich ergeben, wenn ein loyaler Kunde in nachfragestarken Zeiten, in denen die Preise entsprechend hoch sind, anmeldet und nicht seinen üblichen Rabatt erhält. Hierbei ist abzuwägen, welchen Wert dieser Kunde dem Unternehmen bringt. Dies bedeutet, dass im Rahmen des Yield Managements der langfristige Ertragswert eines Kunden nicht vernachlässigt werden sollte und in das System eingebaut werden muss.[123] Mehrfachbucherrabatte in der Messebranche können als eine Lösung für dieses Dilemma fungieren.

122 Vgl. Bruhn, M. (2014), S. 24.
123 Vgl. Michel, S.; Zellweger, C. (2014), S. 58.

7 Fazit

Obwohl das Yield Management in der heutigen Unternehmenspraxis von Dienstleistern einen hohen Stellenwert einnimmt, wurde dem Messemarkt bei den bisherigen Untersuchungen nur wenig Betrachtung geschenkt. Die vorliegende Arbeit hat sich systematisch mit der Anwendung des Preissystems auf diesem Markt beschäftigt. Dabei wurden neben den theoretischen Überlegungen, die Erfolgschancen der Anwendung an einem praktischen Beispiel überprüft. Als eine erste Erkenntnis dieser Arbeit ist der Nachweis der Möglichkeit der Anwendung von Yield Management in der Messewirtschaft zu nennen.

Als am geeignetsten erweist sich das Modell des kapazitätsorientierten Yield Managements. Der Fokus hierbei liegt vor allem in der Kapazitätssteuerung, welche für den Messeveranstalter von großer Bedeutung ist. Ungenutzte Standflächen führen nicht nur zu Leerkosten, sondern könnten von den Besuchern und Ausstellern zudem als ein Indikator für die unzureichende Organisationsqualität des Messeveranstalters verstanden werden und zu einem Imageverlust führen. Durch Yield Management wird das damit verbundene hohe Risiko von „No-Shows“ und Stornierungen minimiert.

Um über die Ablehnung oder Annahme eintreffender Anfragen entscheiden zu können, kann das Bid-Price Verfahren angewendet werden. Damit wird der Mindestpreis bestimmt, welcher der Aussteller zum Zeitpunkt seiner Buchung zahlen muss, damit die Anmeldung angenommen wird. Besonders wichtig ist die Neuberechnung dieses Preises nach jeder angenommenen Buchung. In der Messebranche können die Kunden nicht nur eine Einheit der Leistung buchen, sondern auch eine Einheit in verschiedenen Größen. In einem Jahr können so weniger Aussteller auf der Messe sein und trotzdem die gesamte Kapazität auslasten, wenn eben größere Standflächen gebucht wurden. Yield Management kann sowohl bei Nachfrageüberschuss als auch bei Angebotsüberschuss angewendet werden. Zur Steuerung dieser Nachfrage eignet sich vor allem die segmentorientierte Preisdifferenzierung.

Als Segmentierungskriterien für die Messebranche kommen die unterschiedlichen Eigenschaften der Messestände (Standart, Standort, Standgröße,

Buchungszeitpunkt) und der Messeteilnehmer an sich zur Auswahl. Neu für die Messebranche sind hier vor allem die zeitliche Preisdifferenzierung sowie die preisliche Differenzierung der Standplätze nach den Standorten in der Halle. Besser frequentierte Stände haben einen höheren Mietpreis, als schlechter frequentierte. Die Anzahl dieser Stände muss für jede Messehalle individuell analysiert werden. Besonders bei dem Kriterium der Segmentierung der Messeteilnehmer muss auf den Aspekt der Fairness geachtet werden. Nur wenn die Kunden die Segmentierung nachvollziehen können, kann dieses Preissystem funktionieren. Preisvorteile für Vereine oder Start-Ups stellen eine solche Möglichkeit dar. Große Beachtung müssen bei der Einführung dieses Preissystems die Stakeholder erhalten. Mit der Kommunikation im Rahmen des Messemarketings sollte deshalb schon früh begonnen werden.

Mit Hilfe der vorliegenden Arbeit wurde anhand des praktischen Beispiels gezeigt, dass zwei Marktsegmente mit unterschiedlichen Zahlungsbereitschaften gebildet werden können. Dies gilt als Grundvoraussetzung, um die Instrumente der Preisdifferenzierung anzuwenden. Die Aussteller können in preissensibel und preisunsensibel unterteilt werden, wobei die preisunsensiblen Aussteller zu einem späteren Zeitpunkt anmelden und bereit sind höhere Preise in Kauf zu nehmen. Dies ähnelt wiederum der Flugbranche, in welcher Spätgeschäftsreisende eine höhere Zahlungsbereitschaft besitzen. Yield Management kann dabei verhindern, dass diese Spätbucher auf die Kontingente der Kapazitäten der Frühbucher zugreifen und eine mögliche Arbitrage verloren geht.

Ebenso konnte das Anmeldeverhalten der Aussteller analysiert werden. Damit kann ein Buchungskorridor erstellt werden, um Abweichungen vom üblichen Buchungsverlauf frühzeitig zu identifizieren und geeignete Maßnahmen zur Kapazitätssteigerung anzuwenden.

Weitere Forschungsarbeiten könnten sich mit dem Yield Management auf dem Besuchermarkt einer Messe auseinandersetzen. Das Ermitteln von Branchentypischen Spezifikationen in Bezug auf das Yield Management erscheint ebenso als eine interessante Fragestellung für neue Arbeiten. Zusammengefasst soll an dieser Stelle festgehalten werden, dass Yield Management ein geeignetes Modell für die Messewirtschaft ist. Im Hinblick auf die Investitionskosten der benötigten

Software, erscheint die Anwendung für kleiner Messen jedoch als nicht rentabel. Auf Grund der zu geringen Ausstellerzahl und die daraus resultierende Umsatzsteigerung, verzögert sich die Amortisation der Anschaffung einer Yield Management Software erheblich. Sollte die Einführung aber an mehrere Veranstaltungen eines Messeveranstalters gebunden, beziehungsweise für Messen mit einem größeren Ausstellervolumen gekoppelt sein, so kann es nach der Einführung tatsächliche Umsatz- und Gewinnsteigerungen bewirken. Die konkrete Auswahl der möglichen Instrumente muss von jedem Messeveranstalter selbst vorgenommen werden. Dabei soll Yield Management aber nicht als Allheilmittel verstanden werden. Richtig angewendet kann es zu einer Ertragssteigerung für das Unternehmen führen. Die damit verbundenen Akzeptanzschwierigkeiten bei den Kunden und Mitarbeitern sowie die hohen Investitionskosten sind bei der Überlegung zur Einführung eines Yield Management Systems jedoch nicht zu vernachlässigen.

Literaturverzeichnis

Alam, D.; Gühl, U. (2016): Projektmanagement für die Praxis, Berlin Heidelberg: Springer.

Alber, S.; Klappers, D.; Konradt, U.; Walter, A.; Wolf, J. (2009): Methodik der empirischen Forschung, 3. Auflage, Wiesbaden: Gabler.

Backhaus, K.; Hahn, C. (1998): Das Marketing von investiven Dienstleistungen, Wiesbaden: Springer Fachmedien.

Backhaus, K.; Erichson, B.; Plinke, W.; Weber, R. (2016): Multivariate Analysemethoden, 14. Auflage, Berlin Heidelberg: Springer Gabler.

Baur, N.; Fromm, S. (2008): Datenanalyse mit SPSS für Fortgeschrittene, 2. Auflage, Wiesbaden: GWV Fachverlage.

Berekhoven, L. (1974): Der Dienstleistungsbetrieb. Wesen, Struktur, Bedeutung, Wiesbaden: Springer Gabler.

Bruhn, M. (2010): Marketing - Grundlagen für Studium und Praxis, 10. Auflage, Wiesbaden: Gabler.

Bruhn, M. (2012): Marketing - Grundlagen für Studium und Praxis, 11. Auflage, Wiesbaden: Gabler.

Bruhn, M. (2014): Determinanten des Kaufverhaltens im Dienstleistungsbereich, in: Tomczak, T.; Heidig, W. (Hrsg): Revenue Management aus der Kundenperspektive, Wiesbaden: Springer Fachmedien.

Corsten, H.; Gössinger, R. (2007): Dienstleistungsmanagement, 5. Auflage, München: Oldenbourg Wissenschaftsverlag.

Daudel, S.; Vialle, G. (1992): Yield-Management. Erträge optimieren durch nachfrageorientierte Angebotssteuerung, Frankfurt-Main: Campus Verlag.

Fassnacht, M. (1996): Preisdifferenzierung bei Dienstleistungen. Implementationsformen und Determinanten, Wiesbaden: Gabler.

Freeman, E. (1984): Strategic Management: A Stakeholder Approach, Boston: Pitman.

Friesen, M.; Reinecke, S. (2007): Wahrgenommene Preisfairness bei Revenue Management im Luftverkehr. In: Thexis, Nr. 4, S. 12 f.

Geiger, K. I. , Romano, R.; Gubelmann, J.; Badertscher, K.; Pifko, C. (2009): Projektmanagement – Zertifizierung nach IPMA (3.0) – Ebenen D und C, 2. überarbeitete Auflage, Zürich: Compendio Bildungsmedien.

Gruß, C. M. F. (2008): Revenue-Management in der Automobilindustrie: Vorgehenskonzept zur Neuwagendirektdistribution und Produktharmonisierung, Wiesbaden: Gabler.

Haller, S. (2012): Dienstleistungsmanagement: Grundlagen – Konzepte – Instrumente, 5. Auflage, Wiesbaden: Springer Gabler.

Hinterhuber, H. (2011): Strategische Unternehmensführung, 8. Auflage, Berlin: Erich Schmidt Verlag.

Holzner, A. (2006): Nutzenorientiertes Pricing von Messeleistungen, Wiesbaden: GWV Fachverlage.

Homburg, C. (2012): Kundenzufriedenheit. Konzepte – Methoden – Erfahrungen, 8. Auflage, Wiesbaden: Gabler.

Janssen, J.; Laatz, W. (2013): Statistische Datenanalyse mit SPSS, 8. Auflage, Berlin Heidelberg: Springer Gabler.

Kesting, T.; Rennhak, C. (2008): Marktsegmentierung in der deutschen Unternehmenspraxis, Wiesbaden: Gabler.

Kirchgeorg, M.; Dornscheidt, W. M.; Giese, W.; Stoeck, N. (2003): Handbuch Messemanagement, Wiesbaden: Gabler.

Kimnes, S. E. (1989): Yield Management: The Basics of Yield Management, New York City: Cornell University.

Klein, R. (2001): Revenue Management: Quantitative Methoden zur Erlösmaximierung in der Dienstleistungsproduktion. In: Betriebswirtschaftliche Forschung und Praxis, Nr. 53, S. 248.

Klein, R.; Steinhardt, C. (2008): Revenue Management. Grundlagen und Mathematische Methoden; Berlin Heidelberg: Springer-Verlag.

Lindenmeier, J. (2005): Yield-Management und Kundenzufriedenheit, Wiesbaden: GWV Fachverlage GmbH.

Magrath, A. J. (1986): When Marketing Services, 4 Ps Are Not Enough In: Business Horizons, Nr. 3, S. 29.

Maleri, R.; Fritsche, U. (2008): Grundlagen der Dienstleistungsproduktion, 5. Auflage, Berlin Heidelberg: Springer-Verlag.

Meffert, H. Bruhn, M. (2012): Dienstleistungsmarketing, 7. Auflage, Wiesbaden: Springer Gabler.

Meffert, H.; Bruhn, M.; Hadwich, K. (2015): Dienstleistungsmarketing: Grundlagen – Konzepte – Methoden, 8. Auflage, Wiesbaden: Springer Gabler.

Meyer, A.; Mattmüller, R. (1987): Qualität von Dienstleistungen, Entwicklung eines praxisorientierten Qualitätsmodells. In: Marketing ZFP, 9. Jahresausgabe, Nr. 3, S. 187.

Michel, S.; Zellweger, C. (2014): Pricing bei Dienstleistungen und Yield Management, in: Tomczak, T.; Heidig, W. (Hrsg.): Revenue Management aus der Kundenperspektive, Wiesbaden: Springer Fachmedien.

Olbrich, R.; Battenfeld, D. (2014): Preispoltik, 2. Auflage. Berlin Heidelberg: Springer-Verlag.

OLG Düsseldorf (2000): Internet-Buchungssystem einer Fluglinie - Urteil 9.11.2000 Unter: www.rsw.beck.de/cms/?toc=MMR.ARC.200103&docid=17061, Zugriff am 19.07.2016.

o.V. (2015): Dynamic Pricing: Preistricks zu Lasten der Kunden, Unter: www.swr.de/marktcheck/dynamic-pricing/-/id=100834/did=16117742/nid=100834/1y8yazo/, Zugriff am 07.06.2016.

o.V. (2015): IDeaS Function Space Revenue Management, Unter: http://ideas.com/de/loesungen/produkte/ideas-function-space-revenue-management/, Zugriff am: 21.07.2016.

Pechtl, H. (2005): Preispolitik, Stuttgart: Lucius & Lucius.

Peters, M. (1992): Dienstleistungsmarketing in der Praxis: Am Beispiel eines Messeunternehmens, Wiesbaden: Springer Fachmedien.

Pfetzing, K.; Rohde, A. (2009): Ganzheitliches Projektmanagement, 3. Auflage, Gießen: Verlag Dr. Götz Schmidt.

Scharf, A.; Schubert, B.; Hehn, P. (2012): Marketing: Einführung in Theorie und Praxis, Stuttgart: Schäffer-Poeschel.

Schmidt, H. (2007): Internal Branding: Wie Sie ihre Mitarbeiter zu Markenbotschaftern machen, Wiesbaden: Gabler.

Schüller, A. (1967): Dienstleistungsmärkte in der Bundesrepublik Deutschland, Köln-Opladen: Westdeutscher Verlag.

Schwaiger, M.; Meyer, A. (2011): Theorien und Methoden der Betriebswirtschaft; München: Franz Vahlen.

Simon, H.; Wiltinger, K.; Sebastian, K. H.; Tacke, G. (1995): Effektives Personalmarketing: Strategien – Instrumente – Fallstudien, Wiesbaden: Gabler.

Specht, D.; Gruß, C. (2007): Revenue Management – Eine Strategie für die Produktion in der Automobilindustrie?, Wiesbaden: Gabler.

Statistisches Bundesamt (2016): Bruttoinlandsprodukt 2015 für Deutschland, Wiesbaden: Statistisches Bundesamt.

Stuhlmann, S. (2000): Kapazitätsgestaltung in Dienstleistungsunternehmungen: Eine Analyse aus der Sicht des externen Faktors, Wiesbaden: Springer Fachmedien.

Rehkopf, S. (2006): Revenue-Management Konzepte zur Auftragsannahme bei kundenindividueller Produktion, Wiesbaden: Gabler.

Talluri, K. T.; Van Ryzin, G. J. (2004a): The theory and practice of revenue management, Boston: Kluwer.

Thorun, C.; Diels, J. (2016): Was Verbraucherinnen und Verbraucher in NRW über individualisierte Preise im Online-Handel denken; Düsseldorf: Ministerium für Klimaschutz.

Tomczak, T.; Heidig, W. (2014): Revenue Management aus der Kundenperspektive, Wiesbaden: Springer Fachmedien.

Tscheulin, D. K.; Lindenmeier, J. (2003): Yield Management – Eine State-of-the-Art. In: Zeitschrift für Betriebswirtschaft, 73. Jahresausgabe, Nr. 6, S. 630.

Viertler, M.; Wenig, J. O.; Wunderlich, F. (2006): Mehr Ertrag durch dynamisches Pricing. In: absatzwirtschaft - Zeitschrift für Marketing, Nr. 7, S. 46.

Wadhawan, J. (2016): Dynamic Pricing: Kein Wert für alle, Unter: http://www.absatzwirtschaft.de/dynamic-pricing-kein-wert-fuer-alle-81467/, Zugriff am 15.05.2016.

Weiermair, K.; Peters, M. (2005): Kapazitätsauslastung- und Ertragscontrolling von touristischen Dienstleistungen durch das Yield Management, Wiesbaden: Gabler.

Wöhe, G.; Döring, U. (2010): Einführung in die Allgemeine Betriebswirtschaftslehre, 24. Auflage, München: Franz Vahlen.

Wolf, L. J. (2005): Mitarbeiterzufriedenheit als Determinante der wahrgenommenen Dienstleistungsqualität, Wiesbaden: Gabler.

Woratschek, H. (1996): Die Typologie von Dienstleistungen aus informationsökonomischer Sicht. In: der Markt – Zeitschrift für Absatzwirtschaft und Marketing, 35. Jahresausgabe, Nr. 1, S. 60.

NACHHALTIGES LERNEN IM ‚FLIPPED CONGRESS'

Lisa-Marie Lang

Inhaltsverzeichnis

Abbildungsverzeichnis

1 Einleitung

1.1 Thematische Hinführung und Ausgangslage

„Having a lot of kids sit in the lecture class will be viewed at some point as an antiquated thing."[1]

Bill Gates in einem Interview mit Jeffrey R. Young von ‚The Chronical of Higher Education', in dem sich Gates zu einer Vision der Lehre im Sinne des Flipped Classroom Modells als zukunftsweisendes Format äußert.

Die mediengestützte Lehre im Rahmen des Flipped Classroom Modells findet heute weltweit hohes Interesse und entfacht u.a. bildungspolitische Diskussionen zu den Vorgehensweisen der Wissensvermittlung und der Gestaltung von Präsenzphasen in der Lehre.[2] Die stetige Umgestaltung der Lehre im Rhythmus der Zeit – wie im Flipped Classroom geschehen – stößt auch in der Messe- und Kongress-Branche auf Zuspruch. Veranstalter und Agenturen sehen sich in der Verantwortung, das eigene planerische Handeln regelmäßig zu reflektieren, Veranstaltungsformate zu überdenken und zeitgemäßer sowie zukunftsweisender zu konzipieren.

Es ist der Blick über den Tellerrand, hinein in die Lehre an Schulen und Universitäten, die bereits von interessanten lerntheoretischen Entwicklungen geprägt sind, welcher als Anlass dieser Arbeit zu sehen ist.

Die Vorstellung, Veranstaltungen, deren primäres Ziel darin liegt, nachhaltiges Lernen im Sinne des Kompetenzerwerbs zu ermöglichen (diese Art Veranstaltungen werden im Folgenden als Kongresse betitelt[3]), im Stil des Formates Flipped

1 Young, 2012.
2 Vgl. Sams, 2012, S. 13.
3 Gestützt wird sich hierbei in erster Linie auf die Differenzierung der Veranstaltungsformate nach deren Wesensmerkmalen bzw. primären Zwecken: Kompetenzerweiterung, Identifikation, Kommunikation und Entscheidungsfindung, wie sie Bühnert (Bühnert, 2013, S. 200 f.) liefert. Die Kompetenzerweiterung wird demnach unter anderem im Rahmen des Formates Kongress bestrebt.

Classroom zu organisieren und den Kompetenzerwerb im Rahmen von Veranstaltungen dadurch zeitgemäß zu gestalten, soll im Rahmen dieser Arbeit vor allem im Hinblick auf die zu erzielende Wirkung: nachhaltiges Lernen, kritisch beleuchtet werden und letztlich die folgende Prämisse bestätigt oder widerlegt werden:

Das Flipped Classroom Modell bietet – im Hinblick auf die Zielsetzung, nachhaltiges Lernen im Sinne des Kompetenzerwerbs zu ermöglichen – einen Mehrwert im Vergleich zu dem Lernen im Rahmen des geschlossenen Kongressformates (ohne elektronische Vorabphase).

Das Kongressformat, wie es in dieser Arbeit exemplarisch vorgestellt wird, geht aus der Praxis hervor. Die Autorin zieht ihre Informationen zu diesem Veranstaltungsformat aus Interviews mit der Agentur, die u.a. Auftraggeber dieser Arbeit ist und welche Kongresse dieser Art durchführt.

1.2 Vorgehensweise und Struktur der Arbeit

Es werden beide Formate, das Flipped Classroom Modell und das für diese Arbeit ausgewählte Kongressformat, im Hinblick auf ihre Eignung als Format zur Entwicklung von Kompetenzen analysiert und gegenübergestellt.

Als Maßstab hierfür dient der im Kapitel 2.3.3 herausgearbeitete Kompetenzentwicklungsprozess. Der Aufbau des Prozesses soll nicht als unabdingbare Norm betrachtet werden. Es handelt sich dabei um ein, auf pädagogischpsychologischer Theorie basierendes, denkbares Format zur Ermöglichung nachhaltigen Lernens und sollte auch als solches angesehen werden. Es stützt sich vor allem auf die relevanten Entwicklungsstufen, welche Kompetenzerlernende durchlaufen können, sowie auf bildungspolitische Ausführungen zur Gestaltung einer Lehre für Kompetenzentwicklung. Das Prozessmodell liefert dadurch drei konkrete Stufen, welche der Lernende beschreitet: von einem wissenden über einem könnenden/qualifizierten hin zu einem schließlich kompetenten Lerner. Indem dabei auf die Rollenverteilung zwischen Lerner und Lehrer eingegangen wird, zeigt das Modell mögliche Gestaltungsaspekte der einzelnen Phasen auf. Es stellt ein Maß zur Gegenüberstellung des Flipped Classroom Modells und des Kongressformates dar, mittels welchem die Analyse der beiden Varianten weitestgehend messbar gemacht werden soll. Die Gegenüberstellung soll Aufschluss darüber geben, inwiefern sich das Format Flipped Classroom möglicherweise besser als bisher genutzte Kongressformate für die Entwicklung von Kompetenzen eignet. Es soll also herausgearbeitet werden, ob die Agentur (im Hinblick auf nachhaltiges Lernen) einen Mehrwert darin vermerken können wird, das moderne Lernformat Flipped Classroom auf Kongresse, deren primäres Ziel darin liegt, nachhaltiges Lernen im Sinne des Kompetenzerwerbs zu ermöglichen, anzuwenden, oder ob doch an bewährten Ansätzen festzuhalten ist.

Gewonnene Erkenntnisse der Gegenüberstellung werden im Kapitel 3.3 gesammelt.

Im Anschluss an die Ausführung hierzu erfolgt ein kritischer Diskurs des Ergebnisses durch partiellen Einbezug eines Experten-Interviews mit Prof. Dr. Werner Sauter, dem Autor zahlreicher Arbeiten u.a. zur Kompetenzentwicklung mit innovativen Lernformen.

Aufgerollt wird die Thematik von Seiten der Pädagogischen Psychologie: den lerntheoretischen Auffassungen von Lernen und Lehren, beginnend im Kapitel 2.1.

Die Ausführungen hierzu münden letztlich in dem Verständnis modernen Lernens im Sinne des Kompetenzerwerbs, dem sich im Rahmen der vorliegenden Arbeit weiterhin angenommen wird (2.3 Lernen und Lehren heute).

Die im Rahmen des Kapitels ‚Lernen und Lehren heute' erarbeiteten Gestaltungsaspekte einer kompetenzentwicklungsförderlichen Lehre sind unter 2.3.3 zusammengefasst. Plakativ werden diese in dem Kompetenzentwicklungsprozess in der Abbildung 2 dargestellt.

Das Kapitel 2.4 greift aktuelle Entwicklungen in der Lehre, sowohl an (Hoch-)Schulen als auch in der Erwachsenenbildung, auf. Gegenstand der Ausführungen sind hierbei vordergründig Lehr- und Lernformen. Den derzeitigen Trendbewegungen zuzurechnen ist unter anderem das Flipped Classroom Modell. Dieses und auch der Kongress werden im Folgenden als ‚Format' bezeichnet.

Auf das Format Flipped Classroom wird im Punkt 2.4.3 ausführlicher eingegangen.

Folgende Leitfragen ergeben sich für die vorliegende Arbeit:

- Was ist nachhaltiges Lernen?
- Was sind Kompetenzen?
- Wie gestaltet sich ein Lernarrangement für den Kompetenzerwerb?
- Inwiefern ermöglicht das Format Flipped Classroom die Gestaltung eines Lernarrangements für den Kompetenzerwerb?
- Inwiefern ermöglicht das Format Kongress die Gestaltung eines Lernarrangements für den Kompetenzerwerb?
- Kann schließlich eine bessere Eignung des Formates Flipped Classroom zur Gestaltung eines kompetenzerwerbsförderlichen Lernarrangements festgestellt werden?

2 Theoretischer Ausgangspunkt

2.1 Grundlegende Auffassungen von Lernen und Lehren aus Sicht der pädagogischen Psychologie

Die Basis der Betrachtungen liefern die bekannten Lerntheorien aus der Pädagogischen Psychologie: Behaviorismus, Kognitivismus und Konstruktivismus. Sie sind die Wurzeln der Lernforschung und trugen wesentlich zu der Entwicklung der heutigen Auffassungen von Lernen bei.

Obgleich die lerntheoretischen Aspekte in der Literatur partiell kritischer Betrachtungen ausgesetzt sind, sind einige ihrer Grundzüge noch heute von Relevanz und werden daher auch im Rahmen dieser wissenschaftlichen Arbeit in Betracht gezogen.

Das Staatsinstitut für Schulqualität und Bildungsforschung (ISB) definiert, dass es das Ziel des pädagogischen Handelns ist, die Lernenden zu möglichst effektivem und nachhaltigem Lernen anzuregen. Hierbei ist es die Aufgabe des Lehrenden, Lernarrangements entsprechend zu gestalten.[4] Doch was genau bedeutet ‚entsprechend'?

Laut ISB kann eine pragmatische Auseinandersetzung mit der Thematik des Lernens und den klassischen psychologischen Lerntheorien dabei unterstützen, eine Definition dafür zu finden, wie die entsprechende Gestaltung der Lernszenarien aussehen könnte, sodass u.a. nachhaltiges Lernen ermöglicht werden kann.[5]

Um die Forschungsfrage dieser Arbeit zu beantworten und damit zu erklären, ob und in welchem Maße das Lernen im Flipped Classroom Modell gegenüber dem Lernen im Rahmen des Kongressformates einen Mehrwert bietet (Mehrwert im Sinne des nachhaltigen Lernens), wird den Ausführungen des ISB Folge geleistet.

4 Vgl. ISB – Staatsinstitut für Schulqualität und Bildungsforschung, 2007, S. 1; ISB – Staatsinstitut für Schulqualität und Bildungsforschung, 2007, S. 11.

5 Vgl. ISB – Staatsinstitut für Schulqualität und Bildungsforschung, 2007, S. 1; ISB – Staatsinstitut für Schulqualität und Bildungsforschung, 2007, S. 11.

Definitorischer Kern

Aus psychologisch pädagogischer Sicht findet sich eine Art „definitorischer Kern"[6] des Lernens bei Lefrancois[7]. Er ist Bestandteil aller Lerntheorien, so das ISB.[8] Da sich das ISB lediglich mit den drei Lerntheorien: Behaviorismus, Kognitivismus und Konstruktivismus beschäftigt, nicht jedoch mit der neueren Lerntheorie, dem Konnektivismus, wird nicht unmittelbar darauf geschlossen, dass sich der definitorische Kern so auch in der Lerntheorie des digitalen Zeitalters (so die Definition des Konnektivismus nach Siemens[9]) finden lassen muss.

Lernen wird definiert als ein Sammelbegriff für „alle Verhaltensänderungen, die aufgrund von Erfahrungen zustandekommen [im Original kursiv]."[10]

Die verschiedenen Lerntheorien sind uneinig darüber, welche Erfahrungen zu einem Lernprozess führen können und was als Lernziel (Verhaltensänderung) anzusehen ist. Je nach Lernziel können und sollten zur Gestaltung der Lehre unterschiedliche Lehr-Lern-Modelle eingesetzt werden (z.B. selbstgesteuertes Lernen, situiertes Lernen, Auswendiglernen etc.). Diese wiederum werden verschiedenartigen Unterrichtsmethoden (Lehrervortrag, Gruppenarbeit, Lernzirkel o.ä.), im Rahmen dieser Arbeit als Lehr- und Lernformen betitelt, zugeschrieben.[11] Die Abbildung 1 gibt Aufschluss über die Zusammenhänge.

6 ISB – Staatsinstitut für Schulqualität und Bildungsforschung, 2007, S. 1.
7 Vgl. Lefrancois, 1994, S. 3.
8 Vgl. ISB – Staatsinstitut für Schulqualität und Bildungsforschung, 2007, S. 1.
9 Vgl. Siemens, 2006, S. 30.
10 Lefrancois, 1994, S. 3.
11 Vgl. ISB – Staatsinstitut für Schulqualität und Bildungsforschung, 2007, S. 1 ff.

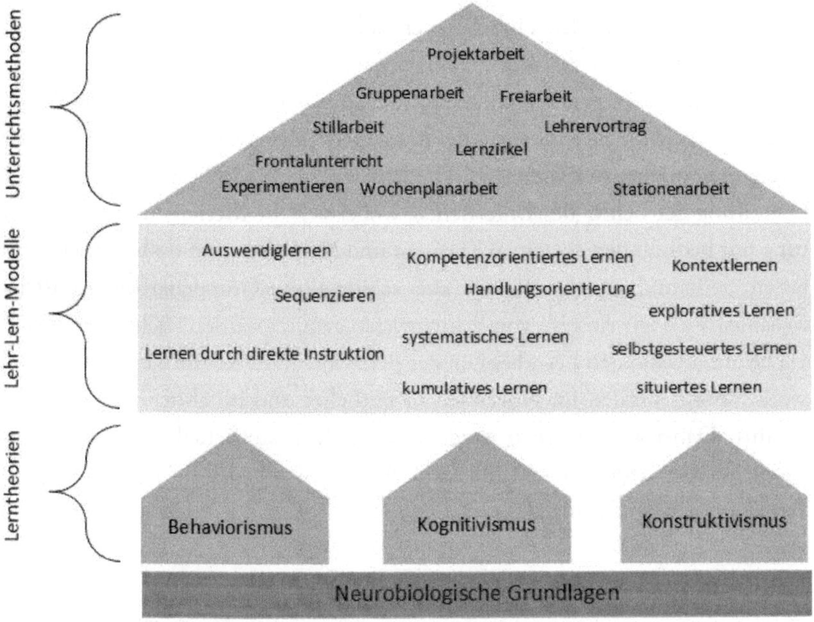

Abbildung. 1: Schematische Darstellung der Zusammenhänge von Neurobiologie, Lerntheorien, Lehr-Lern-Modellen und Unterrichtsmethoden
Quelle: Vgl. ISB – Staatsinstitut für Schulqualität und Bildungsforschung, 2007, S. 1.

Lerntheoretische Perspektiven und deren Folgerungen für die Lehre und das Lernen

Wie oben erwähnt, ist es das Ziel einer jeden Lerntheorie, eine psychologische Beschreibung und Erklärung von Lernen zu liefern. Dabei werden Lerntheorien von der Lernpsychologie entwickelt und mit Hilfe empirischer Untersuchungen auf deren Gehalt überprüft.[12]

Die Pädagogik adaptiert die Forschungsergebnisse der Psychologie zur Gestaltung der Praxis (der Lehre). Hierbei – so das ISB – sollten Lerntheorien lediglich als Leitlinien, Ideengeber oder Bewertungsmaßstäbe fungieren, denn in der

12 Vgl. ISB – Staatsinstitut für Schulqualität und Bildungsforschung, 2007, S. 2.

Lernpsychologie durchgeführte Experimente finden in der Regel unter Laborbedingungen statt, was den Einbezug der Faktorenvielfalt realer Lehr-Lern-Praxis ausklammert.[13]

Die Lerntheorien gelten nichtsdestotrotz als theoretischer Ausgangspunkt vieler Lehr-Lern-Modelle, wie sie in der modernen didaktischen und pädagogischen Literatur zahlreich zu finden sind. Die Ansätze haben wiederum Einfluss auf die Gestaltung der Lehre (des Unterrichts), wobei sich die Methoden der Ausgestaltung nur bedingt den einzelnen Theorien und Modellen unmittelbar zuschreiben lassen. So kann beispielsweise eine eher schüleraktive Gruppenarbeit (Konstruktivismus) auch zur Abfrage von Faktenwissen genutzt werden (Behaviorismus).[14]

Die drei klassischen Lerntheorien des Behaviorismus, Kognitivismus und Konstruktivismus werden im Folgenden in zeitlicher und inhaltlicher Abfolge aufgeführt. Dabei wird deutlich werden, dass sich diese partiell ergänzen und an anderer Stelle wiederum ausschließen.[15] Anschließend wird im Kapitel 2.2.4 auf den Konnektivismus eingegangen.

2.2 Lerntheorien

2.2.1 Behaviorismus

Begrifflich wurde der ‚Behaviorismus‘ von John Watson (1878-1958)[16] im frühen 20. Jahrhundert geprägt und meint „die Beschäftigung mit den beobachtbaren Aspekten des Verhaltens (Behavior).“[17] Ein Großteil des Verhaltens soll dabei durch einfache Lernprozesse erklärt werden können.[18] Diese verhaltensorientierte Auffassung von Lernen geht davon aus, dass sich das Verhalten eines Wesens aus Reaktionen zusammensetzt. Die Reaktionen können beobachtet werden und mit

13 Vgl. ISB – Staatsinstitut für Schulqualität und Bildungsforschung, 2007, S. 2.
14 Vgl. ISB – Staatsinstitut für Schulqualität und Bildungsforschung, 2007, S. 2 ff.
15 Vgl. ISB – Staatsinstitut für Schulqualität und Bildungsforschung, 2007, S. 2.
16 Vgl. Gerrig/Zimbardo, 2008, S. 193.
17 Lefrancois, 1994, S. 17.
18 Vgl. Gerrig/Zimbardo, 2008, S. 228.

weiteren beobachtbaren Ereignissen korrelieren, so beispielsweise mit den Bedingungen (Reizen), die dem Verhalten (Reaktion) vorausgehen oder aus dem Verhalten resultieren.[19] Lernen wird demnach auch als das „Bilden von Assoziationen“[20], so z.B. zwischen Reiz und Reaktion, verstanden.

Watson war der Auffassung, dass lediglich das beobachtbare Verhalten Gegenstand der Psychologie sei und die Introspektion (Empfindungen, Eindrucke, Gefühle) aufgrund ihrer Subjektivität ein unzureichendes Mittel zur Verhaltensuntersuchung und damit der Beschreibung von Lernen sei.[21] Aus dieser Auffassung heraus entstand die Betrachtungsweise des Lernenden als ‚Black Box‘.[22]

Das entscheidende Ziel des Behaviorismus ist es, Gesetze abzuleiten, welche zur Erklärung der Zusammenhänge zwischen den unterschiedlichen, dem Verhalten vorausgehenden, Reizen und dem Verhalten sowie den Konsequenzen (Belohnung, Bestrafung oder neutralen Effekten) des Verhaltens eines Wesens dienen.[23]

Letztlich sollen die Erkenntnisse des Behaviorismus neben der Beschreibung auch der Steuerung des Lernens dienen, beispielsweise durch Verstärkung des erwünschten Verhaltens. Dies kann gemäß behavioristischer Auffassung mittels Belohnung und Bestrafung vollzogen werden.[24]

Lernen als Assoziationsbildung zwischen Reiz und Reaktion beruht unter anderem auf Erkenntnissen aus Experimenten von Pawlow und Skinner.[25] Pawlow gilt als der Begründer des sogenannten Klassischen Konditionierens, einer Grundform des Lernens. Hierbei wird durch einen Stimulus (Reiz) oder ein Ereignis, das Auftreten eines anderen Stimulus oder Ereignisses vorhergesagt. Dass gelernt wurde, drückt sich darin aus, dass eine neue Assoziation zwischen zwei Stimuli entsteht: einem, der die entsprechende Reaktion üblicherweise nicht hervorrief

19 Vgl. Lefrancois, 1994, S. 17.
20 ISB – Staatsinstitut für Schulqualität und Bildungsforschung, 2007, S. 3.
21 Vgl. Gerrig/Zimbardo, 2008, S. 193.
22 Vgl. ISB – Staatsinstitut für Schulqualität und Bildungsforschung, 2007, S. 3.
23 Vgl. Lefrancois, 1994, S. 17.
24 Vgl. ISB – Staatsinstitut für Schulqualität und Bildungsforschung, 2007, S. 3.
25 Vgl. ISB – Staatsinstitut für Schulqualität und Bildungsforschung, 2007, S. 3.

und einem, der die Reaktion auf natürlichem Wege hervorrief. Dies wird auch als Reflex betitelt.[26]

Belohnung und Bestrafung als positive oder negative Konsequenzen eines Verhaltens finden sich im sogenannten ‚Operanten Konditionieren', einer Form des Lernens nach Skinner. Die Konsequenzen sollen die Auftrittswahrscheinlichkeit des entsprechenden Verhaltens erhöhen bzw. verringern.[27]

Der Behaviorismus muss großer Kritik standhalten. In erster Linie bedingt dadurch, dass die behavioristische Auffassung des Lernens lediglich die extern beobachtbaren Faktoren des Lernens zum Gegenstand der Forschung macht und damit die individuellen, inneren Faktoren des Lernenden komplett vernachlässigt. Man spricht hier auch von einer sogenannten ‚Nürnberger-Trichter-Didaktik', die den Lernenden als passiven Rezipienten des Lernstoffes betrachtet[28] und dessen kognitive Voraussetzungen bei der Präsentation des Lernstoffes unberücksichtigt lässt – dem Lernenden das Wissen umgangssprachlich eintrichtert.[29] Ebenfalls wird davon ausgegangen, dass die stark automatisierten Lerninhalte dazu führen, dass lediglich zusammenhangsloses Wissen entsteht, welches zur Lösung komplexer Probleme oder zur Aneignung von Strategien des selbstgesteuerten, eigenverantwortlichen Lernens und des Problemlösens nicht ausreicht.[30] Der Lernende gilt als abhängig von dem Lehrenden, welcher hauptsächlich für die Lernerfolge verantwortlich ist, wohingegen dem Lernenden jegliche Eigenverantwortung entzogen wird.[31]

---

26 Vgl. Gerrig/Zimbardo, 2008, S. 195 ff.

27 Vgl. Hannover/Zander/Wolter, 2014, S. 158; für eine ausführliche Erläuterung des Lernens gemäß der Klassischen Konditionierung und der Operanten Konditionierung: Gerrig/Zimbardo, 2008.

28 Vgl. ISB – Staatsinstitut für Schulqualität und Bildungsforschung, 2007, S. 3 f.

29 Vgl. Edelmann/Wittmann, 2012, S. 128.

30 Vgl. Blumstengel, 1977, S. 111 u. Kerres, 1998, S. 51 zitiert in Mayer, 2005, S. 117.

31 Vgl. Edelmann/Wittmann, 2012, S. 211.

Folgerungen für die Lehre und das Lernen

Der Behaviorismus beschränkt sich darauf, dass Wissen möglichst kleinschrittig vermittelt wird. Konkret bedeutet dies, dass eine kontinuierliche, wiederholende Übung nach behavioristischer Auffassung überall dort Einzug in die Lehre finden kann, wo das Lernmaterial in kleine Einheiten untergliedert ist. Außerdem ist, getreu des skinnerschen Ansatzes, eine zeitnahe Belohnung (z.B. positive Rückmeldung) für die Übung erforderlich. Diese findet sich beispielsweise in der von Skinner entwickelten sogenannten programmierten Instruktion.[32] Dieses Programm bietet Lerninhalte kleinschrittig dar und ermöglicht es dem Lernenden, die eigene Leistung nach jedem Schritt zu kontrollieren. Dabei wirkt die unmittelbare Rückmeldung auf die erbrachte Leistung als verstärkend.[33]

Trotz aller Kritik an dem Behaviorismus kann die Lerntheorie vor allem für den Erwerb von Faktenwissen, also für die bloße Wiedergabe vorgegebener Lerninhalte, von Bedeutung sein. Aus der heutigen Sicht erlangt der Behaviorismus in Wissensbereichen, in welchen statisches Faktenwissen vorausgesetzt ist, seine Berechtigung.

2.2.2 Kognitivismus

In den 60er Jahren[34] erlebte die Lernforschung eine sogenannte ‚kognitive Wende'. Man kehrte dem Fokus auf objektivierbare, externe Reize den Rücken zu und widmete sich der Untersuchung intern ablaufender menschlicher Informationsverarbeitungsprozesse und damit genau dem Teil, der im Behaviorismus als ‚Black-Box' aus der Lernforschung ausgegrenzt wurde.[35] Vielmehr wird der Lernende nun als Individuum verstanden, welches in der Lage ist, Reize aktiv und eigenständig zu verarbeiten. Aufgrund dessen werden dem Lernprozess Vorgänge,

32 Vgl. ISB – Staatsinstitut für Schulqualität und Bildungsforschung, 2007, S. 3 f.
33 Vgl. Zielinski/Schöler, 1965, o.A. zitiert in Mayer, 2005, S.117.
34 In ISB – Staatsinstitut für Schulqualität und Bildungsforschung, 2007, S. 5., wird die kognitive Wende in die 50er Jahre eingeordnet. Es scheint diesbezüglich keine Einigkeit zu bestehen.
35 Vgl. Bednorz/Schuster, 2002, S. 15; ISB – Staatsinstitut für Schulqualität und Bildungsforschung, 2007, S. 5.

wie das „Wahrnehmen, Erkennen, Verstehen, Bewusstwerden, Denken, Vorstellen, Interpretieren, Problemlösen, Entscheiden oder Urteilen“[36] zugeschrieben.[37]

Die Informationsverarbeitung erfolgt nach kognitivistischer Auffassung im Gehirn des Lernenden. Dieses nimmt mittels des sogenannten sensorischen Registers Informationen auf, kombiniert und ergänzt diese Inhalte im Kurzzeitgedächtnis mit dem bereits vorhandenen Vorwissen und konserviert sie langfristig im Langzeitgedächtnis.[38]

Die Erklärung dieser Zusammenhänge, der drei wesentlichen Komponenten des menschlichen Gedächtnissystems (sensorisches Register, Kurz- oder Arbeitsgedächtnis und Langzeitgedächtnis), beruht auf einem von Atkinson und Shiffrin im Jahr 1968 beschriebenen Gedächtnismodell.[39] Demnach registriert der sensorische Speicher unzählige Reize, welche potenziell mit großen Informationsmengen verbunden sind, die über die Sinnesorgane des Menschen aufgefasst werden. Anschließend gehen nur jene Informationen in den Kurzzeitspeicher über, welche Aufmerksamkeit erlangen. Mittels häufiger Wiederholung der Informationseinheiten (Memorieren) und der damit einhergehenden längeren Verweildauer der Informationen im Kurzzeitgedächtnis, gelangen diese schließlich in das Langzeitgedächtnis und werden somit längerfristig gespeichert. In der weiteren Entwicklung des Mehr-Speicher-Modells wird auf das sogenannte strategische Enkodieren als eine zusätzlich mögliche Transportfunktion der Informationen aus dem Kurzzeitgedächtnis in das Langzeitgedächtnis hingewiesen. Hierbei handelt es sich um Lernstrategien der vereinfachenden Organisation (z.B. Chunking als das Bilden von Mustern) und der anreichernden Elaboration der zu speichernden Informationen (Verknüpfung neuer mit vorhandener Information, Hinzufügen von Details oder weiteren Aspekten, Formulierung der Information in eigenen Worten). Diese Prozesse machen den Kern der Informationsverarbeitung aus.[40]

36 ISB – Staatsinstitut für Schulqualität und Bildungsforschung, 2007, S. 5.
37 Vgl. ISB – Staatsinstitut für Schulqualität und Bildungsforschung, 2007, S. 5.
38 Vgl. ISB – Staatsinstitut für Schulqualität und Bildungsforschung, 2007, S. 5.
39 Vgl. Hasselhorn/Gold, 2013, S. 52.
40 Vgl. Gold, 2003, S. 81 f.; Gold, 2003, S. 87.

Folgerungen für die Lehre und das Lernen

In Anlehnung an die Theorien des Instructional Designs, die bei Reigeluth zu finden sind, definiert das ISB die Lehre im Kognitivismus wie folgt: Aufgabe der Lehrkraft ist es, für die Verknüpfung neuer Informationen mit den bereits vorhandenen Kenntnissen zu sorgen. Die Lehrkraft definiert also die Rangfolge der Vorkenntnisse, die zur Erfassung des Lerngegenstandes vonnöten sind. Dies hat unmittelbare Auswirkung auf die Gestaltung des Unterrichts.[41] Der Lehrer gilt also weniger als Input-Geber, wie in der vorangegangenen, behavioristischen Auffassung von Lernen, sondern mehr als Berater.[42] Hasselhorn und Gold ergänzen, dass es die Aufgabe des Lehrenden ist, Hilfestellungen zu geben, welche die Verknüpfung des Vorwissens mit neuen Wissenselementen verbessern und somit den Wissenserwerb optimieren. Hierzu gehört beispielsweise die Vorstrukturierung des Lernstoffes, indem vorangestellt Zusammenfassungen dargeboten werden. Auch die Steigerung der Bedeutung des Lernmaterials mittels der geplanten Darbietung von Assoziationen und die Gliederung des Lernmaterials vom Einfachen zum Komplexen erleichtern den Lernprozess und tragen damit zur Optimierungen des Wissenserwerbs bei.[43]

2.2.3 Konstruktivismus

Die dritte lerntheoretische Betrachtung liefert der Konstruktivismus. Dieser gewinnt ab der Mitte des 20. Jahrhunderts vermehrt an Bedeutung.[44] Auch im Rahmen des Konstruktivismus wird, wie bereits nach kognitivistischer Auffassung, das Lernen als Informationsverarbeitung erklärt. Ebenso knüpft der Konstruktivismus wie der Kognitivismus an dem Vorwissen des Lernenden an und betrachtet dieses als Ausgangspunkt der Erklärungen. Betont wird im Konstruktivismus jedoch vor allen Dingen das aktive und selbstständige Dasein des lernenden Individuums.[45] Hasselhorn und Gold beschreiben Lernen im Rahmen

41 Vgl. Reigeluth, 1983, o.A. zitiert in ISB – Staatsinstitut für Schulqualität und Bildungsforschung, 2007, S. 6.
42 Vgl. ISB – Staatsinstitut für Schulqualität und Bildungsforschung, 2007, S. 6.
43 Vgl. Hasselhorn/Gold, 2013, S. 57.
44 Vgl. ISB – Staatsinstitut für Schulqualität und Bildungsforschung, 2007, S. 7.
45 Vgl. Hasselhorn/Gold, 2013, S. 62; Hasselhorn/Gold, 2013, S. 241.

des Konstruktivismus daher auch als „Konstruktion individuellen Wissens"[46], welche mehr das Verstehen, als das Behalten von Informationen in den Fokus der Darbietungen rückt. Die Konstruktion schafft der Lernende selbst. Er ist es, der sich aktiv auf die Suche nach neuen Informationen macht, diese auf Basis seines Vorwissens interpretiert und daraus neue Konzepte und Auffassungen über die Realität ableitet. Das subjektive Vorwissen und die Intentionen des Lernenden gelten daher als die grundlegenden Rahmenbedingungen des Wissenserwerbs.[47]

Eigenständige Aktivität wird hierbei vom Lerner gefordert. Innerhalb eines vom Lehrer vorgegebenen Lernarrangements organisiert er sich seinen ganz individuellen Lernprozess selbst. Außerdem wird Lernen nach konstruktivistischer Auffassung zumeist als ein sozialer Prozess aufgefasst, innerhalb dessen Lernen in Interaktion mit anderen Personen erfolgt. Konstruktivistisches Lernen ist über die kognitive Komponente hinaus, gerade in Hinblick auf Emotion und Motivation, ein fordernder Prozess.[48]

Folgerungen für die Lehre und das Lernen

Mit der Auffassung, dass Wissen individuell kreiert und damit nicht vermittelt werden kann, geht einher, dass die Lehrperson den Lernprozess lediglich unterstützen, jedoch nicht, wie noch in den beiden vorangegangenen Lerntheorien, steuern kann. Der Lehrer wird als Moderator betrachtet, der den Konstruktionsprozess des Individuums begleitet und fördert, indem er Lerngelegenheiten und eine förderliche Lernatmosphäre schafft. Hierzu gehört die „Bereitstellung einer herausfordernden, möglichst reichen und authentischen Lernumgebung"[49], welche es dem Lerner ermöglicht, an sein Vorwissen anzuknüpfen.[50]

Dabei wird der Lerner bei der eigenständigen Erarbeitung der Lerninhalte insofern unterstützt, dass ihm Anregungen und Hilfen sowie Feedback geboten werden und er außerdem die Möglichkeit erhält, einen eigenen Lösungsweg

46 Hasselhorn/Gold, 2013, S. 62.
47 Vgl. Hasselhorn/Gold, 2013, S. 66.
48 Vgl. Reinmann/Mandl, 2006, S. o.A. zitiert in Erpenbeck/Sauter, 2013, S. 40.
49 ISB – Staatsinstitut für Schulqualität und Bildungsforschung, 2007, S. 8.
50 Vgl. ISB – Staatsinstitut für Schulqualität und Bildungsforschung, 2007, S. 8.

einzuschlagen. Eine mögliche Ausrichtung ist die soziokonstruktivistische Variante, welche sich auf die Bedeutsamkeit des sozialen Austausches bei der Konstruktion von Wissen bezieht. Beispielhaft hierfür ist das situierte Lernen durch authentische Kontexte. Dies soll vor allem der Übertragbarkeit und der Verwertbarkeit des erworbenen Wissens dienlich sein, so Hasselhorn und Gold.[51] Komplexe Aufgabenstellungen in einer Umgebung, die der Realität nahe ist, sollen dabei den Transfer des Gelernten verbessern.[52]

2.2.4 Konnektivismus

Der Konnektivismus ist eine pragmatische Lernkonzeption, welche vor allen Dingen die Auswirkungen gesellschaftlicher Veränderungen auf das Lernen in den Fokus ihrer Betrachtungen rückt und diese in die Lernprozesse integriert. Von zunehmender Relevanz sind diesbezüglich die Instrumente des Web 2.0, beispielsweise Social Software. Sie tragen zur optimalen Förderung von Wissensaustausch und Kompetenzentwicklung im Netz und in Netzwerken bei.[53]

Der Konnektivismus wurde 2004 von George Siemens publiziert. Siemens setzt die anderen Lerntheorien von dem Konnektivismus ab, indem er ausführt, dass diese zu einer Zeit entstanden sind, in der Lernen nicht von der Technologie beeinflusst war. Einhergehend mit den zunehmenden technologischen Möglichkeiten und damit dem Wandel der Lebensweise, der Kommunikation und auch des Lernens, ist es wesentlich, auch die Theorien des Lernens zu überdenken, so Siemens. Zu den Trends, mit denen Siemens die Notwendigkeit der Gestaltung einer neuen Lerntheorie rechtfertigt, gehört auch dieser, dass viele Prozesse, die den herkömmlichen Lerntheorien zugrunde liegen (v.a. kognitive Informationsprozesse), in der heutigen Zeit von Technologien unterstützt oder sogar übernommen werden können.[54]

Dabei knüpft der Konnektivismus auch an dem kooperativen, sozialen Lernen im Konstruktivismus an und zeigt den weiterführenden Nutzen der neuartigen Kommunikationsinstrumente des Web 2.0 für jene Lernformen auf. Denn

51 Vgl. Hasselhorn/Gold, 2013, S. 241 ff.
52 Vgl. Erpenbeck/Sauter, 2013, S. 212..
53 Vgl. Kuhlmann/Sauter, 2008, S. 50.
54 Vgl. Siemens, 2004; ausführlich zu finden sind die Trends bei Siemens, 2004 und Siemens, 2006.

während konstruktivistisch ausgerichtetes Lernen die Entwicklung von Kompetenzen als Lernprozess erklärt, unterstreicht der Konnektivismus die Notwendigkeit des Austausches von Erfahrungen und Eindrücken mit anderen Lernern, die für den eigenen Lernprozess genutzt werden können.[55] Der Konnektivismus kann daher als eine zeitgemäße Erweiterung der oben genannten Lerntheorien angesehen werden, welche sich den speziellen Anforderungen des digitalen Zeitalters und der globalisierten Wirtschaft annimmt.[56]

Als das Ziel aller konnektivistischer Lernaktivitäten definiert Siemens die Aktualität des Wissens und stellt damit die Relevanz des individuellen Wissensstandes in den Hintergrund.[57]

Lernen (definiert als transferfähiges Wissen), welches nicht nur innerhalb des Lernenden Individuums geschaffen wird, sondern auch außerhalb auffindbar ist (so beispielsweise in einer Organisation oder Datenbank), ist laut Siemens der Prozess des Verknüpfens von Informationen unterschiedlicher Quellen.[58]

Lernen ist folglich also das Erstellen von Netzwerken. Die Knotenpunkte zur Vernetzung (im Englischen ‚nodes'), so von Siemens versinnbildlicht, können Personen, Organisationen, Bibliotheken, Internetseiten, Bücher, Zeitschriften, Datenbanken und alle weiteren Informationsquellen sein.[59]

Weiterhin führt er aus, dass Lernen ein kontinuierlicher Prozess ist, welcher ein Leben lang andauert. Lernen und Arbeiten sollten somit nicht länger separiert beschrieben werden, sondern in einigen Situationen durchaus gleichgestellt werden. Er betont zudem die zunehmende Aufmerksamkeit auf das Wissensmanagement in Organisationen und folgert schließlich die Notwendigkeit einer Theorie, welche den Zusammenhang von individuellem und organisatorischem Lernen zu erklären versucht. Ein weiterer lt. Siemens relevanter Trend ist die Ergänzung des ‚Know-how' und des ‚Know-what' um das ‚Know-where' und damit um das Verständnis, zu wissen, wo Wissen zu finden ist.[60]

55 Vgl. Erpenbeck/Sauter, 2013, S. 41.
56 Vgl. Kuhlmann/Sauter, 2008, S. 50.
57 Vgl. Siemens, 2004.
58 Vgl. Siemens, 2004.
59 Vgl. Siemens, 2006, S. 29.
60 Vgl. Siemens, 2004.

Folgerungen für die Lehre und das Lernen

Erpenbeck und Sauter fassen zusammen, welche Aspekte des Konnektivismus für die Lernkonzeption von Relevanz sind. Hierbei beziehen sie sich auf Siemens 2004 und Siemens 2006. Einige der Folgerungen von Erpenbeck und Sauter sollen auch im Rahmen dieser Arbeit aufgegriffen werden. Dazu gehört, dass es im Rahmen einer konnektivistischen Lehre nicht dem Lehrenden, sondern dem Lernenden zugeschrieben wird, die Ziele seines Lernprozesses eigenständig zu definieren. Das Lernen umfasst außerdem neben dem Erwerb von Wissen auch Werte, Denkhaltungen oder Normen, welche in Form von Emotionen und Motivation angeeignet werden. Weiterhin wird, in Bezug auf den organisatorischen Aspekt des konnektivistischen Lernens, definiert, dass das gemeinsame Wissen einer Organisation im Netzwerk verteilt und allen Mitarbeitern als Lernquelle dargeboten wird. Das Lernen erfolgt nach konnektivistischer Auffassung in differenzierten Lernarrangements, sowohl aus formellem als auch aus informellem Lernen. Dies geschieht in Verbindung mit weiteren unterschiedlichen Lern- und Sozialformen, Medien und vielfältigen Möglichkeiten der Kommunikation und Dokumentation.[61]

Formelles Lernen „erfolgt auf der Basis von vorgegebenen Lernzielen und Lernzeiten und im Rahmen strukturierter Lernprozesssteuerung einer Bildungsinstitution, z. B. durch den Lehrer. Am Schluss steht eine Zertifizierung."[62] Informelles Lernen hingegen kann zielgerichtet oder auch beiläufig, im Alltag oder auch am Arbeitsplatz geschehen und schließt meist nicht mit einer Zertifizierung ab.[63]

In einer Übersicht zu den Lerntheorien und deren Rollen in der betrieblichen Bildung gehen Erpenbeck und Sauter neben dem Behaviorismus, dem Kognitivismus und dem Konstruktivismus auch auf den Konnektivismus ein. Die Autoren beschreiben die im Rahmen dieser Arbeit als Lehrperson oder Lehrer definierte Figur als sogenannten Lernbegleiter. Während dieser im Behaviorismus den klassischen Lehrer darstellt, im Kognitivismus als ‚Tutor' und im Konstruktivismus als ‚Coach' betitelt wird, findet er nach Erpenbeck und Sauter im Konnektivismus seine Bezeichnung als ‚Mentor'. Seine Aufgabe ist es, die Bildung von Netzwerken

61 Vgl. Siemens, 2004 Siemens, 2006 zitiert in Erpenbeck/Sauter, 2013, S. 42 f.
62 Erpenbeck/Sauter, 2013, S. 207.
63 Vgl. Erpenbeck/Sauter, 2013, S. 209.

zu fördern und die Lernenden im Unternehmen zu verknüpfen. Dadurch soll das Problemlösen in und mit Netzwerken ermöglicht werden. Die Autoren schreiben den Konnektivismus, wie auch den Konstruktivismus, dem selbstgesteuerten bzw. selbstorganisierten Lernen zu und setzen diese beiden Lerntheorien dadurch von dem eher fremdgesteuerten Lernen im Behaviorismus und Kognitivismus ab.[64] Selbstgesteuert meint nach Erpenbeck und Sauter das „Lernen im Rahmen von vorgegebenen Zielen und Inhalten“[65]. Selbststeuerung bezieht sich dabei jedoch nicht nur auf die einzelne Person, sondern kann auch im Rahmen von Gruppenarbeiten von Relevanz sein. Die Gruppe hat so beispielsweise in fremdgesteuerten Lernphasen, wie einem Workshop, die Möglichkeit, den individuellen Lernprozess selbst in die Hand zu nehmen.[66] Selbststeuerung wird in dieser Arbeit, neben dem selbstständigen Lernen innerhalb eines Rahmens, bestehend aus Zielen und Inhalten, auch als Eigenverantwortung des Lerners gesehen. Die Eigenverantwortung erlangt der Lerner dadurch, dass er in seinem Lernprozess nicht mehr in dem Sinne abhängig von der Lehrperson ist, dass diese für den Lernerfolg verantwortlich ist (Kritik an beispielsweise behavioristischer Lerntheorie, die dem Lerner jegliche Eigenverantwortung entzieht[67]).[68]

Selbstorganisiertes Lernen hingegen meint die Vereinbarung von Zielen (z.B. auch innerhalb einer Lerngruppe), von Inhalten, von Lern- und Sozialform und die Vereinbarung von Medien, Lernzeiten und Lernorten und damit eine weitreichendere Ausprägung der Selbstständigkeit des Lerners.[69]

Zusammenfassung

Das Verständnis von Lernen hat sich im Laufe der Zeit verändert. Sowohl die Rollenverteilung der Protagonisten im Lernprozess, als auch die lerntheoretisch untermauerten Lehr-Lern-Modelle, haben sich um 180 Grad gewandelt – weg

64 Vgl. Erpenbeck/Sauter, 2013, S. 40.
65 Erpenbeck/von Rosenstiel, 2007, S. 222.
66 Vgl. Erpenbeck/Sauter, 2013, S. 222..
67 Vgl. Blumstengel, 1977, S. 111 u. Kerres, 1998, S. 51 zitiert in Mayer, 2005, S. 117.
68 Vgl. Edelmann/Wittmann, 2012, S. 211.
69 Vgl. Erpenbeck/Sauter, 2013, S. 222.

vom Auswendiglernen und hin zum anwendungsbezogenen, situierten Lernen und dem Lernenden als ‚Netzwerker'.

Von der behavioristischen Auffassung des Lernens als Erwerb puren Faktenwissens, über die von neurowissenschaftlicher Erkenntnis geprägte Lehre im Kognitivismus, welche primär am Vorwissen des Lerners ansetzt, hin zu einer konstruktivistischen Auffassung von Lernen, die mittels aktiver Lerner-Rollen und individuell selbstgesteuerten Lernwegen auf den Transfer und die Anwendung der erworbenen Kenntnisse abzielt. Ausgehend von der konstruktiven, sozialen und von Eigeninitiative geprägten Auffassung von Lernen, ergänzt der Konnektivismus die Notwendigkeit der Netzwerkbildung unter den Lernenden und betont in diesem Zusammenhang den gegenseitigen Profit im Lernprozess.

2.3 Lernen und Lehren heute

2.3.1 Nachhaltiges Lernen

Die moderne Didaktik an Schulen, so das ISB, ist zu großen Teilen geprägt von konstruktivistischen Perspektiven auf Lernen und Lehren.[70]

Die Entwicklung der betrieblichen Bildung nimmt eine ähnliche Fahrt auf, wie die schulische: Konstruktivistische Lehr-Lern-Modelle (so in etwa das situierte Lernen) dominieren auch die betriebliche Pädagogik seit mehreren Jahrzehnten.[71]

Seit den 90er Jahren zählt man vor allem die Nachhaltigkeit des Gelernten zu den Zielen und Merkmalen guten Lehrens und Lernens an Schulen.[72] Löst man die Begrifflichkeit des Nachhaltigen Lernens von Umweltbildung und bricht diesen herunter auf die Dimensionen ‚Dauerhaftigkeit' und ‚Zukunftsfähigkeit', so lässt sich nachhaltiges Lernen so definieren, dass Wissen und Können zum einen längerfristig (dauerhaft) zur Verfügung stehen und zum anderen auf in der Zukunft liegende Situationen angewandt werden können.[73]

70 Vgl. ISB – Staatsinstitut für Schulqualität und Bildungsforschung, 2007, S. 11.
71 Vgl. Kerres, 2012, S. 123 ff. zitiert in Erpenbeck/Sauter, 2013, S. 39.
72 Vgl. J.S., 2014.
73 Vgl. J.S., 2014.

Diese schulpädagogische Übertragung des Nachhaltigkeitsgedankens geht einher mit einem parallel verlaufenden Wandel der Unterrichtsprinzipien hin zu „Selbstständigkeit, Differenzierung, Veranschaulichung und Ganzheitlichkeit"[74] und damit auch zu neuen Methoden der Lehre und des Lernens, die eben jenes ermöglichen sollen.[75]

Zugleich wird die Entwicklung hin zu nachhaltigem Lernen argumentativ von der Erkenntnis defizitärer Schülerleistungen in den internationalen Vergleichsstudien TIMSS und PISA der vergangenen Jahrzehnte unterstützt. Diese hatten aufgedeckt, dass es deutschen Schülern an verfügbaren (dauerhaft beständigen) und anwendbaren (zukunftsfähigen) Verstehensleistungen mangelt.[76]

Auf den Punkt gebracht bedeutet dies, dass Lernende neben dem Faktenwissen in heutiger Zeit auch Kompetenzen entwickeln sollen, die es ermöglichen, Gelerntes in zukünftigen, neuen Situationen anzuwenden und dadurch den nachhaltigen Lernerfolg zu garantieren.[77] Dies wird aus dem Grund immer wichtiger, da sich unsere Gesellschaft einem rasanten Wandel unterzieht, der in allen Lebensbereichen spürbar ist und dem sich kein Individuum entziehen kann. Zunehmende Globalisierung und nahezu flächendeckender Einsatz moderner Informations- und Kommunikationstechnologie verändern sowohl das Sozialverhalten als auch die Arbeitswelt. So werden täglich neue Produkte und Dienstleistungen auf dem Markt platziert. Globalisierung fordert neue Vernetzungen und neue Formen der Zusammenarbeit und dies wiederum bedingt unter anderem eine stetige Veränderung der Berufsprofile, ein hohes Maß an Flexibilisierung, sowohl beim Arbeiten als auch beim Lernen, sowie die Notwendigkeit der Zusammenarbeit in Teams beruflicher und kultureller Divergenz. Neben den sich verändernden Anforderungsprofilen steigt auch die Komplexität der Aufgaben, die zu bewältigen sind – und das in allen Lebensbereichen. Schnell wird deutlich, dass eine rein fachlich orientierte Bildung, die die Lehre und das Lernen von Wissen und Fertigkeiten in den Fokus aller Betrachtungen stellt, der Bewältigung zukünftigen Alltags nicht gerecht wird.[78]

74 J.S., 2014.
75 Vgl. J.S., 2014.
76 Vgl. J.S., 2014.
77 Vgl. J.S., 2014.
78 Vgl. Brugger, 2010, S. 13.

Dass vor diesem Hintergrund zwangsläufig auch ein Paradigmenwechsel auf bildungspolitischer Seite unumgänglich ist, leuchtet ein. So ist der Kompetenzerwerb längst Gegenstand intensiver pädagogischer Diskussionen.[79]

Nachhaltiges Lernen in Schulen: LehrplanPLUS

Von schulpädagogischer Seite hat sich im Hinblick auf die Modifikation der Lehre hin zu nachhaltigem Lernen und der damit verbundenen Forderung nach Kompetenzerwerb in den vergangenen Jahren einiges getan. Bildungsminister Spänle verabschiedete im März 2016 den sogenannten LehrplanPLUS für Gymnasien im Freistaat Bayern.[80] Es handelt sich um ein schulartübergreifendes Lehrplanprojekt, welches unter der Federführung des Staatsinstitutes für Schulqualität und Bildungsforschung (ISB) in Zusammenarbeit mit erfahrenen Pädagogen ausgearbeitet wurde. Für Grundschulen ist dieses bereits im Schuljahr 2014/15 in Kraft getreten. Die Lehre am Gymnasium soll sich ab dem Schuljahr 2017/18 danach ausrichten.[81]

Die Verflechtung von Wissen, Kompetenzerwerb und nachhaltigem Lernen wird in den Ausführungen des ISB zu dem LehrplanPLUS ebenfalls deutlich:

> *„Unverzichtbar für nachhaltiges Lernen ist ein dauerhaft verfügbares und anschlussfähiges Wissen, das durch permanentes, variantenreiches Üben und Wiederholen gefestigt wird. Auf dieses grundlegende Wissen sollen die Schülerinnen und Schüler zurückgreifen können, um Problemstellungen angemessen zu lösen sowie vernetzt und kreativ zu denken. Dieses Wissen in immer wieder neuen Lern- und Anwendungssituationen fruchtbar zu machen, ist wesentliche Voraussetzung für den nachhaltigen Erwerb grundlegender Kompetenzen.“*[82]

79 Vgl. Brugger, 2010, S. 13.
80 Vgl. ISB – Staatsinstitut für Schulqualität und Bildungsforschung, 2016a.
81 Vgl. ISB – Staatsinstitut für Schulqualität und Bildungsforschung, 2016b.
82 ISB – Staatsinstitut für Schulqualität und Bildungsforschung, 2016a.

Nachhaltiges Lernen in Universität und Unternehmen

Doch nachhaltiges Lernen wirbelt nicht nur Schulen, sondern auch Universitäten und Unternehmen auf.[83]

So wurde die Kompetenzentwicklung zum obersten Ziel der universitären Ausbildung ernannt und auch Unternehmen setzen den Fokus ihrer Personalarbeit verstärkt auf Kompetenzentwicklung. Von Mitarbeitern wird erwartet, dass sich diese in neuen und außerplanmäßigen Situationen entsprechend selbstorganisiert und kreativ bewähren – dass sie kompetent sind.[84]

„Kompetenz wird zum wichtigsten Lernziel [im Original kursiv].“[85] So Erpenbeck und Sauter im Vorwort ihrer Ausführungen zu zukünftigen Lernszenarien in der beruflichen Bildung.

2.3.2 Begriffserklärungen

> *Kompetenzen sind „die bei Individuen verfügbaren oder durch sie erlernbaren kognitiven Fähigkeiten und Fertigkeiten, um bestimmte Probleme zu lösen, sowie die damit verbundenen motivationalen, volitionalen und sozialen Bereitschaften und Fähigkeiten, um die Problemlösungen in variablen Situationen erfolgreich und verantwortungsvoll nutzen zu können“*[86]

So die deutschlandweit meistzitierte Definitionsvariante der Begrifflichkeit, welche von Weinert stammt.[87]

Diese Definition und die Ausführungen zu nachhaltigem Lernen im Rahmen des LehrplanPLUS machen deutlich, dass es heute primär darum geht, vernetztes, kreatives Denken und flexibles Problemlösen in neuen, variablen, unvorhersehbaren Situationen zu erlangen. Dabei wird das reine Wiedergeben des erworbenen

83 Vgl. Erpenbeck/Sauter, 2013, S. V.
84 Vgl. Erpenbeck/Sauter, 2013, S. V.
85 Erpenbeck/Sauter, 2013, S. V.
86 Weinert, 2001, S. 27 f. zitiert in ISB – Staatsinstitut für Schulqualität und Bildungsforschung, 2006, S. 1.
87 Vgl. ISB – Staatsinstitut für Schulqualität und Bildungsforschung, 2006, S. 1.

Wissens in den Hintergrund gerückt und der Transfer dessen in eben diese neuen, unvorhersehbaren Situationen, betont.

Außerdem verdeutlicht die Definition von Weinert, dass es sich bei Kompetenzen um etwas Komplexes, gefügeartiges handelt.[88] Denn so wird die jeweils individuelle Ausprägung der Kompetenz – so Klieme in Anlehnung an Weinert – von mehreren zusammenspielenden Teilaspekten, wie der des Wissens, der Fähigkeiten, des Verstehens, des Könnens, des Handelns, der Erfahrungen und der Motivation, bestimmt.[89]

Etwas greifbarer wird die Thematik bei Leisen formuliert. Der Autor bietet die folgende Gleichung zur Definition von Kompetenz an: „Kompetenz = (willentlich) handelnder Umgang mit Wissen und Werten."[90]

‚Handelnder Umgang' – dieser Teil der Gleichung weist darauf hin, dass Kompetenz stets auch mit Tun und Handeln, also Performanz zu tun hat.[91] Performanz kann als sichtbarer Ausdruck des Erwerbs von Kompetenzen angesehen werden,[92] denn bei der Entwicklung von Kompetenzen geht es nicht nur darum, etwas ‚zu können', sondern auch darum, dies zu zeigen.[93] „Das Zeigen geschieht ebenso wie das Erlernen im Handeln. Kompetenzen werden durch Handeln und im Handeln sichtbar."[94]

Betrachtet man Weinerts und auch Leisens Kompetenz-Definition genauer, so scheint unter anderem auch die persönliche Motivation für den Erwerb von Kompetenzen von Relevanz zu sein.

So kann dem voranstehenden Zitat hinzugefügt werden, dass sich Kompetenzen zwar im Handeln zeigen, doch dass man dies auch wollen muss.[95]

88 Vgl. Leisen, 2016, S. 2.
89 Vgl. Klieme et. al, 2007, S. 72 f.
90 Leisen, 2016, S. 2.
91 Vgl. Leisen, 2016, S. 2.
92 Vgl. ISB – Staatsinstitut für Schulqualität und Bildungsforschung, 2006, S. 1.
93 Vgl. Leisen, 2016, S. 2.
94 Leisen, 2016, S. 2.
95 Vgl. Leisen, 2016, S. 2.

Wissen – Können – Wollen – Zeigen (Handeln)

Die in den oben genannten Definitionen häufig wiederkehrenden Komponenten im Rahmen der Auseinandersetzung mit Kompetenzerwerb sollen im Folgenden peu à peu näher erläutert werden, sodass ein tiefergehendes Verständnis für die Zusammenhänge entsteht.

Wissen (als Lernziel)

Zunächst zu einer Erläuterung der Lernziele im Allgemeinen und einer Einordnung von Wissenserwerb (aus dem kognitivistischen Lernziel-Bereich) in diese. Die pädagogisch-psychologische Literatur unterscheidet affektive, kognitive und psychomotorische Lernziele.[96] Diese werden im Folgenden als ‚klassische' oder ‚bekannte' Lernziele deklariert. Damit soll sich Kompetenz als ‚neueres' Lernziel von diesen begrifflich abheben können.

Bei den kognitiven Zielen der klassischen Lernzieluntergliederung handelt es sich um den Erwerb intellektueller Prozesse, die mit Aspekten des Wissens, Wahrnehmens, Erkennens etc. zu tun haben. Affektive Lernziele hingegen sind auf „Gefühl, Emotion, Einstellung, Anerkennung oder Wertschätzung"[97] ausgerichtet. Die letzte Zielkategorie, die hier als psychomotorisch deklarierten Lernziele, beziehen sich auf Bewegungsfertigkeiten.[98]

Man zählt Wissen zu den Lernzielen dieser klassischen Lernzieluntergliederung. Es wird dem kognitiven Bereich zugeschrieben und nimmt dort eine grundlegende Funktion ein.[99]

Wie unterscheidet sich Kompetenz als Lernziel von anderen (klassischen) Lernzielen?

Ein Blick in die Lehre soll Aufschluss geben. Die unterrichtliche Orientierung an den bekannten Lernzielen soll sich mehr auf den Erwerb als die intelligente Anwendung von Wissen beziehen. Dadurch verfolgt die Lernzielorientierung im Gegensatz zu der Kompetenzorientierung eine Lehre, die mehr auf das Ergebnis

96 Vgl. Gage/Berliner, 1986, o. A. zitiert in Terhart, 2005, S. 86.
97 Gage/Berliner, 1996, S. 40.
98 Vgl. Gage/Berliner, 1996, S. 40.
99 Vgl. Gage/Berliner, 1986, o.A. zitiert in Terhart, 2005, S. 86.

als auf den Prozess des Lernens ausgelegt ist. Lernziele werden für einen engen, überschaubaren Zeitraum formuliert und sollten im besten Fall mit dem Abschluss dessen erreicht und gleichzeitig überprüfbar sein. Für den Erwerb von Kompetenzen hingegen wird mehr Zeit benötigt. Es handelt sich um einen längeren, bewusst gestalteten Lernprozess.[100]

Ferner geht die lernzielorientierte Didaktik davon aus, dass Lernende Qualifikationen erwerben sollen; dass sie qualifiziert werden, um vorhersehbare Lebenssituationen meistern zu können.[101] Eine Lehre, ausgerichtet auf den Erwerb von Kompetenzen hingegen, soll dazu führen, dass die Lernenden offene, unvorhersehbare Anforderungssituationen kompetent lösen können.[102]

Doch die Formulierung von Lernzielen und Kompetenzen für die Planung der Lehre schließen sich nicht aus. Die beiden Aspekte ergänzen sich sogar.[103]

> *„Ein Lernziel ist die Erwartung an ein Lernergebnis, das Lernende in einer bestimmten Lerneinheit oder einem Lernabschnitt erreichen sollen."*[104]

> *„Lernziele beschreiben Zwischenschritte auf dem längeren Weg des Kompetenzaufbaus."*[105]

Möchte man sich dieser Auffassung annehmen und Lernziele, also Qualifikationsziele, als Bestandteile der Kompetenzentwicklung definieren, so würde man weiterhin annehmen können, dass dem ‚Lernziel' Kompetenzerwerb eine Art Überordnung zugeschrieben wird bzw. dieses am Endes des Lernprozesses steht, welchem das Erreichen weiterer Lernziele, also auch der Wissenserwerb, vorausgeht.

100 Vgl. Bonsen/Hey, 2007, S. 3 ff.; die Autoren Bonsen und Hey liefern weitere Kriterien zur Unterscheidung von (klassischen) Lernzielen und Kompetenzen als Lernziel.
101 Vgl. Bosold et. al.
102 Vgl. Bosold et. al.
103 Vgl. Poloczek, o.A.
104 Schmees/Horn, 2014, S. 15.
105 Bonsen/Hey, 2007, S. 8.

Diese Auffassung kann weitestgehend an den Kern des LehrplanPLUS angelehnt werden, der aussagt, dass Kompetenzerwerb und damit die Voraussetzung für nachhaltiges Lernen nicht ohne Wissen (ein Lernziel) möglich ist. Das Wissen fungiert demnach als Basis für den Kompetenzerwerb. Dieses muss zunächst gefestigt und dann in konkreten Situationen angewandt werden, denn diese Anwendung (der Umgang) mit Wissen, ist dem nachhaltigen Erwerb von Kompetenzen und damit der Möglichkeit, in der Zukunft liegende Problemstellungen angemessen zu lösen, vorausgesetzt.[106]

Wissen (wissen, was/dass und wissen, wie)

Wie eben erläutert, steht zu Beginn des Kompetenzentwicklungsprozesses das Wissen. Hierbei handelt es sich neben dem ‚wissen, was/dass', auch um das ‚wissen, wie'/prozedurales Wissen – oder anders ausgedrückt: um formelles Wissen und Methodenwissen.[107] Dieses Wissen muss gefestigt, anschlussfähig und dauerhaft verfügbar sein.[108] Das soll durch variantenreiches Üben und Wiederholen geschehen, so das ISB.[109] Schließlich reicht reines „Informations-, Fach- und Sachwissen"[110] zur Lösung von Problemstellungen in der Praxis nicht aus. Hierzu wird zusätzlich zu formellem Inhaltswissen auch prozedurales Wissen (‚wissen, wie') benötigt, so Erpenbeck und Sauter.[111]

Das Wissen und so auch Fähigkeiten und Fertigkeiten (im folgenden Abschnitt ausführlich), sollen im Rahmen des kompetenzorientierten Unterrichts selbstständig vom Lerner aufgebaut werden.[112]

Man distanziert sich dabei ganz deutlich von der fremdgesteuerten Wissensvermittlung im Sinne des Nürnberger Trichters, wie man ihn aus der behavioristisch anmutenden Lehre kennt. Dafür wird der Divergenz der Lerngewohnheiten und der kognitiven Strukturen Lernender, sowie der abweichenden

106 Vgl. ISB – Staatsinstitut für Schulqualität und Bildungsforschung, 2016a; ISB – Staatsinstitut für Schulqualität und Bildungsforschung, 2016b.
107 Vgl. Erpenbeck/Sauter, 2013, S. 29; Erpenbeck/Sauter, 2013, S. 116.
108 Vgl. ISB – Staatsinstitut für Schulqualität und Bildungsforschung, 2016a.
109 Vgl. ISB – Staatsinstitut für Schulqualität und Bildungsforschung, 2016a.
110 Erpenbeck/Sauter, 2013, S. 29.
111 Vgl. Erpenbeck/Sauter, 2013, S. 29.
112 Vgl. ISB – Staatsinstitut für Schulqualität und Bildungsforschung, 2016a.

Lerngeschwindigkeiten derer, Beachtung geschenkt, in dem bei dem Aufbau des Wissens und der Qualifikation der Lerner (im folgenden Abschnitt ausführlich), individuelle, selbstgesteuerte Lernprozesse ermöglicht werden.[113]

Hierin spiegelt sich unter anderem die konstruktivistische und auch partiell konnektivistische Auffassung von Lernen wieder, die die Selbstständigkeit und Aktivität des Lernenden in das Zentrum aller Betrachtungen rücken.[114]

Außerdem wird Lernen gemäß konstruktivistischer Auffassung häufig auch als ein sozialer Prozess aufgefasst (siehe auch 2.2.3). Lernen in Interaktion mit anderen Personen soll für die Phase des Wissenserwerbs daher nicht ausgeschlossen sein.[115]

Diese generelle Orientierungsrichtung findet sich so auch in den Ausführungen zur Unterrichtsgestaltung im Rahmen des LehrplanPLUS.

Die Rede ist hierin unter anderem von der Eigenständigkeit der Lerner, von der Berücksichtigung der Heterogenität dieser, von der Ermöglichung unterschiedlicher Lern- und Lösungswege und von notwendiger „Motivation, Ausdauer und Leistungsbereitschaft“[116] im Lernprozess. Auch digitalen und interaktiven Medien wird eine bedeutsame Rolle zugeschrieben. Diese stehen u.a. für eine differenzierte Begleitung der Lernprozesse und für Individualisierung.[117]

Qualifikation/Können

Qualifikation meint das Handeln gemäß definierter Anforderungen und beinhaltet neben Wissen im engeren Sinne (wissen, was/dass; wissen, wie) auch Fertigkeiten und Fähigkeiten.[118]

Wohingegen qualifizierte Personen handeln, indem sie bekannte Lösungswege eher ‚abarbeiten', schreibt man einem kompetenten Lerner die Fähigkeit (Kompetenz) zu, zu handeln, ohne aber das Resultat vorher bereits zu kennen. Aus dem

113 Vgl. Wahl, 1991, S. o.A., zitiert in Erpenbeck/Sauter, 2013, S. 110 f.
114 Vgl. Erpenbeck/Sauter, 2013, S. 40 ff.; Hasselhorn/Gold, 2013, S. 62; Hasselhorn/Gold, 2013, S. 241.
115 Vgl. Reinmann/Mandl, 2006, S. o.A. zitiert in Erpenbeck/Sauter, 2013, S. 40.
116 ISB – Staatsinstitut für Schulqualität und Bildungsforschung, 2016a.
117 Vgl. ISB – Staatsinstitut für Schulqualität und Bildungsforschung, 2016a.
118 Vgl. Erpenbeck/Sauter, 2013, S. 32.

Grund werden Kompetenzen auch nur dann tatsächlich erworben, wenn der Lerner realen, unvorhersehbaren/offenen und neuartigen Problemsituationen ausgesetzt ist – also solchen, die ein kreatives Handeln abverlangen.[119] Nichtsdestotrotz sind Fertigkeiten, Wissen und Qualifikationen wesentliche Grundbestandteile der Kompetenz. „Es gibt keine Kompetenzen ohne Fertigkeiten, ohne Wissen, ohne Qualifikationen."[120]

Fertigkeiten (die Bestandteile von Qualifikationen sind) können als durch Übung automatisierte Fähigkeiten bezeichnet werden. Das würde bedeuten, dass dem Erwerb von Fertigkeiten Fähigkeiten vorausgesetzt sind. Im Umkehrschluss scheint es jedoch auch keine Fähigkeit ohne Fertigkeit zu geben, denn so ist die Voraussetzung für die Entwicklung von Kompetenzen (die als Fertigkeiten und Fähigkeiten definiert werden) u.a. der Erwerb von Qualifikation (das Zusammenspiel von Wissen, Fertigkeiten und Fähigkeiten).[121]

Aus der Erkenntnis, dass Kompetenzen nicht ohne Wissen und Qualifikationen erworben werden können und Wissen ein Bestandteil des Komplexes ‚Qualifikation' ist, kann für die Gestaltung der Lehre schlussgefolgert werden, dass im Anschluss an eine Phase des Wissenserwerbs (formelles und methodisches Wissen/‚wissen, was' und ‚wissen, wie'), zur tatsächlichen Qualifizierung eines Lerners weiterhin auch Fertigkeiten und Fähigkeiten in den Lernprozess einbezogen werden müssen.

Für diese prozessartige Verknüpfung von Wissenserwerb, Fertigkeit und Fähigkeit hin zur Qualifikation, wird sich im Rahmen dieser Arbeit u.a. auf die Ausführungen von Erpenbeck und Sauter zu dem Lernen im Rahmen von E-Learning und Blended Learning gestützt. Die Autoren definieren im Anschluss an eine Phase des Wissenserwerbs eine Phase der Verarbeitung dieses Wissens. Innerhalb dieser beiden Phasen qualifiziert sich der Lerner. Hat er beide Phasen ‚durchlaufen', so kann er seine Qualifikationen, also sein Wissen und Können, in die Praxis transferieren.[122]

119 Vgl. Erpenbeck/Sauter, 2013, S. 32.
120 Erpenbeck/Sauter, 2013, S. 32.
121 Vgl. Erpenbeck/Sauter, 2013, S. 32.
122 Vgl. Erpenbeck/Sauter, 2013, S. 116 f.

Auch ein Blick auf die Definition nachhaltigen Lernens, die im Rahmen des LehrplanPLUS veröffentlicht wurde, gibt Aufschluss über die Zusammenhänge, bzw. den Weg von Wissen zu Qualifikation/Können: Wissen soll „fruchtbar“[123] gemacht werden, heißt es darin. Fruchtbar gemacht wird Wissen demnach in „immer wieder neuen Lern- und Anwendungssituationen“[124]. Es kann sich bei dieser Art Lernen auch um sogenanntes situiertes Lernen in authentischen Kontexten handeln (einem soziokonstruktivistisch ausgerichteten Lehr-Lern-Modell, wie in 2.2.3 bereits aufgegriffen, das u.a. die Bedeutsamkeit des sozialen Austausches für das Lernen sowie die Relevanz des Transfers und der Verwertbarkeit des Wissens betont.[125])[126]. Auch spricht man von Lernen in alltagsnahen Situationen, also der Herstellung von Lebensweltbezug sowie der Anwendung und Reflexion des Gelernten.[127]

Weiterhin kann zur Ausgestaltung der Phase, innerhalb derer Wissen zunächst erworben wird, und jener, in der es Anwendung findet und innerhalb derer sich Lerner qualifizieren, auf Ausführungen des ISB zurückgegriffen werden:

> *„Kompetenzorientierter Unterricht bietet die Möglichkeit, Wissen, Fähigkeiten und Fertigkeiten selbständig und nachhaltig aufzubauen, zu reflektieren und in verschiedenen Situationen verantwortungsvoll einzusetzen.“*[128]

Die kompetenzorientierte Lehre ist stark an der konstruktivistischen Auffassung von Lernen und Lehren orientiert.

Auch in den Ausführungen der Autoren Hasselhorn und Gold zu konstruktivistischem Lernen findet sich der Lerner als ein eigenständig aktives Wesen

---

123 ISB – Staatsinstitut für Schulqualität und Bildungsforschung, 2016a.
124 ISB – Staatsinstitut für Schulqualität und Bildungsforschung, 2016a.
125 Vgl. Hasselhorn/Gold, 2013, S. 241 ff.
126 Vgl. ISB – Staatsinstitut für Schulqualität und Bildungsforschung, 2007, S. 12.
127 Vgl. ISB – Staatsinstitut für Schulqualität und Bildungsforschung, 2016a.
128 ISB – Staatsinstitut für Schulqualität und Bildungsforschung, 2016a.

wieder, das sich Lerninhalte selbst erarbeitet und dabei von dem Lehrenden unterstützt wird.[129]

Von einer konkreten Definition der methodischen Umsetzung (z.B. situiertes Lernen) in den jeweiligen Phasen (Wissenserwerb, Wissensverarbeitung) soll im Rahmen dieser Arbeit abgesehen werden und vielmehr greifbare und damit auch rein auf Basis der Analysen im praktischen Teil ermittelbare Aspekte herangezogen werden. Solche Aspekte werden unter anderem in der Rollenverteilung zwischen Lerner und Lehrer gesehen, denn eine erste Auseinandersetzung mit den Formaten des praktischen Teils dieser Arbeit liefert die Erkenntnis, dass jeweils recht eindeutig die Frage zu beantworten ist, wie aktiv/interaktiv die beiden Parteien (Lerner, Lehrer) in den Kompetenzentwicklungsprozess eingebunden sind oder eben nicht.

Zusammenfassend lässt sich sagen, dass sowohl die Phase des Wissenserwerbs als auch die der Wissensverarbeitung, innerhalb derer Qualifikationen erworben werden, von einer Lernerrolle dominiert werden, die sich durch Selbst-/Eigenständigkeit/Selbststeuerung/Aktivität, Interaktivität, sozialen Austausch, Individualität, und Reflexivität auszeichnet.

Folgt man weiterhin der konstruktivistisch, kompetenzorientierten Gestaltung eines Lernprozesses, so wird im Umkehrschluss der Lehrperson die Rolle des Coaches und des Moderators zugeschrieben, der den Lernprozess unterstützt, Lerngelegenheiten liefert, der Feedback gibt, individuelle Lernprozesse und Lösungswege zulässt und dem Lernenden bei der Aneignung des Wissens Unterstützung bietet.[130]

Werte – Emotion und Motivation (Wollen)

Eine weitere Dimension, die ebenfalls in die Entwicklung von Kompetenzen einspielt, ist „motivatorisches Wissen, wie Normen und Werte“[131] und damit weitestgehend das ‚wissen, warum‘.[132]

129 Vgl. Hasselhorn/Gold, 2013, S. 241 ff.
130 Vgl. ISB – Staatsinstitut für Schulqualität und Bildungsforschung, 2007, S. 8; Erpenbeck/Sauter, 2013, S.40; Hasselhorn/Gold, 2013, S. 241 ff.
131 Erpenbeck/Sauter, 2013, S. 29.
132 Vgl. Erpenbeck/Sauter, 2013, S. 29.

Diese Komponente ist insofern ganz wesentlich, da das Können nur dann konkret unter Beweis gestellt und damit in eine Handlung umgesetzt werden kann, wenn der Lerner einen Antrieb hierfür besitzt; wenn er motiviert ist.[133]

Motivation und Emotion werden in realen Entscheidungssituationen gewonnen, in dem Werte zu diesen umgewandelt werden.[134] Diesen Vorgang nennen Erpenbeck und Sauter „Interiorisation [im Original kursiv] (Internalisation) von Werten."[135]

In der Behauptung, dass wirkungsvolles Lernen ohne Gefühl nicht möglich ist, begründen die Autoren Erpenbeck und Sauter die Relevanz, Werte im Rahmen des Kompetenzentwicklungsprozesses zu Gefühlen umzuwandeln, welche dem Lerner eigen sind.[136]

Die Autoren definieren Werte als „eigentliche Kompetenzkerne"[137] und sprechen dem Einbezug emotionaler Wertung in das eigene Handeln eine wesentliche, voraussetzende Position im Lernprozess zu.[138]

Emotionen und Motivationen werden demnach dann gewonnen, wenn beispielsweise in der beruflichen Praxis Probleme zu lösen oder Herausforderungen zu bezwingen sind, die jedoch nicht mit Hilfe bestehenden Wissens, bestehender Wertungen und bereits gemachter Erfahrungen bewältigt werden können.[139]

Dies führt dazu, dass der Lerner zunächst emotional beunruhigt, irritiert oder labil ist. Erpenbeck und Sauter sehen genau in diesem Moment der Schwäche den eigentlichen Kern bzw. das „Zentrum der Kompetenzaneignung"[140], da sie behaupten, dass eine Handlung, welche gelingt, dann auch gemeinsam mit den damit einhergehenden positiven Emotionen und Motivationen abgespeichert wird. Durch diese emotional und motivational positiv besetzte – da gelingende – Handlung, wird es dem Lernenden möglich sein, in späteren, ähnlichen Herausforderungen erfahrungsgeleitet zu handeln. Dieses Handeln wird dann als

133 Vgl. Erpenbeck/Sauter, 2013, S. 27; Institut bbf – Vereinigung für Betriebliche Bildungsforschung e.V., 2013.
134 Vgl. Erpenbeck/Sauter, 2013, S. 33.
135 Erpenbeck/Sauter, 2013, S. 33.
136 Vgl. Erpenbeck/Sauter, 2013, S. 4.
137 Erpenbeck/Sauter, 2013, S. 4.
138 Vgl. Erpenbeck/Sauter, 2013, S. 4.
139 Vgl. Erpenbeck/Sauter, 2013, S. 27.
140 Erpenbeck/Sauter, 2013, S. 27.

kompetent bezeichnet. Umgekehrt können nicht gelingende Handlungen, also negative Erfahrung aber auch von negativen Emotionen und Motivationen begleitet werden.[141]

> *„Erst die Verbindung von Fertigkeiten, Wissensbeständen und Qualifikationen mit den zu eigenen Emotionen und Motivationen verinnerlichten ‚interiorisierten' Wertungen, (manchmal auch Regeln und Normen) macht unsere selbstorganisierte, kreative Handlungsfähigkeit aus."*[142]

Gestützt wird diese Aussage unter anderem von der Definition von Kompetenzen nach Weinert, welcher dem Kompetenzbegriff unter anderem motivationale Bereitschaften und Fähigkeiten zuschreibt.[143] Solche sind lt. Weinert notwendige Komponenten, um die Problemlösung schließlich in variablen Situationen erfolgreich nutzen zu können; d.h. tatsächlich kompetent handeln zu können.[144]

Zusammenfassend lässt sich sagen, dass Werte im Rahmen des Kompetenzentwicklungsprozesses in realen Problemstellungen in Motivation und Emotion umgewandelt werden und diese wiederum als Antrieb für erfahrungsbasiertes, kompetentes Handeln fungieren.

Der grundlegende Kompetenzentwicklungsprozess, wie er im Rahmen dieser Arbeit plakativ dargestellt wird, baut sich also auf aus Wissen, Können/Qualifikationen und Wollen. Aus einem wissenden Lerner wird im Rahmen der Verarbeitung des Wissens ein könnender, qualifizierter Lerner, der schließlich in gemeisterten, realen Herausforderungen die Erfahrung erlangt, die ihn zu künftig kompetentem Handeln in ähnlichen Herausforderungen befähigt.

141 Vgl. Erpenbeck/Sauter, 2013, S. 27.
142 Erpenbeck/Sauter, 2013, S. 27.
143 Vgl. Weinert, 2001, S. 27 f. zitiert in ISB – Staatsinstitut für Schulqualität und Bildungsforschung, 2006, S. 1.
144 Vgl. Weinert, 2001, S. 27 f. zitiert in ISB – Staatsinstitut für Schulqualität und Bildungsforschung, 2006, S. 1.

2.3.3 Strukturelle Gestaltung nachhaltigen Lernens

Im Rahmen dieser Arbeit interessiert, wie kompetenzentwicklungsförderliche Lehre gestaltet werden kann und sollte, sodass diese den Lernenden bei dem Erwerb von Kompetenzen unterstützt – oder den Ausführungen des ISB gleich: der Lehrende seiner Aufgabe nachgeht, Lernarrangements ‚entsprechend' zu gestalten.[145]

Worauf das ‚entsprechende' Lernarrangement im Rahmen dieser Arbeit abzielt, wurde beschrieben: Das Lernziel ist der Erwerb von Kompetenzen und dadurch die Ermöglichung nachhaltigen Lernens.

Auf der Basis der begrifflichen Erklärung wesentlicher Dimensionen des Kompetenzentwicklungsprozesses (Wissen, Können/Qualifikationen, Wollen) und dem Zusammenspiel dieser, wurde im Voranstehenden ebenfalls herausgearbeitet, wie der Weg zum Ziel verlaufen kann.

An dieser Stelle wird zusammengefasst, dass erstens, ...

- nachhaltiges Lernen, also Kompetenzerwerb, nicht ohne anschlussfähiges, dauerhaft verfügbares Wissen möglich ist. Wissenserwerb ist die Basis für nachhaltiges Lernen.[146]
- es sich dabei um formelles Wissen und methodisches, bzw. prozedurales Wissen handelt.[147]
- das Wissen vom Lerner selbstständig/selbstgesteuert, aktiv, interaktiv, individuell und auch im sozialen Austausch angeeignet werden kann und das Gelernte reflektiert werden soll.[148]

---

145 Vgl. ISB – Staatsinstitut für Schulqualität und Bildungsforschung, 2007, S.1; ISB – Staatsinstitut für Schulqualität und Bildungsforschung, 2007, S. 11.

146 Vgl. ISB – Staatsinstitut für Schulqualität und Bildungsforschung, 2016a; ISB – Staatsinstitut für Schulqualität und Bildungsforschung, 2016b.

147 Vgl. Erpenbeck/Sauter, 2013, S.116; Erpenbeck/Sauter, 2013, S. 29.

148 Vgl. ISB – Staatsinstitut für Schulqualität und Bildungsforschung, 2016a; ISB – Staatsinstitut für Schulqualität und Bildungsforschung, 2016b; Wahl, 1991, S. o.A., zitiert in Erpenbeck/Sauter, 2013, S. 110 f.

- der Lehrer eine unterstützende, coachende, moderierende Rolle übernimmt, Feedback gibt, Lerngelegenheiten schafft, den Lernenden bei der Erschließung der Lerninhalte unterstützt und individuelle Lernprozesse und Lösungswege zulässt.[149]

Außerdem gilt zweitens, dass ...

- das erworbene Wissen „fruchtbar"[150] gemacht werden sollte.
- dies in realitätsnahen Anwendungssituationen, in einem sozialen Lernprozess/Austausch stattfinden kann.[151]
- auch in der Phase der Wissensverarbeitung der Fokus auf der eigenständigen/aktiven/selbstgesteuerten, interaktiven, sozialen und reflexiven Rolle des Lerners liegt.[152]
- der unterstützende, coachende, moderierende Lehrer gewissermaßen in den Hintergrund rückt. Er gibt Feedback, schafft Lerngelegenheiten, hilft den Lernern bei der Erschließung der Lerninhalte und lässt individuelle Lernprozesse und Lösungswege zu.[153]

Weiterhin gilt drittens, dass ...

- bis hierhin lediglich Qualifikationen erworben wurden, jedoch noch keine Kompetenzen. Für den Erwerb der Kompetenzen muss der Lerner mit der Bewältigung realer, unvorhersehbarer und neuartiger Herausforderungen/Problemsituationen konfrontiert werden.[154]
- der Lerner in dem Moment der Auseinandersetzung mit solchen neuartigen Situationen emotionale Beunruhigung/Labilisierung erfährt.[155]

149 Vgl. ISB – Staatsinstitut für Schulqualität und Bildungsforschung, 2007, S.8; Erpenbeck/Sauter, 2013, S. 40; Hasselhorn/Gold, 2013, S. 241 ff.
150 ISB – Staatsinstitut für Schulqualität und Bildungsforschung, 2016a.
151 Vgl. Erpenbeck/Sauter, 2013, S. 212; Reinmann/Mandl, 2006, S. o.A. zitiert in Erpenbeck/Sauter, 2013, S. 40.
152 Vgl. Wahl, 1991, S. o.A., zitiert in Erpenbeck/Sauter, 2013, S. 110 f.; ISB – Staatsinstitut für Schulqualität und Bildungsforschung, 2016a.
153 Vgl. ISB – Staatsinstitut für Schulqualität und Bildungsforschung, 2007, S. 8; Erpenbeck/Sauter, 2013, S. 40; Hasselhorn/Gold, 2013, S. 241 ff.
154 Vgl. Erpenbeck/Sauter, 2013, S. 116 f.; Erpenbeck/Sauter, 2013, S. 32.
155 Vgl. Erpenbeck/Sauter, 2013, S. 33.

- wenn ihm die Lösung der neuartigen Problem-/Entscheidungssituation dann gelingt, diese mit den begleitenden positiven Emotionen und Motivationen abgespeichert wird und dadurch in zukünftig ähnlichen Herausforderungen ein erfahrungsgeleitetes, kompetentes Handeln ermöglicht.[156]

Aus den eben aufgeführten einzelnen Komponenten, die in der Entwicklung von Kompetenzen von Relevanz sind, wurde der in Abbildung 2 dargestellte Kompetenzentwicklungsprozess herausgearbeitet. Die folgende Grafik soll die wesentlichen Schritte eines Lerners auf dem Weg hin zu dem Erwerb von Kompetenzen, zusammenfassen. Die Ausgestaltung der einzelnen Stufen ist nicht definitiv und allumfassend zu betrachten. Ein Anspruch auf Vollständigkeit wird nicht erhoben.

Die herausgearbeiteten strukturellen Gestaltungsmerkmale einer kompetenzentwicklungsförderlichen Lehre mit u.a. den Rollenverteilungen im Rahmen des Wissenserwerbs und der -anwendung, bilden die Basis des praktischen Teils dieser Arbeit. Es handelt sich dabei um jene greifbaren, planbaren Aspekte, die im Rahmen der Analyse im praktischen Teil dieser Arbeit tatsächlich erfasst werden können.

Vor dem Hintergrund dieses Prozessschemas wird das Flipped Classroom Modell analysiert. Dadurch soll die Frage beantwortet werden, ob das Flipped Classroom Modell den Einbezug der für die Kompetenzentwicklung notwendigen Gestaltungs-Phasen (Vgl. Stufe 1-3 in Abbildung 2) ermöglicht und ob sich diese wie oben definiert ausgestalten lassen.

Außerdem wird ein Veranstaltungsformat herangezogen, welches in der Praxis zur Kompetenzentwicklung in der beruflichen Erwachsenenbildung eingesetzt wird: ein mehrtägiger Kongress ohne elektronische Vorab-Phase. Auch dieses Kongressformat wird im Hinblick auf einen möglichen Kompetenzentwicklungsprozess untersucht. Anschließend werden beide Formate gegenübergestellt.

Dieser Vergleich wird aufdecken, ob und wenn ja, in wie weit, die Lehre im Rahmen des Flipped Classroom Modells besser oder ebenso gut/schlecht geeignet ist, nachhaltiges Lernen zu ermöglichen (orientiert an dem

156 Vgl. Erpenbeck/Sauter, 2013, S. 27.

Kompetenzentwicklungsprozess), oder ob der Rückgriff auf bewährte Vorgehensweisen eher dem in Abbildung 2 herausgearbeiteten Kompetenzentwicklungsprozess gleicht bzw. diesen ermöglicht.

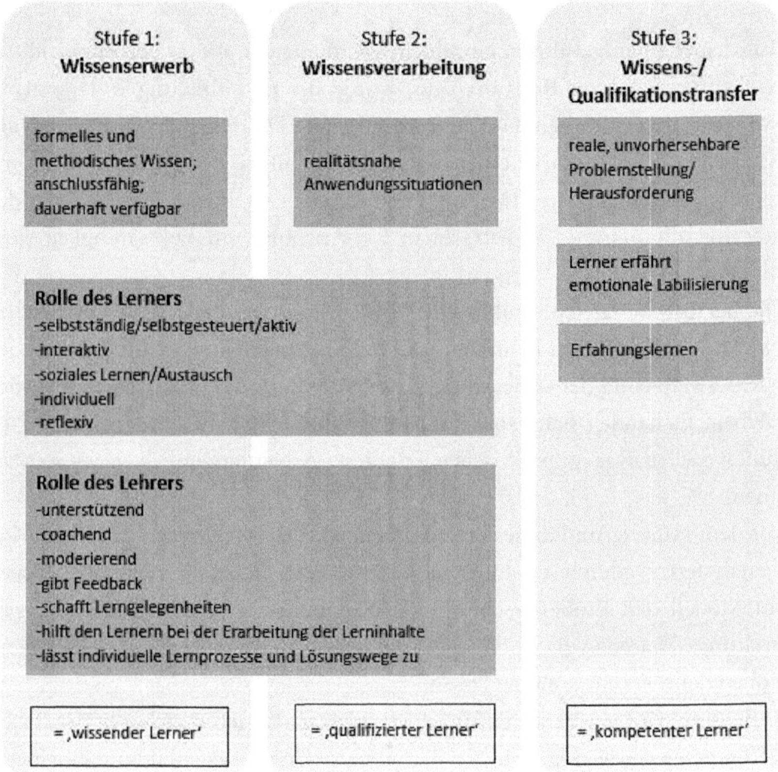

Abbildung 2: Kompetenzentwicklungsprozess

2.4 Lehr- und Lernformen

2.4.1 Entwicklungstrends und deren Auswirkungen auf Lernen und Lehren

Zur thematischen Verortung des Flipped Classroom Modells, sollen zunächst einige Entwicklungsströmungen im Bereich der Lehr-/Lernformen aufgezeigt werden. Dabei wird sowohl auf Lehr-/Lernformen der schulischen Ausbildung, der universitären Lehre als auch der Personalentwicklung eingegangen.

Hallet führt aus, dass man in der Bildungslandschaft eine deutliche Zuteilung der Lehr-/Lernformen zu institutionellen Rahmen erkennen kann: der Unterricht gehört an die Schule, die Vorlesung an die Universität, das Seminar in die Erwachsenenbildung oder in das Studium.[157] Institutionell und in den Köpfen der Beteiligten verankert, findet man diese Schemata immer wieder.[158] Lange Zeit blieben die oben erwähnten, starren Formen des Lernens, vonseiten der Lehrenden unreflektiert. Erst mit dem Einläuten des Zeitalters der Wissens- und Informationstechnologie wurde begonnen, an diesen veralteten Strukturen zu rütteln. Eine zunehmend größere Bandbreite an Lehr-/Lernformen, die sich orientiert an entsprechenden Bedingungen des Lernens, Ausbildungszwecken sowie individuellen Präferenzen, lässt sich vermerken. Mit der steigenden Mannigfaltigkeit der Lehr-/Lernformen gehen unter anderem die Entwicklungen: „Flexibilisierung, Entinstitutionalisierung, Individualisierung, Internationalisierung“[159] einher.[160] Diese Entwicklungen und die Auswirkungen auf Lehre und Lernen sollen im Folgenden aufgegriffen werden.

Flexibilisierung/Technologie

Hiermit meint Hallet den insgesamt flexibleren Einsatz der Lehr-/Lernformen und damit den häufigeren, sinnvollen Wechsel dieser – auch innerhalb einer Lerneinheit. Außerdem sieht er einen deutlichen Beitrag zur Diversifizierung und

157 Vgl. Hallet, 2009, S. 56.
158 Vgl. Meyer, 1987, S. 143, zitiert in Hallet, 2009, S. 56.
159 Hallet, 2009, S. 56.
160 Vgl. Hallet, 2009, S. 56.

Flexibilisierung der Lehr-/Lernformen auf Seiten der Technologie. Die Nutzung elektronischer Medien habe hierauf zweifelsohne Einfluss genommen, so Hallet.[161]

So bereichert der Einsatz von Technologien auch das Lernen auf Kongressen. Bereichernd in dem Sinne, dass selbst in Zeiten verstärkter Virtualisierung, die Zusammenkunft mehrerer Personen und deren persönlicher Austausch, u.a. im Rahmen von Lernprozessen, nicht abgeschrieben wird. Webbasierte Kommunikationssysteme, wie Blogs oder Foren können das physische Aufeinandertreffen nicht ersetzen, aber ergänzen und unterstützen. Steht hingegen weniger der Lernprozess und mehr die Vermittlung von Informationen im Fokus der Veranstaltung, so kann hierbei auf technologische Lösungen (z.B. Videokonferenzen) zurückgegriffen werden.[162]

Eine weitere technologische Komponente, die Einzug in moderne Kongresse, Konferenzen und Meetings findet, ist die Verwendung von Mobile Apps, welche eine rege Beteiligung der Teilnehmer während z.B. Vorträgen erlaubt und gezielte Interaktion und Kommunikation zwischen den Teilnehmern und zwischen Teilnehmern und Vortragenden fördert.[163]

Zunehmend nutzen vor allem größere Unternehmen die Kombination aus E-Learning (technologische Komponente) und dem ‚realen' Lernen in Seminaren oder Workshops.[164]

Entinstitutionalisierung

Damit wird, wie oben bereits angedeutet, die institutionelle Bindung der Lehr-/Lernformen aufgehoben und eine Orientierung unterschiedlicher Modelle an wiederum anderen – eigentlich institutionell abgegrenzten Modellen – beobachtet. Hallet liefert beispielhaft die Annäherung der Form einer thematisch orientierten Schülerkonferenz (Institution Schule) an die Kommunikationsmodi, wie man sie in der Regel nur außerschulisch, beispielsweise in Expertenrunden akademischer Art finden kann.[165]

161 Vgl. Hallet, 2009, S. 57.
162 Vgl. Gleich, 2014, S. 111.
163 Vgl. Knoll, 2016, S. 5 f.
164 Vgl. Sauter/Sauter, 2004, S. 55 ff., in Erpenbeck/Sauter, 2013, S. 112.
165 Vgl. Hallet, 2009, S. 57.

Ein Pendant zu den in der universitären Lehre bereits etablierten Massive Open Online Courses, sogenannten MOOCs, sind hybride Kongresse oder Tagungen, die sowohl Teilnehmer vor Ort als auch solche vor den Bildschirmen, außerhalb des Geschehens, einbinden.[166] Beide Formate sind dadurch gekennzeichnet, dass Vortragende/Redner bzw. Dozenten online mehrere tausend Personen (Studenten/Publikum/Teilnehmer) erreichen wollen und hiermit können.[167]

Individualisierung/Verschiedenartigkeit der Lernwege

Dieser, von Hallet aufgegriffene, Wandel innerhalb der Lehr- und Lernformen, bezieht sich in erster Linie auf den Lernprozess. Individualität und Diversität von Lernwegen finden zunehmend Aufmerksamkeit, sodass verschiedene Lehr- und Lernformen innerhalb ein und desselben institutionellen Rahmens zur gleichen Zeit eingesetzt werden. So ist vorstellbar, dass ein Teil der Lernenden den Sachverhalt unter dezidierter Anleitung der Lehrkraft erarbeitet und ein weiterer Teil im Eigenstudium zur Erschließung der Inhalte gelangt.[168]

Der Individualansatz, der mehrere Lernwege zulässt, widerspricht zunächst einmal der grundsätzlichen Organisation der Lehre, innerhalb derer Lernende in Kursen oder Klassen zusammengefasst werden. Differenzierung innerhalb kleinerer Lerngruppen bereitet bereits den Weg hin zu gänzlicher Individualisierung. Um dann die Gruppenstrukturen komplett aufzuheben und die Lehre auf die einzelnen Individuen auszurichten, können zwei Wege eingeschlagen werden: Entweder der Lehrende (oder auch ein Lehrprogramm) bezieht sich in der Lehrtätigkeit auf jeweils nur einen Schüler – Terhart bezeichnet diese Variante in Anlehnung an Gage und Berliner als: „extreme Individualisierung bei Anpassung des Unterrichts an einen Schüler"[169] – oder aber, so der zweite Weg, der Lehrende unterbreitet den Lernenden ein Angebot, aus welchem heraus sich jeder einzelne Lernende den eigenen Lernweg gestalten kann. Hierbei spricht man von „extreme[r] Individualisierung bei Selbstständigkeit des Schülers"[170].

166 Vgl. Knoll, 2016, S. 5.
167 Vgl. Knoll, 2016, S. 5.
168 Vgl. Hallet, 2009, S. 57.
169 Gage/Berliner, 1986, S. 571, zitiert in Terhart, 2005, S. 88.
170 Gage/Berliner, 1986, S. 571, zitiert in Terhart, 2005, S. 88.

Internationalisierung

Workshop und E-Learning – um nur einige wenige Beispiele zu nennen – etablieren sich auf globaler Ebene. Hallet sieht die „globalisierte Kommunikation in der Wissensgesellschaft“ unter anderem als Auslöser dafür, dass sich ehemals eher kulturspezifische Lehr- und Lernformen aus dem englischsprachigen Bereich nun global etablieren. Der klassisch „‚deutsche‘ lehrervermittelte Unterricht“[171] wird vor allem im betrieblichen Fort- und Weiterbildungs-Bereich von internationalisierten Lehr- und Lernformen abgelöst.[172]

2.4.2 Klassifizierung von Lehr-/Lernformen

Die Vielzahl der gängigen Lehr-/Lernformen lässt sich nur sehr schwer allgemeingültig klassifizieren. Nichtsdestotrotz liefern vor allem die Rollenverteilung zwischen Lerner und Lehrer sowie die jeweiligen Aktivitäten (Lehr- oder Lernaktivität) der Protagonisten im Rahmen der Lehr-/Lernformen eine Möglichkeit der Einordnung dieser.[173]

Die Abbildung 3 zeigt den Versuch einer Klassifizierung gängiger Lehr-/Lernformen, wie sie bei Hallet zu finden ist.

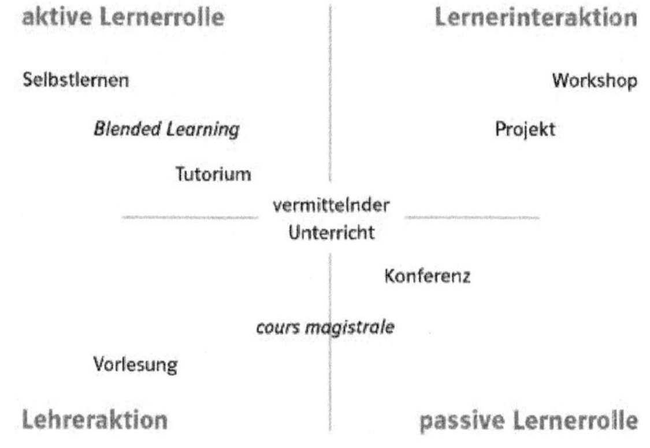

Abbildung 3: Koordinaten für Lehr-/Lernformen
Quelle: Hallet, 2009, S. 58.

171 Hallet, 2009, S. 57.
172 Vgl. Hallet, 2009, S. 57.
173 Vgl. Hallet, 2009, S. 57.

Auf Seiten stark interaktiver Formate finden sich der Workshop und das Projekt wieder. Der Grafik zufolge ermöglicht vor allem der Workshop starke Interaktion zwischen den Lernenden. Dem gegenüber steht die Vorlesung als Lehr-/Lernform, die sich durch eine ausgeprägte Tätigkeit des Lehrers und folgerichtig durch eine passive Lernerrolle definiert. Das Selbstlernen im oberen linken Bereich der Grafik hat lt. Hallet die aktivste Form des lernenden Individuums aufzuweisen. Dem fast gleichauf ist das Blended Learning verortet.

Auf der Suche nach einer Möglichkeit, Lernarrangements kompetenzentwicklungsförderlich zu gestalten, scheinen vor allem die Lehr-Lernformen im oberen Bereich der Grafik von Interesse zu sein, da diese die Aktivität und/oder die Interaktivität des Lerners in den Fokus stellen, wodurch sie im Rahmen des Kompetenzentwicklungsprozesses der Forderung nach eben diesen annähernd gerecht werden könnten. Auch das Flipped Classroom Modell lässt sich in dem oberen Bereich der Abbildung verorten. Hierzu ist ein Blick auf die Lehr-Lernform Blended Learning vorausgesetzt.

2.4.3 Blended Learning – Mixtur der Lehr-/Lernformen

Definition und Abgrenzung

Bei Blended Learning handelt es sich um „eine Verknüpfung von Formen des elektronischen Lernens mit Präsenzphasen“[174], so Hallet.

Der erste Teil dieser Definition von Blended Learning wird in der Literatur häufig gleichgesetzt mit nicht nur elektronischem, sondern explizit onlinebasiertem Lernen. Im Horizon Report von 2016 heißt es hierzu: „Blended Learning kombiniert Online- und Präsenzbestandteile zu einem zusammenhängenden Lernerlebnis“[175].

Mit der Komponente „Formen des elektronischen Lernens“[176], wie sie sich in der Definition von Blended Learning bei Hallet findet, wird jedoch zunächst einmal nichts anderes bezeichnet, als die Unterstützung des Lehrens und Lernens

174 Hallet, 2009, S. 65.
175 NMC – The New Media Consortium, 2016, S. 18.
176 Hallet, 2009, S. 65.

mittels elektronischer Medien.[177] Das Spektrum des E-Learning erstreckt sich dabei über mehrere unterschiedliche technischmediale Settings – sowohl online als auch offline (‚nur' elektronisch): Hierzu gehören im Offline-Bereich das Lernen mit CD-Rom oder auch DVD (Computer Based Training, CBT). Im Online-Bereich zählen hierzu das Lernen in Web Based Trainings (WBT), Online-Seminare oder auch virtuellen Konferenzen.[178]

Dies ist nichts Neues, denn schon in den 1970er Jahren nahmen sogenannte hybride Lernformen Einzug in die Lehre. Hierbei ging es darum, dass die zu der Zeit neuen Medien Video und Audio mit klassischen Lernformen verknüpft wurden.[179]

Geklärt sei damit, dass es sich bei der elektronischen Komponente des Blended Learning sowohl um offline- als auch um onlinebasiertes elektronisches Lernen/E-Learning handeln kann. Diese Auffassung wird auch der vorliegenden Arbeit zugrunde gelegt.

Ob diese Komponente im Rahmen des Blended Learning außerhalb der Präsenzphase eingesetzt werden muss oder schon von Blended Learning gesprochen werden kann, wenn innerhalb der Präsenzlehre elektronisch (egal ob online oder offline) gelernt wird, soll anhand der Ausführungen von Staker und Horn deutlich werden.

Staker und Horn grenzen hierzu die ‚technonologyrich instruction' von dem Blended Learning ab. Bei ‚technologyrich instruction' handelt es sich um die Lehre im Sinne einer digital erweiterten traditionellen Instruktion. Hierzu kann u.a. der Einbezug von Whiteboards (elektronisch, offline) oder allein die Zugänglichkeit von internetfähigen Geräten (elektronisch, online) zählen. Der wesentliche Punkt ist dieser, dass erstens, der technologische Part dieser Lehre primär nicht für die Vermittlung des Inhalts und die Instruktion gedacht sein sollte und wenn aber, zweitens, dies doch der Fall sein sollte, der Lernende dabei keine Kontrolle über die zeitliche und örtliche Organisation seines Lernprozesses hat und ebenso wenig den Lernweg und/oder das Lerntempo bestimmen kann.[180] Diese Aspek-

177 Vgl. Kraft, 2013, S. 44.
178 Vgl. Kraft, 2013, S. 44.
179 Vgl. Kraft, 2013, S. 44.
180 Vgl. Staker/Horn, 2012, S. 6.

te sind wiederum positiv formuliert wesentliche Bestandteile der Definition von Blended Learning nach Staker und Horn. Die Autoren definieren Blended Learning wie folgt:

> *„Blended learning is a formal education program in which a student learns at least in part through online delivery of content and instruction with some element of student control over time, place, path and/or pace and at least in part at a supervised brick and mortar location away from home."*[181]

Eine technisch ausgestattete Präsenzphase, wie oben beschrieben, ist also noch nicht gleich ein Blended Learning Modell. Erst, wenn diese ‚technologyrich instruction' mit einer Phase (hier online) kombiniert wird, die den Lernenden diese Freiheiten (Unabhängigkeit von Zeit, Ort, Geschwindigkeit) einräumt, dann spricht man tatsächlich von Blended Learning. Die Autoren nutzen in ihren Ausführungen hierzu, wie auch in der Abbildung 4, die Begrifflichkeit ‚Online learning' bzw. ‚online delivery of content' für diese Phase.[182] Im Rahmen dieser Arbeit kann jedoch – wie oben bereits diskutiert – der Wissenserwerbs-Phase sowohl eine online- (WBT) als auch eine rein elektronische, offlinebasierte Lehre (CBT) zugeschrieben werden.

Werden hybride Lernmodelle erfolgreich entwickelt und angewandt, dann ermöglichen sie es den Lernenden, ihre Aktivitäten auf Präsenz- und E-Learning-Phase so zu verteilen, dass die Vorzüge beider Phasen optimal ausgeschöpft werden können.[183]

Der Einsatz von E-Learning-Plattformen schafft besonders günstige Voraussetzungen für die Individualisierung der Lernwege Lernender.[184] Dies wurde bereits in der obigen Definition des Blended Learning von Staker und Horn zur Sprache gebracht.

Konkret bedeutet dies, dass die Lernenden beispielsweise die Möglichkeit erhalten, Entscheidungen über deren individuelle Lernschritte selbst in die Hand

181 Staker/Horn, 2012, S. 3.
182 Vgl. Staker/Horn, 2012, S. 5 f.
183 Vgl. NMC – The New Media Consortium, 2014, S. 12.
184 Vgl. Maresch, 2008, S. 9.

zu nehmen, wodurch persönliche Differenzen, wie das unterschiedliche Vorwissen oder eine mehr oder weniger schnelle Auffassungsgabe, kompensiert werden können.[185]

In Anlehnung an die obigen Ausführungen Hallets zur Diversifizierung und Flexibilisierung der Lehr-/Lernformen, könnte man das Blended Learning als eine Mixtur mehrerer Lehr-/Lernformen – wie dem E-Learning und beispielsweise dem Workshop oder der Vorlesung in der Präsenzphase – verstehen. Der Abbildung 3 ist jedoch zu entnehmen, dass Hallet das Blended Learning als eine eigenständige Lehr-/Lernform definiert und diese in dem Zuge mit anderen Lehr-/Lernformen, wie Workshop und Vorlesung, gleichstellt.[186]

Dieser Auffassung Hallets wird sich im Rahmen der vorliegenden Arbeit nicht angenommen, sondern Blended Learning als eine Art übergreifendes Format, bestehend aus mehreren Lehr-/Lernformen (so z.B. Vorlesung und Workshop), verstanden.

Blended Learning Variante: Flipped Classroom

Nachdem Blended Learning angemessen definiert wurde, soll schließlich das Flipped Classroom Modell in Bezug mit Blended Learning gebracht werden.

Während es im Horizon Report von 2014 definiert wird als

> *„Teil einer umfassenden pädagogischen Bewegung, mit Schnittmengen zu Blended-Learning, forschungsbasiertem Lernen und anderen potenziell flexiblen und aktiven Lehransätzen und Tools, die Studierende stärker ansprechen sollen,"*[187]

wird es in anderer Literatur eindeutig als ein Modell des Blended Learning bezeichnet.[188] So definieren beispielsweise Staker und Horn vier unterschiedliche Varianten des Blended Learning (also der Kombination aus elektronischem Lernen und Lernen in Präsenzphasen), wobei sich als eine Sub-Variante dieser auch das Flipped Classroom Modell verorten lässt.[189]

---

185 Vgl. Maresch, 2008, S. 9.
186 Vgl. Hallet, 2009, S. 57.
187 NMC – The New Media Consortium, 2014, S. 12.
188 Vgl. Staker/Horn, 2012, S. 9.
189 Vgl. Staker/Horn, 2012, S. 8.

Einordnung des Flipped Classroom Modells in das Blended Learning

Die Abbildung 4 zeigt diese Aufstellung. Demnach zählt das Flipped Classroom Modell zur Variante 'Rotation Model'. Wie oben bereits erläutert, kann es sich bei der in der Grafik auf der rechten Seite abgebildeten Phase des ‚Online learning' auch um eine elektronische Offline-Lernphase (z.B. CBT), also allgemein gesagt, um egal welche Form des E-Learning, handeln.

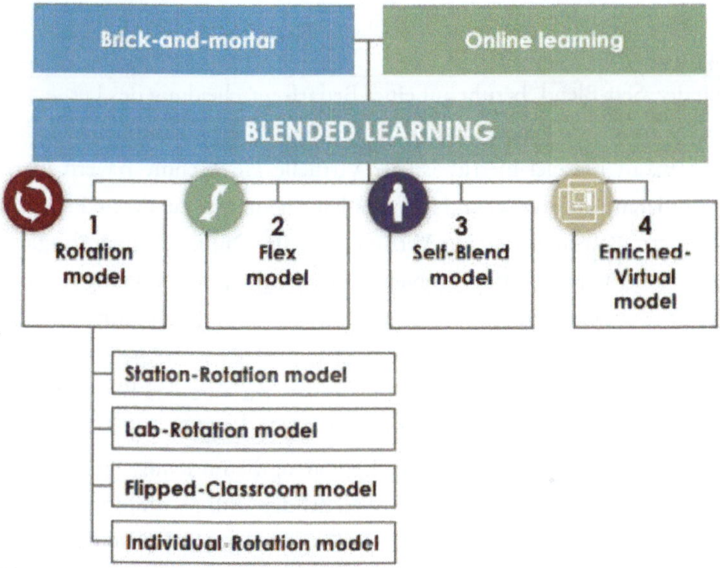

Abbildung 4: Blended-learning taxonomy
Quelle: Staker/Horn, 2012, S. 2.

Der Grafik zu entnehmen ist, dass das Flipped Classroom Modell dem ‚Rotation Model' des Blended Learning angehört. Die vier unterschiedlichen Modelle sollen im Folgenden in Kürze voneinander abgegrenzt werden:

Das Lernen im ‚Rotation Model' ist so konzipiert, dass ein eindeutig definiertes Wechselspiel zwischen onlinebasiertem Lernen und dem Präsenzlernen, so z.B. im Rahmen von Gruppenprojekten, Klassenunterricht o.ä., stattfinden kann.[190]

190 Vgl. Staker/Horn, 2012, S. 8.

Aufgrund der vorgegebenen Struktur aus Präsenz- und Online-Phase, die sicherstellt, dass der Lernende im Lernprozess regelmäßig im physischen Kontakt zu einem Lehrenden steht, grenzt sich das ‚Rotation Model' von den anderen Varianten ab. So liegt es beispielweise im ‚Flex-Model' im Ermessen des Lernenden, wann er innerhalb seines Lernprozesses Kontakt zu einem Lehrenden aufnimmt. Die Autoren nennen den Lehrenden im Flex-Model aus dem Grund auch „teacher-of-record"[191]. Je nach Bedarf des Lerners wird dieser im Sinne einer face-to-face Unterstützung mal häufiger und mal weniger häufig im Lernprozess hinzugezogen.[192]

Auch der ‚Self-Blend' beruht auf einer Bedarfsentscheidung des Lerners. Dabei stellen Online-Kurse eine individuelle Ergänzung zur traditionellen Lehre offline dar.[193] Ein Beispiel hierfür ist die Virtuelle Hochschule Bayern (vhb), die allen Studierenden bayrischer Hochschulen ergänzend zu deren Präsenzlehre, onlinebasierte Kursangebote zur Verfügung stellt. Online-Tutoren fungieren als Bezugsperson für Fragen und Probleme, die während der Nutzung des Kursangebotes bei Studierenden auftreten. Auch die Kommunikation unter den Studierenden wird ermöglicht.[194]

Die letzte von Staker und Horn aufgeführte Variante des Blended Learning ist das sogenannte 'Enriched-Virtual model'. ‚Enriched Virtual models' entstanden aus zunächst rein onlinebasierten Formaten, die im Laufe der Zeit auch die Präsenzkomponente hinzuzogen. Der Wechsel der Online- und Präsenz-Lernzeit findet im ‚Enriched-Virtual model' jedoch selten regelmäßig statt, wie das im ‚Rotation Model' der Fall ist. Eher ist es hier üblich, dass sich Lerner nur einmal, z.B. zu Beginn eines Kurses persönlich treffen (Präsenz-Lernzeit) und dann entscheiden können, ob sie den Rest des Kurses online oder offline lernen. Dadurch unterscheidet sich das ‚Enriched-Virtual model' auch von dem ‚Self-Blend model', welches Kurs für Kurs mal offline und mal online stattfinden kann.[195]

Die vier verschiedenen Varianten des Blended Learning wurden voneinander abgegrenzt.

191 Staker/Horn, 2012, S. 8.
192 Vgl. Staker/Horn, 2012, S. 12.
193 Vgl. Staker/Horn, 2012, S. 14.
194 Vgl. Virtuelle Hochschule Bayern, o.A.
195 Vgl. Staker/Horn, 2012, S. 15.

Der Flipped Classroom – so viel sei festgehalten – kann als eine Variante des Blended Learning definiert werden. Der obigen Kategorisierung des Flipped Classroom nach Staker und Horn steht Sams entgegen, welcher explizit darauf hinweist, dass das Modell in erster Linie selektiv, wie eine Art „Werkzeug, das zur rechten Zeit im Lernprozess zum Einsatz kommt“[196], angewandt werden sollte.

Erläuterung des Flipped Classroom Modells

Entstanden ist das Flipped Classroom Modell 2006 in Colorado. Sams und Bergmann, zwei Lehrer der Woodland Park High School, kompensierten fehlende Wissenslücken ihrer Schüler, welche Lehrveranstaltungen aufgrund der Teilnahme an anderen Schultätigkeiten verpassten, in dem sie ihre Unterrichtseinheiten während der Präsenzphase videodokumentierten und den abwesenden Schülern im Anschluss zur Verfügung stellten. Eine tatsächlich physische Wiederholung der verpassten Lehreinheit war nicht notwendig. Stattdessen waren die Lerner aufgefordert, die Videoaufzeichnungen anzusehen und aufkommende Fragen für die folgenden Unterrichtseinheiten festzuhalten. Nachdem die Videos letztlich online zur Verfügung gestellt wurden, wurden diese nicht nur von abwesenden Schülern angesehen, sondern auch von solchen, die während der Präsenzphase Probleme damit hatten, den Ausführungen des Lehrers zu folgen.[197]

Das Flipped Classroom Modell, so in den Vereinigten Staaten und in Kanada bekannt, wird in Deutschland, Norwegen und in anderen europäischen Ländern als Inverted Classroom Modell (ICM) betitelt.[198]

Unabhängig des verwendeten Terminus, ist das Grundprinzip immer das Folgende:

Die Inhaltserschließung (Wissensvermittlung bzw. -erwerb) findet nicht mehr im Rahmen einer Präsenzveranstaltung statt, sondern im Selbststudium, ganz individuell und dem eigenen Lerntempo entsprechend, bei gleichzeitig eigenständiger Wahl der Lernzeit und des Lernortes.[199] Während der Lehrplan in den Händen des Lehrers bleibt, erlangen Lernende „ein Höchstmaß an Flexibilität“[200],

196 Sams, 2012, S. 22.
197 Vgl. Sams, 2012, S. 13 f.
198 Vgl. Sams, 2012, S. 13.
199 Vgl. Langer, 2013.
200 Sams, 2012, S. 22.

so Sams. Hier findet sich im Übrigen direkt der Bezug zu den, zu Beginn des Kapitels definierten, persönlichen Freiheiten im Rahmen von Blended Learning Modellen.[201] Die Anwendung und Festigung des Gelernten geschieht dann in der darauffolgenden Präsenzphase.[202]

Eine vielversprechende Möglichkeit, den Fokus der Lehre weg vom Lehrer und hin zum Lerner zu lenken und die Präsenzphasen in lernerzentrierte Anwendungsphasen zu verwandeln.[203]

Ein Format für mehr Interaktion, Fokus auf dem lernenden Individuum und gesteigerte Effektivität – all diesen Anforderungen an moderne Lehre soll der Einsatz des Flipped Classroom Modells gerecht werden.[204]

201 Vgl. Staker/Horn, 2012, S. 3.
202 Vgl. Schäfer, 2012, S. 3.
203 Vgl. Sams, 2012, S. 21 f.
204 Vgl. Schäfer, 2012, S. 3.

3 Gegenüberstellung der Formate Flipped Classroom und Kongress im Hinblick auf nachhaltiges Lernen

3.1 Vorgehensweise

Betrachtungsgegenstände

Gegenstand der folgenden Betrachtungen ist, neben dem in 2.4.3 bereits aufgegriffenen Format des Flipped Classroom, das Format ‚Kongress', wie es in der Praxis derweilen zur Ermöglichung nachhaltigen Lernens im Rahmen von Veranstaltungen herangezogen wird.

Bewertungskriterien

Die Basis der Gegenüberstellung beider Formate liefert der im Kapitel 2.3.3 herausgearbeitete Kompetenzentwicklungsprozess mit seinen wesentlichen strukturellen und gestalterischen Kriterien. Der Prozess zeigt grob auf, welche Phasen der Lerner bei der Entwicklung von Kompetenzen durchläuft. Dazu zählt sowohl die Vollständigkeit der Phasen als auch die entsprechende Gestaltung dieser. Die Gestaltung der Phasen lässt sich u.a. aus der Rollenverteilung zwischen Lerner und Lehrer ableiten.

Die beiden Formate Flipped Classroom und der Kongress werden im Hinblick auf die herausgearbeiteten Kriterien (den Kompetenzentwicklungsprozess) verglichen und entsprechend bewertet. Hierbei wird immer die Frage gestellt, ob der Lerner den Weg vom wissenden hin zum kompetenten Lerner im Rahmen des jeweiligen Lernarrangements durchlaufen kann.

Es wird herausgearbeitet, ob es im Hinblick auf die Kompetenzentwicklung sinnvoller ist, das gängige Kongressformat gegen das Flipped Classroom Modell einzutauschen oder ob nicht die bestehende Vorgehensweise, das Format Kongress, wie es im Folgenden beschrieben wird, eher einem kompetenzentwicklungsförderlichen Lernarrangement entspricht.

Es werden die Aspekte festgehalten, die rein auf Basis der theoretischen Erörterung beobachtbar erscheinen. So finden sich die Rollenverteilungen der Protagonisten möglicherweise in den methodischen Vorgehensweisen wieder (Vortrag: tendenziell eher passiver Lerner, eher aktiver Lehrer; Vortrag mit interaktiver Abstimmungsfunktion: aktiver Lehrer, weniger passiver, mehr interaktiver Lerner).

Selbstredend lässt sich je nach Situation, nach tatsächlichem Einsatz der Methode, nach individuellen Voraussetzungen oder anderen beeinflussenden Gegebenheiten, nie exakt sagen, dass der Lerner in einem interaktiv scheinenden Vortrag auch wirklich interagiert. So kann es durchaus auch vorkommen, dass ein Teil der Teilnehmer nichtsdestotrotz in passiver, rezipierender Funktion bleibt. Dies gilt auch für andere Methoden, so beispielsweise die Gruppenarbeit. Es scheint durchaus plausibel, dass nicht alle Teilnehmer gleich aktiv lernen, gleich stark sozialen Austausch suchen und gleich intensiv das erarbeitete Wissen reflektieren.

Aufgrund dieser Annahme soll auch im Rahmen der folgenden Ausführungen betont werden, dass auf Basis der erörterten strukturellen und methodischen Ausgestaltung der beiden Lernarrangements keinesfalls allgemeingültige Schlussfolgerungen bezüglich deren tatsächlicher Wirkung gezogen werden können. Es kann lediglich davon ausgegangen werden, dass das jeweils erörterte Setting die Gelegenheit schafft, die Rollen entsprechend zu verteilen bzw. Inhalte entsprechend zu platzieren. Im Folgenden wird nach einem Lernarrangement gesucht, welches potenziell dem obenstehenden Prozess zur Kompetenzentwicklung entspricht.

Außerdem sei darauf hingewiesen, dass die Lerner- und Lehrerrollen keinesfalls vollständig und ausschließlich die definierten Profile erfüllen müssen. Es wird lediglich auf die vorhandenen Potenziale und Tendenzen innerhalb des betrachteten Lernarrangements (Format Flipped Classroom und Format Kongress) hingewiesen. Bevor die beiden Formate gegenübergestellt werden, sollen wesentliche strukturelle Gestaltungsmerkmale des Kongressformates, wie es im Rahmen dieser Arbeit herangezogen wird, dargeboten werden. Diese des Flipped Classroom Modells wurden bereits im Kapitel 2.4.3 herausgearbeitet.

Das Format ‚Kongress'

Das Kongressformat, welches in der vorliegenden Arbeit dem Flipped Classroom gegenübergestellt wird, wird auf Basis einer im jährlichen Turnus stattfindenden Aus- und Weiterbildungsveranstaltung kreiert. Im Rahmen eines drei- bis fünftägigen Kongresses sollen 300 Mitarbeiter einer divisionsübergreifenden Zusammenkunft explizit an deren Teamleitungs-, Gesprächsführungs-, Projektmanagement- und Präsentationskompetenzen arbeiten und diese schließlich in der Praxis anwenden.

Die Erarbeitung dieser Kompetenzen bedingt auch die Verinnerlichung einer Menge an Fach- und Methodenwissen, welches die Teilnehmer als Voraussetzung für gemeinsame Trainings und Workshops im Rahmen der Veranstaltung erarbeiten.

3.2 Gegenüberstellung

Begonnen wird, gemäß dem Kompetenzentwicklungsprozess, mit der Betrachtung der Phase des Wissenserwerbs (Stufe 1).

Wissenserwerb – Flipped Classroom

Dass das Flipped Classroom Modell eine Phase des Wissenserwerbs beinhaltet, konnte bereits den Ausführungen im Kapitel 2.4.3 entnommen werden. Wissen erwirbt der Lerner im Flipped Classroom Modell „im Selbststudium"[205], außerhalb der gemeinsamen Präsenzphase.[206]

Die erste Phase des Wissenserwerbs, die noch vor der gemeinsamen Präsenzphase liegt, kann geprägt sein von hoher Selbstständigkeit des Lernenden. Der Wissenserwerb kann hierbei durch unterschiedliche Formate geschehen, welche online bereitgestellt werden – doch auch ein Offline-Format im Sinne der Inhaltsbereitstellung und -vermittlung via USB-Stick, CD, DVD oder Ähnlichem, wäre grundsätzlich denkbar.[207] Als entscheidend wird auch hier wieder die Flexibilisierung, bzw. das Mehr an Freiheit und Eigenverantwortung (siehe Blended

205 Langer, 2013.
206 Vgl. Langer, 2013.
207 Vgl. Schäfer, 2012, S. 6 f.

Learning 2.4.3) auf Seiten der Lerner angesehen, welches mit der Auslagerung der Wissenserwerbs-Phase aus dem großen Plenum einhergeht.[208]

Die oben gewählte Begrifflichkeit des Selbststudiums meint aber nicht zwingend die absolute Eigenverantwortlichkeit des Lerners, denn dieser kann sich (sofern von einem webbasierten Flipped Classroom ausgegangen wird) durchaus mit Mitlernenden in Verbindung setzen. So ist beispielsweise die Zusammenarbeit mit anderen Lernern in Online-Communities ein möglicher Bestandteil der Wissenserwerbs-Phase des Flipped Classroom.[209]

Außerdem soll eindeutig definiert abgegrenzt werden, dass die Anwendung des Flipped Classroom Modells nicht nur bedeutet, dass tendenziell eher passiver Frontalunterricht in Form einer aufgezeichneten Vorlesung gezielt ausgelagert wird, sondern dass auch im Rahmen dieser Wissenserwerbs-Phase bereits auf die Aktivität und Interaktivität der Lernenden abgezielt werden kann. Ein Beispiel hierfür ist der sogenannte ‚Virtual Campus', der 2013 an der Universität Marburg eingeführt wurde. Er stellt ein Kompendium dar, bestehend aus virtuellen Vorlesungsparts, Übungen, Seminaren und Tests – vielschichtig und interaktiv gestaltet. Der ‚Virtual Campus' beinhaltet außerdem auch ein Kontrollmedium. Bereits ein Knopfdruck gibt Aufschluss darüber, ob sich die Lernenden mit den Übungen befasst haben oder nicht. Diese Information kann zum einen Aufschluss darüber geben, wie gut vorbereitet die Lerner in der Präsenzphase sind, zum anderen herangezogen werden, um individuell zugeschnittene Online-Lehre zu gestalten. Eine Software reagiert in dem Fall auf die jeweiligen Stärken und Schwächen, in dem sie dem Lernenden individuelle Aufgaben vorlegt.[210]

Auch interaktive Web Based Trainings erlauben eine Steuerung des Lernens entsprechend dem eigenen Lerntempo und der Vorgehensweise. Außerdem kann Rückmeldung über den aktuellen Lernstand eingeholt werden, was die „notwendige Voraussetzung für erfolgreiches, selbstgesteuertes Lernen"[211] darstellt, so Sauter.[212]

208 Vgl. Sams, 2012, S. 22; Staker/Horn, 2012, S. 3.
209 Vgl. NMC – The New Media Consortium, 2014, S. 48.
210 Vgl. Thiel, 2015.
211 Sauter, 2014.
212 Vgl. Sauter, 2014.

Oben erwähnte Aspekte sind lediglich Ausschnitte aus dem Methoden-Pool der Möglichkeiten, die im Rahmen der Wissenserwerbsphase eines Flipped Classroom Modells herangezogen werden können. Diese haben dennoch aufgezeigt, dass diese Phase im Flipped Classroom in einigen Aspekten der Rollenverteilung eines kompetenzerwerbsförderlichen Arrangements gerecht wird, wenn auch in manchen Fällen beispielsweise die Lernsoftware den Lehrer ersetzen kann und auch der soziale, interaktive Aspekt des Kompetenzerwerbs im Rahmen des Flipped Classroom von virtueller Natur sein mag (Online-Community, Virtual Campus, o.ä.).

Wissenserwerb – Kongress

Auch das im Rahmen dieser Arbeit betrachtete Kongressformat umfasst eine Phase des Wissenserwerbs. Im Rahmen derer soll es den Teilnehmern ermöglicht werden, das grundlegende, notwendige Fach- und Methodenwissen für die Entwicklung von Kompetenzen, wie Projektmanagementkompetenz, Teamführungskompetenz o.ä. aufzubauen.

Hierfür wird u.a. auf interaktive Vorträge zurückgegriffen. Interaktiv in dem Sinne, dass sich die Teilnehmer bei dem Erwerb des Wissens in der Vortragssituation beteiligen können. Aufgrund der Größe der Teilnehmerzahl mit meist 300 Personen, ist es dadurch vor allem möglich, nahezu alle Teilnehmer einzubeziehen. Mittels einer mobilen Veranstaltungsapp, welche die Teilnehmenden auf ihren eigenen Smartphones oder ausgehändigten Geräten mit dem Vortragenden (und auch untereinander) verknüpft, kann die vortragende Lehrperson so beispielsweise unmittelbar Erfahrungswissen, Meinungen oder ergänzendes Wissen zu den dargebotenen Inhalten aus dem Auditorium erhalten. Dies ermöglicht es den Teilnehmern, aus der frontalen Vortragssituation im weitesten Sinne eine Gesprächssituation zu schaffen. Betrachtet man die Rollenverteilung im Prozess der Kompetenzentwicklung, so scheint der Vortrag trotz interaktiver Anreicherung, von den im Prozessmodell beschriebenen Rollenauffassungen des Lerners und Lehrers weit entfernt zu sein.

Der zweite, an dieser Stelle aufgegriffene Ansatz des Wissenserwerbs, wie er sich in dem Kongressformat findet, scheint hingegen stärker an einem Lernarrangement für nachhaltiges Lernen orientiert zu sein: der Workshop. Die Teilnehmer schreiben sich im Vornherein für bestimmte Wunsch-Workshops ein. Kompetenzen, die Ihnen noch ‚fehlen' oder Themen, mit denen sie noch nicht gänzlich vertraut sind, können im Rahmen der individuellen Workshop-Auswahl erarbeitet werden.

Dieser Ansatz, dass den Teilnehmern (beschränkt) die Wahl der Lernthemen bzw. der Kompetenzbereiche, die im Rahmen von Workshops angeboten werden, obliegt, hat partiell Parallelen zu dem selbstorganisierten Lernen im Konstruktivismus und Konnektivismus. Dort werden dem Lernenden (in Absprache mit deren Vorgesetzten oder einer Lerngruppe) u.a. im Hinblick auf die Wahl des Lerninhaltes (und der Lernzeit, des Lernortes, etc.) Freiheiten zugesprochen, so zumindest Erpenbecks und Sauters Definition selbstorganisierten Lernens.[213] Die selbstständige Definition der Lernzeiten und Lernorte beispielsweise ist in dem Fall jedoch nicht gegeben. Schließlich finden die Workshops im Rahmen eines Kongresses statt, der zeitlich definiert und ortsgebunden ist. Zudem wird ein fixes Programm vorgegeben.

Nichtsdestotrotz scheint die Organisation der Wissenserwerbsphase im Rahmen des Kongressformates ein gewisses Maß an Selbstständigkeit/Selbststeuerung, nahe der Selbstorganisation, zuzulassen und entspricht dadurch in diesem Punkt den Merkmalen eines kompetenzentwicklungsförderlichen Lernarrangements.

Die Teilnehmer entscheiden sich explizit für die Inhalte und Trainings, die Ihnen zu kompetentem Handeln in Praxisherausforderungen noch nicht genügen oder die gänzlich neu für sie sind.

Diese Möglichkeit, aus einem Angebot heraus den eigenen Lernweg zu konzipieren, erinnert an den Individualansatz aus der Schule: „extreme Individualisierung bei Selbstständigkeit des Schülers"[214]. Weitestgehend individualisiertes und selbstständiges Lernen kann ermöglicht werden.

Spielt man den Gedanken weiter, den Lernern im Vornherein nicht nur die entsprechenden Themen der einzelnen Sessions, sondern bereits den Inhalt, der für den Erwerb formellen und methodischen Wissens benötigt wird, zukommen zu lassen (bspw. im Rahmen eines E-Learning), so scheint man hierdurch im Hinblick auf die frei zu wählende Lernzeit, den Lernort, das Lerntempo, also

213 Vgl. Erpenbeck/Sauter, 2013, S. 222.
214 Gage/Berliner, 1986, S. 571, zitiert in Terhart, 2005, S. 88.

die Individualität und Selbststeuerung/Eigenverantwortung des Lernprozesses, keinen Nachteil, in dem Sinne einer minder kompetenzentwicklungsförderlichen Situation, vermerken zu können.

Vielmehr verlagert sich hier die Gewichtung der einzelnen Merkmale der Lernerrolle. Während der Lerner im Rahmen des Workshops im Hinblick auf Raum und Zeit möglicherweise etwas eingeschränkter ist und damit weniger selbstorganisiert lernt, bietet ihm diese Methode nichtsdestotrotz die Möglichkeit, im Sinne einer selbstgesteuerten Gruppenarbeit den individuellen Lernprozess mit in die Hand zu nehmen.

Hier wird sich bezogen auf die in 2.2.4 bereits aufgegriffene Definition selbstgesteuerten Lernens von Erpenbeck und Sauter, die selbstgesteuertes Lernen sowohl für das Individuum als auch für eine Gruppe Lernender aussprechen.[215]

Zusammenfassend kann für die Phase des Wissenserwerbs im Rahmen der betrachteten Formate festgestellt werden, dass sich beide Formate im Hinblick auf die empfohlene Rollengestaltung für ein kompetenzentwicklungsförderliches Lernarrangement und auch die Möglichkeit der Platzierung der inhaltlichen Aspekte (formelles und methodisches Wissen) wenig nehmen. Die Gewichtung zwischen den einzelnen, dem Lerner zugeschriebenen Aspekten, ist je nach methodischer Vorgehensweise unterschiedlich verteilt. Die sozialen Aspekte lassen sich im Flipped Classroom mittels virtueller Vernetzung der Lerner finden und können so auch in Gruppenarbeiten in der physisch stattfindenden Phase des Wissenserwerbs während des Kongresses hervorgebracht werden. Der Lehrer, vor Ort, virtuell oder in Form eines Lernprogramms, hat die Möglichkeit, Feedback – in welcher Form auch immer – an die Lerner zu geben. Individualisierung schafft der Kongress durch das Darbieten eines Angebotes (z.B. in Form des obengenannten umfangreichen Workshop-Programms), aus dem sich Lerner gemäß z.B. eigens festgestellter Defizite (Reflexion), explizit das Programm herausnehmen, welches an deren Vorwissen anknüpft oder gänzlich neues Wissen schafft. Im E-Learning kann eine, auf den Lerner zugeschnittene, Online-Lehre für Individualisierung im Lernprozess sorgen.

215 Vgl. Erpenbeck/Sauter, 2013, S. 222.

Wie erwähnt, sind dies lediglich einige von vielen methodischen Möglichkeiten, die sowohl im Rahmen des Flipped Classroom Modells als auch im Rahmen des Kongressformates herangezogen werden und sich potenziell mit den definierten Kriterien eines Lernarrangements für Kompetenzentwicklung decken.

Wissensverarbeitung – Flipped Classroom

Nachdem der Lerner im Rahmen des Kompetenzentwicklungsprozesses aus Abb. 2 das für den Kompetenzerwerb notwendige Wissen aufgebaut hat, geht er als wissender Lerner in die Phase der Wissensanwendung bzw. der Qualifikation über. So auch im Format Flipped Classroom. Der Lerner verlässt die vorgelagerte E-Learning Phase und befindet sich in der gemeinsamen Präsenzveranstaltung.

Wo individualisiertes Lernen in der Vorab-Phase beispielsweise bereits mit einer auf den Lerner abgestimmten Online-Lehre ermöglicht wurde, kann die Wissenserwerbsphase den Weg für eine individuellere Präsenzphase bereiten. Mittels digitaler Texte mit z.B. kollaborativen Diskussionsfunktionen, können Lernmuster und Lernbedürfnisse der Lerner im Rahmen der Wissenserwerbsphase besser nachvollzogen werden. Dies ermächtigt den Lehrer dazu, auf Basis online gestellter Fragen oder kommentierter Inhalte, die Präsenzzeit zu individualisieren. Insgesamt kann die Gestaltung der Präsenzphase somit stärker dynamisch und gemeinschaftsorientiert konzipiert werden. Es kann Raum für kritische Diskussionen und Gruppenarbeiten geschaffen werden.[216] Durch die Entnahme des Wissenserwerbs aus dem Präsenzgeschehen wird grundsätzlich Zeit frei für ein aktiveres, projektbasiertes Lernen, das die Zusammenarbeit der Lernenden fördert.[217] Im Rahmen von Übungen oder Fallstudien kann Gelerntes angewandt und auf andere Fragestellungen transferiert werden.[218] In letztgenanntem Aspekt findet sich auch die realitätsnahe Anwendungssituation der Wissensverarbeitungs-Phase wieder.

216 Vgl. NMC – The New Media Consortium, 2014, S. 49.
217 Vgl. NMC – The New Media Consortium, 2014, S. 49.
218 Vgl. Langer, 2013.

Wissensverarbeitung – Kongress

Wissenserwerb geschieht im Kongressformat im Rahmen von Vorträgen oder Gruppenarbeiten, wobei die Gruppenarbeit tendenziell eher einem kompetenzentwicklungsförderlichen Lernarrangement entspricht. Inhalte können hierbei selbst erarbeitet und erschlossen werden.

Anschließend daran verteilen sich die Teilnehmer zur Anwendung dessen, was gelernt wurde, in unterschiedliche Räume. Im kleineren Setting wird unter Moderation und Betreuung eines Coaches ‚angewandt'. Das heißt konkret, dass die Teilnehmer in Rollenspielen, Planspielen, generell sehr situativ, real anmutenden Konstellationen, darlegen können, was formell und methodisch gelernt wurde. In fiktiven Projekten können die Teilnehmer dann im direkten Austausch mit ihren Kollegen, den anderen Lernern, stehen. Sie können sich so unmittelbar Rückmeldung zu ihrem Handeln einholen und mit den Lernern interagieren, als würden sie beispielsweise ein Team durch ein (fiktives) Projekt führen müssen, Entscheidungen treffen und das Erlernte gewissermaßen erproben, bevor sie zurück im Berufsalltag tatsächlich in reale Projekte einsteigen.

Sowohl das exemplarische Kongressformat, als auch das Flipped Classroom Modell bieten Struktur und Gestaltungsmöglichkeiten für eine ausgeprägte Anwendungskomponente, im Sinne von Übungen, Planspielen, sozialer Interaktion, Flankierung der Anwendungsphasen durch Lehrpersonen bzw. Coaches. Da in beiden Formaten im Vornherein bereits eine Phase des Wissenserwerbs stattgefunden hat und sich diese, wie sich oben herausstellte, im Rahmen beider Formate mittels des Einbezuges unterschiedlicher Methoden u.a. individualisiert, selbstgesteuert und sozial interaktiv gestalten lässt, gehen die Teilnehmer ähnlich gut vorbereitet in die Anwendungs-Sessions. Beide Formate scheinen sich daher auch in der Anwendungsphase ähnlich gestalten zu lassen, da diese Phase schließlich sowohl im Flipped Classroom als auch auf dem Kongress die Präsenzphase darstellt, die von der physischen Anwesenheit aller Lerner und Lehrer/Coaches geprägt ist. Aufgrund der Tatsache, dass der Wissenserwerb im Flipped Classroom der Präsenzphase vorangestellt ist, fällt im Vergleich zum Kongressmodell – unabhängig des Kompetenzentwicklungsprozesses als Maß der vorliegenden Gegenüberstellung – der Faktor der Zeitersparnis positiv auf. Diese vorweg eingesparte Zeit kann im Modell des Flipped Classroom beispielsweise der intensiveren, da zeitlich flexibleren, Ausgestaltung der Phase der Wissensverarbeitung zu Gute kommen.

Wissen-/Qualifikationstransfer – Flipped Classroom und Kongress

Nachdem sowohl im Flipped Classroom Format als auch im Kongressformat die grundlegenden Voraussetzungen für Kompetenzentwicklung geschaffen wurden, sollen die Lerner gemäß dem Kompetenzentwicklungsprozess nun das erlangte Wissen und Können in die Praxis transferieren können, um letztlich die Entwicklung weg von einem rein wissenden über den qualifizierten hin zu einem kompetenten Lerner folgerichtig abzuschließen. Der Veranstaltungs-Rahmen, der im Rahmen dieser Arbeit betrachtet wird und den Agenturen planen und beeinflussen können, beschränkt sich ausschließlich auf die Phasen des Wissenserwerbs und der Wissensverarbeitung. Der Lerner verlässt die Veranstaltung als qualifizierte Person und wird im Unternehmensalltag zu einer kompetenten Person, in dem er sich realen Herausforderungen oder Praxisproblemen stellt und Erfahrungen macht.

Dieser letzte Part des Prozesses scheint sich aufgrund der erforderten Praxisnähe (reale, unvorhersehbare, neuartige/offene Problemsituation[219]) nicht im Rahmen eines inszenierten Lernarrangements abdecken zu lassen – somit weder im Rahmen des Flipped Classroom noch im Rahmen des Kongresses.

3.3 Erkenntnisgewinn und Handlungsempfehlung

Es wird an der Stelle festgehalten, dass die beiden Formate, sowohl das Flipped Classroom Modell, als auch das Format Kongress, innerhalb der jeweiligen Phasen des Wissenserwerbs und der Wissensanwendung strukturell und methodisch nahe der Gestaltung eines Lernarrangements für Kompetenzerwerb liegen. Dies haben die obigen Ausführungen gezeigt.

Je nach Gestaltung der Formate können diese ähnlich nahe einem Lernarrangement für Kompetenzentwicklung sein. Im Hinblick auf die gesetzte ‚Messlatte', den Kompetenzentwicklungsprozess, ist also kaum ein signifikanter Unterschied

219 Vgl. Erpenbeck/Sauter, 2013, S. 32.

erkennbar. Die eingesetzten Methoden verleihen den Rollenzuschreibungen jeweils leicht unterschiedliche Gewichtung, scheinen sich aber zu nivellieren. Dahingehend wird in beiden Formaten ein ähnliches Potenzial gesehen.

Die Alternative ‚Flipped Congress' scheint zunächst ähnlich gut geeignet zu sein und dem Kongressformat also in keinem Aspekt nachzustehen. Das Flipped Classroom Modell als alternative, zukunftsweisende Umsetzungsmöglichkeit eines Kongresses dieser Art könnte als eine Bereicherung des Pools der Möglichkeiten zur Gestaltung von Aus-, Weiterbildungsveranstaltungen betrachtet werden.

Die Lernarrangements, wie oben geschildert, können somit also die grundlegende Voraussetzung für den Kompetenzerwerb auf Seiten des Lerners schaffen. Beide Phasen, Wissenserwerb und Wissensanwendung, können prinzipiell in beiden Formaten adäquat durchlaufen werden. Der tatsächliche Transfer des erworbenen Wissens und Könnens in die Praxis liegt jedoch bei beiden Formaten außerhalb des Lernarrangements und damit ausschließlich in den Händen des Lerners.

Es stellt sich hierbei die Frage, ob nicht in irgendeiner Form Einfluss darauf ausgeübt werden kann, im Rahmen eines inszenierten Lernarrangements bis in die letzte Stufe des Kompetenzentwicklungsprozesses und damit in das „Zentrum der Kompetenzaneignung"[220], wie bei Erpenbeck und Sauter beschrieben, vorzudringen.

Zur Beantwortung dieser Frage wurde ein Interview mit Prof. Dr. Sauter herangezogen. Das vollständige Interview kann auf Nachfrage eingesehen werden. Prof. Sauter ist u.a. Autor mehrerer Werke zur Kompetenzentwicklung im Rahmen innovativer Lernformen und scheint ein für den vorliegenden Sachverhalt geeigneter Experte zu sein.

Das Gespräch mit Prof. Sauter und weiterführende Überlegungen im Anschluss daran, haben Ansätze hervorgebracht, die es ermöglichen, das arrangierte Lernen, mit der letzten Phase im Kompetenzentwicklungsprozess – der realen Praxisphase – zu kombinieren. Dies lässt sich dann vereinbaren, wenn man sich der Vorstellung annimmt, dass zu Beginn der Kompetenzentwicklung ein Problem steht, welches

220 Erpenbeck/Sauter, 2013, S. 27.

der Lerner in der Praxis zu lösen hat – das eigene Praxisprojekt, so Sauter im Interview.

Sauter empfiehlt ein Blended Learning Konzept, welchem parallel ein solches Praxisprojekt unterliegt. Das Konzept erstreckt sich über drei Phasen und ein parallel verlaufendes Praxisprojekt. In einem Kick-off, der ersten Phase, definieren die Teilnehmer gemeinschaftlich die Meilensteine für ihren Lernprozess. Lerngruppen und Lerntandems werden gebildet und Jour-Fix Termine vereinbart. Mittels des Kick-offs wird eine gewisse Verbindlichkeit dafür geschaffen, dass die Lerner im nächsten Schritt, in einer selbstgesteuerten Lernphase, sowohl Wissen aneignen als auch Qualifikationen erwerben. Dies geschieht im Rahmen von E-Learning oder dem gemeinsamen Üben in Lerngruppen und wird je nach Bedarf zur Bewältigung des Praxisprojektes herangezogen. Durch den Einbezug des Kick-offs hebt sich das Konzept, wie von Sauter beschreiben, von dem Flipped Classroom ab, welcher unmittelbar mit einer Wissenserwerbs-Phase startet und lt. Sauter dadurch möglicherweise eine weniger starke Verbindlichkeit dahingehend aufweist. Im Anschluss an die Phase des Wissenserwerbs und der Wissensverarbeitung (selbstgesteuerte Lernphase, Phase 2), treffen sich die Lerner in einer gemeinsamen Präsenzphase (Phase 3), um u.a. Ziele für weitere Selbstlernphasen zu setzen und das erworbene Wissen und die Qualifikationen gemeinsam anzuwenden und zu üben.

Dieser Gedanke der Fortsetzung des Lernprozesses im Anschluss an die gemeinsame Präsenzphase, deckt sich mit der Auffassung von Bonsen und Hey, dass Kompetenzerwerb ausgiebig Zeit bedarf und dadurch einem längeren, bewusst gestalteten Lernprozess unterliegen sollte.[221]

Die Idee, dem Kompetenzentwicklungsprozess im Rahmen des Blended Learning zusätzlich ein Praxisprojekt zuzuschreiben, wirft die Frage auf, ob die Lernenden folglich zu Beginn des Lernprozesses tendenziell minder kompetente oder gar falsche Handlungen im Praxisprojekt an den Tag legen könnten. Schließlich wäre es denkbar, dass dem Lerner die notwendigen Voraussetzungen für den Kompetenzerwerb: erworbenes Wissen (Wissensbasis) und verarbeitetes Wissen (Qualifikation) zunächst einmal fehlen. Dieses Risiko kann mittels des Einsatzes

221 Vgl. Bonsen/Hey, 2007, S. 3 ff.

von Coaching minimiert werden, so Sauter. Coaches betreuen die Lerner in dem Praxisprojekt und können im Notfall auch eine Steuerungsfunktion einnehmen. Nichtsdestotrotz sieht Sauter in dem dargebotenen Ansatz der Kombination eines realen Praxisprojektes mit dem arrangierten Lernen durchaus auch das Risiko-Potenzial, dass Lerner aufgrund mangelnden Wissens und mangelnder Qualifikation Fehler eingehen.

Der Gedanke, informelles und formelles Lernen zu kombinieren, ist bekannt aus der Lerntheorie des Konnektivismus nach Siemens.[222] Lernen geht nach konnektivistischer Auffassung mit der Herstellung von Netzwerken einher (siehe auch Kapitel 2.2.4). Als Knotenpunkte dieser Netzwerke können u.a. Personen fungieren.[223]

Für den von Sauter im Interview aufgeführten Ansatz der Kombination informellen Lernens im Sinne des Lernens in Praxisprojekten mit arrangierten Lernsequenzen, kann die Netzwerkbildung der Lerner eine unterstützende Funktion einnehmen. Erfahrungen, die ein Lernender im Praxisprojekt macht, kann er in Form von Erfahrungswissen mit Mitlernenden teilen. Das Netzwerk aus Mitlernenden kann darüber reflektieren, eigenes, möglicherweise anderes Erfahrungswissen einbringen oder das des Lerners bestätigen. In der Reflexion des eigenen Erfahrungswissens wird Potenzial zur Weiterentwicklung und Unterstützung des eigenen Kompetenzentwicklungsprozesses gesehen, führt Sauter aus.

Das Blended Learning Format mit der ergänzenden Projektphase scheint, im Hinblick auf nachhaltiges Lernen im Sinne des Kompetenzerwerbs, eine nutzenbringende Alternative zu dem Lernen auf Kongressen und im Rahmen des Flipped Classroom Modells darzustellen. Dabei muss dem Gedankenspiel der Agentur, den jährlich anstehenden Kongress erstmals in Form eines Flipped Classroom zu gestalten, nicht einmal der Garaus bereitet werden. Vielmehr könnte der Kongress (weiterhin) als Präsenzveranstaltung fungieren, im Rahmen derer die Teilnehmer nach der durchlaufenen Selbstlernphase zusammenkommen. Die Vorabphase kann somit in Anlehnung an ein Flipped Classroom Modell, neben den Übungsphasen in Lerngruppen, auch von E-Learning

222 Vgl. Siemens, 2004 Siemens, 2006 zitiert in Erpenbeck/Sauter, 2013, S. 42 f.
223 Vgl. Siemens, 2006, S. 29.

Komponenten für den Wissenserwerb begleitet sein. Netzwerkbildung wird im Rahmen von Online-Communities ermöglicht und Coaches begleiten die Lerner im Unternehmensumfeld.

Das Kongressformat würde an zeitlichem Ausmaß verlieren. Die Veranstaltungsdauer von drei bis fünf Tagen könnte auf zwei Tage oder gar einen Tag begrenzt werden. ‚Kleinere' Veranstaltungen kürzerer Dauer, dafür aber häufigeren, spontanen Eintretens, würden sich anbieten, um die Selbstlernphase bedarfsorientiert zu gestalten.

Infolgedessen würde die Organisation des Lernarrangements im Gleichschritt gehen mit dem Zukunftstrend der Pop-up Veranstaltung als kurzfristige, asynchrone Ergänzung zu regelmäßig wiederkehrenden, größeren Arrangements.[224]

224 Vgl. Varga/Ehret, 2015, S. 10.

4 Weiterführende Betrachtungen

Unbeeinflusst des oben aufgeführten Ansatzes von Sauter, hat die untenstehende Aussage des Autors aus dem Interview zu weiterführenden Gedankenspielen angeregt:

> *„Ich glaube, Kompetenzentwicklung funktioniert anders. Bei Kompetenzentwicklung steht am Anfang die Problemstellung, die ich in der Praxis zu lösen habe. Ich versuche diese zu bearbeiten und hole mir dann sukzessive, step by step, immer das notwendige Wissen, die notwendige Qualifikation, um meine Problemstellungen lösen zu können – also nicht unbedingt in getrennten Phasen, sondern eigentlich liegt der rote Faden des Lernprozesses in der Bearbeitung meines Praxisprojektes oder der Herausforderung im Arbeitsalltag und immer dann, wenn ich Wissen benötige oder wenn ich irgendwelche Fertigkeiten, Qualifikationen benötige, dann hole ich mir diese Elemente bei Bedarf", so Sauter im Interview mit der Autorin.*

Projiziert man den Gedanken des roten Fadens ‚Praxisprojekt' und der sukzessiven Anreicherung von notwendigem Wissen und Qualifikationen auf das geschlossene Kongressformat, wie es im Rahmen dieser Arbeit betrachtet wird, so scheint das Format hierfür defizitär. Die Wissensaneignung und Wissensverarbeitung findet im Rahmen eines zeitlich eindeutig begrenzten Kongresses statt. Das Praxisprojekt könnte vor- und/oder nachgelagert stattfinden – kommen aber 300 Personen über mehrere Tage zusammen, bleibt wenig Möglichkeit, die Teilnehmer innerhalb dieses inszenierten Lernarrangements vor reale Praxisherausforderungen zu stellen. Auch die Aneignung von Wissen und Qualifikationen step by step, wie Sauter es formulierte, und je nach individuellem Bedarf, scheint nicht gegeben zu sein.

Auf das Format Flipped Classroom projiziert, wirkt der Ansatz der sukzessiven Wissens- und Qualifikationsaneignung als tendenziell vereinbar – zumindest für die vorgelagerte Wissenserwerbs-Phase. Da diese Phase institutionell nicht gebunden ist und vor der gemeinsamen Präsenzphase stattfindet, kann sie prinzipiell unmittelbar eingebettet sein in das Praxisprojekt des Teilnehmers und die Aneignung formellen und methodischen Wissens flexibel, je nach Bedarf ermöglichen. Die Phase der Wissensanwendung findet im Format Flipped Classroom, wie auch im Kongressformat, in der Präsenzphase statt und ist aus dem Grund auch wieder zeitlich und räumlich determiniert.

Es wird also nach einem Lernarrangement gesucht, das die Integration eines Praxisprojektes aus dem realen (Arbeits-)Umfeld des Lerners gewährleistet und zeitgleich sukzessive, bedarfsweise den Erwerb und die Anwendung des Wissens ermöglicht.

Neben dem oben erwähnten Ansatz des Blended Learning mit integriertem Praxisprojekt, wäre es zur Ermöglichung eines ‚Lernprozesses nach Bedarf' ebenfalls denkbar, die Phase des Wissenserwerbs und die der Qualifikation unabhängig einer Präsenzphase, aber trotzdem im Rahmen eines arrangierten Lernens, stattfinden zu lassen. Für den Part des Wissenserwerbs würde sich so beispielsweise E-Learning anbieten und für die Wissensverarbeitung der Einbezug elektronischer (oder webbasierter, zur Ermöglichung der sozialen Komponente des Kompetenzentwicklungsprozesses) Planspiele.

Dadurch könnten beide Komponenten in das reale (Arbeits-)Umfeld des Lerners und somit auch in das Praxisprojekt integriert werden und im Kompetenzentwicklungsprozess bei Bedarf hinzugezogen werden.

Eine Präsenzphase, wie sie im Kongressformat und im Format Flipped Classroom zu finden ist, wäre damit jedoch hinfällig. Nachhaltiges Lernen in der betrieblichen Bildung könnte gänzlich digitalisiert stattfinden.

Ergebnisse der Trendstudie MMB Learning Delphi 2015 zu digitalem Lernen, sprechen hingegen für das Beibehalten der realen, persönlichen Komponente im Lernprozess. So wurde dem Format Blended Learning mit 97 Prozent von fast allen 68 befragten E-Learning-Experten eine zentrale Bedeutung in der beruflichen Aus- und Weiterbildung der kommenden drei Jahre beigemessen.[225]

225 Vgl. MMB Institut – Gesellschaft für Medien- und Kompetenzforschung mbH, 2016, S. 2 ff.

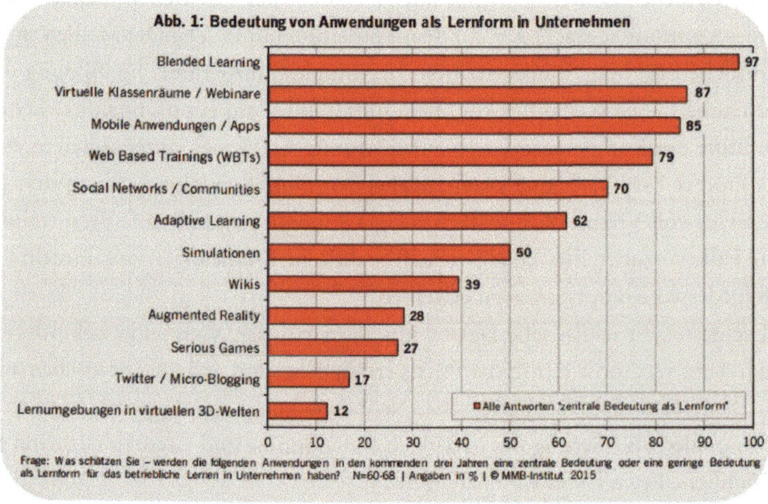

Abbildung 5: Bedeutung von Anwendungen als Lernform in Unternehmen
Quelle: MMB Institut – Gesellschaft für Medien- und Kompetenzforschung mbH, 2016

Die Mixtur aus Lernen im Rahmen von E-Learning Arrangements und Präsenzphasen, innerhalb derer Lerner im realen Raum aufeinandertreffen, scheint dem rein digitalen Lernen in der betrieblichen Bildung einen Schritt voraus zu sein und das bereits seit einigen Jahren. Dies zeigt die Längsschnittanalyse der mmb Delphie Studien aus den vergangenen zehn Jahren. Webinare und Mobile Learning sind dem Blended Learning auf den Fersen. Noch vor einigen Jahren sprachen die Experten dem Bereich Mobile Learning/Apps und virtuellen Klassenräumen, wie den Webinaren, Werte zwischen 60 und 70 Prozent zu – heute bereits weit über 80 Prozent. Die Bedeutung von Augmented Reality in der betrieblichen Bildung hat sich lt. Experteneinschätzung im Laufe der vergangenen Jahre um 14 Prozentpunkte gesteigert und damit verdoppelt. Simulationen wurden in der aktuellen Studie von 50 Prozent der Befragten als für die kommenden Jahre zentral bedeutend eingeschätzt – Serious Games mit 27 Prozent.[226]

226 Vgl. MMB Institut – Gesellschaft für Medien- und Kompetenzforschung mbH, 2016, S. 6 ff.

Die virtuelle 3D-Welt wird von nur 12 Prozent der Experten als zukunftsweisendes Lernformat erachtet.[227] In dem Förderprogramm ‚Digitale Medien in der beruflichen Bildung' hingegen, greift des Bundesministeriums für Bildung und Forschung diesen Gedanken vor allem im Hinblick auf ein nachhaltiges Lernen im Sinne des Kompetenzerwerbs auf. Darunter findet sich unter anderem auch das Projekt E-PICSAVE. Es soll angehenden Notfallsanitätern u.a. mittels des Einsatzes von Virtual Reality-Technologie ermöglichen, sich auf selten trainierbare Fälle vorzubereiten, erste (virtuell) praktische Erfahrungen zu sammeln und infolgedessen Kompetenzen zu erwerben.[228]

Die gesteigert realistische Darstellung der virtuellen Welt wirkt zukunftsweisend, denn was sonst nur in der Praxis ermöglicht wird, scheint inzwischen auch mittels des Einsatzes technologischer Neuheiten kompensiert werden zu können: Emotionale Labilisierung des lernenden Individuums und darauf aufbauend der tatsächliche Erwerb von Kompetenzen.

227 Vgl. MMB Institut – Gesellschaft für Medien- und Kompetenzforschung mbH, 2016, S. 6 ff.

228 Vgl. Bundesministerium für Bildung und Forschung, 2015.

Literaturverzeichnis

Bednorz, Peter; Schuster, Martin (2002): Einführung in die Lernpsychologie, 3. Auflage, München (Reinhardt)

Blumstengel, Astrid (1977): Entwicklung hypermedialer Lernsysteme, Berlin (wvb)

Bonsen, Elisabeth; Hey, Gerhard (2007): Kompetenzorientierung – eine neue Perspektive für das Lernen in der Schule, faecher.lernnetz.de/faecherportal/dokumente/1187462207.pdf (eingestellt am 18.08.2007, abgerufen am 01.06.2016)

Bosold, Bernhard et. al. (o.A.): Kompetenzen und Lernziele, https://lehrerfortbildung-bw.de/faecher/religion/gym/fb1/1_theorie/komp/3_wassind/2_ziele/ (abgerufen am 06.06.2016)

Brugger, Elisabeth (2010): Lernlayout NIL. Nachhaltiges Individuelles Lernen. Eine Methode und vier Jahre Erfahrung, Bern (hep)

Bühnert, Claus (2013): Veranstaltungsformat, in: Dinkel, Michael; Luppold, Stefan; Schröer, Carsten (Hrsg.) Handbuch Messe-, Kongress- und Eventmanagement, Sternenfels (Wissenschaft & Praxis), S. 199–212

Bundesministerium für Bildung und Forschung (2015): eQualification 2016. Lernen und Beruf digital verbinden. Projektband des Förderbereiches „Digitale Medien in der beruflichen Bildung", https://www.bmbf.de/pub/eQualification_2016.pdf (eingestellt 12/2015, abgerufen am 02.07.2016)

Edelmann, Walter; Wittmann, Simone (2012): Lernpsychologie, 7. Auflage, Weiheim/Basel (Beltz)

Erpenbeck, John; Sauter, Werner (2013): So werden wir lernen! Kompetenzentwicklung in einer Welt fühlender Computer, kluger Wolken und sinnsuchender Netze, Berlin/Heidelberg (Springer)

Erpenbeck, John; von Rosenstiel, Lutz (2007): Handbuch Kompetenzmessung. Erkennen, verstehen und bewerten von Kompetenzen in der betrieblichen, pädagogischen und psychologischen Praxis, Stuttgart, 2. Auflage (Schäffer-Poeschel)

Gage, Nathaniel L.; Berliner, David C. (1986): Pädagogische Psychologie, 4. Auflage, Weinheim (Beltz)

Gage, Nathaniel L.; Berliner, David C. (1996): Pädagogische Psychologie, 5. Auflage, Weinheim (Beltz)

Gerrig, Richard J.; Zimbardo, Philip G. (2008): Psychologie, 18. Auflage, München (Pearson Studium)

Gleich, Michael (2014): Chaordische Kongresse. Eine neue Kultur des Con-Venire, in: Gleich, Michael (Hrsg.) Der Kongress tanzt. Begeisternde Veranstaltungen, Tagungen, Konferenzen. Ein Plädoyer und Praxisbuch, Wiesbaden (Springer), S. 107–124

Gold, Andreas (2003): Gedächtnis und Wissen, in: Preiser, Siegfried Pädagogische Psychologie. Psychologische Grundlagen von Erziehung und Unterricht, Weinheim/München (Juventa), S. 69–97

Hallet, Wolfgang (2009): Didaktische Kompetenzen. Lehr- und Lernprozesse erfolgreich gestalten, 4. Auflage, Stuttgart (Klett)

Hannover, Bettina; Zander, Lysann; Wolter, Ilka (2014): Entwicklung, Sozialisation und Lernen, in: Seidel, Tina; Krapp, Andreas Pädagogische Psychologie, Weinheim/Basel (Beltz), S. 139–166

Hasselhorn, Marcus; Gold, Andreas (2013): Pädagogische Psychologie. Erfolgreiches Lernen und Lehren, Stuttgart (Kohlhammer)

Institut bbf – Vereinigung für Betriebliche Bildungsforschung e.V. (2013): Wissen – Können – Handeln, http://lernend-wachsen.de/index.php/entwicklung/dasmanagementmodell/wissen-koennen-handeln (eingestellt am 04.07.2013, abgerufen am 06.06.2016)

ISB – Staatsinstitut für Schulqualität und Bildungsforschung (2006): Kompetenz … mehr als nur Wissen!, http://www.kompas.bayern.de/userfiles/infokompetenz.pdf (eingestellt 04/2006, abgerufen am 23.06.2016)

ISB – Staatsinstitut für Schulqualität und Bildungsforschung (2007): Theorien des Lernens. Folgerungen für das Lehren, http://www.isb.bayern.de/download/1542/flyer-lerntheorie-druckfassung.pdf (eingestellt 08/2007, abgerufen am 23.05.2016)

ISB – Staatsinstitut für Schulqualität und Bildungsforschung (2016a): LehrplanPLUS. Bildungs- und Erziehungsauftrag des Gymnasiums, http://www.lehrplanplus.bayern.de/bildungs-und-erziehungsauftrag/gymnasium (eingestellt 2016, abgerufen am 05.05.2016)

ISB – Staatsinstitut für Schulqualität und Bildungsforschung (2016b): Kompetenzorientierung und LehrplanPLUS, https://www.isb.bayern.de/schulartuebergreifendes/paedagogik-didaktik-methodik/kompetenzorientierung/ (abgerufen am 20.05.2016)

J.S. (2014): Wege zum nachhaltigen Lernen, http://www.teachersnews.net/artikel/sek__ii/paedagogik/002346.php (eingestellt am 19.10.2014, abgerufen am 20.05.2016)

Kerres, Michael (1998): Multimediale und telemediale Lernumgebungen. Konzeption und Entwicklung, München/Wien (Oldenbourg)

Kerres, Michael (2012): Mediendidaktik. Konzeption und Entwicklung mediengestützter Lernangebote, 3. Auflage, München (Oldenbourg)

Klieme, Eckhard et. al. (2007): Zur Entwicklung nationaler Bildungsstandards. Expertise, http://www.schulentwicklung.nrw.de/materialdatenbank/nutzersicht/getFile.php?id=6976 (eingestellt 2007, abgerufen am 01.06.2016)

Knoll, Thorsten (2016): Partizipation: Vom Teilnehmer zum Teilhaber, in: Knoll, Thorsten (Hrsg.) Neue Konzepte für einprägsame Events. Partizipation statt Langeweile – vom Teilnehmer zum Akteur, Wiesbaden (Springer), S. 1–11

Kraft, Susanne (2013): Blended Learning – ein Weg zur Integration von E-Learning und Präsenzlernen, in: REPORT Literatur- und Forschungsreport Weiterbildung, 02/2013, S. 43–52

Kuhlmann, Annette M.; Sauter, Werner (2008): Innovative Lernsysteme. Kompetenzentwicklung mit Blended Learning und Social Software, Berlin/ Heidelberg (Springer)

Langer, Volkmar (2013): Inverted Classroom Modell im Grundlagenmodul in der Wirtschaftsinformatik, http://hsw-learningblog.de/inverted-classroom-modell-im-grundlagenmodul-in-der-wirtschaftsinformatik/ (eingestellt am 25.02.2013, abgerufen am 05.05.2016)

Lefrancois, Guy R. (1994): Psychologie des Lernens, 3. Auflage, Berlin/ Heidelberg (Springer)

Leisen, Josef (2016): Jetzt sollen wir im Unterricht Kompetenzen machen, wie geht das? – Die Kompetenzorientierung im Unterricht, http://www.schulentwicklung.nrw.de/materialdatenbank/nutzersicht/getFile.php?id=6976 (eingestellt am 01.06.2015, abgerufen am 05.05.2016)

Maresch, Günter (2008): Blended-Learning-Didaktik, Innsbruck (StudienVerlag)

Mayer, Horst O. (2005): Einführung in die Wahrnehmungs-, Lern- und Werbe-Psychologie, München (Oldenbourg)

Meyer, Hilbert (1987): Unterrichtsmethoden I: Theorieband, Frankfurt/Main (Cornelsen)

MMB Institut – Gesellschaft für Medien- und Kompetenzforschung mbH (2016): Mobiles Lernen wird der Umsatzbringer No. 1, http://www.mmb-institut.de/mmb-monitor/trendmonitor/mmb-Trendmonitor_2016_I.pdf (eingestellt 01/2016, abgerufen am 23.06.2016)

NMC – The New Media Consortium (2014): NMC Horizon Report: 2014 Higher Education Edition, http://cdn.nmc.org/media/2014-nmc-horizon-report-HE-DE.pdf (eingestellt 2014, abgerufen am 03.07.2016)

NMC – The New Media Consortium (2016): NMC Horizon Report: 2016 Higher Education Edition, http://cdn.nmc.org/media/2016-nmc-horizon-report-he-DE.pdf (eingestellt 2016, abgerufen am 20.06.2016)

Poloczek, Jürgen (o.A.): Kompetenzorientierter Unterricht. Die Ausgangslage, https://www.isg-rostock.de/fileadmin/isg-rostock/Fletcher_Files/Kompetenzorientierter_Unterricht.pdf (abgerufen am 16.06.2016)

Reigeluth, Charles M. (1983): Instructional Design Theories and Models. An Overview of their Current Status, Mahwah (Erlbaum)

Reinmann, Gabi; Mandl, Heinz (2006): Unterrichten und Lernumgebungen gestalten, in: Andreas, Krapp; Weidenmann, Bernd (Hrsg.) Pädagogische Psychologie. Ein Lehrbuch, Weinheim (Beltz), S. 613–658

Sams, Aaron (2012): Der „Flipped" Classroom, in: Handke, Jürgen; Sperl, Alexander (Hrsg.) Das Inverted Classroom Model. Begleitband zur ersten deutschen ICM-Konferenz, München (Oldenbourg), S. 13–23

Sauter, Annette M.; Sauter, Werner (2004): Blended Learning – Effiziente Integration von E-Learning und Präsenztraining, 2. Auflage, Unterschleißheim (Luchterhand)

Sauter, Werner (2014): Flipped Classroom – die Zukunft des Lernens, https://blendedsolutions.wordpress.com/2014/06/14/flipped-classroom-die-zukunft-des-lernens/ (eingestellt am 14.06.2014, abgerufen am 23.06.2016)

Schäfer, Anna M. (2012): Das Inverted Classroom Model, in: Handke, Jürgen; Sperl, Alexander (Hrsg.) Das Inverted Classroom Model. Begleitband zur ersten deutschen ICM-Konferenz, München (Oldenbourg), S. 3–11

Schmees, Markus; Horn, Janine (2014): E-Assessments an Hochschulen: Ein Überblick. Szenarien-Praxis. E-Klausur-Recht, Münster (Waxmann)

Siemens, George (2004): elearnspace, www.elearnspace.org/Articles/connectivism.htm (eingestellt 12/2004, abgerufen am 08.06.2016)

Siemens, George (2006): Knowing Knowledge, http://www.elearnspace.org/KnowingKnowledge_LowRes.pdf (eingestellt 2006, abgerufen am 08.06.2016)

Staker, Heather; Horn, Michael B. (2012): Classifying K–12 Blended Learning, http://www.innosightinstitute.org/innosight/wp-content/uploads/2012/05/Classifying-K-12-blended-learning2.pdf (eingestellt 05/2012, abgerufen am 02.07.2016)

Terhart, Ewald (2005): Lehr-Lern-Methoden. Eine Einführung in Probleme der methodischen Gestaltung von Lehren und Lernen, 4. Auflage, Weinheim/München (Juventa)

Thiel, Thomas (2015): Die Neuerfindung des Hörsaals, http://www.faz.net/aktuell/feuilleton/forschung-und-lehre/marburger-studenten-nutzen-juergen-handkes-lernsoftware-13890232-p2.html?printPagedArticle=true#pageIndex_2 (eingestellt am 05.11.2015, abgerufen am 07.05.2016)

Varga, Christiane; Ehret, Jana (2015): Event der Zukunft II, Wien (Zukunftsinstitut GmbH)

Virtuelle Hochschule Bayern (o.A.): Das Konzept der Virtuellen Hochschule Bayern, https://www.vhb.org/studierende/konzept/ (abgerufen am 03.07.2016)

Wahl, Diethelm (1991): Handeln unter Druck. Der weite Weg vom Wissen zum Handeln bei Lehrern, Hochschullehrern und Erwachsenenbildnern, Weinheim (Deutscher Studien Verlag)

Weinert, Franz E. (2001): Leistungsmessung in Schulen, in: Weinert, Franz E. (Hrsg.) Vergleichende Leistungsmessung in Schulen – eine umstrittene Selbstverständlichkeit, Weinheim/Basel (Beltz), S. 17–31

Young, Jeffrey R. (2012): A Conversation With Bill Gates About the Future of Higher Education, http://chronicle.com/article/A-Conversation-With-Bill-Gates/132591/ (eingestellt am 25.06.2012, abgerufen am 03.05.2016)

Zielinski, Johannes; Schöler, Walter (1965): Methodik des programmierten Unterrichts, Ratingen (Henn)

DIE BEDEUTUNG VON MESSEN IM INVESTITIONSGÜTER-MARKETING

UNTER BERÜCKSICHTIGUNG MULTISENSUALER EINFLUSSFAKTOREN

Eva Muhle

Inhaltsverzeichnis

Abbildungsverzeichnis

I Messen als wichtiges Instrument zur Neukundengewinnung

Für kleine und mittlere Unternehmen (KMU) ist Wachstum eines der wichtigsten Ziele ihrer strategischen Ausrichtung. Nachhaltiges Wachstum hängt in den meisten Fällen mit der Gewinnung neuer Kunden zusammen. Messen und Ausstellungen sind für mittelständische Unternehmen insbesondere im Investitionsgüterbereich eines der bedeutendsten und am besten geeigneten Marketing- und Kommunikationsinstrumente für die Gewinnung von Neukunden. Neue Kunden führen dann fast automatisch zu Wachstum für das ausstellende Unternehmen. Dementsprechend ist der Messeetat in vielen Industriezweigen eine dominierende Größe im Marketingbudget.

Trotzdem wird dieses Instrument, wie sich aus regelmäßig von der AUMA durchgeführten Befragungen (siehe die Darstellungen im Text) immer wieder ergibt, nur von weniger als der Hälfte der Aussteller in ein übergeordnetes Marketingkonzept integriert. Die Mehrzahl der Unternehmen betrachtet Messen losgelöst von anderen Aktivitäten, verhindert dadurch Synergien und schöpft das Potential dieses Instrumentes nur unzureichend aus.

Die Defizite der professionellen Verwendung dieses Instrumentes lassen sich zum einen durch die unregelmäßigen Termine von Messen und deren kurzer Dauer begründen. Sie werden dadurch nicht wie andere Maßnahmen in strukturierte Entscheidungsprozesse eingebunden. Zum anderen bestehen aber auch erhebliche Defizite darüber, wie Messen zu planen, zu organisieren und zu kontrollieren sind. Die Durchführungsplanung erfolgt meist adhoc und häufig viel zu spät.

Die beiden Faktoren führen dazu, dass viele Messebeteiligungen das immense Potential von Messen als ein „Instrument der Markenführung" nur unzureichend ausschöpfen. Es wird vor allem zu wenig beachtet, ob sich ein Besucher auf einem Stand „wohlfühlt". Die Aspekte „einladender Messestand" mit einer „Wohlfühlatmosphäre" sind aber u.a. eine Voraussetzung für die wichtige Frage der Pflege von Kundenbeziehungen. Ein Großteil der gebauten Messestände wird von professionellen Messebauunternehmen im modernen Design entwickelt und wirkt zwar architektonisch ansprechend, häufig aber eher kühl. Dies führt oft dazu, dass diese Messestände nach Meinung der Besucher wenig einladend sind. Auch der Gesichtspunkt, dass sich ein Besucher auf einem Stand „wohlfühlen" sollen, schlägt sich im Standdesign oft zu wenig nieder.

Die zunehmende Integration multisensualer Instrumente in die Marketingkonzepte vieler Unternehmen hat in den letzten Jahren aufgrund der positiven Wirkung stark zugenommen. Betrachtet man jedoch die großen Messen, insbesondere im Investitionsgüterbereich, so ist dort von diesen Veränderungen wenig zu spüren.

In der vorliegenden Arbeit sollen daher die folgenden Fragen untersucht werden.

- **Frage 1:** Wird auf technischen Messen bereits Wert auf sensuelle Faktoren gelegt einerseits von Seiten der Aussteller und andererseits von Seiten der Besucher? Beispielhaft wurde diese Frage während der Leitmesse der Photovoltaik, der Intersolar München 2017 untersucht.

- **Frage 2:** Ist es sinnvoll, bei der Messestandgestaltung und dem Auftreten des Unternehmens sensuelle Aspekte zu berücksichtigen und in welcher Intensität sollten diese angewandt werden?

Ziel dieser Arbeit ist es, die folgenden Thesen zu untersuchen und ggf. zu validieren:

- **These 1:** Der Einsatz multisensualer Marketinginstrumente trägt zu einer deutlichen Erhöhung der Zahl der Besucher und Interessenten bei.

- **These 2:** Der Einsatz von multisensualen Marketinginstrumenten auf Messeständen trägt zu positiven Einschätzungen des jeweiligen Unternehmens durch die Besucher bei.

2 Markenführung und multisensuales Marketing

2.1 Entwicklung von Markenartikeln und Markenführung

2.1.1 Markenartikel

Das Markieren von Produkten ist schon ein sehr alter Brauch. Esch (2003, S. 1 f.) zeigt dies beispielhaft anhand von Markierungen aus frühen ägyptischen und anderen Hochkulturen. Auch die Zünfte im Mittelalter forderten von ihren Mitgliedern die Markierung ihrer Produkte zur Hervorhebung von deren Qualität. Die Händlerzeichen aus dem 14. Jahrhundert sind ebenfalls Beispiele für die Entwicklung früher Markenartikel (Esch, 2003, S. 2).

Ausgangspunkt zum Aufbau einer Marke ist die Markenidentität (Esch, 2003, S. 84). Diese ist das Selbstbild einer Marke und bildet die Grundlage für die Markenpositionierung. Die Markenidentität bringt zum Ausdruck, wofür eine Marke stehen soll.

Das Markenimage ist das Fremdbild einer Marke, das sich durch einen längeren Lernprozess aus Konsumentensicht formt. Für ein Unternehmen ist es ein wichtiges Ziel, ein unverwechselbares Markenimage bei den Konsumenten aufzubauen. Mit der Marke sollen positive Assoziationen hervorgerufen werden (Esch, 2003, S. 84).

Eine erfolgreiche Marke bietet durch die Möglichkeit des Markentransfers auch die Chance, Produkte anderer Hersteller unter der eigenen Marke zu vertreiben. Man spricht hier auch von einer „Markenerweiterung" oder „Brand Extension". Falls eine Markenlinie erweitert wird, spricht man von einer „Line Extension" oder „Produktlinienerweiterung" (Esch, 2003, S. 269).

Markenwelten sind die multisensuale Integration von Marken in Erlebniswelten, sowohl im Sinne einer Markenstory als auch in physisch erbauten Marken-Erlebniszentren (Jackson / Wolf, 2014, S. 75).

2.1.2 Markenführung

Eine Marke ist dann langfristig erfolgreich, wenn sich diese an die sich ändernden Einstellungen der Käufer erfolgreich anpasst. Dieser Prozess wird als Markenführung bezeichnet. Man versteht darunter den Aufbau und die Weiterentwicklung einer Marke im Zeitverlauf. Das Ziel der Markenführung besteht darin, das eigene Produkt oder die eigene Leistung vom Angebot der Wettbewerber abzugrenzen und zu differenzieren. Starke Marken strahlen Vertrauen aus. Durch die Entwicklung und Führung einer Marke verspricht sich ein Unternehmen einen Wettbewerbsvorteil, der in Form des Markenwertes eine bilanzfähige Werteeinheit bildet. Esch (2003, S. 63) sieht den Markenwert sogar als zentrale Ziel- und Steuerungsgrößen des Marketings.

Das Ziel der Markenführung ist es, durch geeignete Maßnahmen eine Steigerung dieses Markenwertes und damit des Unternehmenswertes zu erreichen. Der Wert einer Marke liegt nicht im Unternehmen, sondern reflektiert sich in den Köpfen der Konsumenten (Esch, 2003, S. 67).

2.2 Multisensuales Marketing

2.2.1 Die späte Beachtung multisensualer Elemente

Der Mensch nimmt seine Umwelt durch fünf Sinne – Sehen, Hören, Fühlen, Riechen und Schmecken – wahr. Trotz dieser Tatsache erfolgt die Übermittlung von Markenbotschaften bis heute überwiegend visuell durch das Sehen, seltener akustisch durch das Hören.

Bereits im Jahr 1860 wurde durch Gustav Theodor Fechner die Psychophysik als Teilgebiet der experimentellen Psychologie begründet. Diese untersucht den Einfluss physikalischer Reize auf mentales Erleben und gehört zu den ältesten psychologischen Forschungsgebieten (Eckardt, 2010, S. 66). Ebbinghaus greift die Erkenntnisse von Fechner auf und richtete 1886 das erste Berliner Laboratorium für experimentelle Psychologie ein (Lück, 2009, S.88). Das in diesen Forschungen steckende Potential für das Marketing wurde jedoch bis in die jüngste Vergangenheit nicht erkannt bzw. unterschätzt. So erwähnt das Standardwerk von Esch zur Markenführung in der Auflage von 2003 weder den Begriff noch die Bedeutung multisensualer Entwicklung von Markenidentitäten (Esch, 2003).

Dies gilt auch für die Literatur zum Messe-Marketing bzw. Messe-Management. Stellvertretend für die überwiegend auf wirtschaftliche Aspekte ausgerichtete Literatur sei auf das umfassende Standardwerk von Kirchgeorg et al. aus dem Jahr 2003 verwiesen, das trotz seines Umfangs von 1322 Seiten den Begriff „Multisensuales Marketing“ ebenfalls nicht erwähnt. Eine bereits 2016 angekündigte Neuauflage dieses Standardwerkes ist nun Ende Dezember 2017 erscheinen. Auch dort wird auf multisensuale Elemente auf Messen nur am Rande in einem Beitrag von Ermer (2017, S. 1044) hingewiesen.

Erst Kilian (2007) hat in dem Sammelband von Florack et al. (2007) mit seinem Beitrag zum multisensualen Marketingdesign das Thema behandelt.

Kilian verdeutlicht, dass die Beschränkung auf nur einen oder zwei der fünf Zugänge von Kunden zur Welt zunehmend an ihre Grenzen stößt. Für nachhaltigen Markenerfolg sollten daher möglichst alle Sinne und ihre Wechselwirkungen gezielt gesteuert werden (Kilian, 2007, S.323)

Nach seinen Literaturrecherchen variiert die Bedeutung der verschiedenen Sinne dabei branchenabhängig deutlich. Während bei Sportbekleidung Sehen und Fühlen mit 87 Prozent bzw. 82 Prozent unsere Produktwahrnehmung dominieren, ist es bei Seifen der Geruchssinn mit 90 Prozent und bei Getränken der Geschmackssinn mit 86 Prozent (Kilian, 2007, S. 326). Eine auf diesen Untersuchungen aufbauende Systematisierung verschiedener Branchen zeigt deutlich, dass in fast allen Branchen drei bis vier Sinnesmodalitäten eine mittlere bis hohe Bedeutung haben. Während beispielsweise der Sehsinn stets eine wichtige Rolle spielt, ist der Geschmackssinn lediglich im Bereich der Lebensmittel von großer Bedeutung. Demgegenüber ist der Tastsinn branchenübergreifend mindestens von mittlerer Bedeutung. Der Hör- und der Geruchssinn variieren hingegen in ihrer Bedeutung von Branche zu Branche erheblich (Kilian, 2010, S.42).

Die folgende Tabelle zeigt die branchenbezogene Bedeutung der Sinnesmodalitäten.

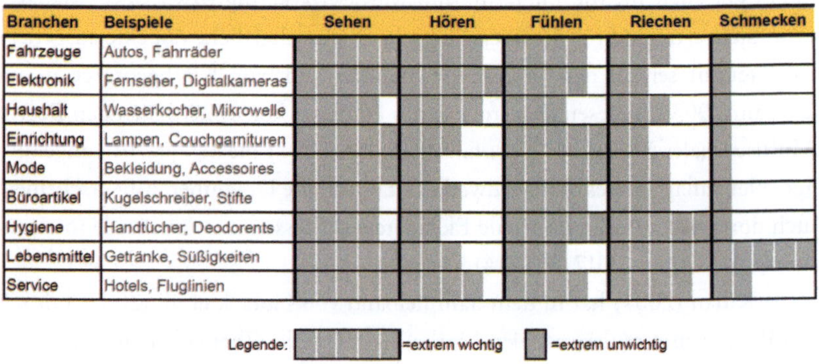

Abbildung 1: branchenbezogene relative Wichtigkeit der Sinnesmodalitäten (eigene Darstellung nach Kilian, 2010, S. 43)

Neben den oben skizzierten branchen- und produktabhängigen Unterschieden beeinflussen situationsabhängige Parameter, wie beispielsweise Messen und Ausstellungen die Bedeutung der Sinnesmodalitäten.

2.2.2 Die Verarbeitung von Stimuli in Nervenzellen

Wie bereits dargestellt, nimmt der Mensch seine Umwelt, und damit auch jede Produktbotschaft durch seine fünf Sinne wahr. Diese Wahrnehmung geschieht aber nicht isoliert sondern simultan für alle Sinne.

Stein und Meredith (1993) haben in ihren Forschungen zur Verarbeitung multisensualer Stimuli in Nervenzellen sehr eindrucksvoll gezeigt, dass bei simultanem Auftreten der Stimuli zur selben Zeit und am selben Ort, diese massiv verstärkt werden. Eine Visualisierung zeigen Stein und Meredith (1993) in den nachfolgend dargestellten Grafiken.

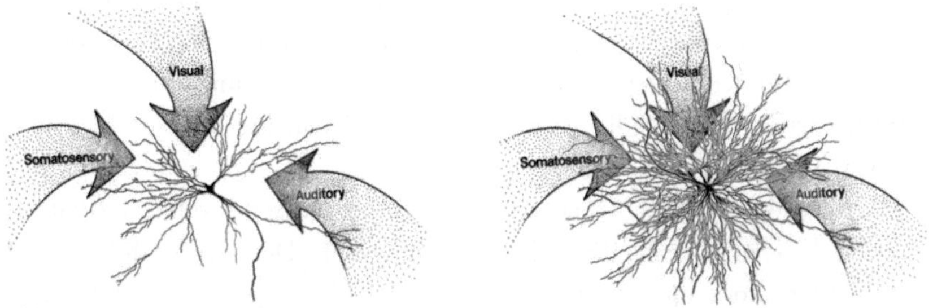

Abbildung 2: Simultanes Auftreten von Stimuli bei inkonsistenter (links) und konsistenter (rechts) Informati-onszufuhr
(eigene Darstellung nach Stein / Meredith, 1993, S. 108)

In Abbildung 2 wird dargestellt, dass die Inputs unterschiedlicher Sinnesreize alle in eine Nervenzelle münden. Diesen Zusammenhang haben die Autoren in ausführlichen Studien der Reaktionen in den Gehirnen von Katzen festgestellt und wissenschaftlich exakt dokumentiert. Bei den Studien zu den Abläufen in den Nervenzellen lag der Schwerpunkt vor allem in der Beantwortung der Frage, wie die unterschiedlichen Stimuli verarbeitet werden. Es zeigte sich in den Untersuchungen, dass multisensuale gegenüber unimodalen Stimuli eine deutlich größere Wirkung entfalten (Stein / Meredith, 1993, S. 108). Eine Darstellung der Abläufe des Nervensystems im Gehirn zeigt die folgende Abbildung.

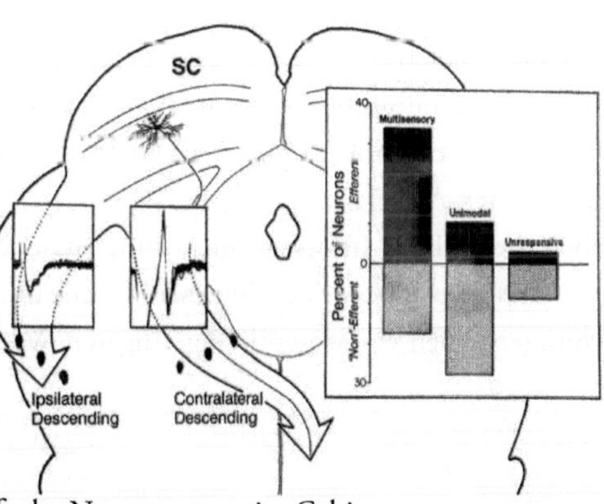

Abbildung 3: Abläufe des Nervensystems im Gehirn
(Stein / Meredith, 1993, S. 121)

Die Abbildung 3 zeigt auf der linken Hälfte den Informationsfluss im Gehirn bei stimmiger und nicht stimmiger Informationsübermittlung (Contralateral Descending). Auf der rechten Hälfte der Grafik wird die Wirkung unimodaler und multisensualer Stimuli in diesem Versuch graphisch dargestellt (Stein / Meredith, 1993, S. 121).

Die folgende Abbildung visualisiert den Fluss der Neuronen von den stimulierten Einzelnervenzellen in eine Hauptverbindungszelle. Dort werden diese im Fall konsistenter Informationen verstärkt (hier dargestellt), im gegenteiligen Fall ganz oder teilweise unterdrückt (Stein / Meredith, 1993, S. 174).

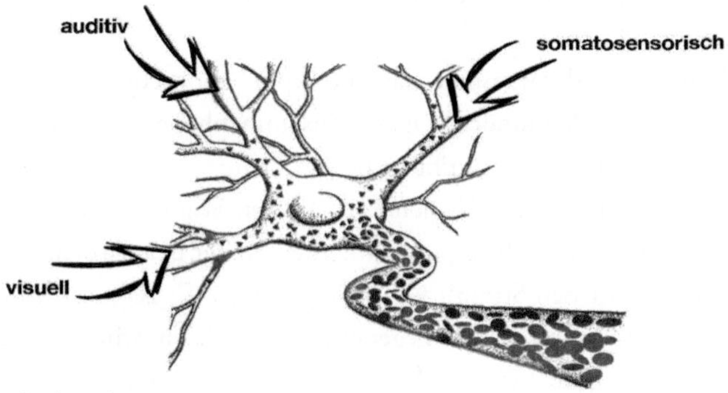

Abbildung 4: Fluss der Neuronen
(Stein / Meredith, 1993, S. 174)

Beiden Autoren zufolge liefern die Nervenzellen bei simultaner, also stimmiger Ansprache nach deren Integration bis zu zwölf Mal stärkere Impulse verglichen mit der Addition unimodaler Sinnesstimulation. Nicht stimmige Stimulationen führen zu einer reduzierten Aktivierung.

Allerdings bleiben die meisten Informationen unbewusst. Nach Kroeber-Riel (1998, S. 182) treten nur zwei Prozent der Sinneseindrücke in unser Bewusstsein. Andere Untersuchungen gehen von wesentlich geringeren Werten aus.

Gerade das Unterbewusstsein spielt jedoch bei den meisten Entscheidungen, die im Alltagsleben täglich zu treffen sind und für die der Konsument keine Informationen parat hat, eine entscheidende Rolle. Eine in der Süddeutschen Zeitung vom 29.06.2017 zitierte Studie aus dem Journal of Experimental Psychology: Applied hat ergeben, dass

- allein der Name eines Medikaments Patienten Angst einflössen kann,
- Medikamente mit unaussprechbaren Namen automatisch als gefährlich und riskant wirken und
- die Einnahme von Medikamenten von deren Namen abhängig gemacht wird. (Herrmann, 2017, S.1).

Affekte steuern somit in erheblichem Umfang unser Verhalten in einer komplizierten Umwelt. Angesichts der Tatsache, dass die Unterschiede zwischen konkurrierenden Produkten oft nur marginal sind, haben die Käufer kaum noch Differenzierungsmöglichkeiten. Deshalb stellt die kommunikative Abgrenzung einzelner Produkte eine „Schlüsselqualifikation dar, um in der heutigen Zeit erfolgreich am Markt bestehen zu können“ (Kleinsteuber, 2011, S. 1).

Die hervorragende Eignung multisensualer Aspekte zur Differenzierung von Marken wird ausführlich in den unten noch dargestellten Beispielen von Lindstrom (2010) und Hartmann / Haupt (2016) dargestellt.

2.2.3 Die meisten Marken sind unspezifisch definiert

Selbst die in jüngster Zeit erschienene Literatur verklärt den Blick auf den eher unspezifischen Charakter der meisten Marken. Brandmeier et al. kritisieren in ihrem Werk zu „Techniken der Markenführung“, dass jede zweite Markenidentität austauschbare Standardbegriffe wie Innovation, Tradition, Vertrauen und Qualität enthält (Brandmeyer et al., 2008, S.149). Hinzu kommen noch viele weitere, durch die Häufigkeit ihrer Nennung zum Markenaufbau nicht (mehr) geeignete Begriffe.

Markenelemente und -signale sollen kommunikative Vermittler sein und neben den Elementen der Markenidentität wesentliche Markensignale und -erlebnisse aussenden. Diese Forderung führt fast automatisch dazu, dass alle Sinne in den

Markenbildungsprozess einbezogen werden. Die Phasen eines solchen multisensualen Markenführungsprozesses zeigt die folgende Abbildung:

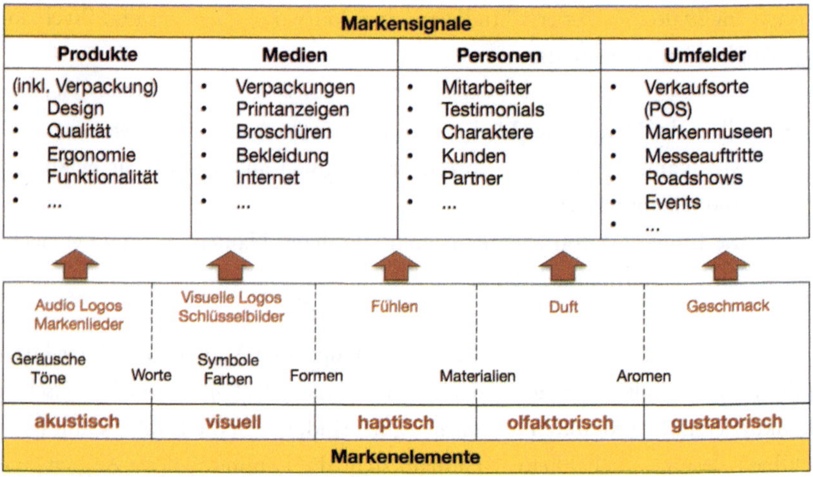

Abbildung 5: Phasen des multisensualen Markenführungsprozessen
(eigene Darstellung nach Kilian, 2010, S. 52)

Was für die einzelnen Marken zur Erzielung einer maximalen Wirkung sinnvoll ist, gilt analog auch für Unternehmen.

Schmitz plädiert daher in seinem Buch „Die Strategie der 5 Sinne" dafür, Unternehmen haptisch auszurichten und begründet dies damit, dass der Mensch ein sinnliches Wesen ist und Dinge berühren will (Schmitz, 2015, S. 15). Er führt aus: „Ohne Gefühle geht gar nichts: Ganz gleich, welche Strategie Sie anwenden: Emotionalisieren Sie Ihre Strategie, versuchen Sie, Ihre Kunden und Ihre Mitarbeiter bei den Gefühlen zu packen, indem Sie sie auf möglichst vielen Sinneskanälen ansprechen" (Schmitz, 2015, S.73).

3 Grundlagen des Messemarketings

3.1 Begriffsdefinitionen und -abgrenzungen

3.1.1 Marketing

Die Aufgabe des Marketings ist es, nach der Definition der in der Literatur meistzitierten Autoren Kotler (USA) und Meffert (Deutschland), Prozesse im Wirtschafts- und Sozialgefüge zu steuern, durch die Einzelpersonen und Gruppen ihre Bedürfnisse und Wünsche befriedigen, indem sie Produkte von Wert herstellen, anbieten und miteinander tauschen (Kotler, 2007, S. 11). Die Aufgabe des Marketings ist es somit hauptsächlich, Austauschprozesse effizient und bedürfnisgerecht zu gestalten (Meffert, 2008, S. 3).

3.1.2 Messen und Ausstellungen

Es gibt in der messespezifischen Literatur umfassende Diskussionen über die Definition von Messen und Ausstellungen. Kirchgeorg stellt sowohl die Gewerbeordnung von 1994 als auch die Abgrenzung laut Konvention des AUMA von 1996 gegenüber und weist darauf hin, dass beide Definitionen eine hohe Übereinstimmung aufweisen (Kirchgeorg et al., 2003, S. 54).

Eines der wichtigsten Abgrenzungskriterien von Messen und Ausstellungen ist vor allem die Tatsache, dass sich Messen hauptsächlich an Fachbesucher richten. Allerdings gibt es auch Fachmessen, die für die Allgemeinheit (meist an bestimmten Tagen) zugänglich sind, sogenannte Publikumsmessen (Kirchgeorg et al., 2003, S. 55). Außerdem treten Messen in einem regelmäßigen Turnus auf, wobei Ausstellungen nicht zwangsläufig mehrfach stattfinden müssen, sondern oft nur ein einmaliges Ereignis darstellen. Ebenso muss bei Messen das wesentliche Angebot eines oder mehrerer Wirtschaftszweige präsentiert werden, wohingegen das Angebot einer Ausstellung nur repräsentativ sein muss. Dies führt dazu, dass Messen ein viel höheres Aufkommen an Ausstellern aufweisen. Eine häufig zitierte Abgrenzung der beiden Kategorien stammt von Kirchgeorg (2003, S. 55) und wird nachfolgend abgebildet.

	Abgrenzung laut Gewerbeordnung von 1994	Abgrenzung laut Konvention des AUMA von 1996
Messen	§ 64 Messen (1) Eine *Messe* ist eine zeitlich begrenzte, im allgemeinen regelmäßig wiederkehrende Veranstaltung, auf der eine Vielzahl von Ausstellern das wesentliche Angebot eines oder mehrerer Wirtschaftszweige ausstellt und überwiegend nach Muster an gewerbliche Wiederverkäufer, gewerbliche Verbraucher oder Großabnehmer vertreibt. (2) Der Veranstalter kann in beschränktem Umfang an einzelnen Tagen während bestimmter Öffnungszeiten Letztverbraucher zum Kauf zulassen.	*Messen* sind zeitlich begrenzte, wiederkehrende Marktveranstaltungen, auf denen - bei vorrangiger Ansprache von Fachbesuchern - eine Vielzahl von Unternehmen das wesentliche Angebot eines oder mehrerer Wirschaftszweige ausstellt und überwiegend nach Muster an gewerbliche Abnehmer vertreibt.
Ausstellungen	§ 65 Ausstellungen Eine *Ausstellung* ist eine zeitlich begrenzte Veranstaltung, auf der eine Vielzahl von Ausstellern ein repräsentatives Angebot eines oder mehrerer Wirtschaftszweige oder Wirtschaftsgebiete ausstellt und vertreibt oder über dieses Angebot zum Zweck der Absatzförderung informiert.	*Ausstellungen* sind zeitlich begrenzte Marktveranstaltungen, auf denen eine Vielzahl von Unternehmen - bei vorrangiger Ansprache des allgemeinen Publikums - das repräsentative Angebot eines oder mehrerer Wirtschaftszweige ausstellt und vertreibt oder über dieses Angebot zum Zwecke der Absatzförderung informiert.

Abbildung 6: Abgrenzung von Messen und Ausstellungen
(Kirchgeorg, 2017, S. 34)

3.2 Messemarketing als Prozess

Aufgrund des oben dargestellten hohen Kostenaufwandes sowie der eingesetzten Personalressourcen im Rahmen von Messebeteiligungen von Unternehmen gewinnt eine entsprechende Planung an Bedeutung. Vor Beginn einer Messe muss eine Vielzahl an strategischen Entscheidungen getroffen werden und nach Beendigung sollte eine intensive Erfolgskontrolle sowie die Bearbeitung und Verfolgung der auf der Messe angebahnten Kontakte in Angriff genommen werden. Dies ist wiederum als eine Grundlage für die nächste Messebeteiligung zu sehen.

Eine Messebeteiligung ist ein systematischer Managementprozess. Er lässt sich pauschal in drei Phasen unterteilen (Clausen, 2010, S. 15).

- Die Pre-Marketing Phase,
- die Durchführungs-Phase und
- die Post-Marketing-Phase, welche auch als Follow-Up-Phase betitelt wird

Eine ausführliche Darstellung der einzelnen Phasen erfolgt im Abschnitt 2.6.1

3.3 Messe als Marketinginstrument

3.3.1 Messen im Marketingmix

Messen sind eines der ältesten Instrumente zur Förderung des Absatzes von Gütern und Dienstleistungen. Sie sind spätestens seit dem Mittelalter regelmäßig stattfindende Veranstaltungen und somit wesentlich älter als alle Darstellungen des Marketings.

Der Begriff „Marketing" umfasst eine Reihe von Instrumenten, die mit den Gruppen „Product", „Price", „Place" und „Promotion" als sogenannter „Marketing-Mix" zusammengefasst werden. Messen und Ausstellungen werden als Teil der „Promotion" betrachtet. Durch eine Beteiligung an Messen können unterschiedliche Unternehmens- und Marketingziele verfolgt werden, was dazu führt, dass das Instrument „Messe" teilweise sogar als ein eigenständiges Marketinginstrument angesehen wird (Wenge, 1992, S. 289).

Messen sollten zwar durch weitere Marketingmaßnahmen ergänzt werden, zugleich unterstützen sie aber auch die anderen Instrumente des Marketing-Mix. Dadurch wird der hohe Stellenwert von Messen ebenfalls verdeutlicht.

In den Jahren 2017 und 2018 wollen Unternehmen an durchschnittlich 5,7 Fachmessen im Jahr in Deutschland und 3,9 im Ausland teilnehmen (AUMA, 2017a, S. 6).

Aufwendungen für Messen haben meist den größten Anteil an den Marketingbudgets von ausstellenden Unternehmen. Dieser lag in den Jahren 2015 und 2016 bei rund 45 Prozent und soll auch in den Jahren 2017 und 2018 wieder 43 Prozent betragen (AUMA, 2017a, S. 15). „Im Durchschnitt will ein deutsches ausstellendes Unternehmen in den Jahren 2017 und 2018 zusammen rund 285.000 Euro für Messebeteiligungen ausgeben. Das sind 1,5 Prozent mehr als in den beiden Jahren 2015 und 2016" (AUMA, 2017b). Aufgrund der hohen Bedeutung von Messen haben auch konjunkturelle Schwankungen oder Wirtschaftskrisen kaum Auswirkungen auf die dafür vorgesehenen Budgets. So wollen 25 Prozent der Aussteller ihre Aufwendungen für Messebeteiligungen steigern und 57 Prozent wollen diese zumindest gleich halten (AUMA, 2017a, S. 13).

Bei einer Messe wird das gesamte Image der Firma präsentiert. Zudem tritt man in direkten Kontakt mit den Kunden. Somit hat eine Messe einen enormen immateriellen Charakter und Nutzen. Auch muss man beim Marketing für eine Messe die großen zeitlichen Abstände und die Standortgebundenheit beachten. (Clausen, 2010, S.9)

Anders als andere Instrumente sind Messen ein Kommunikationsinstrument, das in beide Richtungen wirkt. Daher wurde eine Rückkopplung zu der „Promotion" bzw. den anderen Instrumenten in die nachfolgende Abbildung eingezeichnet. Somit sollten sich die anderen Bereiche des Marketing-Mix wieder an den auf der Messe gemachten Erfahrungen orientieren.

Abbildung 7: Die 4 P Kommunikationsinstrumente
(nach Ebner, 2013, S. 4)

3.3.2 Messen im Investitionsgütermarketing

Sowohl für die Nachfrager als auch für die Anbieter von Investitionsgütern bieten Messen die Möglichkeit, mit einer Vielzahl von Anbietern bzw. Nachfragern in Kontakt zu treten. Messen haben daher im Kommunikations-Mix, wie oben dargestellt, eine zentrale Bedeutung. Dies ergibt sich z.B. aus der laufenden Erhebung des AUMA.

Beide Gruppen, Anbieter und Nachfrager von Investitionsgütern, versuchen durch die Teilnahme bzw. den Besuch von Messen ihre „Transaktionskosten" zu senken (Backhaus, 1997, S. 397). Den Anbietern bietet sich die Möglichkeit, die Objekte physisch zu zeigen oder zu visualisieren. Dies ist in anderen Medien nicht in vergleichbarer Weise möglich. Den Nachfragern bieten Messen die Möglichkeit eines direkten Konkurrenzvergleiches. Für beide Gruppen ist zudem die direkte Kommunikation eine der wichtigsten Funktionen von Messen.

Für verschiedene Schwerpunkte haben sich dabei unterschiedliche Formen von Messen herausgebildet.

Backhaus nimmt die nachfolgende Unterscheidung von Investitionsgüter messen vor.

Kommunikaionsinstrumente / -träger	Kurzcharakterisierung	Beispiele	Einsatzbedingungen
Messen und Ausstellungen	zeitlich begrenzte, i.d.R. wiederkehrende Veranstalungen, bei denen eine Vielzahl von Ausstellern das wesentliche Angebot eines oder mehrerer Wirtschaftszweige zur Schau bzw. zum Kauf anbietet.		• Termingebundenheit • Raumgebundenheit • Möglichkeit zur Objektbesichtigung • persönlicher Kontakt
• Technische Mehrbranchenmesse	Technische Mehrbranchenmessen sind durch eine breite Angebotspalette gekennzeichnet.	Hannover-Messe Industrie	• Konkurrenzvergleich vor Ort möglich
• Fachmesse	Fachmessen sind durch eine funktionsbestimmte Abgrenzung des Angebots gekennzeichnet.	Interkama, Achema, Systems, EMO, CEBIT	• Bei Fachmessen i.d.R. Streuverluste geringer als bei Technischer Mehrbranchenmesse
• Virtuelle Messe	Virtuelle Messen im Internet ergänzen traditionelle Messen und sind nicht raum- und zeitgebunden.	Globis der Deutschen Messe AG, Virtex	• Besucherkreis muss über das Mesium erreichbar sein • Informaionsgehalt vergleichsweise gering

Abbildung 8: Übersicht über verschiedene Messetypen
(Backhaus, 1997, S. 399)

In der B-to-B Kommunikation betrachten 83 Prozent der ausstellenden Unternehmen Messen und Ausstellungen als einen sehr wichtigen oder zumindest wichtigen Teil im Kommunikationsmix. Lediglich die eigene Website rangiert mit ca. 89 Prozent in der Bedeutung leicht über der Bedeutung von Messen. Eine ähnlich hohe Bedeutung wird lediglich noch dem Außendienst mit 74 Prozent attestiert. Dagegen werden die Instrumente „Direktwerbung“ und „Events“ mit 48 Prozent und 42 Prozent als wesentlich weniger wichtig eingestuft (AUMA 2017a, S.18). Die Entwicklung der entsprechenden Werte hat sich in den Jahren 2012 bis 2017 kaum verändert.

3.3.3 Die Bedeutung von Messen zur Informationsgewinnung

Die Bedeutung von Messen ist vor allem deswegen so groß, weil diese – anders als andere Instrumente – eine persönliche Kommunikation zwischen dem Unternehmen und der Zielgruppe ermöglichen. Manager betrachten Messen als besonders wichtig für ihre Entscheidungsprozesse, wie die folgende Grafik verdeutlicht.

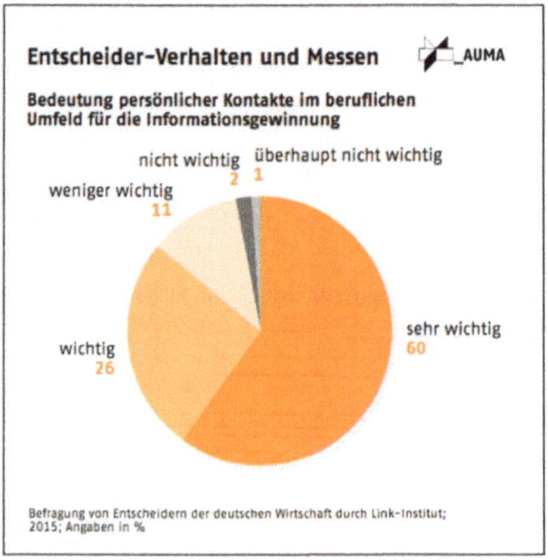

Abbildung 9: Bedeutung persönlicher Kontakte
(AUMA, 2015, S. 18)

Werden Entscheider der deutschen Wirtschaft weiter zu der Nutzung von Informationskanälen gefragt, so rangiert entsprechend der persönliche Kontakt ganz oben, wie die folgenden Befragungsergebnisse zeigen.

Abbildung 10: Nutzung von Informationskanälen
(AUMA, 2015, S. 12)

3.4 Messen im Marketing-Mix von Investitionsgüterherstellern

3.4.1 Der Marketing-Mix für Investitionsgüter

Wie oben dargestellt, sind Messen im Investitionsgütermarketing (B-to-B) zusammen mit der eigenen Website das wichtigste Instrument im Marketing-Mix.

Bei der Betrachtung der Instrumente des Marketing-Mix im Nutzen-Vergleich zu einer Messebeteiligung fällt auf, dass bei gleichen Kosten ein unterschiedlicher Nutzen gegeben ist. Bei der Messebeteiligung spielen neben dem Kundenkontakt, der Branchenkraft und der Produktpräsentation auch das Netzwerk, die Verkaufsförderung und die sogenannte „Brand Identity" eine entscheidende Rolle.

Die im Marketing-Mix inbegriffenen Komponenten wie bspw. die Vertreter, Werbung, PR und Events decken nicht denselben Nutzen ab, wie die Messebeteiligung. Dieser liegt um einiges höher im Nutzenvergleich.

Ein wesentliches Marketinginstrument bei einer Messe ist vor allem die Sympathie, welche sich bei den Kunden einstellt. Dabei spiegeln Messestände das gesamte dahinterstehende Unternehmen wider. Die Bedeutung unterschiedlicher Instrumente des Marketing-Mix zeigt die nachfolgende Tabelle:

Instrumente im Marketing-Mix und ihre Wichtigkeit				
Instrument	**Einsatz/ Nutzung**		**Wichtigkeit**	
Befragungsjahr	2012	**2017**	2012	**2017**
Eigene Homepage	97 %	**98 %**	89 %	**89 %**
Messen	100 %	**100 %**	84 %	**83 %**
Persönlicher Verkauf: Außendienst	81 %	**72 %**	79 %	**74 %**
Direct-Mailing: Print, E-Mail, ChatApps	87 %	**74 %**	54 %	**48 %**
Events: Hausmessen, Roadshows etc.	51 %	**44 %**	41 %	**42 %**
Public Relations	56 %	**49 %**	39 %	**39 %**
Werbung in Fachzeitschriften	70 %	**71 %**	40 %	**37 %**
Verkauf und Vertrieb über Internet	54 %	**44 %**	40 %	**33 %**
Präsentationen auf Kongressen	54 %	**43 %**	40 %	**33 %**
Social Media-Instrumente	17 %	**47 %**	11 %	**29 %**
Online-Werbung, z.B. Banner, AdWords	35 %	**39 %**	15 %	**20 %**
Werbung in der Wirtschaftspresse	30 %	**27 %**	15 %	**17 %**
Werbung in Publikumszeitschriften, Zeitungen	39 %	**36 %**	18 %	**16 %**
Außenwerbung	33 %	**29 %**	17 %	**15 %**
Virtuelle Marktplätze für Anbieter und Nachfrager	n.a.	**22 %**	n.a.	**13 %**
Sponsoringmaßnahmen	34 %	**37 %**	10 %	**11 %**
Telefonmarketing, Call Center	14 %	**13 %**	12 %	**10 %**
Rangfolge nach Wichtigkeit 2017, n=501 Unternehmen, Top-Two-Nennungen				

Abbildung 11: Instrumente im Marketing-Mix
(AUMA, 2017a, S. 17)

3.4.2 Die Bedeutung von Messen im Rahmen der Markenführung

Eine Marke entsteht durch den langfristigen Aufbau von Vertrauen der Kunden in die Marke, welche vor allem durch die Produkt- bzw. Dienstleistungsqualität erzielt wird. Als Anker für die notwendige Wiedererkennbarkeit der Marke dienen ein einprägsamer Namen und eine Produktgestaltung, die sich möglichst von den Konkurrenzprodukten abhebt. Durch diese Maßnahmen wird die Marke im Wahrnehmungsraum der Käufer positioniert. Insbesondere bei Investitionsgütern haben Messen die Aufgabe, die verschiedenen eingesetzten Kommunikationsaktivitäten eines Unternehmens für eine Marke bewusst inhaltlich, formal und zeitlich aufeinander abzustimmen. Gerade hier hat das „Sensorische Branding" multisensorischer Ansprache einen besonderen Schwerpunkt. Wie bereits oben (s. Abschnitt 1.1.3) dargestellt, gehen Forscher davon aus, dass multisensorische, d.h. über mehrere Sinneskanäle kongruent gesendete Botschaften, deutlich stärker wahrgenommen werden und länger in Erinnerung bleiben (Lindstrom, 2010, S. 8).

3.5 Strategische und operative Planung

Wie bereits oben dargestellt, sind Messebeteiligungen für die meisten Unternehmen mit einem großen Einsatz von materiellen und personellen Ressourcen verbunden. Ohne eine entsprechende strategische und operative Planung ist der Einsatz der Mittel meist suboptimal.

Zur strategischen Messeplanung gehören die Bereiche (Ebner, 2013, S. 29):

- Definition der Unternehmens-Strategie hinsichtlich Märkten und Zielgruppen
- Erfassung der Eckdaten von den in Betracht kommenden Messen
- Zahl der Aussteller
- das Messethema
- Zielgruppen und Erreichbarkeit (Zahl der Besucher nach Stellung im Unternehmen)
- Größe des Unternehmens, Branchenzugehörigkeit, Entscheidungskompetenz Größe und Charakter der Messe

- Evaluierung der in Betracht kommenden Messen in Bezug auf die strategischen Messeziele des Unternehmens
- Auswahl der Messen und mittelfristige Messeplanung.

Zur operativen Messeplanung gehören die Bereiche (Ebner, 2013, S.30):

- Planung der Messeziele und des Messebudgets
- Planung der Größe des Messestandes, abgestimmt auf die Messeziele und das Messebudget
- Gestaltung des Messestandes und Auswahl der Exponate
- Besucherwerbung (Direct Mail, Inserate, Aktionen)
- Pressemitteilungen zu Neuheiten und Messeangeboten
- Planung des Personaleinsatzes und Schulung des Messepersonals
- Aussprache und Betreuung der Besucher
- Erfassung der Kontakte
- Nachbetreuung der Messekontakte
- Controlling

Beim Thema Messe werden im Unternehmen wesentliche Probleme zwischen den Bereichen Marketing und Sales offengelegt. In den meisten Unternehmen erfolgt keine zielgerichtete Abstimmung der Messeplanung. Oft ist die Verkaufsabteilung mit dem „Kreativitätswettbewerb“ der Marketingabteilung nicht zufrieden, da diese in vielen Fällen die Anforderungen an den „harten Arbeitsplatz Messe“ zu wenig berücksichtige (Clausen 2010, S.15).

Die umfangreiche Auflistung, die von Ebner und anderen Autoren dargestellt wird (s.o.), spielt leider bei der konkreten Messeplanung meist eine eher geringe Rolle, wie die im „Messegeschäft“ sehr erfahrene Beraterin Elke Clausen plakativ darstellt: „Messen sind zwar ein tolles Event – aber so richtig zuständig fühlt sich niemand. Auf diese Weise werden Messen operativ verplant, aber keinesfalls strategisch geplant“ (Clausen 2010, S.16).

Einer der Gründe hierfür liegt in der bereits erwähnten Tatsache, dass Messen singuläre Events sind, die zudem in unregelmäßigen (oft nicht einmal jährlichen) Abständen stattfinden. Dies führt dazu, dass zu wenig oder gar nicht beachtet wird, dass eine Messebeteiligung ein systematischer Managementprozess ist, der einer strategischen Planung bedarf und integraler Bestandteil eines übergeordneten Marketingkonzeptes sein sollte.

3.6 Der Messebeteiligungsprozess

3.6.1 Phasen des Messebeteiligungsprozesses

Die von Ebner oben dargestellten vielfältigen strategischen und operativen Aufgaben werden nachfolgend in Bereiche zusammengefasst und in einem Zeitraum von 12 Monaten eingeordnet. Um zu verdeutlichen, welche Aufgaben im Beteiligungsprozess welcher Natur sind, wurden sie in der nachfolgenden Prozessdarstellung entsprechend markiert. (Clausen 2010, S.16)

Die zunächst zu treffenden strategischen Entscheidungen betreffen vor allem die Basis-Entscheidungen, inwiefern Messebeteiligungen als eines von vielen Marketing-Instrumenten zur Erreichung der Unternehmensziele geeignet sind. Wird diese Frage positiv entschieden, steht die Entscheidung an, welche der vielen – im In- und Ausland – stattfindenden Messen vom Unternehmen besucht werden sollen. Dabei sollten sowohl interne Informationen (Erfahrungen aus vergangenen Beteiligungen) als auch externe Daten ausgewertet werden.

Dies sollte für jede Messe, an der sich das Unternehmen beteiligt und an denen es sich bereits in der Vergangenheit beteiligt hat, jedes Mal neu untersucht werden, da sich sowohl die Messekonzepte als auch das Beschaffungsverhalten der Entscheider (Besucher) ändern.

Trotz der zunehmenden Bedeutung virtueller Informationsquellen wie dem Internet, hat sich die von Backhaus 1997 angenommene zunehmende Bedeutung „virtueller Messen“ (s. Abb. 8) bis heute nicht bestätigt. Auch neuere Befragungen zeigen, dass Menschen nicht auf den persönlichen Kontakt und das haptische Erleben bei ihrer Entscheidungsfindung verzichten wollen. Insofern bedeutet ein Messeverzicht ein nicht zu unterschätzendes Risiko für das betreffende Unternehmen.

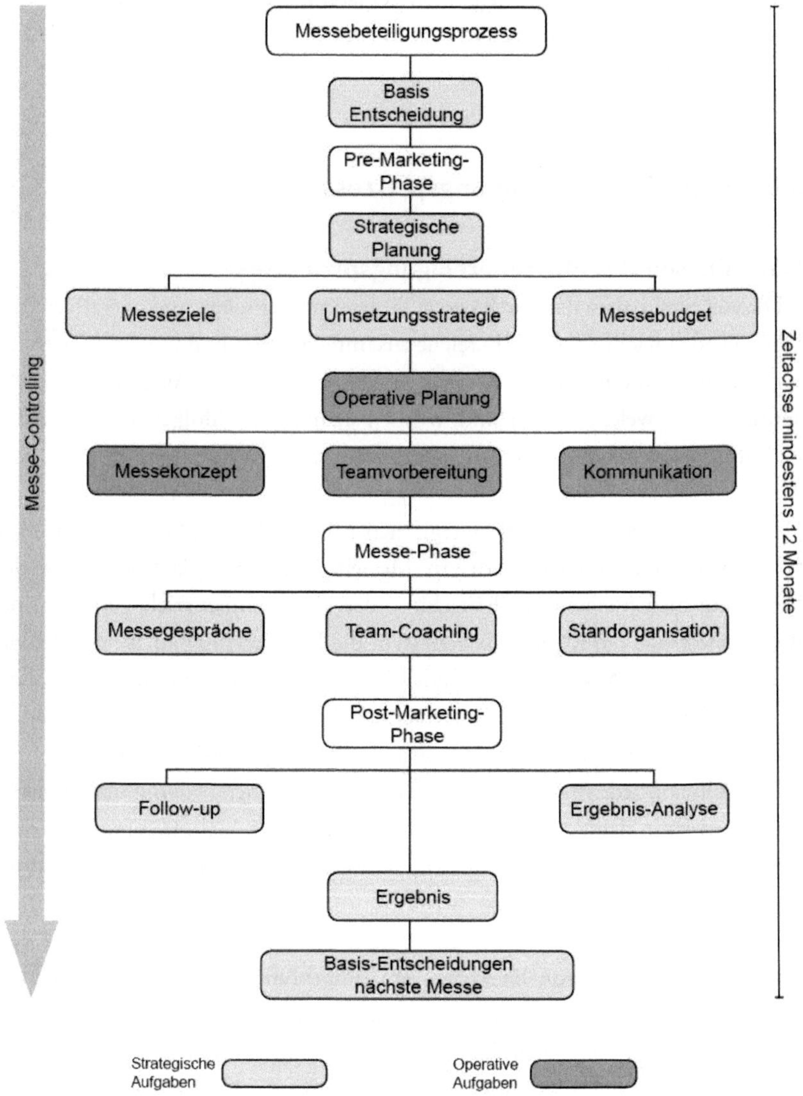

Abbildung 12: Darstellung des Messebeteiligungsprozesses
(Clausen 2010, S.16)

3.6.2 Strategische Planung im Messebeteiligungsprozess

Der eigentliche Messeprozess lässt sich, wie bereits in Abschnitt 3.2 beschrieben, in drei Phasen einteilen.

Die einzelnen Maßnahmen innerhalb dieser Phasen müssen formal, inhaltlich und zeitlich aufeinander abgestimmt werden.

In der Pre-Marketing-Phase müssen zunächst im Rahmen der strategischen Planung Entscheidungen getroffen werden. Diese werden dann in der operativen Planung umgesetzt. Die eigentliche Messe-Phase beginnt meist ein bis zwei Tage vor Messebeginn mit dem Team-Coaching und der endgültigen Standorganisation. Der Erfolg der nur ca. drei bis fünf Tage dauernden Messedurchführung hängt ganz entscheidend von der ca. sechs Monate dauernden Vorbereitungsphase ab (Clausen 2010, S.17).

Deren Dauer hängt von folgenden Faktoren ab:

- Qualität der Vertriebsdatenbank des Unternehmens
- Größe des Messestandes und
- Messestandort

Innerhalb der Pre-Marketing-Phase unterscheidet man zwei Aufgabenbereiche: Die strategische Planung und die operative Planung.

Wesentliche Parameter der strategischen Planung sind die Definition der quantitativen Messeziele und die Entwicklung der zur Zielerreichung erforderlichen Umsetzungsstrategie. Diese wird nachhaltig durch das zur Verfügung stehende Messebudget beeinflusst. Bereits in dieser Phase sollte das Vertriebsteam in den Entscheidungsprozess eingebunden werden. Eine frühzeitige Einbindung der „Messemannschaft" trägt meist wesentlich zu deren Motivation bei (Clausen 2010, S.17).

3.6.3 Messeziele

Von fast allen Unternehmen wird bei Befragungen (z.B. des AUMA) angegeben, dass Messeziele definiert und kontrolliert werden. Bei näherer Betrachtung sind diese jedoch sehr unspezifisch formuliert und definiert. Meist werden pauschal folgende Punkte genannt:

- Umsatz
- Neukundengewinnung
- Kontaktpflege mit Stammkunden

Erst eine nähere Beschäftigung mit den Messezielen legt offen, dass diese wesentlich mehrschichtiger sind. Dies belegen die regelmäßig durchgeführten Umfragen des AUMA, deren Ergebnisse in der nachfolgenden Aufzählung dargestellt werden:

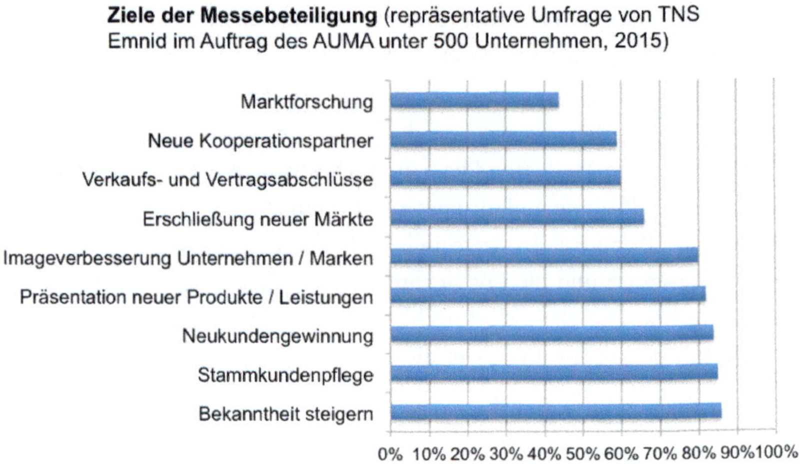

Abbildung 13: Ziele der Messebeteiligung
(AUMA 2016, S.23)

Bei der Zieldefinition wird zwischen quantitativen und qualitativen Zielen unterschieden. Während bei den quantitativen Zielen in der Regel Umsatz oder Neukundengewinnung genannt werden, beziehen sich die qualitativen Ziele meist auf die Themen Bekanntheitsgrad und Vermittlung eines positiven Images des Unternehmens.

Beide Zieltypen sollten so formuliert werden, dass sie einer späteren Überprüfung standhalten (Clausen, 2010, S.18).

Wenn man z.B. bei den quantitativen Zielen davon ausgeht, dass ein Kausalzusammenhang zwischen Messe- und Unternehmenszielen besteht, sollte die Zieldefinition der strategischen Ausrichtung des Unternehmens entsprechen. Es sollte möglichst klar definiert werden,

- mit welchem Produkt,
- in welcher Branche und / oder
- welchem Absatzgebiet

neue Kunden gesucht und bis wann ein Umsatz erzielt werden soll (Clausen 2010, S.19).

Diese Gattung der qualitativen Ziele deckt weiche, weniger klar quantitativ fassbare Ziele ab. Deren Definition hängt von der konkreten Unternehmenssituation ab. So spielen insbesondere für junge bzw. am Markt nicht sehr bekannte Unternehmen die qualitativen Ziele

- Erhöhung des Bekanntheitsgrades und
- Verbesserung des Firmenimages

eine große Rolle.

Auch bei qualitativen Zielen sollte festgelegt werden, in welcher Größenordnung sich die Veränderung bewegen soll (Clausen 2010, S.19).

Ein weiteres wichtiges Ziel ist die Informationsbeschaffung über Wünsche, Bedürfnisse und Erwartungen der Marktpartner.

Die Messe ist die ideale Plattform zur Informationsbeschaffung. Kein zweites Instrument bietet so viele Möglichkeiten, sich fundierte Kenntnisse über Bedürfnisse oder Erwartungen der Marktpartner zu beschaffen. Die meisten Aussteller nutzen diese Chance jedoch gar nicht oder nur halbherzig.

3.6.4 Budgetplanung

Die Kosten einer Messebeteiligung können nach externen und internen Kosten unterschieden werden.

Zu den externen Kosten gehören:

- Standmiete, Betriebskosten (Strom, Wasser etc.)
- Standbau/-ausstattung
- Standservice und Kommunikation
- Transport und Reinigung

Zu den internen Kosten gehören:

- Personal und Reisen
- andere Kosten

Die AUMA hat in diversen Erhebungen die durchschnittlichen Kosten einer Messebeteiligung ermittelt. Eine Erhebung des Ifo Instituts München im Auftrag der AUMA aus dem Jahr 2009 hat ergeben, dass die externen Kosten mehr als 50 Prozent der Gesamtkosten ausmachen (siehe Abbildung).

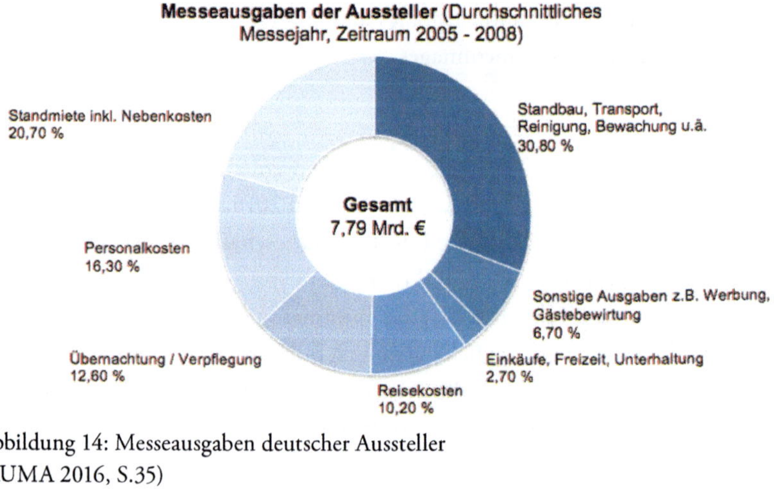

Abbildung 14: Messeausgaben deutscher Aussteller
(AUMA 2016, S.35)

Bei internationalen Messen in Deutschland liegt der Durchschnittswert pro Quadratmeter Standfläche in einem Spektrum von 750,00 Euro bis 950,00 Euro (AUMA 2016, S.35). Diese Zahlen sind jedoch nur ein grober Anhaltspunkt; die tatsächlichen Kosten können deutlich davon abweichen.

Auch für die Zukunft planen die Unternehmen keine wesentlichen Veränderungen, wie die neueste Umfrage des AUMA (2017a, S. 13) ergab. 57 Prozent der Befragten geben an, dass die Messeausgaben 2017 / 2018 gleich bleiben, 25 Prozent wollen die Ausgaben steigern und nur 17 Prozent diese reduzieren.

3.6.5 Umsetzungsstrategie

Nach der Definition der Messeziele müssen Strategien entwickelt werden, wie sich die gesetzten Ziele umsetzen lassen.

Wenn man von dem quantitativen Messeziel „10 Neukunden in Kategorie XY bis zum... zu gewinnen" (Clausen 2010, S.22) ausgeht, könnte man es dem Zufall überlassen, welche Besucher von dem Messestand angezogen werden und trotz ihres knappen Zeitbudgets die Zeit finden, sich mit dem Sortiment auseinander zu setzen.

Besser wäre es, bereits mehrere Wochen vor Messebeginn mit einer Neukundenakquisition zu beginnen und diese Kontakte gezielt auf den Messestand einzuladen.

Ziel dieser aktiven Messeakquisition ist es, so viele Terminabsprachen wie möglich bereits vor der Messe zu treffen. Untersuchungen haben gezeigt, dass Messebesucher aufgrund ihres eigenen Zeit- und Erfolgsdrucks ihren Messerundgang oft genau vorbereiten. Es ist daher sinnvoll, nicht nur den Messe-Termin, sondern auch die Lage des Messestandes und ggf. eine visuelle Darstellung in die Einladungen mit aufzunehmen. Außerdem sollte auf die Möglichkeit einer Terminvereinbarung mit den zuständigen Mitarbeitern deutlich hingewiesen werden.

Mit Sicherheit werden für die Akquise von zehn Neukunden wesentlich mehr Adressen benötigt. Zur Ermittlung der Menge gilt es zu prüfen wie sich bei zurückliegenden Messen die Kontakte bisher entwickelt haben. Bei dieser Entwicklung gibt es zwei wesentliche Kriterien: den Nietenfaktor (NF) und die Conversion Rate (C.R.). Letztere beschreibt die Umwandlungsrate vom Interessenten in einen kaufenden Kunden (Clausen 2010, S 21).

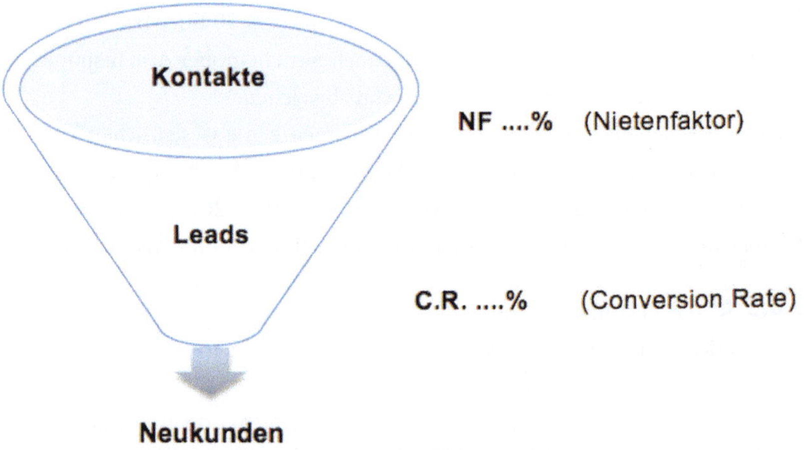

Abbildung 15: Vom Messekontakt zum Neukunden
eigene Darstellung in Anlehnung an Clausen (2010, S.21)

Die Grafik zeigt, dass eine Vielzahl an Kontakten eine wesentlich geringere Menge von Leads ergibt. Leads sind Kontakte, die sich aufgrund ihrer Qualität und Interessenslage für eine gezielte Bearbeitung lohnen bzw. das Potential haben, ein kaufender Kunde zu werden. Die entscheidende Aufgabe des Messeteams besteht darin, solche erfolgsversprechenden Leads zu identifizieren und zu qualifizieren (Clausen 2010, S.21). Auch wenn es schwer ist, rückwirkend eine C.R. zu ermitteln, so sollten jedoch zumindest Schätzungen im Vorfeld für eine realistische Zieldefinition herangezogen werden.

Hierzu ein fiktives Rechenbeispiel: Als Ausgangssituation wird angenommen, dass das Unternehmen eine C.R. von zehn Prozent hat und die Hälfte der bisherigen Messekontakte sich im Nachhinein als unbrauchbar erwiesen haben. Dann müssten mindestens 500 Gespräche geführt werden, um mit hoher Wahrscheinlichkeit am Ende 25 Neukunden zu generieren. Falls aufgrund von Werbemaßnahmen vor der Messe mit ca. 20 Prozent tatsächlichen Besuchern des Standes gerechnet wird, benötigt man ein Ausgangsmaterial von rund 2.500 „kalten Adressen“ (Adressen von neuen Interessenten), wie die folgende Berechnung zeigt.

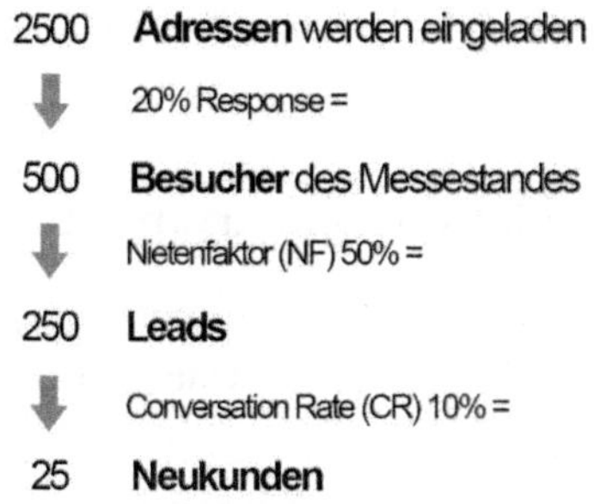

Abbildung 16: Von Adressen zum Neukunden
eigene Darstellung nach Clausen 2010, S. 21

Durch eine besonders attraktive Gestaltung(en), eventuell verbunden mit einem Messegeschenk als Incentive, lässt sich die Response-Rate stark beeinflussen. Diese liegt oft nur bei wenigen Prozent der Einladungen, kann aber durchaus auch die von uns angenommenen 20% und mehr erreichen.

Aus dem Beispiel ergibt sich eindeutig, dass die erste Schwachstelle der Nietenfaktor ist. Es ist der Parameter, der am Messestand direkt beeinflusst werden kann. Wenn es gelingt, diesen zu reduzieren, so lassen sich (bei sonst gleichen Parametern) automatisch mehr tatsächliche Kunden generieren.

Die Conversion Rate hängt von der intensiven Messe-Nachbearbeitung der Leads ab. Sie wird stark durch das Engagement des Verkaufsteams beeinflusst.

Fazit: Um den hohen Anteil des Messebudgets an dem des Marketings rechtfertigen zu können, ist die Erbringung eines Nachweises über die Effektivität und Effizienz von Messebeteiligungen erforderlich. Unternehmen sollten zunehmend darauf achten, ein professionelles Messe-Controlling durchzuführen, um dieser Forderung nachkommen zu können. Häufig wird eine Erfolgskontrolle der Messebeteiligung jedoch stark vernachlässigt oder nur oberflächlich durchgeführt. Viele Unternehmen sind der Meinung, dass sich der Erfolg des Messeauftritts aufgrund fehlender Instrumente nur sehr schwer messen lässt.

Das Messe-Controlling stellt zwar eine Herausforderung dar, es lassen sich jedoch immer mehr Instrumente einsetzen, die dabei helfen, wichtige Erkenntnisse über Erfolge oder Misserfolge von Messebeteiligungen zu treffen.

4 Ganzheitliche Kommunikation auf Messen

4.1 Multisensuale Marketinginstrumente auf Messen

Messeauftritte leben aus den persönlichen Kontakten mit den Besuchern und von den multisensorischen Eindrücken von Unternehmen und deren Produkten und Dienstleistungen.

Die bisherige Betrachtung hat sich an dem klassischen Schema der Einordnung von Messen in die Instrumente des Marketing-Mix orientiert. Dieses Schema war in der Vergangenheit stark quantitativ orientiert und wird u.a. dem multisensorischen Charakter von Messen als einem der Haupteinsatzgebiete der Live-Kommunikation nicht gerecht. Messen entziehen sich nämlich einer Bewertung im klassischen Intermedienvergleich, da auf der Messe die unmittelbare Begegnung zwischen Mensch und Exponat ohne Überbrückung durch ein Medium stattfindet (Neven, 2013, S. 7). Dies trifft noch stärker auf die ganzheitliche Wirkung der Messestände zu, die alle fünf Sinne in unterschiedlicher Intensität anspricht.

Wie bereits im Abschnitt 2.2.2 ausgeführt, zeigen die Ergebnisse der Hirnforschung u.a. von Stein und Meredith, dass eine stimmige multisensuale Ansprache zu einem Verstärkereffekt im Gehirn führt. Gegenüber unimodalen Stimulationen sorgt dieser Effekt dafür, dass ein Ereignis, wie z.B. der Besuch eines Messestandes bis zu zwölfmal stärker erlebt wird.

Dieser neuronale Verstärkereffekt wird auch als Emotional Boosting bezeichnet (Pütting, 2011, S.145).

Allerdings tritt der Verstärkungseffekt nur ein, wenn die multisensualen Signale ein widerspruchsfreies Gesamtbild ergeben. Die multisensualen Reize

- Sehen,
- Hören,
- Riechen und
- Fühlen

müssen daher im Hinblick auf eine stimmige Wirkung geplant werden.

4.2 Multisensuale Elemente sollten Teil des Messekonzeptes sein

Die Ergebnisse der im Zuge dieser Arbeit angefertigten empirischen Untersuchung verschiedener Messestände deuten darauf hin, dass diese meist lediglich unter architektonischen Gesichtspunkten geplant und umgesetzt werden. Multisensuale Aspekte finden m.E. keine explizite Beachtung.

Zwar wird in neueren Studien z.B. des AUMA (2011, S.23) die „gezielte Ansprache aller Sinne“ als Differenzierungsmerkmal mit „mittlerer“ Bedeutung herausgestellt, dabei aber m.E. übersehen, dass diese eben kein isoliertes Instrument ist, sondern dass die anderen genannten „Ansätze“ Teil der multisensualen Ansprache sind.

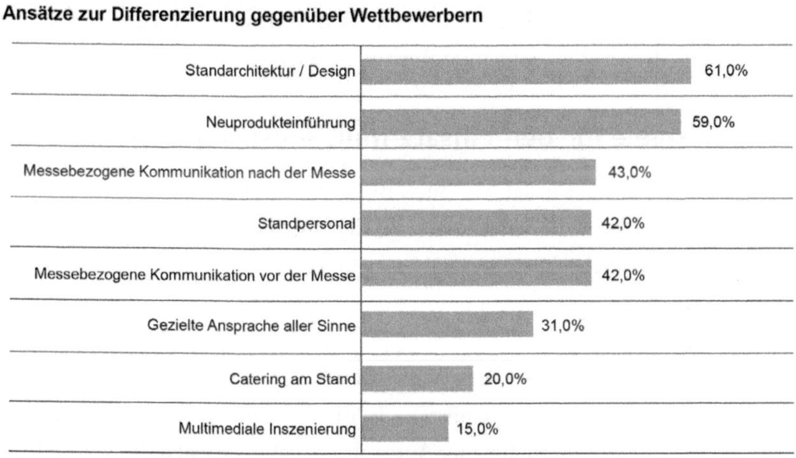

Abbildung 17: Differenzierungspotential gegenüber Wettbewerbern
(Ermer, 2017, S.1105, in Anlehnung an AUMA 2011, S.23)

In diesem Sinne stellt Ermer (2017, S. 1104) dar, dass „viel geeigneter jedoch als die Ansprache aller Sinne erscheint einer deutlichen Mehrheit der Befragten die Architektur bzw. das Design des für den Messeauftritt eingesetzten Messestands“.

Meiner Meinung nach ist ein Messestand in seiner Gesamtheit jedoch das multisensuale Element per se und nicht isoliert von dort eingesetzten Ansprachen zu sehen.

Den Gegensatz zwischen dem (oben kritisierten) klassischen Ansatz des Messemarketings im Gegensatz zu dem integrierten multisensualen Ansatz hat Reumschüssel von der E.ON Energie AG durch die Gegenüberstellung der Schlagworte „Money matters“ (Zitat von Milton Friedman) und „Das Gefühl macht's“ ausgedrückt (Reumschüssel, 2011, S. 53).

Nachfolgend soll daher versucht werden, Möglichkeiten des multisensualen Marketings im Zusammenhang mit Messebeteiligungen zu betrachten.

Die sich daraus ergebende Handlungsempfehlung, möglichst viele multisensuale Stimuli am gleichen Ort zur Verstärkung einer Marketingbotschaft einzusetzen, stößt jedoch oft an Grenzen. So sind bei vielen Markenartikeln die Elemente meist in langen Prozessen gewachsen und die Ergänzung um weitere Stimuli muss dieser Markenhistorie Rechnung tragen.

4.3 Beispiele für den Einsatz multisensualer Elemente

Lindstrom beschreibt in seinem Buch Brand Sense „multisensuale Geheimnisse hinter den Dingen, die wir kaufen“, so der übersetzte Untertitel (Lindstrom, 2010), einige Beispiele. Diese sind überraschend, teilweise unglaublich, wie die folgenden Beispiele zeigen.

Beispiel 1: Die Werbeagentur von Mitsubishi hat in zwei führenden US-amerikanischen Zeitungen eine Duftsubstanz in die Anzeigen gedruckt. Diese simulierte den lederartigen Geruch neuer Autos. Im Ergebnis stiegen die Verkäufe um 16 Prozent und das beworbene Fahrzeug (Lancer Evo X) war bei den Händlern innerhalb von zwei Wochen ausverkauft (Lindstrom, 2010, S. 15).

Beispiel 2: Kellogg's hat bei seinen Frühstücksflocken jahrelang den Zusammenhang zwischen dem knackigen Geräusch beim Essen („crunchy sound“) und dem beurteilten Geschmack hergestellt. Die Firma ließ schließlich in einem dänischen Unternehmenslabor einen besonderen „Sound“ entwickeln, der sich von dem anderer Frühstücksflocken unterschied. Ein Patentantrag wurde zwar abgelehnt, aber die Verkäufe gingen bei der Einführung des „neuen“ Produktes „durch die Decke“ (Lindstrom, 2010, S. 17).

Die Autoren Hartmann und Haupt konzentrieren sich in Ihrem Buch Touch! auf den Haptik-Effekt im multisensorischen Marketing und verweisen darauf, dass der Tastsinn der „überzeugendste Sinn“ ist und „unser Wahrheitssinn: Was wir spüren und für wahr empfinden das glauben wir. Wir können uns subjektiv nicht verfühlen, weswegen wir uns auf unseren Tastsinn verlassen: Wir drücken die Kiwi im Supermarkt, um ihre Reife festzustellen. Wir streicheln ein Auto bei der Probefahrt, um seine Qualität zu spüren oder wir greifen den Hammer im Baumarkt, um zu wissen, wie er in der Hand liegt. Was wir beim Berühren empfinden, dem vertrauen wir“ (Hartmann / Haupt, 2010, S. 63).

An einer Vielzahl von Beispielen zeigen die Autoren auf, dass der Haptik-Effekt Produktvorteile und Markenwerte spürbar macht.

Auf Messen und Ausstellungen nimmt die Haptik eine zentrale Rolle ein, da sie die Besucher animiert, die Marke und deren Botschaften zu berühren und sich dadurch besser daran zu erinnern. Insbesondere ungewöhnliche Materialien und Formen ziehen die Besucher an (Hartmann / Haupt, 2016, S. 236). Auch Anbieter immaterieller Produkte, wie z.B. Versicherungen oder Fondsgesellschaften, können durch geeignete Werbemittel ihre Produkte „spürbar“ machen und diesen dadurch eine haptische Dimension verleihen. Hartmann und Haupt (2016, S. 236) widmen dem Thema „Haptik auf Messen“ ein Kapitel und beschreiben den Einsatz erfolgreicher haptischer Instrumente. Der Erdgasanbieter Wintershall setzte z.B. Seifenblasen zur Besucheransprache auf internationalen Messen ein. Vom Standpersonal wurden kleine Fläschchen verteilt, mit denen die Besucher selber Seifenblasen „pusten“ konnten. Das Unternehmen machte dadurch das eigentlich unsichtbare Medium „Gas“ sicht- und fühlbar.

Der oben dargestellte Prozess der Markenführung sollte auch bei der Planung einer Messebeteiligung berücksichtigt werden. Gerade Messen ermöglichen in fast idealtypischer Weise, die wichtigsten Markensignale Produkte, Medien, Personen und Umfelder konsistent zu verbinden.

5 Befragung zu sensuellen Eindrücken als Benchmarking von Messeständen

5.1 Benchmarking als Instrument der Konkurrenzanalyse

Eine internationale Leitmesse, wie die Intersolar, bietet ein ideales Umfeld zur Konkurrenzanalyse. Im Rahmen von Konkurrenzanalysen hat sich das Konzept des Benchmarkings etabliert. Darunter wird ein (kontinuierlicher) Prozess verstanden, bei dem betriebliche Strategien, Produkte, Prozesse und Methoden über mehrere Unternehmen hinweg verglichen werden. Es geht also nicht nur darum, Unternehmen zu vergleichen bzw. zu bewerten, sondern möglichst detailliert Unterschiede und Verbesserungspotentiale herauszufinden (Backhaus, 1997, S. 157).

Ziel ist es, die Leistungen an den Bestleistungen innerhalb oder auch außerhalb der Branche zu verbessern (Watson, 1993, S. 12).

Die Einbeziehung von Unternehmen derselben Branche in das Benchmarking ist einerseits die am häufigsten verwendete Form dieser Methode. Diese weist aber andererseits auch die größten Datenbeschaffungsprobleme auf, da direkte Konkurrenten meist wenig Bereitschaft zeigen, Informationen weiter zu geben.

In dem hier vorliegenden Fall ging es darum, die sehr unterschiedlichen Messekonzepte in einer vergleichenden Studie hinsichtlich qualitativer Kriterien zu bewerten.

Angesichts der im Rahmen dieser Arbeit beschränkten Möglichkeiten, wurde in Zusammenarbeit mit dem Vorstand eines auf der Messe seit Jahren vertretenen Unternehmens das folgende Untersuchungsdesign gewählt.

Um einen Überblick über das Messe-Auftreten der konkurrierenden Unternehmen zu bekommen, wurde ein 8-seitiger Fragebogen für eine schriftliche Befragung entwickelt. Darin waren Fotos von zwölf ausgewählten Messeständen von Ausstellern auf der Intersolar Europe 2017 abgebildet. Die Auswahl wurde anhand des unterschiedlichen Einsatzes multisensualer Aspekte getroffen. Auch wurden bewusst Stände gewählt, die eine große Besucher-Frequenz hatten, jedoch auch solche, die überwiegend leer waren. Zudem wurde auf eine hohe Konzeptvariation der Stände geachtet, um ein möglichst breites Bild abfragen zu können.

Zur Bewertung wurden aussagekräftige Fotografien von Messeständen verwendet, welche am zweiten Messetag (1.06.2017) aufgenommen wurden.

Ziel des Benchmarking-Vergleiches bestand darin, durch die Auswertung der besonders positiv beurteilten Messestände, die am besten geeignetste Vorgehensweise und das beste Konzept zu analysieren, um diese Erkenntnisse in die zukünftigen Messekonzepte integrieren zu können.

5.2 Befragung zu sensuellen Eindrücke auf der Intersolar Europe 2017

Während der Intersolar Messe vom 31. Mai bis 02. Juni 2017 hat sich gezeigt, dass eine Befragung zu den Eindrücken – insbesondere auch aus sensuellen Gesichtspunkten – ein wichtiger Bestandteil der Erfolgskontrolle der aufwändigen Messebeteiligung sein sollte.

Zu diesem Zweck wurde im direkten Nachgang der Messe „Intersolar Europe 2017" eine Befragung zu sensuellen Eindrücken durchgeführt.

Befragt wurden insgesamt 80 Personen. Die Stichprobe umfasste sowohl Besucher der Intersolar, als auch allgemeine Messebesucher, die im Jahr 2017 die Intersolar nicht besucht hatten, wohl aber andere Messen. Die Befragten kamen zum größten Teil aus dem Solar-Business. Darunter fielen Messebauer, Besucher, Kunden Ausstellern auf der Messe.

Die Auswahl erfolgte durch die zufällige Ziehung von Adressen aus einem Datenpool nach den folgenden Kriterien.

- 40 Interessenten (je 20 Kunden und Nichtkunden),
- 20 Lieferanten (zehn aus dem Solarbereich) und
- 20 sonstige Messebesucher (Vertreter von Messeaufbaufirmen, Werbeagenturen, Verlagen und Beratungsunternehmen).

Der Besuch der Intersolar war dabei kein Auswahlkriterium.

Als Initiator und Empfänger des Fragebogens wurde die Verfasserin genannt mit dem Hinweis, dass es sich um einen Teil einer wissenschaftlichen Arbeit handle. Um die Rücklaufquote zu erhöhen, wurde allen Antwortenden die Zusendung eines ausführlichen Berichts über die Ergebnisse der Umfrage zugesichert.

Einige der relevanten Ergebnisse werden im Folgenden dargestellt und analysiert.

5.2.1 Befragungsdesign und Gestaltung des Fragebogens

Die Befragung wurde mithilfe des Layout- und Satzprogramms „InDesign" erstellt und umfasste insgesamt 8 Hauptfragen, mit jeweiligen Unterkategorien, die in einer interaktiven PDF-Datei ausgefüllt werden konnten. Die Auswertung des Fragebogens erfolgte mit dem Tabellenkalkulationsprogramm „Excel".

Insgesamt umfasst der Fragebogen 8 DIN A4 Seiten. Die erste Seite zeigt das Titelbild, welches in den Farben Rot, Dunkel- und Hellgrau – entsprechend dem Corporate Design der Dualen Hochschule Baden-Württemberg (DHBW) – gestaltet ist.

Auf den zwei folgenden Seiten werden zwölf bewusst ausgewählte Fotografien von Messeständen, welche sich auf der Intersolar befanden, aufgezeigt. Die Auswahl der abgebildeten Messestände wird im Abschnitt 5.2.3 näher erläutert. Bei sämtlichen Fotos wurde jedes erkennbare Logo oder sonstige Markenzeichen entfernt, um die Befragten nicht durch bekannte Marken in ihren Einschätzungen zu beeinflussen.

Auf Seite vier des Fragebogens sind die Messestände nochmals in klein abgebildet, um dem Befragten die Beantwortung der folgenden Fragen am Bildschirm zu erleichtern, da somit nicht auf die vorherigen Seiten zurückgeblättert werden musste. Die Fragen 1 bis 3, welche sich auf derselben Seite befinden, beziehen sich auf die zwölf abgebildeten Messestände. Aus diesen sollten pro Frage vier verschiedene ausgewählt und mit ihrer jeweiligen Ziffer in die dafür vorgesehenen Kästchen eingetragen werden.

Die erste Frage „Wie einladend ist der Messestand?" zielt darauf ab, welcher der Messestände einladend ist und welcher nicht.

Bei der zweiten Frage „Welcher Messestand hat den besten Wiedererkennungswert?" geht es um den Wiedererkennungswert und bei der dritten „Auf welchem Messestand fühlen Sie sich am ehesten wohl?" um den Wohlfühlfaktor.

Um die dritte Frage zu vertiefen, beschäftigt sich die vierte Frage „Was ist Ihnen beim Wohlfühlfaktor wichtig?“ mit einzelnen Facetten, die den Wohlfühlfaktor bestimmen. Dabei sollte herausgefunden werden, wie wichtig einzelne ausgewählte Faktoren den Befragten sind, um sich auf einem Messestand wohlzufühlen. Dabei werden die Einstellungen zu Licht, Geruch, Standdesign, Bewirtung, Unterhaltung (z.B. Musik), Aktivitäten oder Spielen (z.B. Virtual Reality Brillen) und Produktpräsentationen abgefragt.

Die fünfte Frage „Wie wichtig sind Ihnen die nachfolgenden Faktoren beim Besuch eines Messestandes?“ wurde aufgeteilt in 20 alphabetisch (a bis t) sortierte Unterfragen. Bei diesen Fragen soll der Befragte angeben, wie wichtig ihm die einzelnen angegebenen Aspekte sind. Die Fragen wurden zuvor nach unterschiedlichen Kriterien ausgewählt und im Nachgang im Fragebogen bewusst umsortiert, um dem Befragten keine gezielte Struktur zu geben.

Bei den Fragen 4 und 5 wurde eine Skala nach dem Schulnotensystem gewählt, welche es dem Befragten ermöglicht, zwischen den Zahlen 1 bis 6 die für ihn relevante Bewertung anzukreuzen. Dabei gilt, dass 1 sehr wichtig bedeutet, 6 hingegen unwichtig. Innerhalb dieser Skala soll der Befragte seine Einschätzung abgeben. Diese Skala wurde gewählt, da keine klare Mitte angegeben werden kann. Der Befragte kann sich nur für eine positive oder negative Richtung entscheiden, da es aufgrund der sechs Zahlen keinen klaren Mittelwert gibt. Zudem ist dieses System den meisten Befragten bereits bekannt und kann somit ohne viel Erklärung und Anstrengung des Befragten korrekt umgesetzt werden, wodurch Missverständnisse und somit fehlerhafte Angaben weitgehend ausgeschlossen werden können.

Alle Fragen – angefangen bei Nummer eins bis einschließlich aller Unterfragen von Frage fünf – wurden systematisch im Vorfeld unter den folgenden Oberkategorien sortiert.

In der Frage 6 wird die Häufigkeit der Messebesuche anhand der drei Antwortmöglichkeiten: „ein- bis zwei-mal“, „drei- bis fünf-mal“ und „sechs-mal oder mehr“ analysiert. Weiterhin soll sich der Befragte einem Geschlecht und einer Altersgruppe zuordnen.

Zum Abschluss soll der/die Befragte angeben, ob er die Intersolar Europe im Jahr 2017 besucht hat.

5.2.2 Ziel der Befragung

Das Ziel der Befragung war es, herauszufinden, welche Faktoren den Messebesuchern wichtig erscheinen und wie sie verschiedene Messestände einschätzen. Durch ein Benchmarking der Unternehmen und deren Messestände können Erkenntnisse zur Verbesserung des Konzeptes für zukünftige Messebeteiligungen gewonnen werden.

Untersucht wird weiter, inwieweit den Messebesuchern die Verwendung von sensuellen Einflussfaktoren beim Besuch eines Messestandes bewusst wichtig ist. Zudem sollen mit Hilfe der durchgeführten Befragung indirekt die Wünsche und Vorlieben von Messebesuchern analysiert werden, um daraus Handlungsempfehlungen für die Messeplanung ableiten zu können.

5.2.3 Konzept der Befragung

Bei der Intersolar Europe wurden während des Messebetriebes Fotografien von auffallenden und polarisierenden Messeständen gemacht, bei denen auch zum Teil sensuelle Faktoren eine Rolle spielten. Aus diesen Bildern wurden dann von einem Auswahlteam zwölf Fotos von typischen Messeständen selektiert. Dabei wurde auch auf möglichst gegensätzliche Messestandtypen Wert gelegt, um eine möglichst große Bandbreite zu erreichen. Ausgewählt wurden somit teilweise klassische Messestände (wie beispielsweise Nummer 10), lang gezogene (8), leere (2), voll gestellte (5), offene (6), geschlossene (3), bunte (7), verwinkelte (4), formvolle (12), dunkle (11), helle (1) und technische Messestände (9).

Es sollte ein möglichst breites Bild von verschiedenen Messeständen gezeigt werden, um eine deutliche Tendenz der favorisierten ausmachen zu können.

Abbildung 18: Bilder der ausgewählten Messestände auf der Intersolar Europe 2017 (eigene Darstellung)

5.2.4 Durchführung der Befragung

Die Aussendung der Fragebögen erfolgte per E-Mail an die ausgewählten Personen am 07. Juni. Es wurde eine Rücklaufquote von 40 bis 50 Prozent angestrebt. Nach acht Tagen und erneut nach 16 Tagen erfolgte eine Erinnerung.

Insgesamt trafen bis zum 15. Juni 16 Fragebögen und bis zum 23.Juni 35 Fragebögen ein. Eine weitere Erinnerung führte zu drei weiteren Fragebögen, bevor aus Zeitgründen am 26. Juni die Auswertung mit 38 ausgefüllten Fragebögen begonnen wurde. Die Rücklaufquote von 48 Prozent kann als sehr gutes Ergebnis gewertet werden.

5.3 Auswertung der Befragung

Bei der Auswertung wurden zunächst alle Fragen in einzelne „Blätter“ aufgeteilt, sodass diese jeweils im Einzelnen aufgerufen werden konnten. Jeder abgegebene Fragebogen erhielt eine Nummer, die im weiteren Verlauf die Verknüpfung von verschiedenen Erhebungsdaten ermöglichte. Die abgegebenen Antworten wurden dann in einzelne Tabellen eingepflegt.

Bei den Fragen 1 bis 3 wurde eine Verknüpfung der abgegebenen Bewertung der Messestände eingefügt, sodass die Stände jeweils einzeln bewertet werden konnten. Diese Werte wurden dann in Balkendiagrammen nach den einzelnen Bewertungskategorien (z.B. „sehr einladend“, „einladend“, „weniger einladend“, „nicht einladend“) abgebildet.

Bei näherer Betrachtung der Ergebnisse stellte sich heraus, dass diese unzureichende Informationen offenlegten, da sie die Häufigkeit der abgegebenen Stimmen für jeden einzelnen Messetand in Relation zur Gesamtanzahl aller abgegebenen Stimmen nicht widerspiegelten. Wurde ein Messestand nämlich gar nicht in dem Auswahlprozess genannt, schlug sich das Werturteil „Nichtbeachtung aufgrund fehlender Attraktivität“ in den Ergebnissen nicht entsprechend nieder.

Aufgrund dieser Erkenntnis wurde ein eigenes Verfahren zur sinnvollen Abbildung der erhobenen Werte entwickelt, sodass auch ein ignorierter Messestand eine entsprechende (negative) Bewertung bekam, um in das Ranking mit einbezogen werden zu können.

Frage 1: „Wie einladend ist der Messestand?“

Aufgrund der vier Skalenwerte („sehr einladend“, „einladend“, „weniger einladend“, „nicht einladend“) konnte nicht von einer gleichgewichteten Schulnotenskala ausgegangen werden. Die Attribute mussten somit jeweils mit einem bestimmten Faktor versehen werden. So wurde das positive Attribut („sehr einladend“) mit einem Faktor von 1 multipliziert. Das nächste Attribut („einladend“) wurde mit einem Faktor von 2,5, das weitere („weniger einladend“) mit einem Faktor von 4 und das negative Attribut („nicht einladend“) mit einem Faktor von 6 multipliziert. Diese Werte wurden dann addiert und durch die Summe der für diesen Messestand abgegebenen Stimmen geteilt.

Frage 2: „Welcher Messestand hat den besten Wiedererkennungswert?“

Bei der Frage 2 stellte sich dieselbe Problematik wie bei Frage 1 dar. Hier wurden die Skalenwerte ebenfalls mit den jeweiligen Faktoren gewichtet. Ein „sehr hoher Wiedererkennungswert“ wird somit mit dem Faktor 1 multipliziert, ein „hoher Wiedererkennungswert“ mit dem Faktor 2,5, „wenig Wiedererkennungswert mit dem Faktor 4 und „kein Wiedererkennungswert“ mit dem Faktor 6 gewichtet.

Frage 3: „Auf welchem Messestand fühlen Sie sich am ehesten wohl?“

Die Frage 3 wurde schließlich mit derselben Bewertungsskala, wie Frage 1 und 2 versehen. Hier wird ein „sehr hoher Wohlfühlfaktor“ mit einem Multiplikand von 1, ein „hoher Wohlfühlfaktor“ mit dem Multiplikator 2,5, „wenig Wohlfühlfaktor“ mit dem Multiplikand 4 und „kein Wohlfühlfaktor“ mit dem Multiplikator 6 gewichtet.

Um die Beachtungsintensität entsprechend in einer Darstellung zu verdeutlichen werden die errechneten Werte von einem fixen Wert, der größer als die höchste errechnete Beachtungsintensität ist, abgezogen. Damit wird erreicht, dass der höchste Balken im Diagramm den positiv bewerteten Messestand verdeutlicht und konform dazu der niedrigste Balken den negativ bewerteten Messestand darstellt.

Da auch die Frage gestellt wurde, ob die Befragten auf der Intersolar Europe 2017 zugegen waren, werden die Fragen 1 bis 3 mit diesen Antworten verknüpft, um die These zu untersuchen, dass Besucher der Messe – die ggf. einige oder alle der ausgewählten Messestände bereits gesehen und besucht haben – die Stände anders beurteilen, als diejenigen, die nicht zugegen waren. Weiter formuliert umfasst die These auch, dass durch den Besuch der Messestände die Befragten viel mehr Informationen, wie beispielsweise sensuelle Faktoren, einem Stand zuordnen können, als jemand, der den Stand lediglich auf einem Foto aus einer festgelegten Perspektive betrachtet.

Frage 4: „Was ist Ihnen beim Wohlfühlfaktor wichtig?"
Frage 5: „Wie wichtig sind Ihnen die nachfolgenden Faktoren beim Besuch eines Messestandes?"

Die Fragen 4 und 5 werden, wie bereits erwähnt, mithilfe einer Schulnotenskala durchgeführt. Dabei wird eine Durchschnittsnote für jedes abgefragte Kriterium gebildet. Um die Kriterien nach ihrer Wichtigkeit sortieren zu können, wird die jeweilige Durchschnittsnote von einem festgelegten Wert (in diesem Fall sieben) abgezogen und in ein Balkendiagramm übertragen. Somit verdeutlicht der höchste Balken das am besten bewertete Kriterium und entsprechen dazu der niedrigste Balken das am schlechtesten bewerte Merkmal.

5.3.1 Darstellung der Ergebnisse der Befragung

Besucht wurde die Messe Intersolar Europe 2017 von 58 Prozent der Befragten. Die übrigen 42 Prozent haben andere Messen besucht. Aufgeteilt ist die Gesamtheit der Befragten in 63 Prozent männliche Personen, die zu 67 Prozent über 50 Jahre alt sind und 37 Prozent weiblichen Personen, bei denen das durchschnittliche Alter mit 36 Prozent zwischen 41 und 50 Jahren liegt. Durchschnittlich besuchen alle Befragten zu 55 Prozent Messen zwischen drei- und fünf-mal im Jahr.

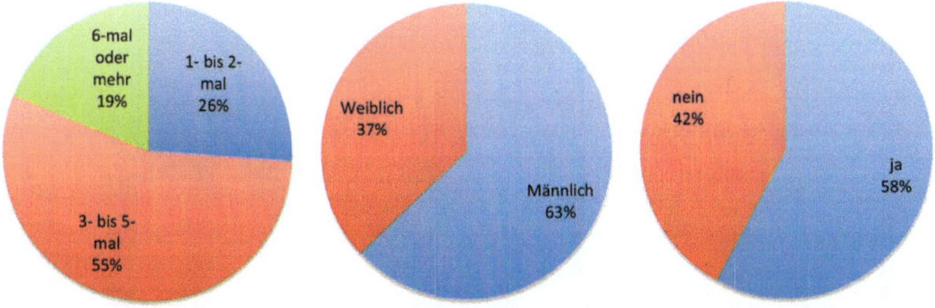

Abbildung 19: Frage nach der Häufigkeit der durchschnittlichen Messebesuche im Jahr, dem Geschlecht und nach dem Besuch der Intersolar Europe 2017

5.3.2 Einladende Atmosphäre der Messestände

Die Frage 1 „Wie einladend ist der Messestand?" wurde wie folgt von den Befragten beantwortet.

Unter Berücksichtigung der Beachtungsintensität wird der Messestand Nummer 6 als „sehr einladend" wahrgenommen. Auf Platz zwei befindet sich der Stand Nummer 7". Am schlechtesten schneidet der Messestand Nummer 8 bei der einladenden Atmosphäre ab.

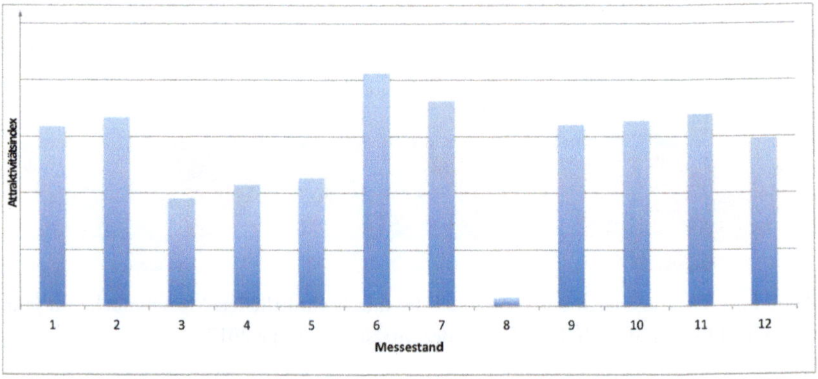

Abbildung 20: Einladende Wirkung ausgewählter Messestände
(Auswertung zu Frage 1)

Betrachtet man im Gegenzug die Ergebnisse der Befragten, die auf der Intersolar Europe 2017 Besucher waren (Gruppe 1) und die Ergebnisse derjenigen, die nicht auf der besagten Messe waren (Gruppe 2), getrennt voneinander, ergibt sich das folgende Bild.

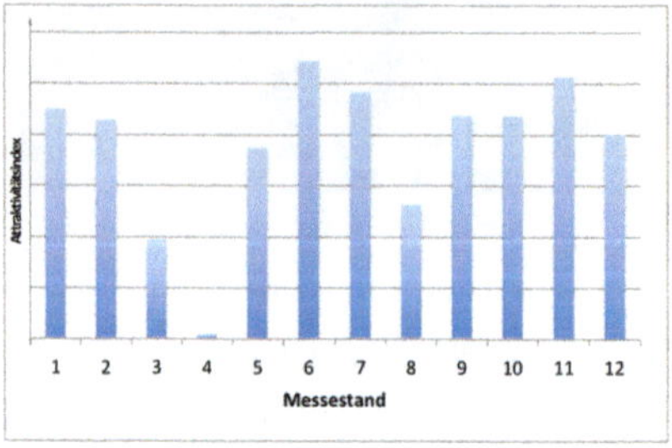

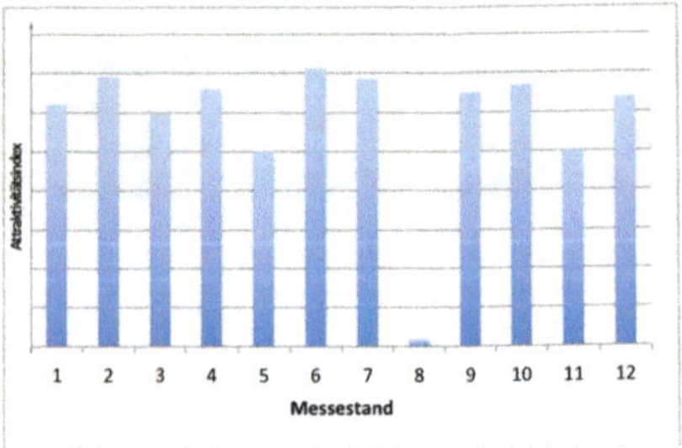

Abbildung 21: Einladende Wirkung für Gruppe 1 (links) und für Gruppe 2 (rechts)

Während sich die sowohl die Besucher der Messe (Gruppe 1) als auch die nicht Anwesenden (Gruppe 2) einig beim ersten Platz mit Stand Nummer 6 sind, gehen die Meinungen beim zweiten Platz auseinander. Gruppe 1 findet Stand Nummer 11 einladend, während Gruppe 2 Stand Nummer 2 als einladend bewertet. Bei den Besuchern der Messe wird Stand Nummer 4 am schlechtesten bewertet, während die Gruppe 2 Stand Nummer 8 am wenigsten einladend empfindet.

5.3.3 Wiedererkennungswert der Messestände

Bei Frage 2: „Welcher Messestand hat den besten Wiedererkennungswert?“ wird nach dem jeweiligen Wiedererkennungswert gefragt. Hierbei ergeben sich wieder unter Berücksichtigung der Beachtungsintensität relativ homogene Ergebnisse.

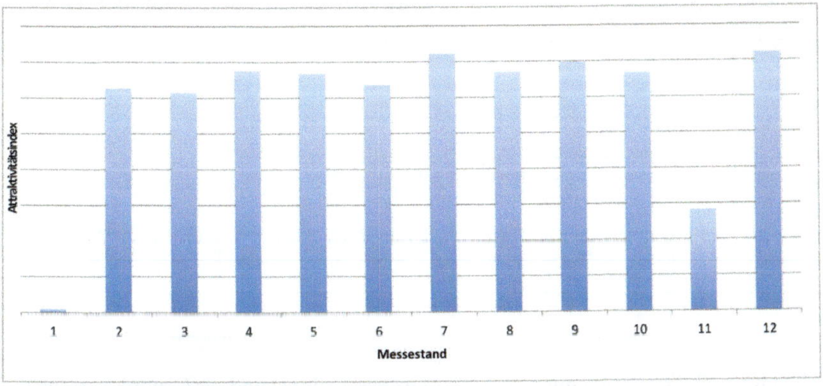

Abbildung 22: Wiedererkennungswert ausgewählter Messestände (Auswertung zu Frage2)

Den höchsten Wiedererkennungswert weist Stand Nummer 12 auf. An zweiter Stelle steht Stand Nummer 7. Wenig Wiedererkennungswert weist hingegen der Messestand Nummer 11 auf. Keinen Wiedererkennungswert hat nach der Meinung aller Befragten Stand Nummer 1.

Schaut man sich hingegen dieser Ergebnisse wieder speziell die Einschätzungen der Gruppen 1 und 2 an, fällt auf, dass Stand Nummer 7 den höchsten Wiedererkennungswert aufweist bei der Gruppe 1, während bei Gruppe 2 Stand Nummer 12 am besten in dieser Kategorie abschneidet. An zweiter Stelle für die Gruppe 1 steht dann ebenfalls Stand Nummer 12, während sich die Gruppe 2 für Stand Nummer 9 ausspricht. Am schlechtesten werden Stand Nummer 1 und 11 von Gruppe 1 und 2 gleichermaßen bewertet. Interessant ist auch, dass der bei den Besuchern (Gruppe 1) völlig abgewertete Messestand Nummer 1 bei den Nichtbesuchern (Gruppe 2) relativ gut abschneidet. Beim Stand Nummer 11 ist es umgekehrt.

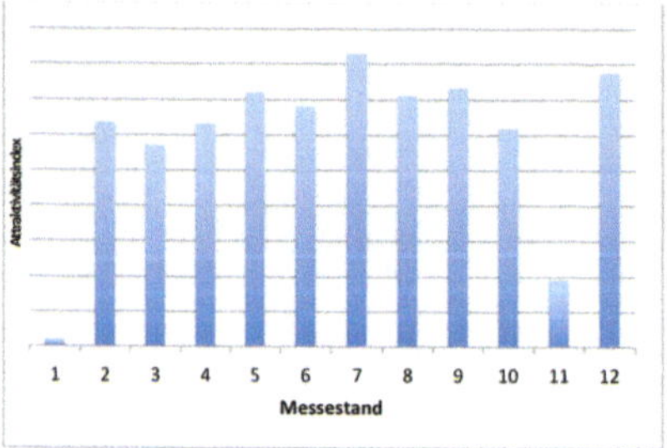

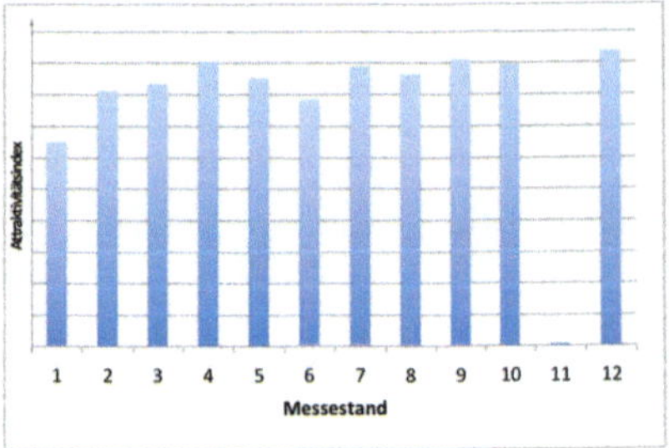

Abbildung 23: Wiedererkennungswert für Gruppe 1 (links) und für Gruppe 2 (rechts)

5.3.4 Wohlfühlfaktor auf den Messeständen

Die Frage 3: „Auf welchem Messestand fühlen Sie sich am ehesten wohl?“ befasst sich mit dem Wohlfühlfaktor auf den einzelnen Messeständen. Wieder lässt sich bei der Gesamtauswertung unter Einbeziehung der Beachtungsintensität ein klares Bild erkennen.

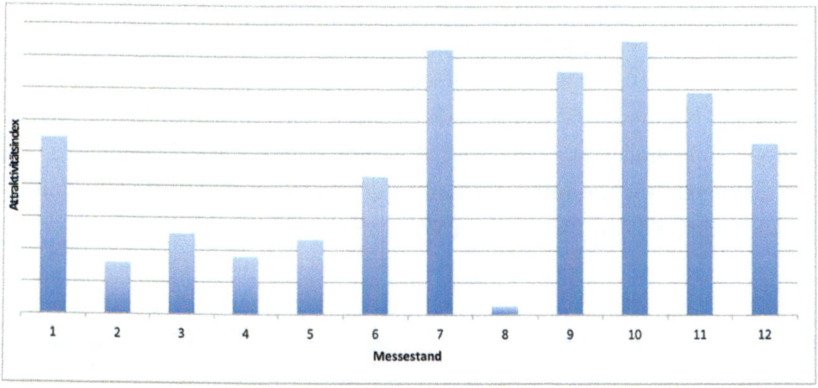

Abbildung 24: Wohlfühlfaktor ausgewählter Messestände
(Auswertung zu Frage 3)

Am wohlsten fühlt sich die Gesamtheit der Befragten auf dem Stand Nummer 10. Mit geringem Abstand steht an zweiter Stelle Stand Nummer 7. Keinen Wohlfühlfaktor strahlte der Stand Nummer 8 aus. Auch die Stände 2 bis 5 liegen im unteren Bewertungsfeld, hinsichtlich des Wohlfühlcharakters.

Betrachtet man abermals die Ergebnisse differenziert nach Messebesuchern und Nicht-Messebesuchern fällt auf, dass Stand Nummer 7, dicht gefolgt von Stand Nummer 10, vorne bei den Besuchern der Messe liegt, während die Gruppe 2 Stand Nummer 10 und 9 präferieren, wenn es um den Wohlfühlfaktor geht. Gruppe 1 empfindet den geringsten Wohlfühlfaktor bei Stand Nummer 3. Bei den Befragten, die die Intersolar Europe 2017 nicht besucht haben, vermittelt Stand Nummer 4 den schlechtesten Wohlfühlcharakter.

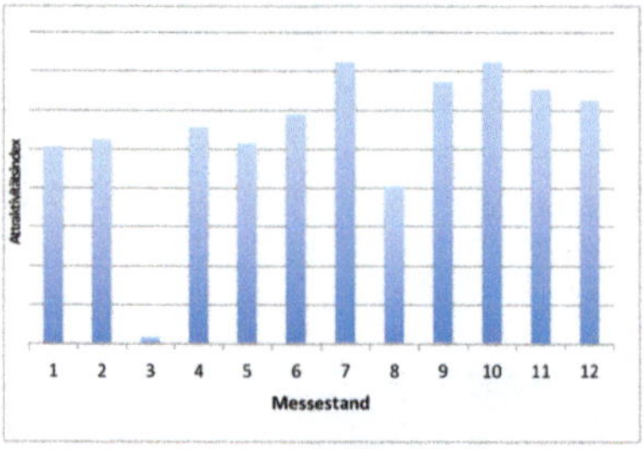

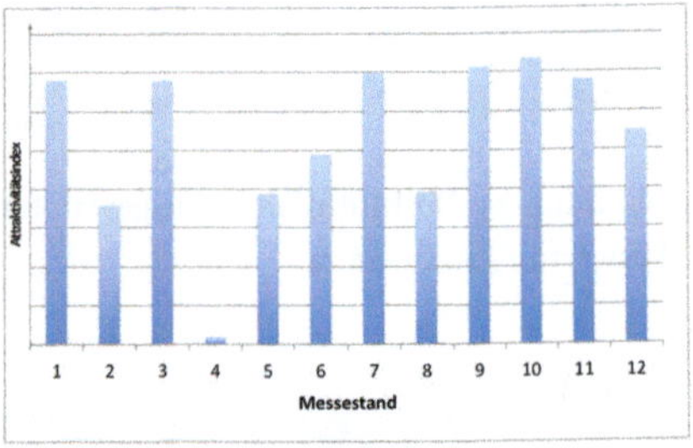

Abbildung 25: Wohlfühlfaktor für Gruppe 1 (links) und für Gruppe 2 (rechts)

5.3.5 Facetten des Wohlfühlfaktors

Bei der Frage 4: „Was ist Ihnen beim Wohlfühlfaktor wichtig?" wird nach der Einschätzung verschiedener zuvor ausgewählter Bestimmungsfaktoren des Wohlfühlfaktors gefragt. Insgesamt werden sieben Faktoren aufgezählt, welche anhand einer Schulnotenskala nach ihrer Wichtigkeit bewertet werden sollen. Diese Faktoren sind Licht, Geruch, Standdesign, Bewirtung, Unterhaltung (z.B. Musik), Aktivitäten oder Spiele (z.B. Virtual Reality Brillen) und Produktpräsentation. Diese wurden aufgrund ihrer sensuellen Eigenschaften ausgesucht, um herauszufinden, welche Sinne die Besucher bewusst einsetzen beim Bewerten eines Messestandes.

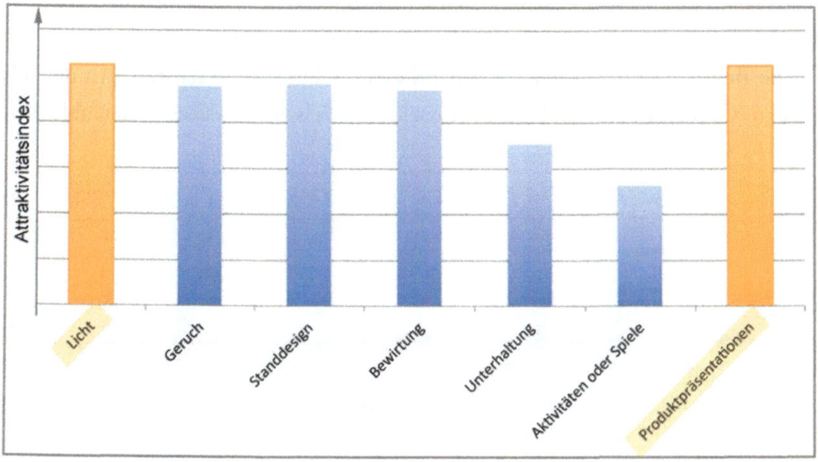

Abbildung 26: Bedeutung ausgewählter Kriterien auf den Wohlfühlfaktor (Auswertung zu Frage 4)

Die Auswertung der Antworten zu der Bedeutung von Messestandangeboten hinsichtlich des Bewertungskriteriums „Wohlfühlen“ zeigt, dass die Faktoren „Licht“ und „Produktpräsentationen“ den Befragten am wichtigsten für Ihr Wohlbefinden auf einem Messestand sind. Wichtig sind ihnen zudem Faktoren, wie der Geruch, das Standdesign und die Bewirtung. Eher unwichtig schätzen die Befragten „Unterhaltung“ und „Aktivitäten oder Spiele“ ein.

5.3.6 Bedeutung ausgewählter Aspekte beim Besuch eines Messestandes

In der Literatur wird eine Vielzahl von Maßnahmen zur Verbesserung der Attraktivität von Messeständen bzw. zur Erhöhung der Besucherfrequenz vorgeschlagen. Kaum untersucht wird hingegen die jeweilige Bedeutung der einzelnen Kriterien zur Zielerreichung.

Die Frage 5: „Wie wichtig sind Ihnen die nachfolgenden Faktoren beim Besuch eines Messestandes?“ befasst sich deshalb mit insgesamt 20 Unterkategorien, die bereits im Abschnitt 5.3.1 differenzierten Oberkategorien zugeordnet wurden. Diese sollten von den Befragten im Einzelnen nach Ihrer Bedeutung beurteilt werden. Ziel dieser Frage ist, herauszufinden auf welche Aspekte die Besucher

Wert legen und welche Faktoren somit von ausstellenden Unternehmen beachtet werden sollten bzw. auf welche verzichtet werden kann.

Die Bewertung findet wieder anhand einer Schulnotenskala statt. An der folgenden Grafik lassen sich die Ergebnisse der einzelnen Unterkategorien ablesen.

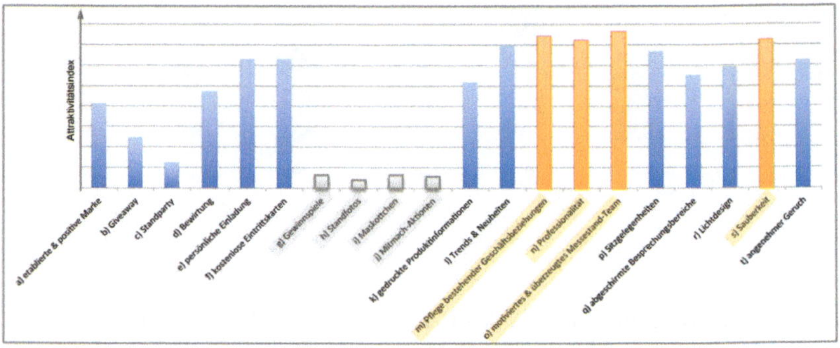

Abbildung 27: Bedeutung ausgewählter Aspekte beim Besuch eines Messestandes (Auswertung zu Frage 5)

Die Ergebnisse der Befragung brachten einige überraschende Erkenntnisse zum Vorschein. Diese betrafen vor allem die in den unteren Bewertungsbereich eingestuften Aspekte.

Als sehr unwichtig werden „Gewinnspiele", „Stand- bzw. Unternehmens-Maskottchen", „Mitmach-Aktionen" und „Standfotos" bewertet.

Auch „Standpartys" werden als eher unwichtig angesehen. Diese finden immer an einem der Messetage zum Ende der regulären Ausstellzeit an dem jeweiligen Stand des Unternehmens statt. Dieses Event birgt für den veranstaltenden Aussteller einen hohen Kostenfaktor, da oftmals Live-Bands und ein luxuriöses Catering organisiert werden. In einigen Kommentaren wurde dazu geäußert, dass nach einem anstrengenden Messetag die Besucher andere Arten der Entspannung mit anderen Leuten suchen (z.B. im Biergarten).

Ebenfalls weniger wichtig schätzen die Besucher „abgeschirmte Besprechungsbereiche", „gedruckte Produktinformationen", die „Bewirtung" und „eine etablierte und positive Marke" des Unternehmens ein.

Die nur mittlere Bedeutung einer etablierten Marke für den Besuch eines Messestandes kann damit begründet werden, dass Messen vor allem auch auf der Suche nach neuen Anbietern und Angeboten besucht werden.

Eher unwichtig werden auch „Giveaways" bewertet, also kleine Geschenke, welche die Unternehmen an die Besucher verteilen. Damit sollen die Besucher bereits auf der Messe Werbung machen, zudem aber auch im Nachhinein beim Verwenden dieser Gegenstände immer an das Unternehmen erinnert werden und positive Erinnerungen damit verknüpfen. Hier sollte allerdings eine Differenzierung vorgenommen werden. Während bei der hier untersuchten Photovoltaik-Messe oft nur Kleinigkeiten, wie Kugelschreiber, Süßigkeiten o.ä. verteilt werden, die von den Besuchern als nicht herausragend nützlich und sinnvoll eingesehen werden, werden auf anderen Branchenmessen oftmals kreative und nützliche bzw. praktische „Giveaways" verteilt. Somit sollte dieser Aspekt kritisch überprüft werden und kann nicht auf andere Messeveranstaltungen simultan übertragen werden.

Der Einsatz von emotionalen und nachhaltigen „Giveaways" zeigt z.B. Kolb eindrucksvoll anhand von Beispielen (Kolb, 2013, S. 57).

Im oberen Bewertungsbereich wurden die folgenden Aspekte in absteigender Reihenfolge als sehr wichtig eingestuft:

1. Motiviertes und überzeugtes Messestandteam,
2. Pflege bestehender Geschäftsbeziehungen,
3. Professionalität,
4. Sauberkeit,
5. Trends und Neuheiten und
6. Sitzgelegenheiten

Mit einem geringen Abstand folgten:

7. persönliche Einladung und kostenlose Eintrittskarten,
8. angenehmer Geruch,
9. Lichtdesign und
10. abgeschirmte Besprechungsbereiche

5.4 Zusammenfassende Interpretation der Ergebnisse

5.4.1 Überraschende Ergebnisse

Die Auswertung der Befragung erbrachte eine Vielzahl von interessanten Ergebnissen. Diese waren selbst für einen sehr erfahrenen „Messemanager“, welcher bereits nach eigenen Angaben über 100 Messebeteiligungen für Unternehmen unterschiedlicher Branchen organisiert und durchgeführt hat, überraschend.

Die Tendenz der Ergebnisse ergab sich bereits nach der Auswertung der ersten Rückläufe am 15. Juni 2017. Sie zeigte, dass die Größe der Messestände und die Markt-Bedeutung der Unternehmen nicht automatisch zu den besten Ergebnissen führten und sich auch keine eindeutigen „Sieger“ herauskristallisierte.

Diese spezifische Branchenmesse der Photovoltaik wird überwiegend von männlichen Personen besucht. Die Tendenz der wichtigen Kriterien beim eigenen Wohlfühlfaktor zeichnete sich schnell ab, da bereits die ersten Befragten ihre Prioritäten in den Kategorien Licht, Standdesign und Produktentwicklung setzten. Bei der Bewirtung teilte sich hingegen das Bild. Hier war eine klare Trennung zu sehen. Während einigen die Bewirtung sehr am Herzen lag, stellten andere diesen Faktor eher in den Hintergrund. Bei der Unterhaltung und den Aktivitäten gab es hingegen eine klare Tendenz, dass diese Faktoren für den eigenen Wohlfühlfaktor nicht von großer Bedeutung sind. Zu der Bewertung der einzelnen Unterkategorien von Frage 5 gab es unterschiedliche Meinungen bei den ersten elf Kategorien a) bis k). Jedoch zeigte sich, dass beinahe allen Befragten die Kategorien l) bis o) sehr wichtig erschienen. Hier ließ sich ein starker Trend erkennen, der später auch in den Ergebnissen klar erkennbar ist. So werden Trends und Neuheiten, die Pflege bestehender Geschäftsbeziehungen, Professionalität und ein motiviertes und überzeugtes Messestand-Team von allen Befragten gleichermaßen hoch geschätzt.

In den folgenden Abschnitten werden die Ergebnisse der einzelnen Stände im Bezug auf die gestellten Fragen zusammengefasst und interpretiert. Es werden zudem die Namen der jeweiligen ausstellenden Unternehmen genannt. Die in die Untersuchung mit einbezogenen Messestände sind nun durch Logos und Namen der Unternehmen erkennbar.

5.4.2 Attraktivität der Messestände

Der Messestand Nummer 6 von dem Unternehmen LONGI SOLAR zeigt ein klassisches, offenes Design, welches durch die runden Elemente auf dem Boden und an der Decke aufgelockert wird. Durch den vierseitig offenen Stand wirkt dieser auf die Besucher einladend. Im Gegensatz dazu wird der Stand Nummer 8 von dem Unternehmen KIOTO SOLAR von Exponaten sehr zugestellt, sodass die Besucher nicht das Gefühl bekommen, auf dem Stand willkommen zu sein. Hierbei spielt aber möglicherweise auch der Winkel des Fotos eine starke Rolle, da viele, die die Messe nicht besucht haben, diesen Stand als wenig einladend beschrieben haben. Auch Stand Nummer 3 von MERCEDES BENZ ENERGY wirkt durch die schwarze Wand, die von oben fast die Hälfte des Standes verdeckt, auf den ersten Blick nicht einladend auf den Besucher und wurde nicht sehr positiv beurteilt.

Sobald man die Befragten aufteilt in Messebesucher (Gruppe 1) und Nicht-Messebesucher (Gruppe 2) zeigen sich einige Unterschiede, die darauf zurückzuführen sind, dass die Gruppe 1 die Messestände nach mehr Kriterien beurteilen können, als die Gruppe 2, die lediglich das Bild als Anhaltspunkt haben. So kommt beispielsweise die Diskrepanz bei der Bewertung der einladenden

Wirkung von Frage 1 zustanden. Gruppe 1 findet den Stand Nummer 11 von ENERGIESPEICHER HOME einladend, während Gruppe 2 den Stand Nummer 2 von ALEO SOLAR einladend einschätzt. Bei diesen beiden Messeständen lässt sich vor allem ein Unterschied in der Farbigkeit erkennen. So kann aus den Ergebnissen geschlussfolgert werden, dass ein Stand, der hell gestaltet ist, einladender wirkt als ein dunkler Stand. Jedoch hatte der Stand Nummer 11 einige einladende Aspekte, welche die Gruppe1 direkt auf der Messe erleben konnte, die jedoch im Bild nicht deutlich werden. Als nicht einladend wird von der Gruppe 1 Stand Nummer 4 von dem Unternehmen GREENCELLS GROUP gewählt. Dieser wirkt sehr verwinkelt und hat keinen klar erkennbaren einladenden Eingangsbereich.

Betrachtet man die Frage 2 fällt auf, dass Stand Nummer 12 den höchsten Wiedererkennungswert sowohl bei der Gesamtzahl der Befragten als auch bei der Gruppe 2, welche die Intersolar nicht besucht hat, aufweist. Dieser Stand sticht vor allem durch die ungewöhnlichen dreidimensionalen runden Formen, welche sich um die gesamte Vorderseite ziehen und mit Fäden verbunden sind, hervor und gehört zu dem Unternehmen BYSON.

Diese Formen fallen bei der Betrachtung der Bilder direkt ins Auge, wodurch ein hoher Wiedererkennungswert für diesen Stand generiert wird. Bei den Besuchern der Intersolar (Gruppe 1) hat den höchsten Wiedererkennungswert hingegen Stand Nummer 7 von dem Unternehmen ALMADEN. Dieser wird von den Betrachtern der Bilder, welche den Stand nicht im Original sehen und erleben, nicht sonderlich wahrgenommen, da er bei der Gruppe 2 in der Rangfolge lediglich auf den fünften Platz gewählt wird. Da dieser ein langgezogener dreiseitiger offener Messestand ist und die Hauptattraktion von diesem ein ausgestelltes

Modell und weitere multisensuale Faktoren, wie bspw. Musik, Duft und ein ausgeprägtes Catering in Verbindung mit einer außergewöhnlich hohen, auffallend gestalteten Rückwand aufwies, blieb dieser Stand den Besuchern sehr gut in Erinnerung. An diesem Beispiel lässt sich erkennen, welche Bedeutung multisensuale Sinnesreize haben. Der Messestand Nummer 1 von dem Unternehmen EFACEC lässt sich leicht durch andere klassische Messestände austauschen, wodurch der Wiedererkennungswert deutlich geringer ist. Allerdings zeigen sich auch hier Unterschiede bei der Beurteilung in den beiden Gruppen. Der niedrige Wert für den Stand 1 wird nur in Gruppe 1 vergeben. Die Gruppe 2 beurteilt den Wiedererkennungswert des Standes der EFACEC relativ hoch und bewertet dagegen den Stand Nummer 11 mit dem schlechtesten Wert.

Der Stand Nummer 10 von dem Unternehmen SMA ist relativ offen und einfach gestaltet. Es wird auf Feinheiten verzichtet, dafür wird der Großteil der Standfläche für Sitzgelegenheiten der Besucher verwendet. Durch ein Cateringangebot aus Kaffee und kleinen Snacks fühlen sich die Besucher sehr wohl auf diesem Stand. Den geringsten Wohlfühlfaktor weist der Stand Nummer 8 auf. Dies korrespondiert mit der negativen Bewertung in der Kategorie „einladend". Der Stand Nummer 2 weist ebenfalls einen geringen Wohlfühlfaktor auf. Dieser Stand besticht nur durch einen großen Holzcarport, der den größten Teil des Standes einnimmt. Darunter ist lediglich ein kleiner Tisch positioniert. Die Befragten verweilen vermutlich nicht lange auf diesem Stand.

Auch bei der Auswertung dieser Frage zeigen sich Unterschiede bei der Gruppe 1 und 2.

Bei den Besuchern der Messe ist vor allem der Stand Nummer 7 von ALMADEN in guter Erinnerung geblieben, was ihren Wohlfühlfaktor betrifft. Auf diesem Stand gab es ein breites Cateringangebot, ausreichende Sitzmöglichkeiten und Hintergrundmusik. Diese multisensualen Aspekte werden durch das abgebildete Foto nicht deutlich, wodurch die Gruppe 2, welche nicht auf der Messe zugegen war, keine Wohlfühlatmosphäre bei diesem Messestand empfindet. Stand Nummer 3 von MERCEDES BENZ schneidet hingegen bei der Gruppe 1 hinsichtlich des Wohlfühlfaktors am schlechtesten ab. Die schwarzen Wände und der schwarzglänzende Fußboden haben eher eine beklemmende Wirkung auf die Besucher. Auch gibt es wenige Möglichkeiten, sich hinzusetzen. Stand Nummer 4 von der GREENCELLS GROUP wirkt unübersichtlich und durch die mit Luft gefüllten Wände entsteht ein Gefühl der Enge.

Die bisherige Betrachtung orientierte sich vor allem an den positiv und negativ herausstechenden Ständen. Hier fallen z.B. die Stände 5 bzw. 9 aus dem Fokus. Dies liegt vor allem an der berechneten Beachtungsintensität. Betrachtet man lediglich die abgegebenen Stimmen, ohne diese zu gewichten, so bekam Stand Nummer 5 von dem Unternehmen HIMMELSBACH beim Wohlfühlfaktor und der einladenden Atmosphäre die meisten negativen Stimmen. Da dieser Stand somit viel Beachtung bekam, auch wenn diese überwiegend negativ (bei den beiden genannten Faktoren) waren, landete er nie auf dem letzten Plätzen im Ranking. Beim Wiedererkennungswert belegte dieser Stand jedoch immerhin den Platz sechs im Ranking. Stand Nummer 9 von dem Unternehmen KOSTAL hingegen bekam durchschnittliche Bewertungen und lag damit oft im Mittelfeld der Ergebnisse. Jedoch schnitt er bei der Bewertung der Gruppe zwei beim Wiedererkennungswert und Wohlfühlfaktor gut ab und belegte damit Rang zwei.

5.4.3 Kriterien zur Bewertung von Messekonzepten

Am Erfolg einer Messebeteiligung ist eine Vielzahl von verschiedenen Faktoren beteiligt. Zunächst kommt es darauf an, die meist unter starkem Zeitdruck stehenden Besucher überhaupt für den Besuch des eigenen Standes auf der Messe zu motivieren. Hier haben im Vorfeld die Werbung (s. Abschnitt 4.3.1), die attraktive Standgestaltung und der multisensuale Gesamteindruck des Standes eine entscheidende Bedeutung. Dies ergibt sich auch aus den Ergebnissen der Befragung. Die „persönliche Einladung“ und „kostenlosen Eintrittskarten“ wurden als wichtig erachtet. Außerdem wichtig sind die Attraktivität der Standgestaltung, die „einladende Atmosphäre“ und der „Wohlfühlfaktor“. Für die Gesamtbewertung eines Messekonzeptes sind aber auch ein professionelles, motiviertes und überzeugtes Messeteam von überragender Bedeutung. Hinzu kommen der Geruch und die Sauberkeit eines Standes als wichtiges Kriterium.

Die meisten Besucher kommen auf Messen, um sich die Produkte der unterschiedlichen Unternehmen anzuschauen. Hier spielt auch das Licht eine große Rolle. Dieses verstärkt die sensuale Rolle der Exponate. Eine unvorteilhafte, unzureichende oder überblendende Beleuchtung führt hingegen dazu, dass sich der Besucher unwohl auf dem Stand fühlt. Das Standdesign steht an dritter Stelle im Ranking. Dabei geht es auch um das Empfinden, welches das Auge wahrnimmt. Eine auffallende Standgestaltung bleibt dem Betrachter in Erinnerung. Ein simples bzw. austauschbares Messestanddesign beeindruckt den Besucher nicht.

Weitere wichtige Aspekte, bei denen weitere Sinne angesprochen werden sind zum einen der Geruch und zum anderen der Geschmack, auf Messeständen durch die Bewirtung angesprochen. Diese beiden Faktoren können auch zusammengenommen eine Einheit bilden. Wer sich auf einer Messe durch die

Menschenmassen bewegt, überall auf neue Eindrücke trifft und eine lange Strecke zu Fuß zurücklegt, wird von einem Essensduft angezogen und freut sich dann, wenn er ein entsprechendes Angebot vorfindet. Jedoch muss hier darauf geachtet werden, dass der Duft dezent bleibt, da ansonsten auch Besucher abgeschreckt werden können.

Bei den Kriterien der Frage fünf fällt auf, dass vor allem die Außenwirkung des Unternehmens, welche die Mitarbeiter bzw. auch das Standpersonal vermitteln, entscheidend für den (positiven) Besuch eines Messestandes ist. Zudem ist den Befragten wichtig, ihre Geschäftsbeziehungen zu pflegen.

Während die Kommunikations-Faktoren gemeinsam mit den multisensualen Aspekten einen erheblichen Anteil der wichtigsten Elemente beim Besuch eines Messestandes ausmachen, sind Aktionen eher unerwünscht auf Messeständen. Diese erwecken oft den Eindruck von Dilettantismus. Auf Fachmessen, wie der Intersolar wird auf ein professionelles und authentisches Auftreten der Unternehmen Wert gelegt. Zudem sollen die Bedürfnisse der eigenen Zielgruppe an erster Stelle stehen.

5.5 Kritische Reflexion der durchgeführten Befragung

5.5.1 Schwächen im Untersuchungskonzept

Die Befragten sollten ohne Beeinflussung durch Marken die Messestände beurteilen. Dies war nicht immer gegeben, da die Befragten die Messestände bei ihrem Besuch ggf. mit einer Marke bereits verknüpft haben.

Der Fragebogen wurde nicht anonymisiert durchgeführt, da die zurückgesendeten Fragebögen einer genauen Mail-Adresse oder einem Post-Absender ggf. zugeordnet werden konnten. Dadurch könnte eine eventuelle Beeinflussung stattgefunden haben, da einige der Befragten die Interviewerin und somit ihr Partnerunternehmen kannten.

Das Kommentarfeld wurde selten bis gar nicht genutzt.

Die Befragung erfasst nicht die unterbewusste Wahrnehmung der Befragten.

Geplant war eine Zahl von 40 ausgefüllten Fragebögen, die jedoch aufgrund der knapp bemessenen Zeit nicht ganz erreicht werden konnte.

Wenn bei den Befragungsergebnissen ein Messestand in einem Kriterium gar nicht erwähnt wird, kann dies in der bereits erwähnten Rechnungsweise nicht dargestellt werden. Hier muss mithilfe von manuell eingefügten Zahlen das Ergebnis entsprechend angepasst werden, um ein interpretierfähiges Ergebnis zu erzielen, da nicht durch null dividiert werden kann.

Der beschränkte Zeit- und Budgetrahmen der Befragung im Rahmen einer Bachelorarbeit muss bei der Interpretation beachtet werden. Aus einer Rücklaufquote von 38 Fragebögen lassen sich natürlich keine repräsentativen Erkenntnisse sondern allenfalls Tendenzen gewinnen. Dies war auch das angestrebte Ziel der durchgeführten Befragung. Es sollte ein Ansatz aufgezeigt werden, wie sich die Wirkung multisensualer Aktivitäten auf Messeständen kategorisieren und messen lässt. Die Tatsache, dass sich schon nach der Auswertung von nur ca. 16 Fragebögen eine klare Tendenz zeigte, lässt allerdings den Schluss zu, dass das gewählte (verbesserungswürdige) Untersuchungsdesign auch bei einer wesentlich größeren Stichprobe zu ähnlichen Ergebnissen geführt hätte.

5.5.2 Antwortunterschiede von Besuchern und Nicht-Besuchern

Der Einfluss direkter multisensualer Einflüsse lässt sich indirekt durch den Vergleich der Antworten von Gruppe 1 (Besucher der Intersolar) und Gruppe 2 (Nicht-Besucher der Intersolar) ableiten. Während die Gruppe 1 gänzlich den multisensualen Einflüssen auf der Messe ausgesetzt war, hatte die Gruppe 2 lediglich das Bildmaterial zur Entscheidungsfindung.

Jedoch ist an dieser Stelle anzumerken, dass es sich bei dieser Auswertung um Messestände einer technischen Solar-Branchenmesse handelt. Dabei rückt der Anspruch an sensuellen Erlebnissen eher in den Hintergrund der bewussten Kriterien für einen gelungenen Messeauftritt. Zudem gibt es auch weitgehende Einschränkungen für die ausstellenden Unternehmen, da zum einen in einer technischen Branche mehr Wert auf Funktions- und Leistungsfähigkeit als auf sinnliche Erlebnisse gelegt wird und zum anderen die Möglichkeiten, etwas technisches sinnlich bzw. multisensual zu bewerben begrenzt sind. Letzteres wird oft aber auch nur als Ausflucht behauptet, um das bisherige (bewährte) Konzept nicht verändern zu müssen. Die Auseinandersetzung mit sensualen Komponenten im technischen Bereich rückt leider zu selten in den Betrachtungshorizont sowohl der Veranstalter als auch der Gestalter bzw. Messebauer.

5.5.3 Weitergehende Untersuchungen mit Hilfe multivariater Methoden

Schon die kritische Frage, ob Messestände zum „Wohlfühlen" sein sollen oder lieber nicht, zeigt, dass eine Untersuchung zur multisensualen Attraktivität nicht eindimensional angelegt sein sollte. Die bisherige Darstellung hat den Eindruck vermittelt, dass intensive Ausprägungen einzelner „positiver" Faktoren sich auch positiv auf die Messeziele auswirken. Dies muss bei der Ableitung von Handlungsempfehlungen kritisch geprüft werden. Messen sind komplexe, mehrdimensional wirkende „Events", die entsprechend detailliert dargestellt und ausgewertet werden müssen, um begründete Handlungsempfehlungen geben zu können.

Zur Gesamtbeurteilung der unterschiedlichen Facetten der einzelnen Fragen sollte diese daher multidimensional verknüpft und mit Hilfe geeigneter multivariater Methoden ausgewertet werden. Eine Darstellung der wichtigsten multivariaten Analysemethoden speziell für den Bereich des Marketings enthält das Lehrbuch von Backhaus et al. (2000). Ein solches Untersuchungsdesign war jedoch nicht Gegenstand der vorliegenden Arbeit und hätte deren Rahmen gesprengt.

6 Zusammenfassung und Handlungsempfehlung

Die eingangs aufgestellte These 1 kann nach den Erkenntnissen der vorliegenden Arbeit bestätigt werden. Der Einsatz multisensualer Marketinginstrumente hat zu einer deutlichen Steigerung sowohl der Zahl der Kontakte insgesamt, als auch der von potentiellen Neukunden geführt.

Auch die These 2 kann durch die Untersuchungsergebnisse bestätigt werden. Der Messstand Nummer 7 der GridParity AG war hinsichtlich der einladenden Wirkung auf Platz 2, beim Wiedererkennungswert auf Platz 1 und beim Wohlfühlfaktor wiederum auf Platz 2 bei allen Befragten. Bei den Besuchern der Intersolar, die die multisensualen Instrumente erlebt haben, rangierte der Messestand 7 in allen drei Kategorien auf Platz 1.

Handlungsempfehlungen

Für die Zukunft könnten noch mehr Beispiele aus dem Arbeitsbereich des Unternehmens multisensual erlebbar (multisensual inszeniert) aufbereitet werden. So sollte bspw. die durch die Solarmodule erzeugte Energie erlebbar gemacht werden, wie auch das Beispiel des VSG auf der Swissbau zeigt (s. S. 37). Dadurch könnte sich das Unternehmen noch mehr von der Konkurrenz abheben.

Das diesjährige Konzept wurde von den Besuchern weitgehend positiv beurteilt. Dies ergibt sich auch aus dem Benchmarking-Vergleich der Befragung. Die Messeauftritte von Marktführern im Solarbereich, wie bspw. SMA, Aleo Solar oder Kostal bzw. Daimler im Speicherbereich wurden z.T. wesentlich schlechter beurteilt. Dies lag vor allem daran, dass kein Bezug von Technik zu Emotionalität und Menschlichkeit hergestellt und der Erfolgsfaktor Interaktion zu wenig beachtet wurde (Kolb, 2013, S. 36 f.).

Auch die Werbemaßnahmen im Vorfeld, wie z.B. die kostenlosen Eintrittskarten und der Gutschein für das „Giveaway" haben sich bewahrt und sollten in Zukunft beibehalten werden.

Alle diese Maßnahmen schlugen sich in der großen Zahl von Kontakten nieder. Gerade dieser Erfolg führte jedoch zu der Aufdeckung eines Schwachpunktes des Konzeptes. Während der Stoßzeiten des Besucherandrangs war nicht genügend qualifiziertes Personal am Stand, um die vielen Anfragen professionell beantworten zu können. Auch die Schulung des Standpersonals war nicht ausreichend, sodass die Motivation der Mitarbeiter darunter gellitten hat.

Ursächlich für diesen Umstand war die Tatsache, dass bei den gesamten Vorbereitungen der wichtige Aspekt der frühzeitigen Einbeziehung des Messepersonals in den multisensualen Gestaltungs- und Umsetzungsprozess versäumt wurde.

Erfahrene Messespezialisten sehen in der Integration des Personals einen der wichtigsten Erfolgsfaktoren. Ter Weiler et al. widmen diesem Thema über 60 Seiten in ihrem Standardwerk „Messen machen Märkte“ und schließen mit dem Fazit „Letztendlich machen die Menschen den Erfolg des Messeauftritts aus“ (ter Weiler et al., 2016, S. 263).

Eines der obersten Messeziele ist die korrekte und überzeugende Umsetzung der Unternehmensziele und Produktversprechen (Claims) innerhalb des kleinen und kurzlebigen Kosmos, den der Messestand darstellt (Marquart, 2000, S.29).

Die Erkenntnis aus der Erforschung der Wirkung multisensualer Botschaften sollte stärker beachtet werden. **Positive Signale werden nur in einem insgesamt stimmigen Umfeld überproportional verstärkt.**

Anhang

Fragebogen zu sensuellen Eindrücken auf der Intersolar Europe 2017

Fragebogen

zu sensuellen Eindrücken auf der Messe *Intersolar Europe 2017*

Im Rahmen der Bachelorarbeit von Eva Muhle an der DHBW Ravensburg zum Thema „Messen als Instrument der Markenführung im Investitionsgütermarketing“

Fragebogen zu sensuellen Eindrücken auf der Messe Intersolar Europe 2017

DHBW
Duale Hochschule
Baden-Württemberg
Ravensburg

Nachfolgend werden einige Bilder von ausgewählten Messeständen (als Beispiele für unterschiedliches Standdesign) der *Intersolar Europe 2017* aufgeführt, die anschließend aufgrund der Fragen bewertet werden sollen. Für die Beantwortung der Fragen ist es nicht notwendig, dass Sie die Intersolar Messe besucht haben.
(Alle Bilder wurden von Logos befreit, um Beeinflussung durch diese ausschließen zu können.)

2

7

8

9

10

11

12

Fragebogen zu sensuellen Eindrücken auf der Messe
Intersolar Europe 2017

DHBW
Duale Hochschule
Baden-Württemberg
Ravensburg

Wählen Sie aufgrund der unten aufgeführten Skalen jeweils **vier** der zwölf auf Seite 2 dargestellten Messestände aus und ordnen Sie diese mit der entsprechenden Nummer dem jeweiligen Kriterium zu. Zur Erleichterung der Auswahl sind diese oben nochmals klein abgebildet.

Frage 1: Wie einladend ist der Messestand?

sehr einladend	einladend	weniger einladend	nicht einladend
☐	☐	☐	☐

Frage 2: Welcher Messestand hat den besten Wiedererkennungswert?

sehr hoher Wiedererkennungswert	hoher Wiedererkennungswert	wenig Wiedererkennungswertnen	kein Wiedererkennungswert
☐	☐	☐	☐

Frage 3: Auf welchem Messestand fühlen Sie sich am ehesten wohl?

sehr hoher Wohlfühlfaktor	hoher Wohlfühlfaktor	wenig Wohlfühlfaktor	kein Wohlfühlfaktor
☐	☐	☐	☐

4

Frage 4: Was ist Ihnen beim Wohlfühlfaktor wichtig?
Bitte bewerten Sie Ihre Einschätzungen anhand der Schulnotenskala
(1 = sehr wichtig, 6 = unwichtig)

	1	2	3	4	5	6
Licht	☐	☐	☐	☐	☐	☐
Geruch	☐	☐	☐	☐	☐	☐
Standdesign	☐	☐	☐	☐	☐	☐
Bewirtung	☐	☐	☐	☐	☐	☐
Unterhaltung (z.B. Musik)	☐	☐	☐	☐	☐	☐
Aktivitäten oder Spiele (z.B. Virtual Reality Brillen)	☐	☐	☐	☐	☐	☐
Produktpräsentationen	☐	☐	☐	☐	☐	☐

Warum sind die von Ihnen ausgewählen Aspekte entscheidend für Ihren Wohlfühlfaktor?

Fragebogen zu sensuellen Eindrücken auf der Messe
Intersolar Europe 2017

DHBW
Duale Hochschule
Baden-Württemberg
Ravensburg

Die folgende Bewertung erfolgt im Schulnotensystem (1 = sehr wichtig, 6 unwichtig)

Frage 5: Wie wichtig...

	1	2	3	4	5	6
a) ...ist Ihnen eine etablierte und positive Marke beim Besuch des Messestandes?	☐	☐	☐	☐	☐	☐
b) ...ist Ihnen ein Giveaway (Geschenk) von einem ausstellenden Unternehmen?	☐	☐	☐	☐	☐	☐
c) ...ist Ihnen eine gegen Ende des Messetages stattfindende Standparty eines ausstellenden Unternehmens?	☐	☐	☐	☐	☐	☐
d) ...ist Ihnen eine Bewirtung am Messestand?	☐	☐	☐	☐	☐	☐
e) ...ist Ihnen eine persönliche Einladung des ausstellenden Unternehmens?	☐	☐	☐	☐	☐	☐
f) ...sind Ihnen kostenlose Eintrittskarten eines ausstellenden Unternehmens, um dieses auf der Messe zu besuchen?	☐	☐	☐	☐	☐	☐
g) ... sind Ihnen Gewinnspiele auf Messeständen?	☐	☐	☐	☐	☐	☐
h) ...sind Ihnen Standfotos zum Mitnehmen als Andenken?	☐	☐	☐	☐	☐	☐

i) ...sind Ihnen Stand- bzw. Unternehmens-Maskottchen?

1	2	3	4	5	6
☐	☐	☐	☐	☐	☐

j) ...sind Ihnen Mitmach-Aktionen auf Messeständen?

1	2	3	4	5	6
☐	☐	☐	☐	☐	☐

k) ...sind Ihnen gedruckte Produktinformationen (Flyer, Kataloge etc.), die auf Messeständen verteilt werden?

1	2	3	4	5	6
☐	☐	☐	☐	☐	☐

l) ...sind Ihnen Trends und Neuheiten, die auf Messeständen vorgestellt werden?

1	2	3	4	5	6
☐	☐	☐	☐	☐	☐

m) ...ist Ihnen die Pflege bestehender Geschäftsbeziehungen auf Messeständen?

1	2	3	4	5	6
☐	☐	☐	☐	☐	☐

n) ...ist Ihnen Professionalität auf Messeständen?

1	2	3	4	5	6
☐	☐	☐	☐	☐	☐

o) ...ist Ihnen ein motiviertes und überzeugtes Messestand-Team?

1	2	3	4	5	6
☐	☐	☐	☐	☐	☐

p) ...sind Ihnen Sitzgelegenheiten auf Messeständen?

1	2	3	4	5	6
☐	☐	☐	☐	☐	☐

DHBW
Duale Hochschule Baden-Württemberg Ravensburg

	1	2	3	4	5	6
q) ...sind Ihnen abgeschirmte Besprechungsbereiche auf Messeständen?	☐	☐	☐	☐	☐	☐
r) ...ist Ihnen das Lichtdesign auf Messeständen?	☐	☐	☐	☐	☐	☐
s) ...ist Ihnen die Sauberkeit auf Messeständen?	☐	☐	☐	☐	☐	☐
t) ...ist Ihnen ein angenehmer Geruch auf Messeständen?	☐	☐	☐	☐	☐	☐

Frage 6: Wie oft gehen Sie im Jahr durchschnittlich auf Messen?

1- bis 2-mal	3- bis 5-mal	6-mal oder mehr
☐	☐	☐

Frage 7: Bitte ordnen Sie sich ein:

	bis 30	31-40	41-50	über 50	keine Angabe
Männlich	☐	☐	☐	☐	☐
Weiblich	☐	☐	☐	☐	☐

	ja	nein
Frage 8: Haben Sie die Intersolar 2017 beuscht?	☐	☐

Vielen Dank, dass Sie sich die Zeit genommen haben und die Fragen beantwortet haben. Ihre Angaben werden vertraulich behandelt und lediglich für interne Zwecke zur Verbesserung des eigenen Messeauftrittes und die oben genannte Bachelorarbeit verwendet.

Senden   Drucken

Literaturverzeichnis

AUMA (Hrsg.) (2015): AUMA Informations- und Beschaffungsverhalten von Entscheidern, Berlin.

AUMA (Hrsg.) (2017a): AUMA MesseTrend 2017, Berlin.

AUMA (Hrsg.) (2017b): AUMA MesseTrend 2017, Berlin.

Backhaus, K. (1997): Industriegütermarketing, 5. erweiterte und überarbeitete Auflage, München.

Backhaus, K. et al. (2000): Multivariate Analysemethoden: Eine anwendungsorientierte Einführung, Berlin-Heidelberg.

Brandmeyer, K. et al. (2008): Marken stark machen. Techniken der Markenführung, Weinheim.

Buhl-Wagner, M.; Schick-Okesson, I. (2003): Neue Entwicklungsperspektiven im Stand- und Messebau, in: Kirchgeorg, M. et al. (2003): Handbuch Messemanagement, Wiesbaden.

Clausen, E. (2010): Messemarketing – so führen Sie Messen zum Erfolg, 2. Auflage, Göttingen.

Dinkel, M.; Luppold, S.; Schröer, C. (Hrsg.) (2013): Handbuch Messe-, Kongress- und Eventmanagement, Sternenfels.

Ebner, K. (2013): Messemarketing und -kommunikation (Präsentation MCH Group), Basel.

Eckardt, G. (2010): Kernprobleme in der Geschichte der Psychologie, Wisbaden.

Engelhardt, W.H.; Günter, B. (1981): Investitionsgüter-Marketing, Stuttgart.

Ermer, B. (2017): Wahrnehmung und Wirkungsweise markenadäquater Messestandgestaltung, in: Kirchgeorg, M.; Dornscheidt, W.M.; Stoeck, N. (Hrsg.) (2017): Handbuch Messemanagement, 2. Auflage, Wiesbaden.

Esch, F.-R. (2003): Strategie und Technik der Markenführung, München.

Gerritzen, G.; Marschalek, M. (2003): Allgemeine Kennzahlen zur Projekt- und Unternehmenssteuerung, in: Kirchgeorg, M. et al. (2003): Handbuch Messemanagement, Wiesbaden.

Hartmann, O.; Haupt, S. (2016): Touch! Der Haptik-Effekt im multisensorischen Marketing.

Häupl, R.; Marinescu, S.; Poesch, J. (2012): Messedesign Jahrbuch 2012/2013, Ludwigsburg.

Hege, G. (2003): Das Standpersonal als Erfolgsfaktor im Messewesen, in: Kirchgeorg, M. et al. (2003): Handbuch Messemanagement, Wiesbaden.

Herrmann, S. (2017): Schnell kapiert, hoch dosiert, in: Süddeutsche Zeitung, 29.06.2017, S. 1.

Institut der deutschen Messewirtschaft (2003): AUMA Messetrend 2010, Berlin.

Jackson, U.; Wolf, A. (2014): Live-Kommunikation im Kontext des Behavioral Branding – Markenstärkende Interaktionserlebnisse zwischen Mitarbeitern und Kunden am Beispiel Messe, in: Zanger, C. (Hrsg.) (2014): Events und Messen: Stand und Perspektiven der Eventforschung, Wiesbaden.

Kilian, K. (2007): Multisensuales Markendesign als Basis ganzheitlicher Markenkommunikation, in: Florack, A.; Scarabis, M.; Primosch, E. (Hrsg.): Psychologie der Markenführung, München.

Kilian, K. (2010): Multisensuales Marketing: Marken mit allen Sinnen erleben, in: transfer Werbeforschung & Praxis (2010), S. 42 – 48, Hamburg.

Kilian, K. (2010): The Sound of Success – How to Keep a Brand Orchestra in Tune With its MARKnum Opus, in: Bronner, K.; Hirt, R.; Ringe, C. (Hrsg.): Audio Branding Academy Yearbook 2009/2010, Nomos, S. 37-56, Baden-Baden.

Kirchgeorg, M (2003): Funktionen und Erscheinungsformen von Messen, in: Kirchgeorg, M. et al. (2003): Handbuch Messemanagement, Wiesbaden.

Kleinsteuber, A (2011): Kognitive und Affektive Messewirkungsforschung, Aachen.

Köhler, R. (2006): Marketingcontrolling: Konzepte und Methoden, in: Reinecke, S. Tomczak, T. (Hrsg.) Handbuch Marketingcontrolling, 2. Auflage, Wiesbaden.

Kolb, M. (2013): Interaktion am Messestand, in: Luppold, S. (Hrsg.) (2013): Erfolgsfaktoren Kommunikation bei Messeauftritten, S. 35 - 63, Sternenfels.

Kotler, P. K. (2007): Marketing-Management – Strategien für wertschaffendes Handeln, 12. aktualisierte Auflage, München.

Kroeber-Riel, W. (1998): Kommunikation im Zeitalter der Informationsüberlastung, in: Marketing ZFP, 10 Jg., S.182-189.

Lindstrom, M. (2010): Brand Sense – sensory secrets behind the stuff we buy , New York (USA).

Lück, H. E. (2009): Geschichte der Psychologie: Strömungen, Schulen, Entwicklungen, Stuttgart .

Luppold, S. (Hrsg.) (2011): Event-Marketing: Trends und Entwicklungen, Sternenfels.

Luppold, S. (Hrsg.) (2013): Erfolgsfaktoren Kommunikation bei Messeauftritten, Sternenfels.

Marquart, C. (2000): MesseManager, Ludwigsburg.

Meffert, H.; Burmann, C.; Kirchgeorg, M. (2008): Marketing-Grundlagen Marktorientierter Unternehmensführung – Konzepte, Instrumente, Praxisbeispiele, 1. Vollständig überarbeitete und erweiterte Auflage, Wiesbaden.

Neven, P. (2013) in: Luppold, S. (Hrsg.): Erfolgsfaktoren Kommunikation bei Messeauftritten, Sternenfels.

Nittbaur, G. (2001): Wettbewerbsvorteile in der Messewirtschaft, Wiesbaden.

Petersen, T. (2014): Der Fragebogen in der Sozialforschung, Konstanz und München.

Pütting, H. (2011): Die sieben Gesetze für erfolgreiche Markeninszenierung im Raum, in: Luppold, S. (Hrsg.) (2011): Event-Marketing: Trends und Entwicklungen, Sternenfels.

Reumschüssel, T. (2011): Erfolgsfaktor Emotion – Überzeugung durch Begeisterung, in: Luppold, S. (Hrsg.) (2011): Event-Marketing: Trends und Entwicklungen, Sternenfels.

Schmitz, K. W. (2015): Die Strategie der 5 Sinne, Weinheim.

Schulte, K.; Glaser, T. (2012): Messedesign Jahrbuch 2011/2012, Ludwigsburg.

Solar Promotion (2017): Homepage der Intersolar Europe, http://www.intersolar.de/de/home.html (abgerufen am 18.06.2017).

Stein, B.E.; Meredith, M.A. (1993): The merging of the senses , Cambridge.

Ter Weiler, D. S. et al. (2016): Messen machen Märkte, Eine Roadmap zur nachhaltigen Steigerung Ihrer Messeerfolge, Wiesbaden.

Watson, G.H. (1993): Benchmarking – vom Besten lernen, Landsberg.

Wenge, H.-U. (1992): Planung von Messe-Beteiligungen, in: Strothmann, K.-H., Busche, M. (Hrsg.): Handbuch Messemarketing, Wiesbaden.

Zanger, C. (Hrsg.) (2014): Events und Messen: Stand und Perspektiven der Eventforschung, Wiesbaden.

SICHERHEITSEMPFINDEN DEUTSCHER MESSEBESUCHER

AM BEISPIEL DER MESSE FRANKFURT GMBH

Susanne Hoffmann

Inhaltsverzeichnis

Abbildungsverzeichnis

Abkürzungsverzeichnis

ARGEBAU	Arbeitsgemeinschaft des Bau-, Wohnungs- und Siedlungswesens des Vereinigten Wirtschaftsgebiets
B2B	Business to Business
DGUV	Deutsche gesetzliche Unfallversicherung
HBO	Hessische Bauordnung
H-VStättR	Hessische Versammlungsstättenrichtlinie
IAA	Internationale Automobil Ausstellung
LImschG	Gesetz zum Schutz vor Luftverunreinigungen, Geräuschen und ähnlichen Umwelteinwirkungen
M-FlBauR	Muster-Richtlinie über den Bau und Betrieb Fliegender Bauten
MVStättV	Musterversammlungsstättenverordnung
NATO	North Atlantic Treaty Organization
OSC	Operation and Security Center
UNO	United Nations Organization
VStättVo	Versammlungsstättenverordnung

1 Einleitung

1.1 Problemstellung und Zielsetzung

Das Thema dieser Bachelorarbeit lautet „Sicherheitsempfinden deutscher Messebesucher am Beispiel der Messe Frankfurt GmbH".

In Anbetracht der aktuellen Ereignisse in Europa und verschiedenen Krisenherden weltweit wird das Thema Sicherheit immer wichtiger. Nach verschiedenen Anschlägen, versuchten Anschlägen sowie diversen Vorfällen bei Großveranstaltungen in und um Europa kommt immer öfter die Frage nach Sicherheit während Veranstaltungen auf. Ereignisse aus den letzten Jahren zeigen zudem, dass eine maximale Besucheranzahl und die minimal vorgeschriebene Breite der Flucht- und Rettungswege eingehalten werden müssen. Durch Enge entstehende Panik kann somit verhindert und die Sicherheit der Besucher gewährleistet werden.

Fühlen sich Besucher des Messegeländes der Messe Frankfurt sicher? Was tut die Messe Frankfurt, damit sich die Besucher auf ihrem Gelände sicher fühlen? Welche Sicherheitsmaßnahmen nimmt der Besucher bewusst wahr? Welche Maßnahmen sollten vielleicht noch getroffen oder deutlicher hervorgehoben werden, damit sich ein Besucher sicher fühlt? Dies sind die Forschungsfragen, mit denen sich diese Bachelorarbeit auseinandersetzt. Auf dieses aktuelle und hochbrisante Thema wird im Laufe dieser Arbeit aus verschiedenen Gesichtspunkten eingegangen. Hierbei stehen die Bedürfnisse der Besucher, verschiedene Verordnungen und die schon durchgeführten Maßnahmen der Messe Frankfurt auf verschiedenen Messen im Fokus. Im Laufe der Zeit haben sich diverse sicherheitsrelevante Aspekte den aktuellen Gegebenheiten angepasst. Ziel ist es herauszufinden, welche Sicherheitsmaßnahmen aus Sicht eines Besuchers getroffen werden soll und wie diese Sicht mit den Maßnahmen der Messe Frankfurt übereinstimmen.

1.2 Vorgehensweise

Die Erläuterung der Hintergrundinformationen zur Messe Frankfurt und zum Operation and Security Center (OSC) verschafft im ersten Teil der Arbeit einen kleinen Überblick über die Sicherheitsleitstelle und den Geländebetreiber. Sie stellt das OSC als Mittelpunkt aller sicherheitstechnischen Maßnahmen auf dem Gelände vor und dient außerdem als erste Einführung in das Projektthema.

Diese Arbeit ist danach in drei Teile aufgeteilt. Teil eins beschreibt den theoretischen Teil dieser Studienarbeit. Wichtige Definitionen von verwendeten Begriffen werden erläutert. So wird u.a. der Unterschied zwischen Veranstaltungen und Großveranstaltungen beschrieben und der Begriff Versammlungsstätte genauer erläutert. Danach befasst sich diese Arbeit mit dem Begriff Sicherheit und seinen verschiedenen Facetten. Es wird herausgestellt, dass das Sicherheitsempfinden für jeden Menschen individuell ist. Somit ergeben sich verschiedene Fragen zum persönlichen Empfinden der Besucher. Zusammen mit den danach beschriebenen Ereignissen der letzten Jahre und den vorher beschriebenen Forschungsfragen ergibt sich die Grundlage zur Erstellung der Besucherumfrage. Im Kapitel „Ereignisse der letzten Jahre und Auswirkungen" werden verschiedene Vorfälle beschrieben, die durch Organisationsverschulden, Übermut oder terroristischem Hintergrund geschehen sind. Darauf folgen die wichtigsten Rechte und Verordnungen, um die Entstehung der vorher genannten Vorfälle zu verhindern oder deren Folgen bei Eintritt möglichst gering zu halten.

Im letzten Part des ersten Teils wird dann die Besucherumfrage beschrieben und auf Grundlage der vorher erstellten Hypothesen zum Sicherheitsempfinden der Messebesucher erstellt. Des Weiteren werden die Erstellung von Expertengesprächen und ihre Notwendigkeit für das weitere Vorgehen dieser Arbeit erläutert.

Teil zwei und somit der praktische Teil dieser Bachelorarbeit besteht aus der Auswertung des Fragebogens zum Sicherheitsempfinden deutscher Messebesucher und der Aufzählung und Erläuterung der vorhandenen Sicherheitsmaßnahmen der Messe Frankfurt. Der Fragebogen wird durch die Meinungen der befragten Experten unterstützt. Die vorher aufgestellten Hypothesen werden je nach Ergebnis falsifiziert oder verifiziert. Bei den Maßnahmen wird zwischen gesetzlich vorgeschriebenen und freiwilligen Regelungen zur Gewährleistung von Sicherheit unterschieden.

Aus dem praktischen Teil der Bachelorarbeit und dem Vergleich zwischen den Sicherheitsbedürfnissen der Besucher und den vorhandenen Maßnahmen der Messe Frankfurt entstehen Handlungsempfehlungen zum weiteren Vorgehen im Bereich Sicherheit. Diese werden in mehreren Punkten kurz beschrieben. Als Abschluss wird dann in einer kritischen Würdigung noch auf Kritikpunkte in der Arbeit hingewiesen.

Zudem wird kurz den Unterstützern der Studienarbeit gedankt.

2 Das Unternehmen Messe Frankfurt und das Operation and Security Center

Die Messe Frankfurt wurde 1907 unter dem Namen Messe- und Ausstellungsgesellschaft mbH gegründet und 1982 in Messe Frankfurt GmbH umbenannt. Sie ist aufgeteilt in Messe Frankfurt GmbH als Holding, Messe Frankfurt Exhibition GmbH und Messe Frankfurt Venue GmbH und steht unter der Geschäftsführung von Wolfgang Marzin (Vorsitzender), Uwe Behm und Detlef Braun.

Sie ist die weltweit umsatzstärkste Messegesellschaft mit eigenem Messegelände. Das Gelände umfasst eine Gesamtfläche von 592.127 m² (Hallenfläche: 366.637 m², Freifläche: 96.078 m²) mit 10 Ausstellungshallen, einer Konzerthalle, zwei Kongresshäusern und einem Bürogebäude in der Mitte des Geländes. Das gesamte Messegelände ist umzäunt und kann über verschiedene Tore befahren werden. Insgesamt arbeiten über 2.200 Mitarbeiter auf dem Gelände und in 30 Tochtergesellschaften für die Messe Frankfurt. Sie ist in mehr als 160 Ländern präsent. Das Unternehmen gehört zu 60 % der Stadt Frankfurt und zu 40 % dem Land Hessen. Der Jahresumsatz im Jahr 2015 betrug 648 Millionen Euro.[1]

1 Vgl. Geschäftsbericht Messe Frankfurt (2015).

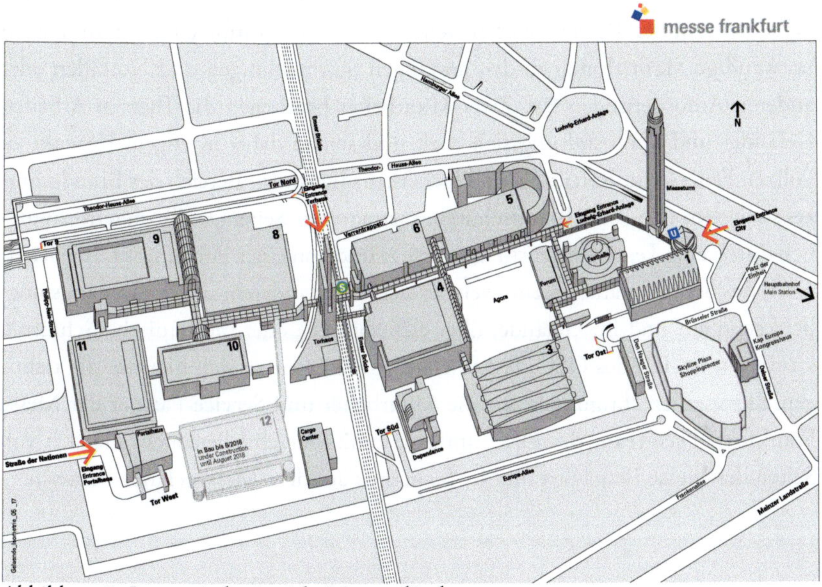

Abbildung 1: Isometrische Ansicht Messegelände

Abbildung eins zeigt eine isometrische Ansicht des Frankfurter Messegeländes. Auf dieser sind alle Gebäude und öffentliche Eingänge zu erkennen. Das Gelände teilt sich in eine Westseite (links) und eine Ostseite (rechts) auf und wird durch das Torhaus in der Mitte geteilt. Das Operation and Security Center befindet sich auf der Westseite der Halle 4. Es wurde 2014 an seinem neuen Standort eröffnet und vereint seither auf 2.200 Quadratmetern alle sicherheitsrelevanten Gewerke unter einem Dach. Folgende Gewerke sind hier mit einbezogen: Polizei, Feuerwehr, Sanitätsdienst (inklusive Betriebsärztin), betrieblicher Brandschutz, Sicherheitsdienst und die Leitstelle der Messe Frankfurt (inklusive Schließmanagement). Die Leitstelle nimmt alle Meldungen des Messegeländes entgegen und steuert alle technische Anlagen. Sie ist 365 Tage im Jahr 24 Stunden am Tag besetzt und ist somit prädestiniert für die Veranstaltungssicherheit und die technische Betriebssteuerung des Geländes.[2] Das Team der Leitstelle ist in verschie-

2 Vgl. Messe Frankfurt, Messe Frankfurt nimmt neues Operation & Security Center in Betrieb (2014).

dene Fachbereiche unterteilt. Fünf Mitarbeiter kümmern sich in wechselnden Schichten um den Betrieb der Leitstelle. Sie nehmen Anrufe entgegen und leiten notwendige Maßnahmen zu den jeweiligen Störmeldungen und Notfällen oder anderen Anforderungen ein. Zwei Mitarbeiter bearbeiten die Themen Arbeits-, Gelände- und Veranstaltungssicherheit und stehen dabei in engem Kontakt zu Polizei, Feuerwehr, Rettungs- und Sicherheitsdienst. Im Bereich des Brandschutzes steht dem OSC eine Brandschutzbeauftragte zur Seite. Das Team wird zusätzlich durch eine Teamassistentin unterstützt und von einer Führungskraft geleitet. Auch das Schließmanagement, welches sich unter anderem um die Zugangsmöglichkeiten auf und im Gelände, über elektronische oder mechanische Schlüssel, kümmert, ist Teil des OSC. Fünf Mitarbeiter kümmern sich hier um die richtigen Zugangsberechtigungen für die Mitarbeiter und Service-Partner der Messe Frankfurt. Das Team des OSC umfasst somit vierzehn Personen, die sich von Seiten der Messe Frankfurt mit der Sicherheit auf dem Messegelände befassen.

3 Veranstaltungen, Großveranstaltungen, Versammlungsstätten

Der Veranstaltungsmarkt in Deutschland ist heterogen aufgestellt. Wenn von einer Veranstaltung gesprochen wird, ist zunächst die Frage zu klären, um welche Art der Veranstaltung es sich handelt. Ist es eine Messe, einen Kongress, ein Konzert, eine Tagung, eine Demonstration, einen Geburtstag oder ein Public Viewing? Die Definitionen von Veranstaltungen sind heterogen und können je nach Beschaffenheit, wie Größe, Ort, privat oder öffentliche Veranstaltung usw. abweichen. Um ein Verständnis für das Sicherheitsempfinden von Besuchern solcher Veranstaltungen bekommen zu können, sollte zuerst die Frage nach der jeweiligen Veranstaltung geklärt werden. Das folgende Kapitel beschreibt eine Einordnung der Veranstaltungsformate in drei grobe Definitionen. Hierbei muss beachtet werden, dass eine klare Abgrenzung der Definitionen manchmal nicht möglich ist.

3.1 Veranstaltungen

Eine Veranstaltung ist „[…] ein organisiertes, zweckbestimmtes, zeitlich begrenztes Ereignis, an dem eine Gruppe von Menschen vor Ort und/oder über Medien teilnimmt“[3]. Der Begriff wird häufig synonym zum Terminus Event verwendet und umgekehrt. Eine Veranstaltung oder ein Event drückt sich auch durch seine Einmaligkeit aus. Sie kann privat (Geburtstagsfeier, Hochzeit usw.) oder öffentlich (Konzert, Public Viewing usw.) gestaltet sein. Wie schon beschrieben, gibt es verschiedene Formen von Veranstaltungen bzw. Events. Um einen besseren Überblick zu bekommen, werden hier verschiedene Typen aufgeführt:

Konzert

Als Konzert bezeichnet man die „[…] öffentliche Aufführung von Musikwerken […]“[4] in Gesangs- und Instrumentalmusik durch Musiker (Künstler), meist auf einer Bühne vor einem Publikum präsentiert. Durch viele unterschiedliche

3 Gabler Wirtschaftslexikon, Event.
4 Riemann (2017), S.578.

Musikarten können Konzerte in verschiedenster Form gespielt werden. Seit dem 17. Jahrhundert sind Konzerte für jeden zugänglich, meist durch das Zahlen von Eintritt. Vorher gab es häufig kleinere private musikalische Veranstaltungen. Es gibt unter anderem Rock/Metal-Konzerte, Hip-Hop/RNB/Pop-Konzerte, aber auch klassische Formen, wie Sinfonieorchesterkonzerte, Kammermusik-Konzerte, Militär- oder Kirchenkonzerte u.v.a.[5]

Konzerte gehören zu den beliebtesten Veranstaltungsarten in Deutschland. Nach Umfragen werden sie von 41,98 Millionen Menschen (in Deutschland) pro Jahr besucht.[6]

Festival

Eine genaue Definition eines Festivals ist in der Literatur nicht zu finden. Der Begriff wird meist subjektiv nach persönlichen Vorlieben und Interessen verwendet und kann im kulturellen Bereich verschiedene Formen annehmen. So gibt es verschiedene Theater-Festivals (Sommerwerft, Starke-Stück, usw.), Film-Festivals (Internationalen Filmfestspiele von Cannes, Berlinale, usw.), Kultur-Festivals (z.B. Lessingtage) oder auch Musik-Festivals (z.B. Rock am Ring, Rheingau Musik Festival, Tomorrowland). Festivals sind oft mehrtägig stattfindende jährlich wiederkehrende Veranstaltungen, auf denen sich Künstler (Schauspieler, Musiker, DJ usw.) auf verschiedenen Bühnen, in einer festgelegten zeitlichen Reihenfolge, auf einem vorgegebenen Gelände oder einer bestimmten Region, präsentieren.

Messe

„(1) Eine Messe ist eine zeitlich begrenzte, im allgemeinen regelmäßig wiederkehrende Veranstaltung, auf der eine Vielzahl von Ausstellern das wesentliche Angebot eines oder mehrerer Wirtschaftszweige ausstellt und überwiegend nach Muster an gewerbliche Wiederverkäufer, gewerbliche Verbraucher oder Großabnehmer vertreibt. (2) Der Veranstalter kann in beschränktem Umfang an einzelnen Tagen während bestimmter Öffnungszeiten Letztverbraucher zum Kauf zulassen."[7]

5 Vgl. Riemann (2017), S.578f.
6 Vgl. Statista (verschiedene Umfragen).
7 §64 GewO.

Messen und Ausstellungen bieten Unternehmen die Möglichkeit, mit ihren Kunden in unmittelbaren persönlichen Kontakt zu kommen. Hier handelt es sich in den meisten Fällen um B2B-Kontakte, also Businessgeschäfte (z.B. Produzenten und Großhändler). Auf Messen können neue Kunden gewonnen oder Bestandskunden gepflegt werden. Die Vorteile der Messe liegen im Wesentlichen an ihrem Erlebnischarakter. Auch ihre persönlichen und interaktiven Gesprächsmöglichkeiten sowie die Wirkung in der Öffentlichkeit sollten erwähnt werden. Negativ an einer Messebeteiligung sind der hohe Koordinationsaufwand der Unternehmen und die hohen Kosten (Standmiete/-bau, Logistik, Personal, Marketing usw.).[8]

Messen sollen aber für Aussteller und Besucher nicht nur eine Kontaktbörse sein. Die Anforderungen an eine Messe sind in den letzten Jahren gestiegen. Sie sollen Trendschau und Impulsgeber sein und die Stimmungsbilder einer Branche einfangen und entwickeln. Gerne darf eine Messe auch Spaß machen.[9]

Der Begriff Messe lässt sich auf verschiedene Weisen betrachten. Oben findet sich die Sichtweise des Ausstellers auf eine Messe.

Der Messeveranstalter hingegen ist für die Planung, Durchführung und Kontrolle seiner Messeveranstaltung sowie der einzelnen Projekte während seiner Messe verantwortlich. Die Analyse der Ausgangssituation einer Branche ist hierfür ein essentieller Bestandteil des Prozesses.[10] Für die Sicherheit auf dem Messegelände ist eigentlich der Betreiber des Geländes verantwortlich. Dieser kann seine Verpflichtung aber durch eine schriftliche Vereinbarung auf den Veranstalter übertragen, soweit dieser mit der Versammlungsstätte und deren Räumlichkeiten vertraut ist.[11]

8 Vgl. Sander (2004), S. 639.
9 Vgl. Kirchgeorg/Dornscheidt/Giese/Stoeck (2003), Geleitwort.
10 Vgl. Kirchgeorg/Dornscheidt/Giese/Stoeck (2003), Einführung.
11 Vgl. Dietmann/Kremer/Spittank (2008), S.170.

Kongress

Als Kongresse werden Informations- und Kontakt-Veranstaltungen bezeichnet, an denen über mehrere Tage mehr als 100 Personen mit gemeinsamen (meist beruflichen) Interessen teilnehmen. Ziel ist die Neugewinnung und der (Erfahrungs-)Austausch von Informationen zum jeweiligen Thema. Kongresse beinhalten Fach- und Plenumsvorträge sowie Workshops, für die sich die Teilnehmer im Vorfeld oder vor Ort anmelden können. Sie benötigen eine lange intensive Konzeption, Planung, Organisation und Vorbereitung. Kongresse finden oftmals begleitend zu themengleichen Fachmessen statt und werden durch lockere Get-Together- oder Abendveranstaltungen abgerundet.[12] [13]

3.2 Großveranstaltungen

Was sind Großveranstaltungen und wie unterscheiden sie sich von normalen Veranstaltungen? Großveranstaltungen werden in fünf Merkmalen von normalen Veranstaltungen unterschieden. Hierzu zählen ihre Relevanz und damit die Größe und Bedeutung der Veranstaltung, ihre außergewöhnliche Erscheinung im Vergleich zu einer normalen Veranstaltung, die zeitliche Eingrenzung, ihr Inhalt und die Folgewirkungen nach der Veranstaltung.

Eine Hilfreiche Kennzahl zur Relevanz einer Großveranstaltung ist z.B. ihre Besucheranzahl. Die Fachliteratur schwankt bei einer genauen Eingrenzung zwischen der „Ansammlung einer großen Menschenmasse“[14] bis hin zu 100.000 Besuchern oder mehr als 1/3 Besucher, als Einwohner der Gaststadt. Außerdem werden für die Bedeutung der Veranstaltung auch die Höhe der getätigten Investitionen (vor allem in Auf- und Umbau der Infrastruktur) und die internationale Bedeutung des Großevents als Kennzahl mit einbezogen.

Das Außergewöhnliche einer Großveranstaltung wird anhand ihres politischen und internationalen Interesses und ihres hohen organisatorischen und strukturellen Aufwandes gemessen. Hierbei ist besonders die umfassende Berichterstattung

12 Vgl. Schmitt (2012), 3. Auflage, S. 21.
13 Vgl. Henschel (2010), 2. Auflage, S.113.
14 Jakubowicz (2007), S. 43.

der nationalen und internationalen Medien zu beachten, welche das Event teilweise in Echtzeit übertragen.

Aus zeitlicher Sicht finden Großveranstaltungen einmalig oder in einem bestimmten Turnus statt. Inhaltlich gibt es verschiedene Arten vor Großveranstaltungen. Sie können politisch, religiös, wirtschaftlich, wissenschaftlich, sportlich oder kulturell motiviert sein und durch ihre Beschaffenheit weiterführende Folgen nach Ende der Veranstaltung aufweisen. Hierzu zählen vor allen wirtschaftliche und ökologische Folgen.[15] [16]

Um eine Veranstaltung als Großveranstaltung zu definieren, muss mindestens einer der fünf oben genannten Punkte erfüllt sein. Eine genaue Definition, wann eine Veranstaltung zu einer Großveranstaltung wird, gibt es aber trotzdem nicht.

3.3 Versammlungsstätten

Versammlungsstätten gehören zu den sogenannten Sonderbauten. Ihr Bau und Betrieb ist zunächst in der Musterbauordnung (MBO) zu finden. Sie wurde von der ARGEBAU, einer Arbeitsgemeinschaft für Städtebau, Bau- und Wohnungswesen, ausgearbeitet. Bestimmte Spezialisierungen für den Bau und Betrieb von Versammlungsstätten ergeben sich auch und vor allem aus den jeweiligen Versammlungsstättenverordnungen der einzelnen Bundesländer. Diese haben ihre Grundlage in der Musterversammlungsstättenverordnung, die wiederum aus der Bauordnung hervorgeht.[17]

Versammlungsstätten sind demnach Räume, Gebäude bzw. (teil-)bauliche Anlagen, wie z.B. ein Ballsaal oder eine Messehalle, die mehr als 200 Besucher fassen oder gemeinsame Flucht- und Rettungswege haben und zusammen mehr als 200 Besucher fassen. Des Weiteren zählen auch Bereiche im Freien mit Szeneflächen, die mehr als 1.000 Besucher fassen und ganz oder zu einem Teil aus baulichen Anlagen bestehen und Sportstadien, die mehr als 5.000 Besucher fassen, als Versammlungsstätten. Ihr Zweck liegt in der gleichzeitigen Unterbringung von Personen bei Veranstaltungen, die vor allem aus erzieherischem, wirtschaftlichem,

15 Vgl. Jakubowicz (2007), S. 43f.
16 Vgl. Deutsche Gesellschaft für Internationale Zusammenarbeit (GIZ) GmbH (2013), S. 8ff.
17 Vgl. Baunetzwissen: Versammlungsstätten.

geselligem, kulturellem, künstlerischem, politischem, sportlichem oder unterhaltendem Zweck abgehalten werden. Oftmals gehören auch Schank- und Speisewirtschaften zu diesen Einrichtungen.[18]

Nicht als Versammlungsstätte zählen folgende bauliche Anlagen:

1. Räume, die dem Gottesdienst gewidmet sind,
2. Unterrichtsräume in allgemein- und berufsbildenden Schulen,
3. Ausstellungsräume in Museen,
4. Fliegende Bauten.[19]

18 Vgl. Hessische Versammlungsstättenrichtlinie – H-VStättR (2016), §1f.
19 Hessische Versammlungsstättenrichtlinie – H-VStättR (2016), §1 Abs.3.

4 Sicherheitsempfinden in Bezug auf aktuelle Ereignisse

Jeder Mensch in der Bundesrepublik Deutschland hat ein Recht auf Sicherheit. Es gehört zu seinen Grundbedürfnissen. Sie ist im Grundgesetz nicht direkt beschrieben, dennoch wird sie in verschiedenen Teilen erwähnt. So wird in Art. I von der unantastbaren Würde des Menschen und in Art. II von seiner körperlichen Unversehrtheit gesprochen. Die Ausübung dieser Gesetze ist Aufgabe des Staates.[20] Um auf dieser Grundlage die Frage nach dem Sicherheitsempfinden von Besuchern in diesem Kapitel erläutern zu können, sollten vorher folgende Fragen geklärt werden: Wie wird Sicherheit definiert? Welche unterschiedlichen Arten von Sicherheit gibt es? Warum braucht der Mensch Sicherheit?

4.1 Sicherheit und Sicherheitsempfinden

Sicherheit kann aus verschiedensten Blickwinkeln betrachtet werden. So gibt es unter anderem die innere und äußere Sicherheit[21], individuelle[22] und kollektive[23] Sicherheit sowie objektive und subjektive Sicherheit[24]. Eine genaue Definition des Begriffes Sicherheit gibt es nicht. Durch die verschiedenen Arten und Blickwinkel ist der Begriff nur grob festgelegt und kann durch den jeweiligen Betrachter subjektiv aufgefasst werden. Dass Sicherheit nicht nur im deutschen Grundgesetz beschrieben wird, sondern auch zu den menschlichen Grundbedürfnissen gehört, beschreibt Maslow im folgenden Schaubild:

20 Vgl. Grundgesetz für die Bundesrepublik Deutschland (1949).
21 Vgl. Lange/Wendekamm/Endreß (2014), S. 24.
22 Vgl. Singelnstein/Stolle (2012), 3. Auflage, S. 42ff.
23 Vgl. Lutz (1993), S. 47.
24 Vgl. Marciniak (2015), S.27.

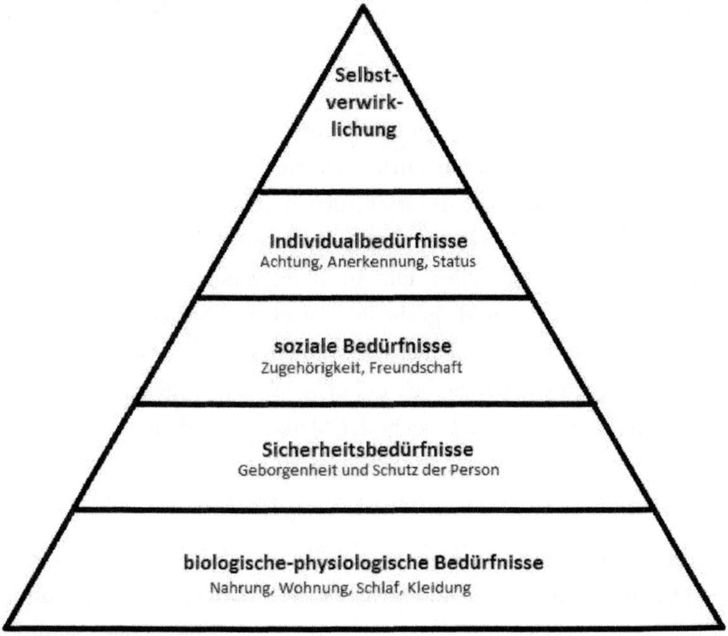

Abbildung 2: Bedürfnispyramide nach Maslow

Maslow beschreibt, dass die verschiedenen Arten von Bedürfnissen aufeinander aufbauen und somit eine Hierarchie entsteht. Wird ein unten stehendes Bedürfnis nicht befriedigt, so können auch höhere Bedürfnisse nicht erfüllt werden.[25] Bezieht man diese Annahme nun auf das Sicherheitsbedürfnis eines Besuchers, kann angenommen werden, dass dieser seine Ziele nur erreichen kann, wenn er sich auf der jeweiligen Veranstaltung sicher fühlt. Ziele sind in diesem Fall den Bedürfnissen nach Zugehörigkeit, Anerkennung oder Erfolg gleichzusetzen.

Im Folgenden werden die oben genannten Blickwinkel zum Begriff Sicherheit genauer beschrieben.

25 Vgl. Maslow in Bontrup (2004), 2. Auflage, S. 29.

Innere Sicherheit

Unter Innere Sicherheit versteht man in der Bundesrepublik Deutschland die Aufgabe des Staates, für den Schutz der Bürger und die Ordnung im Land zu sorgen. Hierbei handelt es sich sowohl um den Schutz vor Gewalt oder Straftaten an Bürgern als auch um Bedrohungen gegen die bestehende Demokratie. Die Innere Sicherheit kann als Zusammenschluss verschiedener Institutionen und Einrichtungen des Staates verstanden werden, die durch Verfassung und Demokratie legitimiert sind. Hierzu zählen Institutionen zur Verbrechensverhütung, -bekämpfung und Strafverfolgung und deren Ausübung durch Polizei, Zoll und Staatsanwaltschaft; Behörden zum Melde-, Pass- und Ausländerwesen in Bund, Städten und Kommunen sowie Einrichtungen zum Verfassungsschutz und Nachrichtendienst (Bundes Nachrichtendienst, Bundesamt für Verfassungsschutz).[26] [27]

Äußere Sicherheit

Äußere Sicherheit beschreibt die Außen- und Militärpolitik[28] und somit den Schutz des Landes und der Bürger vor äußeren Einflüssen, Kriegen oder Angriffen aus Richtung Drogen-, Wirtschafts- und Terrorismuskriminalität sowie Schäden der Umwelt.[29] Dies geschieht durch die Bildung von Bündnissen mit anderen Ländern und Regierungen. Die Bundesrepublik Deutschland ist Mitglied verschiedener Bündnisse, wie z.B. der UNO, NATO oder europäischen Gemeinschaft. In den Vertragsvereinbarungen zur UNO und NATO steht vor allem der Schutz der Länder durch ihre Verbündeten und die präventiven Maßnahmen zur Verhinderung erneuter Weltkriege im Vordergrund. Seit den Anschlägen vom 11. September 2001 steht die Bekämpfung des Terrorismus auf der Agenda der NATO. Die UNO und die europäische Gemeinschaft kümmern sich im Vergleich zur NATO auch um wirtschaftspolitische Fragen und Aufgaben.[30] [31] [32]

---

26 Vgl. Lange/Gasch (2006), S.123ff.
27 Vgl. Roggan/Aden (2006), 2. Auflage, S.25.
28 Vgl. Wurtzbacher (2004), S.16.
29 Vgl. Höffe (1999), S. 169ff.
30 Vgl. Bundeszentrale für politische Bildung: NATO.
31 Vgl. Bundeszentrale für politische Bildung: UNO.
32 Vgl. Bundeszentrale für politische Bildung: Äußere Sicherheit/Verteidigung/Nato.

Individuelle Sicherheit

Individuelle Sicherheit beschreibt den „[...] Schutz körperlicher Unversehrtheit und individueller Interessenverfolgung [...]“[33]. Es handelt sich also um das Bedürfnis jedes Einzelnen nach persönlicher Sicherheit. Sie ist eng verbunden mit dem subjektiven Sicherheitsgefühl des Einzelnen (siehe subjektive Sicherheit).

Objektive Sicherheit

Objektive Sicherheit kann als „[...] Abwesenheit von Gefahren für bestimmte Werte [...]“[34] bezeichnet werden und bezieht sich meist auf einen Ort, eine Region oder ein Gebiet.[35] Sie kann durch verschiedene Datenerhebungen messbar und durch verschiedene Maßnahmen kenntlich gemacht werden (Bsp. durch Unfalldaten, Statistiken zu Anschlägen, Feuerwehr- und Rettungsdiensteinsätze im Vergleich, erfasste Straftaten usw.)[36]. So kann z.B. eine Gegend, in der wenige Unfälle stattfinden oder in der nur wenige Straftaten zur Anzeige gebracht werden, als objektiv sicher deklariert werden, obwohl dies vielleicht nicht ganz den Tatsachen entspricht, da in dieser Gegend nur selten Kriminalfälle gemeldet werden. Andersherum können auch z.B. Stadtviertel oder Gegenden als sehr unsicher gelten, weil ihnen ein schlechter Ruf nachgesagt wird, obwohl dies in den Statistiken nicht unbedingt nachgewiesen werden kann.

Zu objektiver Sicherheit gehört auch das Präsentieren von offensichtlichen Maßnahmen zur Verdeutlichung von Sicherheit. Also das Aufhängen von Kameras, das Zeigen von Sicherheits- und Polizeipräsenz, Kontrollen an Eingängen zu Veranstaltungen und auf öffentlichen Plätzen. Aus zu vielen Maßnahmen, die eigentlich Sicherheit hervorrufen sollen, kann aber auch ein Unsicherheitsgefühl (siehe subjektive Sicherheit) bei den Menschen entstehen. Warum sollten so viele Maßnahmen getroffen werden, wenn der Ort oder die Gegend doch eigentlich sicher ist? Diese Frage kann demnach aus zu hohen offensichtlichen Sicherheitsmaßnahmen resultieren. Um ein solches Unsicherheitsgefühl zu

33 Wurtzbacher (2004), S.15.
34 Krell (1980) in Berndt (2007), S. 123.
35 Groenemeyer (2010), S. 92.
36 Vgl. Statista (verschiedene Umfragen).

vermeiden, ist ein schmaler Grat an ausreichend offensichtlichen Maßnahmen und nicht offensichtlichen Maßnahmen[37] (z.B. Polizei in zivil, Aufklärungsarbeit der Behörden, bevor etwas passiert) zu treffen.

Subjektive Sicherheit

Subjektive Sicherheit im Vergleich zur objektiven Sicherheit ist nicht messbar. Sie beschreibt das Sicherheitsempfinden jedes Einzelnen und kann somit unterschiedlich aufgefasst werden. Wenn die objektive Sicherheit als Abwesenheit von Gefahren bezeichnet werden kann, so beschreibt Krell die subjektive Sicherheit als „[...] Abwesenheit von Furcht vor Gefährdungen [...]".[38] Also als individuelles Empfinden des Einzelnen. Wie und wann sich Menschen sicher oder unsicher fühlen, hängt dabei aber von verschiedenen Faktoren ab und kann in jedem Einzelnen variieren. Die direkte Viktimisierung, also die persönliche Erfahrung, Opfer eines Verbrechens geworden zu sein, oder die indirekte Viktimisierung über die Erfahrungsberichte von Dritten, sind hierbei eine von drei Ausgangspunkten für das individuelle/subjektive Sicherheitsempfinden. Die Herkunft, der individuelle Lebensstil oder die Umgebung der Nachbarschaft bilden den zweiten Faktor des sozialen Umfeldes. Zum Schluss spielt noch das weitere soziale Umfeld, also auch die Berichterstattung der Medien über Anschläge, Einbrüche oder andere Straftaten, eine wichtige Rolle. Setzt man alle drei Faktoren miteinander in Zusammenhang, so ergibt sich das individuelle Sicherheitsgefühl des Einzelnen.

Die Wirkung der Medien sollte dabei nicht unterschätzt werden. Grade in der heutigen Zeit, in der Nachrichten in Minutenschnelle um die ganze Welt geschickt werden. Die Menschen lesen, sehen oder hören Berichte über Vorfälle, wenige Minuten nachdem sie stattgefunden haben. Vor ein paar Jahren (ohne Internet oder Soziale Medien) wäre über diese erst Stunden, wenn nicht sogar Tage später berichtet worden.

Diese Vernetzung und schnelle Kommunikation hat viele Vorteile, kann aber auch ein größeres Gefühl der Unsicherheit im Einzelnen hervorrufen.[39] So dienen die Medien (nach Auffassung der Schriftreihe Sicherheit im Band

37 Vgl. Krasmann (2014), S. 101f.
38 Krell (1980) in Berndt (2007), S.123.
39 Ziegleder/Kudlacek/Thomas (2011).

„Die gesellschaftliche Konstruktion von Sicherheit") auch als „Sprachrohr des Terrorismus".[40] Terroristen nutzen die Wirkung der Medien, um ihre Anschläge und Vorhaben an die Bevölkerung zu kommunizieren und so den Druck auf die Politik zu stärken und die Unsicherheit in der Bevölkerung zu vergrößern. Der Anschlag am 11. September 2001 ist demnach erst durch die Medien zu einem „major event" aufgestiegen und hätte somit die Bilder des Tages für lange Zeit in die Köpfe der Menschen gebrannt. Natürlich seien nicht nur die Medien schuld an der Verbreitung von Unsicherheit, sie würde aber zum großen Teil dazu beitragen.[41]

4.2 Ereignisse der letzten Jahre und Auswirkungen

Ein Problem an Sicherheit ist, dass eventuelle Lücken oder Mängel an Sicherheitsmaßnahmen oft so lange aus Bequemlichkeit und/oder Geldgier ignoriert oder verheimlicht werden, bis gerade diese Lücken, durch oftmals kleine Auslöser, verheerende Auswirkungen haben. In diesem Kapitel werden kurz verschiedene Ereignisse der letzten Jahrzehnte aufgeführt, nach denen viele Sicherheitskonzepte überdacht oder deren Umsetzung besser kontrolliert wurden. Es wird aber auch auf Ereignisse hingewiesen, an deren tatsächliches Eintreten lange Zeit nicht zu denken war.

Beispiele von Sicherheitslücken im Bau und Betrieb von Versammlungsstätten:

Brand des Düsseldorfer Flughafens, 11. April 1996

Bei Schweißarbeiten an den Dehnungsfugen auf dem Zufahrtsweg zum Düsseldorfer Flughafen entzündete sich Bitumen und tropft in den Kabelschacht des sich unter der Straße befindenden Flughafengebäudes. Da die verwendeten Baumaterialen nicht den Brandsicherheitsbestimmungen genügten und die Schweißer weder eine Brandwache bestellten noch die Flughafenfeuerwehr über ihre Arbeiten informierten, entstand ein Schwelbrand mit starker Rauchentwicklung. Der Rauch zog über die Lüftungs- und Kabelkanäle des Flughafengebäudes in das Terminal A und das Foyer des Flughafens. Rauchmelder und Abluft-Systeme

40 Krasmann (2014), S.49.
41 Vgl. Krasmann (2014), S. 49ff.

funktionierten nicht richtig, Sprinkler-Anlagen fehlten, die Feuerwehr wurde zu spät alarmiert und die Flughafen-Gäste zu spät zur Räumung des Gebäudes aufgefordert. Auch hatten sich die Fahrstühle nicht automatisch ausgeschaltet. Sie fuhren in das vollkommen verqualmte Erdgeschoss des Flughafens und konnten sich wegen zu dichten Rauches an den Lichtschranken nicht mehr schließen. Die Insassen erstickten. Zu wenige Fluchtwege in den verschiedenen VIP-Lounges und überfordertes und ungeschultes Sicherheitspersonal führten zu weiteren Toten. Die Passagiere in den Lounges telefonierten häufiger mit den Sicherheitskräften und versuchten ihnen ihre Position mitzuteilen. Den Mitarbeitern des Flughafens waren die VIP-Areas aber unbekannt. Insgesamt starben 17 Menschen bei dem Brand durch Rauchvergiftung. Ca. 88 weitere wurden verletzt.[42] [43]

Massenpanik auf der Loveparade in Duisburg, 24. Juli 2010

Die Loveparade war eine seit 1989 stattfindende Techno- und Tanzveranstaltung und gehörte mit 13 Millionen Besuchern insgesamt, weltweit zu der größten ihrer Art. Sie fand in den Jahren 1989 bis 2006 (Ausfall 2004 und 2005) in Berlin im öffentlichen Raum zwischen Ernst-Reuter-Platz und Brandenburger Tor statt. 2007 war sie erstmals zu Gast in Essen, 2008 in Dortmund, 2009 wurde die Großveranstaltung in Bochum abgesagt. 2010 fand schließlich die letzte Loveparade mit einem dramatischen Ende in Duisburg statt.[44]

Wegen fehlender Sicherheitsmaßnahmen, einem nicht ausgereiften Sicherheitskonzept, fehlender Absprachen, dem Außer-Acht-Lassen der Bedenken verschiedener Gewerke (Feuerwehr, Polizei, Sanitätsdienst) und einer sehr hohen Anzahl an Besuchern kommt es an einem Ein- und Ausgang zum Gelände eines ehemaligen Hauptgüter- und Rangierbahnhofs, auf dem das Mega-Event stattfand, zu einer Massenpanik.[45] Insgesamt starben 21 Menschen und mehr als 500 weitere wurden verletzt.[46]

---

42 Vgl. Spiegel Magazin: Mitten ins Inferno (1996).
43 WDR - Dokumentarfilm: Flughafenbrand Düsseldorf 1996 - Die schlimmste Katastrophe (2006).
44 Vgl. FAZ: Die Loveparade seit 1989 (2010).
45 Vgl. WDR: Kritik am Sicherheitskonzept der Loveparade (2010).
46 Vgl. Spiegel Magazin: Loveparade 2010.

Beispiele von Anschlägen auf Veranstaltungen:

LKW-Anschlag in Nizza, 14. Juli 2016, und Berlin, 19. Dezember 2016

Zum Nationalfeiertag des 14. Juli versammeln sich überall in Frankreich die Menschen, um das Ende des Absolutismus in Frankreich und die „Fête de la Féderation" im 18. Jahrhundert zu feiern. Hierbei werden an verschiedenen Orten im Land Feuerwerke gezündet.[47] 2016 fuhr ein 31-jähriger Tunesier mit einem LKW knapp zwei Kilometer durch eine Menschenmenge auf der Promenade des Anglais in Nizza. Er wurde durch tödliche Schüsse von Polizeibeamten gestoppt. Bei dem Anschlag starben 86 Menschen, mehr als 300 werden verletzt. Es waren keine Hindernisse aufgestellt, um einen solchen Anschlag zu verhindern.

Ein ähnliches Szenario ereignete sich im Dezember 2016 auf einem Weihnachtsmarkt in Berlin. Auch hier fuhr ein Attentäter in Höhe der Gedächtniskirche in eine Menschenmenge. Zwölf Menschen starben und 48 weitere wurden verletzt.[48]

Bombenanschlag auf Teenie-Konzert in Manchester, 22. Juni 2017

Nach dem Popkonzert der amerikanischen Sängerin Ariana Grande, bei dem ca. 21.000 meist Kinder und jugendliche Zuschauer anwesend waren, zündet ein Selbstmordattentäter eine selbstgebaute Nagelbombe. Der 22-jährige Attentäter positioniert sich im Foyer der Manchester Arena in der Nähe der Ausgänge. Die Bombe zündet nach der Zugabe, als die Besucher des Konzerts die Veranstaltungsstätte verlassen wollen. Es starben 22 hauptsächlich Kinder und Jugendliche. Ca. 116 weitere wurden verletzt.[49] [50]

Bisher wurden Anschläge vor oder während laufender Veranstaltungen durchgeführt. Der Anschlag in Manchester war der erste in Europa, bei dem der Vorfall nach Ende des Konzerts stattfand. Dies veranlasst Betreiber und Veranstalter ihre bisherigen Sicherheitsmaßnahmen zu überdenken.

---

47 Vgl. Französischer Nationalfeiertag: 14. Juli.
48 Vgl. MDR: 2016 – Das Jahr der Anschläge.
49 Vgl. Tagesschau: Terror in Manchester – Was über den Anschlag bekannt ist (26.05.2017).
50 Vgl. Welt N24: Anschlag in Manchester – Als das Licht angeht, erklingt ein Knall (23.05.2017).

4.3 Rechte, Normen, Verordnungen

Damit Vorfälle, wie in Kapitel 3.2 beschrieben, möglichst verhindert werden oder bestmöglich unter Kontrolle gebracht werden können, gibt es in Deutschland verschiedene Rechte, Normen und Verordnungen. Diese beschreiben den Bau und Betrieb von Versammlungsstätten und fliegenden Bauten sowie den Schutz vor Lärm, Umwelt- und Personenschäden. In diesem Kapitel sind ein paar der wichtigsten Regelungen aufgeführt und kurz beschrieben. Da viele Verordnungen und Gesetze Ländersache sind und die Messe Frankfurt sich im Bundesland Hessen befindet, sind die hessischen Regelungen aufgeführt.

Hessische Bauordnung (HBO)

Die hessische Bauordnung besteht aus sechs Teilen und 82 Paragraphen. Sie beschreibt den Bau, die Errichtung, die Änderung und das Instandhalten von baulichen Anlagen. Hierbei handelt es sich um den Schutz der öffentlichen „[...] Sicherheit und Ordnung, insbesondere Leben, Gesundheit und die natürlichen Lebensgrundlagen [...]“ dürfen dabei „[...] nicht gefährdet werden.“[51] [52]

In der Bauordnung sind Versammlungsstätten und sogenannte Sonderbauten beschrieben. Sie weist somit auch auf die Versammlungsstättenverordnung hin, die sich aus der Bauordnung ergibt.

Versammlungsstättenverordnung (VStättVo)/Musterversammlungsstättenverordnung (MVStättV)

In Hessen wird die Versammlungsstättenverordnung zu einer Hessischen Versammlungsstättenrichtlinie (H-VStättR). Das heißt, sie tritt nicht unmittelbar wie eine Verordnung in Kraft, sondern kann den regionalen Gegebenheiten angepasst werden.[53]

Die Versammlungsstättenrichtlinie in Hessen beschreibt dennoch wie jede MVStättV auch verschiedene Paragraphen zum Bau und Betrieb von Versammlungsstätten in sieben Teilen. Sie teilen sich wie folgt auf:

51 §3 Abs. 1 HBO.
52 Vgl. §1ff HBO.
53 Vgl. Brödermann/Iversen (1994), S.312.

Teil 1: Allgemeine Vorschriften

Teil 2: Allgemeine Bauvorschriften (Abschnitt 1: Bauteile und Baustoffe; Abschnitt 2: Rettungswege; Abschnitt 3: Besucherplätze und Einrichtungen für Besucher; Abschnitt 4: Technische Anlagen und Einrichtungen, besondere Räume)

Teil 3: Besondere Bauvorschriften (Abschnitt 1: Großbühnen; Abschnitt 2: Versammlungsstätten mit mehr als 5 000 Besucherplätzen)

Teil 4: Betriebsvorschriften (Abschnitt 1: Rettungswege, Besucherplätze; Abschnitt 2: Brandverhütung; Abschnitt 3: Betrieb technischer Einrichtungen; Abschnitt 4: Verantwortliche Personen, besondere Betriebsvorschriften)

Teil 5: Zusätzliche Bauvorlagen

Teil 6: Bestehende Versammlungsstätten

Teil 7: Schlussvorschriften[54]

Die Versammlungsstättenverordnungen der Länder resultieren aus der Musterversammlungsstättenverordnung. Diese ergibt sich wiederum aus der Musterbauordnung, welche 1959 von der ARGEBAU initiiert wurde.[55]

Ein Teil der Musterversammlungsstättenverordnung beschreibt die maximal zulässige Besucheranzahl pro Quadratmeter Veranstaltungsfläche, die Breite der Flucht- und Rettungswege und die baulichen Vorschriften. Hieraus lässt sich das sogenannte Crowd-Management ableiten. Es „[...] definiert sich als systematische Planung und Überwachung einer geordneten Bewegung bzw. Versammlung von Menschen [...].“[56] Es enthält die Bewertung von Veranstaltungsstätten im Hinblick auf die zu erwartende Besuchermenge und deren Dichteaufkommen sowie der Ein- und Ausgänge. Der Umgang mit den zu erwartenden Menschenmassen und deren Gruppenverhalten wird analysiert. Auf dieser Grundlage werden Maßnahmen zu einer geordneten Lenkung und Bewegung der Massen getroffen, um

54 Vgl. Hessische Versammlungsstättenrichtlinie – H-VStättR (2016).
55 Vgl. Bauministerkonferenz – Struktur und Aufgaben (1998).
56 Fruin (1993) in Zacherle (2014). S.16f.

Panik oder unkontrollierte Massenbewegungen zu verhindern und ein gewünschtes Bewegungsverhalten der Menschen herzustellen.[57]

Fliegende Bauten Recht

Die Muster-Richtlinie Fliegender Bauten (M-FlBauR) regelt den Bau und Betrieb von Fliegenden Bauten. Fliegende Bauten sind temporär zu errichtende bauliche Anlagen, deren Beschaffenheit dazu bestimmt und geeignet ist, sie wiederholt aufzubauen. Hierzu zählen zum Beispiel Fahrgeschäfte auf Jahrmärkten, Tribünen, Fest- und Partyzelte usw. Camping- und Sanitätszelte sowie Flächen mit einer Überbauung unter 75m^2 zählen nicht dazu.[58]

Die M-FlBauR ist ähnlich aufgebaut wie die MBO und MStättVo. Sie besteht aus sieben Teilen und kann je nach Bundesland in einzelnen Punkten dem Land angepasst sein.

Deutsche Gesetzliche Unfallversicherung

Die DGUV ist die Deutsche Gesetzliche Unfallversicherung. Sie regelt in verschiedenen Vorschriften den Arbeitsschutz. Für die Veranstaltungsbranche sind dabei die Vorschriften 1, 17 und 18 am bedeutendsten.

Die DGUV 1 (Unfallverhütungsvorschrift – Grundsätze der Prävention) beschreibt die Rechte und Pflichten von Unternehmern und Versicherten sowie ausländischen Arbeitnehmern, die im Inland arbeiten, im Bereich Unfallverhütung und Prävention.[59]

Die DGUV 17/18 (Unfallverhütungsvorschrift – Veranstaltungs- und Produktionsstätten für szenische Darstellung) beschreibt die Bestimmungen zur Unfallverhütung in „1. den bühnentechnischen und darstellerischen Bereich von Veranstaltungsstätten, 2. den produktionstechnischen und darstellerischen Bereich von Produktionsstätten für Film, Fernsehen, Hörfunk und Fotografie."[60] [61]

57 Vgl. Zacherle (2014). S.17.
58 M-FlBauR (2010).
59 Vgl. DGUV 1 (2013).
60 §1 DGUV 17 (1998).
61 Vgl. DGUV 18 (1997).

Landesimmissionsschutzgesetz

Das LImschG ist ein Gesetz zum Schutz vor Luftverunreinigungen, Geräuschen und ähnlichen Umwelteinwirkungen. Es gilt für den Bau und Betrieb von Anlagen sowie für das Verhalten von Personen, wenn dieses zur Schädigung der Umwelt führen kann. Im Veranstaltungsbereich kommt dieses Gesetz vor allem im Bereich der Lärmbelästigung durch das Benutzen von Tongeräten oder das Abbrennen von Feuerwerkskörpern und zum Schutz der Nachtruhe zur Geltung.[62]

62 Vgl. LImschG (1975).

5 Sicherheitsempfinden deutscher Messebesucher der Messe Frankfurt

5.1 Aufstellung eines Fragebogens

Fragebögen gehören zu den Methoden aus der Humanwissenschaft. Sie sind standardisierte Auflistungen von Fragen, die den Zweck verfolgen, vorher gestellte Problemstellungen oder wissenschaftliche Hypothesen auf ihre Richtigkeit zu überprüfen bzw. die Meinungsbilder der Probanden zu einem bestimmten Thema einzuholen (Hypothesen sind unbewiesene Aussagen oder Spekulationen.[63]). Die Überprüfung wissenschaftlicher Hypothesen wird dabei als „zentrales Merkmal quantitativer empirischer Forschungen"[64] bezeichnet. Sie dienen als nützliche Lieferanten für die Erhebung der Primärforschung.

Folgende Hypothesen sind für die Erstellung des Besucher-Fragebogens entstanden:

Hypothese 1:	Trotz der momentanen Sicherheitslage fühlen sich die Befragten in Deutschland allgemein sicher.
Hypothese 2:	Aufgrund der Vorfälle in den letzten Monaten fühlen sich die Befragten auf öffentlichen Plätzen eher unsicher.
Hypothese 3:	Trotz der Vorfälle in den letzten Monaten fühlen sich die Befragten auf dem Messegelände eher sicher.
Hypothese 4:	Weibliche Messebesucher fühlen sich auf dem Messegelände unsicherer als männliche Besucher.
Hypothese 5:	Den meisten Besuchern sind die Sicherheitsmaßnahmen auf dem Messegelände bekannt.
Hypothese 6:	Die Besucher haben nur wenige Vorschläge zur Verbesserung der Sicherheitsmaßnahmen auf dem Gelände.

63 Vgl. Duden, o.J.; Springer Gabler, o.J.
64 Böhm-Kasper/Weishaupt, 2004, S. 105.

Erläuterung der Hypothesen

Hypothese 1:

Um herauszufinden, wie sicher sich die Menschen auf dem Messegelände fühlen, ist es wichtig vorerst zu klären, wie sicher sie sich in Deutschland allgemein fühlen. Es ist anzunehmen, dass sich die Menschen in Deutschland allgemein sicher fühlen,[65] da bisher wenige Anschläge im Land stattgefunden haben und die politische Lage stabil ist.

Hypothese 2:

Durch verschiedene Vorfälle, wie den Übergriffen auf Frauen in der Silvesternacht 2015 auf der Kölner Domplatte[66], dem LKW-Anschlag in Berlin im Dezember 2016[67] fühlen sich Menschen in Deutschland auf öffentlichen Plätzen nicht mehr sicher. Diese Annahme muss überprüft werden, um sie mit dem Sicherheitsempfinden der Besucher des Frankfurter Messegeländes zu vergleichen.

Hypothese 3:

Es wird aufgrund der Beschaffenheit des Geländes und den getroffenen Sicherheitsmaßnahmen der Messe Frankfurt davon ausgegangen, dass sich die Besucher auf dem Messegelände sicher fühlen.

Hypothese 4:

Frauen wird nachgesagt, dass sie Angst vor terroristischen Angriffen[68] haben und auch sonst häufiger ihre Angst zeigen als Männer.[69] Aus diesem Grund sollte diese Aussage bestätigt werden.

65 Vgl. Statista: „Sicherheitsempfinden der Deutschen […]“ (2017).
66 Vgl. Zeit Online: „Übergriffe an Silvester – Was geschah in Köln?“ (05.01.2016).
67 Vgl. Kapitel 4.2.
68 Vgl. Statista: „Umfrage zum Sicherheitsgefühl bezüglich d. Terrorgefahr nach Bevölkerungsgruppen“ (2017).
69 Vgl. „Größte Sorgen und Ängste der Deutschen (nach Geschlecht)“ (2017).

Hypothese 5:
Die Messe Frankfurt geht davon aus, dass ihre Sicherheitsmaßnahmen den Besuchern durch ihre präsente Erscheinung bekannt sind. Diese Aussage muss überprüft werden, da von ihr eine mögliche weitere Kommunikation zum Sicherheitsempfinden der Besucher abhängt.

Hypothese 6:
Auf Grundlage der Hypothese fünf wird angenommen, dass die Besucher sich auf dem Messegelände so sicher fühlen, dass sie keinerlei bzw. nur wenige Vorschläge zur Verbesserung der Sicherheit auf dem Gelände haben.

Die Wahl der Fragenart ist ein wichtiges Kriterium für einen validen Fragebogen und ausschlaggebend für seine Beantwortung. Der Ersteller des Fragebogens muss sich im Vorhinein überlegen, was genau er mit seiner Umfrage erreichen möchte. Zudem müssen mögliche Fehlerquellen bei der Beantwortung, durch beispielweise unklare oder nicht eindeutig interpretierbare Fragestellung, möglichst ausgeschlossen werden.[70] Es können offene, geschlossene oder halboffene Fragen genutzt werden. Offenen Fragen, bei denen der Befragte seine eigenen Meinungen oder Gedanken mitteilen kann, dienen der qualitativen Erbringung der Daten. Sie sind allerdings für den Befragten oft schwerer zu beantworten, da dieser eine individuelle Antwort geben muss und hierzu keinerlei Hilfestellung bekommt. Geschlossene Fragen, bei denen die Antwortmöglichkeiten schon vorgegeben werden, dienen der quantitativen Erhebung von Daten. Sie sind für den Befragten oft einfacher zu beantworten. Geschlossenen Fragen können den Befragten durch die Art der Fragestellung jedoch beeinflussen. Ist zum Beispiel eine positive oder negative Wertung in die Frage aufgenommen, wird der Befragte automatisch durch diese beeinflusst. Ein Beispiel hierfür wäre der Gebrauch von sogenannten Füllwörtern wie „auch", „schon", „wieder" oder ähnliche.

Eine Mischung der beiden Fragetypen in einer Frage ist auch möglich. Dies sind sogenannte halboffene Fragen. Sie werden oft genutzt, um neben den

70 Aeppli/Gasser/Gutzwiller/Tettenborn (2014), S.151ff.

bestehenden Antwortmöglichkeiten noch weitere für den Befragten wichtige Antworten hinzuzufügen.

Für die erfolgreiche Aufstellung eines validen Fragebogens sind gewisse Regeln zur Orientierung zu beachten:

- das Streichen überflüssiger Fragen, deren Antworten über andere Wege erhoben werden können
- eine einfache und klare Formulierung von Fragen mit eventueller Aufteilung in Einzelfragen
- keine zu allgemeine, zu hypothetische oder zu spezifische Fragestellung
- keine beeinflussende Verwendung von Wörtern, die den Befragten beeinflussen können, wie z.B. „alle", „immer", „auch", „schon" usw.
- nur nicht-interpretierbare Antworten verwenden

Nach dem Verfassen der Fragen ist auch der Aufbau des Fragebogens sehr wichtig. Die Anzahl der Fragen sowie die Auswahl der Reihenfolge und die Einführung bestimmen die Motivation der Befragten, den Fragenbogen bis zum Ende zu beantworten. Besteht ein Fragebogen z.B. aus zu vielen Fragen und kostet den Befragten zu viel Zeit, so bricht dieser eventuell die Umfrage ab. Beginnt ein Fragebogen direkt mit zu persönlichen oder „kritischen" Fragen, so kann dies die Antworten des Befragten negativ beeinflussen oder die Motivation zur weiteren Beantwortung beenden.[71]

Auf Grundlage der oben genannten Hypothesen und Kriterien eines Fragebogens ist eine Umfrage für diese Bachelorarbeit entstanden. Ziel der Umfrage ist herauszufinden, wie sicher die Besucher des Geländes sich auf dem Messegelände fühlen und welche Sicherheitsmaßnahmen sie bewusst wahrnehmen bzw. auf welche Maßnahmen sie viel Wert legen. Es soll somit herausgestellt werden, welche Sicherheitsmaßnahmen die Messe Frankfurt eventuell noch einleiten kann oder welche bei den Besuchern besser kommuniziert werden könnten. Zielgruppe sind die Besucher einer Messe auf dem Messegelände der Messe Frankfurt. Aufgrund des eingeschränkten Zeitraums ist die Umfrage auf den Messen Techtextil und

71 Aeppli/Gasser/Gutzwiller/Tettenborn (2014), S.164ff.

Texprocess geplant. Die Messen finden zeitgleich auf dem Messegelände statt. Beide Messen sind internationale Fachmessen für technische Textilien bzw. für die Bekleidungs- und textilverarbeitende Industrie. Art des Fragebogens ist eine schriftliche Umfrage, die in Form einer persönlichen und anonymen Befragung durch die Studenten der Messe Frankfurt bei den Besuchern der Fachmessen durchgeführt wird. Um die benötigte Zeit der Umfrage so gering wie möglich zu halten, besteht der Fragebogen aus elf Fragen, von denen zehn offen gestellt werden und eine von den Studenten beantwortet wird. Die Befragten bekommen zu Anfang eine kurze Einführung in das Thema der Umfrage und einen Hinweis, dass diese aus Gründen der Erstellung einer Bachelorarbeit durchgeführt wird. Die Einführung dient zusätzlich als „Eisbrecher", um die Motivation der Probanden zu wecken. Zusätzlich werden die ersten zwei Fragen ohne Bezug zur Messe gestellt. Sie sollen die Befragten in das Thema einleiten und sind als einfache Single-Choice-Fragen gestellt.

Die folgende Abbildung zeigt die Einführung und Eisbrecher der Umfrage. Diese wurden durch die Einführung der Studenten zusätzlich unterstützt.

Umfrage zum Sicherheitsbefinden 1

Folgende Umfrage wird im Rahmen einer Bachelorarbeit zum Thema „Sicherheitsempfinden deutscher Messebesucher am Beispiel der Messe Frankfurt" erhoben. Sie soll die Wahrnehmung der getroffenen Maßnahmen mit den Wünschen der Messebesucher abgleichen.

Wie sicher fühlen Sie sich in Deutschland allgemein?

[ ] Sehr sicher

[ ] Eher sicher

[ ] Weder noch

[ ] Eher unsicher

[ ] Sehr unsicher

Fühlen Sie sich im öffentlichen Raum - also zum Beispiel auf Straßen und Plätzen und in Bahnhöfen - alles in allem

[ ] Sehr sicher

[ ] Eher sicher

[ ] Weder noch

[ ] Eher unsicher

[ ] Sehr unsicher

Abbildung 3: Umfrage - Einführung und Eisbrecher

Nach den zwei allgemeinen Fragen, wechselt der Fragebogen auf messespezifische Fragen zum Sicherheitsempfinden der Besucher. Es wird eine vertiefende Frage aufgeführt, für den Fall, dass die Befragten sich nicht sicher auf dem Gelände der Messe Frankfurt fühlen. Die Vertiefungsfrage ist offen gestaltet, um den Befragten möglichst viel Freiraum für ihre Beantwortung zu geben. Als wichtiger Anhaltspunkt für die Anzahl der Besuche im Vergleich zum Sicherheitsempfinden und als leichte Frage zur Entspannung wird dann eine weitere Single-Choice Frage gestellt.

Nachfolgende Abbildung zeigt die Umsetzung der messespezifischen Themeneinführung und einer kurzen Entspannungsfrage:

Wie sicher fühlen Sie sich persönlich auf dem Messegelände?

[ ] Sehr sicher

[ ] Eher sicher

[ ] Weder noch

[ ] Eher unsicher

[ ] Sehr unsicher

Wenn Sie „eher unsicher" oder „sehr unsicher" angekreuzt haben:
Weshalb fühlen Sie sich auf dem Messegelände unsicher?

____

Wie oft haben Sie das Messegelände der Messe Frankfurt schon besucht?

[ ] Ich bin das erste Mal hier

[ ] 2 – 5

[ ] 6 – 10

[ ] > 10

Abbildung 4: Umfrage - Messe spezifische Themen-Einführung

In Frage sechs werden den Befragten verschiedene Sicherheitsmaßnahmen aufgelistet, die die Messe Frankfurt durchführt. Um sie nicht zu beunruhigen, wird den Befragten eine kleine Einleitung zu dieser Frage gegeben. In dieser werden ihnen die Maßnahmen als gegeben vorgestellt und es wird darauf hingewiesen, dass die Frage herausstellen soll, ob ihnen die Maßnahmen bei einem Besuch der Messe Frankfurt bewusst aufgefallen sind. Hier wird eine Multiple-Choice Antwort verwendet. Die Frage nach den bestehenden Sicherheitsmaßnahmen auf dem Gelände kann als kritische Frage betrachtet werden. Sie lenkt die Aufmerksamkeit des Besuchers direkt auf die bestehenden Maßnahmen. Dies kann bei Besuchern, welche vorher noch nicht auf irgendwelche Maßnahmen geachtet haben, zu Zweifeln an der tatsächlichen Gegebenheit der Sicherheitsmaßnahmen führen und somit ein Gefühl von Unsicherheit hervorrufen. Um dem entgegenzuwirken, ist eine gute Einleitung der Befrager essentiell wichtig.

Als letzte themenbezogene Frage wird der Proband in einer offenen Frage nach seiner persönlichen Meinung zur Verbesserung der Sicherheit auf dem Gelände gefragt. Dies soll ihm das Gefühl geben, dass seine Meinung wichtig für die Auswertung der Umfrage ist. Ihm wird so auch ein Teil der eventuell aufgekommenen Unsicherheit genommen. Zudem wird durch die beiden Fragen das zweite Ziel der Umfrage herausgestellt.

Untenstehende Abbildung zeigt die kritischen Fragen der Umfrage:

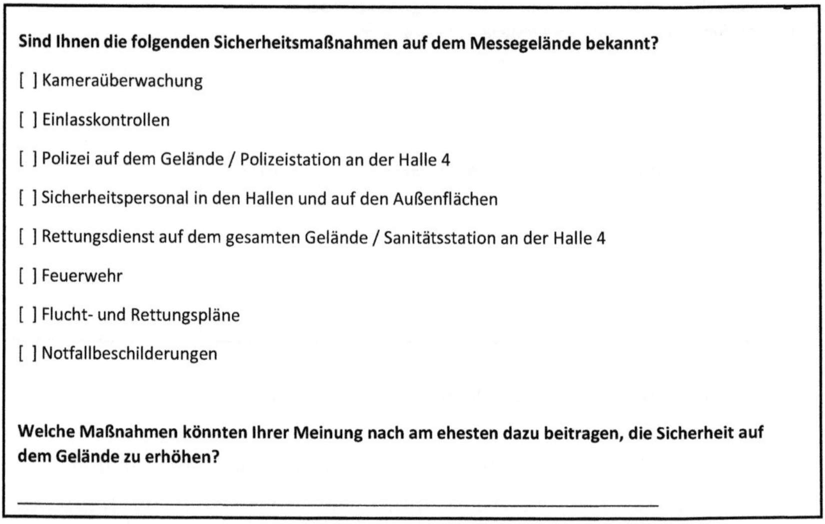

Sind Ihnen die folgenden Sicherheitsmaßnahmen auf dem Messegelände bekannt?

[ ] Kameraüberwachung

[ ] Einlasskontrollen

[ ] Polizei auf dem Gelände / Polizeistation an der Halle 4

[ ] Sicherheitspersonal in den Hallen und auf den Außenflächen

[ ] Rettungsdienst auf dem gesamten Gelände / Sanitätsstation an der Halle 4

[ ] Feuerwehr

[ ] Flucht- und Rettungspläne

[ ] Notfallbeschilderungen

Welche Maßnahmen könnten Ihrer Meinung nach am ehesten dazu beitragen, die Sicherheit auf dem Gelände zu erhöhen?

___

Abbildung 5: Umfrage - kritische Fragen

Die letzten vier Fragen des Fragebogens sind soziodemografische Fragen zur Person des Befragten. Hier werden verschiedene Angaben für eine bessere Strukturierung und Unterteilung der Auswertung gesammelt. Die Fragen sind einfach zu beantworten und bieten somit einen guten Schluss der Befragung.

Abbildung 6 zeigt die soziodemografischen Fragen und das Ende der Umfrage:

In welcher Funktion sind Sie auf dem Gelände?

[ ] Aussteller

[ ] Besucher

[ ] Mitarbeiter der Messe Frankfurt

[ ] Hostess/Host

[ ] Sonstiges ____________

Aus welchem Bundesland kommen Sie?

____

Wie alt sind Sie?

[ ] 18 – 23 Jahre

[ ] 24 – 28 Jahre

[ ] 29 – 35 Jahre

[ ] 36 – 45 Jahre

[ ] 46 – 64 Jahre

[ ] 65 Jahre und älter

Sind Sie ... ?

[ ] Männlich

[ ] Weiblich

Abbildung 6: Umfrage - soziodemografische Fragen

Durch die Anordnung der Einleitungs-, Themen- und Schluss-Fragen, der sogenannten Fragebogendramaturgie, ergibt sich im Ganzen eine Umfrage mit einem Spannungsbogen. Der Befragte wird zuerst auf das Thema Sicherheit vorbereitet, dann über die Kernziele der Umfrage befragt. Mit ein paar „harmlosen" Schlussfragen wird die Spannung abgebaut und somit die Umfrage beendet. Die Dramaturgie und die Kürze des Fragebogens sorgen dafür, dass die Befragten nur wenige Minuten für die Beantwortung der Fragen benötigen und somit das Interesse an der Beantwortung nicht verlieren.[72]

72 Vgl. Möhring/Schlütz (2003), S. 118f.

5.2 Erstellen eines Expertengesprächs

Ein Expertengespräch, auch wissenschaftliches Interview oder mündliche Befragung genannt, ist ein Mittel zur Erhebung von Informationen oder Erfahrungen. Befragt werden Experten aus den jeweiligen Bereichen, über die Informationen eingeholt werden sollen. Experten können dabei Mitarbeiter aus Fachbereichen, Professoren, Politiker oder weitere Personen sein.

Um ein erfolgreiches Experteninterview führen zu können, ist die Aufstellung eines Interviewleitfadens wichtig.[73] Die Fragen entstehen aus der vorhergehenden Recherche über die Person und das zu befragende Fach-Thema des Experten. Sie bieten während des Gesprächs einen Leitfaden entlang des Interviews und stellen sicher, dass alle für das Interview und die daraus resultierenden Ergebnisse wichtigen Fragen beantwortet werden. Zusätzlich dient der Leitfaden als Hilfsmittel für den Fall, dass der Experte nicht den gewünschten Umfang der Antwort mit zu wenigen Informationen liefert.[74]

Bei der Formulierung des Interviews ist auf eine klare Verständlichkeit zu achten. Um Missverständnissen vorzubeugen, sollten die Fragen aus Sicht des Befragten geprüft werden. Außerdem sollte das Sprachniveau und der Schwierigkeitsgrad der Fragen an den Befragten angepasst werden. Kontrollfragen (inhaltlich ähnliche Fragen an anderer Stelle) können helfen, bei schwierigen Fragen eine genauere Antwort zu bekommen. Eine Motivation zur Beantwortung der Fragen kann auch das Anknüpfen an und gezieltes Fragen nach Erfahrungen des Befragten bringen. Seine eigenen Aussagen werden somit für wichtig gehalten und eine Wertschätzung seiner Person und Antwort werden ausgedrückt.[75]

Aus oben beschriebenen Möglichkeiten zu Erstellung eines Experteninterviews und den Fragen aus der Erstellung eines Fragebogens (Kapitel 4.3) ergeben sich folgende Fragen für diese Arbeit:

73 Vgl. Balzer/Schäfer/Schröder/Kern (2008), S. 57.
74 Vgl. Möhring/Schlütz (2003), S. 177ff.
75 Vgl. Balzer/Schäfer/Schröder/Kern (2008), S. 59ff.

1. Wer ist die Person und was sind ihre Aufgaben bei der Messe Frankfurt (oder des evangelischen Kirchentages)?
2. Wie lange sind Sie schon für die Messe Frankfurt (den evangelischen Kirchentag) tätig?
3. Welche Erfahrungen haben Sie mit dem Sicherheitsempfinden von Besuchern einer Veranstaltung gemacht?
4. Woran kann es Ihrer Meinung nach liegen, dass Besucher sich auf Veranstaltungen sicherer fühlen als in Deutschland allgemein bzw. auf öffentlichen Plätzen?

5.3 Ergebnis der Umfrage und der Expertengespräche

Das Thema dieser Bachelorarbeit heißt: „Sicherheitsempfinden deutscher Messebesucher am Beispiel der Messe Frankfurt GmbH". Die Forschungsfragen hierzu lauten: „Fühlen sich Besucher des Messegeländes der Messe Frankfurt sicher?", „Was tut die Messe Frankfurt, damit sich die Besucher auf ihrem Gelände sicher fühlen?" und „Welche Sicherheitsmaßnahmen nimmt der Besucher bewusst wahr?" Um diesen Forschungsfragen auf den Grund zu gehen, ist die Erhebung einer Besucherumfrage, auf Grundlage der in Kapitel 4.3 aufgestellten Hypothesen, essentiell.

Sie wurde am 09. und 12. Mai 2017 auf den Messen Techtextil und Texprocess durchgeführt. „Die Techtextil ist die internationale Leitmesse für Technische Textilien und Vliesstoffe und zeigt das gesamte Spektrum der Einsatzmöglichkeiten textiler Technologien."[76] Zu ihren Besuchern zählen Menschen aus der Textil-, Bekleidungs-, Chemie-, Bau-, Zulieferer- und Medizintechnik-Industrie sowie dem Automobil-, Fahrzeug- und Maschinenbau. Ähnlich wie die Texprocess, welche die internationale Leitmesse für die Bekleidungs- und textilverarbeitende Industrie ist. Auch ihre Besucher kommen aus den oben genannten Branchen.[77]

Befragt wurden insgesamt 153 Besucher, Austeller und Journalisten im Alter zwischen 18 und 65 Jahren. Da sich diese Bachelorarbeit mit dem Sicherheitsempfinden deutscher Messebesucher auseinandersetzt, kamen die meisten

76 Techtextil (2017).
77 Vgl. Besucher und Ausstellerbefragung, Techtextil & Texprocess (4.-7.5.2015)

Befragten aus Deutschland. Einige deutschsprachige Teilnehmer aus den Niederlanden, Österreich, Schweiz und Frankreich haben dennoch an der Umfrage teilgenommen. Wie in Kapitel 4.3 schon beschrieben, besteht der Fragebogen aus 11 Fragen. Die Befragten wurden persönlich von dualen Studenten der Messe Frankfurt angesprochen. Im Vorfeld wurde die Umfrage mit dem Abteilungsleiter der Techtextil und Texprocess abgesprochen. Es wurden verschiedene Auflagen für die Durchführung der Umfrage gemacht. Die Umfrage durfte nicht direkt an den Ein- und Ausgängen und nicht zu den Schlagzeiten, also direkt zur Öffnung der Messe, durchgeführt werden. So sollten die Besucher erst Zeit haben, sich auf den Besuch der Messe einzustellen, ohne direkt mit einem kritischen Thema konfrontiert oder verunsichert zu werden. Auch sollte die Umfrage nicht in den Messehallen, sondern auf der Via Mobile oder den Außenflächen stattfinden, damit weder Aussteller noch Besucher in ihrem eigentlichen Businesszielen gestört werden. Alle Auflagen wurden eingehalten und so positionierten sich die Studenten etwa zur Mittagszeit auf den Verbindungswegen der einzelnen Messehallen, der Via Mobile.

Die Befragung der Besucher gestaltete sich zuerst schwieriger, als zuvor angenommen. Durch viele verschiedene Umfragen auf den Messen, mit denen die Besucher konfrontiert werden, ist die Akzeptanz, an einer Umfrage teilzunehmen, bei vielen gering. Einige ignorierten die Fragensteller, andere beteuerten, keine Zeit zu haben. Am ehesten war die Bereitschaft zur Beantwortung der Umfrage gegeben, wenn die Studenten auf die Unterstützung zur Erstellung einer Bachelorarbeit hingewiesen haben. Nach einiger Zeit kam so doch die gewünschte Zahl an Befragten für eine valide Umfrage zusammen.

Damit die Befragung einwandfrei durchgeführt werden konnte, war die Erstellung eines Pre-Tests, eines Probedurchlaufs, notwendig. Hierfür wurde der Fragebogen verschiedenen unbeteiligten Mitarbeitern der Messe Frankfurt vorgelegt. Diese überprüften die Umfrage auf ihre Verständlichkeit, die Beantwortungszeit und die Formulierung der Fragen.[78]

Da der Pre-Test positiv ausgefallen ist, die Befragung persönlich bei den Messebesuchern durchgeführt wurde und nur wenige Minuten gedauert hat, ergab die

78 Vgl. Magerhans (2016), S. 95f.

Umfrage eine Rücklaufquote von 100 Prozent der Befragten und eine Abbruchquote[79] von null Prozent. Alle Befragten nahmen bis zum Ende an der Umfrage teil. Die Zahl derer, die angefragt wurden, aber nicht an der Umfrage teilnehmen wollten, wurde nicht erfasst. Sie ist somit nicht nachzuvollziehen.

Im Folgenden wird die Befragung erst allgemein ausgewertet und dann auf ihre Hypothesen überprüft.

Beteiligung an der Umfrage nach Funktion

Da die Umfrage während der laufenden Messen durchgeführt wurde, ergab die Verteilung der Funktionen zwischen Ausstellern, Besuchern und Presse-Vertretern eine deutliche Mehrheit an befragten Besuchern der Messe. Aussteller waren während der Messen hauptsächlich auf ihren Ständen vertreten. Auch ist es logisch, dass zahlenmäßig mehr Besucher als Aussteller oder Presse-Vertreter vor Ort waren.

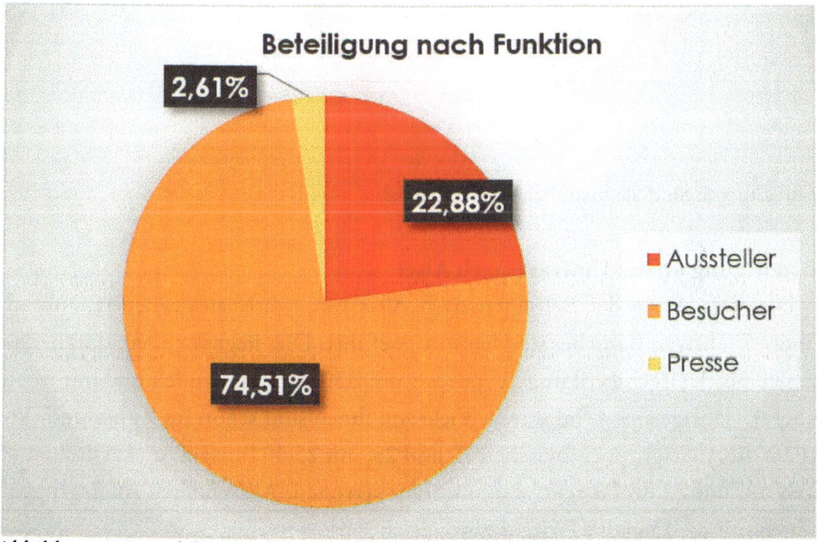

Abbildung 7: In welcher Funktion sind Sie auf dem Gelände?

79 Vgl. Magerhans (2016), S. 120f.

Beteiligung an der Umfrage nach Geschlecht

Die Umfragebeteiligung von Männern und Frauen war in etwa gleich, sodass eine Auswertung auch nach Geschlecht möglich ist. Es kann überprüft werden, ob Unterschiede im Sicherheitsempfinden zwischen Männern und Frauen vorliegen.

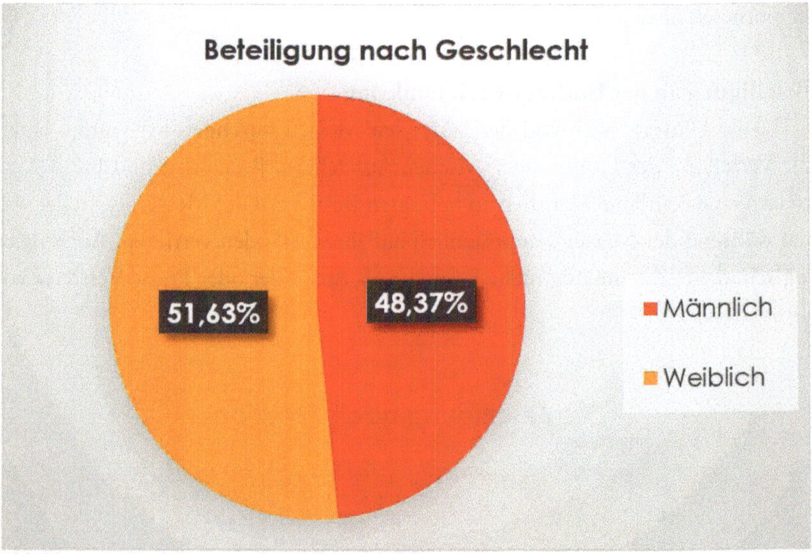

Abbildung 8: Sind Sie männlich oder weiblich?

Beteiligung an der Umfrage nach Alter

Die Aufstellung der Befragten nach Alter war relativ ausgeglichen. Nur die über 65-jährigen Besucher sind kaum aufgeführt. Dies liegt vor allem daran, dass es sich bei der Techtextil und Texprocess um B2B-Messen handelt und nur wenig über 65-Jährige anwesend waren. Viele von ihnen sind schon im Ruhestand. Vor allem die Altersgruppen zwischen 18 und 23, mit 25,49 Prozent, und zwischen 46 und 64, mit 22,88 Prozent, waren stärker vertreten. Alle anderen Altersgruppen waren mit ca. 15 bis 18 Prozent etwa gleich stark vertreten.

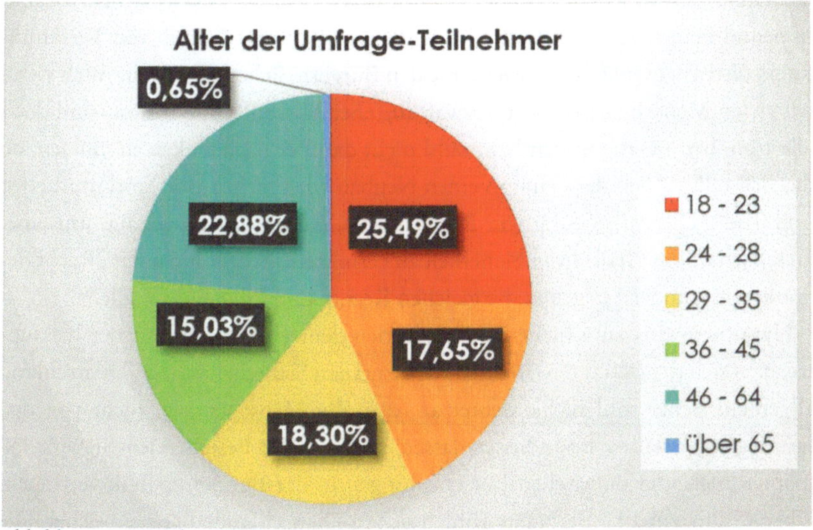

Abbildung 9: Wie alt sind Sie?

Hypothesen falsifizieren oder verifizieren

Das Planen, Organisieren und Durchführen von Veranstaltungen ist in den letzten Jahren aus sicherheitsrelevanten Gründen immer umfangreicher geworden. Vor 10, 15 oder sogar noch vor 3 Jahren hätte kaum jemand daran gedacht, dass ein Attentäter sich nach einem Konzert mitten im Ausgang in die Luft sprengt, oder dass LKW mit Vorsatz in Europa in verschiedenen Städten in Menschenmengen fahren. Auch dass Menschen ersticken oder zerquetscht werden, weil Sicherheitsmaßnahmen nicht richtig eingehalten, gar ignoriert wurden bzw. das Verhalten von Menschenmassen unterschätzt wurde, hätte, bevor es passiert ist, niemand erwartet, zumindest nicht in Deutschland. In anderen Ländern Europas oder der Welt kann es vorkommen, dass bestimmte Regeln und Vorschriften nicht ganz genau genommen werden. Aber in Deutschland? Einem Land, in dem es subjektiv betrachtet für alles Regeln, Normen und Gesetze gibt und die Bürokratie den Alltag bestimmt. Vielleicht ist aber genau das der Grund, warum die Menschen in Deutschland ruhig schlafen. Ob die Vorschrift nach

Rauchmeldern in jedem Zimmer[80], 24 Stunden besetzten Dienststellen von Polizei und Feuerwehr oder Bestimmungen zum Bau und Betrieb von Versammlungsstätten[81], es gibt viele Regeln, die den Bürgern Sicherheit bieten. Auch wenn bei vielen Menschen das Wort Verwaltung eher Missbilligung auslöst, sind doch alle froh, beim Gang in den Fahrstuhl nicht darüber nachdenken zu müssen, ob das Seil reißt. Auch der Gang in einen Neubau wird nicht zum „Spiel um Leben und Tod". Die Aufstellung von Regeln und Gesetzen ist notwendig, um einer Gesellschaft das Gefühl von Sicherheit zu vermitteln. So gilt nicht das „Recht des Stärkeren", sondern es gelten die gleichen Rechte und Pflichten für alle.[82]

Hypothese eins zum Sicherheitsempfinden deutscher Messebesucher behauptet, dass sich die Befragten trotz der momentanen Sicherheitslage in Deutschland allgemein sicher fühlen. Sie deutet an, dass die Menschen sich nicht von den bisherigen Vorfällen beeinflussen lassen und auf die bestehenden Sicherheitsmaßnahmen und politischen Entscheidungen in der Bundesrepublik vertrauen. Über 95 Prozent aller Befragten fühlen sich in Deutschland allgemein sicher. Die Mehrheit der Befragten fühlt sich sogar sehr sicher.

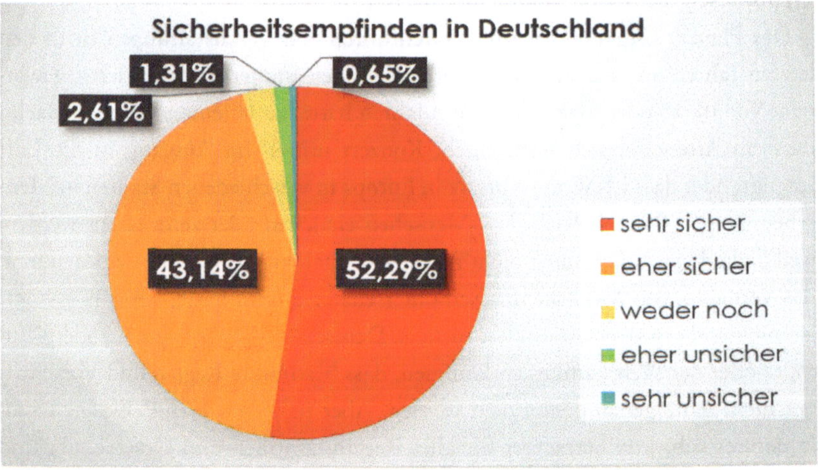

Abbildung 10: Wie sicher fühlen Sie sich in Deutschland allgemein?

80 Vgl. §13 Abs. 5 HBO.
81 Vgl. §1 VStättVo.
82 Vgl. Zeit Online: „Bürokratie – Alles gut geregelt" (08.05.2014).

Wird die Hypothese nach Altersgruppen überprüft, so fällt auf, dass sich die Befragten der Generationen Y und Z[83], zwischen 18 und 35 Jahren, in ihrem allgemeinen Sicherheitsempfinden in Deutschland mit insgesamt 94,68 Prozent immer noch sicher fühlen. Allerdings fühlen sich 48,94 Prozent nur eher sicher und 45,74 Prozent sehr sicher. Die Befragten ab 36 Jahren und älter hingegen fühlen sich zu 33,90 Prozent eher sicher und zu 62,71 Prozent sehr sicher. Im Allgemeinen kann nach Auswertung der Umfrage die Hypothese eins also verifiziert werden, da über 95 Prozent der Befragten sich sicher in Deutschland fühlen. Um die Frage zu klären, warum dennoch die jüngeren Generationen Y und Z der Befragten in Deutschland leicht verunsichert sind und sich in ihrem Heimatland zwar sicher, aber nicht mehr vollkommen sicher fühlen, können in dieser Arbeit keine konkreten Aussagen getroffen werden. Lediglich können verschiedenen Vermutungen angestellt werden:

Die Generation Baby Boomer (1945 bis 1960) und Generation X (1961 bis 1980) sind nach dem Zweiten Weltkrieg und zum Ende des Kalten Krieges aufgewachsen[84] [85]. In ihrer Jugend wuchsen sie mit den Bedrohungen des Kalten Krieges oder der Roten Armee Fraktion auf, welche die Sicherheit des Landes direkt bedrohten. Auch war eine ständige Spannung im Land durch die bestehende Trennung Deutschlands zu spüren.[86] Momentan gibt es zwar auch Spannungen, Krisen und Kriege in der Welt, allerding ist Deutschland im Vergleich zu damals nicht direkt betroffen. Dem Land wird von terroristischen Vereinigungen zwar vorgeworfen, ihre Gegner durch Bündnisse in UNO oder NATO[87] zu unterstützen, doch mischt sich Deutschlands Außenpolitik nicht so stark in die Weltpolitik ein, wie andere Europäische Länder. Bisher ist Deutschland anscheinend weniger ins Fadenkreuz terroristischer Anschläge gerückt, wobei auch dies durch

83 Eine genaue Definition der Altersgrenzen für die Generationen Y und Z kann nicht getroffen werden. Man geht aber davon aus, dass die Generation Y zwischen 1981 und 1995 und die Generation Z ab ca. 1995 geboren wurde. Dies sind die Jahrgänge, welche vor allem mit dem Internet, Smartphones und sozialen Netzwerken aufgewachsen sind. Vgl. Hurrelmann/Albrecht (2014), S.17; Bund (2014), S.12; Reif (05.06.2015).

84 Vgl. Reif (05.06.2015).

85 Vgl. Planet Wissen: „Deutsche Geschichte – Kalter Krieg“.

86 Vgl. Bundeszentrale für politische Bildung: „Die Geschichte der RAF“.

87 Vgl. Kapitel 4.1.

verschiedenen Medienberichte widerlegt werden kann.[88] [89] Zudem gibt es, wie zu Anfang des Kapitels schon erwähnt, in der Bundesrepublik verschiedene Gesetze, Vorschriften und Normen, welche auch die Sicherheit der Bürger gewährleisten sollen. Zu vermuten ist, dass die Generationen vor Y und Z mehr Vertrauen in die Sicherheit des Landes haben und die existierenden Bedrohungen als nicht so dringend ansehen wie vielleicht ihre Nachfolger. Diese werden vermutlich zusätzlich durch ihre deutlich höhere Präsenz im Internet und auf sozialen Netzwerken mit immer neuen Videos und Anschlagsmeldungen konfrontiert. Bekannt ist demnach, dass grade in heutiger Zeit viele vor allem negative Nachrichten über das Internet verbreitet werden.[90] Dieses ist wiederum hauptsächliches Kommunikationsmedium der Generationen Y und Z.[91]

Die Frage, ob sich die Befragten auf öffentlichen Plätzen, Straßen oder Bahnhöfen unsicher fühlen, konnte die Mehrheit der Befragten mit 90,04 Prozent „sehr sicher" oder „eher sicher" beantworten. Wird die Zahl mit dem allgemeinen Sicherheitsempfinden in Deutschland verglichen, so fällt auf, dass deutliche vier Prozent weniger der Befragten sich auf öffentlichen Plätzen nicht sicher fühlen. Noch deutlicher wird dies, wenn beide Stufen des „Sicher"-Fühlens betrachtet werden. Nur noch 35,29 Prozent der Befragten fühlen sich auf öffentlichen Plätzen sehr sicher. 45,75 Prozent der Befragten sind in ihrem Sicherheitsgefühl eingeschränkt. Dies lässt darauf schließen, dass unter anderem verschiedene Vorfälle auf öffentlichen Plätzen, wie z.B. die Vorfälle zur Silvesternacht in Köln 2015, der Anschlag auf den Weihnachtsmarkt in Berlin 2016 oder Vorfälle in anderen europäischen Städten, doch Einfluss auf das Empfinden der Befragten genommen haben. Zwar fühlen sich die meisten befragten Messebesucher in Deutschland allgemein sicher, aber an verschiedenen Orten wird ihr Sicherheitsempfinden eingeschränkt. Auch zu erwähnen ist, dass sich 13,73 Prozent der befragten Messebesucher vorher noch nicht mit der Frage nach der Sicherheit auf öffentlichen Plätzen auseinandergesetzt haben und sogar 4,58 Prozent angeben, sich eher

88 Vgl. Frankfurter Rundschau: „Deutschland steht oben auf der Zielliste" (18.04.2016).
89 Vgl. Spiegel Magazin: „Terrorismus und Kriminalität - Welche Reiseländer am sichersten sind" (18.04.2017).
90 Vgl. Heine (2015), S.11ff.
91 Vgl. Reif (05.06.2015).

unsicher zu fühlen. Die Ergebnisse der Umfrage stoßen hierbei nicht auf große Verwunderung. Laut einer Umfrage, die im Februar 2017 von dem Magazin „Zeit Online" veröffentlicht wurde, fühlt sich die Mehrheit der Befragten auf öffentlichen Plätzen sicher oder sehr sicher. Ein Einschnitt entsteht allerdings, wenn geschlechterspezifisch nach den Antworten getrennt wurde. Hier gaben 27 Prozent der Frauen an, sich unsicher oder sehr unsicher auf öffentlichen Plätzen zu fühlen. Viele hätten aber ihr Verhalten zur Sicherheit in den letzten Jahren geändert. Sie vermeiden abends bestimmte Gegenden, Straßen und öffentliche Verkehrsmittel oder tragen Reizgas, sogenanntes Pfefferspray, mit sich. Eine klare Gruppierung der Bedrohenden ist allerdings nicht zu treffen. 47 Prozent der befragten Frauen fühlen sich zwar eher von bestimmten Gruppierungen bedroht, eine Festlegung auf eine Gruppe erfolgt dabei aber nicht.

Im Vergleich zu Männern und Frauen in der für diese Arbeit durchgeführten Umfrage wird das Sicherheitsempfinden nach Geschlecht in folgender Darstellung verdeutlicht:

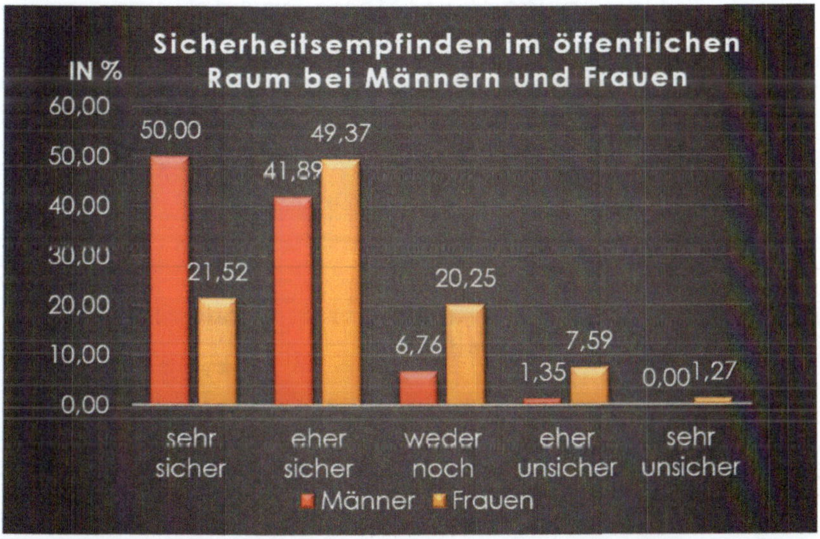

Abbildung 11: Sicherheitsempfinden im öffentlichen Raum bei Männern und Frauen

Trotz aller Einschränkungen kann nach Analyse der Umfrage die Hypothese zwei falsifiziert werden. Die Mehrheit der befragten Messebesucher fühlt sich trotz der Vorfälle in den letzten Monaten nicht unsicher auf öffentlichen Plätzen. Einige haben sich bisher nicht einmal mit der Thematik auseinandergesetzt. Uneingeschränkt sicher fühlen sich zwar viele Befragte nicht, aber ein Grundsicherheitsgefühl ist für die meisten anzunehmen.

Basierend auf Hypothese drei, wurden die Teilnehmer der Umfrage das erste Mal auf ihr Sicherheitsgefühl auf dem Frankfurter Messegelände angesprochen. Die Befragten wurden direkt auf ihr momentbezogenes Sicherheitsgefühl aufmerksam gemacht. Die Befürchtung, dies könnte die Messebesucher verunsichern, wurde allerdings nicht bestätigt. Wie während der Umfrage abzusehen und aus den Ergebnissen der Auswertung zu lesen, fühlen sich annähernd alle Befragten eher oder sogar sehr sicher auf dem Messegelände.

Abbildung 12: Wie sicher fühlen Sie sich persönlich auf dem Messegelände?

Die Darstellung des Sicherheitsempfindens der Befragten auf dem Frankfurter Messegelände zeigt auch, dass sich 0,65 Prozent der Befragten auf dem Gelände sehr unsicher fühlen. Von den insgesamt 153 Befragten gab also eine Person an, dass sie sich auf dem Messegelände in Frankfurt sehr unsicher fühlt. Auf Nachfrage, warum dies so ist, gab die Person an, durch die momentanen Vorfälle in Europa und in Deutschland Angst vor Bombenanschlägen und Amokläufen während laufender Veranstaltungen zu haben. Die Person fühlt sich jedoch nicht nur auf dem Messegelände unsicher, sondern gab an, sich auch in Deutschland allgemein und auf öffentlichen Plätzen sehr unsicher zu fühlen. Somit kann ein direkter Bezug auf das Messegelände ausgeschlossen werden.[92]

Dies wird zusätzlich durch die Auswertung bestätigt, dass sich 81,70 Prozent der befragten Besucher auf dem Messegelände sehr sicher fühlen und 17,65 Prozent eher sicher. Hypothese drei, dass sich die Besucher auf dem Messegelände trotz der Vorfälle in den letzten Monaten eher sicher fühlen, kann somit verifiziert werden. Die Besucher fühlen sich nicht nur eher, sondern vor allem sehr sicher auf dem Gelände der Messe Frankfurt.

Wird der Prozentsatz derer, die sich auf dem Messegelände sehr sicher fühlen mit den Prozentsätzen der vorherigen Fragen verglichen, so fällt auf, dass sich die Befragten insgesamt sicherer auf dem Messegelände als auf öffentlichen Plätzen oder in Deutschland allgemein fühlen.

92 Vgl. Auswertung Besucherumfrage.

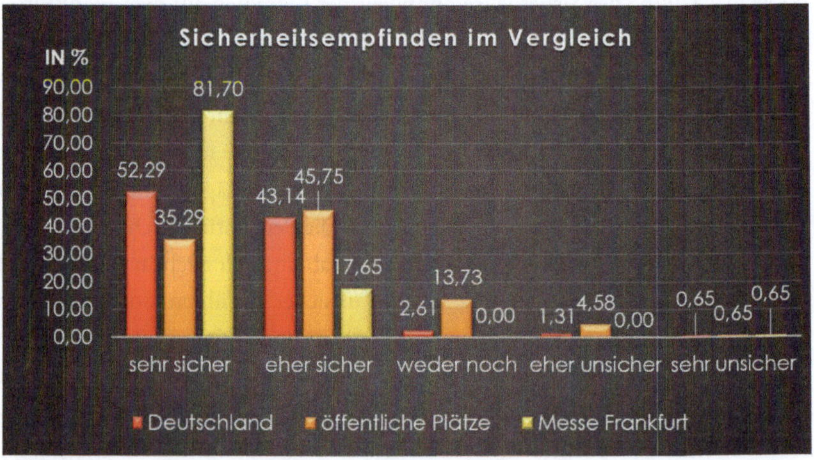

Abbildung 13: Sicherheitsempfinden - Deutschland, öffentliche Plätze, Messe Frankfurt - im Vergleich

Eine Begründung bzw. einen Ansatz, warum sich die Besucher auf der Techtextil und Texprocess sicherer fühlen als auf offener Straße, liefern verschiedene Expertengespräche. Befragt wurden drei Personen, die seit mehreren Jahren für verschiedene Veranstaltungen im Bereich Sicherheit tätig sind. Dimitrios Donis war seit 1997 als externer Dienstleister und ist seit 2011 als Angestellter der Messe Frankfurt im Bereich Unternehmens- und Veranstaltungssicherheit tätig.[93] Oliver Kupsch arbeitet seit 1988 als externer Sicherheitsdienstleister der Firma Protect im Bereich Veranstaltungssicherheit für die Messe Frankfurt.[94] Der dritte Experte ist Daniel Schäfer. Er arbeitet als selbstständiger Ingenieur für Theater- und Veranstaltungstechnik und Sicherheitsingenieur seit 2008 für Kirchen- und Katholikentage in ganz Deutschland.[95] Alle drei haben langjährige Erfahrungen mit der Organisation von Sicherheitsmaßnahmen auf Veranstaltungen und Großveranstaltungen. Als Hauptgrund, warum sich die Besucher so sicher auf dem Gelände der Messe Frankfurt fühlen, nennen die Experten die Umzäunung

93 Vgl. Expertengespräch mit Dimitrios Donis (29.05.2017).
94 Vgl. Expertengespräch mit Oliver Kupsch (02.06.2017).
95 Vgl. Expertengespräch mit Daniel Schäfer (30.05.2017).

des gesamten Geländes. Ein „umfriedetes Gelände“[96] lässt sich besser kontrollieren als eine Open-Air Veranstaltung auf freiem Feld oder ein Stadtfest. Es „[...] entsteht eine homogene Blase, die kontrolliert werden kann.“[97] Jeder, der das Gelände betreten möchte, muss zwangsläufig über die Tore durch eine der Einlass-, Taschen-, Personen- und Verkehrskontrollen gehen bzw. fahren. Auch wenn nicht jede Tasche kontrolliert wird, so schließen die Betroffenen von ihrer persönlichen Erfahrung auf die Grundgesamtheit. In diesem Fall entsteht bei den Besuchern das Gefühl, dass nur Berechtigte Zutritt zu dem Gelände bekommen.[98] Weitere Maßnahmen, die auf ein positives Sicherheitsempfinden der Besucher schließen lassen, sind sichtbare Kameras sowie eingesetztes und erkennbares Sicherheitspersonal, uniformierte Polizeibeamte und der Rettungsdienst.[99] Es entsteht für den Besucher das Gefühl einer „betreuten Situation“, in der „sich jemand um mein Wohl“ kümmert.[100] Dies führt allerdings oft auch zu einer Nachlässigkeit der Besucher. Sie laufen zum Beispiel einfach über die Verkehrswege, ohne sich umzuschauen. Einige erwarten eine schnellere Aufklärung von Diebstählen oder anderen Delikten, „weil ja schließlich die Polizei das Gelände zu einhundert Prozent überwacht“.[101]

Positiv auf das Sicherheitsempfinden wirkt sich zudem das OSC aus. Es vereint Polizei, Sicherheitsdienst, Feuerwehr, Sanitätsdienst und die sicherheitsrelevanten Abteilungen der Messe Frankfurt in einem Gebäude und ist das ganze Jahr durchgängig besetzt. „Das OSC ist in dieser Form einmalig und strahlt ein hohes Maß an Professionalität aus“, so Dimitrios Donis im Interview. Des Weiteren kann ein Augenmerk auf das Image der Messe Frankfurt als weltweit umsatzstärkste Messegesellschaft mit eigenem Gelände gelegt werden. Die Besucher fühlen sich durch eine hohe Professionalität und einen großen organisatorischen Aufwand in ihrer „betreuten Situation“ bestärkt.[102]

96 Schäfer (30.05.2017).
97 Kupsch (02.06.2017).
98 Vgl. Kupsch (02.06.2017).
99 Vgl. Donis (30.05.2017).
100 Schäfer (30.05.2017).
101 Eigene Erfahrung auf verschiedenen Veranstaltungen der Messe Frankfurt.
102 Vgl. Donis (30.05.2017).

Trotz aller Sicherheitsempfinden und zu treffenden Maßnahmen für die Sicherheit der Menschen auf dem Messegelände ist es wichtig zu erklären, dass alle Maßnahmen nicht den einhundertprozentigen Schutz der Beteiligten gewährleisten können. Es ist aus Meinung der Experten nicht möglich, auch ein geschlossenes Gelände vollkommen abzusichern. Irgendwo können auch bei sehr gut ausgearbeiteten Konzepten Lücken entstehen oder Situationen nicht bedacht werden. Diese geben Attentätern oder allgemein Kriminellen die Möglichkeit, eben diese Lücken zu nutzen. Eine gute Vorbereitung und Organisation ist daher essentiell, um möglichst wenig Spielraum für ungewollte oder kriminelle Aktivitäten zuzulassen. Die Aufstellung von zu viel Sicherheitspersonal oder Polizei kann sich dabei allerdings negativ auf das Sicherheitsempfinden von Besuchern auswirken. Hier kann der Eindruck von Gefahr durch zu hohes Auftreten von Sicherheitskräften eintreten, da Besucher negative Schlussfolgerungen treffen können. Zudem muss bei nicht vollständigen Kontrollen darauf geachtet werden, dass nicht ausschließlich dieselben Personengruppen kontrolliert werden. Andernfalls können Besucher sich diskriminiert fühlen oder die Kontrollen verweigern.[103] Zusammenfassend ist demnach ein ausgewogenes Maß an Kontrolle, Gleichbehandlung und Kommunikation für ein positives Sicherheitsempfinden auf dem Messegelände nötig.

Männer und Frauen unterscheiden sich bekanntermaßen nicht nur physisch, sondern auch psychisch voneinander. Frauen wird z.B. nachgesagt, sie seien das „schwächere Geschlecht", würden ständig tratschen, seien emotionaler als Männer, wären aber auch diplomatischer als Männer und würden sich mehr um das Wohl ihrer Familie kümmern. Männer hingegen lieben Gefahren, sind tollkühn, Machos, zeigen keine Gefühle, sind aber auch die Beschützer und laufen im Fall von Gefahr nicht davon.[104] Vorurteile wie diese sind zwar interessant zu betrachten und treffen in einigen Fällen vermutlich zu, sind aber für das subjektive Sicherheitsempfinden des Einzelnen nicht relevant. Wie in Kapitel 4.1 zur subjektiven Sicherheit beschrieben, hängt das individuelle Empfinden von Sicherheit oder Unsicherheit von verschiedenen persönlichen Faktoren ab. Direkte oder indirekte Viktimisierung, Herkunft, Lebensstil oder das persönliche

103 Vgl. Kupsch (02.06.2017), Donis (30.05.2017), Schäfer (30.05.2017).
104 Vgl. Hanisch (2017), S. 19f.

Umfeld sind dabei ausschlaggebend. Ist ein Mann z.B. bei einer Massenpanik dabei gewesen oder eine seiner Bezugspersonen erlebt einen Anschlag oder einen anderen Vorfall bei einer Veranstaltung mit, so fühlt er sich vermutlich unsicherer auf Veranstaltungen mit vielen Menschen als eine Frau, die bisher keine Erfahrungen in diesem Bereich gemacht hat. Eine Frau hingegen, die in einer unsicheren Nachbarschaft aufwächst, in der viel gestohlen wird oder Menschen überfallen werden, fühlt sich vermutlich unsicherer auf der Straße als ein Mann, der in einer ruhigen, behüteten Nachbarschaft aufwächst. Auch über die Medien können durch Berichte Unsicherheiten bei Männern und Frauen gleichermaßen entstehen. Werden z.B. täglich neue Berichte von Vorfällen oder Warnungen durch die Nachrichten veröffentlicht, beunruhigt dies eine Masse der Bevölkerung und nicht nur das einzelne Geschlecht.

Hypothese vier behauptet, dass sich weibliche Messebesucher unsicherer auf dem Gelände der Messe Frankfurt fühlen als männliche Besucher. Nach oben genannten Argumenten muss diese Hypothese falsifiziert werden. Wird sie allerdings mit der Auswertung der Umfrage verglichen, so fällt tatsächlich auf, dass ein geringer Prozentsatz der Männer angeben sich sicherer auf dem Gelände zu fühlen als Frauen. Insgesamt gaben 100 Prozent aller befragten Männer und 98,73 Prozent der Frauen an, sich auf dem Gelände sicher zu fühlen. 1,27 Prozent der befragten Frauen fühlen sich sehr unsicher. Dies entspricht in realen Zahlen einer Person.[105]

105 Vgl. Auswertung Besucherumfrage, Messegelände.

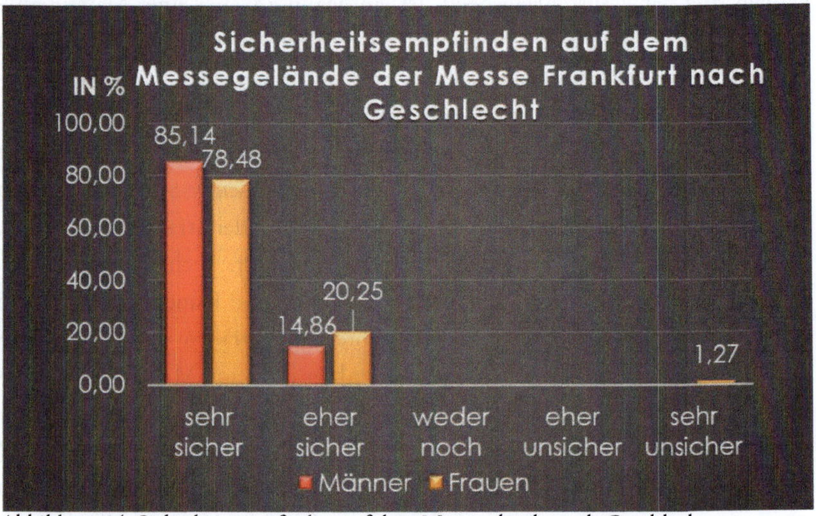

Abbildung 14: Sicherheitsempfinden auf dem Messegelände nach Geschlecht

Wird die Auswertung nach reinen Prozentzahlen analysiert, so muss Hypothese vier verifiziert werden, da sich insgesamt Männer sicherer auf dem Gelände zu fühlen scheinen als Frauen. Da die Auswertung in realen Zahlen ergibt, dass jedoch nur eine von 79 Frauen sich auf dem Gelände sehr unsicher fühlt, kann die Vermutung als Zufall gewertet werden. Die Annahme, dass bei einer weiteren Befragung auch ein Mann angibt, sich sehr unsicher zu fühlen, kann nicht gänzlich ausgeschlossen werden. Aus diesem Grund und auf Grundlage der Argumentation zum subjektiven Sicherheitsempfinden von Personen wird Hypothese vier falsifiziert. Das Sicherheitsempfinden auf dem Messegelände der Messe Frankfurt hat demnach keinen geschlechtsspezifischen Zusammenhang zu den befragten Besuchern.

Einlasskontrollen, Kameraüberwachung, Sicherheitspersonal usw., unterschiedliche Maßnahmen werden auf dem Frankfurter Messegelände getroffen, um den Besuchern einen möglichst sicheren Aufenthalt zu gewährleisten. Ob diese Maßnahmen den Besuchern jedoch bekannt sind und in welchem Maße sie ihnen bekannt sind, kann die Auswertung des Fragebogens zu Hypothese fünf ergeben. In Hypothese fünf wird die Behauptung aufgestellt, dass den meisten

Besuchern der Messe Frankfurt die offensichtlichen Sicherheitsmaßnahmen auf dem Gelände bekannt sind. Während der Befragung wurde betont, dass alle aufgezählten Maßnahmen vorhanden sind. Den Teilnehmern wurde erklärt, dass es sich rein um ihre persönliche Wahrnehmung zu den aufgelisteten Sicherheitsmaßnahmen handelt. Während der Befragung und der Aufzählung der aufgelisteten Maßnahmen fiel dennoch immer wieder auf, dass sich die Befragten umschauten, um die Richtigkeit der getroffenen Aussagen zu überprüfen. Viele gaben zusätzlich an, bisher nicht auf Sicherheitsmaßnahmen geachtet zu haben, aber dass sie annehmen, dass diese auf dem Gelände umgesetzt werden.

Betrachtet man nun die Auswertung der Frage nach Bekanntheit der getroffenen Sicherheitsmaßnahmen, so fällt eine unterschiedliche Wahrnehmung der Teilnehmer auf:

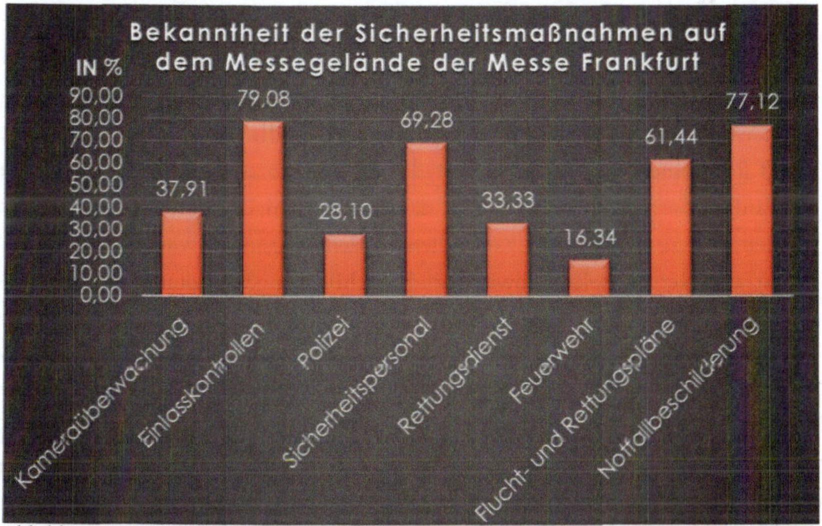

Abbildung 15: Sind Ihnen die folgenden Sicherheitsmaßnahmen auf dem Messegelände bekannt?

Einlasskontrollen und Notfallbeschilderung sind den Befragten mit 79,08 und 77,12 Prozent am ehesten bekannt. Danach kamen die Präsenz des Sicherheitspersonals mit 69,28 Prozent und die Ausschilderung der Flucht- und Rettungspläne mit 61,44 Prozent. Weniger sind den befragten Besuchern hingegen die Kameraüberwachung mit 37,91 Prozent, die Präsenz des Rettungsdienstes mit 33,33 Prozent und der Polizei mit 28,10 Prozent aufgefallen. Die wenigsten Befragten bemerkten mit 16,24 Prozent die Präsenz der Feuerwehr. Alle Maßnahmen wurden auf Grundlage der 153 befragten Personen verglichen. Es können verschieden Vermutungen getroffen werden, warum bestimmte Maßnahmen stärker präsent sind als andere. Einlasskontrollen werden z.B. stärker wahrgenommen, weil das Gelände vollkommen umzäunt ist und somit jeder Besucher durch ein Tor oder einen Eingang das Gelände betreten muss. Dennoch geben über 20 Prozent der Befragten an, keine Einlasskontrollen wahrgenommen zu haben. Unter Einlasskontrollen sind die tatsächlichen Sicht- und Taschenkontrollen beim Betreten des Geländes zu verstehen. Diese werden zu Veranstaltungen unterschiedlich festgelegt und mit dem Veranstalter abgesprochen. Eine einhundert prozentige Taschen- oder Sichtkontrolle wird bei kaum einer Veranstaltung auf dem Messegelände durchgeführt. Jeder Besucher wird lediglich auf ein gültiges Ticket kontrolliert. Zur Techtextil und Texprocess fanden stichprobenartige, dreißigprozentige Taschenkontrollen statt.[106] Dies bedeutet, dass die meisten Besucher nicht direkt kontrolliert wurden. Dass trotzdem 79,08 Prozent angeben, ihnen seien die Einlasskontrollen bekannt, liegt daran, dass einige von ihnen kontrolliert wurden, andere haben diese Kontrollen an den Eingängen wiederum gesehen. Flucht- und Rettungspläne, sowie Notfallbeschilderungen (Notausgangs-beschilderungen) sind für den Besucher leicht zu sehen. Die Flucht- und Rettungspläne hängen an bestimmten Stellen an den Ein- und Ausgängen. Die Notfallbeschilderungen hängen als grüne, leuchtende Schilder oberhalb der Fluchtwege, das heißt auf dem gesamten Gelände verteilt. Sie sind Bestandteil von allen öffentlichen Gebäuden und haben immer das gleiche Layout. Dementsprechend entsteht ein Wiedererkennungswert für den Besucher des Messegeländes.

69,28 Prozent der Befragten gaben an, das Sicherheitspersonal des Geländes schon einmal gesehen zu haben. Dies liegt an den verschiedenen Aufgaben, die der Ordnungs- und Sicherheitsdienst auf dem Messegelände übernimmt. Neben Zutrittskontrollen, Phonemessungen oder Fotokontrollen bestreifen die

106 Interne Informationen der Messe Frankfurt.

Mitarbeiter des Sicherheitsdienstleisters das Gelände. Sie sind durch ihre schwarze Kleidung nicht sonderlich auffällig gekleidet und dennoch durch eine hohe Präsenz zu erkennen.[107]

Der Betreiber einer Versammlungsstätte hat die Pflicht, für die Zusammenarbeit der einzelnen sicherheitsrelevanten Gewerke einer Veranstaltung zu sorgen.[108] Ab einer möglichen Besucheranzahl in der Versammlungsstätte von mehr als 5000 Personen hat er zusätzlich ein Sicherheitskonzept aufzustellen. In diesem ist die Mindestanzahl an Ordnungspersonal und Sanitätern festzuhalten. Eine genaue Aufstellung, wie viel Polizei, Ordnungsdienst oder Sanitätspersonal vorhanden sein muss und wo sich diese positionieren müssen, steht nicht in der Musterversammlungsstättenverordnung beschrieben.[109] Aus diesem Grund können Polizei und Feuerwehr selber entscheiden, wie viel Personal sie zu einzelnen Veranstaltungen auf dem Gelände zur Verfügung stellen und wo dieses stationiert ist. Die Feuerwehr nutzt hierfür interne Verteilerschlüssel, die die Anzahl der geforderten Einsatzkräfte vorschreibt. Die Einsatzstärke des Rettungs- und Sanitätsdienstes wird nach den Richtwerten im Einsatzkonzept des Sanitätsdienstes der Messe Frankfurt ermittelt.[110] Oben genannte Gründe für die Einsatzstärken von Polizei, Feuerwehr und Sanitätsdienst erklären die geringen Bekanntheitsgrade der genannten Gewerke während der Techtextil und Texprocess. Vor allem Feuerwehr und Polizei sind zu diesen Veranstaltungen hauptsächlich im OSC stationiert und patrouillieren weniger in den Messehallen als z.B. das Sicherheitspersonal.

Zusammenfassend kann festgehalten werden, dass nicht alle Sicherheitsmaßnahmen von der Mehrheit der Besucher wahrgenommen werden. Vergleicht man die gesamten Antwortmöglichkeiten (1224) mit der Summe alle gegebenen Antwortmöglichkeiten (616), so entsteht ein Bekanntheitsgrad aller Sicherheitsmaßnahmen von 50,33 Prozent. Dies ist nicht ausreichend, um die Hypothese fünf zu verifizieren. Sie wird daher abgelehnt.

Auf Grundlage der Hypothese fünf, besagt Hypothese sechs, dass die Besucher durch Annahme des Wissens über die bestehenden Sicherheitsmaßnahmen des

107 Vgl. Konzept Sicherheitsdienstleistungen_Ausschnitt Aufgaben OSD.
108 Vgl. §38 Abs. 3 MVStättV.
109 Vgl. §43 Abs. 2 MVStättV.
110 Vgl. Einsatzkonzept Sanitätsdienst.

Messegeländes nur wenige Vorschläge zur Verbesserung der Maßnahmen haben. In einer offenen Frage wurden die Umfrageteilnehmer deshalb nach ihrer Meinung bzw. nach ihren Vorschlägen zur Verbesserung der Maßnahmen gefragt. Folgende Tabelle zeigt die Vorschläge der Teilnehmer nach Häufigkeit der gegebenen Antworten:

Welche Maßnahmen können Ihrer Meinung nach am ehesten dazu beitragen, die Sicherheit auf dem Gelände zu erhöhen?	
Taschenkontrollen	21
Einlasskontrollen	16
Polizeipräsenz erhöhen	8
mehr/bessere Beschilderung	6
Sicherheitspersonal schulen	6
Kameraüberwachung	5
mehr Sicherheitspersonal	4
Metalldetektoren/Scanner	3
sonstiges: Defibrillatoren, Informationen über Notfallpersonal, Diebstahlschutz bei den Garderoben	3

Abbildung 16: Vorgeschlagene Maßnahmen zur Erhöhung der Sicherheit auf dem Gelände der Messe Frankfurt

Insgesamt gaben 56 Teilnehmer teilweise mehrfache Nennungen zur Verbesserung der Sicherheit auf dem Frankfurter Messegelände. Das entspricht 36,60 Prozent aller Beteiligten. Es wurden 72 Vorschläge eingebracht. Betrachtet man die Verbesserungs-vorschläge, so fällt auf, dass vor allem höhere Kontrollen an den Ein- und Ausgängen vorgeschlagen werden. Ein Verständnis für diese Vorschläge kommt auf, wenn man die Vorfälle der letzten Monate betrachtet. Veranstaltungen und Großveranstaltungen rücken immer öfter in das Fadenkreuz terroristischer Anschläge.[111] Die Teilnehmer der Befragung fühlen sich zwar auf dem Messegelände sicher, wollen dennoch Risiken möglichst minimiert wissen.

111 Vgl. Kapitel 4.2.

Hierfür spricht zudem der Vorschlag nach mehr Polizeipräsenz und Sicherheitspersonal auf dem Gelände und an den Eingängen.

Es wurden jedoch nicht nur Vorschläge für die Ein- und Ausganssituationen gemacht. Einige betrafen auch die direkte Versorgung von Personen im Notfall. So wurden Vorschläge zur Anschaffung von Defibrillatoren, die ausdrückliche Ausschilderung des Notfallpersonals (z.B. an Info-Countern) oder ein besserer Diebstahlschutz empfohlen.

Einige der vorgeschlagenen Maßnahmen werden bereits bei der Messe Frankfurt getroffen.[112] Diese waren den Befragten demnach noch nicht bekannt.

Wichtig für die Annahme oder Ablehnung der Hypothese ist erst einmal, dass mehr als ein Drittel der Befragten Vorschläge zur Verbesserung der Sicherheitsmaßnahmen auf dem Gelände angemerkt hat. Das bedeutet, jedem dritten Besucher waren bestimmte Maßnahmen nicht bekannt oder nicht ausreichend umgesetzt. Hypothese sechs und somit die Annahme, dass alle getroffenen Sicherheitsmaßnahmen der Messe Frankfurt bekannt sind und nur wenige Verbesserungsvorschläge angegeben werden, ist demnach zu falsifizieren.

112 Vgl. Kapitel 6.

6 Vorhandene Maßnahmen der Messe Frankfurt

Die Messe Frankfurt trifft verschiedene Maßnahmen, um die Sicherheit der Besucher auf dem Messegelände zu gewährleisten. Einige von ihnen sind gesetzlich vorgeschrieben, andere werden freiwillig getroffen. Folgendes Kapitel beschreibt die gesetzlichen und freiwilligen Sicherheitsmaßnahmen der Messe Frankfurt und ihre jeweilige Umsetzung am Beispiel verschiedener Veranstaltungen. Dabei ist wichtig zu erwähnen, dass nicht nur die Durchführung solcher Maßnahmen, sondern auch eine Dokumentation aller getroffenen Maßnahmen wichtig ist. Kommt es zu einem Schadensfall, so kann der Betreiber nachweisen, dass er alle ihm möglichen Vorkehrungen zum Schutz der Personen seiner Versammlungsstätte getroffen hat.

6.1 Gesetzlich vorgeschriebene Maßnahmen zum Betrieb von Versammlungsstätten

Wie in Kapitel 4.3 bereits beschrieben, schreibt die MVStättV den Bau und Betrieb von Versammlungsstätten vor. Dies betrifft unter anderem Versammlungsstätten, deren Räume einzeln oder mit gemeinsamen Rettungswegen mehr als zweihundert Besucher fassen.[113] Dies trifft demnach auch auf die Messe Frankfurt zu. In diesem Kapitel werden die wichtigsten vorgeschriebenen Maßnahmen und ihre Umsetzung bei der Messe Frankfurt kurz vorgestellt.

6.1.1 Sicherheitskonzept

Ab einer zulässigen Besuchermasse von über 5.000 Personen muss der Betreiber einer Versammlungsstätte ein Sicherheitskonzept erstellen. Dieses muss mit den sicherheitsrelevanten Gewerken (Polizei, Feuerwehr, Rettungsdienst) abgestimmt werden.[114]

Eine genaue Aufstellung, wie ein dementsprechendes Sicherheitskonzept auszusehen hat, wird in der MVStättV nicht beschreiben. Aus Erfahrung und durch den Vergleich mit anderen Sicherheitskonzepten ist bei der Messe Frankfurt

113 Vgl. §1 Abs. 1 Nr. 1 MVStättV.
114 Vgl. §43 Abs. 2 MVStättV.

deshalb, je nach Größe und Art der Veranstaltung, ein bestimmter Aufbau für ein solches Konzept entstanden. Als medienwirksame Großveranstaltung wurde unter anderem für die Buchmesse 2016 ebenfalls ein Sicherheitskonzept geschrieben. Der Aufbau des Konzeptes wird in dieser Arbeit kurz exemplarisch für die Erstellung von Sicherheitskonzepten bei der Messe Frankfurt beschrieben.

Zuerst werden die äußeren Gegebenheiten der Buchmesse aufgeführt:

- Rechtliche Verpflichtungen aller Beteiligten
- Rahmendaten und -fakten der Veranstaltung
  (Veranstalter, Betreiber, Veranstaltungs- und Öffnungszeiten, Aussteller- und Besucherzahlen sowie Gastländer)
- Aufbauten und Fliegende Bauten im Freigelände
- Beteiligte der Buchmesse 2016

Es folgen die Beurteilung der Gefährdungslage der Bundesrepublik Deutschland und die daraus resultierende Gefährdungslage zur Buchmesse sowie die einzelnen Risikobewertungen der sicherheitsrelevanten Gewerke.[115] Nach diesen Erläuterungen erfolgt die operative Sicherheitsplanung der Buchmesse. Die tägliche Sicherheitsbesprechung (auch kalte Lagebesprechung) sowie die einzelnen Einsatzkonzepte der sicherheitsrelevanten Gewerke werden hier beschrieben. Zum Ende des Konzepts werden dann die Standards der Messe Frankfurt, also das OSC, Notfallmanagement, Räumungskonzept und die Durchsagen bei Räumung wegen Terror oder Anschlägen im Frankfurter Stadtgebiet, beschrieben.[116]

Ein Sicherheitskonzept dieser Form zeigt nicht nur eine gute Vorbereitung auf eine Großveranstaltung, sondern sichert in Verbindung mit der Dokumentation den Betreiber des Geländes ein Stück weit vor Vorwürfen nach Eintritt eines Vorfalls ab.

---

115 Die Risikobewertungen werden im weiteren Verlauf noch genauer beschrieben.

116 Vgl. Sicherheitskonzept Frankfurter Buchmesse 2016_Ausschnitt.

6.1.2 Gefährdungsbeurteilung / Risikobewertung

Teil des Sicherheitskonzepts ist die Beurteilung der von den Besuchern oder dem äußeren Umfeld ausgehenden Gefahren.[117] Dieser Gefahrenabwägung entspringt im Fall der Messe Frankfurt jeweils eine Risikobewertung für die einzelnen sicherheitsrelevanten Gewerke (Polizei, Brandschutz, Sanitätsdienst, Ordnungs- und Sicherheitsdienst). Diese wird zu jeder auf dem Gelände der Messe Frankfurt stattfindenden Veranstaltung vom Betreiber angefertigt und aus seiner Sicht beurteilt. Der Betreiber leitet seine Einschätzung an die jeweiligen Gewerke weiter und erwartet von diesen eine Rückmeldung mit ihrer jeweiligen Sicherheitsbewertung zur Veranstaltung. Die Einschätzungen der Risikobewertungen sind in drei Stufen unterteilt:

- Stufe 1: Veranstaltung mit geringem Risiko
  Es bestehen keine Anhaltspunkte für Gefährdungslagen. Das Publikum ist unkritisch.

- Stufe 2: Veranstaltung mit mittlerem Risiko
  Ein „normales“ Publikum. Die Außenwirkung der Veranstaltung ist un kritisch. Es sind keine gefährlichen Situationen aus dem Publikum oder vom Künstler zu erwarten.

- Stufe 3: Veranstaltung mit hohem Risiko
  Das Publikum ist eher problematisch bzw. kritisch einzuschätzen. Viele Menschen werden zu der Veranstaltung erwartet, sodass Wellenbrecher eingesetzt werden müssen. Schützenswerte Personen (des öffentlichen Lebens, Politik usw.) sind anwesend.[118]

Auf Grundlage der Risikobewertungen werden anschließend die Einsatzpläne des Ordnungs- und Sicherheitsdienstes sowie der Sanitäter erstellt.

117 Vgl. §43 Abs. 2 Satz 2 MVStättV.
118 Vgl. Einsatzkonzept Sanitätsdienst Messe Frankfurt.

6.1.3 Notfallmanagement

Wie auch das Sicherheitskonzept gehört das Notfallmanagement zu den nach Musterversammlungsstättenverordnung festgelegten Maßnahmen zum sicheren Betrieb von Versammlungsstätten. Das Notfallmanagement tritt in Kraft, wenn Unfälle, Notfälle, Störungen oder Andere durch technisches und menschliches Versagen entstehen oder gewollte Gefährdungen den Betrieb oder Schutz von Besuchern einer Veranstaltung einschränken.[119] Durch die Umsetzung des Notfallmanagements soll die Ausweitung von Gefahren verhindert und Folgen möglichst begrenzt werden.

Das Notfallmanagement der Messe Frankfurt besteht aus zwei Teilen.

Teil eins beschreibt den dynamischen Teil:

- Unterlagen zur Veranstaltungsplanung und zur Bewertung von Risiken/Gefahren
- Unterlagen zur Aufzeichnung von Gefahrmeldungen
- Pläne zur Alarmierung, Abarbeitung und Kontrolle bereits veranlasster Maßnahmen
- Informationsunterlagen für Veranstalter und Aussteller

Das Notfallmanagement Teil zwei enthält eine Zusammenstellung von Plänen und Einzelkonzepten, die als Grundlagen des „Betrieblichen Notfallmanagements“ dienen:

- das Einsatzkonzept des Sanitätsdienstes
- das Einsatzkonzept der Feuerwehr
- das Ordnungsdienstkonzept
- technisches Entstörungskonzept
- Musterräumungskonzept
- Liste der mitgeltenden Unterlagen zum Notfallmanagement

119 Vgl. §§ 38, 43 MVStättV.

Grundsätzlich gelten für das Notfallmanagement der Messe Frankfurt allerdings folgende Festlegungen:

- Die Rettung von Menschen hat höchste Priorität. Von einem Notfall können Menschen, materielle Güter, die Umwelt und auch das Ansehen der Messe Frankfurt betroffen sein. Dem Schutz des Lebens und der Gesundheit von Menschen wird unter allen Umständen Vorrang eingeräumt.
- Die Alarmierung von Mitarbeitern der Messe Frankfurt und von externen Hilfskräften erfolgt durch Ereignis- und Alarmstufen nach einem Stufenkonzept. Im Zweifelsfall, d.h., falls eine eindeutige Zuordnung zu einer Ereignis- oder Alarmstufe nicht sicher möglich oder falls zu befürchten ist, dass sich die Situation in kurzer Zeit einer höheren Alarmstufe annähert, ist stets nach der nächst höheren Stufe vorzugehen. Wichtig ist, dass alle Meldungen zuerst im OSC eingehen. Dieses veranlasst weitere Maßnahmen und alarmiert gegebenenfalls den Notfallkoordinator, welcher dann den Krisenstab alarmiert. Auf Grundlage des Ablaufs von Stör- und Notfallmeldungen und den bisher erlebten Erfahrungen hat die Messe Frankfurt verschiedene Ereignisse in die jeweiligen Stufen eingeteilt. 13 verschiedene Szenarien sind dabei in einer Tabelle aufgelistet (von Personenschaden, Feuer, Sachschaden, Umweltschaden, bis hin zu Pandemie, Geländeräumung oder Radioaktivität). Die Tabelle wird regelmäßig auf neue Ereignisse aktualisiert. Zu jeder Stufe liegen im OSC Ablaufpläne und Checklisten für eine schnelle Bearbeitung des Ereignisses bereit.[120]
- Die im Alarm- und Gefahrenabwehrplan festgelegten Aufgaben sind bestimmten Funktionsträgern zugeordnet. Jeder Mitarbeiter, der diese Funktion nach dem Notfallmanagement wahrzunehmen hat, ist verpflichtet, sich mit den Regelungen und Abläufen des Notfallmanagements vertraut zu machen, um im Falle eines Notfallereignisses schnell und richtig handeln zu können.

120 Vgl 2013.06 Teil V - Sicherheitsinformationen für Veranstalter und Aussteller, Messe Frankfurt.

- Damit bei Vorliegen einer Notfallsituation effizient und insbesondere koordiniert vorgegangen wird, werden regelmäßig wiederkehrende Notfallschutzübungen geplant und durchgeführt. Von ebenso großer Bedeutung ist die begleitende Schulung der Mitarbeiter in regelmäßigen Abständen. Die Mitarbeiter der Messe Frankfurt sind zu Beginn ihres Arbeitsverhältnisses und danach wiederkehrend auf Grundlage des Flucht- und Rettungsplanes und der vorliegenden Beschreibung des Notfallmanagements zu unterweisen.

Als zentrale Meldestelle der Messe Frankfurt steht das OSC den Mitarbeitern und Besuchern des Geländes durchgängig zur Verfügung. Jegliche Meldungen zu Unfällen, Störungen oder Notfällen werden dort gesammelt und bearbeitet.

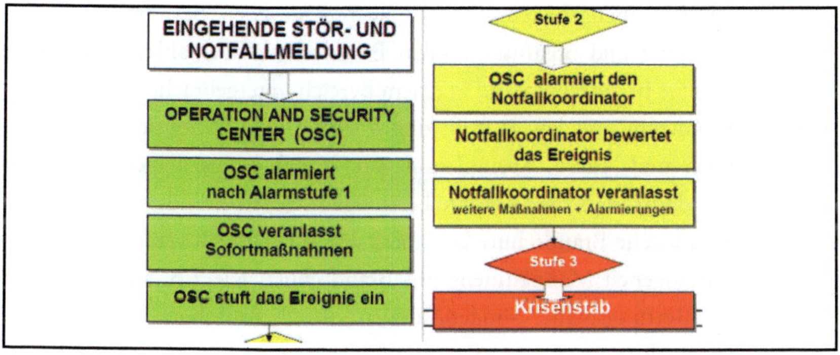

Abbildung 17: Ablauf von Stör- und Notfallmeldungen

6.1.4 Rettungswege

Jede Versammlungsstätte muss Fluchtwege zur Entfluchtung ihrer Räumlichkeiten nachweisen. Diese müssen dementsprechend gekennzeichnet sein und dürfen in keiner Weise verdeckt, zugestellt oder blockiert werden. Paragraph sieben der Muster-versammlungsstättenverordnung beschreibt die minimale Breite und maximale Länge der zu bemessenden Flucht- und Rettungswege.[121]

121 Vgl. §§6,7 MVStättV.

Die Messe Frankfurt setzt die Vorgaben der Versammlungsstättenverordnung je nach Größe, Anzahl an Messeständen pro Halle unterschiedlich um. So entstehen für jede Messehalle und Veranstaltung individuelle Pläne zur Entfluchtung der Hallen. Diese werden vom organisatorischen Brandschutz der Messe Frankfurt vorgegeben und unter anderem von der Brandschutzbeauftragten kontrolliert.[122]

6.1.5 Brandschutz und Brandschutzbeauftragte

Der Betreiber einer Versammlungsstätte hat zum Schutz vor Bränden und den daraus entstehenden Gefahren für Leib und Wohl von Personen eine Brandschutzordnung in Abstimmung mit der zuständigen Brandschutzdienststelle aufzustellen. Des Weiteren ist ein Brandschutzbeauftragter zu stellen.[123]

Des Weiteren besteht der Brandschutz der Messe Frankfurt aus drei unterschiedlichen Aufgabengebieten. Dem anlagentechnischen Brandschutz, baulichen Brandschutz und organisatorischen Brandschutz. Der anlagentechnische und der bauliche Brandschutz sind in einem Bereich untergebracht. Sie kümmern sich unter anderem um den Einbau, die Wartung und Sanierung von Brandschutzwänden und -türen, Sprinkleranlagen, Rauchabzugsanlagen u.v.a. und sorgen somit dafür, dass die Gebäude bestmöglich gegen Brände gesichert sind. Der organisatorische Brandschutz kümmert sich um die sich verändernden veranstaltungsbezogenen Maßnahmen zum Brandschutz, wie z.B. anzupassenden Flucht- und Rettungspläne, Sonderlösungen zum Brandschutz für Veranstaltungen, veranstaltungsbezogene Nutzungsänderungen usw.. Alle drei Teile des Brandschutzes der Messe Frankfurt arbeiten eng zusammen und tauschen sich untereinander aus.[124]

Die Brandschutzbeauftragte der Messe Frankfurt hat ihren Sitz zusammen mit allen anderen sicherheitsrelevanten Gewerken im OSC. Sie kümmert sich vor allem um den organisatorischen Brandschutz. Das heißt, sie kümmert sich um die Brandschutzsachverständigen, integriert den Bandschutz in das Notfallmanagement, erstellt Räumungskonzepte, schult Räumungshelfer, kümmert sich

122 Vgl. Brandschutz_Messe Frankfurt.
123 Vgl. §42 MVStättV.
124 Vgl. Expertengespräch mit Dorothea Gillner (24.05.2017).

um Flucht- und Rettungspläne, organisiert Brandschutzschulungen, erstellt Sonderlösungen für veranstaltungsbezogene Brandschutzkonzepte für Messestände oder erteilt deren Freigaben und vieles mehr. Sie ist im Bereich Brandschutz die Schnittstelle zwischen Betreiber, Veranstalter, Aussteller und Behörden.[125]

6.1.6 Räumungskonzept und Räumungshelfer

> *„Ein Räumungskonzept beschreibt alle Abläufe einer Räumung - vom Treffen der Räumungsentscheidung bis zur Räumungsauflösung - und deckt darüber hinaus fortführende Maßnahmen zur stetigen Optimierung sowohl auf personeller als auch auf technischer Basis ab.“*[126]

Ziel des Konzepts ist die schnellstmögliche Räumung eines Versammlungsraums oder eines -gebäudes mit Hilfe von geschultem Personal und Technik, ohne dabei weitere Personen zu gefährden. Es ist Bestandteil des Notfallmanagements der Messe Frankfurt und tritt in Kraft, wenn eine der im Notfallmanagement genannten Szenarien die Notwendigkeit einer Räumung hervorruft. Die Räumung einer Messehalle sollte inklusive Voralarm innerhalb von 20 Minuten (bei akutem Gefahrenfall innerhalb von 15 Minuten) abgeschlossen sein. Zur Räumungshilfe werden Räumungshelfer hinzugezogen. Diese werden per SMS und automatischer Sprachnachricht auf ihrem Mobiltelefon informiert. Es sind anwesende Mitarbeiter der Messe Frankfurt oder deren Servicepartner. Sie statten sich im Hallenmeisterbüro mit ihren Räumungsunterlagen (Kennzeichnungsweste, Taschenkarte und einem Megaphon) aus und positionieren sich dann nach Anweisung der jeweiligen Taschenkarte. Ihre Aufgabe ist die Unterstützung und Personenlenkung im Räumungsfall sowie die Hilfestellung von mobilitätseingeschränkten Personen. Personen im Gebäude werden somit zu ausgewiesenen, vorher festgelegten Sammelplätzen außerhalb des Gebäudes und der Gefahrenzone geleitet.

Die Entscheidung zur Räumung kann durch den Notfallkoordinator, den Hallenmanager oder durch Polizei und Feuerwehr getroffen werden. In allen Fällen

125 Vgl. Gillner (24.05.2017).
126 Vgl. Räumungskonzept_Allgemein, Messe Frankfurt.

ist das OSC über die Räumung zu informieren. Nach der Räumungsentscheidung ertönt eine Voralarmierungsdurchsage über eine Elektroakustische Anlage (ELA) in der betroffenen Messehalle. Diese ist durch ihren Inhalt nur für das Personal als Voralarmierungstext zu erkennen.[127] Fünf Minuten später ertönt dann der Räumungsalarm in Dauerschleife und die Räumung beginnt. Ist der Gefahrenfall aufgehoben und die Räumung kann aufgelöst werden, ertönt eine Räumungsauflösungsdurchsage und die Besucher des Geländes können in die Halle zurückkehren.[128]

6.2 Freiwillige Maßnahmen der Messe Frankfurt zur Sicherung der Versammlungsstätte und zum Schutz von Besuchern

In Kapitel 6.1 wurden bisher einige gesetzlich vorgeschriebene Maßnahmen zum Betrieb von Versammlungsstätten beschrieben. Dieses Kapitel beschreibt einige zusätzliche Maßnahmen zur Sicherung der Versammlungsstätte Messe Frankfurt. Ihre Reihenfolge entspricht der Sicherung des Messegeländes von außen nach innen. Einige von ihnen sind angelehnt an Verordnungen und Gesetzestexte. Folgende Instrumente und deren Umsetzung bei Veranstaltungen werden zu oben genannten Zwecken getroffen:

6.2.1 Operation an Security Center

In Kapitel 2 wurden das OSC und seine Aufgaben bereits eingehender beschrieben. Es stellt die Zusammenarbeit von allen sicherheitsrelevanten Gewerken des Messegeländes unter einem Dach dar. Nach der Musterversammlungsstättenverordnung ist der Betreiber einer Versammlungsstätte dazu verpflichtet, diese Zusammenarbeit sicherzustellen.[129] In welcher Form oder welchem Maße ist dort jedoch nicht beschrieben. Die Leitstelle des Operation and Security Centers ist einmalig. Sie ist ähnlich ausgestattet wie eine staatliche Leitstelle und gewährleistet somit die größtmögliche Zusammenarbeit zwischen der Messe Frankfurt und

127 Vgl. Räumungskonzept_Allgemein S. 7, Messe Frankfurt.
128 Vgl. Räumungskonzept_Allgemein, Messe Frankfurt.
129 Vgl. §38 Abs. 3 MVStättV.

den staatlichen Behörden, der Feuerwehr, dem Ordnungs- und Sicherheitsdienst und dem Sanitätsdienst. Das OSC protokolliert und dokumentiert alle vorfallenden Ereignisse zu jeder Tages- und Nachtzeit in einem Protokoll, hierfür wird eine spezielle Software „Speedikon FM" benutzt. Zusätzlich werden Checklisten zur Übergabe von Nacht- und Frühdienst, Wachbücher des Objektschutzes und Meldungslisten über Arbeiten auf dem Gelände geführt. Jegliche zusammengefasste Dokumentation wird über einen Verteiler an alle verantwortlichen Personen des OSC geschickt.[130] Somit ist gewährleistet, dass alle Beteiligten zu jeder Zeit über die Geschehnisse auf dem Gelände Bescheid wissen.

6.2.2 Kameras

An sämtlichen Ein- und Ausfahrten sowie Zutrittstoren zum Gelände der Messe Frankfurt und in mehreren Messehallen an verschiedenen Stellen, sind Kameras zur Überwachung der Veranstaltungssicherheit und des Objektschutzes installiert. Das Kamerasystem und die Überwachung der Kameras obliegen dem OSC. Zu diesem Zweck sind eine Bildschirmwand und mehrere Überwachungsplätze im OSC eingerichtet. Auch die Polizei hat unabhängig vom Zugriff der Leitstelle einen übergeordneten Zugriff auf die Überwachungs-kameras des Geländes.[131] Die genauen Standorte der Kameras werden zum Schutz vor Missbrauch nicht in dieser Arbeit benannt. Die Messe Frankfurt arbeitet stetig an der Aktualisierung und dem Ausbau der Kameras auf dem Gelände. Da der Missbrauch der Kameras zur Kontrolle von Mitarbeitern ausgeschlossen werden muss, werden Bildbereiche, die auf Mitarbeiterplätze zeigen, temporär unkenntlich gemacht.[132] Eine Einsicht des aufgezeichneten Videomaterials ist nur nach dem Vier-Augen-Prinzip mit dem Betriebsrat gestattet.

6.2.3 Fahrzeug-, Einlass- und Taschenkontrollen

Da das Gelände der Messe Frankfurt vollständig umzäunt ist, müssen alle Personen, die das Gelände betreten wollen, Zufahrtstore oder normale Eingänge nutzen. Alle geöffneten Tore und Eingänge werden je nach Veranstaltung durch

130 Vgl. Betriebsanweisungen (10, 12, 44) OSC, Messe Frankfurt.
131 Interne Quelle der Messe Frankfurt.
132 Vgl. Betriebsanweisung 03 OSC – Kamerasystem, Messe Frankfurt.

Mitarbeiter oder zusätzliche Sicherheitsmitarbeiter kontrolliert. Zu gewöhnlichen Messeveranstaltungen ohne hohe Sicherheitsanforderungen werden gewöhnliche Einlasskontrollen mit Ticketkontrollen durchgeführt. Taschenkontrollen werden zu diesen Veranstaltungen stichprobenartig zu 30 Prozent durchgeführt.[133] An den Zufahrtstoren finden reine Personenkontrollen statt.

Bei medienwirksamen Veranstaltungen oder Veranstaltungen mit einem hohen Sicherheitsgrad (durch Anwesenheit von Politikern oder Prominenten) sollen ab diesem Jahr 100-prozentige Taschenkontrollen an den Eingängen und Inhaltskontrollen an den Zufahrtstoren durchgeführt werden. Ein Beispiel hierfür ist die im September stattfindende Internationale Automobil Ausstellung (IAA). Sie ist die wichtigste Mobilitätsmesse der Welt und findet alle zwei Jahre in Frankfurt statt.[134]

Aufgrund ihrer internationalen Medienwirkung und der terroristischen Vorfälle der letzten Monate wurde vom Veranstalter und Betreiber in Zusammenarbeit mit der Polizei beschlossen, alle Besucher und Aussteller und deren Gepäck zu kontrollieren. Gepäckstücke ab einer bestimmten Größe müssen im Vorfeld an der Garderobe abgegeben werden. Zur IAA werden alle Besuchereingänge des Messegeländes geöffnet. Beispielhaft werden in dieser Arbeit die geplanten Taschenkontrollen am Eingang S-Bahn-Terminal beschrieben. Die Einlasssituation der IAA befindet sich allerdings noch in der Planung und kann aus diesem Grund nicht als endgültige Lösung, sondern als Vorschlag angesehen werden.

Die Daten zur Berechnung der Besucherzahlen stammen aus Vorveranstaltungen. Am besucherstärksten Tag der IAA werden über 23.000 Menschen zur Ankunft über das S-Bahn-Terminal erwartet. Viele von ihnen kommen zu Stoßzeiten, sodass mit einer maximalen Personenanzahl von über 6.500 Personen pro Stunde während dieser Zeiten zu rechnen ist. Um Paniken und Unfälle zu vermeiden, müssen die Gegebenheiten des Terminals den Besuchermassen angepasst werden. Die Rolltreppen vom Bahnsteig zum Terminal werden zu den Stoßzeiten in eine Richtung geschaltet, sodass alle ankommenden Besucher direkt ins Terminal gelangen können. Von dort aus wird durch Absperrungen eine Zwangsführung der Besucher in großem Bogen zu den Kontrollstellen durchgeführt.

133 Vgl. Expertengespräch mit Jürgen Steingötter (16.06.2017).
134 Vgl. IAA (2017).

Insgesamt werden elf Kontrollstellen, zuzüglich zwei „Fastlanes" (für Besucher ohne Gepäck) und ein Personaleingang mit Sicherheitspersonal besetzt. Weiteres Personal mit Handscannern steht hinter den Taschenkontrollen zur Personenkontrolle zur Verfügung. Zwei Verteiler kümmern sich darum, dass die Besucher zu den freien Stellen geleitet werden. Die Taschenkontrollen finden vor den Ticketkontrollen statt. Sobald die Besucher auf gefährliche Gegenstände und ihre Tickets kontrolliert wurden, dürfen sie das Messegelände passieren.[135]

Die Fahrzeugkontrollen zur IAA finden ebenfalls zu 100 Prozent statt. Um große Staus zu vermeiden, beginnt die Verkehrsleitung schon weit vor dem Gelände. PKW werden hier schon vorsortiert und das erste Mal nach Tickets kontrolliert. Eine Inhaltskontrolle der PKW findet dann nach dem Passieren der Tore auf dem zugewiesenen Parkplatz statt.[136]

Zu anderen Veranstaltungen, wie der Hauptversammlung der Deutschen Bank, können die Zutrittskontrollen zum Veranstaltungsbereich noch weiter verschärft werden. Hier kommen dann z.B. Scanner-Bögen (sogenannte Smiths-Heiman-Bögen) und Gepäckprüfanlagen zum Einsatz. Diese werden vor allem zum Schutz des Vorstandes eingesetzt. Jeder berechtigte Aktionär wird demnach vollständig auf gefährliche Gegenstände überprüft. Der Einsatz von weiteren Sicherheitsmaßnahmen, den Scanner-Bögen und Gepäckprüfanlagen ist jedoch recht kostspielig und wird deshalb nur zu wenigen Veranstaltungen vorgenommen.[137]

6.2.4 Crowd-Management

In Kapitel 4.3 wurde eine kurze Definition des Begriffs Crowd-Management beschrieben. Die Messe Frankfurt setzt verschiedene Instrumente ein, um eine geordnete Besucherführung herzustellen und Panikverhalten von Menschenmassen zu verhindern. Ein Teil der Besucherlenkung wurde schon im Rahmen der Einlass- und Taschenkontrollen während der IAA beschrieben. Ein weiteres Beispiel hierfür ist die Einlassplanung der Hallen fünf und sechs zur IAA 2015. Aussteller in diesen Hallen waren unter anderem Ferrari, Tesla, Jaguar und Maserati.[138]

135 Vgl. Vorläufige Einlassplanung IAA 2017 bei 100 PRO, Messe Frankfurt.
136 Interne Quelle des OSC.
137 Vgl. Steingötter (16.06.2017).
138 Vgl. 2015.09.09 Geländeplan IAA 2015, Messe Frankfurt.

Aufgrund der Exklusivität der Marken wurde ein hohes Besucheraufkommen für die Hallen erwartet. Zur Vorbeugung von negativen Massenverhalten wurde deshalb eine erzwungene Besucherführung durch Mannesmanngitter und Tensatoren aufgestellt. Besucher kamen von der Freifläche (Agora) an einen Warteschlangenbereich und wurde nur durch diesen im Slalom in die Hallen geleitet. Am Anfang der Schlange stand Sicherheitspersonal, das bei einer drohenden Überfüllung der Hallen übergangsweise den Zutritt zu den Hallen untersagte. Durch die erzwungene Verengung des Warteschlangenbereichs konnten die Besucher nur einzeln bzw. in kleinen Gruppen in die Hallen eintreten. Der Ausgang der Hallen befand sich jeweils gegenüberliegend am anderen Ende, sodass eine Laufrichtung der Besucher vorgegeben war.[139] Mit Hilfe dieser Maßnahmen wurde die Bildung von Engstellen durch Menschenmassen und das Auftreten von Panik in der Menge verhindert.

6.2.5 Aufstellen von Durfahrtsperren

Durch den Anschlag in Berlin und anderen europäischen Städten ist eine Gefährdung durch Fahrzeuge in den stark frequentierten Veranstaltungsflächen und somit auch dem Freigelände der Messe Frankfurt nicht auszuschließen. Aus diesem Grund stellt die Messe Frankfurt in Absprache mit dem Veranstalter und der Polizei zur IAA 2017 erstmalig Durchfahrtsperren innerhalb und außerhalb des Geländes auf. Die genaue Positionierung darf aus sicherheitstechnischen Gründen in dieser Arbeit nicht beschrieben werden. In mehreren Besprechungen wurden verschiedene Möglichkeiten für Durchfahrtsperren zur IAA in Erwägung gezogen. Unter anderem waren Betonblöcke[140] mit Gummierung an der Unterseite sowie mit Ballast gefüllte Container im Gespräch.[141] Die Betonblöcke und Findlinge werden vor allem außerhalb des Geländes an taktisch sinnvollen Stellen zum Schutz der Besucher-Eingänge positioniert. Somit soll sichergestellt werden, dass z.B. ein LKW oder Transporter, der mit hoher Geschwindigkeit auf einen Eingang zufährt, an denen Besuchertrauben stehen, rechtzeitig vor den

139 Vgl. Einlassplanung Halle 5 und 6 IAA 2015, Messe Frankfurt.
140 Vgl. Betonsperren IAA 2017_Ausschnitt aus dem Sicherheitskonzept, Messe Frankfurt.
141 Interne Quelle des OSC.

Personen aufgehalten und gestoppt wird. Dies soll Verletzte und Todesopfer wie bei den Anschlägen in Nizza und Berlin verhindern. Die Maßnahmen des Betreibers sollen zusätzlich durch polizeiliche Maßnahmen unterstützt werden. Die Betonblöcke werden zusätzlich innerhalb des Geländes aufgestellt. Da die IAA eine Automobilmesse ist und somit Testfahrten auch auf dem Gelände stattfinden, werden bestimmt Bereiche vollkommen für den PKW- oder LKW-Verkehr gesperrt. Das Eindringen von Fahrzeugen in diese Bereiche soll durch das Aufstellen der Betonblöcke verhindert werden. Da trotzdem gewährleistet werden muss, dass Rettungskräfte auch die abgesperrten Bereiche des Messegeländes befahren können, dürfen die Blöcke nicht als geschlossene Barriere positioniert werden. In erster Instanz sollen sie deshalb in dem Maße aufgestellt werden, dass ein schnelles Befahren der gesperrten Bereiche nicht möglich ist. Ein Teil der Blöcke wird in einer Reihe senkrecht auf die Fahrbahn positioniert. An den Rettungswegen wird eine Durchfahrtschleuse aufgebaut. Hier werden zwei Betonblöcke aus der Anordnung entfernt, sodass eine ca. drei Meter breite Lücke entsteht. Ein Bock wird stattdessen im Abstand von 5,40 Meter hinter die Lücke gestellt. Es entsteht eine Schleppkurve, die das Durchfahren der Schleuse mit einem Drehleiterfahrzeug der Feuerwehr ermöglicht. Die Schleuse soll nur in Notfällen befahrbar sein, aus diesem Grund werden für alle anderen Zeiten mobile Sperrelemente quer in die Schleuse gestellt, welche im Bedarfsfall durch Sicherheitsangestellte zu jeder Zeit bewegt werden können. Rettungskräfte haben also trotzdem die Chance den Slalom zu passieren. Ein Befahren des gesperrten Fußgängerbereichs ist demnach nicht möglich. Ein potentieller Attentäter, der die Durchfahrtschleuse mit seinem Fahrzeug durchqueren will, stößt zuerst gegen die aufgestellten mobilen Sperrelemente, sollte er diese vor sich her schieben, wird er spätestens gestoppt, sobald die Sperrelemente gegen den hinter der Lücke positionierten Betonblock stoßen. Nach der Durchfahrtsperre werden weitere polizeiliche Maßnahmen zum Stoppen von Gefährdern in Betracht gezogen.[142] [143]

Bei bisherigen Veranstaltungen war das Durchführen der oben beschriebenen Sicherheitsmaßnahmen nicht notwendig. Die Messe Frankfurt hat demnach noch keine Erfahrungen mit ihrer Umsetzung. Die IAA ist in der Form ein

142 Vgl. Steingötter (16.06.2017).
143 Interne Quelle des OSC.

Pilot-Projekt. Deshalb ist die enge Zusammenarbeit mit den Behörden und dem Veranstalter essentiell wichtig, um eventuelle Gefahren für den Besucher durch terroristische Anschläge möglichst auszuschließen.

6.2.6 Automatischer externer Defibrillator (AED)

Bisher wurden in diesem Kapitel lediglich Maßnahmen beschrieben, die vorbeugend zum Schutz der Besucher beitragen. Welche Möglichkeiten zur Hilfeleistung und somit zur möglichen Sicherung des Lebens eines Menschen beitragen können, beschreibt dieser Abschnitt.

Plötzlich auftretender Herzstillstand kann unbehandelt innerhalb von wenigen Minuten zum Tod eines Menschen führen. Nicht nur das Anwenden einer Herz-Lungen-Wiederbelebung, sondern auch der zusätzliche Einsatz von technischen Hilfsmitteln, wie des AED, kann die Überlebenschance eines Menschen erhöhen. Mittlerweile sind externe Defibrillatoren so fortschrittlich entwickelt, dass jeder erwachsene Mensch sie bedienen kann. Der AED-Koffer kann durch seine geringe Größe und sein geringes Gewicht leicht zu einem Patienten transportiert werden.

Eine hilflose Person wird aufgefunden und eine Bewusstseins- und Atmungskontrolle durchgeführt. Ist die Person nicht ansprechbar oder ohne Atmung, wird der Notruf abgesetzt. Bei Atemstillstand wird dann mit der Herz-Lungen-Wiederbelebung begonnen und schnellstmöglich ein AED von einer weiteren Person geholt. Zur Anwendung des AED wird der Gerätekoffer aufgeklappt, die Elektroden werden mit dem Gerät verbunden und dann auf den entblößten Oberkörper des Patienten geklebt. Eine Beschreibung hierfür befindet sich im AED-Koffer. Ab dem Einschalten des Gerätes wird der Benutzer durch das Programm zur Rettung des Patienten geführt. Die falsche Anwendung ist nicht möglich, wenn das Gerät mit dem Patienten verbunden ist, da eine automatische Analyse des betroffenen Menschen über die Elektroden stattfindet. Die Auslösung eines elektronischen Schocks wird demnach vom AED berechnet und kann nur bei Notwendigkeit abgesetzt werden. Zwischen den Schocks wird die Herz-Lungen-Wiederbelebung fortgesetzt.

Durch die einfache Handhabung des Gerätes ist fast jeder Mensch im Stande, den Defibrillator zu bedienen und gegebenenfalls Menschenleben zu retten.

Aus diesem Grund sind auf dem Gelände der Messe Frankfurt siebzehn AED in fast allen Messehallen und Bürogebäuden verteilt. Sie sind an taktisch sinnvollen Standorten, meist in der Nähe der Hallenmeisterbüros, für jeden offen zugänglich positioniert.[144]

6.2.7 Mitarbeiterfortbildungen

Der Einsatz von Sanitätern während Veranstaltungen ist laut Versammlungsstätten-verordnung vorgeschrieben. Somit sind ab einer bestimmten zu erwartenden Besucherzahl immer Sanitäter auf dem Messegelände anwesend.[145] Es gibt keine gesetzliche Verpflichtung zum Einsatz von Sanitätern zum Auf- und Abbau einer Veranstaltung. Aufgrund der hohen Gefahr für Unfälle besetzt die Messe Frankfurt bei Eigenveranstaltungen trotzdem die Sanitätsstationen zum Auf- und Abbau.

Das OSC steht auch außerhalb der Veranstaltungszeiten für die Sicherheit auf dem Gelände und somit auch für die Erste-Hilfe. Sollten demnach Unfälle oder Notfälle außerhalb der Belegungszeiten auftreten, leisten die Mitarbeiter des OSC Erste-Hilfe-Maßnahmen und gegebenenfalls weitere Maßnahmen ein. Diese gehören nicht zu der „normalen" Stellenbeschreibung des Mitarbeiters und solche Vorfälle sind auf dem Messegelände nicht alltäglich. Tritt dennoch ein Notfall ein, dürfen die Mitarbeiter sich nicht vollkommen aus der Ruhe bringen lassen. Aus diesem Grund werden alle Mitarbeiter der Leitstelle regelmäßig weitergebildet. Sie sollen als Laien eine Routine in Erste-Hilfe-Maßnahmen bekommen. Dies ist nur durch ständiges Wiederholen von Übungen möglich. Jeder Leitstellenmitarbeiter nimmt deshalb in regelmäßig wiederkehrenden Terminen an z.B. Reanimations- und AED-Trainings teil. In diesen werden die korrekte Ausführung einer Herz-Lungen-Wiederbelebung und der Umgang mit einem AED unter Beobachtung und Hilfestellung von Rettungssanitätern trainiert. Zu diesem Zweck steht den Mitarbeitern eine messeinterne Übungspuppe mit Analyseprogramm zur Verfügung. Die Teilnehmer der Trainings können somit die Qualität ihrer Rettungsmaßnahmen direkt mitverfolgen und werden dementsprechend von den anwesenden Profis verbessert und gecoacht.

144 Defi Standorte auf dem Messegelände.
145 Vgl. §§ 38, 41, 43 MVStättV.

Abschließend kann man sagen, dass die Messe Frankfurt neben den gesetzlichen viele weitere Maßnahmen trifft, um die Sicherheit und das positive Sicherheitsempfinden der Besucher zu gewährleisten.

7 Fazit

Dieses Kapitel soll auf Grundlage der erforschten Problemstellung und der Forschungsfragen dieser Bachelorarbeit eine Handlungsempfehlung für den Umgang mit dem Sicherheitsempfinden der Messebesucher herausstellen. Hierbei werden die Maßnahmen zur Sicherung des Messegeländes mit den Aussagen zum Sicherheitsempfinden der Besucher verglichen. Jedoch bezieht sich diese Arbeit nur auf einen Teil von Informationen und Themenbereichen des Themas Sicherheit bzw. Sicherheitsempfinden. In der kritischen Würdigung wird dementsprechend die Entscheidung für die Wahl der beschriebenen Informationen erläutert.

7.1 Handlungsempfehlung

Besucher, die zu Fachmessen nach Frankfurt kommen, haben auf dem Messegelände ein sicheres Gefühl. Sie fühlen sich sicherer als auf öffentlichen Plätzen. Dieses Sicherheitsempfinden kann sich jedoch schnell durch äußere Einflüsse oder persönliche Erfahrungen des Besuchers ändern. Die Umfrage dieser Bachelorarbeit zum Sicherheitsempfinden der Besucher ist z.B. in einer Zeit erstellt worden, als es schon mehrere Tote durch Anschläge oder Paniken gab. Diese lagen allerdings schon einige Monate oder Jahre zurück, sodass sie den Besuchern nicht mehr sehr präsent waren. Wäre die Umfrage einige Wochen später nach dem Anschlag auf ein Teenie-Konzert in Manchester durchgeführt worden, hätte das Stimmungsbild der Besucher deutlich negativer ausfallen können. Hier war zum ersten Mal eine medienwirksame Veranstaltung in einer abgeschlossenen Versammlungsstätte betroffen. Der Anschlag wurde nicht zu Anfang oder während, sondern nach Ende des Konzertes begangen. Auch das war vorher noch nicht passiert.

Die Brücke zwischen einem positiven und negativen Sicherheitsempfinden von Besuchern ist demnach nicht sonderlich stabil. Es sollte also darauf geachtet werden, dass trotz eines momentan recht hohen Sicherheitsempfindens der Besucher die Maßnahmen nicht stagnieren. Eine stetige Entwicklung der Instrumente und der Kommunikation der Maßnahmen ist demnach wichtig, um das positive Gefühl der Besucher zu erhalten.

Dass sich die Besucher zum Zeitpunkt der Umfrage auf dem Gelände der Messe Frankfurt sicher gefühlt haben, kann z.B. mit der Umzäunung des Geländes begründet werden. Es entsteht der Eindruck eines kontrollierten Sicherheitsbereichs, zu dem nur berechtigte Personen Zutritt haben. Öffentliche Plätze hingegen sind für jede Person zugänglich. Hier wird im alltäglichen Betrieb keine Besucherführung oder Abtrennung von Bereichen vorgenommen. Die Bereiche sind über viele Wege passierbar und werden in Deutschland aus Datenschutzgründen nur vereinzelt durch Kameras überwacht.

Auf dem Frankfurter Messegelände hingegen werden alle Ein- und Ausgänge videoüberwacht und es finden Einlass- und Taschenkontrollen statt. Durch die Umfrage stellte sich heraus, dass nur knapp 79 Prozent der Besucher die Kontrollen bekannt waren. Bei durchgängigen Kontrollen an den Eingängen, durch die jeder Besucher das Gelände betritt, sollte jedem dieses Instrument zur Sicherung des Geländes auffallen. Da dem nicht so ist, muss davon ausgegangen werden, dass keine vollständigen Personenkontrollen auf gefährliche Gegenstände durchgeführt werden oder die Kontrollen nicht deutlich ausgewiesen werden. Das klare Kennzeichnen von Sicherheitspersonal durch auffällige Kleidung, ist eine Möglichkeit die Kontrollen deutlicher hervorzuheben. Eine weitere Möglichkeit, die Präsenz von Kontrollen zu erhöhen, ist ihre Kommunikation im Internetauftritt der jeweiligen Messe. Auch zu einer medienwirksamen IAA, bei der 100 Prozent Taschenkontrollen durchgeführt werden, sollten diese Maßnahmen auf der Homepage des Veranstalters deutlich zu finden sein. Die Besucher können sich somit auf diesen Umstand und das erlaubte mitzuführende Gepäck vorbereiten. Sie lassen aus diesem Grund größere Gepäckstücke im Hotel oder gar zu Hause und können demnach schneller kontrolliert werden. So wird auch die Bildung von langen Schlangen an den Kontrollpunkten vermieden.

Die Frage nach der Bekanntheit der Sicherheitsmaßnahmen auf dem Frankfurter Messegelände ergab, dass höchstens einem Drittel der Besucher die Präsenz von Polizei, Sanitätsdienst und am wenigsten der Feuerwehr auf dem Gelände bekannt sind. Es sollte darüber nachgedacht werden, den Bekanntheitsgrad dieser drei Gewerke zu steigern. Bessere Hinweisschilder, erhöhte Präsenz auf der gesamten Veranstaltungsfläche oder mehr Bestreifung des Geländes wären Möglichkeiten dafür. Natürlich muss beachtet werden, dass zu viel Sicherheitspersonal auch zu Unsicherheit der Besucher führen kann. Eine gute Balance zwischen angemessen viel Personal und guter Bekanntheit ist wichtig. Die Besucher müssen wissen, dass ihnen im Notfall geholfen wird, sie sollen sich jedoch durch zu viel Personal nicht eingeengt fühlen. Bei z.B. zu hohem Polizeiaufkommen kann die Vermutung bestehen, dass ein Grund für die hohe Anzahl an Beamten vorliegt. Es kann die falsche Schlussfolgerung getroffen werden, dass eine Gefahr für die Messe besteht. Auch das Tragen von sehr starker Schutzkleidung kann diese Schlussfolgerung herleiten. Warum sollten die Polizisten in voller Schutzkleidung, am besten mit Helm und starker Bewaffnung auf dem Gelände Kontrollgänge machen, wenn doch von keiner Gefahr auszugehen ist? Dies würde ein Unsicherheitsgefühl anstatt von Sicherheit durch die Polizei hervorrufen. Die Glaubwürdigkeit der Beamten oder des Veranstalters, dass von keiner Gefahr auszugehen ist, wäre dann hinfällig.

Im Hinblick auf die Präsenz der Feuerwehr sieht dies etwas anders aus. Im normalen Messegeschehen, bei dem keine Pyrotechnik oder kein Feuer offen ausgestellt wird, ist die Feuerwehr kaum spürbar. Sie wird erst gerufen, wenn es tatsächlich brennt und Gefahr durch Feuer droht. Das gesamte Gelände der Messe Frankfurt ist nach modernen Brandschutzrichtlinien konzipiert. Ausreichend viele und breite Flucht- und Rettungswege sind in den Hallen und Versammlungsräumen vorhanden. Sprinkleranlagen, Feuerlöscher und Brandmeldezentralen sind für jeden deutlich erkennbar. Zudem sind die Messehallen offen und hell konstruiert, sodass im Normalfall kein Engegefühl von den Räumen und Hallen ausgeht. Die direkte Notwendigkeit der Anwesenheit der Feuerwehr ist deshalb bei den Besuchern nicht gegeben. Trotzdem sollten wie in Theatern oder anderen Veranstaltungsstätten zu jeder Veranstaltung Vertreter der Feuerwehr zugegen sein. Am Beispiel des Flughafenbrandes von Düsseldorf wird klar, wie wichtig schnelles Handeln bei Feuer ist und wie schnell sich Rauch und Feuer ausbreiten können. Feuerwehrmänner vor Ort auf dem Gelände können vermutlich selber keinen größeren Brand löschen. Sie können aber direkt bei Auftreten des Feuers oder bei Rauchentwicklung ihre Kollegen informieren und vor Ort erste Schritte zur Sicherung von Menschenleben einleiten. Außerdem können Maßnahmen sofort aus der Feuerwehrzentrale des OSC geleitet werden. Diese werden durch einen direkten Zugriff auf Geländekameras unterstützt. Je schneller also gehandelt wird, umso eher können Personen- und Sachschäden minimiert oder verhindert werden.

Ein Grund für ein hohes positives Sicherheitsempfinden von Besuchern auf dem Messegelände ist das gefühlte Abgeben von Verantwortung für die eigene Sicherheit. Hier wird vermutet, dass die Besucher ein Stück Eigenständigkeit imaginär an den Eingängen abgeben. Die hohe Präsenz von Sicherheitspersonal, Hostessen, Polizei und Sanitätsdienst gibt den Personen das Gefühl, umsorgt zu werden. Immerhin stehen überall gekennzeichnete Menschen, dessen Aufgabe es ist, für die Sicherheit auf dem Gelände zu sorgen. Dies führt zu einer Nachlässigkeit der Besucher. Sie achten nicht mehr sorgfältig auf ihre Wertsachen oder laufen achtlos über das Gelände, ohne auf den Personenverkehr zwischen den Hallen zu achten. Ein genaues Verhaltensbild wurde in Rahmen dieser Arbeit jedoch nicht betrachtet. Gegen ein solches Besucherverhalten können kaum Maßnahmen getroffen werden. Hier ist die Sensibilisierung der Besucher durch Durchsagen oder Schilder möglich.

Als wichtige Aussage dieser Arbeit muss angemerkt werden, dass die 100-prozentige Gewährleistung von Sicherheit in Versammlungsstätten nicht möglich ist. Es kann lediglich eine Grundsicherheit im Rahmen der rechtlichen Vorgaben und freiwilligen Maßnahmen hergestellt werden. Das Entstehen eines Feuers kann z.B. nur bestmöglich durch Brandschutzmaßnahmen verhindert werden. Trotzdem kann durch eine unachtsam weggeworfene Zigarette in einen Mülleimer oder durch das widerrechtliche Entzünden von offenem Feuer ein Brand entstehen. In diesem Fall ist es wichtig, den Brandherd schnellstmöglich zu entdecken und zu beheben.

Auch das Betreten von nicht berechtigten Personen mit gefährlichen Gegenständen kann nicht vollkommen ausgeschlossen werden. Es kann z.B. dem Sicherheitsdienst bei den Kontrollen ein Fehler passieren. Ebenso können Lücken im Zutrittsmanagement des Geländes nicht ausgeschlossen werden. Beschaffen sich z.B. Unbefugte Eintrittskarten zu einer Messe und passieren die Kontrollen ohne gefährliche Gegenstände, könnten ihnen diese durch Komplizen über eine nicht allzu stark geschützte Stelle im Zaun nachgereicht werden. Auch Menschen könnten über den Zaun klettern. In diesen Fällen wäre eine gefährliche Situation für Personen auf dem Gelände nicht auszuschließen. Dies kann nur durch starke

Gelände- bzw. Zaunkontrollen eingeschränkt werden. Um Regelmäßigkeiten der Ordnungsstreifen und deren Beobachtung durch Dritte auszuschließen, gibt die Messe Frankfurt den Sicherheitsstreifen lediglich die zu kontrollierenden Positionen der Umfriedung sowie einen groben Zeitplan vor. Wann und wo sie ihre Kontrollen durchführen, ist den Mitarbeitern selbst überlassen. Ihre tatsächliche Durchführung wird durch das Einlesen in ein Wächterkontrollsystem kontrolliert. Hierbei handelt es sich um bestimmte Scanner-Punkte auf dem gesamten Gelände, in denen sich die Streifen einscannen und somit die Kontrolle des Punktes protokollieren.

Auch während der Auf- und Abbauzeiten finden nur bedingt Fahrzeugkontrollen statt. Die Ladungskontrolle jedes einzelnen LKW oder Transporters zu einem Aufbau ist nicht möglich. Hierfür ist die Anzahl der zu kontrollierenden Ladungen zu hoch. Die Kontrollen an den Toren würden zu viel Zeit in Anspruch nehmen. Durch den dadurch entstehenden Rückstau wäre nach kurzer Zeit die Staubildung bis in den öffentlichen Verkehr und auf die Autobahn nicht zu verhindern. Das Einführen von genauen Einfahrtzeiten zur Entzerrung der Stoßzeiten für Messebauer und Aussteller ist nicht möglich. Dies würde die Betroffenen zu sehr einschränken und ihre Zeitpläne gefährden. Auch der Unmut der Standbauer wäre vermutlich nicht zu unterschätzen. In diesem Fall ist die Schulung und Erhöhung des Ordnungsdienstes auf dem Gelände vorzuschlagen. Dieser hätte die Aufgabe, beim Aufbau auf verdächtiges Verhalten von Standbauern und LKW-Fahrern zu achten und jegliches auffälliges Verhalten umgehend an das OSC zu melden. Dieses würde die betroffenen Personen und Materialien genauer beobachten und gegebenenfalls die Polizei benachrichtigen oder eigene Schritte einleiten.

Der Einsatz vor Spürhunden wäre in diesem Fall ebenfalls zu aufwendig, da zu großen Messen eine Hallenfläche von über 366.000 Quadratmeter abgesucht werden muss. Dies wäre für die Hunde nicht möglich.

Zu Veranstaltungen, bei denen Personen des öffentlichen Lebens, z.B. die Bundeskanzlerin, Bankvorstände oder Staatsgäste aus dem Ausland, erwartet werden, kommen Spürhunde im Vorfeld zum Einsatz. Diese untersuchen jedoch lediglich die Bereiche, in denen sich die Schutzpersonen längere Zeit aufhalten werden. Laufstrecken, z.B. bei einem Rundgang werden im Vorfeld genauestens definiert.

Unmittelbar vor dem Eintreffen der Schutzperson wird die Strecke dann erneut von Polizeibeamten in Augenschein genommen.

Nicht nur der zeitliche Aufwand von Sicherheitsmaßnahmen, sondern auch ihre Kosten müssen bei der Betrachtung der vorgeschlagenen Maßnahmen beachtet werden. Natürlich ist ein Menschenleben nicht in Münzen zu wiegen. Trotzdem können nicht endlos viele Mittel in die vollständige Sicherung einer Versammlungsstätte investiert werden, denn wie schon beschrieben, ist eine einhundertprozentige Sicherung einer Versammlungsstätte nicht möglich. Viele Maßnahmen sind mit der Erhöhung bzw. Aufstockung des Ordnungs- und Sicherheitspersonals verbunden. Dies bedeutet auch die Steigerung der Personalkosten. Da je nach Stelle eine bestimmte Qualifikation des Sicherheitsmitarbeiters nötig ist, können auch hier die Kosten variieren.

7.2 Kritische Würdigung

Das Thema Sicherheit ist sehr umfangreich. Es kann aus unterschiedlichsten Blickwinkeln betrachtet werden und ist für jeden Menschen ein subjektives Gefühl. Dieses Kapitel benennt daher eventuell fehlende Aspekte dieser Bachelorarbeit. Ebenso wird eine Begründung für die geringe Ausarbeitung einiger Punkte gegeben.

Diese Arbeit bezieht sich in vielen Punkten, vor allem zu Veranstaltungen, auf verschiedene Maßnahmen der Messe Frankfurt zur Sicherung des Geländes und ihrer Besucher. Bestimmte Punkte oder Maßnahmen, die zu sehr in das interne Sicherheitsmanagement der Messe Frankfurt eindringen oder aus Sicherheitskonzepten des Unternehmens stammen, dürfen im Rahmen dieser Arbeit nicht detailliert beschrieben werden. Hierzu zählen z.B. die genauere Beschreibung von Maßnahmen aus den Sicherheitskonzepten der IAA oder der Buchmesse. Auch aus anderen Konzepten zu kleineren Messen könnten Informationen für größere Veranstaltungen abgeleitet werden. Aus diesem Grund ist ihre Veröffentlichung und Zitierung im Rahmen dieser Bachelorarbeit untersagt. Es kann nicht vollkommen ausgeschlossen werden, dass es unbefugten Dritten gelingt, an eventuell veröffentlichte Informationen zu gelangen. Da in den Sicherheitskonzepten alle Sicherheitsmaßnahmen bis ins Detail beschrieben sind, kann bei einer Nutzung unbefugter Dritter nicht ausgeschlossen werden, dass Schwachstellen der Konzepte gegen die Messe verwendet werden. Die Sicherheit der Besucher wäre gefährdet. Ein Artikel im Fachmagazin Sicherheitsberater befasst sich mit eben diesem Phänomen. Er beschreibt die Veröffentlichung von sensiblen Sicherheitsinformationen in der Presse oder im Internet und die dadurch entstehende Gefahr der Nachahmung. Das Erwähnen bestimmter Maßnahmen, die für außenstehende so zu erkennen sind, ist nicht sonderlich kritisch. Doch die Erwähnung von allen Details oder Bildaufnahmen, haben in der Öffentlichkeit nichts verloren.[146]

Mittelpunkt dieser Bachelorarbeit war die Erstellung und Auswertung einer Umfrage zum Sicherheitsempfinden der Messebesucher. Diese wurde jedoch auf zwei Fachmessen durchgeführt, dessen mediale Wirkung in der Öffentlichkeit nicht sehr hoch ist. Wie viele andere Fachbesuchermessen sind die Techtextil und Texprocess in ihrer Branche, aber im Gegensatz zu einer IAA oder Buchmesse nicht bei der breiten Masse bekannt. Sie rücken somit weniger in den Fokus als potentielles Ziel von Anschlägen. Außerdem wurde die Umfrage einige Monate nach dem letzten Anschlag in Deutschland vorgenommen. Den Menschen waren die Ereignisse demnach nicht mehr direkt vor Augen. Das Ergebnis der Umfrage hätte deutlich negativer ausfallen können, wenn die Umfrage z.B. nach dem Anschlag in Manchester stattgefunden hätte. Eine Wiederholung der Umfrage war allerding aus zeitlichen Gründen nicht möglich.

Weiterhin wäre es vielleicht auch interessant gewesen, Besucher von Konzertveranstaltungen auf dem Messegelände nach ihrem Sicherheitsempfinden zu fragen. Da Konzertveranstaltungen jedoch extern organisiert werden und die Messe Frankfurt lediglich die Venue stellt, wurde für diese Art von Veranstaltung von Seiten der Messe Frankfurt keine Freigabe erteilt. w

Unterschiedliche Ereignisse können das Sicherheitsempfinden der Menschen beeinflussen. Nicht alle haben mit dem Thema Terror zu tun. Aus aktuellen Anlässen befasst sich die Arbeit hauptsächlich mit den möglichen äußeren Einwirkungen auf das Messegelände. Themen, wie z.B. der Brandschutz, werden zwar angeschnitten, aber nicht vollständig beschrieben. Dies liegt vor allem an

146 Vgl. Sicherheits-Berater (15.04.2017): Nummer 8.

der guten Umsetzung des Brandschutzes der Messe Frankfurt und der Aktualität anderer Themen. Auch das Thema Crowd-Management wurde nur kurz angeschnitten.

Ein Kritikpunkt dieser Arbeit ist die Beleuchtung der Sicherheitsmaßnahmen nur auf dem Gelände. Die Bildung von Menschenmassen vor dem Gelände durch Wartezeiten bei 100-prozentigen Taschenkontrollen kann indes nicht ausgeschlossen werden. Zwar wird die Besucherführung vor dem Gelände diesen Massen angepasst, sodass Paniken minimiert werden, trotzdem können Traubenbildungen nicht ausgeschlossen werden. Diese wären wiederum potentielle Ziele für terroristische Anschläge. Die Attentäter müssten gar nicht auf das Gelände gelangen, um Schaden anzurichten. Dieser würde schon vor dem Eingang passieren. Ein Konzept, wie die vollkommene Massenbildung von Menschen vor dem Gelände verhindert werden kann oder wie eventuelle Vorkontrollen eingebracht werden, besteht bisher nur bedingt. Hier wird vor allem auf das Aufstellen von Durchfahrtsperren gesetzt.

Die Polizei bezeichnet die Zone um eine Veranstaltungsstätte als sogenannte „Last Mile". Hier liegt aus Sicht der Behörden schon seit längerer Zeit ein Augenmerk mit höheren Kontrollen gegen organisiertes Verbrechen im Bereich Taschen- und Trickdiebstahl vor. Diese vorhandenen Maßnahmen können um terroristische Kriminalität erweitert werden.

Wie in dieser kritischen Betrachtung zu erkennen ist, können im Rahmen dieser Bachelorarbeit nicht alle Aspekte zum Schutz der Besucher und zum positiven Lenken ihres Sicherheitsempfindens aufgegriffen werden. Zu erkennen ist aber, dass die Messe Frankfurt ihr bestmöglichstes tut, um ihre Besucher zu schützen. Sie arbeitet eng mit den Behörden und Sanitätsdienstleistern zusammen und versucht sich bestmöglich auf alle erdenklichen Szenarien vorzubereiten. In dieser Form ist das OSC in Deutschland einmalig.

Abschließend kann betont werden, dass die Ausformulierung und die Erläuterung vieler Informationen dieser Bachelorarbeit nicht ohne die Hilfe der Kollegen aus dem Operation and Security Center und ihren Servicepartnern möglich gewesen wären. Ein großer Dank gilt daher allen beteiligten Kollegen, ohne deren Hilfe die Bearbeitung dieses Themas nicht möglich gewesen wäre.

Literaturverzeichnis

AED: „Ablaufschema: Auffinden einer hilflosen Person“, abgerufen am 19.06.2017, online verfügbar unter: „http://www.aed112.de/anwendung-aed/“.

Aeppli, Jürg; Gasser, Luciano; Gutzwiller, Eveline; Tettenborn, Annette (2014): Empirisches wissenschaftliches Arbeiten. Ein Studienbuch für die Bildungswissenschaften. 3. Aufl. Bad Heilbrunn, Stuttgart: Klinkhardt; UTB.

Balzert, Helmut; Schäfer, Christian; Schröder, Marion; Kern, Uwe; Bendisch, Roman; Zeppenfeld, Klaus (2010): Wissenschaftliches Arbeiten. Wissenschaft, Quellen, Artefakte, Organisation, Präsentation. 1. Aufl., 4. Nachdr. Herdecke: W3L-Verl. (Soft skills).

Bauministerkonferenz (1998): Struktur und Aufgaben, abgerufen am 26.05.2017, online verfügbar unter:

„https://www.bauministerkonferenz.de/verzeichnis.aspx?id=762&o=759O762“.

Baunetzwissen: Versammlungsstätten, abgerufen am 06.05.2017, online verfügbar unter: „https://www.baunetzwissen.de/brandschutz/fachwissen/sonderbauten/versammlungsstaetten-3154299“.

Berndt, Michael (2007): Die „Neue Europäische Sicherheitsarchitektur“ – Sicherheit in, für und vor Europa?. Wiesbaden: VS Verlag für Sozialwissenschaften / GWV Fachverlag GmbH.

Bontrup, Heinz-J. (2004): Volkswirtschaftslehre. Grundlagen der Mikro- und Makroökonomie. 2., 2., unwesentlich veränderte Aufl. München: De Gruyter Oldenbourg (Managementwissen für Studium und Praxis).

Brödermann, Eckart; Iversen, Holger (1994): Europäisches Gemeinschaftsrecht und internationales Privatrecht. Zugl.: Hamburg, Univ., Diss., 1992-1993 u.d.T.: Brödermann, Eckart: Europäisches Gemeinschaftsrecht als Quelle und Schranke des Internationalen Privatrechts und 1993-1994 u.d.T.:

Iversen, Holger: EG-Richtlinien und Internationales Privatrecht. Tübingen: Mohr (Beiträge zum ausländischen und internationalen Privatrecht, 57).

Bund, Kerstin (2016): Glück schlägt Geld. Generation Y: was wir wirklich wollen. 3. Auflage. Hamburg: Murmann Publishers.

Bundeszentrale für politische Bildung: „Die Geschichte der RAF", abgerufen am 11.06.2017, unter:

„http://www.bpb.de/geschichte/deutsche-geschichte/geschichte-der-raf/".

Bundeszentrale für politische Bildung: Äußere Sicherheit/Verteidigung/Nato, abgerufen am 02.05.2017, online verfügbar unter: „http://www.bpb.de/nachschlagen/lexika/handwoerterbuch-politisches-system/201976/aeussere-sicherheit-verteidigung-nato?p=all".

Bundeszentrale für politische Bildung: NATO, abgerufen am 02.05.2017, online verfügbar unter: „http://www.bpb.de/politik/grundfragen/deutsche-demokratie/39406/nato".

Bundeszentrale für politische Bildung: UNO – Stärken und Schwächen einer Weltorganisation, abgerufen am 02.05.2017, online verfügbar unter: „http://www.bpb.de/izpb/209686/uno-staerken-und-schwaechen-einer-weltorganisation".

DGUV 1 (2013): abgerufen am 26.05.2017, online verfügbar unter: „http://www.dguv.de/medien/inhalt/praevention/vorschr_regeln/vorschrift-1/dguv_vorschrift_1.pdf".

DGUV 17 (1998): abgerufen am 26.05.2017, online verfügbar unter: „http://publikationen.dguv.de/dguv/pdf/10002/vorschrift17.pdf".

DGUV 18 (1997): abgerufen am 26.05.2017, online verfügbar unter: „http://publikationen.dguv.de/dguv/pdf/10002/vorschrift18.pdf".

Expertengespräche (2017): erstellt in der Zeit vom 24.05. – 16.06.2017 mit: Dimitrios Donis (Messe Frankfurt), Dorothea Gillner (Messe Frankfurt), Oliver Kupsch (Protect), Daniel Schäfer (Sicherheitsingenieur, freier

Mitarbeiter bei Kirchen- und Katholikentagen), Jürgen Steingötter (Messe Frankfurt).

FAZ: Die Loveparade seit 1989 (2010), abgerufen am 09.05.2017, online verfügbar unter: „http://www.faz.net/aktuell/gesellschaft/ende-der-loveparade/stichwort-die-loveparade-seit-1989-11009189.html“.

Frankfurter Rundschau: „Deutschland steht oben auf der Zielliste“ (18.04.2016), abgerufen am 11.06.2017, online verfügbar unter: „http://www.fr.de/politik/terror/terror-deutschland-steht-oben-auf-der-zielliste-a-365405“.

Gabler Wirtschaftslexikon: Event, abgerufen am 04.05.2017, online verfügbar unter: „http://wirtschaftslexikon.gabler.de/Definition/event-veranstaltung.html“.

Groenemeyer, Axel (2010): Wege der Sicherheitsgesellschaft. Gesellschaftliche Transformationen der Konstruktion und Regulierung innerer Unsicherheiten. Wiesbaden: VS Verlag für Sozialwissenschaften / Springer Fachmedien Wiesbaden GmbH Wiesbaden.

Grundgesetz für die Bundesrepublik Deutschland (1949): abgerufen am 24.04.2017, online verfügbar unter:“https://www.gesetze-im-internet.de/gg/BJNR000010949.html“.

Hanisch, Horst (2017): Typisch Frau - Typisch Mann Knigge 2100. Unterschiede und Gemeinsamkeiten im Umgang mit dem anderen Geschlecht. 1. Auflage. Norderstedt: Books on Demand.

Heine, Peter (2015): Terror in Allahs Namen. Hintergründe der globalen islamistischen Gewalt. Freiburg im Breisgau, Basel, Wien: Herder.

Henschel, Oliver (2010): Lexikon Eventmanagement. Strategie, Kreativität, Logistik, Verwaltung. 2. Aufl. s.l.: Beuth Verlag GmbH (Beuth Wissen).

Hessische Versammlungsstättenrichtlinie – H-VStättR (2016): abgerufen am 06.05.2017, online verfügbar unter: „https://www.akh.de/fileadmin/download/Recht/Gesetze/H-VSt%C3%A4ttR_Richtlinientext.pdf“.

Höffe, Otfried (1999): Demokratie im Zeitalter der Globalisierung. Orig.-Ausg. München: Beck.

Hurrelmann, Klaus; Albrecht, Erik (2014): Die heimlichen Revolutionäre. Wie die Generation Y unsere Welt verändert. Weinheim: Beltz.

Hussy, Walter; Schreier, Margrit; Echterhoff, Gerald (2013): Forschungsmethoden in Psychologie und Sozialwissenschaften für Bachelor. 2., überarbeitete Auflage. Berlin, Heidelberg, s.l.: Springer Berlin Heidelberg (Springer-Lehrbuch).

IAA (2017): abgerufen am 18.06.2017, online verfügbar unter: „https://www.iaa.de/".

Jakubowicz, Linda (2007): Planung und Durchführung von Großveranstaltungen. Der Faktor Sicherheit, SIAK-Journal – Zeitschrift für Polizeiwissenschaft und polizeiliche Praxis (4), abgerufen am 10.05.2017, online verfügbar unter: „http://www.bmi.gv.at/cms/BMI_SIAK/4/2/1/2007/ausgabe_4/files/Jakubowicz_4_2007.pdf".

Kirchgeorg, Manfred; Dornscheidt, Werner M.; Giese, Wilhelm; Stoeck, Norbert (Hg.) (2003): Handbuch Messemanagement. Planung, Durchführung und Kontrolle von Messen, Kongressen und Events. 1. Aufl. Wiesbaden: Gabler.

Krasmann, Susanne (2014): Die gesellschaftliche Konstruktion von Sicherheit. Zur medialen Vermittlung und Wahrnehmung der Terrorismusbekämpfung. Berlin: Freie Univ. Berlin FB Mathematik und Informatik Forschungsforum Öffentliche Sicherheit (Schriftenreihe Sicherheit, 13).

Lange, Hans-Jürgen; Gasch, Matthias (Hg.) (2006): Wörterbuch zur Inneren Sicherheit. 1. Aufl. Wiesbaden: VS Verlag für Sozialwissenschaften | GWV Fachverlage GmbH Wiesbaden.

Lange, Hans-Jürgen; Wendekamm, Michaela; Endreß, Christian (Hg.) (2014): Dimensionen der Sicherheitskultur. Wiesbaden: Springer VS (Studien zur inneren Sicherheit, 17).

LImschG (1975): abgerufen am 26.05.2017, online verfügbar unter: „https://recht.nrw.de/lmi/owa/br_bes_detail?sg=0&menu=1&bes_id=3620&anw_nr=2&aufgehoben=N&det_id=381716".

Lutz, Dieter S. (1993): Deutschland und die Kollektive Sicherheit. Politische, rechtliche und programmatische Aspekte. Wiesbaden: VS Verlag für Sozialwissenschaften (Analysen, Politik - Gesellschaft - Wirtschaft, 42).

Magerhans, Alexander (2016): Marktforschung. Eine praxisorientierte Einführung. Wiesbaden: Springer Gabler.

Marciniak, Angela (2015): Politische Sicherheit. Zur Geschichte eines umstrittenen Konzepts. 1. Aufl. Frankfurt am Main: Campus-Verlag.

MDR: 2016 – Das Jahr der Anschläge, abgerufen am 09.05.2017, online verfügbar unter: „http://www.mdr.de/nachrichten/vermischtes/terror-anschlaege-attentate-zweitausendsechszehn-weltweit-rueckblick-100.html".

Messe Frankfurt GmbH (18.09.2014): Messe Frankfurt nimmt neues Operation & Security Center in Betrieb, abgerufen am 03.05.2017, online verfügbar unter: „http://www.messefrankfurt.com/frankfurt/de/media/das_unternehmen/texte/operation-security-center-press.html".

Messe Frankfurt GmbH: Geschäftsbericht 2015, abgerufen am 03.05.02017, online verfügbar unter: „http://www.messefrankfurt.com/content/dam/corporate/messe/publikationen/geschaeftsbericht/2015/MF_GB2015.pdf".

M-FlBauR (2010): abgerufen am 26.05.2017, online verfügbar unter: „http://eventfaq.de/wp-content/uploads/2015/12/42314136.pdf".

Möhring, Wiebke; Schlütz, Daniela (2003): Die Befragung in der Medien- und Kommunikationswissenschaft. Eine praxisorientierte Einführung. Wiesbaden, s.l.: VS Verlag für Sozialwissenschaften (Studienbücher zur Kommunikations- und Medienwissenschaft).

Planet Wissen: „Deutsche Geschichte – Kalter Krieg", abgerufen am 11.06.2017, online verfügbar unter: „http://www.planet-wissen.de/geschichte/deutsche_geschichte/kalter_krieg/index.html".

Reif (05.06.2015): „Alles ändert sich: die Generationen X, Y und Z“, abgerufen am 10.06.2017, online verfügbar unter: „http://www.personalblogger.net/2015/06/05/alles-aendert-sich-die-generationen-x-y-und-z/“.

Riemann, Hugo (Hg.) (2017): Musik-Lexikon. Zweiter Band. Nachdruck des Originals von 1916: TP Verone Publishing House Ltd.

Roggan, Fredrik; Aden, Hartmut (Hg.) (2006): Handbuch zum Recht der Inneren Sicherheit. 2., neubearb. und erw. Aufl. Berlin: BWV Berliner Wissenschafts-Verl.

Rück, Hans: Event. Hg. v. Galber Wirtschaftslexikon, online verfügbar unter: „http://wirtschaftslexikon.gabler.de/Definition/event-veranstaltung.html“, abgerufen am 04.05.2017.

Sander, Matthias (2004): Marketing-Management. Märkte, Marktinformationen und Marktbearbeitung. Stuttgart: Lucius & Lucius (UTB Wirtschaftswissenschaften).

Schmitt, Irmtraud (2012): Praxisbuch Event Management. Das A-Z der perfekten Veranstaltungsorganisation ; mit zahlreichen Checklisten und Mustervorlagen. 3. Aufl. Wiesbaden: Springer Gabler.

Sicherheits-Berater (15.04.2017): Nummer 8 – „Über die Unsitte, Sicherheitsdetails zu publizieren“.

Singelnstein, Tobias; Stolle, Peer (2012): Die Sicherheitsgesellschaft. Soziale Kontrolle im 21. Jahrhundert. 3., vollständig überarbeitete Auflage. Wiesbaden: VS Verlag für Sozialwissenschaften / Springer Fachmedien Wiesbaden GmbH.

Spiegel Magazin: „Terrorismus und Kriminalität - Welche Reiseländer am sichersten sind“, abgerufen am 11.06.2017, online verfügbar unter: „http://www.spiegel.de/reise/aktuell/sichere-reiselaender-deutschland-rutscht-im-ranking-ab-wegen-terror-a-1143691.html“.

Spiegel Magazin: Loveparade 2010, abgerufen am 09.05.2017, online verfügbar unter: „http://www.spiegel.de/thema/love_parade_unglueck_2010/“.

Spiegel Magazin: Mitten ins Inferno (1996), abgerufen am 07.05.2017, online verfügbar unter: „http://magazin.spiegel.de/EpubDelivery/spiegel/pdf/8909496“.

Spittank, Jürgen; Dietmann, Ulrich; Kremer, Wolfram (2008): Muster-Versammlungsstättenverordnung MVStättVO 2005. Köln: FeuerTRUTZ Verl. für Brandschutzpubl (Vorbeugender Brandschutz im Bild, 2).

Springer Gabler – Duden: Hypothese, abgerufen am 01.06.2017, online verfügbar unter: „http://www.duden.de/rechtschreibung/Hypothese“.

Statista: „Größte Sorgen und Ängste der Deutschen (nach Geschlecht)“(2017), abgerufen am 08.06.2017, online verfügbar unter: „https://de.statista.com/statistik/daten/studie/668702/umfrage/die-groessten-sorgen-und-aengste-der-deutschen-nach-geschlecht/“.

Statista: „Umfrage zum Sicherheitsgefühl bezüglich d. Terrorgefahr nach Bevölkerungsgruppen“(2017), abgerufen am 08.06.2017, online verfügbar unter: „https://de.statista.com/statistik/daten/studie/654686/umfrage/umfrage-zum-sicherheitsgefuehl-bezueglich-der-terrorgefahr-in-deutschland-nach-bevoelkerungsgruppen/“.

Statista: Sicherheitsempfinden der Deutschen im Hinblick auf mögliche Terroranschläge (2017), abgerufen am 08.06.2017, online verfügbar unter: „https://de.statista.com/statistik/daten/studie/3264/umfrage/sicherheitsempfinden-der-deutschen-im-hinblick-auf-moegliche-terroranschlaege/“.

Statista: verschiedene Umfragen, abgerufen am 02.05.2017, online verfügbar unter: „https://de.statista.com“.

Stern: Der Party-Hit der WM (07.07.2006), abgerufen am 06.05.2017, online verfügbar unter: „http://www.stern.de/sport/fussball/wm-2006/news/public-viewing-der-party-hit-der-wm-3595926.html“.

Tagesschau: Terror in Manchester - Was über den Anschlag bekannt ist (26.05.2017), abgerufen am 26.05.2017, online verfügbar unter: „https://www.tagesschau.de/ausland/manchester-anschlag-123.html“.

Techtextil (2017): abgerufen am 15.05.2017, online verfügbar unter: „http://techtextil.messefrankfurt.com/frankfurt/de/besucher/willkommen.html“.

WDR - Dokumentarfilm: Flughafenbrand Düsseldorf 1996 - Die schlimmste Katastrophe (2006).

WDR: Kritik am Sicherheitskonzept der Loveparade (2010), abgerufen am 09.05.2017, online verfügbar unter: „http://www1.wdr.de/archiv/loveparade/loveparade414.html“.

Welt N24: Anschlag in Manchester - Als das Licht angeht, erklingt ein Knall (23.05.2017), abgerufen am 26.05.2017, online verfügbar unter: „https://www.welt.de/politik/ausland/article164843619/Als-das-Licht-angeht-erklingt-ein-Knall.html“.

Wurtzbacher, Jens (2004): Sicherheit durch Gemeinschaft? Bürgerschaftliches Engagement für öffentliche Sicherheit. Wiesbaden: VS Verlag für Sozialwissenschaften.

Zacherle, Christian (2014): Crowd management. Verhinderung von Massenphänomenen bei Großveranstaltungen. Hamburg, Germany: Diplomica Verlag.

Zeit Online: „Bürokratie – Alles gut geregelt“ (08.05.2014), abgerufen am 10.06.2017, online verfügbar unter: „http://www.zeit.de/2014/20/regeln-buerokratie-erleichterung“.

Zeit Online: „Übergriffe an Silvester – Was geschah in Köln?“ (05.01.2016), abgerufen am 08.06.2017, online verfügbar unter: „http://www.zeit.de/gesellschaft/zeitgeschehen/2016-01/koeln-silvester-sexuelle-uebergriffe-raub-faq“.

Ziegleder, Diana; Kudlacek, Dominic; Fischer, Thoams (2011): Zur Wahrnehmung und Definition von Sicherheit durch die Bevölkerung. Erkenntnisse und Konsequenzen aus der kriminologisch-sozialwissenschaftlichen Forschung. Berlin: Forschungsforum Öffentl. Sicherheit (Schriftenreihe Sicherheit, 5).

SUCHMASCHINENMARKETING IN DER KONGRESS-BRANCHE

UNTERSUCHUNG FÜR EINE ERFOLGREICHE TEILNEHMERAKQUISE MITTELS GOOGLE ADWORDS

Lydia Vierheilig

Inhaltsverzeichnis

Abbildungsverzeichnis

Tabellenverzeichnis

Abkürzungsverzeichnis

CPC	Click-per-Cost
CTR	Klickrate

1 Einleitung

„Mit uns erreichen Sie die richtigen Menschen im richtigen Moment.“[1]

So preist Google sein Online-Werbeprogramm Google AdWords an. Dieses Werbeversprechen ist der Traum eines jeden Werbers. Suchmaschinenmarketing kann für kleine und mittelständische Unternehmen einen effizienten Weg darstellen, neue Kundenschichten zu erreichen. Durch die große Reichweite und die punktgenaue Zielgruppenrelevanz können mit relativ geringem Aufwand und überschaubaren Kosten neue Kunden gewonnen werden.[2]

Unternehmen, die in der Kongressbranche tätig sind, steht meist nur ein beschränktes Werbebudget zur Verfügung. Dieses könnte mit Hilfe von Suchmaschinenmarketing effizienter genutzt werden, indem es ausgewählte Internetnutzer auf ihre Veranstaltung aufmerksam macht und eine höhere Teilnehmerzahl verspricht.

Aus diesem Grund widmet sich die vorliegende Arbeit der Implementierung von Suchmaschinenmarketing bei der Teilnehmerakquise. In diesem Fall steht konkret die Anzeigenwerbung mit Google AdWords am Beispiel eines mittelständischen deutschen Kongressveranstalters im Fokus.

1.1 Problemstellung und Zielsetzung

Um Teilnehmer für Kongresse zu werben, kommen unterschiedliche Marketingmaßnahmen zum Einsatz. Im Bereich der klassischen Werbung greifen hierbei viele Unternehmen der Branche auf Flyer und Postmailings zurück. Im Online-Marketing kommt vor allem dem E-Mail-Marketing und den Social Media Auftritten große Bedeutung zu. Einen bisher häufig vernachlässigten Bereich stellt die Suchmaschinenwerbung dar.

1 Google AdWords (2017), o. S.
2 Vgl. Beck (2011), S. 25f.

Eines der Hauptprobleme an den genutzten Marketinginstrumenten ist, dass diese vorwiegend Bestandskunden ansprechen. Eines der großen Ziele im Hinblick auf Veranstaltungen liegt jedoch in den meisten Fällen in der Gewinnung von Neukunden. Neben dem Zukauf von Adressen könnte der Ausbau der Nutzung von Google AdWords einen großen Teil dazu beitragen, dieses Ziel zu erreichen. Aus diesem Grund beschäftigt sich die vorliegende Arbeit mit den Forschungsfragen:

- Wie geeignet ist Google AdWords als Werbemittel für die Teilnehmerakquise bei Kongressen?
- Wie gestalte ich eine erfolgreiche Kampagne im Suchmaschinenmarketing für einen Kongress?

1.2 Vorgehensweise

Zur Beantwortung der genannten Forschungsfragen wird als erstes Google AdWords detailliert vorgestellt und die Möglichkeiten, die sich dadurch für Kongressveranstalter ergeben, sowie die daraus resultierenden Vor- und Nachteile diskutiert.

Um die Forschungsfrage, wie eine erfolgreiche Kampagne im Suchmaschinenmarketing im speziellen bei Google AdWords gestaltet sein sollte, theoretisch zu beantworten, wird ein möglicher Planungsprozess für eine solche Kampagne beschrieben und die einzelnen Schritte näher betrachtet. Aufgrund der großen Bedeutung wird der letzte Punkt des Planungsprozesses, die Erfolgsmessung in einem gesonderten Kapitel behandelt.

Anhand einer Case Study wird daraufhin überprüft, inwiefern die vorgestellten theoretischen Grundlagen in der Praxis umsetzbar sind und worauf bei der Erstellung und Durchführung einer Kampagne geachtet werden sollte. Um die Frage zu beantworten, wie geeignet Google AdWords für die Teilnehmerakquise von Kongressen ist, werden in dem Punkt Betriebswirtschaftliche Überlegungen unterschiedliche Werbemaßnahmen miteinander verglichen und die Möglichkeit, die Betreuung von Google AdWords an einen externen Dienstleister zu vergeben, erörtert.

Dass sich die Nutzung von Google AdWords durchaus für Kongressveranstalter eignen kann, soll mit Hilfe eines Konzepts zur Implementierung von Google AdWords bei einem mittelständischen deutschen Kongressveranstalter gezeigt werden. Das Ende der Arbeit bildet das Fazit, in dem die Ergebnisse der einzelnen Kapitel zusammengeführt werden, die Anwendbarkeit der Theorie in der Praxis bewertet wird und die Forschungsfragen abschließend beantwortet werden.

2 Definitionen und Begriffsabgrenzung

2.1 Suchmaschinenmarketing

Suchmaschinenmarketing hat in den letzten Jahren zunehmend an betriebswirtschaftlicher Bedeutung gewonnen.[3] Da darauf der Fokus der vorliegenden Arbeit liegt, wird im Folgenden der Begriff kurz definiert. Dies erleichtert es dem Leser, das Suchmaschinenmarketing innerhalb des Marketings einzuordnen und trägt somit zum besseren Verständnis der Arbeit bei.

Pelzer, Sommeregger und Linnenbrink beschreiben Suchmaschinenmarketing als „Möglichkeit, mit Hilfe einer Suchmaschine im Internet interessierte, potenzielle Kunden auf die eigene Webseite zu locken."[4] Suchmaschinenmarketing stellt somit den wichtigsten Teilbereich des Online-Marketings dar.[5] Als Pull-Marketing-Kanal spricht es potenzielle Kunden an, die aktiv auf der Suche nach Informationen über ein Produkt oder nach einer Dienstleistung sind. Der Werber muss in der Regel also nicht erst um die Aufmerksamkeit kämpfen und ein Bedürfnis bei den Kunden hervorrufen, wie Radio- oder TV-Werbung. Der Werber muss vielmehr versuchen bestehende Bedürfnisse zu befriedigen.[6] Suchmaschinenmarketing wird im Wesentlichen in die Teildisziplinen Suchmaschinenoptimierung (Search Engine Optimization; kurz: SEO) und Suchmaschinenwerbung (Search Engine Advertising; kurz SEA) unterschieden.[7]

Suchmaschinenoptimierung bezeichnet alle Maßnahmen, die dazu dienen, die Präsenz von Webseiten in den organischen Suchergebnisseiten zu optimieren. Darin eingeschlossen sind alle Handlungen, die dazu führen, dass die optimierte Webseite in der Liste der Suchergebnisse einer Suchmaschine möglichst weit oben erscheint. Neben verschiedenen Verbesserungen des Webseiten-Codes

3 Vgl. Lammenett (2015), S. 120.
4 Pelzer, Sommeregger, Linnenbrink (2015), S. 29.
5 Vgl. Pelzer, Sommeregger, Linnenbrink (2015), S. 29.
6 Vgl. Kopp (2013), S. 9; Pelzer, Sommeregger, Linnenbrink (2015), S. 29 und S. 50.
7 Vgl. Lammenett (2015), S. 122; Aufgesang (2017), o. S.; Kreutzer, Rumler und Wille-Baumkauff (2015); S. 83.

sowie einer optimierten Darstellung des Webseitenninhalts für Suchmaschinen, unterscheidet man zwischen Onpage- und Offpage Aktivitäten.[8] Wie der Name bereits andeutet, bezieht sich die Onpage-SEO auf alle Maßnahmen, die auf der Seite direkt ergriffen werden. Offpage-SEO beschreibt alle Maßnahmen jenseits der eigenen Webseite, die der Suchmaschinenoptimierung dienen.[9] Da sich die vorliegende Arbeit auf Suchmaschinenwerbung konzentriert, wird im Folgenden nicht weiter auf die Suchmaschinenoptimierung eingegangen.

Suchmaschinenwerbung wird u.a. auch als Paid Listings, Sponsored Links, Pay-per-Click Advertising oder Keyword Advertising bezeichnet. Man versteht darunter das Schalten von Anzeigen in Suchmaschinen, die pro Klick abgerechnet werden.[10] Die Steuerung kann hierbei beispielsweise themenbezogen über Keywords und/oder ortsbezogen erfolgen. Eines der bekanntesten Systeme zur Erstellung und Schaltung von Anzeigen ist Google AdWords. Mit 90 % Marktanteil ist Google die am meisten genutzte Suchmaschine im deutschsprachigen Raum.[11] Aus diesem Grund spezialisiert sich diese Arbeit auch auf das Programm Google AdWords.

2.2 Google AdWords

Google AdWords (abgekürzt mit AdWords) ist eines der am weitest verbreiteten Programme im Bereich der Suchmaschinenwerbung. Im ersten Quartal 2017 konnte Google alleine durch Anzeigen auf den eigenen Seiten Umsätze in Höhe von 21,41 Milliarden USDollar generieren.[12]

Google AdWords dient der Erstellung und Schaltung von Onlineanzeigen in Suchmaschinen. Werbetreibende können mit diesem Tool Anzeigen erstellen, die dann auf Suchmaschinenseiten ausgeliefert werden. Diese Anzeigen können dazu

8 Vgl. Lammenett (2015), S. 122; Aufgesang (2017), o. S.; Alpar, Koczy, Metzen (2015), S. 13.; Pelzer, Sommeregger, Linnenbrink (2015), S. 29.
9 Vgl. Lammenett (2015), S. 122; Aufgesang (2017); Alpar, Koczy, Metzen (2015), S. 13.
10 Vgl. Pelzer, Sommeregger, Linnenbrink (2015), S. 52; Kreutzer, Rumler und Wille-Baumkauff (2015); S. 83.
11 Vgl. Aufgesang (2017), o. S.
12 Vgl. Jens (2017), o. S.

genutzt werden, ein Unternehmen, Produkte oder Dienstleistungen zu vermarkten und die Bekanntheit von Unternehmen zu steigern.[13]

AdWords bietet für seine Kunden viele Vorteile und ist auch für Veranstalter von Kongressen und Foren ein interessantes Tool: Diese Vorteile manifestieren sich im Wesentlichen in den Merkmalen Targeting, Kosten, Reichweite, Flexibilität und Messbarkeit des Erfolgs. Durch die Auswahl der Keywords sowie durch unterschiedliche Einstellungen und Parameter kann der Werbetreibende Anzeigen so konzipieren, dass sie nur der gewünschten Zielgruppe gezeigt werden und somit die Ausgaben für Streuverluste auf ein Minimum reduzieren.[14]

Im Gegensatz zu konventioneller Werbung entstehen keine Druck- und Versandsandkosten für Anzeigen. Auch die Tatsache, dass Google weder Grundgebühr oder Mindestumsatz, sondern lediglich eine Aktivierungsgebühr fordert, führt zu niedrigen Kosten. Zudem zahlt der Werbetreibende nicht für die Schaltung der Anzeigen, sondern nur für Klicks, die tatsächlich auf die Zielseite, die sog. Landingpage, weitergeleitet werden. Das führt dazu, dass die Nutzung von AdWords im Vergleich zu Printanzeigen oder Radiowerbung kostengünstiger ist.[15] Durch festgelegte Tagesbudgets hat der Werbetreibende zu jeder Zeit die volle Kontrolle über seine Kosten.[16]

Die Zahlung per Klick birgt jedoch auch Risiken. Um Abrechnungssysteme zu manipulieren, sich einen Wettbewerbsvorteil zu verschaffen oder Leistungen zu erschleichen, können Anzeigen vorsätzlich geklickt oder Klicks simuliert werden, obwohl kein direktes Interesse an dem Produkt oder der Dienstleistung besteht. Man spricht hierbei von Klickbetrug, für den in den meisten Fällen Mitbewerber verantwortlich sind.[17]

Neben den Kosten stellt die Reichweite eine wichtige Größe bei der Entscheidung hinsichtlich Werbemittel oder -maßnahme dar.[18] Insgesamt nutzten in Deutschland 79 % der Bevölkerung im Jahr 2016 das Internet.[19] Davon verwen-

13 Vgl. AdWords-Hilfe (2017d), o. S.
14 Vgl. Beck (2011), S. 49f.
15 Vgl. Onlinemarketing (2017a), o. S; Lammenett (2015), S.131f.
16 Vgl. Beck (2011), S. 49f.
17 Kuhn (2006), o. S.; Beck (2011), S. 54.
18 Vgl. Onlinemarketing (2017b), o. S.
19 Vgl. Statista (2017a), o. S.

deten 95 % Google als Suchmaschine.[20] Hier wird die monopolistische Stellung Googles als Suchmaschinenanbieter und die damit einhergehende überlegene potenzielle Reichweite im Vergleich zu z.B. Printanzeigen deutlich.

AdWords bietet seinen Nutzern große Flexibilität.[21] Budget, Anzeigentexte und Keywords können in Echtzeit angepasst und optimiert werden und potenzielle Kunden zielgruppengerecht angesprochen werden.[22] Gerade in der Kongressbranche ist das besonders wichtig, da somit beispielsweise auf die Entwicklung der Teilnehmerzahlen schnell und unkompliziert reagiert werden kann. Durch Änderung des Budgets, Hinzufügen neuer Keywords oder Schaltung anderer Anzeigen lassen sich die Ergebnisse optimieren.

Anders als bei Werbung über den Postweg wird der Interessent direkt auf die gewünschte Webseite weitergeleitet, auf der er im Optimalfall die Informationen findet, nach denen er sucht. Er muss also nicht erst das informationstragende Medium wechseln, was den Such- und Informationsprozess beschleunigt.[23]

Einen weiteren Vorteil, den die Anzeigenwerbung im Gegensatz zu anderen Marketingmaßnahmen mit sich bringt, ist die Möglichkeit, den Erfolg genau zu messen und die Kampagnen auf Zielgrößen zu optimieren. Durch die von AdWords bereitgestellten Daten unterstützt durch das Web-Analyse-Tool Google Analytics kann die Zielerreichung unkompliziert überprüft werden. Jedoch gibt es auch hier Grenzen: Gerade bei hochpreisigen Produkten und Dienstleistungen, zu denen auch ein Kongressticket gezählt werden kann, wird der Kauf häufig nicht sofort getätigt, sondern erst nach Rücksprache oder Beratung mit anderen Personen. Häufig können der Kauf bzw. die Anmeldung dann nicht mehr auf die erste Quelle, die Anzeigenwerbung, zurückgeführt werden.[24]

Neben den Textanzeigen in den Ergebnissen einer Suchmaschine hat Google mittlerweile sein Portfolio auf YouTube und Google Maps erweitert. Auch die Schaltung außerhalb von Suchmaschinen ist über das Display-Netzwerk möglich.[25] Aufgrund der Komplexität von AdWords bezieht sich diese Arbeit jedoch

20 Vgl. Statista (2017b), o. S.
21 Vgl. Beck (2011), S. 49f.
22 Vgl. Onlinemarketing (2017b), o. S.; Lammenett (2015), S. 131ff.
23 Vgl. Beck (2011), S. 49f.
24 Vgl. Beck (2011), S. 52.
25 Vgl. Onlinemarketing (2017a), o. S..

auf Google-Suchergebnisseiten und Such-Partnerseiten wie die T-Online-Suche oder AOL.de. Dieser Kampagnentyp wird als Suchnetzwerk bezeichnet.[26]

Um die folgenden Ausführungen und Berichte über die Erfahrungen von AdWords nachvollziehen zu können, ist es essentiell, sich vorab mit dem Aufbau von AdWords und den speziellen Begrifflichkeiten vertraut zu machen.

Wie in Abbildung 1 zu sehen ist, lässt sich AdWords grundsätzlich in drei Ebenen gliedern: AdWords-Konto, Kampagnen und Anzeigengruppen.

Das AdWords-Konto stellt die erste Ebene in AdWords dar. In der Regel besitzt ein Unternehmen nur ein AdWords-Konto, über welches es alle Kampagnen koordiniert.[27]

Auf der zweiten Ebene befinden sich die Kampagnen, welche jeweils aus mindestens einer Anzeigengruppe bestehen. Es können mehrere Kampagnen gleichzeitig aktiv sein.[28] Dies ermöglicht es Kongressveranstaltern, mehrere Veranstaltungen parallel zu bewerben und trotzdem den Überblick zu behalten.

Kampagnen dienen zur Steuerung technischer Grundeinstellungen für die darunterliegenden Anzeigengruppen. Diese Grundeinstellungen beziehen sich auf den Kampagnentyp, das Budget, die Sprache und den Standort, auf welche in Kapitel 3.2 näher eingegangen wird. Beim Kampagnentyp wird zwischen Suchnetzwerk, Displaynetzwerk, Suchnetzwerk mit Displayauswahl, Shopping und Online-Video unterschieden. Wie oben beschrieben, erfolgt die Schaltung von Anzeigen in einer Suchnetzwerk-Kampagne hauptsächlich auf Google-Suchergebnisseiten und internen und externen Google Partnerseiten.[29] Innerhalb von Displaynetzwerk-Kampagnen hingegen werden die Anzeigen auf einer Vielzahl von Webseiten geschalten wie Foren, Blogs, und Nachrichtenportalen.[30] Die Kampagnenvariante Suchnetzwerk mit Displayauswahl stellt eine Kombination aus den beiden zuvor erläuterten Typen dar und wird im Hinblick auf die Reichweite von Google standardmäßig als die beste Möglichkeit vorgeschlagen. Da sich die beiden Varianten jedoch in ihrer Kampagnenausrichtung und Zielgrup-

26 Vgl. Pelzer, Sommeregger, Linnenbrink (2015), S. 213.
27 Vgl Beck (2011), S. 81.
28 Pelzer, Sommeregger, Linnenbrink (2015), S. 82;
29 Vgl. AdWords-Hilfe (2017o), o. S.; Pelzer, Sommeregger, Linnenbrink (2015), S. 213; Greifeneder (2010), S. 120; Wenz und Hauser (2015), S. 44.
30 Vgl. Pelzer, Sommeregger, Linnenbrink (2015), S. 774.

penansprache in den Anzeigentexten stark voneinander unterscheiden, empfehlen Pelzer, Sommeregger und Linnenbrink, zwei unterschiedliche Kampagnen zu erstellen.[31] Die Option Shopping erlaubt es, Anzeigen mit Produktinformationen zu erstellen, die in einem separaten Bereich auf der Suchergebnisseite erscheinen. Videoanzeigen in online gestreamten Videos können mit Hilfe des Kampagnentyps Online-Videos gesteuert werden.[32] Ausführlichere Erklärungen zu den weiteren Grundeinstellungen und Targetingmöglichkeiten folgen später.

Die dritte Ebene bilden die Anzeigengruppen. Die Anzahl von Anzeigengruppen, die einer Kampagne zugeordnet sind kann sehr unterschiedlich sein. Anzeigengruppen setzen sich aus thematisch zusammenpassenden Suchbegriffen und den dazu passenden, individuellen Anzeigentexten zusammen. Sie bieten somit durch die Zuordnung zu einzelnen Anzeigengruppen beispielsweise die Möglichkeit, einzelne Produkte mit unterschiedlichen, maßgeschneiderten Anzeigentexten zu bewerben. Auf dieser Ebene ist es möglich, das maximale Klickpreisangebot für alle Keywords der jeweiligen Anzeigengruppe zu bestimmen.[33]

---

31 Vgl. Pelzer, Sommeregger, Linnenbrink (2015), S. 216.
32 Vgl. AdWords-Hilfe (2017v), o. S.; Vgl. AdWords-Hilfe (2017a), o. S., Pelzer, Sommeregger, Linnenbrink (2015), S. 82f.
33 Vgl. AdWords-Hilfe (2017a), o.S.; Pelzer, Sommeregger, Linnenbrink (2015), S. 82f; Biermann (2004), S. 11.

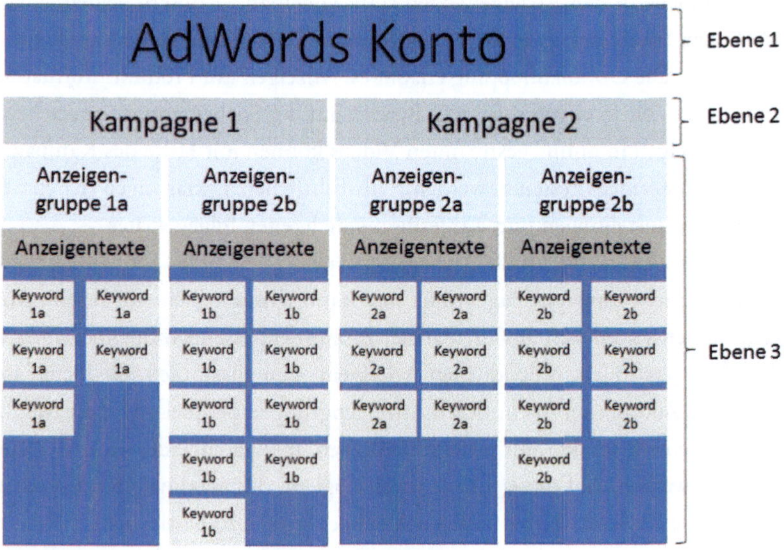

Abbildung 1: Grundlegender Aufbau von Google AdWords
(eigene Abbildung, angelehnt an Pelzer, Sommeregger, Linnenbrink (2017), S. 83)

Keywords sind Schlüsselbegriffe, die dafür ausschlaggebend sind, wann und wo Anzeigen geschaltet werden. Sie bilden das Herzstück der Kampagne und sind maßgeblich für den Erfolg der Anzeigen. Keywords können aus einzelnen Wörtern, aber auch Wortgruppen bestehen und dienen zur Ausrichtung der Anzeigen auf die potenziellen Kunden. Umso spezifischer die Keywords sind, desto zielgerichteter können die Werbeanzeigen ausgebracht werden. Je Anzeigengruppe empfiehlt Google zu Beginn zehn bis 35 Keywords zu definieren.[34]

Über die Keyword-Optionen kann die Auslieferung des Suchbegriffes spezifiziert oder erweitert werden. AdWords bietet hierzu die Optionen weitgehend passend (Standardeinstellung), Modifizierer für weitgehend passende Keywords, passende Wortgruppen, genau passend und ausschließende Keywords.[35]

34 Vgl. AdWords-Hilfe (2017e), o. S.; Pelzer, Sommeregger, Linnenbrink (2015), S. 82f und S. 267.
35 Vgl. AdWords-Hilfe (2017a), o. S.; Pelzer, Sommeregger, Linnenbrink (2015), S. 254f.

Unter der Option weitgehend passend wird die Anzeige nicht nur bei dem eingegebenen Keyword ausgeliefert, sondern auch bei Synonymen des Keywords, ähnlichen bzw. verwandten Suchanfragen sowie weiteren relevanten Varianten. Hinterlegt man beispielsweise „Medizin Kongress“ als Keyword, würde die Anzeige auch geschaltet, wenn jemand nach „Anmeldung medizinisches Kooperationsforum“ googelt.[36]

Die Einstellung Modifizierer für weitgehend passende Keywords bedeutet, dass Anzeigen auch bei Suchanfragen angezeigt werden, die das eigentliche Keyword in leicht geänderter Form enthalten oder diesem sehr ähnlich sind. Die Reihenfolge des Begriffes ist hierbei beliebig, Synonyme werden im Gegensatz zur vorherigen Option ausgeschlossen.[37]

Nutzt man die Option passende Wortgruppe wird die Anzeige nur dann geschaltet, wenn die Wortgruppe genau in der richtigen Reihenfolge in Google gesucht wird, das bedeutet, wenn das Keyword „Medizin Kongress“ lautet, erscheint es beispielsweise bei „Medizin Kongress anmelden“.[38]

Die geringste Reichweite, dafür aber die größte Relevanz wird mit der Keyword-Option genau passend erreicht. Hier wird die Anzeige nur ausgeliefert, wenn der Google Nutzer das exakte Keyword eingibt. Wählt man diese Einstellung z.B. für das Keyword „Medizin Kongress“, dann muss exakt nach „Medizin Kongress“ gesucht werden, damit die Anzeige ausgeliefert wird.[39]

Google bietet die Möglichkeit über negative Keywords Begriffe auszuschließen, bei denen die Anzeige keinesfalls geschaltet werden soll. Diese können sowohl auf Konto-, Kampagnen- als auch auf Anzeigengruppenebene definiert werden.[40]

Eingeschränkt wird die Wahl der Keywords in Deutschland durch rechtliche Vorgaben. Laut einem Urteil des EuGHs im Jahr 2010 kann es unter gewissen Voraussetzungen unzulässig sein, ein Keyword zu wählen, das durch einen Dritten

36 Vgl. Pelzer, Sommeregger, Linnenbrink (2015), S. 252ff; Biermann (2004), S. 18.
37 Vgl. Pelzer, Sommeregger, Linnenbrink (2015), S. 18.
38 Vgl. Pelzer, Sommeregger, Linnenbrink (2015), S. 252ff; Biermann (2004), S. 18.
39 Vgl. Pelzer, Sommeregger, Linnenbrink (2015), S. 252ff; Biermann (2004), S. 18.
40 Vgl. AdWords-Hilfe (2017a), o. S.; Pelzer, Sommeregger, Linnenbrink (2015), S. 254f.

markenrechtlich geschützt ist oder Konkurrenten um ihren Marktanteil fürchten lässt. Sind die Anzeigentexte so irreführend, das der Internetnutzer Gefahr läuft, die beworbenen Produkte mit denen des Markeninhabers zu verwechseln, so entspricht dies einer Markenrechtsverletzung.[41]

Neben den Keywords sind auch die einzelnen Anzeigen bzw. Anzeigentexte Anzeigengruppen zugeordnet. Pro Anzeigengruppe wird mindestens eine Anzeige benötigt. Die Anzeigen bestehen standardmäßig aus einer Überschrift, der URL und einer Beschreibung des Produktes oder der Dienstleistung. Die Überschrift teilt sich auf zwei Zeilen mit jeweils 30 Zeichen auf, die miteinander durch einen Bindestrich verbunden sind. Die angezeigte URL besteht in der Regel aus der Domain der Zielseite und zwei optionalen Pfadfeldern, in denen man dem Nutzer vermitteln kann, welcher Inhalt sich auf der Zielseite befindet. Für die Beschreibung des Produktes stehen dem Werbetreibenden 80 Zeichen zur Verfügung.[42]

Eine Übersicht über die Felder, die für die Erstellung einer Anzeige notwendig sind und über die Zeichenbeschränkung, findet sich in Abbildung 2. Diese zeigt auf der linken Seite die Benutzermaske von AdWords für die Erstellung der Anzeige und rechts die Vorschau der Anzeige.

Abbildung 2: Eingabemaske von AdWords für Anzeigen ergänzt mit den Zeichenbeschränkungen der jeweiligen Felder
(basierend auf Google AdWords)

41 Vgl. Kreutzer (2014), S. 530f.
42 AdWords-Hilfe (2017u), o. S.; Thomas und Langner (2010), S. 96f; Beck (2011), S.38.

3 Erfolgreiche Kampagnengestaltung

Für eine erfolgreiche Umsetzung einer Kampagne im Suchnetzwerk sollte möglichst strukturiert vorgegangen werden. Orientierung kann hierbei der Planungsprozess von Bischkopnick und Ceyp für Suchmaschinenmarketing liefern. Da der Fokus der vorliegenden Arbeit auf Suchmaschinenwerbung liegt, wurde dieser Planungsprozess in der Abbildung 3 spezifiziert und die einzelnen Unterpunkte auf die Durchführung einer AdWords-Kampagne im Suchnetzwerk angepasst.

Zu Beginn des Planungsprozesses steht die Ziel- und Zielgruppenfestlegung. Auf Basis dieser Vorüberlegungen sollen dann die strategischen Entscheidungen gefällt werden. Erst, wenn das zur Verfügung stehende Budget, die Ressourcen, sowie das Wettbewerbsverhalten und alle wichtigen strategischen Punkte in Bezug auf die Kampagnenerstellung definiert sind, kann mit der operativen Durchführung begonnen werden. An erster Stelle steht hierbei die Erstellung eines geeigneten Keyword-Sets, anhand dessen dann die Anzeigentexte entworfen werden können. Auf Grundlage der Vorarbeit kann anschließend die Kampagne in AdWords erstellt werden. Wie in allen betriebswirtschaftlichen Prozessen folgt zum Schluss das Controlling. Neben der Erfolgskontrolle steht hierbei, gerade zu Beginn der Kampagne, die Optimierung derselbigen im Vordergrund.[43]

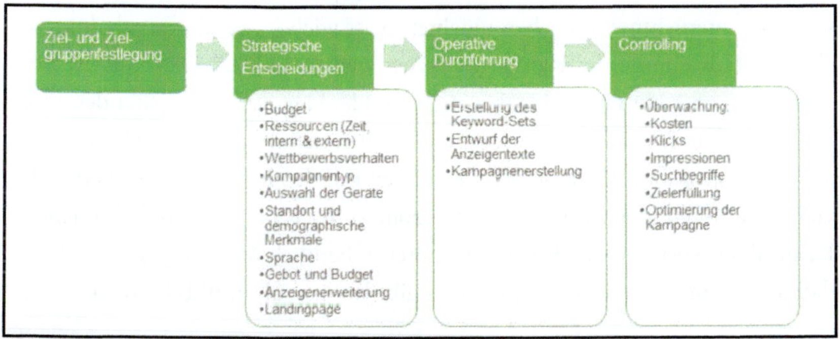

Abbildung 3: Planungsprozess Google AdWords-Kampagne
(eigene Darstellung, angelehnt an Bischopinck und Ceyp (2007), S. 98ff)

43 Vgl. Bischopinck und Ceyp (2007), S. 98ff; Ringl et al. (2014), S. 624.

Analog zum Planungsprozess setzt sich das nächste Kapitel mit möglichen Zielen einer AdWords-Kampagne sowie der Bestimmung einer Zielgruppe auseinander. Um dem Leser ein besseres Verständnis der Zielgruppe zu ermöglichen, wird in diesem Schritt zudem das Such- und Kaufverhalten von potenziellen Kunden im Internet näher betrachtet. Da die ersten Punkte innerhalb der strategischen Entscheidungen individuell von dem Unternehmen und dessen Zielen abhängen, werden diese vorerst vernachlässigt. Stattdessen soll als Hilfestellung für die strategischen Entscheidungen auf die Einstellungsmöglichkeiten von AdWords eingegangen werden, die bei der Erstellung einer Kampagne im Suchnetzwerk verfügbar sind. Anschließend werden unterschiedliche Ansätze und Tools vorgestellt, ein Keyword-Set zu erstellen. Danach wird erläutert, was im Hinblick auf das Verfassen von guten Anzeigen wichtig ist.

3.1 Ziele und Zielgruppe

Wie bei jeder Marketingmaßnahme ist die Definition von Zielen und der Zielgruppe auch für die Nutzung von AdWords notwendig. Ziele geben Orientierung und ermöglichen es, den Erfolg eines Projektes zu messen.[44]

3.1.1 Definition der Ziele und Zielgruppe bei Google AdWords

Bevor eine neue Kampagne aufgesetzt wird, gilt es, die Frage zu beantworten, was das Unternehmen erreichen möchte. Es ist wichtig, vorab festzuhalten, welche Ergebnisse mit einer Kampagne erzielt werden sollen.[45] Dies können Besucherzahlen oder Umsätze sein, aber auch Kundenkontakte. Um später den Erfolg messen zu können, sollten hier konkrete Zahlen definiert werden. Diese können auf Basis von Schätzungen und Erfahrungen mit den bisherigen Marketingaktivitäten getroffen werden. Je nach Schwerpunkt der Kampagne sind abweichende Kennzahlen notwendig.[46] Einen sehr guten Überblick über mögliche Ziele und damit zusammenhängende Kennziffern gibt Kopp et al. in Abbildung 4.

44 Vgl. Lammenett (2015), S.141.
45 Vgl. Schwarz (2011), S. 332.
46 Vgl. Dörr von Maydell (2016), o. S.; Trojca (2017), o. S.; Lammenett (2015), S. 141f.

Er unterscheidet zwischen Branding und Markenaufbau sowie Engagement, Leads und Sales. Ähnlich kategorisieren auch Dörr von Madyell und Kreutzer, Rumler und Wille-Baumkauff die Ziele, die von Unternehmen mit AdWords-Kampagnen verfolgt werden.[47]

Ist eines der Hauptziele die Markenbekanntheit zu steigern, stellt vor allem die Häufigkeit, mit der eine Anzeige eingeblendet wird, den entscheidenden Messwert dar. Dient die Kampagne dazu, möglichst viele relevante und themenbezogene Nutzer auf die Seite zu lenken, wird dies hauptsächlich über die Anzahl der Klicks gemessen, die durch die Keywords und Anzeigen generiert werden. Soll der Verkauf, ein Download, eine Registrierung oder ähnliches im Vordergrund stehen, dann geben Conversions Auskunft über das Ziel. Conversions spiegeln die Zahl der Besucher wieder, die eine konkrete Handlung auf der Landingpage vorgenommen haben, z.B. Käufe, Downloads und Registrierungen. Hier sollte der Wert immer in Relation zu den aufgewendeten Werbekosten gesetzt werden, man spricht hierbei von der Cost-per-Conversion (kurz CPC). Diese misst, wie viel Werbebudget investiert werden musste, um eine Conversion zu erzielen.[48]

47 Vgl. Kopp et al. (2013), S. 12; Dörr von Maydell (2016), o. S.; Kreutzer, Rumler und Wille-Baumkauff (2015); S. 86.
48 Vgl. Dörr von Maydell (2016), o. S.

Abbildung 4: Ziele und Messgrößen von Suchmaschinenwerbung
(eigene Darstellung, basierend auf Kopp et al. (2013), S. 12)

Für eine erfolgreiche Nutzung von AdWords müssen die Maßnahmen nicht nur auf die Ziele der Kampagne, sondern vor allem auch auf die Erwartungen, Wünsche und Bedürfnisse der potenziellen Kunden abgestimmt sein.[49] Um alle Möglichkeiten von AdWords bzgl. Targeting auszunutzen, gilt es vorab die Zielgruppe genauer zu definieren.

Hierbei sollte man sich im Allgemeinen Gedanken über die sozio-demographischen Merkmale (wie Geschlecht, Alter, Einkommen und Wohnort) und geographische sowie zu psychografischen Merkmalen (z.B. Motive, Einstellungen, Nutzerverhalten) machen und das Kaufverhalten der Zielgruppe berücksichtigen.[50] Auch wenn sich die Anzahl der Internetnutzer in den letzten 15 Jahren (2001-2016) mehr als verdoppelt hat, erreichte man 2016 in Deutschland über

49 Vgl. Bruhn, Esch und Langner (2009), S. 399.
50 Vgl. Bruhn, Esch und Langner (2009), S. 403f.

das Internet nur 79 % der Bevölkerung in Deutschland.[51] Beim Blick auf die demographischen Merkmale der Nutzer wird deutlich, dass vor allem 14 - 50-Jährige täglich im Internet aktiv sind (vgl. Tabelle 1), wohingegen nur 35,9 % der Generation 60 plus täglich online ist (vgl. Tabelle 1). Besonders hoch ist der Anteil der Auszubildenden bei der täglichen Nutzung des Internets. Im Hinblick auf Kongresse im B2B-Bereich ist besonders interessant, dass 75,5 % der Berufstätigen das Internet jeden Tag nutzen.[52]

Gesamt	Männer	Frauen	14-19 J.	20-29 J.	30-39 J.	40-49 J.	50-59 J.	ab 60 J.	in Ausbildung	Berufstätig	Rentner/nicht berufstätig
65,1	70,5	60,0	91,5	88,3	83,4	75,6	62,4	35,9	98,0	75,5	39,1

Tabelle 1: Tägliche Internetnutzer in Deutschland 2016
(Quelle: ARD/ZDF-Onlinestudie (2016), Onlinennutzung)

Durch die Fokussierung auf Suchnetzwerk-Kampagnen wird die Personengruppe, die mit den Anzeigen erreicht wird, weiter eingegrenzt. So riefen im Jahr 2016 im Durchschnitt nur 84 % der Internetnutzer mindestens einmal wöchentlich Suchmaschinenseiten wie Google auf, wobei der Anteil in der Altersgruppe der 14 - 29-Jährigen mit 96 % (vgl. Tabelle 2) deutlich höher liegt.[53]

Nutzung von Suchmaschinen wie Google	Gesamt	Frauen	Männer	14-29 J.	30-49 J.	50-69 J.	ab 70 J.
2016	83 %	81 %	85 %	96 %	88 %	75 %	62 %

Tabelle 2: Nutzung von Suchmaschinen wie Google 2016
(Quelle: ARD/ZDF Online-Studie (2016), Onlinenutzung)

3.1.2 Suchstrategien, Zielgruppen und ihre Entscheidungen

Sofern die vorher definierte Zielgruppe über Suchnetzwerk-Kampagnen erreicht werden kann, sollte man sich für den Erfolg der Kampagne im nächsten Schritt mit dem Verhalten der Zielgruppe im Internet vertraut machen.

51 Vgl. Statista (2016a), o. S.
52 Vgl. ARD/ZDF-Onlinestudie (2016), o. S.
53 Vgl. ARD/ZDF Onlinestudie (2016), o. S.

Interessant ist hierbei einerseits das Such- und Klickverhalten, andererseits aber auch das Kaufverhalten.

Wie die Mehrzahl der Suchanfragen bei Google beweist, beginnen die meisten User ihre Suche im Internet mit allgemeinen Kategoriebegriffen und verfeinern diese dann in weiteren Anfragen. Man bezeichnet dies auch als Trichter-Such-Vorgehen oder als Search Funnel. Einzelne Keywords, wie sie zu Beginn einer Suche verwendet werden, werden auch Short-Tail-Keywords genannt, längere Keyword-Kombinationen, die dann in der verfeinerten Suche zur Anwendung kommen, hingegen Long-Tail-Keywords. Besondere Bedeutung sollten Werbetreibende den Long-Tail-Keywords zukommen lassen. So ist es laut Google durch feingliedrige Suchwortstrukturen möglich, den Umsatz durch AdWords-Kampagnen langfristig zu optimieren.[54]

Genauso wichtig für die Erstellung einer Kampagne ist es, zu wissen, wie der User die Suchergebnisse wahrnimmt. Mit Hilfe von Eye-Tracking Studien wurde hierfür das Blickverhalten von Usern untersucht. Lange Zeit hielt die Forschung hierbei an dem F-Muster, dem sog. F-Pattern fest, das 2006 von Nielsen in einer Studie mit 232 Usern entdeckt wurde. Demzufolge richtet sich der Blick des Nutzers in der Regel zuerst horizontal auf den oberen Bereich der Webseite und anschließend vertikal nach unten.[55] Dass das F-Pattern mittlerweile in Bezug auf das Blickverhalten der Nutzer auf Google-Suchergebnisseiten überholt ist, liegt vor allem daran, dass die Studie sich nicht nur auf Suchmaschinenseiten bezog, sondern die Wahrnehmung von Webcontent im Allgemeinen untersuchte. Dazu kommt, dass sich auch die Gestaltung der Google-Suchergebnisseiten im Laufe der Jahre verändert hat.[56]

Neuere Studien von usability (2016) und mediative (2014) zeigen, dass Nutzer sich größtenteils darüber bewusst sind, dass der obere Teil der Google-Suchergebnisse aus Anzeigen besteht. Dies wird auch anhand des Blickverhaltens deutlich. Zwar fokussierten die Studienteilnehmer in der usability-Studie die Anzeigen als erstes, verweilten dort aber nur 0,97 Sekunden. Insgesamt wurde

54 Vgl. Google (2017b), S.1; Jung (2017), o. S.; Alpar et al. (2015), S. 75f; Pelzer, Sommeregger und Linnenbrink (2015), S. 201.

55 Vgl. Nielsen (2006), o. S.; Zaglov (2014), o. S.; Kreutzer, Rumler und Wille-Baumkauff (2015), S. 83; Kaiser (2009), S. 17.

56 Vgl. Carolin (2016), o. S.

der Anzeigenbereich nur 1,91 Sekunden betrachtet, während die normalen Suchergebnisse, auch als organische Treffer bezeichnet, 4,43 Sekunden erzielten.[57] Laut der Studie von mediative hat der Werbetreibende nur eine Sekunde, um den Nutzer davon zu überzeugen, auf seine Anzeige zu klicken.[58] Inwiefern es wichtig ist, bei den Anzeigen als erstes gelistet zu werden, hängt von dem Inhalt, der Branche und der Stärke der eigenen Marke ab.[59] Usability zu folge verweilen die Blicke vor allem auf der ersten Anzeige.[60]

Die Frage, welche Positionen die höchste Klickrate vorweisen, haben bereits einige Studien untersucht. Da Google jedoch 2016 die Positionen seiner Anzeigen verändert hat, gibt es sehr wenige aktuelle Daten. Fasst man die Ergebnisse aus den Jahren zuvor zusammen, wird deutlich, dass die Anzeigen auf Position 1-3 besonders hohe Klickzahlen verzeichnen können und dies nicht durch die Umstellung beeinflusst wurde.[61] Dieses Wissen kann bei der Wahl der Gebotsstrategie, die in Kapitel 3.2 näher erläutert wird, hilfreich sein.

Da die Anmeldung an einem Kongress in der Regel einen Kaufentscheidungsprozess voraussetzt, liegt es nahe, sich an diesem Punkt mit dem (Online-)Kaufverhalten potenzieller Kunden bzw. Teilnehmer auseinanderzusetzen. Die Anmeldung zu einem Kongress stellt hierbei meist eine extensive Kaufentscheidung dar. Sie ist eine Investition in die Zukunft und in den meisten Fällen gut überlegt. Grund hierfür können u.a. knappe monetäre aber auch zeitliche Ressourcen sein. Der Kaufprozess lässt sich hierbei in fünf Phasen gliedern: Anregung, Suche, Bewertung und Auswahl, Kaufakt und Nachkaufphase.[62] Da sich jede Phase auf unterschiedliche Online-Aktivitäten übertragen lässt und dies auch Implikationen für die Art und Weise der Werbeanzeigen von AdWords mit sich bringen kann, werden die einzelnen Phasen im Folgenden kurz näher betrachtet.

57 Vgl. usability.de (2016), o. S.
58 Vgl. Mayenes und Everdell (2014), S. 16.
59 Vgl. Mayenes und Everdell (2014), S. 48.
60 Vgl. usability.de (2016), o. S.
61 Vgl. Kunz (2014), o. S.; Leitner (2014), o. S.; INBIZ (2017), o. S.
62 Bischopinck und Ceyp (2007), S.63ff.

Anregungsphase

In der Anregungsphase wird sich der Kunde eines Problems oder Bedarfs bewusst. Laut Fritz entstand der Wunsch, ein bestimmtes Produkt oder Dienstleistung zu kaufen im Jahr 2004 zu 70 % außerhalb des Internets.[63] Laut einer Studie von Google gaben im Jahr 2015 schon 40 % derjenigen, die das Smartphone zum Kauf eines Produktes oder Dienstleistung nutzten, an, durch das Internet inspiriert worden zu sein.[64]

Suchphase

In der Suchphase beginnen die Kunden, sich über das Wunschprodukt zu informieren. Hierbei greifen rund 70 % der Kunden in Deutschland vor dem Kauf auf das Internet zurück.[65] Suchmaschinen wie Google nehmen laut einer Studie von KPMG 2011 in dieser Phase bei 82 % der Internetnutzer eine wichtige oder sehr wichtige Rolle ein. Mehr als die Hälfte der Befragten begannen ihre Produktrecherche auf Suchmaschinenseiten.[66]

Bewertungs- und Auswahlphase

Die Bewertungs- und Auswahlphase beschreibt die Bestimmung des geeignetsten Angebotes für den Kunden durch den direkten Vergleich.[67] Besondere Bedeutung fällt hierbei vor allem Preisvergleichsportalen zu. Die genannte Studie von KPMG hat ebenso ergeben, dass knapp 47 % aller Befragten bei ihrer letzten Produktrecherche hierauf zurückgegriffen haben.[68]

Kaufphase

Nachdem die Wahl auf ein Produkt gefallen ist, folgt die Kaufphase bzw. der Kaufakt. Gerade in der Veranstaltungsbranche spielt das Internet in dieser Phase eine entscheidende Rolle. Dies wird daran deutlich, dass 2011 schon 40 % aller

63 Vgl. Fritz (2004), S. 115ff.
64 Vgl. GCS/IPSOS Surveys DE (2015), S. 8.
65 Vgl. Gassenschmidt (2014), o. S.; Bischopinck und Ceyp (2007), S. 63ff; GCS/IPSOS Surveys DE (2015), S. 8.
66 Vgl. Kreimer, Rodenkirchen und Strothmann (2011), S. 9.
67 Vgl. Bischopinck und Ceyp (2007), S. 63ff.
68 Vgl. Kreimer, Rodenkirchen und Strothmann (2011), S. 9.

Eintrittskarten für Theater, Konzerte und andere Veranstaltungen online gekauft wurden.[69]

Nachkaufphase

In der Nachkaufphase beginnt der Kunde nachträglich, den Kaufvorgang, aber auch das Produkt zu bewerten. Je besser diese Bewertung ausfällt, desto höher ist die Kundenzufriedenheit, die Grundlage für Kundenbindung und -loyalität ist.[70]

Zusammengefasst zeigt sich, dass sich immer mehr der Kaufprozessschritte in das Internet verlagern. Laut einer Studie von BVDW kaufen mittlerweile 70 % der Personen, die sich im Internet über ein Produkt informiert haben, auch online.[71] Durch eine gezielte Gestaltung des Keyword-Sets können potenzielle Kunden mittlerweile durch Anzeigenwerbung in allen Schritten angesprochen werden. Je nach Kaufphase, in der sich der User befindet, stehen unterschiedliche Interessen im Vordergrund. Dementsprechend ändert sich auch die Erwartungshaltung des Users an die Suchergebnisse, was beim Verfassen der Anzeigen beachtet werden sollte.[72]

3.2 Strategische Entscheidungen und Targetingmöglichkeiten

Den nächsten Schritt im Planungsprozess stellen die strategischen Entscheidungen dar. Neben der Festlegung des Budgets und der Ressourcen, sowie dem Verhalten gegenüber dem Mitbewerber, gilt es, sich mit dem Einsatz der Targetingmöglichkeiten zu beschäftigen. Neben Keywords und der Wahl des Kampagnentyps bietet AdWords die Option Endgeräte auszuwählen, auf denen die Anzeige erscheinen soll. Weiterhin lassen sich Einstellung zum Standort und der Sprache des Nutzers ebenso wie zu den demographischen Merkmalen treffen. Nach der Erstellung der Kampagne ist es auch möglich, den Zeitpunkt der Auslieferung der Anzeigen zu beeinflussen. Zum besseren Verständnis werden

69 Vgl. BITKOM (2011), S. 14.
70 Vgl. Bischopinck und Ceyp (2007), S. 64f.
71 Vgl Bundesverband für digitale Wirtschaft (2016), S. 23.
72 Vgl. Beck (2011), S. 185.

nachfolgend die unterschiedlichen Optionen, die AdWords in den einzelnen Bereichen bietet, kurz beschrieben.

Geräte

AdWords ermöglicht es festzulegen, auf welchen Geräten die Anzeigen erscheinen sollen. Hierbei wird zwischen Desktop-Computern und Laptops, Tablets und Smartphones unterschieden. Abhängig von den Zielen und den technischen Voraussetzungen der Landingpage (z.B. responsive Webseitendesign) kann der Werbetreibende das Budget festlegen, welches er für Anzeigen auf den einzelnen Geräten ausgeben möchte. Nicht gewünschte Endgeräte können durch die Herabsetzung des Gebotes auf 0,00 Euro indirekt ausgeschlossen werden.[73]

Abbildung 5: Steuerung der Anzeigenausbringung nach Endgeräten
(Quelle: Google AdWords (2017), o. S.)

Standort

Um das Targeting zu optimieren, bietet AdWords die Ausrichtung von Anzeigen auf bestimmte geografische Gebiete an. Es können einzelne Länder, Bundesländer, Städte und Postleitzahlengebiete ausgewählt werden. Somit ist eine regionale Skalierung der Veranstaltung möglich. Besonders interessant ist dies für Veranstaltungen, deren Teilnehmer aus einer bestimmten Region oder einem bestimmten Land kommen sollen bzw. für Veranstaltungen, die regionale

73 Vgl. Pelzer, Sommeregger, Linnenbrink (2015), S. 216f.

Themen beinhalten. Auf Kampagnenebene schlägt AdWords hierzu verschiedene Optionen vor: alle Länder und Gebiete, Inland (das Land, in dem das AdWords-Konto angemeldet ist) und ich möchte selbst auswählen.[74]

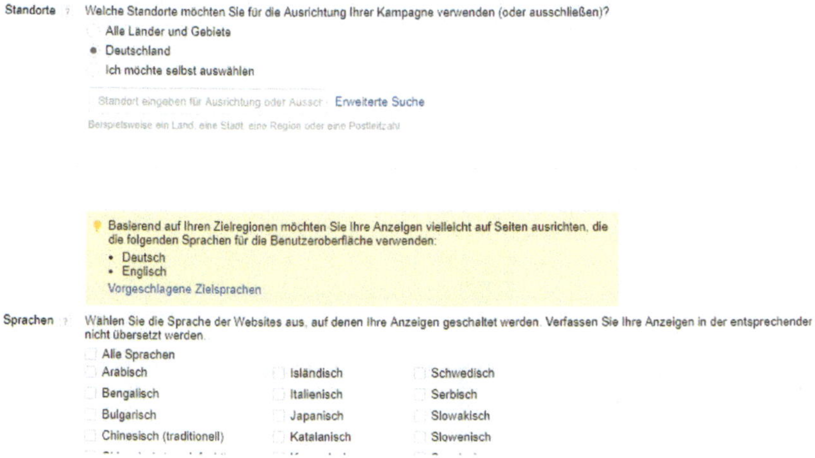

Abbildung 6: Grundeinstellungen Standort Google AdWords
(Quelle: Google AdWords (2017), o.S.)

Die Option erweiterte Suche bzw. ich möchte selbst auswählen enthält umfangreichere Möglichkeiten zur Standortwahl (siehe Abbildung 7). Mit Hilfe der Suchzeile kann die Zielregion auf verschiedene Länder, Orte und Städte konzentriert werden oder es können Gebiete ausgeschlossen werden. Neben der Ausrichtung auf konkrete Regionen oder Städte sind auch eine umkreisbezogene Ausrichtung sowie eine Ausrichtung nach Standortgruppen möglich, wobei die umkreisbezogene Ausrichtung alle Orte in einem gewählten Abstand zum Zentrum abdeckt. Die Ausrichtung nach Standortgruppen ist eine Variation der umkreisbezogenen Ausrichtung. Der Mittelpunkt wird hierbei jedoch nicht von dem Werbetreibenden festgelegt, sondern erfolgt auf einer oder mehreren hinterlegten Standorterweiterungen (z.B. Niederlassungen oder Filialen) durch AdWords.[75]

74 Vgl. Pelzer, Sommeregger, Linnenbrink (2015), S. 224f.
75 Vgl. Pelzer, Sommeregger, Linnenbrink (2015), S. 224f.

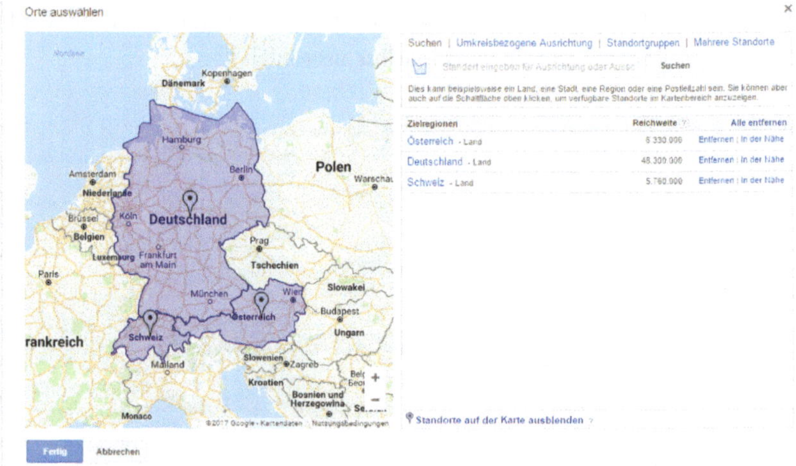

Abbildung 7: Screenshot erweiterte Optionen Standorteinstellungen
(Quelle: Google AdWords (2017), o. S.)

Demografische Merkmale

Unter dem Reiter Standortgruppen lassen sich auch Angaben zu demographischen Daten der Zielgruppe eingeben. Google leitet diese beispielsweise aus Google-Profilen oder den Aktivitäten von Usern bei der Nutzung von Google-Produkten ab.[76] Momentan ist diese Funktion nur auf das Haushaltseinkommen beschränkt. Zielführend ist diese Targetingmöglichkeit vor allem dann, wenn nur einkommensstarke oder einkommensschwache Schichten in einer speziellen Zielregion angesprochen werden sollen.[77] Durch die Nutzung dieser Targetingoption können jedoch auch relevante Kunden verloren gehen, deren Daten Google nicht bekannt sind.[78]

76 Vgl. AdWords-Hilfe (2017i), o. S.
77 Vgl. Pelzer, Sommeregger, Linnenbrink (2015), S. 224f.
78 Vgl. AdWords-Hilfe (2017i), o. S.

Sprache

Da sich die Auswahl der Zielregion lediglich auf den geografischen Standort des Google-Nutzers bezieht, kann zusätzlich die Sprache der Webseite ausgewählt werden, auf der die Anzeige geschaltet wird.[79] Somit wird vermieden, dass z.B. einem niederländischen Urlauber, der sich in Deutschland befindet und über Google.nl sucht, eine deutschsprachige Anzeige ausgebracht wird.

Gebot und Budget

Neben einer geringen Anmeldegebühr, fallen bei Google AdWords keine Grundgebühren an. Die Hauptkosten werden durch die einzelnen Klicks auf die Anzeigen verursacht. Der Gebotspreis, den ein Werbetreibender für einen Klick bereit ist zu zahlen, lässt sich unter Beachtung des Mindestangebots grundsätzlich frei wählen. Damit die Anzeigen tatsächlich geschaltet werden, muss dieses jedoch über dem Mindestgebot liegen, welches je nach Keyword und Tag variieren kann. Das Gebot hat ebenso Auswirkungen darauf, wie häufig eine Anzeige auf einer bestimmten Position geschaltet werden kann. Die Positionierung einer Anzeige auf der Ergebnissuchseite wird bei AdWords über eine Auktion gesteuert: Mit Hilfe des maximalen Klickpreises, den der Werbetreibende vorab für ein Keyword festgelegt hat und einem von Google mittels Algorithmus ermittelten Qualitätsfaktor wird in Sekundenbruchteilen errechnet, welche Platzierung und welchen Preis eine Anzeige erhält.[80] Der Qualitätsfaktor beschreibt hierbei die Relevanz, die Google in Bezug auf Anzeigentexte und Suchanfrage dem Keyword beimisst.[81] Aufgrund des Auktionsmodells hängt der endgültige Preis, der für einen Klick bezahlt werden muss, von der Branche und der Konkurrenz ab. So kostete laut dem Magazin t3n 2016 das teuerste Keyword „Outplacement" in Deutschland pro Klick 57,53 EUR.[82] Im Gegensatz dazu muss beispielsweise für einen Klick beim Keyword „Kinderferien Eifel 2011" nur 0,15 EUR gezahlt

79 Vgl. Pelzer, Sommeregger, Linnenbrink (2015), S. 228f; Beck (2011), S. 64ff.
80 Vgl. Pelzer, Sommeregger, Linnenbrink (2015), S. 60; Lammenett (2015), 127.
81 Vgl. Beck (2011), S. 121.
82 Vgl. Floemer (2016), o. S.

werden.[83] Wie bereits in Kapitel 3.1.2 erläutert, kann der Rang der Anzeige einen entscheidenden Faktor bei der Erzielung von Klicks spielen.[84] Abhängig von den Zielen der Kampagne ist es somit wichtig, sich für eine Gebotsstrategie zu entscheiden. AdWords bietet unterschiedliche Alternativen für Suchnetzwerkkampagnen an.

AdWords unterscheidet zwischen manuellen und automatischen Gebotsoptionen.[85] Liegt der Schwerpunkt der Kampagne darauf, den Traffic auf der Seite zu erhöhen, eignet sich die Gebotsoption Cost-per-Click (CPC), die sowohl automatisch als auch manuell gesteuert werden kann. Bei ersterem versucht Google, anhand eines festgelegten Tagesbudgets die Anzahl der Klicks automatisch zu maximieren, wobei es in Kauf nimmt, die einzelnen Maximalgebote der Keywords zu überschreiten. Im Gegensatz dazu kann der Werbetreibende bei der manuellen Gebotsoption die maximalen Klickpreise selbst bestimmen. Pelzer, Sommeregger und Linnenbrink empfehlen die manuelle Option zu wählen, um die Kontrolle über die einzelnen Keywordpreise zu behalten. Die manuelle Option kann optional um die Funktion auto-optimierte CPC erweitert werden. Google passt hierbei die manuellen Gebote so an, dass die Anzahl der Conversions optimiert wird.[86]

Alle anderen Gebotsstrategien werden von Google automatisiert gesteuert. Hierzu zählen die Ausrichtung auf Suchseitenposition, die kompetitive Auktionsposition, die Ziel-CPA (Cost-per-Acquisition), die Ziel-ROAS (Return on Advertising Spend) und die Conversion Maximierung.

83 Vgl. Lammenett (2015), 127.
84 Vgl. Pelzer, Sommeregger, Linnenbrink (2015), S. 231.
85 Vgl. Beck (2011), S.68.
86 Vgl. Pelzer, Sommeregger, Linnenbrink (2015), S. 231; AdWords-Hilfe (2017), o. S.

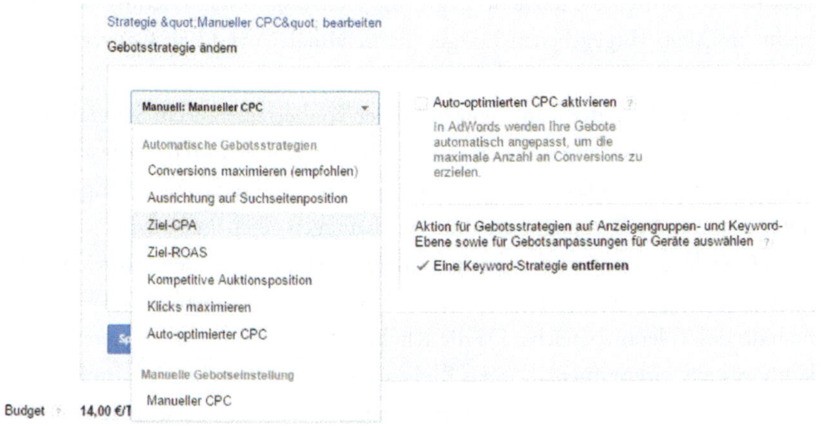

Abbildung 8: Manuelle Gebotsstrategien für Suchnetzwerkkampagnen
(Quelle: Google AdWords (2017), o. S.)

Das Ziel der Gebotseinstellung Ausrichtung auf Suchseitenposition ist es, die Sichtbarkeit der Anzeige auf der ersten Google-Suchergebnisseite oder in den oberen Positionen zu erhöhen. Google legt das Gebot so fest, dass die Anzeige auf der ersten Suchergebnisseite oder auf dem ersten Rang erscheint. Mit Hilfe der kompetitiven Auktionsposition kann der Werbetreibende eine bessere Sichtbarkeit der eigenen Anzeigen im Vergleich zu einer ausgewählten Domain erzielen. Erscheint beispielsweise die Anzeige eines Konkurrenten immer als erstes, kann dies über die beschriebene Gebotseinstellung beeinflusst werden. Bei der Einstellung Ziel-CPA wird das Gebot so gesteuert, dass viele Conversions mit möglichst geringen Kosten erzeugt werden. Voraussetzung hierfür ist neben dem Conversion-Tracking auf der Zielseite auch die Festlegung eines durchschnittlichen Betrags, den man bereit ist für eine Conversion zu bezahlen. Die Ziel-ROAS dient dazu, einen möglichst hohen Conversion-Wert zu erreichen und somit den Umsatz zu maximieren. Durch die letzte Strategie, die Conversion-Maximierung, wird versucht, mit dem vorgegebenen Budget die maximale Anzahl an Conversions zu erzielen.[87]

Bei der Erstellung der Kampagne kann der Werbetreibende ein Standardgebot und Tagesbudget festlegen. Das Standardgebot bezieht sich auf die erste angelegte Anzeigengruppe und lässt sich später wieder ändern. Um das Tagesbudget zu ermitteln, wenn die Kampagne an allen Wochentagen geschaltet werden soll, empfiehlt Google, das monatliche Gesamtbudget durch 30,4 zu teilen. Abweichungen vom Tagesbudget im Wert von bis zu 20 % der Klicks liegen bei AdWords innerhalb des Toleranzbereichs. Da die Klicks abhängig vom Nutzerinteresse sind, kann es auch vorkommen, dass das Budget nicht aufgebraucht wird. Im Ergebnis versucht Google, das montaliche Gesamtbudget nicht zu überschreiten.[88] Sollte dies doch der Fall sein, erhält der Werbetreibende in der Regel eine „Gutschrift für Mehrauslieferung“ von Google, sobald er darauf aufmerksam macht.[89]

Anzeigenerweiterungen

Um die Anzeige weiter auszugestalten, können unter dem Punkt Anzeigenerweiterung ergänzende Informationen hinzugefügt werden. Hierzu zählen die Standorterweiterungen, die es dem Kunden erleichtern sollen, den Ort oder die Niederlassung leichter zu finden, die Anruferweiterung, welche die direkte telefonische Kontaktaufnahme unterstützen soll, Produkterweiterungen, um dem User mehr Informationen über das Produkt zur Verfügung zu stellen, die Verkäuferbewertungserweiterungen, durch die Verkäufer mit guten Bewertungen hervorgehoben werden und Profilerweiterungen, durch welche es möglich ist die Anzeigen mit dem eigenen Google+ Profil zu vernetzten.[90]

Zeit

Neben den oben genannten Einstellungen lassen sich auch Zeitraum und -punkt steuern, zu dem die Anzeigen geschaltet werden. Ist beispielsweise bekannt, dass

87 Vgl. AdWords-Hilfe (2017f), o. S.
88 Vgl. Pelzer, Sommeregger, Linnenbrink (2015), S. 232f.
89 Vgl. AdWords-Hilfe (2017m), o. S.
90 Vgl. Kreutzer, Rumler und Wille-Baumkauff (2015), S. 89; Ringl et al. (2014), S. 616.

die Zielgruppe der Kampagne hauptsächlich während der für sie üblichen Arbeitszeit nach Informationen zu bestimmten Produkten oder Dienstleistungen sucht, kann die Ausbringung auf die z.B. auf Wochentage und die Uhrzeit 07:00 - 18:00 Uhr beschränkt werden.[91]

3.3 Operative Durchführung

3.3.1 Erstellung des Keyword-Sets

Nachdem die Zielgruppe und in diesem Zusammenhang die Targetingoptionen definiert wurden und ein oder mehrere Produkte oder Dienstleistung(en) für die Kampagne festgelegt wurden, stellt der nächste Schritt die Erstellung eines Keyword-Sets dar. Die richtige Auswahl von Keywords bildet die Grundlage für eine erfolgreiche Kampagne.[92]

Laut Jones besteht die Keyword-Recherche aus vier Schritten: Als erstes sollte ein Brainstorming erfolgen, durch welches alle potenziellen Keywords identifiziert werden. Diese sollten im nächsten Schritt gefiltert und die Keywords, von denen man die beste Leistung erwartet, identifiziert werden. Darauf folgt die Einteilung in Themen oder Kategorien. Den letzten Schritt stellt der Test der Keywords dar.[93] Bei den eingesetzten Keywords sollte im Vordergrund stehen, dass diese bestmöglich den Suchbegriffen und Suchphrasen entsprechen, welche die definierte Zielgruppe bei Google suchen wird. An dieser Stelle sind die Überlegungen zur Zielgruppe und deren Suchverhalten eine wertvolle Hintergrundinformation.[94]

Potenzielle Keywords

Grundsätzlich gibt es unterschiedliche Ansätze, die dabei helfen, eine umfangreiche Liste potenzieller Keywords zu erstellen. Als erstes sollte man mit den eigenen Überlegungen zum Produkt oder der Dienstleistung starten und diese danach abteilungsübergreifend mit Kollegen ergänzen und validieren. Hilfestellung kann hierbei die Navigation der eigenen Homepage, eigenes Werbe- und PR-Material

91 Vgl. Pelzer, Sommeregger, Linnenbrink (2015), S. 582f.
92 Vgl. Hiker (2017), S. 184; Günther (2008), S. 44.
93 Vgl. Jones (2012), S. 42ff.
94 Vgl. Pelzer, Sommeregger und Linnenbrink (2015), S. 142.

sowie selbiges von anderen Unternehmen der Branche leisten. Auf der Webseite eines Kongresses bzw. in den Flyern wird neben den Vorträgen auch das Rahmenprogramm, die Namen der Aussteller und die Referenten zu finden sein. Ziel des Brainstormings ist es, alle Begriffe festzuhalten, die mit dem Kongress bzw. dem Produkt oder der Dienstleistung assoziiert werden.[95] Weitere Ideen kann auch Google Suggest liefern. Bei der Eingabe eines Begriffes in die Suchmaschine liefert es Ergänzungsvorschläge, die als Keywords dienen können.[96] Die Suche ist jedoch im Vergleich zu anderen Methoden umständlich und zeitintensiv. Als Alternative bietet sich das sog. Übersuggest an. Dies ist zwar kein offizielles Tool von Google, greift aber auf die Daten der Google-Suche zurück und liefert umfangreichere und strukturiertere Vorschläge.[97] Für eine kontextbezogene Suche bietet es sich an, die verwandten Suchanfragen bei Google zu betrachten. Diese erscheinen, wenn bereits festgelegte Keywords in der Google-Suche eingegeben werden. Um sich einen Überblick über Keyword-Trends zu verschaffen, hat Google das Tool Google Trends entworfen. Eine weitere Möglichkeit, Keywords zu finden, ist das Google Webmastertool. Ähnlich wie die analoge Suche orientiert es sich an den Inhalten der eigenen Webseite und kreiert basierend darauf Keywordvorschläge. Für Kampagnen, die mehrsprachig ausgerichtet werden sollen bzw. sich auf verschiedene Regionen erstrecken, kann der Global Market Finder eine Hilfe darstellen. Dieses Tool ermöglicht es, neue Märkte zu entdecken und das Suchvolumen von Begriffen in verschiedenen Sprachen abzufragen.[98]

95 Vgl. Pelzer, Sommeregger und Linnenbrink (2015), S. 154; Bischopinck und Ceyp (2007), S. 165; Alpar, Koczy und Metzen (2015), S. 154
96 Vgl. Pelzer, Sommeregger und Linnenbrink (2015), S. 165.
97 Vgl. Pelzer, Sommeregger und Linnenbrink (2015), S. 167; Schuster (2017), o. S.
98 Vgl. Pelzer, Sommeregger und Linnenbrink (2015), S. 171.

Tool	Vorteile	Nachteile
Google Suggest	Leichte Bedienung, Wahrscheinlichkeit hoch, dass Nutzer nach diesen Keywords suchen, Daten direkt von Google, Kostenlos	Aufwendig, geringer Umfang (Beschränkung auf fünf bis zehn Begriffe), Beeinflussung durch Suchfrequenz, -verhalten und -ort
Verwandte Suchanfragen	Leichte Bedienung, Daten direkt von Google, Kontextbezogen	Aufwendig, Geringer Umfang (Beschränkt auf acht Links)
Übersuggest	Großer Umfang, Sortierung nach Wichtigkeit, zielgerichtetere Suchphrasen durch mehrere Suchbegriffe, Kostenlos	-
Google Trend	Analyse des eigenen Suchbegriffs nach Zeitraum und Region, Gute Visualisierung, Einfache Bedienung, Daten direkt von Google, Aufzeigen von aktuellen Trends bei den Suchanfragen	Daten sind nur Tendenzwerte und keine genauen Angaben
Google Webmastertool	Greift auf den Inhalt der eigenen Webseite als Grundlage zurück, Daten direkt von Google, Über Google-Konto nutzbar	-
Global Market Finder	Eignung besonders für mehrsprachiges Keyword-Set, Übersetzung von Keywords, zu verwandten Keywords in anderen Ländern, Einblicke in andere Märkte möglich, Einfache Bedienbarkeit, Übersichtliche Funktion, Kostenlos	Gefahr von Übersetzungsfehlern, Die Keywords können nicht direkt kopiert werden Daten sind nur ungefähre Werte basierend auf dem Keyword Planner Tool wurde seit 2014 nicht mehr von Google geupdatet

Tabelle 3: Übersicht Keyword Recherchetools mit direkter Verbindung zu Google (eigene Tabelle, basierend auf Pelzer, Sommeregger und Linnenbrink (2015), S. 164-190; Schuster (2017), o. S.)

Vor- und Nachteile der einzelnen Tools sind in Tabelle 3 zusammengefasst. Neben den vorgestellten Programmen, die größtenteils von Google direkt angeboten werden, gibt es noch weitere teilweise ebenfalls kostenlose Tools. Dazu zählen beispielsweise Alexa, MetaGer Web-Assoziator, semaGer oder Searchmetrics Suite. Mit Alexa können Nutzer Traffic-Daten wie Reichweite, Zielgruppen und Beliebtheitsranking von einzelnen Webseiten abrufen. Für die Keywordrecherche sind hierbei vor allem Seiten von Mitbewerbern interessant. MetaGer

Web-Assoziator und semaGer können Ideen liefern, ein bereits bestehendes Keyword-Set zu erweitern. Für Informationen über die aktuelle und historische Positionsverteilung, den Wettbewerb und Branchen und Themen, gibt Searchmetrics Suite Auskunft.[99]

Um die Ergebnisse des Suchprozesses zu sammeln, zu strukturieren und zu visualisieren bietet es sich an, eine Mind-Map zu erstellen. Möchte man diese nicht händisch anfertigen, finden sich hierfür unterschiedliche Programme im Internet.[100]

Filterung der potenziellen Keywords

Im nächsten Schritt müssen die Ergebnisse gefiltert und priorisiert werden. Dies kann mit Hilfe von Word und Excel oder anderen Textverarbeitungsprogrammen geschehen. Auch Cloud-basierte Dienste wie Google Docs sind möglich.[101] Zur Priorisierung der Keywords können unterschiedliche Größen betrachtet werden. Günther beurteilt die Keywords z.B. nach Relevanz, Suchhäufigkeit und Konkurrenz.[102] Auch Jones greift die unterschiedlichen Punkte in seinen Fragen auf: Wie populär ist das Keyword? Wie wettbewerbsfähig ist das Keyword? Wie relevant ist das Keyword für das eigene Business und die eigene Webseite? Wie weit bzw. spezifisch ist das Keyword?[103]

Informationen zur Suchhäufigkeit bzw. dem Suchvolumen kann das Google-Tool Keyword-Planer liefern, welches in AdWords integriert ist. Das Suchvolumen beschreibt hierbei, wie häufig nach einem Keyword durchschnittlich pro Monat gesucht wird. Wichtig ist es, saisonale Einflüsse bei der Nutzung der Daten zu berücksichtigen. Für die Erstellung des Keyword-Sets sollte für jedes Keyword die Zahl des Suchvolumens abgefragt und in einer Liste festgehalten werden.[104]

99 Vgl. Pelzer, Sommeregger und Linnenbrink (2015), S. 180ff; Alexa (2017), o. S.; MetaGer (2017), o. S.; SemaGer (2017), o. S.; Searchmetrics (2017), o. S.
100 Vgl. Pelzer, Sommeregger und Linnenbrink (2015), S. 147f.
101 Vgl. Pelzer, Sommeregger und Linnenbrink (2015), S. 147f.
102 Vgl. Günther (2008), S. 45.
103 Vgl. Jones (2012), S. 44.
104 Vgl. Alpar, Koczy und Metzen (2015), S. 164; AdWords-Hilfe (2017p), o. S.; vgl. Bischopinck und Ceyp (2007), S. 167f.

Im Gegensatz zum Suchvolumen lässt sich die Relevanz der einzelnen Keywords nicht über ein Tool messen. Die Einschätzung, inwiefern ein Suchbegriff tatsächlich zu einem Kauf bzw. in der Kongressbranche zu einer Anmeldung führt, muss individuell vom Kampagnenbetreuer durchgeführt werden. Hilfe kann hierbei die Einteilung nach den unterschiedlichen Intentionen der Suchanfragen bieten. Die meisten Quellen unterscheiden drei Arten von Suchanfragen: Bei der informationsorientierten oder auch informellen Suchanfrage ist das Hauptziel, sich zu informieren. Marken- oder navigationsorientierte Suchanfragen beschreiben die Suche nach einer bestimmten Marke, das bedeutet, der Suchende hat bereits ein Wunschprodukt gewählt. Die transaktionsorientierte Suchanfrage zielt auf die Transaktion bzw. auf eine konkrete Handlung ab.[105]

Besteht das Ziel der AdWords-Kampagne lediglich darin, Kaufhandlungen zu erzeugen, weisen informelle Suchanfragen eine relativ niedrige Relevanz auf. Betrachtet man Keywords, die zur Werbung für einen Kongress dienen sollten, würden sich diese beispielsweise rein auf den Inhalt des Vortragsprogrammes beziehen. Keywords wie „Medizinkongress 2017“ hingegen verfügen über eine höhere Relevanz, da hier bereits das Informationsbedürfnis erkennbar wird. Sucht der Interessent nach „Medizintechnikkongress München“, ist die Relevanz in Bezug auf die Zielerreichung sehr hoch und der Suchende befindet sich kurz vor der Entscheidung, sich anzumelden, sofern ihm das richtige Angebot ausgeliefert wird. Wichtig ist es, zu erkennen, welche dieser Suchintentionen die zu adressierende Zielgruppe verfolgt und darauf basierend festzulegen, welche Priorität dies für die individuelle Kampagnengestaltung besitzt.[106]

Weiterhin sollte an diesem Punkt überprüft werden, inwiefern das eigene Angebot auf die Suchbegriffe ausgerichtet ist. Das bedeutet, dass geprüft werden muss, ob das Keyword auch den Erwartungen des Lesers entspricht. Schaltet beispielsweise ein Luxusuhrenverkäufer Anzeigen bei dem Suchbegriff „günstige Uhren“, wird er keine Verkäufe tätigen, obwohl das Keyword sehr gut bewertet war. Existieren bereits frühere AdWords-Kampagnen, ist es schon vorab anhand

105 Vgl. Pelzer, Sommeregger und Linnenbrink (2015), S 194; Bauer (2017), o. S.

106 Vgl. Alpar, Koczy und Metzen (2015), S. 164f, vgl. Mast (2017), o. S.

der Daten möglich, abzuschätzen, welche Art von Keywords letztendlich zu einer Conversion geführt haben und das Keyword-Set dahingehend zu optimieren.[107]

Eine weitere Größe, die Einfluss auf die Priorität eines Keywords haben kann, ist der Wettbewerb. Auch hierzu liefert der Keyword-Planer Daten. Mit seiner Hilfe lässt sich die Anzahl der Werbetreibenden, die Gebote für das jeweilige Keyword abgeben, im Verhältnis zu allen Keywords bei Google ermitteln.[108] Im Hinblick auf die Top-Keywords empfiehlt es sich zusätzlich, nach dem Begriff zu suchen und sich über konkurrierende Anzeigen und Webseiten zu informieren. Welche Bedeutung dem Wettbewerb innerhalb der Priorisierung zugemessen wird, bedingen stark die Ressourcen des Unternehmens, welche für AdWords zur Verfügung stehen. Bei einem entsprechend hohen Budget, lassen sich die Anzeigen so steuern, dass der Wettbewerb meist eine untergeordnete Rolle einnimmt.[109]

Kategorisierung der Keywords

Nach der Priorisierung der einzelnen Keywords folgt nun die Kategorisierung bzw. Gruppierung derselben. Am Ende dieses Schrittes sind die priorisierten Keywords in sinnvolle Anzeigengruppen gegliedert. Eine geeignete Kategorisierung ist erfolgsentscheidend, denn nur bei einer exakten thematischen Zusammenfassung der einzelnen Keywords ist es möglich, dass die Suchanfragen des Users individuell und zutreffend beantwortet werden.[110]

Um gezielt auf die Erwartungen des Suchenden eingehen zu können und spezifische Anzeigentexte verfassen zu können, bietet die Suchart bzw. Suchintention eine Orientierungshilfe. Diese sollte bereits für jedes Keyword im Rahmen Relevanz, bestimmt worden sein.[111]

Sinnvoll kann es zudem sein, die Keywords nach Themen zu clustern. Anhaltspunkte für die Gliederung können hierbei die eigene Webseite und ihre

107 Vgl. Alpar, Koczy und Metzen (2015), S. 164f.
108 Vgl. AdWords-Hilfe (2017p), o. S.
109 Vgl. Alpar, Koczy und Metzen (2015), S. 166.
110 Vgl. Beck (2011), S. 147.
111 Vgl. Pelzer, Sommeregger und Linnenbrink (2015), S. 194f; Beck (2011), S. 150.

Unterseiten darstellen, denn neben spezifizierten Anzeigentexten ist ein weiteres Ziel, auch die Landingpage optimal auf die Erwartungen des Kunden abzustimmen.[112]

Ergänzend kann eine weitere Einteilung über die Suchtiefe vorgenommen werden. Diese verhält sich in der Regel direkt proportional zur Anzahl der eingegebenen Suchbegriffe, d.h. je länger eine Suchanfrage ist, desto spezifischer und tiefer ist sie. Während bei Suchanfragen mit geringer Suchtiefe meist auf allgemeine Anzeigen zurückgegriffen wird, können bei Suchbegriffen mit großer Suchtiefe gezielt Produkte oder Dienstleistungen im Anzeigentext beworben werden. Der Kunde kann somit auf die Landingpage weitergeleitet werden, die seinen Bedürfnissen am besten entspricht.[113]

Test des Keyword-Sets

Die Zahlen aus den Tools, die für die Erstellung des Keyword-Sets verwendet wurden, stellen nur Annährungswerte dar und sind teilweise nicht aktuell. Um verlässliche Aussagen über das Suchvolumen, die Relevanz und den Wettbewerb treffen zu können, eigenen sich temporäre Testkampagnen.[114]

3.3.2 Verfassen der Anzeigentexte

Neben einem durchdachten Targeting spielen auch die Anzeigentexte eine wichtige Rolle für den Erfolg der Kampagne.[115] Allgemein gilt bei dem Verfassen der Anzeigentexte zu beachten, dass der Inhalt der Anzeige zur Suchanfrage des Users und zu den Angeboten der Landingpage passen muss, um möglichst geringe Absprungraten zu erhalten. Hierbei sollte auch beachtet werden, in welcher Phase des Kaufprozesses sich der User befindet. Eine erfolgreiche Anzeige enthält die Information, die der User erfragt. Weiterhin sollten durch die Formulierung von Ausschlusskriterien schon vor dem Klick alle Informationen herausgefiltert werden, die nicht der Zielgruppe entsprechen.[116]

112 Vgl. AdWords-Hilfe (2017r), o. S.; Beck (2011), S. 148f.
113 Vgl. Pelzer, Sommeregger und Linnenbrink (2015), S. 201f.
114 Vgl. Jones (2012), Figure 2-8. Google (2017a), o. S.
115 Vgl. Schwarz (2011), S. 336.
116 Vgl. Beck (2011), S. 152; Ringl et al. (2014), S. 612.

Die Gestaltung der Anzeigentexte ist, ebenso wie die Wahl der Keywords, abhängig vom Ziel der Kampagne. Da die meisten Kampagnen darauf abzielen, Klicks zu generieren, wird im Folgenden aufgezeigt, was bei der Erstellung der Anzeigentexte zu beachten ist.

In der Wissenschaft existieren einige Werbewirkungsmodelle, die hilfreich bei der Konzeption von Anzeigen sein können. Eines der wohl ältesten und bekanntesten ist hierbei die AIDA-Regel.[117] Wie bei Printanzeigen lässt sich diese auch auf die Anzeigenwerbung mit Google AdWords übertragen.

Die AIDA-Regel geht davon aus, dass, bevor ein Kunde durch Werbung zum Kauf veranlasst wird, dieser einen strikten Stufenprozess durchläuft. An erster Stelle steht hierbei die Erregung der Aufmerksamkeit (Attention) des potenziellen Kunden. Hierzu müssen die Form, der Inhalt, die Präsentation und die Botschaft genau auf diesen abgestimmt sein.[118] Bei AdWords-Anzeigen ist die Form und Präsentation größtenteils vorgegeben, weshalb der Fokus vor allem auf dem Inhalt und der Botschaft liegt. Um Aufmerksamkeit zu gewinnen, sollte sich der Werbetreibende darüber bewusst sein, was der Unique Selling Point (USP) des Unternehmens bzw. des beworbenen Produkts oder Dienstleistung ist und diesen kurz und prägnant darstellen. Ziel muss es sein, sich vom Mitbewerber abzuheben. Dies kann unter anderem durch die Hervorhebung von relevanten Preisen, Werbeaktionen und exklusiven Angeboten geschehen. Auch Reizwörter wie „Jetzt anmelden" können dazu dienen, User auf die Anzeige aufmerksam zu machen. Diese werden auch Call-to-Action genannt.[119] Weiterhin können kreative Anzeigentexte dazu beitragen, dass der Blick des Users bei der Anzeige verweilt. Anstelle von wenig originellen Phrasen kann der Werbetreibende zusätzliche Aufmerksamkeit beispielsweise mit einer Frage erzeugen.[120]

Im nächsten Schritt gilt es, das Interesse (Interest) des potenziellen Kunden mit der Anzeige zu wecken.[121] Wichtig ist hierfür, dass Werbeaussagen schnell und einfach wahrgenommen werden können und eine positive Einstellung zum Produkt bzw. zur Dienstleistung erzeugen. Durch die beschränkte Zeichenanzahl

117 Vgl. Kester (2006), S. 32f.
118 Vgl. Kester (2006), S. 32f.
119 Vgl. AdWords-Hilfe (2017k), o. S.; Greifeneder (2010), S. 143.
120 Vgl. Kopp et al. (2013), S. 42.
121 Vgl Beck (2011), S. 185.

innerhalb der Anzeigen von AdWords ist der Werbetreibende gezwungen, sich kurz zu halten. An dieser Stelle kann es hilfreich sein, Abkürzungen oder Ersatzzeichen zu verwenden. Um das Interesse eines potenziellen Kunden zu erwecken, muss das Produkt zur Suchanfrage passen und sich nach Möglichkeit auch im Anzeigentext wiederfinden. Google empfiehlt, mindestens ein Keyword im Anzeigentext zu verwenden, um die Relevanz der Anzeige zur Suchanfrage zu verdeutlichen. Ein Nebeneffekt ist, dass das Keyword fett angezeigt wird.[122] Zudem sollte man die Option nutzen, die URL themenrelevant zu gestalten und dem potenziellen Kunden aufzeigen, was ihn auf der Landingpage erwartet.[123]

Im Optimalfall entwickelt sich aus dem Interesse ein Bedürfnis oder Kaufwunsch (Desire). Damit hieraus letztendlich ein Kauf bzw. eine Anmeldung beispielsweise für einen Kongress generiert wird, muss die Anzeige auf die Zielseite abgestimmt sein und den Erwartungen des Kunden entsprechen. Wird beispielsweise in der Anzeige für einen Mediziner-Kongress geworben, die Landingpage zeigt aber eine Medizinmesse, kann dies zu einer erhöhten Absprungrate führen.[124]

Den letzten Schritt stellt die Kaufhandlung (Action) bzw. in dem hier beschriebenen Kontext, die Anmeldung dar. Hier gibt der Leser seinem Kaufwunsch nach und tätigt die Transaktion.[125]

Nach der Erstellung der Anzeigentexte gemäß der AIDA-Regel gilt es, diese zu testen und daraufhin weiter zu optimieren. Um herauszufinden, welche Anzeigen besonders gut funktionieren, ist die Einstellung „gleichmäßige Anzeigenoption" zu wählen. Meist wird schon nach kurzer Zeit ersichtlich, welche Anzeigentexte Klicks generieren und letztendlich zum Erfolg führen.[126]

---

122 Vgl. AdWords-Hilfe (2017k), o. S.
123 Vgl. Thomas und Langner (2010), S. 97.
124 Vgl. AdWords-Hilfe (2017k), o. S.
125 Vgl. Kester (2006), S. 32f.
126 Vgl. Langer (2009), S. 272; Thomas und Langner (2010), S. 97; Pelzer, Sommeregger und Linnenbrink (2015), S. 585.

3.3.3 Kampagnenerstellung

Bei der Kampagnenerstellung fließen nun alle Überlegungen und Entscheidungen ein, die in den ersten beiden Punkten bereits getroffen wurden. Über den Reiter „Kampagnen“ kann begonnen werden, diese in die Praxis zu übertragen.

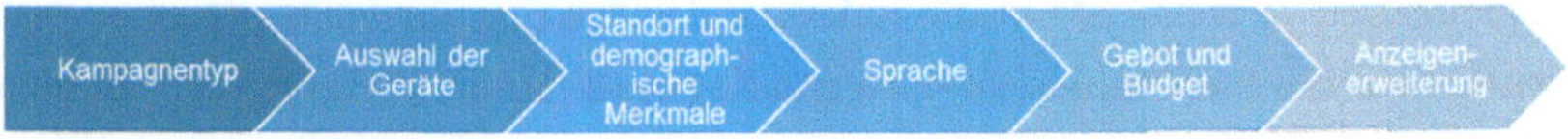

Abbildung 9: Erste Schritte bei der Erstellung einer Kampagne

Nach der Anmeldung bei Google AdWords muss als erstes der Kampagnentyp gewählt werden. Danach gilt es, diese Kampagne zu benennen. Der Name sollte so gewählt werden, dass er sich klar von anderen Kampagnen unterscheidet. Im nächsten Schritt fragt AdWords die Geräte ab, auf denen die Anzeigen geschaltet werden sollen. Danach lässt sich die Zielgruppe weiter über die Einstellungen zum Standort und den demographischen Merkmalen sowie der Sprache definieren. Die letzten Schritte stellen dann die Angaben zum Gebot und Budget sowie Anzeigenerweiterungen dar.[127] Nach den Einstellungen werden auf Basis des vorher Erstellten Keyword-Sets Anzeigengruppen erstellt und diesen die verfassten Anzeigentexte zugeordnet.

3.4 Erfolgsmessung und Grundlagen für die Optimierung der Kampagne

Um Rückschlüsse darauf zu ziehen, in welchen Bereichen Optimierungspotenzial besteht, ist es entscheidend, den Erfolg einer Kampagne regelmäßig zu messen.[128] AdWords bietet hierfür einige Kennzahlen, die im Nachfolgenden erläutert werden.[129] Für eine detailliertere Analyse empfiehlt es sich, auf andere Tools zurückzugreifen. In diesem Kontext wird Google Analytics mit den wichtigsten Kennzahlen für die Erfolgsmessung der AdWords-Kampagne vorgestellt.

127 Vgl. Greifeneder (2010), S. 115f; Kreutzer, Rumler und Wille-Baumkauff (2015); S. 87.
128 Vgl. Kaiser (2009), S. 23.
129 Vgl. Beck (2011), S. 90.

3.4.1 Messgrößen und Berichte innerhalb AdWords

AdWords bietet zur Erfolgskontrolle eine große Masse an Kennzahlen und Berichten. Wie bereits in Kapitel 3.1.1 erläutert, hängt es von den individuellen Zielen, aber auch von dem Zeitpunkt ab, welche Messgrößen Bedeutung haben. So können im Verlauf einer Kampagne unterschiedliche Daten interessant sein.[130]

Zu den Hauptkennzahlen von AdWords zählen die Impressions, Klicks und die Klickrate (CTR). Die Impressions oder Impressionen beschreiben dabei, wie häufig eine Anzeige ausgeliefert wird, also einem potenziellen Kunden erscheint.[131] Über diese Kennzahl ist es möglich, Rückschlüsse über die Zielerreichung vor allem im Bereich der Markenbekanntheit zu ziehen.[132]

Alle getätigten Klicks werden unter der Kennzahl Klicks aufgeführt. Sie gibt Auskunft darüber, inwiefern der Traffic auf der Seite mit Hilfe der AdWords-Kampagnen erhöht werden konnte. Da sich Angaben über die Klicks auf allen Ebenen des AdWords-Kontos wiederfinden, stellt sie eine wichtige Größe bei der Optimierung von Kampagnen dar.[133]

Die Klickrate, abgekürzt mit CTR (Click-through-rate), beschreibt, wie häufig eine Anzeige im Verhältnis zu den Impressionen geklickt wurde.[134] Von ihr kann abgeleitet werden, welche Keywords und Anzeigen erfolgreich sind und bei welchen Optimierungspotenzial besteht. Eine hohe Klickrate lässt drauf schließen, dass die Anzeigen als relevant und nützlich wahrgenommen werden.[135]

Daneben existiert die Kennziffer Kosten. Diese zeigt auf den unterschiedlichen Ebenen an, wie viel für eine Kampagne, eine Anzeigengruppe und ein Keyword ausgegeben wurde. Hierdurch lassen sich Kostentreiber, wie z.B. ein zu weit gefasstes Keyword schnell erkennen und optimieren. Die Angaben zu den Kosten ermöglichen somit ein zeitnahes Kostencontrolling.[136]

---

130 Vgl. Pelzer, Sommeregger und Linnenbrink (2015), S. 164.
131 Vgl AdWords-Hilfe (2017n), o. S.; Greifeneder (2010), S. 143; Beck (2011), S. 39.
132 Vgl. Dörr von Maydell (2016), o. S.
133 Vgl. Dörr von Maydell (2016), o. S.; AdWords-Hilfe (2017q), o. S.; Greifeneder (2010), S. 143.
134 Vgl. AdWords-Hilfe (2017b), o. S.; Greifeneder (2010), S. 143; Beck (2011), S. 40.
135 Vgl. AdWords-Hilfe (2017b), o. S.
136 Vgl. Google AdWords (2017n), o. S.

Im Hinblick auf die Gebotsstrategie kann auch die durchschnittliche Position (abgekürzt mit durchschn. Position) der Anzeige hilfreich sein. Sie gibt an, welchen Rang die Anzeige im Vergleich zu den Anzeigen des Wettbewerbs einnimmt.[137]

Bei der Optimierung der Anzeigen spielt die Angabe % geschaltet eine entscheidende Rolle. Sie erfasst, wie häufig eine Anzeige im Vergleich zu den anderen Anzeigen einer Anzeigengruppe geschaltet wurde. Je nach vorgenommener Einstellung in Bezug auf die Anzeigenrotation, entscheidet Google in Bezug auf die Zieloptimierung, welche Anzeige ausgebracht wird. Alternativ werden alle Anzeigen gleichmäßig geschaltet. Letzteres eignet sich vor allem sehr gut am Anfang einer Kampagne, da es im Kontext mit anderen Messgrößen aufzeigt, welche Anzeigentexte besonders geeignet sind und zur Zielerfüllung beitragen und welche nicht.[138]

Besondere Bedeutung innerhalb der Kennzahlen kommt dem Qualitätsfaktor zu. Dieser schätzt die Qualität der Anzeigen, Keywords und Zielseiten. Der Qualitätsfaktor wird auf einer ordinalen Skala von eins bis zehn gemessen, wobei eins für sehr niedrige und zehn für sehr hohe Qualität steht. Qualitativ hochwertige Anzeigen sind meist mit geringeren Kosten verbunden und erhalten einen besseren Rang. Die entscheidenden Komponenten bei der Berechnung des Qualitätsfaktors sind die voraussichtliche Klickrate, die Anzeigenrelevanz und die Zielseitenerfahrung. Diese werden nicht wie der Qualitätsfaktor in einer ordinalen Skala gemessen, sondern eingestuft in unterdurchschnittlich, durchschnittlich und überdurchschnittlich. Die voraussichtliche Klickrate oder auch erwartete CTR, schätzt die Wahrscheinlichkeit, mit der die Anzeige bei einer Suchanfrage geklickt wird. Google greift hier auf die bisherigen Klickraten des Keywords, der Kampagne und des gesamten Kontos zurück. Für die Anzeigenrelevanz wird der Zusammenhang zwischen dem Anzeigentext und dem Keyword bewertet. Sie beantwortet also die Frage, inwiefern die Anzeigen zu den gesuchten Begriffen passen. Mit der Zielseitenerfahrung oder auch Nutzererfahrung mit der Zielseite ist die Beziehung zwischen dem Suchbegriff, der Anzeige und der Zielseite gemeint. Google versucht mit dieser Kennzahl zu bewerten, ob die Landingpage

137 Vgl. Google AdWords (2017n), o. S.
138 Vgl. AdWords-Hilfe (2017j), o. S.

inhaltlich zu der Anzeige passt, ob die Seite übersichtlich und gut strukturiert ist und die Ladezeit angemessen ist.[139] Google erhebt diese Daten automatisch mit Hilfe eines „AdBot".[140]

Neben den genannten Größen bietet AdWords dem Werbetreibenden noch viele weitere Werte an. Alle zu erläutern würde an dieser Stelle zu weit führen. Da einige der Messgrößen für die Auswertung und Optimierung der Case Study grundlegend sind, sind die relevantesten nochmals in Tabelle 4 zusammengefasst und erklärt.

Um die Kennzahlen übersichtlich zu gestalten und zu strukturieren, bietet AdWords unter dem Reiter Berichte bereits vordefinierte Berichte, die individuell angepasst werden können, an. Diese Berichte sind in fünf Kategorien eingeteilt: Allgemein, Zeit, Conversions, Zielregion und Labels.[141]

Besonders interessant ist hierbei der Bericht Suchbegriffe, der der Kategorie Allgemein zugeordnet ist. Er gibt eine Übersicht darüber, wie die Suchanfrage des Users genau formuliert war, die zu einem Klick geführt hat. Dies kann gerade zu Beginn einer Kampagne eine sehr wertvolle Information darstellen. Auf der einen Seite kann somit erkannt werden, für welche Keywords die Keyword-Optionen eventuell enger gefasst werden sollten z.B. von weitgehend passend auf passende Wortgruppe geändert werden sollten, auf der anderen Seite kann der Bericht Suchbegriffe auch Hinweise für negative Keywords geben und Ideen für neue Keywords liefern.[142]

Damit AdWords diese Daten erheben kann, gibt es drei unterschiedliche Möglichkeiten. Zum einen kann mit Hilfe von AdWords ein Code generiert werden, der dann auf der Seite implementiert wird, auf der die definierte Handlung ausgeführt wird, zum anderen ist es möglich, Ziele aus Google Analytics nach AdWords zu importieren. Als dritte Option ist es möglich, selbst Conversions in AdWords hochzuladen.[143]

139 Vgl. Pelzer, Sommeregger und Linnenbrink (2015), S. 568: AdWords-Hilfe (2017s), o. S., Beck (2011), S. 121ff.
140 Vgl. Beck (2011), S. 121.
141 Vgl. AdWords-Hilfe (2017t), o. S.
142 Vgl. AdWords-Hilfe (2017g), o. S.; Beck (2011), S. 90f.
143 Vgl. AdWords-Hilfe (2017h), o. S.

Messwerte	Messgröße	Erklärung
Leistung	Impressions	Häufigkeit der Ausbringung einer Anzeige
	Klicks	Anzahl der erzeugten Klicks
	CTR	Anzahl der Klicks im Verhältnis zu den Impressionen
	Kosten	Entstandene Kosten
	Durchschn. Position	Durchschnittlicher Rang der Anzeige im Vergleich zu anderen Anzeigen
	% geschaltet	Spezielle Kennzahl für Anzeigen; Schaltung einer Anzeige geteilt durch die Impressions der Anzeigengruppe
Conversions	Conversions	Anzahl von vorab definierte Handlungen
	Klick-Conversions	Anzahl der Personen, die vorab definierten Handlungen durchführen
	Klick-Conversion-Rate	Conversions / Klicks
Qualitätsfaktor	Qualitätsfaktor	Schätzung der Gesamtqualität eines Keywords
	Anzeigenrelevanz	Bewertung des Zusammenhanges zwischen Keyword und Anzeige
	Nutzererfahrung mit der Zielseite	Schätzung, wie relevant und nützlich der Inhalt der Landingpage für den User ist
	Erwartete CTR	Wahrscheinlichkeit, dass die Anzeige angeklickt wird

Tabelle 4: Kennzahlen zur Erfolgsmessung
(eigene Tabelle, basierend auf Pelzer, Sommeregger und Linnenbrink (2015), S. 110ff; Beck (2011), S. 43ff; AdWords-Hilfe (2017q, n, j, t, g, h), o. S.)

Ist es von Interesse, wie viele Kunden mit Hilfe von AdWords generiert werden konnten, geben die Klick-Conversions oder auch Klick mit der Conversion Auskunft. Sie erfassen alle Kunden, die mindestens eine Conversion ausgeführt haben. Nimmt ein Kunde mehr als eine Handlung vor, wird i.d.R. nur eine Conversion gezählt. Erst, wenn zwischen zwei Handlungen mehr als 30 Tage vergehen, betrachtet AdWords den User als Neukunden.[144] Die Klick-Conversion-Rate greift auf diese Daten zurück und setzt die Klick-Conversions ins Verhältnis zu den Besucherzahlen, die durch eine Anzeige auf die Webseite gelangt sind.[145] Auskunft über die Anzahl aller durchgeführten Handlungen gibt die Messgröße Conversions. Hier wird jede Handlung, im vorliegenden Fall jede Anmeldung einzeln erfasst. Die geschätzten Conversions insgesamt sind ein Versuch von Google, von bekannten Conversions auf zusätzliche Conversions zu schließen, die beispielsweise durch geräteübergreifende Conversions nicht einem Kunden zugeordnet werden können und somit momentan nicht erfasst werden. Diese Messgröße befindet sich momentan noch in der Entwicklung, weshalb sie aktuell meist den Conversions entspricht. In Zukunft möchte Google hier neben den Online-Käufen auch Offline-Käufe als zusätzliche Conversions aufnehmen.[146]

3.4.2 Google Analytics

Wie bereits im vorherigen Kapitel geschildert, bietet Google AdWords selbst einige Kennziffern an, die Rückschlüsse auf den Erfolg, vor allem in Bezug auf die Steigerung des Bekanntheitsgrades, ermöglichen (z.B. Conversions, Impressionen). Um auch die anderen Ziele messen zu können, gibt es unterschiedliche Tools, z.B. Piwik, etracker, econda oder Webtrekk. Eines der bekanntesten stellt Google Analytics dar.[147]

Durch die Verzahnung von Google AdWords und Google Analytics lassen sich Traffic- und kostenrelevante Daten einfach in das jeweils andere Tool integrieren. Zudem bietet Google Analytics umfangreiche Vorlagen für AdWords-Kampagnenberichte. Darüber hinaus ermöglicht es auch die Erstellung benutzerdefinierter Berichte.[148]

144 Vgl. Pelzer, Sommeregger und Linnenbrink (2015), S. 460f.
145 Vgl. Pelzer, Sommeregger und Linnenbrink (2015), S. 461.
146 Vgl. Pelzer, Sommeregger und Linnenbrink (2015), S. 461f.
147 Vgl. Pelzer, Sommeregger und Linnenbrink (2015), S. 491f; Greifeneder (2010), S. 145f.
148 Vgl. Pelzer, Sommeregger und Linnenbrink (2015), S. 491f.

Damit Google Analytics Daten über die eigene Webseite sammelt, muss ein sogenannter Tracking-Code auf der Webseite eingefügt werden. Bei der Verwendung von Google Analytics in Deutschland ist dieser durch eine Ergänzung so abzuändern, dass ein Teil der erhobenen IP-Adressen abgeschnitten bzw. gar nicht erst durch die Google-Server verarbeitet oder gespeichert wird. Um allen Datenschutzrichtlinien gerecht zu werden, darf der Hinweis, dass Google Analytics auf der Webseite verwendet wird, nicht fehlen sowie die Möglichkeit, das Tracking durch ein Browser-Plugin und ein Opt-out-Cookie zu unterbinden. Dies kann durch ein Pop-Up Fenster oder z.B. in der Datenschutzerklärung auf der Webseite vermerkt sein. Des Weiteren muss ein Vertrag mit Google zur Auftragsdatenverarbeitung nach deutschem Datenschutzrecht geschlossen werden.[149] Inwieweit die aufgezeigten Richtlinien durch die in neue europäische Datenschutzverordnung, die im Mai 2018 in Kraft treten sollen, beeinflusst werden, bleibt abzuwarten.[150]

Relevante Daten für die Optimierung von AdWords finden sich auf allen Berichtsebenen von Analytics. Unter dem Menüpunkt Aquisition wird zudem gesondert auf diese eingegangen.[151] Neben den Daten über z.B. die Klick- und Conversion-Rate, die teilweise auch in AdWords ersichtlich sind, liefert Analytics u.a. Angaben zur Absprungrate, Aufenthaltsdauer sowie der Seiten- und Sitzungsanzahl der User.[152]

Die Absprungrate beschreibt den Anteil der Besucher, der die Webseite direkt wieder verlässt, also nur die Einstiegsseite aufruft. Eine hohe Absprungrate könnte einerseits ein Zeichen dafür sein, dass die Landingpage sehr gut ausgewählt wurde und die Besucher bereits dort die Informationen erhalten haben, nach denen sie suchten, andererseits könnte es sein, dass die Einstiegsseite nicht relevant war und nicht den Erwartungen der Kunden entsprach.[153]

Um die Absprungrate interpretieren zu können, sollte auch die Aufenthaltsdauer der Besucher mit einbezogen werden. Die Aufenthaltsdauer oder auch Sitzungsdauer erfasst die Zeit, die ein Besucher auf der Webseite verweilt. Sind

149 Vgl. Pelzer, Sommeregger und Linnenbrink (2015), S. 508f.
150 Vgl. DSVGO (2017), o. S.
151 Vgl. Pelzer, Sommeregger und Linnenbrink (2015), S. 509f; Greifeneder (2010), S. 146f.
152 Vgl. Pelzer, Sommeregger und Linnenbrink (2015), S. 533.
153 Vgl. Neumann (2012), o. S.

beispielsweise diese und die Absprungrate hoch, liegt die Vermutung nahe, dass der Besucher die gesuchte Information bereits auf der Einstiegsseite gefunden hat.[154]

Bei der Seitenanzahl zählt Google die verschiedenen Unterseiten, die ein potenzieller Kunde während des Besuchs auf der Seite aufruft. Die Sitzungsanzahl hingegen gibt Aufschluss darüber, wie häufig ein Nutzer die Webseite insgesamt aufgerufen hat.[155]

Die Auswertungsmöglichkeiten von Analytics sind vielfältig, daher ist es notwendig, relevante Kenngrößen im Kontext zu betrachten, um Rückschlüsse auf das User-Verhalten schließen zu können. Da in dieser Arbeit hauptsächlich mit den in diesem Kapitel behandelten Größen gearbeitet wird, werden andere Kennzahlen an dieser Stelle vernachlässigt.

154 Vgl. Neumann (2012), o.S.; Kopp et al. (2013), S.66f.
155 Vgl. AdWords-Hilfe (2017c), o. S.

4 Case Study für einen Medizintechnik Kongress: Umsetzung einer Google AdWords-Kampagne

Am Beispiel einer Kampagne für einen Medizintechnik Kongress werden in der vorliegenden Arbeit die vorgestellten Informationen und das gesammelte Wissen in der Praxis angewendet. Es wird untersucht, wie geeignet AdWords und insbesondere Suchnetzwerk-Kampagnen für die Kongresswerbung sind und worauf geachtet werden sollte. Hierzu wird die Vorgehensweise bei der Kampagnenerstellung näher erläutert und kurz Analyse, Controlling und Rückkopplungseffekte dargestellt.

4.1 Kampagnenziele und strategische Ausrichtung

Da der Veranstalter des Medizintechnik Kongresses bereits eine solide Datenbank mit potenziellen Teilnehmern, die bereits an früheren Veranstaltungen teilgenommen haben besitzt und diese bereits über Post- und E-Mailings zur Veranstaltung eingeladen werden, richtet sich die AdWords-Kampagne folglich nicht an schon bestehende Kunden, sondern soll Neukunden ansprechen. Am Ende der Kampagne sollen mit einem Budget von 500 EUR mindestens 450 Klicks auf die Domäne generiert werden. Die Absprungrate soll dabei nicht höher als 70 % liegen. Ziel ist es, nachweislich mindestens 25 Anmeldungen von Neukunden zu generieren. Eine nicht ganz so wichtige Rolle innerhalb der Ziele nimmt die CTR ein. Der beworbene Medizintechnik Kongress stellt eine Veranstaltung dar, die es vorher noch nicht in diesem Umfang und in Kombination mit einer Messe gegeben hat. Aus diesem Grund wird es in der folgenden AdWords-Kampagne wenige bis keine navigationsorientierten Suchanfragen geben. Die Keywords konzentrieren sich somit hauptsächlich auf informationsorientiere Suchanfragen, die erfahrungsgemäß geringere CTRs mit sich bringen. Ziel ist es jedoch, dass die Anzeigen mindestens bei jedem zwanzigsten Aufruf geklickt werden, d.h. eine CTR von 5 % zu erzielen.

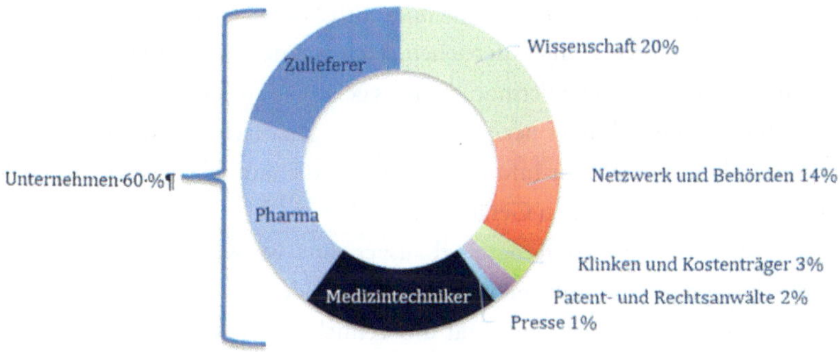

Abbildung 10: Teilnehmerstruktur des Medizintechnik Kongresses im Vorjahr

Nachdem die Ziele für die Kampagne festgelegt wurden, stellte der nächste Schritt die Definition der Zielgruppe des Medizintechnik Kongresses dar. Im Gespräch mit den Verantwortlichen für den Kongress wurde deutlich, dass diese neben den Anwendern aus der Gesundheitsversorgung auch Forscher und Entwickler der Medizintechnikbranche, Hersteller und Zulieferer sowie Markt- und Finanzierungsexperten ansprechen möchten. Durch das breitgefächerte Vortragsprogramm gestaltet es sich schwierig, die Zielgruppe in den einzelnen Bereichen weiter zu differenzieren. Die Zusammensetzung der Teilnehmer aus den Vorjahren (vgl. Abbildung 10) vermittelt einen guten Eindruck davon, wie heterogen die definierte Zielgruppe ist. Da der Kongress international ausgerichtet ist, sollen neben Deutschland, Österreich und der Schweiz auch Personen aus weiteren benachbarten Ländern Deutschlands angesprochen werden. Die Teilnehmer sollen hierbei deutsch- oder englischsprachig sein.

Die Kampagne ist ein Pilotprojekt und soll eine Vorreiterrolle im Hinblick auf Suchmaschinenwerbung bei dem beteiligten Unternehmen einnehmen. Aus diesem Grund liegt ein Schwerpunkt dieser Arbeit auf der Auswertung der Kampagne. Um Kampagnenstatistiken möglichst übersichtlich zu gestalten sowie die Anzeigen bestmöglich auf die Zielgruppe auszurichten, wurde eine Suchnetzwerk-Kampagne gewählt. Die Kampagne sollte spätestens einen Monat vor dem Kongress gestartet werden und mit dem Anmeldeschluss des Kongresses enden.

Die Entscheidung, auf welchen Endgeräten die Anzeigen ausgeliefert werden sollen, gestaltete sich aufgrund fehlender Erfahrungswerte schwierig. Mobile Endgeräte werden, wie in allen Bereichen, auch von den Beschäftigten der Medizinbranche verwendet. Die Vermutung, dass gerade Ärzte Pausen und evtl. Fahrtzeiten nutzen, um sich über neueste Entwicklungen, Trends und Fortbildungen der Gesundheitsbranche zu informieren, waren die ausschlaggebenden Gründe dafür, die Anzeigen auf allen Geräten zu schalten.

Obwohl der Kongress international ausgerichtet ist, wurde entschieden, sich bei der Kampagne nur auf deutschsprachige Länder zu konzentrieren. Hintergrund ist das begrenzte Budget und die Teilnehmerstruktur der letzten Jahre, bei denen deutlich wurde, dass der Großteil der Teilnehmer deutschsprachig war.

Rechnet man das Gesamtbudget von 500 EUR auf den Tagessatz um, entspricht das ca. 16,12 EUR pro Tag. Auf Empfehlung des Betreuers der Arbeit wurde das Tagesbudget zu Beginn auf 25 EUR hoch gesetzt und zum Ende der Kampagne verringert. Da die Erfahrungen für spätere Kampagnen genutzt werden sollen und das Tracking mit Google Analytics eine Ausnahme darstellt, wurde darauf verzichtet, eine der automatisierten Gebotsstrategien zu verwenden, die sich an Conversions orientieren.

4.2 Operative Durchführung

Nachdem die strategischen Überlegungen abgeschlossen waren, konnte mit der operativen Durchführung, d.h. mit der Erstellung des Keyword-Sets, der Anzeigentexte und der Kampagnenerstellung begonnen werden.

4.2.1 Erstellung des Keyword-Sets

Die Keywords zählen zu den einflussreichsten Targetingmöglichkeiten von AdWords, deshalb gilt es diese überlegt zu wählen. Die weit gefasste Zielgruppe, die von den Projektleitern definiert wurde, erleichterte die Suche hierbei nicht. So verfolgt ein Zulieferer andere Interessen wie ein Forscher und wird demzufolge auch nach anderen Dingen im Internet suchen. Insgesamt wurden vier Gruppen identifiziert, deren Suchverhalten bei der Auswahl der Keywords berücksichtig werden musste: Anwender aus der Gesundheitsversorgung, Forscher und Entwickler, Hersteller und Zulieferer sowie Markt- und Finanzierungsexperten.

Für ein Keyword-Set sollte die Frage beantwortet werden, wonach potenzielle Teilnehmer eines Medizintechnik Kongresses im Internet suchen. Mit Hilfe einer Mindmap konnten in einem ersten Brainstorming bereits einige Keywords identifiziert werden. Der Versuch, inhaltliche Keywords zu definieren, gestaltete sich als schwierig, da hierfür ein gewisser Fachwortschatz gefordert ist. Anhand des Kongressprogrammes wurden erste Ideen gesammelt und in der Mindmap ergänzt (siehe Anhang 1). Um die Keywords, die sich auf den Inhalt des Kongresses beziehen sollten, weiter zu präzisieren galt es diejenigen mit einzubeziehen, die für die inhaltliche Ausgestaltung des Kongresses verantwortlich waren. Hierzu wurden diese über das Vorhaben informiert und ihnen wurde kurz erläutert, wie AdWords funktioniert. Anhand einer vorab erstellten Tabelle, die sich thematisch nach den einzelnen Vortragsreihen des Kongresses gliederte, wurden nun für jede Vortragsreihe Keywords gesammelt.

Die Ergebnisse aus dem Brainstorming und der Sammlung von Keywords wurden im nächsten Schritt in eine Exceltabelle (siehe Anhang 3) übertragen. Zur Priorisierung und Einschätzung der potenziellen Keywords wurden mit Hilfe von Google und dem Keyword-Planer der Wettbewerb, der im Hinblick auf die einzelnen Keywords herrscht, das vorgeschlagene Gebot und das Suchvolumen ermittelt. Weiterhin wurden die Suchergebnisse auf Google überprüft. Auch eine Schätzung der Relevanz in Bezug auf eine Anmeldung wurde vorgenommen. Da die Ergebnisse sehr unterschiedlich ausfielen und die Case Study dazu dienen soll, Erfahrungen zu sammeln, wurde jedoch entschieden, alle potenziellen Keywords in die Kampagne aufzunehmen außer diejenigen, bei deren Suche die Kongresswebseite direkt zu Beginn erscheint.

In Vorbereitung auf die Erstellung der Anzeigengruppen wurden die Keywords thematisch gegliedert (vgl. Anhang 2). Hieraus entstanden folgende Gruppen: Allgemein, Veranstaltung, Innovation, Unterstützung-Forschung & Entwicklung, begleitende Messe und Inhalt, wobei sich der letzte Punkt jeweils nochmals in die thematisch unterschiedlichen Vortragsreihen untergliederte.

Die Gruppe Allgemein umfasste zu Beginn der Kampagne u.a. die Keywords Medizintechnik, Experten Medizintechnik und Medizintechnik Zulieferer.

Eines der Hauptziele des Kongresses bestand darin, die Teilnehmer über die neuesten Trends und Innovationen der Gesundheitsbranche zu informieren. Aus diesem Grund lag es nahe, dies auch bei der Erstellung des Keyword-Sets zu berücksichtigen. Hierzu wurden u.a. die Keywords Neuigkeiten Medizintechnik, Erneuerungen Medizintechnik, Innovation Pharma und Patent Medizin unter dem Gruppennamen Innovationen zusammengefasst. Sie sollten vor allem Hersteller und Zulieferer ansprechen, die auf der Suche nach neuen Produkten sind.

Ein weiteres Anliegen des Kongresses war es, Forschungs- und Entwicklungsprojekte zu fördern und Kooperationen zu initiieren. Um gezielt Forscher und Entwickler sowie Start-Ups anzusprechen und als Teilnehmer für den Kongress zu gewinnen, wurde die Gruppe Unterstützung-Forschung & Entwicklung kreiert. Sie umfasste die Keywords Entwicklungskooperation Medizin, Forschungskooperation Medizin und Förderung Erfindung Medizin.

Die breite Zielgruppe war eine Herausforderung bei der Erstellung des Keyword-Sets. Um trotzdem spezifische Werbeanzeigen formulieren zu können, wurden unterschiedliche Gruppen zum Thema Inhalt erstellt, die sich an den Vortragsreihen orientierten. Wie bereits zu Beginn des Kapitels erläutert, waren für die Keywords in diesem Bereich vor allem die wissenschaftlichen Projektleiter verantwortlich, die die Vortragsreihen inhaltlich betreuten. Da die Vortragsreihen sich inhaltlich teilweise sehr ähnelten und da nicht für alle Vortragsreihen rechtzeitig Keywords geliefert wurden, entstanden sieben Gruppen, die sich thematisch an den Vortragsreihen orientierten: Inhalt-Additive Fertigung, Inhalt-MDR, Inhalt-Big Data & Personalised Medicine, Inhalt-Digital Prevention & Care und Inhalt-eHealth & Infrastructure.

Bei Betrachtung der Keywords in der Kategorie Inhalt fällt auf, dass diese aus deutschen und englischen Begriffen bestehen. Die Ursache hierfür findet sich im Suchverhalten der Zielgruppe. Die internationale Verständigungssprache in der Medizin ist Englisch. So werden internationale Medizinkongresse fast ausschließlich auf Englisch abgehalten und fast alle führenden Fachzeitschriften in diesem Bereich sind in der englischen Sprache verfasst.[156] Aus diesem Grund lag auch die Vermutung nahe, dass gerade Fachbegriffe häufig auf Englisch in die Suchmaschine eingegeben werden. Durch die Eingrenzung auf die Standorte Deutschland, Österreich und Schweiz sowie die Sprache Deutsch war es jedoch

156 Vgl. Lippert-Burmester und Lippert (2014), S.222.

möglich, die Ausbringung der Anzeigen so zu steuern, dass sie nur deutschsprachigen Nutzern angezeigt wurden.

Die Gruppe begleitende Messe bildete sich aus unterschiedlichen Variationen des Namens der begleitenden Messe. Ziel war es, die Aufmerksamkeit der Messe zu nutzen und die Besucher darauf hinzuweisen, dass sie gleichzeitig ihr Wissen beim Kongress erweitern können.

In der Gruppe Veranstaltung fanden sich zu Beginn der Kampagne die Keywords Medizinmesse, Messe Medizin, Veranstaltung Medizintechnik, Kongress Medizintechnik, Mediziner Kongress, Medizin Fortbildung, Fortbildung Medizintechnik, Fortbildungsveranstaltung bayerische Landesärztekammer und dessen Abkürzung Forbi BLÄK. Diese sollten vor allem die Anwender der Gesundheitsbranche erreichen, die sich gezielt weiterbilden möchten.

Um möglichst effizient das Budget auszunutzen, sollten nur dann Anzeigen geschaltet werden, wenn die Veranstaltungswebseite des Kongresses nicht direkt als erstes Suchergebnis erschien. Deshalb wurde beispielsweise der Name des Kongresses nicht als Keyword angelegt. Um herauszufinden, ob bei den bereits definierten Keywords die Kongresswebseite auch ohne Anzeigenwerbung in den Suchergebnissen erscheint, wurden alle Keywords der Gruppen Allgemein, Veranstaltung, Innovation, Unterstützung-Forschung & Entwicklung vorab getestet. Neben der Eingabe bei Google wurde hierfür auch das AdWords-Analysetool verwendet. Dies ermöglichte es, einen ersten Eindruck von der Suchhäufigkeit des Keywords sowie dem vorgeschlagenen Gebot zu erhalten.

4.2.2 Anzeigenerstellung

Nachdem die Keywords überprüft und den Gruppen zugeordnet wurden, wurde mit der Erstellung der Anzeigen begonnen. Hierbei stellte sich vor allem die Zeichenbeschränkung als eine große Herausforderung dar. Um dies schon von Beginn an zu berücksichtigen, wurde eine Exceltabelle erstellt, deren Zellen auf die einzelnen Zeichenbeschränkungen programmiert wurden. So wurde direkt sichtbar, wenn eine Idee nicht mit der Zeichenanzahl kompatibel war.

Bevor damit begonnen wurde Texte zu verfassen, galt es Rücksprache mit den wissenschaftlichen Projektleitern zu halten, ob es Wünsche und Vorgaben bezüglich des Anzeigeninhalts gäbe. Außer, dass der Name und das Datum des

Kongresses in der Überschrift genannt werden sollte, gab es keine Restriktionen. Aus diesem Grund setzte sich bei fast allen Anzeigen eine der Überschriften aus dem Namen und dem Datum des Kongresses zusammen. Ob es sich hierbei um Überschrift eins oder zwei handelt variierte, um herauszufinden, ob dies Einfluss auf die Klickrate nimmt. Damit die Erläuterungen nachvollziehbar und übersichtlich bleiben, wird dies in den folgenden Erklärungen nicht explizit erwähnt.

Wie im theoretischen Teil betont, ist es bei der Anzeigengestaltung wichtig, sich über den USP (Unique Selling Point) des beworbenen Produktes bzw. der Veranstaltung bewusst zu werden. Auf Grundlage dessen können dann Texte verfasst werden, mit denen man sich von den Mitbewerbern abhebt. Bei Betrachtung des Werbematerials und der Homepage des Kongresses wurde schnell klar, dass die Stärken des Kongresses zum einen in der heterogenen Teilnehmergruppe lagen, die auf dem Kongress zusammenkommt, zum anderen aber auch in der Vernetzung dieser Teilnehmer, d.h. dem Wissensaustausch sowie der Vermittlung von Expertenwissen. Um Kunden auf genau diese Punkte aufmerksam zu machen, wurden diese explizit in einigen der Anzeigentexte genannt.

Allgemein

Keywords der Gruppe Allgemein sprechen vor allem Personen an, die sich für den Bereich Medizintechnik im Allgemeinen interessieren. Bei ihnen existiert der Wunsch, einen Kongress zu besuchen, noch nicht. Aufgabe des Anzeigentextes war es somit, diesen Wunsch bzw. das Bedürfnis zu wecken. Der Suchende befindet sich vermutlich in der Anregungsphase. Deshalb galt es zu allererst, Aufmerksamkeit zu erzeugen. Da es keine Informationen darüber gab, welches Feld der Medizintechnik oder der Gesundheitsbranche im Speziellen interessant sein könnte, wurden mit verschiedenen Kombinationen aus Reizwörtern und über die Nennung des USP des Kongresses versucht, Teilnehmer zu gewinnen. Hierzu wurden insgesamt sieben Anzeigen entworfen.

Innovation

In der Gruppe Innovationen steht das Bedürfnis der Zielgruppe nach Neuentwicklung und Optimierung von Produkten im Vordergrund. Insgesamt wurden sechs Anzeigen für diese Gruppe entworfen. Die Anzeigentexte sollten dabei neugierig machen und beispielsweise mit Hilfe von Fragen den Usern ein Informationsdefizit aufzeigen, welches mit dem Besuch des Kongresses behoben werden könnte.

Inhalt

Wie im Anhang 2 grafisch dargestellt, gibt es insgesamt acht Anzeigengruppen, deren Keywords auf den Inhalt des Kongresses, d.h. auf die einzelnen Vortragsthemen, eingehen. Bei diesen ist es besonders wichtig, den Usern direkt aufzuzeigen, dass sich der Kongress mit dem Thema beschäftigt, nach dem sie gesucht haben. Da es sich hierbei um informationsorientiere Begriffe handelt, muss der Fokus hier auf der Interessengewinnung des Suchenden liegen. Ähnlich wie in der Gruppe Allgemein ist der Leser primär nicht auf der Suche nach Fortbildungsangeboten, sondern nach Informationen zu einem bestimmten Themenfeld. Indirekt kann jedoch das ursprüngliche Bedürfnis des Lesers, nämlich der Wissenserwerb, durch die Teilnahme an dem Kongress gestillt werden. Bei der Anzeigengestaltung wurde auf unterschiedliche Weise versucht, dem Leser dies zu verdeutlichen.

Inhalt – Additive Fertigung

In der Anzeigengruppe Inhalt - Additive Fertigung wurde einem Teil der Anzeigen durch Überschriften wie „Trends der additiven Fertigung“ und „Mehr über additive Fertigung“ direkt auf den Inhalt der Vortragsreihe hingewiesen. Ergänzend dazu lauteten die Beschreibungen u.a.:“ Vorträge und Wissensaustausch zur additiven Fertigung in der Medizintechnik.“ oder „Verpassen Sie nicht die Vorträge zur additiven Fertigung in der Medizintechnik!“. Die anderen Anzeigen warben mit Überschriften wie „Teilnehmen & Wissen erweitern“ und Beschreibungen wie „Neue Entwicklungen der additiven Fertigung in der Medizintechnik“ oder „Jetzt anmelden und mehr zur additiven Fertigung in der Medizintechnik erfahren!“. Eine der Anzeigen wurde bewusst allgemein gehalten und nicht auf das Thema Additive Fertigung bezogen, um zu sehen, ob sich die oben aufgestellte Vermutung, dass, wenn man gezielt auf das gesuchte Thema eingeht, mehr Klicks folgen, bestätigt.

Inhalt – Big Data & Personalised Medicine

Auch die Anzeigentexte von Inhalt - Big Data & Personalised Medicine wurden thematisch ausgerichtet. So wurde beispielsweise mit der Überschrift „Big Data & Personalised Medicine" direkt auf das Thema hingewiesen. Kombiniert mit der Frage „Welche Bedeutung haben strukturierte Daten?" bzw. der Aufforderung „Jetzt anmelden und mehr erfahren!" sollten potenzielle Kunden neugierig gemacht und zum Klicken bewegt werden. Bei zwei anderen Anzeigen wurde mit der Aufforderung gearbeitet „Erfahren Sie mehr über die Möglichkeiten von Big Data für die klinische Praxis". Im Gegensatz dazu lautete dort jedoch die Überschrift „Nutzen auch Sie Big Data". Dies kann durch das fehlende Satzzeichen sowohl als Frage als auch als Befehl gedeutet werden. Präzisiert wurde dies in Anzeige vier, in dem der Anzeigentext durch ein Fragezeichen ergänzt wurde. Um dem Kunden direkt eine Lösung bzw. Antwort auf die Frage zu liefern, wurde der Standardbestandteil der Überschrift, der Name des Kongresses durch „Infos zum Kongress" ergänzt und die Beschreibung auf „Erfahren Sie mehr über die Möglichkeiten von Big Data in Kliniken!" geändert. In zwei weiteren Anzeigentexten wurde davon abgesehen, das Thema direkt in der Überschrift zu nennen. Anstatt dessen wurde hier versucht, die Aufmerksamkeit durch eine Call-to-Action, nämlich „Jetzt anmelden" und der Nennung des USPs „Vorträge & Wissensaustausch" zu erzeugen. Um jedoch nicht ganz auf die thematische Ausrichtung zu verzichten, fand sich diese in den Beschreibungen wieder: „Mehr zu Big Data & Personalised Medicine in den Expertenvorträgen! Infos hier." und der schon oben verwendeten Beschreibung „Erfahren Sie mehr über die Möglichkeiten von Big Data für die klinische Praxis!".

Inhalt – Digital Prevention & Care

Bei der Anzeigengruppe Digital Prevention & Care wurde bei fünf der sechs Anzeigen bereits im Titel auf den Inhalt des Kongresses hingewiesen. Die dazugehörigen Beschreibungen enthielten hierbei unterschiedliche Aufforderungen. Angefangen bei dem allgemeinen Text „Verpassen Sie nicht einen der bedeutendsten Kongresse der Gesundheitsbranche!", der in den meisten Anzeigengruppen mit einbezogen wurde, über „Nutzen Sie die Chance: Expertenvorträge & Wissensaustausch! Hier anmelden!" bis hin zu „Erweitern Sie Ihr Wissen in den

Expertenvorträgen! Jetzt hier anmelden!" und „Besuchen Sie Expertenvorträge und nutzen Sie die Chance zum Netzwerken!" wurde versucht über die Herausstellung des USPs, Reizwörter und der Nutzung der Interpunktion Aufmerksamkeit zu erzeugen, die über den Inhalt in Interesse umgewandelt wird. Die Überschrift der letzten Anzeige war mit „Kongress der Medizintechnik" wiederum allgemeiner und neutraler gehalten. Die dazugehörige Beschreibung sollte unter der Verwendung von Call-to-Actions den User dazu bewegen, sich über den Kongress und das Thema zu informieren: „Mehr zu Digital Prevention & Care in den Expertenvorträgen! Jetzt anmelden!".

Inhalt – eHealth Infrastructure

Auch in der Gruppe Inhalt – eHealth sollte auf unterschiedliche Weise die Aufmerksamkeit der User erzeugt werden. Während drei der Anzeigen mit den Call-to-Actions „Jetzt mehr zu eHealth erfahren" oder „Erfahren Sie mehr über eHealth" dies bewerkstelligen sollten, zeigten die zwei letzten Anzeigen die positiven Auswirkungen einer Teilnahme auf den eigenen Wissenstand auf und sollten den Teilnehmer durch „Up to date in eHealth" zu einem Klick motivieren. Bei der letzten Anzeige wurde das Thema „Digitalisierung: Klinikalltag" direkt in der Überschrift genannt. Die am häufigsten verwendete Beschreibung in dieser Anzeigengruppe war: „Informieren Sie sich über Chancen und Herausforderungen der eHealth für Kliniken". Einerseits sollte die Aufforderung dabei unterstützen, Klicks zu generieren, andererseits wurden an dieser Stelle nochmals weitere Informationen zum Themenschwerpunkt der Vortragsreihe vermittelt, wodurch das Interesse des Users geweckt werden sollte. Das gleiche Ziel verfolgte die Beschreibung „Anmelden & mehr zum Status der Digitalisierung medizinischer Versorgung hören!". Die Beschreibungen zweier weiterer Anzeigen fokussierten nochmals den USP der Veranstaltung: Fachvorträge und Wissensaustausch.

Inhalt – MDR

Die Medizinproduktverordnung „Medical device regulation" (kurz MDR), war eines der aktuellsten Themen des beworbenen Kongress. Im Gegensatz zu den anderen inhaltlich ausgerichteten Anzeigegruppen kann davon ausgegangen werden, dass beim Großteil der Suchenden Informationsbedarf über die Änderungen der MDR besteht. An diesem Punkt setzten die Überschriften „Erweitern Sie Ihr Wissen", „Up to date in der MDR" und „Fortbildungsbedarf MDR?" an. Sie sollten den User auf sein Bedürfnis nach Informationen und seine Wissenslücken aufmerksam machen und über die Beschreibung direkt eine Lösung aufzeigen. So muss der User sich nur „Anmelden" und erfährt „mehr über die neue europäische Medical device Regulation [...]!". In einer anderen Beschreibung stand nicht das Anmelden, sondern das „Erfahren", d.h. der Ausbau der eigenen Kenntnisse, im Vordergrund. Bei einer weiteren Anzeige wurde der USP, also die Vorträge und der Wissensaustausch in Verbindung mit der MDR gebracht. Durch die Nennung des USPs wurde die Anzeige zu denen der Konkurrenz abgegrenzt. Da die Änderungen der MDR neu waren und es bisher wenig Fortbildungsveranstaltungen in diesem Bereich gab, kann auch dies als USP bezeichnet werden, welcher auch in einer Überschrift betont wurde. Eine der Anzeigen weckte Emotionen beim Leser, indem in der Überschrift direkt darauf verwiesen wurde, dass die neue MDR zur Herausforderung werden kann.

Inhalt – Robotics in Reha & Care

Vier der Überschriften der Gruppe Inhalt – Robotics in Reha & Care sind sich ähnlich: „Robotik in Reha & Pflege", „Roboter im Klinikalltag", „Robotiksysteme in der Pflege" und „Robotik in der Pflege". Sie wurden bewusst einfach gehalten. Die Überschriften vermitteln vorwiegend Informationen und helfen so dem User, schnell zu erfassen, um was es geht. Die Beschreibungen agierten dabei als Eye-Catcher. Der Leser sollte beispielsweise durch die Fragen „Wie praxistauglich sind Robotiksysteme wirklich?" aktiviert werden und durch eine anschließende Call-to-Action zum Klicken animiert werden. Bei einer der Anzeigen wurde die Frage bereits in die Überschrift integriert: „Praxistaugliche Reharobotik?". Nähere Informationen zum USP fanden sich in der Beschreibung: „Wissensaustausch und Expertenvorträge zu den Themen Robotik in Reha & Pflege." Die gewagteste und kreativste Anzeige im Hinblick auf die Überschrift spielte mit den Emotionen der Leser, da sie den Wunsch vieler Menschen aussprach und aufzeigte, was heute und in Zukunft durch modernste Technik möglich ist bzw. sein könnte: „Gelähmte wieder gehend machen?". Die Beschreibung lieferte dann die Lösung, wie dies tatsächlich wahr werden könnte. Der Leser wurde durch Reizwörter dazu aufgefordert, sich weiter zu informieren: „Erfahren Sie mehr über den Einsatz von Exoskeletten und anderen Robotiksystemen!".

Begleitende Messe

Im Gegensatz zu den anderen Anzeigengruppen besteht bei Personen, die nach dem Namen der begleitenden Messe in Suchmaschinen suchen, schon das Interesse, die Messe zu besuchen. Die Aufgabe der Anzeigenwerbung war in diesem Fall, den User auf den Kongress aufmerksam zu machen und ihm aufzuzeigen, welche Vorteile ein Besuch hat. Hierzu wurden insgesamt vier Anzeigen entworfen. Mit der Überschrift „Ergänzen Sie ihren Messebesuch" und „Wissensaustausch und Vorträge" sollte dem Leser vermittelt werden, dass er durch die Anmeldung zum Kongress nicht nur die Messe besuchen, sondern gleichzeitig sein Wissen erweitern kann. Durch die Call-to-Action in den dazugehörigen Beschreibungen sollte der User zur Anmeldung motiviert werden. Das gleiche Ziel verfolgten die Überschriften: „Vertiefen Sie Ihr Wissen" und „Diskutieren Sie mit" erreicht werden. Eine der Anzeigenbeschreibungen der Gruppe hob sich von den anderen ab: Sie war die einzige, bei der nicht explizit der Name der Messe genannt wurde, sondern vielmehr aufgezählt wurde, was die Teilnehmer auf dem Kongress erwartet. Durch die Nennung des Namens der begleitenden Messe in den anderen Anzeigen sollte der Leser darauf hingewiesen werden, dass eine direkte Verbindung der beiden Veranstaltungen besteht.

Veranstaltung

Da sich Personen, die nach Keywords der Gruppe Veranstaltung suchen, bereits in der Such- bzw. Bewertungs- und Auswahlphase befinden, wurde bei den für diese Zielgruppe erstellten Anzeigentexten stark mit der Call-to-Action gearbeitet. Durch die Überschriften „Jetzt anmelden und teilnehmen" und „Frischen Sie Ihr Wissen auf" wurde die Aufmerksamkeit der User gewonnen. Die Beschreibung „Erweitern Sie Ihr Wissen & gestalten Sie die Zukunft der Gesundheitsbranche mit." informierte den User darüber, dass es sich bei dem Kongress um eine Fortbildungsveranstaltung handelt und sollte das Interesse am Kongress wecken. Als alternative Beschreibung wurden mit dem Text „Fortbilden & die Zukunft der Gesundheitsbranche aktiv mitgestalten!" Klicks generiert.

Unterstützung: Forschung und Entwicklung

Der beworbene Kongress wurde durch ein breites Rahmenprogramm ergänzt. Neben der angegliederten Messe wurde beispielsweise die Teilnahme am „Partnering" angeboten. Hierfür konnte man sich vorab gegen eine Gebühr anmelden und über ein Online-System Termine mit anderen Partneringteilnehmern vereinbaren. Ziel des Partnerings war es, das Netzwerken zu erleichtern und die Entstehung von Kooperationen und Partnerschaften zu unterstützen. Zudem beriet der Veranstalter auch über unterschiedliche Fördermöglichkeiten und -programme. Dies stellt einen weiteren USP dar, der in Form von fünf Anzeigen beworben werden sollte.

Da ein geeigneter Kooperationspartner einen großen Vorteil für ein Unternehmen bedeuten kann, wurde damit auch in den Überschriften von drei Anzeigen geworben. Die Aktivierung des Lesers sollte auch hier über die Beschreibung „Vereinbaren Sie vorab Termine mit potenziellen Kooperationspartnern! Infos hier." und „Erfahren Sie mehr über Kooperations- & Fördermöglichkeiten in der Medizintechnik" stattfinden. Zwei weitere Überschriften stellten den USP des Kongresses, das Netzwerken, wieder in den Vordergrund: „Vergrößern Sie Ihr Netzwerk" und „Netzwerk vergrößern". Die Beschreibung „Schon vorab Kooperations- & Gesprächspartner finden und Termine vereinbaren!" versuchte dabei mit einer Call-to-Action die User zu gewinnen, wohingegen bei „Anmelden, Wissen erweitern & Kooperationspartner finden! Anmeldung & Infos hier." dem Leser signalisiert werden sollte, wie einfach und unkompliziert es ist, einen Kooperationspartner mit Hilfe des Veranstalters zu finden. Mit dem gleichen Text arbeitete eine andere Anzeige, wobei die Überschrift „Congress & Partnering" allgemeiner gehalten ist und vor allem informellen Charakter hat.

4.2.3 Kampagnenerstellung

Eine Woche nachdem mit den Vorüberlegungen begonnen wurde, konnte mit der Kampagnenerstellung fortgefahren werden. Da zu diesem Zeitpunkt bereits ein AdWords-Konto bestand, entfiel der Schritt der Registrierung und es konnte direkt begonnen werden die Kampagne aufzusetzen und die nötigen Einstellungen zu treffen.

Als erstes wurde der Name der Kampagne festgelegt. Dieser orientierte sich an der Struktur älterer AdWords-Kampagnen, die zuvor bereits im gleichen Konto geschaltet wurden. Die Kampagne sollte sich auf das Suchnetzwerk beschränken, womit sich die Frage nach dem Kampagnentyp von selbst beantwortete. Vorerst waren alle Geräte zugelassen, da es, wie in Kapitel 4.2 erläutert, keine verwertbaren Daten über die Nutzung von mobilen Endgeräten und Tablets für die definierte Zielgruppe gab. Mit den Grundeinstellungen fiel auch die Entscheidung auf die örtliche und sprachliche Ausrichtung. Wie im Kapitel „strategischen Entscheidungen" entschieden, wurde Deutsch als Sprache und Österreich, Schweiz und Deutschland als Zielregion festgelegt. Ziel war es, nach einer Testphase mit der deutschen Kampagne später eine weitere, englischsprachige Kampagne aufzusetzen und damit gezielt die Personen aus den nicht-deutschsprachigen Nachbarländern Deutschland zu erreichen. Bei der Gebotsstrategie fiel die Entscheidung auf den Auto-optimierten CPC. Das Budget wurde vorerst auf 25 EUR am Tag festgesetzt. Als Standardgebot wurde eine Summe von 0,80 EUR pro Keyword angegeben.

Zusätzlich zu den Grundeinstellungen wurde auch die Option Anzeigenerweiterung genutzt. Hierfür wurden auf Kampagnenebene Sitelinks zu Partnering, Anmeldung und Programm eingefügt.

Nach der Erstellung der Kampagne konnte begonnen werden, die Anzeigengruppen einzupflegen. Auf Basis der vordefinierten Keywords entstanden wie im vorherigen Kapitel erläutert, sieben Anzeigengruppen, für die einzelne Anzeigentexte formuliert wurden.

4.3 Optimierung und Analyse der Kampagne

Besondere Bedeutung kam in der Case Study dem letzten Schritt innerhalb des Planungsprozesses von Bischkop und Ceyp zu. Da es sehr schwierig war, vorab das genaue Nutzerverhalten vorauszusagen, musste im Kampagnenverlauf immer wieder im Hinblick auf Zielerreichung optimiert werden. Drei der wichtigsten Einstellungen waren hierbei die Keywords, die Anzeigentexte und das Budget.

4.3.1 Optimierung der Keywords

Obwohl das Keyword-Set für die vorliegende Kampagne sehr sorgfältig und bedacht ausgewählt wurde, wurden schon nach dem ersten Tag Schwachstellen ersichtlich. So erzielte die Anzeigengruppe Inhalt - Robotics for Reha & Care am ersten Tag von 31 insgesamt 41 Klicks, wobei die durchschnittliche Sitzungsdauer nur 1 Sekunde betrug und 92,86 % die Seite direkt wieder verließen. Als Reaktion darauf wurden die Keywords weiter spezifiziert. Da trotzdem die Klick- und Absprungrate sehr hoch blieb, wurden am vierten Tag alle Keywords aus diesem Bereich auf die Option „genau passend" abgeändert. Damit sollte vermieden werden, dass die Anzeigen auch bei Synonymen der Keywords ausgeliefert werden.

Um die gesamte Absprungrate weiter zu senken, lieferte der Bericht Suchbegriffe weitere Ansatzpunkte. Hierbei wurde deutlich, dass die Anzeigen bei vielen vermeintlichen Synonymen geschaltet und geklickt wurden, die thematisch nicht passend waren. Aus diesem Grund wurden die Keywords aller Anzeigengruppen am vierten Tag mit Ausnahme der Gruppen Innovationen und Inhalt – Robotics for Reha & Care von weitgehend passend auf passende Wortgruppe gesetzt. Weiterhin wurden die einzelnen Gruppen um Keywords ergänzt, die anhand der Suchbegriffsliste als sinnvolle Treffer identifiziert wurden. Der Gruppe Allgemein wurden z.B. die Begriffe „Medizintechnik Magazin", „Medizintechnik Fachzeitschrift", „Ort Medizintechnik", „Medizintechnik Produkte", „Medizin und Technik" und „Entwicklung Medizintechnik" hinzugefügt.

Die Spezifizierung der Keywords sowie die Veränderungen in Bezug auf die Keyword-Optionen konnten die Absprungrate kurzfristig nicht wie gewünscht senken. Bei genauerer Betrachtung war diese sogar von 75 % (Wert am 3. Tag; vgl. Abbildung 11) auf 92,31 % (Wert am 5. Tag; vgl. Abbildung 11) gestiegen.

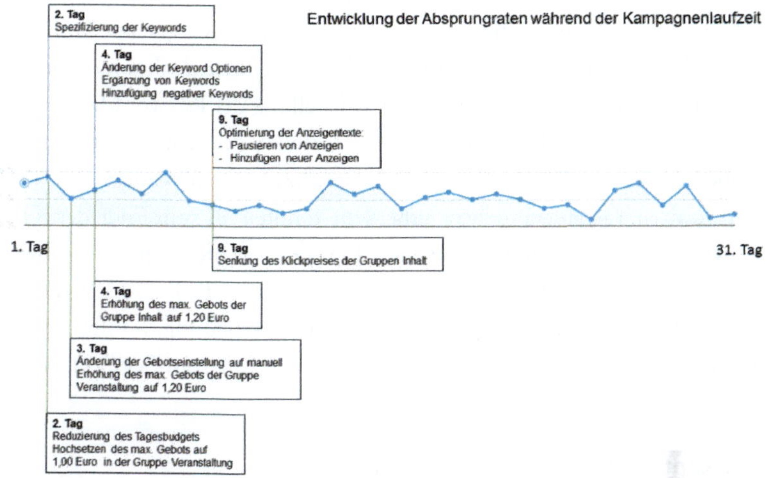

Abbildung 11: Optimierungsmaßnahmen und Entwicklung der Absprungraten der gesamten Kampagne
(in Anlehnung an Google AdWords (2017), o. S.)

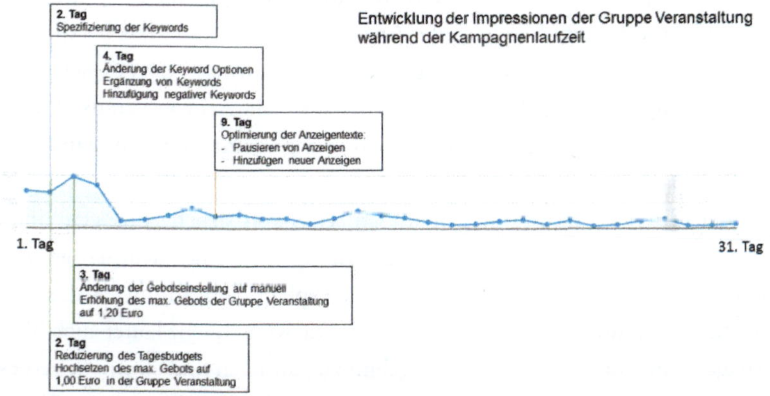

Abbildung 12: Optimierungsmaßnahmen und die Entwicklung der Impressionen der Gruppe Veranstaltung
(in Anlehnung an Google AdWords (2017), o. S.)

Im Kampagnenverlauf konnte die Absprungrate durch die Änderung der Keyword-Optionen von weitgehend passend auf passende Wortgruppe von 86,6 % (Durchschnittswert vom 1.-4. Tag) auf 77,01 % (Durchschnittswert vom 1.-31. Tag) verbessert werden. Einfluss hat die Umstellung der Keyword-Optionen vor allem auf die Anzahl der Impressionen. Besonders deutlich wurde dies in der Gruppe Veranstaltung. Hier waren die Impressionen von 325 am vierten Tag auf 60 am fünften Tag eingebrochen, außerdem konnten bis zum Ende der Kampagne nicht mehr als 140 Impressionen am Tag erzielt werden (vgl. Abbildung 12).

Weiterhin wurden auf Basis des Berichts Suchbegriffe die Begriffe Verkehrsmedizin, Studieren, Studium, verkehrsmedizinische Fortbildung, Kaufen und Praktikum als negative Keywords hinzugefügt sowie das Keyword-Set um Innovation Medizin ergänzt.

4.3.2 Optimierung der Anzeigentexte

Im Zuge der Anzeigenoptimierung wurden am neunten Tag die einzelnen Anzeigen innerhalb der verschiedenen Anzeigengruppen im Hinblick auf die zugehörige Absprungrate untersucht.

In der Gruppe Allgemein wiesen hierbei drei Anzeigen eine Absprungrate höher als 80 % auf. Beim Vergleich der Anzeigentexte fällt auf, dass bei diesen Anzeigen lediglich der Name des Kongresses darauf hinweist, dass es sich um eine Veranstaltung handelt, jedoch nicht genau, um welche Art von Veranstaltung. Da es das Ziel war, eine möglichst geringe Absprungrate zu erreichen, wurden diese Anzeigen pausiert.

In der Gruppe Veranstaltungen wiesen sechs von sieben Anzeigen eine Absprungrate von 100 % auf. Die einzige Anzeige mit einer deutlich geringeren Absprungrate (33 %) war auch hier, die die explizit darauf hinwies, dass es sich um eine Fortbildungsveranstaltung handelt. Die Konsequenz lautet auch hier, die Anzeigentexte mit dem schlechten Ergebnis zu pausieren und eine neue verbesserte Anzeige hinzuzufügen, aus der klar hervorgeht, dass es sich um einen Kongress der Gesundheitsbranche handelt.

Innerhalb der Gruppe Inhalt – neue MDR wurden bis zum neunten Tag erst drei Anzeigen geschaltet. Ähnlich den vorherigen Ergebnissen war die Absprungrate bei der Anzeige, bei der nicht explizit im Titel erwähnt war, dass es sich um einen Kongress handelt, am höchsten. Aus diesem Grund wurden auch hier Anzeigen pausiert und neue erstellt, die eine Kombination aus den vorherigen Anzeigen darstellten.

Geringe Impressionen wies die Gruppe Innovation auf. Lediglich 64 Mal wurden Anzeigen aus der Gruppe geschaltet und hierbei nur zwei Mal geklickt. Ein möglicher Grund für die geringe Klickrate könnten auch hier wieder der fehlende Hinweis sein, dass es sich bei der Anzeige um Werbung für einen Kongress handelt. Aufgrund der Erfahrungen mit den anderen Anzeigen wurde auch hier nachgebessert: Vier der sechs Anzeigen wurden pausiert und eine der Anzeigen modifiziert.

Obwohl die Anzeigengruppe Inhalt – Robotics for Reha & Care am ersten Tag sehr hohe Klickzahlen und Impressionen aufwies, wurde diese Anzeigengruppe vernachlässigt, da die hohe Absprungquote von insgesamt 92,86 % am erste Tag auf die Schwachstellen bei den Keywords zurückzuführen war. Gleiches gilt für die Anzeigengruppen Inhalt - Additive Fertigung und Inhalt - Big Data & Personalised Medicine, bei denen die Absprungrate am ersten Tag bei 100 % lag. Für den darauffolgenden Zeitraum waren sowohl die Impressionen als auch die Klickraten zu gering, um Aussagen zur Effizienz der einzelnen Anzeigentexte treffen zu können. Leider galt dies auch für die restlichen Anzeigengruppen.

Um am Ende der Kampagne Handlungsempfehlungen in Bezug auf die Gestaltung von Anzeigen treffen zu können, wurden im Zuge der Optimierung für die noch betrachteten Anzeigengruppen auch die Einstellungen zur Anzeigenrotation geändert. Im Gegensatz zur ersten Woche entscheidet nicht mehr der hinterlegte Google-Algorithmus darüber, welche Anzeige geschaltet wird, sondern die Anzeigen rotieren gleichmäßig.

Die Optimierungsmaßnahmen im Hinblick auf die Anzeigentexte zeigten unterschiedliche Wirkung. So konnte die Absprungrate in der Gruppe Allgemein durch das Abschalten von Anzeigen im Kampagnenverlauf gesehen nicht gesenkt werden, sondern stieg von 75,86 % am neunten Tag auf 78,91 % (10.-31. Tag) an. Der CTR blieb im gesamten Kampagnenverlauf annähernd gleich.

In der Gruppe Innovation ist die Absprungrate vom Kampagnenbeginn bis zum Ende konstant bei 50 % geblieben. Dafür konnte durch die Optimierung die CTR von 3,13 % am neunten Tag auf 7,64 % gesteigert werden. In der Gruppe

Inhalt – MDR stieg die Absprungrate von 66,67 % am neunten Tag auf 75,00 % (10.-31. Tag). Außerdem wurden seit dem neunten Tag insgesamt nur noch 8 Klicks erreicht, was einerseits auf die Optimierungsmaßnahmen der Keywords, andererseits auf die Gebotsanpassungen zurückzuführen ist. Gleichzeitig ist die CTR auf 5,56 % (10.-31.Tag-) gesunken.

Im Verhältnis zum Beginn der Kampagne (1.-9. Tag) konnte die Gruppe Veranstaltungen zwischen dem zehnten und dem letzten Tag weniger Klicks erreichen, dafür wurde aber durch die Erstellung der neuen Anzeige und das Pausieren der anderen die Absprungrate von 91,30 % auf 76,19 % (10.-31. Tag) gesenkt. Da der CTR fast gleich blieb, ist die geringe Klickzahl vermutlich, ebenso wie in der Gruppe Inhalt – MDR, auf die Veränderungen der Keywords und die Anpassung des maximalen Klickpreises zurückzuführen.

4.3.3 Optimierung des Budgets und der Gebote

Wie im Kapitel Kampagnenerstellung erläutert, wurde zu Beginn der Kampagne das Tagesbudget auf 25 EUR gesetzt, da davon ausgegangen wurde, dass das Gesamtbudget aufgrund der sehr spezifischen Keywords über die gesamte Dauer der Kampagne nicht ausgeschöpft werden würde. Dass dies ein Trugschluss war, zeigte sich bereits nach dem ersten Tag, an dem die Kampagne lief. So wurden die 25 EUR im Rahmen der zulässigen 20 % Abweichung durch Google sogar überschritten. Obwohl dies hauptsächlich auf die Keywords der Anzeigengruppen Inhalt – Robotics in Reha & Care zurückzuführen ist, die zu weit gefasst waren, wurde das Budget vorsichtshalber auf 15 EUR pro Tag reduziert.

Auch auf Ebene der Keywords bestand Optimierungsbedarf: AdWords zeigte an, dass viele der Keywords aufgrund eines zu geringen maximalen Gebots von 0,80 EUR nicht geschaltet wurden. Besonders viele Keywords waren in der Gruppe Veranstaltung betroffen, weshalb hier am zweiten Tag das Gebot auf 1,00 EUR erhöht wurde. Durch das Hochsetzen des maximalen Klickpreises in der Gruppe Veranstaltungen konnten die Impressionen kurzfristig von 272 auf 390 erhöht werden (vgl. Abbildung 12).

Eine weitere Erhöhung des Klickpreises der Gruppe Veranstaltung auf 1,20 EUR erfolgte am dritten Tag, da immer noch nicht bei allen Keywords die Anzeigen geschaltet wurden. Zudem wurde die Gebotseinstellung auf manuell geändert, in der Hoffnung, dass vor allem erfolgsversprechende Keywords häufiger geschaltet werden.

Die zweite Erhöhung am dritten Tag führte zu keiner weiteren Steigerung, im Gegenteil, die Impressionen fielen von 390 auf 325 am vierten Tag und auf 60 am fünften (vgl. Abbildung 12). Auch bei der Betrachtung der Impressionen aller Anzeigengruppen fiel auf, dass die Anzahl vom zweiten (2.531) bis zum dritten Tag deutlich sank (1.344), jedoch ab dem vierten Tag mit 1.308 Impressionen (vgl. Abbildung 13) fast konstant blieb. Dies ließ drauf schließen, dass der Einbruch der Impressionen vermutlich auf die Spezifizierung der Keywords und auf die Reduzierung des Tagesbudgets zurückzuführen war.

Die Änderung der Gebotseinstellung machte sich vor allem bei den durchschnittlichen Klickpreisen bemerkbar. Lagen diese am zweiten Tag noch bei 0,71 EUR, stiegen sie am vierten Tag auf 0,87 EUR an (vgl. Abbildung 14). Ein anderer Grund der Preissteigerung könnte die Erhöhung der Maximalgebote in der Gruppe Veranstaltung gewesen sein, die gleichzeitig am dritten Tag durchgeführt wurde.

Neben der Gruppe Veranstaltungen wurden auch viele Keywords der Gruppe Inhalt – MDR auf Grund eines zu niedrigen Maximalgebots nicht geschaltet. Da durch die Aktualität des Themas Conversions erhofft wurden, wurde das Gebot am vierten Tag in der Gruppe Inhalt – MDR auf 1,20 EUR angehoben. Interessant ist, dass die Impressionen durch die Erhöhung des Maximalgebots nicht signifikant gestiegen sind, dafür aber die Anzahl der Klicks (vgl. Abbildung 15).

Die Absprungrate der Anzeigengruppe Allgemein sowie der durchschnittliche Klickpreis waren am vierten Tag sehr hoch, weshalb das Maximalgebot für die gesamte Gruppe am fünften Tag auf 0,90 EUR gesenkt wurde. Schlechte Ergebnisse zeigten auch die Anzeigen, die auf Tablets und Mobiltelefonen geschaltet wurden, weshalb das Budget hierfür auf 0,00 EUR gesetzt wurde. Dies bedeutet, dass ab dem sechsten Tag keine Anzeigen mehr auf mobilen Endgeräten ausgeliefert wurden.

Nach der Änderung der Geräte, auf denen die Anzeigen ausgebracht wurden, stieg die Absprungrate am siebten Tag kurzeitig auf 100 % (vgl. Abbildung 11) an. Ab dem achten Tag konnte eine klare Senkung beobachtet werden (vgl. Abbildung 11).

Ein Problem, das während der gesamten Kampagne immer wieder auftrat, ist die Tatsache, dass Google einige Keywords aufgrund eines zu geringen Klickpreises nicht schaltete. Die Differenz zwischen dem festgelegten Klickpreis und dem von Google erwarteten war meist sehr gering. Damit alle Keywords geschaltet werden, galt es, die Gebote auf Keywordebene immer wieder zu überprüfen und anzupassen. In diesem Zuge wurde beispielsweise das Keyword „Gesundheitskongress", welches in den Augen der Projektleiter als wichtig eingestuft wurde, am neunten Tag auf 1,20 EUR hochgesetzt. Ebenso wurde mit dem Keyword „Medizin Innovationen" verfahren. Auf weitere Gebotsanpassungen wird an dieser Stelle aus Gründen der Übersichtlichkeit nicht weiter eingegangen.

Im Hinblick auf die hohen Absprungraten und den Ergebnissen aus dem Suchbegriffberichten wurde das Gebot der Keywords medizinische Fortbildungen auf 0,60 EUR gesenkt.

Zusammenfassend kann festgestellt werden, dass es durch die große Anzahl von Optimierungsmaßnahmen in kurzer Zeit schwierig war, den Erfolg einzelner Faktoren zu messen. So hatten vermutlich alle Maßnahmen Einfluss auf die Veränderung der Absprungrate und der Höhe der Impressionen. Um die Wirkung jeder Maßnahme beurteilen zu können, müssten diese separat voneinander durchgeführt werden, um etwaige Überlagerungseffekte und Synergien isoliert herauszustellen.

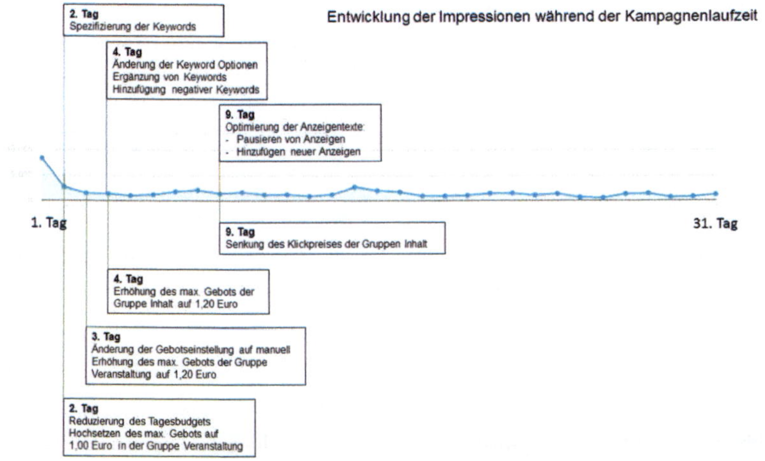

Abbildung 13: Optimierungsmaßnahmen und Entwicklung der Impressionen (in Anlehnung an Google AdWords (2017), o. S.)

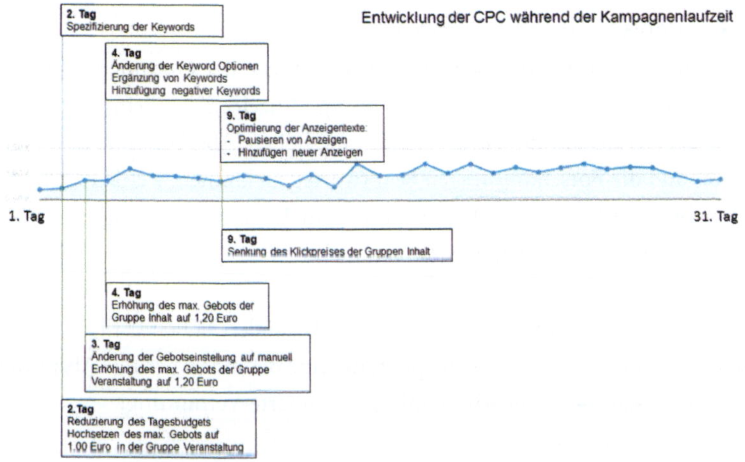

Abbildung 14: Optimierungsmaßnahmen und die Entwicklung des CPC (in Anlehnung an Google AdWords (2017), o. S.)

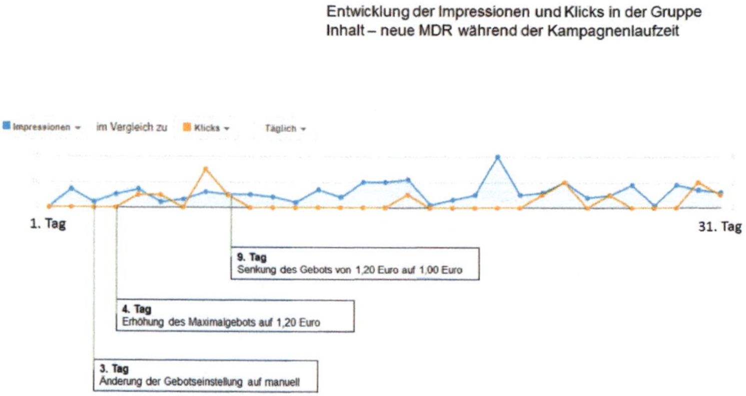

Abbildung 15: Optimierungsmaßnahmen und Entwicklung der Impressionen und Klicks der Gruppe Inhalt - MDR
(in Anlehnung an Google AdWords (2017), o. S.)

4.3.4 Analyse der Anzeigentexte

Im Hinblick auf die unterschiedlichen Ergebnisse der Optimierungsmaßnahmen ließ sich nicht klären, ob die Vermutung „Anzeigen, die keinen Hinweis auf die Art der Veranstaltung haben, weisen eine höhere Absprungrate auf" zutrifft. Um dies und die Forschungsfragen beantworten zu können, werden nachfolgend die Ergebnisse aller aktiven Anzeigentexte am Ende der Kampagne betrachtet. Hierbei soll herausgefunden werden:

- Welche Maßnahmen führten zu einer besonders hohen CTR?
- Wie sind die Anzeigen konzipiert, die eine besonders geringe Absprungrate vorwiesen? Bestätigt sich damit die geäußerte Vermutung?

Die Anzeigen der Anzeigengruppe Allgemein zeigten die höchsten Impressionen aller Gruppen. Zwei dieser Anzeigen erreichten dabei eine fast doppelt so hohe CTR als die anderen beiden. Hinweis darauf, dass die Überschriften in diesem Bereich entscheidend sein könnten, liefert die Tatsache, dass die Beschreibung

„Verpassen Sie nicht einen der bedeutendsten Kongresse der Gesundheitsbranche“ zweifach verwendet wurde: Einmal bei einer Anzeige mit einer CTR von 1,47 % und einmal mit einer CTR von 0,72 %. Die Überschrift der erfolgreicheren Anzeige lautete „Entwicklungen & Trends“, die der anderen „Netzwerken beim Kongress“. Die Ergebnisse lassen darauf schließen, dass die Aufmerksamkeit des Lesers direkt in der Überschrift durch die Nennung des Themas bzw. des Inhalts des Kongresses geweckt wurde. Eine reine Call-to-Action mit „Jetzt anmelden“ scheint in der Überschrift hingegen deplatziert und führt zu geringeren CTRs.

Auch innerhalb der Anzeigengruppe Innovation gab es Unterschiede bei der CTR: Während zwei der Anzeigen mit einer Wahrscheinlichkeit von fast 10 % geklickt wurden, erreichte die dritte Anzeige nur 4,20 %. Da auch hier wieder eine der Beschreibungen doppelt verwendet wurde, liegt es Nahe, dass die Ursache in der Überschrift liegt. Die erfolgreichen Überschriften waren dabei „Kongress und Partnering“ sowie „Innovativ in die Zukunft“. „Trends und Innovationen“ konnte nicht überzeugen.

In der Gruppe Inhalt – Additive Fertigung wurden zwei der sechs Anzeigen nicht geklickt, wobei eine fast 500 Mal, die andere sogar über 1.000 Mal ausgebracht wurde. Obwohl in vier der sechs Anzeigen das Thema in der Überschrift genannt wurde, lag die CTR in dieser Anzeigengruppe mit knapp über 0,00 % insgesamt extrem niedrig. Da das Thema additive Fertigung jedoch ein sehr weit gefasstes Gebiet ist und die Anzeigen auch zu Keywords wie „3D-Drucker“ ausgebracht wurden, deckten sich diese scheinbar nicht immer mit dem Interesse des Suchenden.

Die Anzeigen der Gruppe Inhalt – Big Data & Personalised Medicine konnten trotz 220 Impressionen keinen Klick erzeugen. Ähnlich der Gruppe Inhalt – Additive Fertigung stellte Inhalt – Big Data und Personalised Medicine ein sehr großes Themenfeld dar, was zwar über die Keywords eingeschränkt wurde, sich aber nicht in der Überschrift wiederspiegelte. Im Gegensatz zur Gruppe Inhalt – Additive Fertigung wurde jedoch in allen Beschreibungen darauf hingewiesen, dass ein Klick auf die Anzeige zu mehr Informationen zum Thema führt.

Mit 7,84 % zählte die erste Anzeige der Gruppe Inhalt – Bildgebung zu den acht erfolgreichsten im Hinblick auf die CTR. Auch hier wurde das Thema Bildgebung explizit in der Überschrift genannt. Mit 51 Impressionen wurde sie deutlich häufiger ausgebracht als die beiden anderen Anzeigen aus der Gruppe, die zusammen nur fünf Mal gezeigt wurden und dies trotz der Einstellung gleichmäßige Anzeigenrotation. Aus diesem Grund sind die Werte an dieser Stelle weniger vergleichbar.

Im Gegensatz dazu wurden die unterschiedlichen Anzeigen der Gruppe Inhalt - Digital Prevention and Care gleichmäßig ausgebracht, jedoch konnte insgesamt nur ein Klick erzeugt werden. Die dazugehörige Anzeige verwendete hierbei als einzige zwei Call-to-Actions in der Beschreibung.

In der Gruppe Inhalt – eHealth wurde lediglich eine der Anzeigen einmal ausgebracht und erzielte keine Klicks. Deshalb wird die Gestaltung der Anzeigengruppe an dieser Stelle vernachlässigt, gleiches gilt für die Gruppe Unterstützung: Forschung & Entwicklung.

Höhere Impressionen dagegen zeigte die Gruppe Inhalt – MDR. Auch die Klickraten waren im Vergleich zu anderen Gruppen gut. Ähnlich der Anzeigengruppe Inhalt – Bildgebung verteilten sich diese Impressionen nicht gleichmäßig auf die einzelnen Anzeigen. So konnten die beiden Anzeigen mit den am Abstand geringsten Impressionen auch bis zum Kampagnenende keinen Klick erzielen. Abgesehen von der geringen Ausbringung der Anzeigen unterschieden sie sich vor allem in der Überschrift zu den anderen. So warben sie in der Überschrift nicht mit dem Thema, sondern der Call-to-Action „Erweitern Sie Ihr Wissen".

Trotz einer relativ gleichmäßigen Verteilung der Impressionen in der Gruppe Inhalt – Robotics for Reha & Care wurden nur zwei Anzeigen geklickt. Beide dieser Anzeigen enthielten das Thema „Robotik(systeme) in der Pflege" als Überschrift. Ergänzend dazu begannen die Beschreibungen mit einer Frage, die auf den Inhalt der Vorträge anspielte.

Besonders große Unterschiede in der CTR wies die Gruppe begleitende Messe auf. Es scheint, dass sich die Ansprache des Kunden in dieser Phase des Suchprozesses von den anderen unterscheidet. So konnte vor allem die Call-to-Action „Diskutieren Sie mit" in Kombination mit „Spannende Vorträge, Diskussionen und Wissenstransfer. Anmelden & informieren!" mit einer CTR von 8,70 % die Leser zum Klicken bewegen.

In der Gruppe Veranstaltungen waren nur zwei Anzeigen aktiv, die sich sowohl in ihrer Überschrift als auch Beschreibung voneinander unterschieden. Während die erste Anzeige eine CTR von 2,05 % erreichte, schaffte die zweite nur 1,49 %. Dies könnte zum einen daran liegen, dass Anzeige 1 allgemein beschrieb, womit sich der Kongress beschäftigt, wohingegen Anzeige 2 mit der Call-to-Action „Frischen Sie Ihr Wissen auf" arbeitete. Weiterhin wurde in Anzeige 2 nicht erwähnt, für welche Form des Wissenserwerbs geworben wurde.

Auf die Gestaltung und den Inhalt der Anzeigen bezogen lässt sich festhalten, dass Anzeigen, bei denen als erstes der Veranstaltungsname und das Datum genannt wurden mit fast doppelt so hoher Wahrscheinlichkeit geklickt wurden. So lag der CTR bei den Anzeigen, die mit dem Kongressnamen und Datum begonnen haben, durchschnittlich bei 1,28 % während er hingegen im Falle einer Nennung in Überschrift 2 nur 0,69 % betrug. Dafür lag die durchschnittliche Absprungrate bei den Anzeigen mit Überschrift 1 „Kongressname und Datum" mehr als 10 % höher als bei der anderen Alternative.

Bei Analyse aller Anzeigen der Gruppen Inhalt, die am Ende der Kampagne eine Absprungrate von 60 % oder geringer aufwiesen, wurde deutlich, dass bei fünf von sechs Anzeigen das Thema in der Überschrift genannt wurde. Vier dieser Anzeigen enthielten das Wort „Vorträge". Interessant ist, dass bei keiner der Anzeigentexte oder Überschriften darauf hingewiesen wurde, dass es sich um einen Kongress handelt.

Nachdem die Aufmerksamkeit und das Interesse des Lesers geweckt wurden, muss im nächsten Schritt auch die Erwartungen bzw. das Bedürfnis, das durch die Anzeigentexte erzeugt wird, durch die Zielseite erfüllt werden. Welche Anzeigentexte hierfür besonders geeignet waren zeigt sich in der Absprungrate.

Besonders aussagekräftig waren die Absprungraten der Gruppe Allgemein, welche innerhalb der Kampagne die meisten Klicks verzeichnete. Die Anzeige mit der geringsten Absprungrate warb in der Überschrift mit dem USP der Veranstaltung: „Netzwerken". Die Anzeige mit der höchsten Absprungrate beinhaltete in der Überschrift den Hinweis „Kongress und Partnering". Dieses Ergebnis widerspricht der Vermutung, dass die explizite Nennung der Veranstaltungsart im Anzeigentext zu geringeren Absprungraten führt.

Auffällig geringe Absprungraten wies die Gruppe Innovation auf. Die niedrigen Werte sind vermutlich jedoch nicht auf die Gestaltung der Anzeige, sondern auf die Keywords zurückzuführen. Betrachtet man den Bericht Suchbegriffe wird erkennbar, dass die Anzeigen hauptsächlich bei dem früheren Namen des Kongresses geklickt wurden. Der Leser suchte somit gezielt nach dem Kongress und befand sich nicht mehr in der Anregungsphase. Die mit Abstand geringste Absprungrate in der Gruppe Innovation hat die Anzeige „Innovativ in die Zukunft". In der Beschreibung warb sie mit „Mehr über neueste Entwicklungen und Trends der Medizintechnik in den Vorträgen!".

Innerhalb der Gruppe Inhalt – Additive Fertigung konnten zwei Anzeigen eine Absprungrate von 0,00 % verzeichnen, was jedoch auch daran lag, dass sie nur einmal geklickt wurden. Auffällig war hierbei, dass die Überschrift einer dieser Anzeigen auch für eine andere verwendet wurde, die eine Absprungrate von 100% zeigt. Das legt die Vermutung nahe, dass im Hinblick auf die Absprungraten der Inhalt der Beschreibung eine größere Rolle einnimmt.

Die Anzeigengruppe Inhalt – eHealth Infrastructure erzielte keinen Klick, ähnlich der Gruppe Inhalt – Bildgebung und Inhalt – Digital Prevention & Care, die nur einen Klick erzielte, weshalb hier keine Zusammenhänge mit der Absprungrate getroffen werden können.

Die beiden erfolgreichsten Anzeigen der Gruppe Inhalt - MDR im Hinblick auf die Absprungrate enthielten den Hinweis, dass das Wissen über Vorträge vermittelt wird. Dieser fehlt bei den beiden anderen Anzeigen, die ebenfalls Klicks verzeichneten, jedoch eine Absprungrate von 100% aufwiesen.

In der Gruppe Inhalt – Robotics for Rhea and Care wurden nur zwei Anfragen jeweils einmal geklickt, wovon lediglich ein User die Seite nicht direkt verließ. Beide Anzeigen warben mit einer fast identischen Überschrift, was die These unterstreicht, dass in Bezug auf die Absprungraten die Beschreibung der Anzeigen in den Vordergrund tritt. Während die erste Anzeige zu Beginn den Anschein erwecken könnte, dass sich die Vortragsreihe des Kongresses nur mit der Haftung in Sachen Robotik beschäftigt, war die zweite allgemeiner gefasst und grenzte das Thema Robotik nicht direkt ein.

Da die Gruppe Unterstützung: Forschung und Entwicklung keinen einzigen Klick generieren konnte, kann auch hier keine Aussage über die Absprungraten getroffen werden.

Die Anzeigen der Gruppe begleitende Messe wurden häufiger geklickt und hatten insgesamt eine sehr geringe Absprungrate. Ähnlich der Anzeigengruppe

Innovation ist dies vermutlich auf das Keyword-Set und die Phase des Kaufprozesses zurückzuführen und nicht auf die Anzeigengestaltung. Bei vier von fünf Anzeigen lag die Absprungrate bei 0,00 %. Die Anzeige mit der höchsten Absprungrate unterschied sich von den anderen hauptsächlich in der Verwendung des Reizwortes „jetzt" in der Beschreibung.

Zusammenfassend lässt sich festhalten, dass im Hinblick auf die CTR vor allem der Inhalt der Überschrift entscheidend ist. Umso genauer sie der Suchanfrage des Users entsprach, d.h. das Thema explizit in der Überschrift genannt wurde, desto häufiger wurde die Anzeige geklickt. Hierbei war nicht ausschlaggebend, ob das Thema einfach genannt, als Frage oder Aufforderung formuliert war. Eine Ausnahme stellte die Anzeigengruppe begleitende Messe dar: Anstatt allgemein über den Inhalt des Kongresses in der Überschrift zu informieren, konnten mehr Klicks durch eine Call-to-Action erzielt werden. Besonders viele Klicks erreichten Anzeigen, die die Vorträge erwähnten.

Besondere Bedeutung hat die Beschreibung in Hinblick auf die Absprungraten. Anzeigen, die in dieser darauf hinwiesen, dass es „mehr Informationen zum Thema in den Vorträgen" gibt, hatten in der Regel niedrige Absprungraten. Für den Leser scheint es somit vorab klar, dass er die gesuchten Informationen nicht allein durch den Klick auf die Webseite, sondern durch den Besuch der Vorträge erhält. Durch die Beschreibung können User, die auf der Suche nach schnellem Wissenszuwachs sind, selektiert werden. Weiterhin trägt die Nennung von Themenschwerpunkten in der Beschreibung dazu bei, keine falschen Erwartungen bei den Usern zu erzeugen und sie vorab zu informieren, womit genau sich der Kongress beschäftigt.

In der Abbildung 16 sind die einzelnen Anzeigengruppen entlang des Kaufprozesses angeordnet und die Ergebnisse aus diesem Kapitel aufgeführt. Ziel der Abbildung ist es, einen Überblick über die einzelnen Gestaltungselemente zu geben, die hinsichtlich der Kundenansprache in der vorliegenden Case Study am besten funktioniert haben. Dabei fällt auf, dass je nachdem in welcher Kaufphase sich der Leser befindet, andere Maßnahmen zum Klick bzw. zu geringen Absprungraten geführt haben.

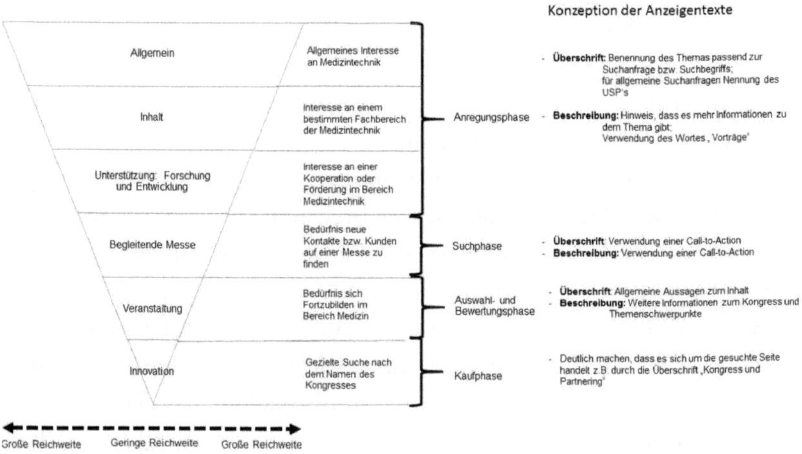

Abbildung 16: Kundenansprache in den unterschiedlichen Phasen des Kaufprozesses

4.3.5 Analyse der Keywords

Um Handlungsempfehlungen für zukünftige AdWords-Kampagnen ableiten zu können, wird im Folgenden untersucht, welche Keywords die besten Ergebnisse in Hinblick auf die Absprungraten zeigten und wie Google die Qualität der Keywords bewertet hat.

Insgesamt verzeichneten elf Keywords eine Absprungrate, die gleich 60 % oder geringer war. Die Keywords stammten hierbei aus unterschiedlichen Anzeigegruppen. Den größten Anteil nahm die Anzeigengruppe Veranstaltung ein. Die anderen Keywords stammten aus der Gruppe Innovation, begleitende Messe, Inhalt – Additive Fertigung und Inhalt – Robotics for Reha & Care. Die niedrige Anzahl der Keywords aus den Gruppen Inhalt ist hierbei auf die geringen Impressionen und Klickzahlen zurückzuführen.

Untersucht man die Keywords auf ihren Qualitätsfaktor, wird ersichtlich, dass der Großteil der Anzeigen bei diesem unter fünf lag, d.h. die Anzeigen und Zielseiten wurden von dem System für den Nutzer als durchschnittlich oder schlechter eingestuft. Besonders schlecht schnitten die Keywords „Robotik in der Medizin“, „Roboter Medizintechnik“, „Neurostimulation“ und „Ärztekammer

Weiterbildung“ ab. Bei ihnen war das Ergebnis in fast allen drei Bereichen des Qualitätsfaktors unterdurchschnittlich.

Ein großer Teil der Keywords der Gruppe Allgemein und Veranstaltungen erreichte insgesamt einen Qualitätsfaktor drei. Google schätzte hierbei die Anzeigenrelevanz aller dieser Keywords als unterdurchschnittlich ein, während die Nutzererfahrung mit der Zielseite in den meisten Fällen als durchschnittlich bewertet wurde. Negativ beeinflusst wurde der gesamte Qualitätsfaktor zudem durch eine unterdurchschnittliche voraussichtliche Klickrate.

Das Keyword „Medizintechnik“ stufte Google in der Nutzererfahrung mit der Zielseite und der Anzeigenrelevanz als durchschnittlich ein, jedoch resultierte die unterdurchschnittliche Klickrate nur in einem Qualitätsfaktor von vier.

Die Keywords mit dem Qualitätsfaktor fünf stammten aus unterschiedlichen Anzeigengruppen. Die meisten erzielten in der Anzeigenrelevanz eine überdurchschnittliche Bewertung. Auch bei der Nutzererfahrung mit der Zielseite schlossen die Keywords in den meisten Fällen durchschnittlich oder überdurchschnittlich ab. Bei der voraussichtlichen Klickrate lagen die Werte zwischen unter- und durchschnittlich.

Einen vergleichsweise guten Qualitätsfaktor erzielten die Keywords „Medizin Messe (+Ort des Kongresses)“, „Kongress Medizintechnik“ und „Mediziner Kongress“, obwohl die Anzeigenrelevanz als unterdurchschnittlich und die voraussichtliche Klickrate als durchschnittlich eingeschätzt wurde. Dafür war jedoch die Nutzererfahrung mit der Zielseite überdurchschnittlich. Ebenso wie die genannten Keywords erzielte auch „Medizin Innovationen“ einen Qualitätsfaktor von sechs. Hier wurde jedoch anstelle der Nutzererfahrung die voraussichtliche Klickwahrscheinlichkeit als überdurchschnittlich beschrieben.

Der laut Google qualitativ hochwertigste Begriff stammte aus der Gruppe Inhalt – Big Data Personalised Medicine. Bei dem Keyword „personalisierte Krebsmedizin“ lag die Anzeigenrelevanz und die voraussichtliche Klickrate über dem Durchschnitt. In Kombination mit einer durchschnittlichen Zielseitenerfahrung führte diese zu einem Qualitätsfaktor von sieben.

Bei der Zusammenfassung der Ergebnisse wird deutlich, dass vor allem die voraussichtliche Klickrate für die schlechten Bewertungen des Qualitätsfaktors verantwortlich war. Um diese zu verbessern, gilt es, die CTR zu steigern.

Optimierungspotenzial besteht auch bei der Nutzererfahrung mit der Zielseite. Diese wurde insgesamt elf Mal als unterdurchschnittlich eingestuft. Für bessere Ergebnisse sollte überprüft werden, ob die gewählte Landingpage die Erwartungen des Users erfüllt, und versucht werden die Absprungraten zu reduzieren.

	Unterdurchschnittlich	Durchschnittlich	Überdurchschnittlich
Anzeigenrelevanz	3	38	6
Nutzererfahrung mit der Zielseite	11	30	6
Voraussichtliche Klickrate	29	16	2

Tabelle 5: Übersicht über die Einstufung der einzelnen Keywords hinsichtlich der Komponenten des Qualitätsfaktors
(eigene Darstellung, basierend auf Google AdWords (2017), o. S.)

4.4 Erfolgskontrolle der Kampagne

Einer der letzten Punkte innerhalb der Kampagnenbetreuung stellt die Erfolgsmessung dar. Eine der Vorgaben für die durchgeführte Kampagne war es das Budget von 500 Euro nicht zu überschreiten. Insgesamt beliefen sich die Kosten für die gesamte Kampagne auf 456,51 Euro und bewegen sich somit in dem vorgegebenen Rahmen.

Wie in Kapitel 4.2 festgelegt, sollten die Anzeigen mindestens 450 Klicks erzeugen. Auch dieses Ziel konnte mit 452 Klicks erreicht werden. Eine Absprungrate von unter 70,00 % hingegen wurde auf die gesamte Laufzeit der Kampagne gesehen nicht erreicht. Durch Optimierungsmaßnahmen konnte die Absprungrate jedoch von anfänglich 83,75 % (vom 1.-9. Tag) auf 77,01 % (vom 1.-31. Tag) gesenkt werden.

Das Hauptziel der Kampagne, mindestens 25 Anmeldungen zu generieren, konnte nicht erreicht werden. Nachweislich hat sich nur eine Person angemeldet, die über die Anzeigenwerbung auf die Webseite gelangt ist. Bei der Betrachtung der Anmeldezahlen muss jedoch berücksichtigt werden, dass es sich um einen Kongress im B2B-Bereich handelt. Wie bereits in Kapitel 2.2 erwähnt werden teure Produkte und Dienstleistungen, zu denen auch die Anmeldung zum Kongress gezählt werden kann, meist nicht unmittelbar getätigt. Gerade in größeren

Unternehmen gibt es, standardisierte Prozesse bei der Beantragung von Fortbildungen. Hierfür muss unter anderem auch die Erlaubnis des Vorgesetzten erfragt werden. Häufig werden die Fortbildungen nicht von einzelnen Mitarbeitern, sondern von einer zentralen Stelle oder über Sekretariate gebucht. Dies führt dazu, dass die Anmeldungen durch die Verwendung von Google Analytics nicht nachverfolgt werden können.

Eine andere Seite, die Aufschluss darüber geben kann, wie interessiert ein User tatsächlich an einer Teilnahme ist, ist die Registrierungsseite. Sie informiert über die Preise des Kongresses, welcher beispielsweise auch beim Antrag für eine Fortbildung angegeben werden muss. Insgesamt haben 38 Personen, die über die Anzeigenwerbung auf die Internetseite des Kongresses gelangt sind, die Seite besucht.

Eine untergeordnete Rolle innerhalb der Ziele erhielt die CTR. Wie bereits vermutet, ist diese für die gesamte Kampagne sehr niedrig. Trotzdem lagen die Ergebnisse unter den definierten Zielen von 5 %. Konkret bedeutet dies, dass von den insgesamt 12 Anzeigegruppen nur drei einen CTR erreichten, der höher als 3 % lag. Hierzu zählen die Gruppe Inhalt – Bildgebung und Inhalt – MDR sowie die Gruppe Innovation. Eine mögliche Erklärung für die guten Ergebnisse der ersten beiden Gruppen ist, dass es in diesen Themenbereichen viele Neuerungen in den letzten Jahren und Monaten gegeben hat (z.B. Einführung der neuen MDR) und das Bedürfnis, sich in diesem Bereich fortzubilden sehr groß ist.

Die allgemein niedrigen CTRs lassen sich darauf zurückführen, dass bei einem Großteil der Suchanfragen, bei denen die Anzeigen ausgeliefert wurden, nur ein Interesse an dem Themenfeld Medizintechnik bestand, jedoch nicht das Bedürfnis, sich in diesem Bereich fortzubilden und einen Kongress zu besuchen. Der Leser befindet sich in diesem Fall in der Anregungsphase. Jemand, der sich schnell über ein Thema wie additive Fertigung in der Medizintechnik informieren möchte, wird mit einer viel geringeren Wahrscheinlichkeit auf die Anzeige klicken, als jemand, der gezielt nach einem Kongress der Medizintechnik sucht. Hieraus ließe sich vermuten, dass die Ergebnisse der Anzeigengruppe Veranstaltungen im Hinblick auf die CTR besser wären. In der Gruppe konnte jedoch nur eine durchschnittliche CTR von 1,61 % erreicht werden. Auch hier kann der Suchbegriffbericht Anhaltspunkte für die Gründe liefern: Er zeigt, dass viele der Suchenden bereits einen Schritt weiter im Suchprozess waren und nicht mehr nur das Bedürfnis nach einem Kongressbesuch hatten, sondern dieses schon konkret mit einer Stadt oder einem Datum verbunden war. Hiermit lassen sich auch die hohen Absprungraten in der Gruppe Veranstaltung erklären. Eine Ausnahme in Bezug auf die CTR bildet die Anzeigengruppe Innovation, deren ausgebrachte Anzeigen im Schnitt mit 6,91 % geklickt wurden. Bei der Betrachtung des Suchbegriffberichtes wird klar, dass 13 der Klicks durch Suchanfragen zu unterschiedlichen Schreibweisen des Kongresses ausgebracht wurden, obwohl dies bewusst nicht als Keyword hinterlegt war. Grund hierfür ist, dass die Keyword-Optionen in dieser Gruppe nicht angepasst wurden, sondern bis zum Schluss unter weitgehend passend liefen, da die Absprungraten sehr niedrig waren. Zudem beinhaltet die Gruppe den früheren Namen der Veranstaltung.

4.5 Handlungsempfehlungen für die Anzeigenwerbung des beworbenen Kongresses

Auch wenn die Ergebniskontrolle ergab, dass nicht alle Ziele erreicht werden konnten, kann es sich durchaus lohnen, im nächsten Jahr erneut eine AdWords-Kampagne für den beworbenen Kongress zu schalten. Auf Basis der gesammelten Erfahrungen sollte die Kampagne jedoch in einigen Punkten angepasst werden:

Zuerst sollte frühzeitig mit der Planung und Erstellung der Kampagne begonnen werden. Der Zeitraum von 1,5 Monaten für die Planung und Durchführung, wie er für die Case Study gewählt wurde, hat sich als zu kurz erwiesen. Anhand der gesammelten Erfahrungen scheint es sinnvoll, die Kampagne mindestens drei Monate vor Kongressdatum aktiv zu schalten. Da die Absprungrate an den Sonn- und Feiertagen in der geschalteten Kampagne meist höher waren, bietet es sich an, an diesen Tagen keine Anzeigen zu schalten.

Eine Erhöhung des Budgets ist für die Verlängerung des Zeitraums nicht zwingend notwendig, dafür aber eine Reduzierung der Anzeigengruppen und Keywords. Im Vorfeld sollte eruiert werden, welche der Vortragsreihen besonders aktuell sind bzw. zu welcher Vortragsreihe bei der Zielgruppe der größte Informationsbedarf besteht. Hierbei sollte man sich auf drei bis vier Themen spezialisieren, die dann in den Anzeigegruppen abgebildet werden. Die Keywords aus der Gruppe Allgemein gilt es weiter zu spezifizieren. Obwohl mit dem Keyword

„Medizintechnik" viele Impressionen und Klicks erzielt werden konnten, war die Absprungrate relativ hoch, was es zu vermeiden gilt. Weiterhin sollten sowohl der aktuelle als auch der frühere Name des Kongresses als negativ Keyword für die gesamte Kampagne festgelegt werden, da bei der Suche nach diesen Begriffen die Webseite des Kongresses direkt als erstes gelistet wird und die Klicks somit nur unnötig Geld kosten.

Beim Verfassen der Anzeigentexte sollte man sich an Abbildung 16 orientieren und die Ansprache der Leser auf die einzelnen Schritte des Kaufprozesses abstimmen. Inwiefern die Anzeigentexte erfolgreich sind, gilt es immer wieder zu überprüfen. Um Daten darüber zu sammeln, sollte die Option gleichmäßige Anzeigenrotation für die ersten zwei bis drei Wochen gewählt werden. Je nachdem, wie aussagekräftig die Daten sind, gilt es, die Anzeigen nach dieser Zeit zu optimieren und die Option danach auf automatische Anzeigenausbringung zu ändern.

Weiterhin könnten Keyword-Platzhalter vor allem in inhaltlich sehr weit gefassten Gruppen, z.B. Big Data und Personalised Medicine, dazu verwendet werden, optimal passende Anzeigen zu verfassen. Hiermit können die Anzeigentexte individuell auf die Suchanfrage und das einzelne Keyword angepasst werden. Sucht ein User beispielsweise nach „strukturierten Daten Radiologie", kann dies mit Hilfe des Platzhalters in der Überschrift angezeigt werden anstatt z.B. der Überbegriff Big Data.

Zusätzlich sollte man sich überlegen, ob es umsetzbar ist, eine eigene Landingpage für die Klicks der Anzeigenwerbung zu erstellen. Auf dieser sollte sich eine kurze Einleitung und Vorstellung des Kongresses befinden und auf den ersten Blick alle Vorträge, die speziell zum Thema der Suchanfrage angeboten werden, angezeigt werden.

Um den Erfolg der Anzeigenkampagne und das Interesse der User besser einschätzen und messen zu können, könnte zusätzlich eine vorgelagerte Conversion auf der Seite eingebaut werden. Diese Conversion könnte beispielsweise in dem Angebot bestehen, dass sich der User in den Newsletter des Unternehmens einträgt und sich auf Wunsch den digitalen Tagungsband der Vorjahresveranstaltung zusenden lassen kann. Hiermit erführe man nicht nur mehr über den Grad des Interesses, sondern gewönne auch wertvolle Kontakte, die in der Datenbank eingepflegt und für spätere E-Mailings genutzt werden könnten.

5 Betriebswirtschaftliche Überlegungen zu Google AdWords

Für eine erfolgreiche Umsetzung einer AdWords Kampagne ist es wichtig, sich vorab Gedanken über die finanziellen und personellen Ressourcen zu machen, weshalb in diesem Kapitel betriebswirtschaftliche Implikationen einer Google AdWords-Kampagne behandelt werden. Im Fokus stehen neben Make-or-Buy Entscheidungen insbesondere Kostenkomponenten sowie der Vergleich zu anderen Werbemaßnahmen.

Einen wichtigen Punkt im Planungsprozess einer AdWords-Kampagne stellen die strategischen Entscheidungen dar: Neben der Wahl des beworbenen Produktes, der Landingpage, des Kampagnentyps und des Wettbewerbsverhaltens sind eine entscheidende Größe die verfügbaren Ressourcen. Das finanzielle Werbebudget, aber auch personelle Ressourcen sind gerade in der Kongressbranche tendenziell knapp bemessen. Aus diesem Grund ist es erforderlich, sich vorab mit der Frage auseinanderzusetzen, ob es sinnvoll ist, die Erstellung und Betreuung einer Kampagne intern oder extern zu vergeben. Außerdem ist es wertvoll, zu erfahren, wie erfolgreich eine AdWords-Kampagne im Vergleich zu anderen Maßnahmen-wie E-Mailing und Postmailing ist.

Laut einer Studie der telegate AG aus dem Jahr 2011 planten 57 % kleinerer und mittlerer Unternehmen (abgekürzt mit KMU) ihre AdWords-Kampagnen selbst. Diejenigen, die sich dafür entschieden haben, eine Agentur zu beauftragen, haben überproportional schlechte Erfahrungen gemacht und würden AdWords-Dienste nicht wieder in Anspruch nehmen, was sich durch eine intransparente Kostenstruktur erklären liese.[157]

Die Kenntnisse, die für die Erstellung und Betreuung von Anzeigenwerbung erforderlich sind, können durch eine intensive Auseinandersetzung und dem kontinuierlichen Umgang mit dem Thema erlernt werden. Aufgrund der immensen Bedeutung von Erfahrungswerten in diesem Bereich ist ein Training on the job prädestiniert. Es wäre denkbar, die Anzeigenwerbung durch einen oder mehrere

157 Vgl. telegate AG (2011), S13f.

Mitarbeiter durchführen zu lassen, um vor allem das Know-How zu bündeln und dieses in mehrere Kampagnen einfließen zu lassen.[158]

Ein Argument, die Betreuung und Abwicklung von Anzeigenwerbung an einen externen Dienstleister zu geben, sind fehlende personelle Ressourcen im eigenen Unternehmen, denn die Planung und Durchführung von Kampagnen ist ein kontinuierlicher Prozess, der sehr viel Zeit in Anspruch nehmen kann. Durch die Verlagerung an einen Dienstleister würde sich die Arbeitszeit, die vom Unternehmen investiert werden muss, auf den Austausch und die Kommunikation zwischen dem Unternehmen und dem Dienstleister beschränken. Zudem wäre das Unternehmen flexibler in der zeitlichen Gestaltung, da es keinen Mitarbeiter gibt, der ausgelastet werden muss.

Auch die Haftung kann ein Entscheidungskriterium darstellen, die Anzeigenwerbung von einem externen Dienstleister durchführen zu lassen. So unterliegt die Nutzung von Anzeigenwerbung im Internet in Deutschland einigen rechtlichen Restriktionen, die beachtet werden müssen. Durch Outsourcing kann die Haftung übertragen werden. Dann, sofern es nicht anders vertraglich geregelt ist, haftet der Dienstleister beispielsweise für die Auswahl der Keywords und für die Gestaltung der Anzeigen.[159]

Bei der Make-or-Buy-Entscheidung sollte nicht vernachlässigt werden, dass Anzeigenwerbung ein Kommunikationsinstrument ist.[160] Es trägt dazu bei, das Unternehmen nach außen zu präsentieren. Hierfür sind ein Grundverständnis der Unternehmenskultur sowie Kenntnisse über die Bedürfnisse der Zielgruppe extrem wichtig. Um erfolgreich zu werben, benötigt ein Dienstleister sehr viele Informationen über das Produkt. Während eine externe Agentur diese erst im Gespräch erwerben muss, ist der eigene Mitarbeiter bereits damit vertraut und kann bestenfalls auf die Erfahrungen mit der Zielgruppenansprache aus anderen Projekten zurückgreifen. Dadurch wird der Koordinationsaufwand mit einer Agentur eliminiert, welcher personelle Ressourcen bindet. Zudem kann durch

158 Vgl. Stauss,und Jedraßczyk (2007), S. 345.
159 Vgl. Schirmbacher (2010), o. S.
160 Vgl. Bischopnik und Ceyp (2007), S. 148.

die interne Betreuung vermieden werden, dass firmeninternes Wissen an einen externe Dienstleister weitergegeben wird.[161]

Neben allen bereits genannten Argumenten spielt der Kostenfaktor vermutlich die gewichtigste Rolle in Bezug auf die Make-or-Buy-Entscheidung. Inwiefern die Auslagerung der Suchmaschinenwerbung aus Kostensicht sinnvoll ist, muss für jedes Unternehmen individuell bestimmt werden. Abhängig vom Lohnniveau und den bereits vorhandenen Kompetenzen der Mitarbeiter, kann eine externe Vergabe günstiger oder teurer sein. Bei der Kostenschätzung der Inhouse-Variante sollten, wie die vorliegende Arbeit zeigt, folgende Kostenpositionen auf jeden Fall berücksichtigt werden:

- Arbeitszeit für die Kampagnenbetreuung, -durchführung und -verwaltung
- Arbeitszeit für den notwendigen fach- und abteilungsübergreifenden Austausch
- Fortbildungsmaßnahmen

Bei einem Vergleich darf nicht vergessen werden, dass ein externer Dienstleister auf Informationen angewiesen ist, wofür sie Ansprechpartner im Unternehmen benötigt. Auch hier fällt Arbeitszeit an, die mit einkalkuliert werden sollte, um einen realistischen Vergleich zu schaffen.

Weitere Kostenkomponenten sind die Costs-per-Click, welche bei beiden Varianten anfallen. In der Regel wird ein externer Dienstleister ein Paket anbieten, in dem alle relevanten Kosten abgedeckt sind. Jedoch sollte nicht vergessen werden, dass beispielsweise bei kurzfristigen Anfragen oder hoher Auslastung des Dienstleisters auch Aufschläge auf den Preis möglich sind, was zu höheren Kosten führt.

Zusammenfassend lässt sich sagen, dass die externe Vergabe der Anzeigenwerbung vor allem davon abhängt, ob das Unternehmen freie personelle Ressourcen hat und wie die Preise der einzelnen Agenturen gestaltet sind. Eine detaillierte Kostenanalyse im eigenen Unternehmen ist daher zwingend notwendig und idealerweise von einer mit Controlling-Aufgaben beauftragten Stelle durchzuführen.

161 Vgl. Internet-World-Business (2014), S. 12.

Betriebswirtschaftlich interessant ist auch der Nutzen, den Google AdWords im Vergleich zu anderen Werbemaßnahmen hat. Nur wer sich über die Effizienz der einzelnen Werbemittel und -maßnahmen bewusst ist, kann diese erfolgsversprechend kombinieren.[162] Aus diesem Grund werden anschließend verschiedene Werbemittel gegenübergestellt. Der Fokus liegt hierbei auf dem Direktmarketing, im Speziellen auf dem E-Mailmarketing und der Versendung adressierter Schreiben per Post. Da der Nutzen stark von den Zielen beeinflusst wird, werden die Medien angelehnt an die Arbeit von Schefer an den folgenden Kriterien verglichen:[163]

- Steuerbarkeit nach Zielgruppen
- Ansprache von Neukunden
- Darstellungsmöglichkeiten
- Möglichkeit der Kommunikationsrückkopplung
- Reichweite
- Kosten

Der Erfolg eines Werbemediums hängt entscheidend davon ab, wie gut die gewünschte Zielgruppe getroffen wird: Je mehr Targetingmöglichkeiten eine Werbemaßnahme aufweist, desto effizienter ist sie.[164] Die Nutzung von E-Mails und adressierten Werbeschreiben lässt sich abhängig von der Qualität der Adressen zielgruppengenau ausrichten. Je mehr Informationen über die einzelnen Personen bzw. Adressen in Bezug auf ihre Interessen bekannt ist, desto größer sind die Targetingmöglichkeiten. Greift man bei den Adressen auf die eigne Datenbank zurück, ist die Effizienz vor allem davon abhängig, wie gut diese gepflegt ist, wie aktuell sie ist und welche Selektionsmöglichkeiten existieren.[165] Beim Kauf oder Zukauf von Adressen ist der Dienstleister dafür zuständig. Im Gegensatz zu den genannten Medien bietet Google AdWords weitaus mehr Targetingmöglichkeiten. Die

162 Vgl. Schefer (2002), S. 105.
163 Vgl. Scheferr (2002), S. 105ff.
164 Vgl. Schefer (2002), S. 111.
165 Vgl. Bauer, Greve und Hopf (2011), S. 160.

Anzeigen werden nur den Personen gezeigt, die tatsächlich im Augenblick der Suche Interesse an dem Produkt oder der Dienstleistung haben.[166]

Ob Adressen zugekauft werden bzw. Mailings über externe Anbieter versendet werden oder die eigene Datenbank genutzt wird, muss für das Kriterium der Neukundenakquise unterschiedlich bewertet werden. Während in der eigenen Datenbank in der Regel Bestandskunden oder Personen, die bereits Kontakt mit dem Unternehmen hatten, gelistet sind, zielt der Zukauf von Adressen darauf ab, neue Kunden zu generieren. Mailings eigenen sich somit hauptsächlich für Kundenbindung als für die Neugewinnung.[167] Abhängig von dem gewählten Keyword-Set können durch AdWords sowohl Neu- als auch Bestandskunden angesprochen werden.

Google AdWords ist bei der Gestaltung der Anzeigen, vor allem im Suchnetzwerk durch die Zeichenvorgaben und Restriktionen von Google beschränkt. Derartige Einschränkungen gibt es beim Post-Mailing nicht. Das Unternehmen kann hierbei selbst Einfluss auf die Gestaltung des Mailings nehmen und die eigene Corporate Identity in das Layout mit einfließen lassen.[168] Ähnlich verhält es sich auch beim E-Mail-Marketing.[169]

Untersucht man die unterschiedlichen Werbemittel auf ihre Responsemöglichkeiten, zeigt sich, dass hier die Onlinemedien, also die Anzeigen bei Google AdWords und E-Mails deutlich mehr bieten: Durch Verlinkungen kommen Interessenten per Mausklick sehr einfach und schnell zu den gewünschten Informationen.[170] Besonders die Kontaktaufnahme ist bei E-Mailings und Anzeigenwerbung z.B. durch Sitelinks einfach. Bei Postmailings hingegen gestaltet es sich für den Empfänger schwieriger, direkt zu reagieren, da er beispielsweise erst eine Antwortkarte ausfüllen und diese versenden muss oder die Internetadresse in den Browser eingeben muss.[171]

166 Vgl. Beck (2011), S. 48.
167 Vgl. Berner (2004), S. 4.
168 Vgl. Holland (2013), S. 17ff.
169 Vgl. Aschoff (2002), S. 6.
170 Vgl. Aschoff (2002), S. 2.
171 Vgl. Aschoff (2002), S. 6.

Während die Reichweite der Mailings, sei es postalisch oder elektronisch, durch die Anzahl der Adressen bestimmt wird, entscheidet bei Google AdWords hauptsächlich das Budget und das Keyword-Set über die Anzahl der Impressionen.

E-Mailmarketing ist besonders kostengünstig.[172] Der größte Kostenfaktor ist das Versenden der E-Mails über externe Anbieter, sofern keine eigenen Adressen verwendet werden.[173] Vergleichbare Kosten entstehen beim Postmailing durch den Zukauf von Adressen. Zusätzlich dazu fallen beim Postmailing Druck- und Portokosten an.[174] Eine volle Kostenkontrolle bietet Google AdWords seinen Kunden. Durch die Festlegung eines Tagesbudgets und des maximalen Gebotspreises für ein Keyword kann der Werbetreibende bestimmen, wie viel Geld er ausgeben möchte. Die Höhe der einzelnen Klickpreise ist hauptsächlich vom Wettbewerb abhängig.[175]

172 Vgl. Berner (2004), S. 4; Aschoff (2002), S. 2.
173 Vgl. Bauer, Greve und Hopf (2011), S. 161.
174 Vgl. Aschoff (2002), S. 5.
175 Vgl. Pelzer, Sommeregger, Linnenbrink (2015), S. 60; Lammenett (2015), 127.

6 Erstellung eines Konzepts für die Implementierung von AdWords

Das folgende Konzept richtet sich an alle Unternehmen, die als Kongressveranstalter auftreten. Es befasst sich mit der Einführung und langfristigen Implementierung von Anzeigenwerbung als Marketingtool für Kongresse, Workshops und Foren. Suchmaschinenwerbung könnte dazu beitragen, einfach, schnell und im besten Fall kostengünstig neue Teilnehmer zu gewinnen. Das vorliegende Konzept schildert, welche Maßnahmen ergriffen werden müssen, um Anzeigenwerbung im Werbeprozess zu etablieren und welche Aufgaben und Kosten hierdurch entstehen. Das Ziel des Vorhabens ist es, aufzuzeigen, wie man Suchmaschinenwerbung, speziell mit Google AdWords, in den Marketingmix integrieren kann, um die Werbemaßnahmen zu optimieren sowie die wissenschaftlichen Projektleiter zu überzeugen, dass sich der Mehraufwand für sie in Grenzen hält und sich die Investition lohnt.

Bisher bedienen sich die meisten Kongressveranstalter bei Werbung für Veranstaltungen im Onlinebereich hauptsächlich dem E-Mail-Marketing, der Präsentation der Veranstaltung auf der eigenen Homepage und der Werbung über die eignen Social Media Kanäle. Hier werden vor allem Bestandskunden erreicht.

Eine Lösung neue Teilnehmer zu gewinnen könnte die Nutzung von Anzeigenwerbung bzw. Google AdWords für die Veranstaltungen sein.

Zu diesem Zweck werden folgende Fragen betrachtet:

- In welchen Verantwortungsbereich fällt die Erstellung, Betreuung und Verwaltung der Kampagnen?
- Welche Aufgaben fallen bei der Durchführung einer Kampagne an und wer ist dafür verantwortlich?
- Wie müssten Hilfsmittel bzw. Checklisten aussehen, um den Prozess zu standardisieren?
- Welche Abläufe und Zeitpläne sollten bei der Erstellung der Kampagne eingehalten werden?
- Welche Kosten entstehen insgesamt für die Schaltung einer Kampagne?

Für die regelmäßige Nutzung von Anzeigenwerbung bei Google AdWords benötigt es mindestens einen, jedoch maximal zwei Mitarbeiter, die sich um die Texte für die Anzeigen und die Verwaltung der Kampagnen kümmern. Nur so kann die Übersichtlichkeit und Struktur im AdWords-Konto aufrechterhalten werden. Dass dieser Mitarbeiter im Austausch mit den wissenschaftlichen Projektleitern stehen muss und von diesen über den Inhalt der Veranstaltung bzw. des Kongresses gebrieft werden muss, hat die Case Study belegt. Bestenfalls stammt der Mitarbeiter aus der Abteilung Marketing und ist bereits durch andere Maßnahmen wie der Flyererstellung inhaltlich mit dem Thema vertraut.

Die Aufgaben, die für die Kampagnenerstellung und Betreuung durchzuführen sind, leiten sich aus Kapitel 3 ab. Die Verantwortlichkeiten werden idealerweise wie im Folgenden auf den Projektverantwortlichen und den Verantwortlichen für die Anzeigenwerbung aus der Marketingabteilung verteilt:

Verantwortlichkeit	**Aufgaben**
Wissenschaftlicher Projektleiter	Strategische Entscheidungsvorlagen • Festlegung des Budgets • Definition von Zielen der Kampagne • Bestimmung der Zielgruppe und Targetingmöglichkeiten • Lieferung erster Anhaltspunkte für Keywords • Kurze inhaltliche Beschreibung der Veranstaltung
	Überprüfung des Keyword-Sets
	Überprüfung der Anzeigentexte
Verantwortlicher für die Anzeigenwerbung	Festlegung strategische Ausrichtung und Kampagnenerstellung
	Ausarbeitung des Keyword-Sets
	Erstellung der Anzeigentexte
	Optimierung der Kampagne
	Erfolgsmessung

Tabelle 6: Verantwortlichkeiten Kampagnenerstellung

Da die strategischen Entscheidungen auf den Überlegungen des wissenschaftlichen Projektleiters basieren, ist es wichtig, diese Abfrage so genau wie möglich durchzuführen. An dieser Stelle könnte es helfen, ein standardisiertes Formular zu entwerfen. Durch konkrete Fragestellungen fällt es dem wissenschaftlichen Projektleiter leichter die Informationen, die der Verantwortliche für die Anzeigenwerbung benötigt, gesammelt zu übermitteln.

Der Inhalt eines solchen Formulars leitet sich größtenteils aus dem Kapitel 3 ab und sollte auf jeden Fall die Punkte aus Abbildung 17 beinhalten. Um einen strukturieren Ablauf der Kampagne zu gewährleisten, sollte der wissenschaftliche Projektleiter mindestens zwei Wochen vor dem geplanten Start der Kampagne dem Verantwortlichen für die Anzeigenwerbung alle notwendigen Informationen, wenn möglich in Form des ausgefüllten Formulars zukommen lassen. Dieser hat dann ca. eine Woche Zeit, dieses auszuwerten und anhand dessen mit der Erstellung eines vorläufigen Keyword-Sets zu beginnen. Im nächsten Schritt sollte dieses möglichst zeitnah dem wissenschaftlichen Leiter zur Überprüfung zugesendet werden, ebenso erste Anzeigenideen. Die Kampagne sollte mindestens zwei bis drei Monate vor der Veranstaltung beginnen. Nach der Erstellung und Freischaltung der Kampagne sollten dann in regelmäßigen Abständen von dem Verantwortlichen Optimierungsmaßnahmen für die Anzeigenwerbung durchgeführt werden. Der Anmeldeschluss eignet sich als Enddatum für die Kampagne. Darauf folgt die Erfolgsmessung durch den Kampagnenbetreuer.

Name und Datum der Veranstaltung: ______________________________
Link zur Veranstaltungswebseite: ______________________________
Kürzel wissenschaftlicher Projektleiter: ______________________________
Anmeldeschluss: ______________________________
Budget für die Anzeigenschaltung: ______________________________

1) Wie viele Anmeldungen sollen durch die Kampagne erzielt werden?

2) Wie setzt sich die Zielgruppe der Veranstaltung zusammen? (z.B. Wirtschaft, Wissenschaft, Forschung)

3) Aus welcher Region sollen Teilnehmer angeworben werden?

O Deutschland	O Österreich	O Schweiz	O weitere/andere Länder: ______________
O Bayern	O Baden-Württemberg		O weitere/andere Bundesländer: ______________

4) Auf welcher Sprache(n) findet die Veranstaltung statt?

O Deutsch	O Englisch

5) Welche Endgeräte nutzen potenzielle Teilnehmer, um sich über relevante Themen des Kongresses zu informieren?

O Desktop-Computer	O Mobiltelefone	O Tablets

6) Gibt es ähnliche Kongresse von anderen Anbietern? Wenn ja, welche?

7) Gibt es ein Side-Event bzw. Rahmenprogramm bei der Veranstaltung? Wenn ja, wie sieht dies aus? (z.B. Partnering, Firmenrundgang)

8) Wo sollen die Anzeigen erscheinen?

O auf Suchergebnisseiten (z.B. Google.de; aol.de)
O Foren, Blogs und Nachrichtenportalen
O auf beiden oben genannten

9) Nennen Sie mindestens 15 Suchbegriffe, nach denen ein potenzieller Teilnehmer bei Google suchen würde! Dies kann sowohl auf den Inhalt der Veranstaltung bezogen sein, als auch z.B. eine thematisch passende Zeitschrift.

10) Gibt es thematische Schwerpunkte der Veranstaltung? Themen, die besonders aktuell sind? Wenn ja, welche?

11) Was ist ganz speziell der USP der Veranstaltung? Bzw. warum sollte jemand Ihre Veranstaltung besuchen?

Abbildung 17: Beispielfragebogen für die Erstellung einer AdWords-Kampagne

Ein häufig genanntes Argument, dass gegen die Nutzung von Google AdWords spricht, ist das geringe Budget für Werbemaßnahmen. Es stellt sich also die Frage, welche Kosten fallen tatsächlich für die Erstellung einer Kampagne an? Grundlegend setzen sich diese zum einen aus den Kosten für die Klicks bei Google AdWords, zum anderen aus den Arbeitsstunden zusammen, die sowohl der wissenschaftliche Projektleiter als auch der Verantwortliche für die Anzeigenwerbung für die Kampagne aufbringen werden. Der Betrag, der bei Google AdWords ausgegeben wird, kann hierbei vom Projektleiter vorab festgelegt werden, was bei der Kostenplanung hilfreich ist. Je nachdem, wie groß die Veranstaltung und die Kampagne angelegt sind, können bereits mit einem Tagesbudget von unter fünf Euro neue Teilnehmer gewonnen werden. Geht man davon aus, dass das Tagesbudget bei fünf Euro liegt, die Kampagne nur an Wochentagen, also in etwa 20 Tagen pro Monat, aktiv ist und über drei Monate läuft, würden sich die Kosten auf ca. 300 Euro belaufen. Eine grobe Schätzung der Arbeitszeit für eine kleine Kampagne anhand der einzelnen Aufgaben findet sich in der folgenden Tabelle:

Aufgabe	**Geschätzter Zeitaufwand**
Ausfüllen des Formulars	25 Minuten
Überprüfung des Keyword-Sets	15 Minuten
Überprüfung der Anzeigentexte	25 Minuten
Festlegung strategische Ausrichtung und Kampagnenerstellung	60 Minuten
Ausarbeitung des Keyword-Sets	60 Minuten
Erstellung der Anzeigentexte	150 Minuten
Optimierung der Kampagne	250 Minuten
Erfolgsmessung	30 Minuten
Summe	615 Minuten (10,15 h)

Tabelle 7: Schätzung Zeitaufwand Kampagne

Beachtet man nun noch die unterschiedlichen Lohnniveaus des wissenschaftlichen Projektleiters und des Verantwortlichen für die Anzeigenwerbung, lässt sich der gesamte Aufwand, der für eine Kampagne besteht, vorab gut einschätzen.

7 Fazit

Eines der Ziele der vorliegenden Arbeit war es herauszuarbeiten, wie geeignet eine AdWords-Kampagne für die Teilnehmerakquise bei Kongressen ist. Zu diesem Zwecke wurden Vor- und Nachteile diskutiert, eine Case Study durchgeführt und AdWords unter betriebswirtschaftlichen Aspekten betrachtet.

Dabei ergab sich, dass AdWords vor allem durch seine Flexibilität, Reichweite und die Möglichkeit, die Anzeigenausbringung genau zu steuern und somit die definierten Zielgruppen zu erreichen, von Vorteil für die Teilnehmerakquise ist. Durch die Anwendung dieses Tools können durch die Targetingmaßnahmen Streuverluste reduziert und aufgrund der Flexibilität schnell auf kurzfristige Veränderungen (z.B. Änderung des Vortragsprogramms, Verschiebung des Anmeldeschlusses) reagiert werden. Überdies ist die Reichweite skalierbar und im Vergleich zu anderen Maßnahmen sehr groß.

Einer der wenigen Nachteile, speziell bei der Teilnehmerakquise, ist die eingeschränkte Nachverfolgbarkeit der Anmeldungen. Diese entsteht dadurch, dass ein Kunde im B2B-Bereich in der Regel zeitverzögert kauft oder die Anmeldung durch andere Personen durchgeführt wird (z.B. Sekretariat, Einkaufsabteilung). Die daraus resultierende fehlende Erfolgskontrolle erschwert es den Einsatz der Anwendung bei Entscheidern zu rechtfertigen.

Durch die Option die Erstellung und Betreuung einer Kampagne an einen externen Dienstleister outzusourcen, ist AdWords auch für Unternehmen mit geringen personellen Ressourcen, wie Verbänden oder kleinen PCOs (Professional Congress Organizers) geeignet. Hierdurch kann der Arbeitsaufwand, der intern beim Unternehmen besteht auf die Kommunikation mit der Agentur bzw. dem externen Dienstleister beschränkt werden.

Was die Kosten betrifft, so konnte anhand des Vergleichs mit anderen Werbemitteln gezeigt werden, dass selbst, wenn man nur die nachverfolgbaren Anmeldungen wertet, AdWords nicht wesentlich teurer ist als ein Postmailing. Da das Werbebudget im Kongressbereich meist sehr gering bemessen ist, ist dies ein wichtiger Entscheidungsfaktor.

Zusammenfassend lässt sich festhalten, dass Google AdWords bei der richtigen Anwendung durchaus als Werbemaßnahme für Kongresse geeignet ist und die Ausrichtung auf Zielgruppen ein neues Level erreicht.

Wie man AdWords erfolgreich für die Teilnehmerakquise nutzt wurde anhand der zweiten Forschungsfrage untersucht. Hierzu wurde herausgearbeitet, wie der ideale Planungsprozess einer Kampagne aussehen sollte und was es bei den einzelnen Schritten zu beachten gibt. Anhand der Case Study wurde dann versucht das theoretische Wissen in der Praxis anzuwenden mit dem Ziel Handlungsempfehlungen in Bezug auf eine erfolgreiche Kampagnengestaltung zu geben. Für eine gelungene Kampagne müssen unterschiedliche Aspekte beachtet werden, u.a. die betriebswirtschaftliche Beurteilung und die Gestaltung der Kampagne.

Aus betriebswirtschaftlicher Sicht gilt es, in erster Linie abzuwägen, inwiefern eine betriebsinterne Verwaltung und Betreuung im Hinblick auf personelle und finanzielle Ressourcen umsetzbar und sinnvoll ist. Entscheidet man sich für eine interne Lösung, muss weiterhin geklärt werden, auf welche Personen die anfallenden Aufgaben (vgl. Tabelle 6) verteilt werden und wie die Kommunikation zwischen der wissenschaftlichen Leitung und dem Betreuer von AdWords sichergestellt wird. Ein wesentliches Ergebnis der Case Study war, dass das Wissen beider Parteien für die Erstellung eines optimalen Keyword-Sets und beim Verfassen guter Anzeigentexte unabdingbar ist.

In puncto Kampagnengestaltung lohnt es sich, sich an den einzelnen Schritten des geschilderten Planungsprozesses (vgl. Abbildung 3) zu orientieren. Nur wenn die Zielgruppe zu Beginn richtig definiert ist und die Ziele der Kampagne abgesteckt sind lassen sich auch die Targetingmaßnahmen und anderen Einstellungen in vollem Umfang nutzen.

Entscheidend für den Erfolg ist ein durchdachter und strukturierter Aufbau der Kampagne. Denn nur, wenn die Anzeigengruppen entsprechend gewählt sind und die Keywords inhaltlich zusammenpassen, können die Anzeigentexte optimal auf die Suchanfrage des Lesers abgestimmt und potenzielle Teilnehmer auf die Seite gelockt werden.

Bei der Keywordrecherche hat sich das in Kapitel 3.3.1 beschriebene Vorgehen als Orientierungshilfe bewährt und sollte bei der Erstellung einer Kampagne nicht vernachlässigt werden. Um potenzielle Keywords zu finden, müssen jedoch nicht zwingend die erläuterten Tools eingesetzt werden. Bei der Priorisierung der Keywords zahlt es sich aus, sich vorab über die Suchergebnisse, die Google für die einzelnen Keywords liefert, zu informieren. Hierdurch kann beispielsweise vermieden werden, dass Anzeigen geschaltet werden, obwohl die eigene Webseite direkt als erstes in den organischen Suchtreffern angezeigt wird. Dies führt zu einer Senkung der Kosten. Das Abfragen des Suchvolumens hat zwar geholfen einzuschätzen, wie viele Impressionen mit den einzelnen Keywords ungefähr erreicht werden können, hat jedoch keinen signifikanten Einfluss auf den Erfolg der Kampagne. Ähnlich war es mit der Betrachtung des Wettbewerbs. Schwierig gestaltet hat sich die Beurteilung, wie relevant ein Keyword für die Teilnehmerakquise ist. Da Kongresse eine Plattform zum Wissenserwerb sind, können auch informationsorientiere Keywords eine sehr hohe Relevanz für die Gewinnung von Teilnehmern haben, wie die geringen Absprungraten der Gruppe Inhalt – MDR bewiesen haben. Jedoch sollte man hierbei immer darauf achten, dass spätestens in der Beschreibung der Anzeige deutlich wird, dass es sich um einen Kongress handelt. Da in der Kongressbranche häufig die Zeit für Testkampagnen fehlt, scheint es praktikabel dieses durch die kontinuierliche Überwachung und Optimierung der Kampagne zu ersetzen. Häufig zeigt sich sehr schnell, in welchem Bereich Optimierungsbedarf besteht.

Wie durch die Case Study bewiesen, sollte beim Verfassen der Anzeigentexte darauf geachtet werden, in welcher Kaufphase sich der Leser befindet und dementsprechend die Ansprache wie in Abbildung 16 angepasst werden. Um eine Unterbrechung des Werbewirkungsmodell AIDA entgegenzuwirken, sollte man darauf achten, dass das Keyword auf die Anzeige abgestimmt ist. Gleiches gilt für die Abstimmung zwischen Anzeigentext und Landingpage. Um die Erfahrungen mit der Zielseite zu optimieren, könnte eine extra angelegte Landingpage helfen, auf welcher der Kongress und das Vortragsprogramm kurz vorgestellt wird. Zusätzlich könnte dort eine vorgelagerte Conversion (z.B. Anmeldung zu einem Newsletter zur Veranstaltung, Download des Tagungsbands des Vorjahres) platziert werden. Diese ermöglicht es neue Adressen zu sammeln und gibt gleichzeitig Aufschluss über den Grad des Interesses.

Insgesamt muss für eine erfolgreiche Umsetzung darauf geachtet werden, dass die Kampagne nicht zu kurzfristig und auf zu geringe Zeit angelegt ist. Einerseits damit eine ausreichende Datengrundlage für die Optimierung zur Verfügung steht, andererseits aber auch, damit die Kampagne für genügend Impressionen nicht auf zu unspezifische Keywords zurückgreifen muss, wie es in der Case Study mit dem Keyword „Medizintechnik" passiert ist.

Für Kongressunternehmen, welche mehrere Veranstaltungen in unterschiedlichen Themenbereichen durchführen, wäre es auch denkbar Kampagnen für einzelne Bereiche oder Cluster zu schalten und hierbei gezielt durch Sitelinks auf die einzelnen Veranstaltungen hinzuweisen. Dies hätte den Vorteil, dass nicht für jede einzelne Veranstaltung eine AdWords-Kampagne angelegt werden müsste, sondern lediglich die Sitelinks immer wieder aktualisiert und ggf. das Keyword-Set angepasst werden müsste.

Insgesamt kann festgehalten werden, dass AdWords eine sehr geeignete Methode darstellt, Teilnehmer für Kongresse zu werben, auch wenn die Ergebnisse nicht immer direkt ersichtlich sind. Wie die Case Study beweist, ist es möglich unter zur Hilfenahme von Fachliteratur, sich schnell bei AdWords zurechtzufinden und eigene Kampagnen zu schalten. Durch den ständigen Wandel von AdWords und den Einstellungen sind Bücher jedoch schnell überholt. An diesem Punkt können Blogs und Foren weiterhelfen. Für eine perfekte und erfolgreiche Kampagne braucht es jedoch nicht nur theoretisches Wissen, sondern in erster Linie Erfahrung.

Anhänge

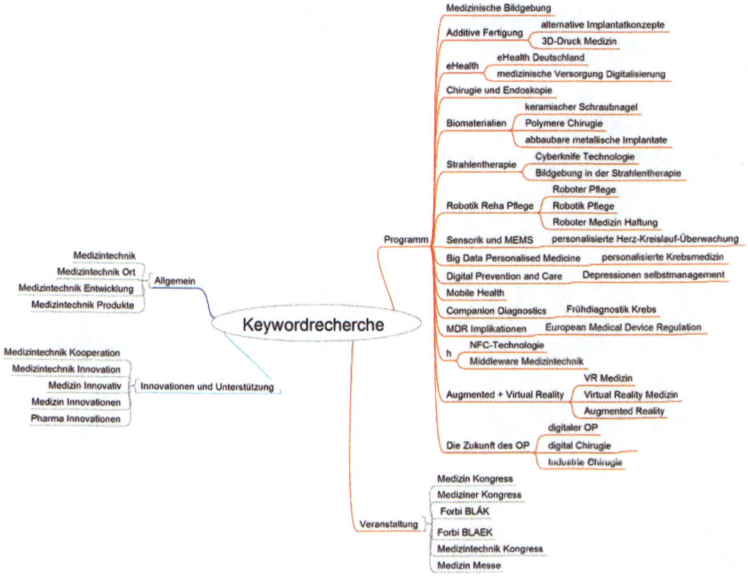

Anhang 1: Mindmap Brainstorming Keywordrecherche

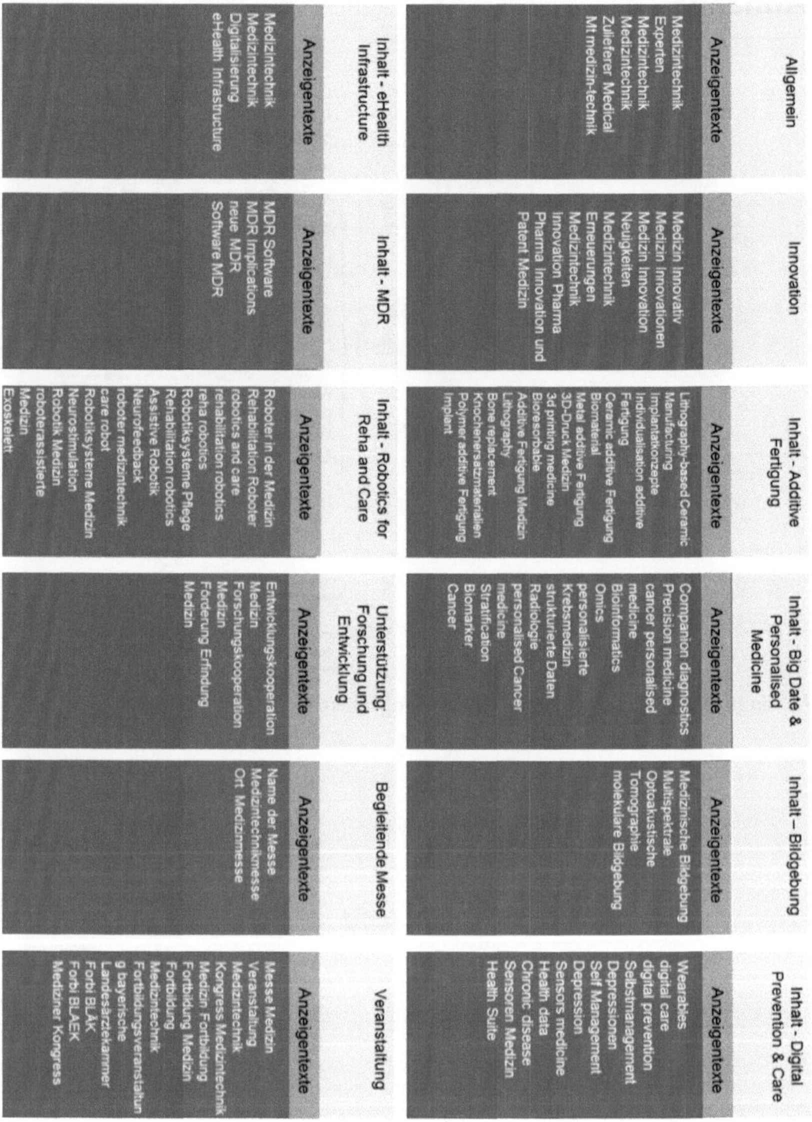

Anhang 2: Übersicht Anzeigengruppen und Keywords

Google AdWords

Keywords	Anzeigengruppe	Konkurrenz in Form von anderen Werbeanzeigen bei Google	Ergebnisse der Überprüfung bei Google	Vorgeschlagenes Gebot	Suchvolumen im April 2017	Relevanz
Medizintechnik	Allgemein	niedrig	keine Werbeanzeigen	1,3	14800	1
Experten Medizintechnik	Allgemein	niedrig	keine Werbeanzeigen			1
Medizintechnik Zulieferer	Allgemein	niedrig	keine Werbeanzeigen	1,4	10	2
Zulieferer Medizintechnik	Allgemein	niedrig	keine Werbeanzeigen	-	10	2
Companion diagnostics	Inhalt - Big Data & Personalised Medicine	niedrig		2,78	320	3
Precision medicine	Inhalt - Big Data & Personalised Medicine	niedrig		2,58	480	3
cancer personalised medicine	Inhalt - Big Data & Personalised Medicine	-		-	-	3
Bioinformatics	Inhalt - Big Data & Personalised Medicine	niedrig		2,29	1000	3
Omics	Inhalt - Big Data & Personalised Medicine	niedrig		-	720	3
personalisierte Krebsmedizin	Inhalt - Big Data & Personalised Medicine	niedrig		1,76	10	3
strukturierte Daten Radiologie	Inhalt - Big Data & Personalised Medicine	-		-	-	3
personalised Cancer medicine	Inhalt - Big Data & Personalised Medicine	niedrig		-	10	3
Stratification	Inhalt - Big Data & Personalised Medicine	niedrig		-	1.300	3
Biomarker	Inhalt - Big Data & Personalised Medicine	niedrig		1,47	1.600	3
Cancer	Inhalt - Big Data & Personalised Medicine	niedrig		1,75	12.100	3
Wearables	Inhalt - Digital Prevention & Care	niedrig		1,86	8.100	3
digital care	Inhalt - Digital Prevention & Care	niedrig		-	20	3

digital prevention	Inhalt - Digital Prevention & Care	-		-	-	3
Selbstmanagement Depressionen	Inhalt - Digital Prevention & Care	-		-	0	3
Self Management Depression	Inhalt - Digital Prevention & Care	-		-	0	3
Sensors medicine	Inhalt - Digital Prevention & Care	-		-	-	3
Health data	Inhalt - Digital Prevention & Care	niedrig		-	70	3
Chronic disease	Inhalt - Digital Prevention & Care	niedrig		-	260	3
Sensoren Medizin	Inhalt - Digital Prevention & Care	niedrig		-	50	3
Health Suite	Inhalt - Digital Prevention & Care	niedrig		-	20	3
Digitalisierung Medizintechnik	Inhalt - eHealth Infrastructure	-		-	-	3
Medizintechnik Digitalisierung	Inhalt - eHealth Infrastructure	-		-	-	3
eHealth Infrastructure	Inhalt - eHealth Infrastructure	-		-	10	3
neue MDR	Inhalt - MDR	-	keine Werbeanzeigen	-	140	2
Medical device regulation	Inhalt - MDR	-	-	-	-	2
MDR Software	Inhalt - MDR	-		-	-	2
MDR Implications	Inhalt - MDR	-		-	-	2
neue MDR	Inhalt - MDR	niedrig		1,27	140	2
Software MDR	Inhalt - MDR	-		-	-	2
Medizinische Bildgebung	Inhalt - medizinische Bildgebung	-	keine Werbeanzeigen	-	110	2
roboter in der medizin	Inhalt - Robotics for Reha & Care	niedrig		2,6	170	3
Rehabilitation Roboter	Inhalt - Robotics for Reha & Care	niedrig		2,6	-	3
robotics and care	Inhalt - Robotics for Reha & Care	niedrig		-	-	3
rehabilitation robotics	Inhalt - Robotics for Reha & Care	niedrig		-	30	3
reha robotics	Inhalt - Robotics for Reha & Care	niedrig		-	10	3
Robotiksysteme Pflege	Inhalt - Robotics for Reha & Care	niedrig		-	-	3

Rehabilitation robotics	Inhalt - Robotics for Reha & Care	niedrig		-	-	3
Assistive Robotik	Inhalt - Robotics for Reha & Care	niedrig		-	-	3
Neurofeedback	Inhalt - Robotics for Reha & Care	niedrig		0,75	6600	3
roboter medizintechnik	Inhalt - Robotics for Reha & Care	niedrig		2,96	50	3
care robot	Inhalt - Robotics for Reha & Care	niedrig		-	50	3
Robotiksysteme Medizin	Inhalt - Robotics for Reha & Care	niedrig		-	-	3
Neurostimulation	Inhalt - Robotics for Reha & Care	niedrig		0,34	1900	3
Robotik Medizin	Inhalt - Robotics for Reha & Care	niedrig		2,51 €	90	3
roboterassistierte Medizin	Inhalt - Robotics for Reha & Care	niedrig		-	-	3
Exoskelett	Inhalt - Robotics for Reha & Care	niedrig		0,04	8.700	3
robotic	Inhalt - Robotics for Reha & Care	niedrig		0,37	27.100	3
Lithography-based Ceramic Manufacturing	Inhalt-Additive Fertigung	niedrig	keine Werbeanzeigen	0,43	140	3
Implantatkonzepte	Inhalt-Additive Fertigung	-		-	-	3
Individualisation additive Fertigung	Inhalt-Additive Fertigung	-		-	-	3
Ceramic additive Fertigung	Inhalt-Additive Fertigung	-		-	-	3
Biomaterial	Inhalt-Additive Fertigung	niedrig		1,66	720	3
Metal additive Fertigung	Inhalt-Additive Fertigung	-		-	-	3
3D-Druck Medizin	Inhalt-Additive Fertigung	niedrig		-	20	3
3d printing medicine	Inhalt-Additive Fertigung	niedrig		-	20	3
Bioresorbable	Inhalt-Additive Fertigung	niedrig		-	20	3
Additive Fertigung Medizin	Inhalt-Additive Fertigung	-		-	-	3
Lithography	Inhalt-Additive Fertigung	niedrig		-	720	3
Bone replacement	Inhalt-Additive Fertigung	niedrig		-	10	3
Knochenersatzmaterialien	Inhalt-Additive Fertigung	niedrig		1,89	320	3

Polymer additive Fertigung	Inhalt-Additive Fertigung	-		-	-	3
Implant	Inhalt-Additive Fertigung	niedrig		1,61	3.600	3
Medizin Innovationen	Innovation	-	1 Werbeanzeige	-	-	1
Medizin Innovation	Innovation	-			30	1
Neugikeiten Medizintechnik	Innovation	-	-	-	-	1
Erneuerungen Medizintechnik	Innovation	niedrig	keine Werbeanzeigen			1
Innovation Pharma	Innovation	niedrig	keine Werbeanzeigen	0,37	480	1
Pharma Innovation	Innovation	niedrig	keine Werbeanzeigen	3,41	590	1
Patent Medizin	Innovation	-	keine Werbeanzeigen	-	10	2
Entwicklungskooperation Medizin	Unterstützung: Forschung & Entwicklung	-	3. Webseite ist der Kongress	-	-	1
Forschungskooperation Medizin	Unterstützung: Forschung & Entwicklung	-	keine Werbeanzeigen	-	-	1
Förderung Erfindung Medizin	Unterstützung: Forschung & Entwicklung	-	-	-	-	1
Name der begleitenden Messe	Begleitende Messe	niedrig	2. Webseite der organischen Suche Kongresshomepage		880	1
Medizintechnikmesse Ort	Begleitende Messe	-		-	-	1
Medizinmesse Ort	Begleitende Messe	-		-	-	1
Medizinmesse	Veranstaltung	niedrig		0,98	170	2
Messe Medizin	Veranstaltung	niedrig	1 Anzeige von begleitender Messe	0,87	50	2
Veranstaltung Medizintechnik	Veranstaltung	mittel	keine Werbeanzeigen	-	-	1
Kongress Medizintechnik	Veranstaltung	mittel	1. angezeigte Webseite ist der Kongress	1,39	10	1

Medizin Fortbildung	Veranstaltung	hoch	keine Werbeanzeigen	1,49	170	1
Fortbildung Medizin	Veranstaltung	hoch	3 Werbeanzeigen	1	90	1
Fortbildung Medizintechnik	Veranstaltung	hoch	2 Werbeanzeigen	1,73	20	1
Fortbildungsveranstaltung bayerische Landesärztekammer	Veranstaltung	-	-	-	-	1
Forbi BLÄK	Veranstaltung	-	-	-	-	1
Forbi BLAEK	Veranstaltung	-	-	-	-	1
Mediziner Kongress	Veranstaltung	niedrig	keine Werbeanzeigen	1,21	70	3

Anhang 3: Execlliste potenzieller Keywords nach Anzeigengruppen sortiert (eigene Darstellung basierend auf Google Recherche und Google Keyword-Planer)

Literaturverzeichnis

AdWords-Hilfe (2017a): Kampagne: Definition. Online verfügbar unter https://support.google.com/adwords/answer/6304?hl=de, zuletzt geprüft am 17.05.2017.

AdWords-Hilfe (2017b): Klickrate (CTR): Definition. Online verfügbar unter https://support.google.com/adwords/answer/2615875?hl=de, zuletzt geprüft am 12.06.2017.

AdWords-Hilfe (2017c): Sitzungsdefinition in Google Analytics. Online verfügbar unter https://support.google.com/analytics/answer/2731565?hl=de, zuletzt geprüft am 08.06.2017.

AdWords-Hilfe (2017d): AdWords – Definition. Online verfügbar unter https://support.google.com/adwords/answer/6319?hl=de, zuletzt geprüft am 17.05.2017.

AdWords-Hilfe (2017e): Anzeigengruppen - Definition. Online verfügbar unter https://support.google.com/adwords/answer/6298, zuletzt geprüft am 17.05.2017.

AdWords-Hilfe (2017f): Automatische Gebotseinstellung. Online verfügbar unter https://support.google.com/adwords/answer/2979071?hl=de, zuletzt geprüft am 24.06.2017.

AdWords-Hilfe (2017g): Bericht zu Suchbegriffen: Definition. Online verfügbar unter https://support.google.com/adwords/answer/2684537?hl=de, zuletzt aktualisiert am 07.07.2017.

AdWords-Hilfe (2017h): Conversion-Tracking für Ihre Website einrichten. Online verfügbar unter https://support.google.com/adwords/answer/6095821, zuletzt aktualisiert am 07.07.2017.

AdWords-Hilfe (2017i): Demographische Ausrichtung. Online verfügbar unter https://support.google.com/adwords/answer/2580383, zuletzt aktualisiert am 07.07.2017.

AdWords-Hilfe (2017j): Einstellungen für die Anzeigenrotation. Online verfügbar unter https://support.google.com/adwords/answer/112876?hl=de, zuletzt aktualisiert am 13.06.2017.

AdWords-Hilfe (2017k): Erfolgreiche Textanzeigen verfassen. Online verfügbar unter https://support.google.com/adwords/answer/1704392?hl=de, zuletzt geprüft am 10.07.2017.

AdWords-Hilfe (2017l): Google-Werbenetzwerk. Online verfügbar unter https://support.google.com/adwords/answer/1752334?hl=de, zuletzt geprüft am 22.06.2017.

AdWords-Hilfe (2017m): Gutschriften und Korrekturen für ihr Konto. Online verfügbar unter https://support.google.com/adwords/answer/1704323?hl=de, zuletzt geprüft am 10.07.2017.

AdWords-Hilfe (2017n): Impressionen - Definition. Online verfügbar unter https://support.google.com/adwords/answer/6320?hl=de, zuletzt geprüft am 10.07.2017.

AdWords-Hilfe (2017o): Kampagne – Definition. Online verfügbar unter https://support.google.com/adwords/answer/6304?hl=de, zuletzt geprüft am 31.05.2017.

AdWords-Hilfe (2017p): Keyword-Planer: Statistiken zum Suchvolumen. Online verfügbar unter https://support.google.com/adwords/answer/2999770?hl=de, zuletzt geprüft am 31.05.2017.

AdWords-Hilfe (2017q): Klick: Definition. Online verfügbar unter https://support.google.com/adwords/answer/31799?hl=de, zuletzt geprüft am 12.06.2017.

AdWords-Hilfe (2017r): Konto mithilfe von Anzeigengruppen strukturieren. Online verfügbar unter https://support.google.com/adwords/answer/6372655?hl=de, zuletzt geprüft am 07.06.2017.

AdWords-Hilfe (2017s): Qualitätsfaktor: Definition. Online verfügbar unter https://support.google.com/adwords/answer/140351?hl=de, zuletzt geprüft am 13.06.2017.

AdWords-Hilfe (2017t): Tab "Berichte". Online verfügbar unter https://support.google.com/adwords/answer/6201327?hl=de, zuletzt geprüft am 13.06.2017.

AdWords-Hilfe (2017u): Textanzeigen. Online verfügbar unter https://support.google.com/adwords/answer/1704389?hl=de, zuletzt geprüft am 18.05.2017.

AdWords-Hilfe (2017v): Videoanzeigen in der Anzeigengalerie. Online Verfügbar unter https://support.google.com/adwords/answer/2375465?hl=de, zuletzt geprüft am 10.07.2017.

Alexa (2017): Find, Reach and Convert your Audience with Marketing that works. Online verfügbar unter www.alex.com; zuletzt geprüft am 170.7.2017.

Alpar, Andre; Koczy, Markus; Metzen, Maik (2015): SEO - Strategie, Taktik und Technik. Online-Marketing mittels effektiver Suchmaschinenoptimierung. Wiesbaden: Springer Fachmedien Wiesbaden. Online verfügbar unter http://dx.doi.org/10.1007/978-3-658-02235-8.

ARD/ZDF-Onlinestudie 2016 (2016): Onlinenutzung. Online verfügbar unter http://www.ard-zdf-onlinestudie.de/index.php?id=559; zuletzt geprüft am 10.07.2017.

Aschoff, Martin (2002): Professionelles Direkt-und Dialogmarketing per E-Mail. München: Hanser Fachbuch.

Aufgesang (2017): Was ist Suchmaschinenmarketing (SEM)? Online verfügbar unter http://www.sem-deutschland.de/inbound-marketing-agentur/online-marketing-glossar/suchmaschinenmarketing/, zuletzt geprüft am 12.05.2017.

Bauer, Christoph; Greve, Goetz; Hopf, Gregor (2011): Online Targeting und Controlling. Grundlagen - Anwendungsfelder - Praxisbeispiele. Wiesbaden: Gabler / Springer Fachmedien Wiesbaden, Wiesbaden.

Beck, Alexander (2011): Google AdWords. 3., überarb. und stark erw. Auflage. Heidelberg, München, Landsberg, Frechen, Hamburg: mitp.

Berner, Margit (2004): Suchmaschinen-Marketing: Eine neue Form des Online-Dialogmarketings. Hamburg: Diplomica (Wirtschaft). Online verfügbar unter http://www.diplom.de/.

Biermann, Robert (2004): Direktmarketing in Echtzeit: richtig werben mit Google AdWords & Co, Göttingen: Business Village.

Bischopnick, Yvonne; Ceyp, Michael (2007): Suchmaschinen-Marketing. Konzepte, Umsetzung und Controlling für SEO und SEM. Heidelberg: Springer. Online verfügbar unter http://search.ebscohost.com/login.aspx?direct=true&scope=site&db=nlebk&db=nlabk&AN=261950.

BITKOM - Bundesverband Informationswirtschaft, Telekommunikation und neue Medien e. V. (2011): Netzgesellschaft Eine repräsentative Untersuchung zur Mediennutzung und dem Informationsverhalten der Gesellschaft in Deutschland. Online verfügbar unter https://www.bitkom.org/noindex/Publikationen/2011/Studie/Studie-Netzgesellschaft/BITKOM-Publikation-Netzgesellschaft.pdf, zuletzt geprüft am 29.05.2017.

Bruhn, Manfred; Esch, Franz-Rudolf; Langner, Tobias (2009): Handbuch Kommunikation. Grundlagen — Innovative Ansätze — Praktische Umsetzungen. Wiesbaden: Gabler / GWV Fachverlage. Online verfügbar unter http://dx.doi.org/10.1007/978-3-8349-8078-6.

Bundesverband für digitale Wirtschaft (2016): OVK-Report für digitale Display-Werbung 2016 / 02. Online verfügbar unter http://www.bvdw.org/mybvdw/media/download/bvdw-ovk-report-2016-02-final.pdf?file=4047, zuletzt geprüft am 11-07-2017.

Carolin (2016): Warum Eye-Tracking bei Google so spannend ist. Hg. v. Netzproduzenten Marcus & Felix Hesse GbR. Online verfügbar unter https://www.netzproduzenten.de/google-eye-tracking-analyse/, zuletzt aktualisiert am 19.06.2017.

Dörr von Maydell, Henricke (2016): Google-AdWords-Tipp: Setzen Sie sich Ziele! Online verfügbar unter http://www.heise-regioconcept.de/google/google-adwords-ziele, zuletzt aktualisiert am 29.05.2017.

DSGVO (2017): Datenschutz-Grundverordnung. Online verfügbar unter https://dsgvo-gesetz.de/; zuletzt geprüft am 17.07.2017.

Floemer, Andreas (2016): Google Adwords: Das sind die 50 teuersten Keywords in Deutschland. Online verfügbar unter http://t3n.de/news/top-50-teuerste-adwords-in-deutschland-2016-713588/, zuletzt geprüft am 10.07.2017.

Fritz, Wolfgang (2004): Internet-Marketing und Electronic Commerce. Grundlagen — Rahmenbedingungen — Instrumente. 3., vollständig überarbeitete und erweiterte Auflage. Wiesbaden: Gabler. Online verfügbar unter http://dx.doi.org/10.1007/978-3-322-99595-7.

Gassenschmidt, Holger (2014): Die Kaufentscheidung fällt im Internet. Hg. v. Regionales Online-Marketing für KMU. Online verfügbar unter http://regionales-onlinemarketing.de/bauen-wohnen-energie-die-kaufentscheidung-faellt-im-internet/, zuletzt geprüft am 26.05.2017.

GCS/IPSOS Surveys DE (2015): Understanding Consumers' Local Search Behavior. Online verfügbar unter https://think.storage.googleapis.com/docs/how-advertisers-can-extend-their-relevance-with-search_research-studies.pdf, zuletzt geprüft am 10.07.2017.

Google AdWords (2017): Auf Google werben. Online verfügbar unter https://adwords.google.com/intl/de_de/home/, zuletzt geprüft am 10.07.2017.7

Google Analytics (2017): Google Analytics Startseite. Online verfügrbar unter https://analytics.google.com/analytics/web/, 20.07.2017.

Google (2017a): AdWords-Kampagnentests. Online verfügbar unter https://www.google.com/intl/de/ads/innovations/ace.html, zuletzt geprüft am 07.07.2017.

Google (2017b): Mit dem Long Tail effizient zur Conversion. Online verfügbar unter https://www.refinedlabs.com/site-data/case-study-longtail_de.pdf, zuletzt aktualisiert am 14.06.2017.

Greifeneder, Horst (2010): Erfolgreiches Suchmaschinen-Marketing. Wie Sie bei Google, Yahoo, MSN & Co. ganz nach oben kommen. 2. Auflage. Wiesbaden: Gabler / GWV. Online verfügbar unter http://dx.doi.org/10.1007/978-3-8349-8820-1, zuletzt geprüft am 10.07.2017.

Günther, S. (2008): Suchmaschinenmarketing mit Google: Eine Untersuchung zu Bedeutung, Möglichkeiten, Erfolgsfaktoren und Risiken. Hamburg: Diplomica.

Hilker, Claudia (2017): Content Marketing in der Praxis. Ein Leitfaden - Strategie, Konzepte und Praxisbeispiele für B2B- und B2C-Unternehmen. Wiesbaden: Springer Fachmedien.

Holland, Heinrich (2013): Das Mailing: Planung, Gestaltung, Produktion. Direktmarketing - Wissen für den Profi. Wiesbaden: Gabler.

INBIZ Online Marketing (2017): GOOGLE ZEIGT KEINE ADWORDS ANZEIGEN MEHR AUF DER RECHTEN SEITE – UNSERE ERSTE DETAILLIERTE ANALYSEN. Online verfügbar unter http://www.inbiz.de/sea-kompendium/google-zeigt-keine-adwords-anzeigen-mehr-auf-der-rechten-seite/, zuletzt geprüft am: 10.07.2017.

Jens (2017): Alphabet Quartalszahlen 1/2017: 24,75 Milliarden Dollar Umsatz; 5,426 Milliarden Dollar Gewinn. Hg. v. Googlewatchblog. Online verfügbar unter https://www.googlewatchblog.de/2017/04/alphabet-quartalszahlen1-milliarden-dollar-2/,

Jones, Ron (2012): Keyword intelligence. Keyword research for search, social, and beyond. Indianapolis. Indianapolis: Wiley (Serious skills).

Jung, Mario (2017): Was ist der Unterschied zwischen Long-Tail und Short-Tail-Keywords? Hg. v. ReachX GmbH. Online verfügbar unter http://www.meine-reichweite.de/seo-faqs/was-ist-der-unterschied-zwischen-long-tail-und-short-tail-keywords/, zuletzt geprüft am 14.06.2017.

Kaiser, Thomas (2009): Top-Platzierungen bei Google & Co. Neukundengewinnung mit Suchmaschinenoptimierung und Google Adwords. Göttingen: BusinessVillage.

Kester, Manuel (2006): Affiliate-Marketing für B2C-Online-Shops: Grundlagen, Methoden und Ausprägungen in der Praxis. Berlin: Books on Demand.

Kilian, Thomas; Langner, Sascha (2010): Online-Kommunikation. Kunden zielsicher verführen und beeinflussen. Wiesbaden: Gabler.

Kopp, Olaf; Langel, Thomas; Grübel, Thomas; De Wals, Kai (2013): AdWords-Optimierung für Google-Suche-Kampagnen. o. O.: o. A.

Kreimer, Tim; Rodenkirchen, Sonja; Strothmann, Sonja (2011): Preisportale, Couponing, soziale Netzwerke - der Einfluss aktueller Online-Trends auf das Kaufverhalten. Hrsg. v. KPMG. Hamburg. Online verfügbar unter https://www.kpmg.de/docs/studie_preisportale_secured.pdf, zuletzt aktualisiert am 29.05.2017.

Kreutzer, Ralf T. (2014): Online-Marketing. Wiesbaden: Springer Gabler. Online verfügbar unter http://dx.doi.org/10.1007/978-3-658-12287-4.

Kreutzer, Ralf T.; Rumler, Andrea; Wille-Baumkauff, Benjamin (2015): B2B-Online-Marketing und Social Media. Ein Praxisleitfaden. Wiesbaden: Springer Gabler.

Kuhn, Thomas (2006): Betrüger entdecken Online-Werbung als neue Spielwiese. Online verfügbar unter http://www.wiwo.de/technologie/digitale-welt/klickbetrug-betrueger-entdecken-online-werbung-als-neue-spielwiese/5068470.html, zuletzt geprüft am 17.05.2017.

Kunz, Christian (2014): Neue Studie zeigt Klickraten auf den Suchergebnisseiten. Online verfügbar unter https://www.seo-suedwest.de/857-studie-klickrate-suchergebnisseite-ctr.html, zuletzt geprüft am 19.06.2017.

Lammenett, Erwin (2015): Praxiswissen Online-Marketing. Affiliate- und E-Mail-Marketing, Suchmaschinenmarketing, Online-Werbung, Social Media, Online-PR. 5., überarb. und aktualisierte Aufl. Wiesbaden: Springer Gabler.

Leitner, Sebastian (2013): Die optimale Position von Google AdWords-Anzeigen: Position 1? – ein Missverständnis der Suchmaschinenwerbung (SEA). Online verfügbar unter http://www.lynx-ecommerce.de/blog/optimale-position-google-adwords-anzeigen-999/, zuletzt geprüft am 19.06.2017.

Lippert-Burmester, Wunna; Lippert, Herbert (2014): Medizinische Fachsprache. Leicht gemacht. Lehr- und Arbeitsbuch; Plus: Einführung in Medical English. 6. Aufl. o.O..: Schattauer. Online verfügbar unter https://content-select.com/media/moz_viewer/537c939c-a4d8-482c-9186-28e22efc1343.

Mast, Andreas (2017): Keywords im SEO richtig priorisieren. Hg. v. Pixagentur. Online verfügbar unter http://www.pixagentur.de/blog/41-seo/195-keywords-im-seo-richtig-priorisieren, zuletzt geprüft am 06.06.2017.

Maynes, Rebecca; Everdell, Ian (2014): The evolution of Google search results pages & their effect on user behaviour. Online verfügbar unter https://de.slideshare.net/GerardoEJuarez/the-evolution-of-googles-search-results-pages-effects-on-user-behaviour, zuletzt geprüft am 20.07.2017.

MetaGer (2017): MetaGer Assoziator. Online verfügbar unter https://metager.de/klassik/asso/; zuletzt geprüft am 17.07.2017.

Neumann, Steve (2012): Nutzerverhalten mit Google Analytics auswerten. Online verfügbar unter http://blog.visual-minds.de/nutzerverhalten-mit-google-analytics-auswerten.html, zuletzt geprüft am 08.06.2017.

Nielsen, Jakob (2006): F-Shaped Pattern for Reading Web Content Hg. v. Nilsen Norman Group. Online verfügbar unter https://www.nngroup.com/articles/f-shaped-pattern-reading-web-content/, zuletzt geprüft am 19.06.2017.

NürnbergMesse (2017): Messeprofil. MT-CONNECT – die Fachmesse für Medizintechnik. Online verfügbar unter https://www.mt-connect.de/de/messeinfo/messeprofil/messebeschreibung, zuletzt geprüft am 17.05.2017.

Onlinemarketing (2017a): Google AdWords. Online verfügbar unter https://onlinemarketing.de/lexikon/definition-adwords, zuletzt geprüft am 17.05.2017.

Onlinemarketing (2017b): TKP. Online verfügbar unter https://onlinemarketing.de/lexikon/definition-tkp, zuletzt geprüft am 17.05.2017.

Ringl, Tim et al. (2014): Einführung in die Funktionsprinzipien und Praxis der Suchmaschinenwerbung. In: Holland, Heinrich (Hrsg.): Digitales Dialogmarketing. Grundlagen, Strategien, Instrumente. Wiesbaden: Springer Gabler.

Schefer, Dieter (2002): Medien des Direct Marketing im Intermedia-Vergleich. In: Dallmer, Heinz (Hrsg.): Das Handbuch Direct Marketing & More. 8., völlig überarbeitete Auflage. Wiesbaden: Gabler Verlag, S. 105–123.

Schirmbacher, Martin (2010): Was Sie bei Verträgen mit SEM-Agenturen beachten müssen. Online verfügbar unter http://shopbetreiber-blog.de/2010/01/19/was-sie-bei-vertragen-mit-sem-agenturen-beachten-mussen/, zuletzt geprüft am 05.07.2017.

Schuster, Mark (2017): DIE BESTEN ADWORDS KEYWORD TOOLS. Hg. v. SEA Panda. Online verfügbar unter http://sea-panda.de/die-besten-adwords-keyword-tools/, zuletzt geprüft am 31.05.2017.

Searchmetrics (2017): Keyword-Optimierung. Online verfügbar unter http://www.searchmetrics.com/de/suite/keywords/; zuletzt geprüft am 17.07.2017.

SemaGer (2017): Was ist SemaGer?. Online verfügbar unter https://www.semager.de/info/was-ist-semager/; zuletzt geprüft am 17.07.2017.

SISTRIX GmbH (2017): Sistrix Toolbox. Online verfügbar unter https://www.sistrix.de/, zuletzt geprüft am 06.06.2017.

Statista (2016a): Anteil der Internetnutzer in Deutschland in den Jahren 2001 bis 2016. Online verfügbar unter https://de.statista.com/statistik/daten/studie/13070/umfrage/entwicklung-der-internetnutzung-in-deutschland-seit-2001/, zuletzt geprüft am 26.05.2017.

Statista (2017b): Marktanteile führender Suchmaschinen in Deutschland. Online verfügbar unter https://de.statista.com/statistik/daten/studie/167841/umfrage/marktanteile-ausgewaehlter-suchmaschinen-in-deutschland/.

Stauss, Bernd; Jedraßczyk, Marcel (2007): Business Process Outsourcing – Wertschöpfung durch externe Dienstleister. In: Bruhn, Manfred (Hrsg.): Wertschöpfungsprozesse bei Dienstleistungen. Wiesbaden: Gabler (Forum Dienstleistungsmanagement), S. 359-381.

telegate AG (2011): Mittelstand und Werbung 2011. Teil 2: Wie präsentieren sich deutsche KMU im Internet? Online verfügbar unter https://www.google.de/url?sa=t&rct=j&q=&esrc=s&source=web&cd=1&cad=rja&uact=8&ved=0ahUKEwiKiZrm6oHVAhVH1hQKHZBADwsQFggnMAA&url=http%3A%2F%2Fwww.bvdw.org%2Fmybvdw%2Fmedia%2Fdownload%2Ftelegate-mittelstandteil2.pdf%3Ffile%3D2106&usg=AFQjCNHf5iveynE9M2RqtaLSPAbfNEpqyQ, zuletzt geprüft am 11.07.2017.

Trojca, Marius (2017): Google AdWords Tutorial – Teil 2: Vorteile & Ziele von AdWords. Hg. v. Shopgate . Online verfügbar unter http://blog.shopgate.com/google-adwords-tutorial-2, zuletzt aktualisiert am

o. V. (2014): SEA Outsourcing: Weg zum Erfolg? Externer Partner oder nicht? Diese Wahl stellt sich Unternehmen beim Thema Suchmaschinenmarketing. In: Internet-World-Business (6/14), S. 12–13. Online verfügbar unter http://heftarchiv.internetworld.de/2014/Ausgabe-06-2014/SEA-Outsourcing-Weg-zum-Erfolg; zueltzt gepruft am 29.05.2017.

usability.de (2016): AdWords Uncovered Wie Nutzer die neue Google-Ergebnisseite wahrnehmen. Online verfügbar unter www.usability.de, zuletzt geprüft am 19.06.2017.

Wenz, Christian; Hauser, Tobias (2015): Websites optimieren - Das Handbuch. 2. Aufl. 2015. Wiesbaden: Springer.

Zaglov, Ilja (2014): Psychologie des Webdesigns: Wie du Nutzer mit dem F-Pattern durch deine Webprojekte leitest. Online verfügbar unter http://t3n.de/news/f-pattern-muster-psychologie-web-526089/.

Die Autoren

Anna Miehlich

Foto: Atelier Dittmar / Tanja Isecke

Bachelor of Arts im Bereich BWL-Messe, Kongress- und Eventmanagement an der Dualen Hochschule Baden-Württemberg in Kooperation mit der Karlsruher Messe- und Kongress-GmbH. Von 2015 bis 2017 als Projektverantwortliche bei der Akademie der Ingenieure tätig. Seit Oktober 2017 Projektleiterin beim Stuttgarter Messeveranstalter untitled exhibitions gmbh. Gewinnerin des „Messe-Impuls-Preis" 2016, ausgelobt vom Fachverband Messen und Ausstellungen (FAMA).

Jessica Richter

Bachelor of Arts im Bereich BWL – Dienstleistungsmanagement / Event- und Sportmanagement an der Berufskademie in Riesa in Kooperation mit der Jeske Messen GmbH aus Chemnitz.

Seit 2016 Vertriebs- und Marketingassistentin bei der IDS Innomic GmbH. 2. Platz des „Messe-Impuls-Preis 2016", ausgelobt vom Fachverband Messen und Ausstellungen (FAMA).

Lisa-Marie Lang

Bachelor of Arts im Bereich BWL – Messe-, Kongress- und Eventmanagement an der Dualen Hochschule Baden-Württemberg Ravensburg. Zuvor Lehramtsstudentin der Kunstpädagogik an der Friedrich-Alexander-Universität Erlangen-Nürnberg. Gewinnerin des Deutschen Forschungspreises für Live Communication, verliehen durch den FAMAB Kommunikationsverband e.V. und die Technische Universität Chemnitz.

Eva Muhle

Bachelor of Arts im Bereich BWL – Medien- und Kommunikationswirtschaft an der Dualen Hochschule Baden-Württemberg Ravensburg in Kooperation mit der GridParity AG – next generation photovoltaic. Seit 2017 Leiterin für Marketing und Personal. Gewinnerin des „Messe-Impuls-Preis 2017“, ausgelobt vom Fachverband Messen und Ausstellungen (FAMA).

Susanne Hoffmann

Bachelor of Arts im Bereich BWL – Messe-, Kongress- und Eventmanagement an der Dualen Hochschule Baden-Württemberg Ravensburg, in Kooperation mit der Messe Frankfurt. Seit 2017 Sales Managerin bei der Messe Frankfurt, ab Mai 2018 Projektleiterin bei Emslandzelte. Gewinnerin des 2. Platzes vom „Messe-Impuls-Preis 2017", ausgelobt vom Fachverband Messen und Ausstellungen (FAMA).

Lydia Vierheilig

Bachelor of Arts im Bereich "Islamischer Orient" an der Otto-Friedrich-Universität Bamberg und in BWL – Messe-, Kongress- und Eventmanagement an der Dualen Hochschule Baden-Württemberg Ravensburg in Kooperation mit einem bayerischen Unternehmen für Innovation und Wissenstransfer. Seit 2017 Projektmanagerin Event & Messe. Gewinnerin des deutschen Forschungspreises für Live Communication.

Studienreihe Messemanagement

Stakeholder im Fokus: Management-Ansätze für Messeveranstalter: Studienreihe Messemanagement: Band 1, überarbeitete, 2. Auflage

Messeveranstalter stehen sehr unterschiedlichen Anspruchsgruppen gegenüber. Der richtige Umgang mit ihnen ist dabei ein wesentlicher Erfolgsfaktor. Heterogenität und Wandel verhindern ein statisches Verhalten – weshalb immer wieder neue Ansätze im Management erforderlich sind. Dieser Band der „Studienreihe Messemanagement" widmet sich deshalb folgenden Themen und Fragestellungen:

- Wodurch kann die Transparenz der Messebesucher für ein Database-Marketing geschaffen werden?
- Wie lassen sich Kommunikationsschnittstellen zu Ausstellern identifizieren und optimieren?
- Welchen Beitrag können Messeveranstalter für die kleinen und mittleren Unternehmen in ihrer Wirtschaftsregion leisten?
- Was sind die Determinanten für neue horizontale Kooperationsformen und wie lassen sie sich bewerten?
- Welche Verbesserungspotenziale bietet ein mehrstufiges Deckungsbeitragskonzept für das Controlling-System eines Messeveranstalters?
- Wie ist die Rolle eines systematischen Beschwerdemanagement-Systems im Kontext von Motivation und Bindung zu sehen?

Autoren:	Stefan Luppold (Hrsg.), Elisabeth Gödde, Patrick Haag, Tobias Hönig, Isabell Maurer, Klaus Riedel, Lisa Ruetz		
Erschienen:	Januar 2017	WFA Medien Verlag	
ISBN:	Paperback:	978-3-946589-09-9	(264 Seiten; 19,90€)
	Hardcover:	978-3-946589-10-5	(264 Seiten; 29,90€)
	e-Book:	978-3-946589-11-2	(264 Seiten; 19,90€)

Innovation und Change: Management-Ansätze für Messeveranstalter: Studienreihe Messemanagement: Band 2

Messeveranstalter sind, wie andere Unternehmen, ohne Neuerungen und Veränderungen nicht langfristig marktfähig. Eher Initiator von Innovation, eher Treiber von Change ist dabei ein Erfolgsfaktor. Dynamische Märkte zwingen zu einem dynamischen Verhalten - weshalb immer wieder neue Ansätze im Management erforderlich sind. Band 2 der Studienreihe Messemanagement befasst sich deshalb mit folgenden Themen:

- Business Development: Mit welchem Standard-Instrumentarium kann eine Machbarkeitsstudie zur Beurteilung einer neuen Messe-Idee erstellt werden?
- Messe-Organisation: Welche positiven Effekte kann die aus der Digitalwirtschaft stammende Scrum-Methode generieren?
- Virtuelle Messen: Wo und wie müssen wir uns den Veränderungen durch virtuelle und hybride Veranstaltungsformate stellen?
- Onboarding: Wie können temporäre Mitarbeiter für Großveranstaltungen optimal integriert und eingearbeitet werden?
- Nachhaltige Messen: Welche Ansätze gibt es, um Nachhaltigkeit sowohl in einem Messe-Konzept als auch in der Unternehmens-Kommunikation zu realisieren?

Autoren:	Stefan Luppold (Hrsg.), Tanja Durke, Lisa Tatjana Fischer, Camille Kehr, Florenz Meier, Christina Schwenkel		
Erschienen:	Mai 2016	WFA Medien Verlag	
ISBN:	Paperback:	978-3-946589-03-7	(232 Seiten; 19,90€)
	Hardcover:	978-3-946589-04-4	(232 Seiten; 29,90€)
	e-Book:	978-3-946589-05-1	(232 Seiten; 19,90€)